마하반야바라밀다경 6

摩訶般若波羅蜜多經 6

마하반야바라밀다경 6

摩訶般若波羅蜜多經 6

三藏法師 玄奘 漢譯 | 釋 普雲 國譯

혜안

역자의 말

보운

장마가 시작된 7월의 초분(初分)을 맞이하고서 많은 시간이 지나지 않았으나, 전혀 낯설게 느껴지는 하루를 바라보면서 세존께서 세간에 머무르셨던 시절에 수행하셨던 승가의 삶을 뒤돌아보니, 존경스럽고 공경스러운 마음이 저절로 일어난다. 여러 수행에 필요한 의식주와 여러 물품 등이 부족하였던 시대에 승가의 일상과 관련된 여러 사례들을 율장을 통하여 살펴보면서 눈망울에 맺혔던 눈물이 나에게는 무슨 의미였을까?

스스로가 머무르고 있는 현실을 살펴보면 이전과 비교하여 풍족함이 증가하였고 인간의 생활방식도 많이 변화하였으며, 사회의 변화상을 반영하여 승가도 다양한 문화들이 도입되고 있다. 오늘은 한국에서 일상의 문화로 자리잡은 영가의 천도를 위한 백중의 초재(初齋)를 대부분의 사찰이 설행(設行)하였던 의례를 보고서 한국에 토착화된 불교문화의 하나의 사례에 대하여 여러 생각을 일으키게 된다. 어느 때에 의례에 관한 관심이 증가하여 천도를 위한 재의례(齋儀禮)를 고찰하여 보았다. 한국의 관음시식의 원류는 당(唐)에서 감로법사에 의하여 찬집되었는데, 불공(不空) 삼장(三藏)의 『유가집요구아난다라니염구궤의경(瑜伽集要救阿難陀羅尼焰口軌儀經)』을 기초로 삼았다고 밝히고 있고, 수륙재(水陸齋)의 전개는 송(宋)의 지반(志磐)이 찬집하고 명(明)의 주굉(袾宏)이 중정(重訂)하였던 『법계성범수륙승회수재의궤(法界聖凡水陸勝會修齋儀軌)』에서 체계화된 사례를 살펴볼 수 있었다.

앞의 불전 등에서 중요시되고 근본으로 삼았던 천도의 방편은 경전의 독송과 산스크리트어의 진언이 중심을 이루고 있었으나, 현재 한국의

재의례는 이러한 근본적인 문제와는 다른 관점이 여러 부분에서 발견된다. 물론 중국의 재의례를 중시하거나, 많은 부분을 수용할 필요성은 없으나, 근원적인 사유에서는 경전과 전통을 따르는 것이 합리적인 관점이 아닐까? 율장을 살펴보면 단편적일지라도 재의례와 관련된 것을 살펴볼 수 있는데, 불교문화의 한 사례인 재의례를 자의적으로 찬집하고 설행하는 현실과 일제강점기에 찬집된 의례를 중심이라고 인식하는 삿된 견해를 고집하는 사문들의 행을 어떻게 인식해야 하는가?

시대를 쫓아서 불교의 신앙적인 문제도 계속하여 변화를 겪어왔고 이것을 반영하였던 불교문화도 지속적으로 변화되었을지라도, 한국불교에 스며있는 일본불교의 잔재(殘滓)가 매우 크게 남아있는 현실은 매우 안타깝다. 『의례집』의 찬집에서 발생하였던 오류와 진언의 왜곡은 한국불교의 정체성에서 미래에 장애로 전개될 소지가 있다. 재가인으로 생활하던 시절에 한국불교의 평가에서 인상에 남았던 점은 통합성과 다양성의 상존이라는 말을 많이 들어왔으나, 이러한 다양성에 대한 폭넓은 인정은 오히려 한국불교의 발전을 위한 행보에 걸림돌로 작용하지는 않을까? 현대는 불전들을 온라인으로 열람하고 다운로드를 즉석에서 진행할 수 있는 시대인데, 한국불교에서 몇 분야는 특정한 집단에 의하여 왜곡된 문제를 간과하고 있다는 의문이 계속 파생되는 현실을 어떻게 바라보아야 하는가?

중국의 사찰을 방문하였던 때에 중국 불자들 가운데에서 몇 분이 나에게 사부(師父)라고 부르면서 땅바닥에서 삼배하던 모습에서 『유가사지론(瑜伽師地論)』에서 중국에서 어찌 사문들을 유가의 스승(瑜伽師)이라고 불렀는가를 깊이 생각하여 보았고, 본사에서 소임을 맡았던 때에 미얀마의 권위있는 여류시인이 방문하여 사찰의 불탑 앞의 땅바닥에 머리를 대고서 삼배(三拜)하던 모습에서 승가의 한 구성원으로서, 인간세상의 스승으로서, '가사(袈裟)의 무거운 책임을 얼마나 감당하고 있는가?'라고 고뇌하는 시간도 어느덧 10년에 이르고 있다.

타종교를 바라볼 때 부러운 사례의 하나는 통일된 교리를 체계적으로 기록한 기본교리서를 간행하고 보급하고 있다는 점이다. 여러 분파와

신교와 구교의 경쟁이 상존하더라도 종교의 기본적인 복음을 시대에 따른 체계화와 표준화를 통하여 성장시키고 있다는 점이다. 그러나 불교계는 어찌 이러한 노력이 느리게 진행되는 것인가? 『마하반야바라밀다경』(대품반야경)의 역경의 과정에서 한 글자의 번역에서 완성을 위한 노력으로 몇 일을 고뇌하면서 삼장의 통일성이 있는 번역과 유통의 발전을 기대하여 본다.

『마하반야바라밀다경』의 역경불사에는 많은 신심과 원력이 담겨있으므로, 번역과 출판을 위하여 동참하신 사부대중들은 현세에서 스스로의 소원에서 무한한 이익을 얻고, 세간에서 생겨나는 삼재팔난의 장애를 벗어나기를 발원드리며, 이미 생(生)의 인연을 마치신 영가들께서는 아미타불의 극락정토에 왕생하시기를 발원드린다. 현재까지의 역경과 출판을 위하여 항상 후원과 격려를 보내주시는 은사이신 세영 스님과 죽림불교문화연구원의 사부대중들께 감사드리면서, 이 불사에 동참하신 분들께 불보살들의 가호(加護)가 항상 가득하기를 발원하면서 감사의 글을 마친다.

불기 2568년(2024) 7월 초분(初分)의 장야(長夜)에

서봉산 자락의 죽림불교문화연구원에서

사문 보운이 삼가 적다

출판에 도움을 주신 분들

김혜진	강현구	정윤민	정지민	황명옥	홍경희
권태임	조윤준	우경수	황유정	김미경	김성도
임동욱	김영길	길주현	권영준靈駕	권영세靈駕	
유순이靈駕	유해관靈駕	유해정靈駕	유해영靈駕	성낙정靈駕	

차 례

초분 初分

일러두기

1. 이 책의 저본(底本)은 고려대장경(高麗大藏經) 1권부터 결집된 『대반야바라밀다경(大般若波羅蜜多經)』이다.

2. 원문은 600권으로 구성되어 있으나 이 책에서는 각 권수를 표시하되 30권을 한 권의 책으로 편집하여 번역하였다.

3. 번역의 정밀함을 기하기 위해 여러 시대와 왕조에서 각각 결집된 여러 한역대장경을 대조하고 비교하며 번역하였다.

4. 원문은 현장 삼장의 번역을 충실하게 따랐으나, 반복되는 용어를 생략하였던 용어에서는 번역자가 생략 이전의 본래의 용어로 통일하여 번역하였다.

5. 원문에 나오는 '필추(苾芻)', '필추니(苾芻尼)' 등의 용어는 음사(音寫)이므로 현재에 사용하는 '비구(比丘)', '비구니(比丘尼)'라고 번역하였다.

6. 원문에서의 이전의 번역과는 다른 용어가 사용되고 있으므로 원문을 존중하여 저본의 용어로 번역하였다.
   예) 보시·지계·인욕·정진·선정·지혜바라밀다 → 보시(布施)·정계(淨戒)·안인(安忍)·정진(精進)·정려(靜慮)·반야바라밀다(般若波羅蜜多), 축생 → 방생(傍生), 아귀→ 귀계(鬼界)

7. 원문에서 사용되고 있으나, 현재의 용어와 많이 다른 경우는 현재 용어로 번역하였고, 생략되거나, 어휘가 변화된 용어도 현재의 용어를 사용하여 번역하였다.
   예) 루(漏) → 번뇌, 악취(惡趣) → 악한 세계, 여래(如來)·응(應)·정등각(正等覺) → 여래·응공·정등각, 수량(壽量) → 수명, 성판(成辦) → 성취

8. 원문에서 사용한 용어 중에 현재와 음가(音價)가 다르게 변형된 사례가 많이 발견된다. 원문의 뜻을 최대한 살려 번역하였으나 현저하게 의미가 달라진 용어의 경우 현재 사용하는 용어로 바꾸어 번역하였다.

   예) 우파색가(鄔波索迦)→ 우바색가, 나유다(那庾多)→ 나유타(那庾多)

9. 앞에서와 같이 동일한 문장이 계속하여 반복되는 경우에는 원문에서 내지(乃至)라는 용어가 사용되고 있는데, 현재의 의미로 해석하여 '...... 나아가 ......' 또는 '나아가'의 형태로 바꾸어 번역하였다.

해제(解題)

1. 성립과 한역

이 경전의 범명(梵名)은 Mahāprajñāpāramitā Sūtra이다. 모두 600권으로 결집되었고, 여러 반야부의 경전들을 집대성하고 있다. 선행연구에서 대략 AD.1~200년경에 성립되었다고 연구되고 있으며, 인도의 쿠샨 왕조 시대에 남인도에서 널리 사용되었다고 추정되고, 뒤에 북인도에서 대중화 되었으며, 산스크리트어로 많은 부분이 남아있다.

본 번역의 저본은 고려대장경에 수록된『대반야바라밀다경(大般若波羅蜜多經)』으로 당(唐)의 현장(玄奘)이 방주(方州)의 옥화궁사(玉華宮寺)에서 659년 또는 660년에 번역을 시작하여 663년에 번역한 경전이고, 당시까지 번역된 경전과 현장이 새롭게 번역한 경전들을 모두 함께 수록하고 있다.

중국에서 반야경의 유통은 동한(東漢)의 지루가참(支婁迦讖)이 역출(譯出)한『도행반야경(道行般若經)』10권을 번역하였던 것이 확인할 수 있는 최초의 사례이다. 이후에 삼국시대의 오(吳)나라 지겸(支謙)은『대명도무극경(大明度無極經)』6권으로 중역(重譯)하여 완성하였으며, 축법호(竺法護)는『광찬반야바라밀경(光贊般若波羅蜜經)』10권을 번역하였고, 조위(曹魏)의 사문 주사행(朱士行)이 감로(甘露) 5년(260)에 우전국(于闐國)에서 이만송대품반야범본(二萬頌大品般若梵本)을 구하여 무라차(無羅叉)와 함께 『방광반야바라밀경(放光般若波羅蜜經)』 20권으로 번역하였으며, 요진(姚秦)의 구마라집(鳩摩羅什)은 홍시(弘始) 6년(404)에 대품이만송(大品二萬頌)의 『마하반야바라밀경(摩訶般若波羅蜜經)』을 중역하였고, 홍시(弘始) 10년(408)에 『마하반야바라밀경(摩訶般若波羅蜜經)』과 『금강반야경(金剛般若經)』 등을 역출(譯出)하였으며, 북위(北魏) 영평(永平) 2년(509)에 보리유지(菩提流支)는 『금강반야경(金剛般若經)』 1권을 역출하였다.

용수보살이 주석한 대지도론에서는 "또 삼장(三藏)에는 올바른 30만의 게송(偈)이 있고, 아울러 960만의 설(言)이 있으나, 마하연은 너무 많아서 무량하고 무한하다. 이와 같아서 「반야바라밀품(般若波羅密品)」에는 2만2천의 게송이 있고, 「대반야품(大般若品)」에는 10만의 게송이 있다."라고 전하고 있고, 세친(世親)이 저술하고 보리유지가 번역한 『금강선론(金剛仙論)』에서는 "8부(八部)의 반야가 있는데, 분별한다면 『대반야경초(大般若經初)』는 10만의 게송이고, 『대품반야경(大品般若經)』은 2만 5천의 게송이며, 『대반야경제삼회(大般若經第三會)』는 1만 8천의 게송이고, 『소품반야경(小品般若經)』은 8천의 게송이며, 『대반야경제오회(大般若經第五會)』는 4천의 게송이고, 『승천왕반야경(勝天王般若經)』은 2천 5백의 게송이며, 『문수반야경(文殊般若經)』은 6백의 게송이고, 『금강경(金剛經)』은 3백의 게송이다."라고 주석하고 있다.

본 경전의 다른 명칭으로는 『대반야경(大般若經)』, 『대품반야경(大品般若經)』, 또는 6백부반야(六百部般若)라고 불린다. 6백권의 390품이고 약 4백6십만의 한자로 결집되어 있으므로 현재 전하는 경장과 율장 및 논장의 가운데에서 가장 방대한 분량이다.

반야경의 한역본을 살펴보면 중복되는 명칭이 경전을 제외하더라도 여러 소경(小經)의 형태로 번역되었던 것을 살펴볼 수 있다. 그 사례를 살펴보면 『방광반야경(放光般若經)』(20卷), 『광찬경(光贊經)』(10卷), 『마하반야바라밀경(摩訶般若波羅蜜經)』(27卷), 『도행반야경(道行般若經)』(10卷), 『대명도경(大明度經)』(6卷), 『마하반야초경(摩訶般若鈔經)』(5卷), 『소품반야바라밀경(小品般若波羅蜜經)』(10卷), 『불설불모출생삼법장반야바라밀다경(佛說佛母出生三法藏般若波羅蜜多經)』(25卷), 『불설불모보덕장반야바라밀경(佛說佛母寶德藏般若波羅蜜經)』(3卷), 『성팔천송반야바라밀다일백팔명진실원의다라니경(聖八千頌般若波羅蜜多一百八名眞實圓義陀羅尼經)』, 『승천왕반야바라밀경(勝天王般若波羅蜜經)』(7卷), 『문수사리소설마하반야바라밀경(文殊師利所說摩訶般若波羅蜜經)』(2卷), 『문수사리소설반야바라밀경(文殊師利所說般若波羅蜜經)』, 『불설유수보살무상청정분위경(佛說濡首菩薩無上淸淨分衛經)』(2卷), 『금강반야바라밀경(金剛般若波羅密經)』, 『금강능단반야바라밀경(金剛能斷般若波羅蜜經)』, 『불설능단금강반야바라밀다경(佛說能斷金剛般若波羅蜜多經)』, 『실상반야바라밀경(實相般若波羅蜜經)』, 『금강정유가이취반야경(金剛頂瑜伽理趣般若經)』, 『불설변조반야바라밀경(佛說遍照般若波羅蜜經)』, 『대락금강불공진실삼마야경(大樂金剛不空眞實三麼耶經)』, 『불설최상근본대락금강불공삼매대교왕경(佛說最上根本大樂金剛不空三昧大敎王經)』(7卷), 『불설인왕반야바라밀경(佛說仁王般若波羅蜜經)』(2卷), 『인왕호국반야바라밀다경(仁王護國般若波羅蜜多經)』(2卷), 『불설요의반야바라밀다경(佛說了義般若波羅蜜多經)』, 『불설오십송성반야바라밀경(佛說五十頌聖般若波羅蜜經)』, 『불설제석반야바라밀다심경(佛說帝釋般若波羅蜜多心經)』, 『마하반야바라밀대명주경(摩訶般若波羅蜜大明呪經)』, 『반야바라밀다심경(般若波羅蜜多心經)』, 『보편지장반야바라밀다심경(普遍智藏般若波羅蜜多心經)』, 『당범번대자음반야바라밀다심경(唐梵飜對字音般若波羅蜜多心經)』, 『불설성불모반야바라밀다경(佛說聖佛母般若波羅蜜多經)』, 『불설성불모소자반야바라밀다경(佛說聖佛母小字般若波羅蜜多經)』, 『불설관상불모반야바라밀다보살경(佛說觀想佛母般若波羅蜜多菩薩經)』, 『불설개각자성반야바라밀다경(佛說開覺自性般若波羅蜜多經)』(4卷), 『대승이취육바라밀다경(大乘理趣六波羅蜜多經)』(10卷) 등의 독립된 경전으로 다양하게 번역되었다.

2. 설처(說處)와 결집(結集)

마하반야바라밀다경의 결집은 4처(處) 16회(會)로 구성되어 있는데, 제1회에서 제6회까지와 제15회는 왕사성의 영취산에서, 제7회에서 제9회까지와 제11회에서 제14회까지는 사위성의 기원정사에서, 제10회는 타화자재천 왕궁에서, 제16회는 왕사성의 죽림정사에서 이루어졌으며, 표로 구성한다면 아래와 같다.

九部般若	四處	『大般若經』의 卷數	특기사항(別稱)
上品般若	鷲峰山	初會79品(1~400卷)	十萬頌般若
中品般若		第二會85品(401~478卷)	二萬五千頌般若, 大品般若經
		第三會31品(479~537卷)	一萬八千頌般若
下品般若		第四會29品(538~555卷)	八千頌般若, 小品般若經
		第五會24品(556~565卷)	四千頌般若
天王般若		第六會17品(566~573卷)	勝天王般若經
文殊般若	給孤獨園	第七會(574~575卷, 曼殊室利分)	七百頌般若, 文殊說般若經
那伽室利般若		第八會(576卷, 那伽室利分)	濡首菩薩經
金剛般若		第九會(577卷, 能斷金剛分)	三百頌般若, 金剛經
理趣般若	他化自在天	第十會(578卷, 般若理趣分)	理趣百五十頌, 理趣般若經
六分般若	給孤獨園	第十一會(579卷~583卷, 布施波羅蜜多分)	五波羅蜜多經
		第十二會(584卷~588卷, 戒波羅蜜多分)	
		第十三會(589卷, 安忍波羅蜜多分)	
		第十四會(590卷, 精進波羅蜜多分)	
	鷲峰山	第十五會(591~592卷, 靜慮波羅蜜多分)	
	竹林精舍	第十六會(593~600卷, 般若波羅蜜多分)	善勇猛般若經

제1회는 범어로는 Śatasāhasrikāprajñāpāramitāsūtra이고, 제1권~제400권의 10만송으로 결집되고 있으며, 79품으로 이루어져 있고, 전체의

3분의 2에 해당하는 분량이다. 현장에 의해 처음으로 번역되었으므로 이역본이 없다.

제2회는 범어로는 Pañcaviṁśatisāhasrikāprajñāpāramitā sūtra이고, 제401권~제478권의 2만5천송(大品般若)으로 결집되고 있으며, 85품으로 이루어져 있고, 제1회와 비교하여 「상제보살품(常啼菩薩品)」과 「법용보살품(法涌菩薩品)」의 두 품이 생략되어 있다. 이역본으로 『방광반야바라밀경(放光般若波羅蜜經)』, 『마하반야바라밀경(摩訶般若波羅蜜經)』, 『광찬경(光讚經)』 등이 있다.

제3회는 범어로는 Aṣṭādaśasāhasrikāprajñāpāramitā sūtra이고, 제479권~제537권의 1만8천송으로 결집되고 있으며, 31품으로 이루어져 있고, 제2회와 같이 「상제보살품」과 「법용보살품」이 생략되어 있다.

제4회는 범어로 Aṣṭasāhasrikāsūtra이고, 제538권~제555권의 8천송(小品般若)으로 결집되고 있으며, 29품으로 이루어져 있다.

제5회는 범어로 Aṣṭasāhasrikāprajñāpāramitā sūtra이고, 제556권~제565권의 8천송(小品般若)으로 결집되고 있으며, 24품으로 이루어져 있다. 반야경은 큰 위력이 있어서 그 자체가 신비한 주문이라고 설하면서 수지하고 독송하는 것을 강조하였다. 이역본으로는 『마하반야초경(摩訶般若鈔經)』, 『도행반야경(道行般若經)』, 『대명도경(大明度經)』, 『마하반야바라밀경(小品般若經)』, 시호 역의 『불모출생삼장반야바라밀다경』, 법현 역의 『불모보덕반야바라밀다경』, 시호 역의 『성팔천송반야바라밀다일백팔명진실원의다라니경』 등이 있다.

제6회는 범어로 Devarājapravaraprajñāpāramitā sūtra이고, 제566권~제573권으로 결집되고 있으며, 17품으로 이루어져 있다. 이역본으로 『승천왕반야바라밀경(勝天王般若波羅蜜經)』이 있다.

제7회는 범어로는 Saptaśatikāprajñāpāramitā sūtra이고, 제574~제575권으로 결집되고 있으며, 7백송이다. 만수실리분(曼殊室利分)이라고도 부르는데, 만수실리는 문수사리를 가리킨다. 이역본으로 『문수사리소설마하반야바라밀경(文殊師利所說摩訶般若波羅蜜經)』, 『문수사리소설반야바라밀경(文殊師利所說般若波羅蜜經)』이 있다.

제8회는 범어로는 Nāgaśrīparipṛcchā sūtra이고, 제576권으로 결집되고 있으며, 5백송이다. 이역본으로 『불설유수보살무상청정분위경(佛說濡首菩薩無上清淨分衛經)』이 있다.

제9회는 범어로 Vajracchedikāprajñāpāramitā sūtra이고, 제577권으로 결집되고 있으며, 능단금강분(能斷金剛分)이라 한다. 이역본으로 구마라집·보리유지·진제가 각각 번역한 『금강반야바라밀경』과 현장이 번역한 『능단금강반야바라밀다경』, 의정(義淨)이 번역한 『불설능단금강반야바라밀다경』이 있다.

제10회는 1백50송이며, 범어로는 Adhyardhaśatikāprajñāpāramitā sūtra이고, 제578권으로 결집되고 있으며, 1백50송이고, 반야이취분(般若理趣分)이라고 부른다. 이역본으로 『실상반야바라밀경(實相般若波羅蜜經)』, 『금강정유가이취반야경(金剛頂瑜伽理趣般若經)』, 『변조반야바라밀경(遍照般若波羅蜜經)』, 『최상근본금강불공삼매대교왕경(最上根本金剛不空三昧大教王經)』 등이 있다.

제11회부터 제15회까지는 범어로는 Pañcapāramitānirdeśa이고 1천8백송이다. 제16회는 범어로 Suvikrāntavikramiparipṛcchāprajñāpāramitā sūtra이고, 2천1백송이다. 구체적으로 살펴보면, 제11회는 제579권~제583권의 보시바라밀다분이고, 제12회는 제584권~제588권의 정계바라밀다분이며, 제13회는 제589권의 안인바라밀다분이고, 제14회는 제590권의 정진바라밀다분이며, 제15회는 제591권~제592권의 정려바라밀다분이고, 제16회는 제593권~제600권의 반야바라밀다분으로 결집되어 있다.

3. 각 품(品)의 권수와 구성

『마하반야바라밀다경』의 결집은 4처(處) 16회(會)로 구성되어 있으나,

설법(說法)에 따른 분량에서 매우 많은 차이를 보여주고 있다. 이러한 차이는 각 법문의 내용과 대상에 따른 차이를 반영하고 있는데, 표를 통하여 600권에 수록된 각각의 품(品)과 분(分)을 살펴보면 다음과 같다.

법회(法會)	구분(區分)	설법의 분류	수록권수(收錄卷數)	특기사항
初會	緣起品	第1-1~2	1~2권	서문 수록
	學觀品	第2-1~2	3~4권	
	相應品	第3-1~4	4~7권	
	轉生品	第4-1~3	7~9권	
	贊勝德品	第5	10권	
	現舌相品	第6	10권	
	教誡教授品	第7-1~26	11~36권	
	勸學品	第8	36권	
	無住品	第9-1~2	36~37권	
	般若行相品	第10-1~4	38~41권	
	譬喩品	第11-1~4	42~45권	
	菩薩品	第12-1~2	45~46권	
	摩訶薩品	第13-1~3	47~49권	
	大乘鎧品	第14-1~3	49~51권	
	辨大乘品	第15-1~6	51~56권	
	贊大乘品	第16-1~6	56~61권	
	隨順品	第17	61권	
	無所得品	第18-1~10	61~70권	
	觀行品	第19-1~5	70~74권	
	無生品	第20-1~2	74~75권	
	淨道品	第21-1~2	75~76권	
	天帝品	第22-1~5	77~81권	
	諸天子品	第23-1~2	81~82권	
	受教品	第24-1~3	82~83권	
	散花品	第25	84권	
	學般若品	第26-1~5	85~89권	
	求般若品	第27-1~10	89~98권	
	嘆衆德品	第28-1~2	98~99권	
	攝受品	第29-1~5	99~103권	
	校量功德品	第30-1~66	103~169권	
	隨喜迴向品	第31-1~5	169~172권	
	贊般若品	第32-1~10	172~181권	
	謗般若品	第33	181권	

	難信解品	第34-1~103	182~284권	
	贊淸淨品	第35-1~3	285~287권	
	着不着相品	第36-1~6	287~292권	
	說般若相品	第37-1~5	292~296권	
	波羅蜜多品	第38-1~2	296~297권	
	難聞功德品	第39-1~6	297~304권	
	魔事品	第40-1~2	304~305권	
	佛母品	第41-1~4	305~308권	
	不思議等品	第42-1~3	308~310권	
	辦事品	第43-1~2	310~311권	
	衆喩品	第44-1~3	311~313권	
	眞善友品	第45-1~4	313~316권	
	趣智品	第46-1~3	316~318권	
	眞如品	第47-1~7	318~324권	
	菩薩住品	第48-1~2	324~325권	
	不退轉品	第49-1~3	326~328권	
	巧方便品	第50-1~3	328~330권	
	願行品	第51-1~2	330~331권	
	殑伽天品	第52	331권	
	善學品	第53-1~5	331~335권	
	斷分別品	第54-1~2	335~336권	
	巧便學品	第55-1~5	337~341권	
	願喩品	第56-1~2	341~342권	
	堅等贊品	第57-1~5	342~346권	
	囑累品	第58-1~2	346~347권	
	無盡品	第59-1~2	347~348권	
	相引攝品	第60-1~2	349~350권	
	多問不二品	第61-1~13	350~363권	
	實說品	第62-1~3	363~365권	
	巧便行品	第63-1~2	365~366권	
	遍學道品	第64-1~7	366~372권	
	三漸次品	第65-1~2	372~373권	
	無相無得品	第66-1~6	373~378권	
	無雜法義品	第67-1~2	378~379권	
	諸功德相品	第68-1~5	379~383권	
	諸法平等品	第69-1~4	383~386권	
	不可動品	第70-1~5	386~390권	
	成熟有情品	第71-1~4	390~393권	
	嚴淨佛土品	第72-1~2	393~394권	
	淨土方便品	第73-1~2	394~395권	

	無性自性品	第74-1~2	395~396권	
	勝義瑜伽品	第75-1~2	396~397권	
	無動法性品	第76	397권	
	常啼菩薩品	第77-1~2	398~399권	
	法湧菩薩品	第78-1~2	399~400권	
	結勸品	第79	400권	
二會	緣起品	第1	401권	서문 수록
	歡喜品	第2	402권	
	觀照品	第3-1~4	402~405권	
	無等等品	第4	405권	
	舌根相品	第5	405권	
	善現品	第6-1~3	406~408권	
	入離生品	第7	408권	
	勝軍品	第8-1~2	408~409권	
	行相品	第9-1~2	409~410권	
	幻喩品	第10	410권	
	譬喩品	第11	411권	
	斷諸見品	第12	411권	
	六到彼岸品	第13-1~2	411~412권	
	乘大乘品	第14	412권	
	無縛解品	第15	413권	
	三摩地品	第16-1~2	413~414권	
	念住等品	第17-1~2	414~415권	
	修治地品	第18-1~2	415~416권	
	出住品	第19-1~2	416~417권	
	超勝品	第20-1~2	417~418권	
	無所有品	第21-1~3	418~420권	
	隨順品	第22	420권	
	無邊際品	第23-1~4	420~423권	
	遠離品	第24-1~2	423~424권	
	帝釋品	第25-1~2	425~426권	
	信受品	第26	426권	
	散花品	第27-1~2	426~427권	
	授記品	第28	427권	
	攝受品	第29-1~2	427~428권	
	窣堵波品	第30	428권	
	福生品	第31	429권	
	功德品	第32	429권	
	外道品	第33	429권	
	天來品	第34-1~2	429~430권	

	設利羅品	第35	430권	
	經文品	第36-1~2	431~432권	
	隨喜迴向品	第37-1~2	432~433권	
	大師品	第38	434권	
	地獄品	第39-1~2	434~435권	
	淸淨品	第40	436권	
	無摽幟品	第41-1~2	436~437권	
	不可得品	第42	437권	
	東北方品	第43-1~3	438~440권	
	魔事品	第44	440권	
	不和合品	第45-1~2	440~441권	
	佛母品	第46-1~2	441~442권	
	示相品	第47-1~2	442~443권	
	成辦品	第48	444권	
	船等喩品	第49-1~2	444~445권	
	初業品	第50-1~2	445~446권	
	調伏貪等品	第51	446권	
	眞如品	第52-1~3	446~448권	
	不退轉品	第53	448권	
	轉不退轉品	第54	449권	
	甚深義品	第55-1~2	449~450권	
	夢行品	第56	451권	
	願行品	第57	451권	
	殑伽天品	第58	451권	
	習近品	第59	452권	
	增上慢品	第60-1~3	452~454권	
	同學品	第61-1~2	454~455권	
	同性品	第62-1~2	455~456권	
	無分別品	第63	456권	
	堅非堅品	第64-1~2	456~457권	
	實語品	第65-1~2	457~458권	
	無盡品	第66	458권	
	相攝品	第67	459권	
	巧便品	第68-1~4	459~463권	
	樹喩品	第69	463권	
	菩薩行品	第70	464권	
	親近品	第71	464권	
	遍學品	第72-1~2	464~465권	
	漸次品	第73-1~2	465~466권	
	無相品	第74-1~2	466~467권	

	無雜品	第75-1~2	467~468권	
	衆德相品	第76-1~4	468~471권	
	善達品	第77-1~3	471~473권	
	實際品	第78-1~2	473~474권	
	無闕品	第79-1~2	474~475권	
	道土品	第80	476권	
	正定品	第81	477권	
	佛法品	第82	477권	
	無事品	第83	478권	
	實說品	第84	478권	
	空性品	第85	478권	
第三會	緣起品	第1	479권	서문 수록
	舍利子品	第2-1~4	479~482권	
	善現品	第3-1~17	482~498권	
	天帝品	第4-1~3	498~500권	
	現窣堵波品	第5-1~3	500~502권	
	稱揚功德品	第6-1~2	502~503권	
	佛設利羅品	第7	503권	
	福聚品	第8-1~2	503~504권	
	隨喜迴向品	第9-1~2	504~505권	
	地獄品	第10-1~2	505~506권	
	嘆淨品	第11-1~2	506~507권	
	贊德品	第12	507권	
	陀羅尼品	第13-1~2	508~509권	
	魔事品	第14	509권	
	現世間品	第15	510권	
	不思議等品	第16	511권	
	譬喩品	第17	511권	
	善友品	第18	512권	
	眞如品	第19-1~2	513~514권	
	不退相品	第20-1~2	514~515권	
	空相品	第21-1~3	515~517권	
	殑伽天品	第22	517권	
	巧便品	第23-1~4	517~520권	
	學時品	第24	520권	
	見不動品	第25-1~2	521~522권	
	方便善巧品	第26-1~4	523~526권	
	慧到彼岸品	第27	527권	
	妙相品	第28-1~5	528~532권	
	施等品	第29-1~4	532~535권	

	佛國品	第30-1~2	535~536권	
	宣化品	第31-1~2	536~537권	
第四會	妙行品	第1-1~2	538~539권	서문 수록
	帝釋品	第2	539권	
	供養窣堵波品	第3-1~3	539~541권	
	稱揚功德品	第4	541권	
	福門品	第5-1~2	541~542권	
	隨喜迴向品	第6-1~2	543~544권	
	地獄品	第7	544권	
	清淨品	第8	545권	
	讚歎品	第9	545권	
	總持品	第10-1~2	545~546권	
	魔事品	第11-1~2	546~547권	
	現世間品	第12	547권	
	不思議等品	第13	547권	
	譬喩品	第14	548권	
	天贊品	第15	548권	
	眞如品	第16-1~2	548~549권	
	不退相品	第17	549권	
	空相品	第18-1~2	549~550권	
	深功德品	第19	550권	
	殑伽天品	第20	550권	
	覺魔事品	第21-1~2	551권	
	善友品	第22-1~2	551~552권	
	天主品	第23	552권	
	無雜無異品	第24	552권	
	迅速品	第25-1~2	552~553권	
	幻喩品	第26	553권	
	堅固品	第27-1~2	553~554권	
	散花品	第28	554권	
	隨順品	第29	555권	
第五會	善現品	第1	556권	서문 수록
	天帝品	第2	556권	
	窣堵波品	第3	557권	
	神呪品	第4	557권	
	設利羅品	第5	558권	
	經典品	第6	558권	
	迴向品	第7	558권	
	地獄品	第8	559권	
	清淨品	第9	559권	

	不思議品	第10-1~2	559~560권	
	魔事品	第11	560권	
	眞如品	第12	560권	
	甚深相品	第13	560~561권	
	船等喩品	第14	561권	
	如來品	第15-1~2	561~562권	
	不退品	第16	562권	
	貪行品	第17-1~2	562~563권	
	姊妹品	第18	563권	
	夢行品	第19	563권	
	勝意樂品	第20	564권	
	修學品	第21	564권	
	根栽品	第22-1~2	564~565권	
	付囑品	第23	565권	
	見不動佛品	第24	565권	
第六會	緣起品	第1	566권	서문 수록
	通達品	第2	566권	
	顯相品	第3	567권	
	法界品	第4-1~2	567~568권	
	念住品	第5	568권	
	法性品	第6	569권	
	平等品	第7	570권	
	現相品	第8	570권	
	無所得品	第9	571권	
	證勸品	第10	571권	
	顯德品	第11	572권	
	現化品	第12	572권	
	陀羅尼品	第13	572권	
	勸誡品	第14-1~2	572~573권	
	二行品	第15	573권	
	讚歎品	第16	573권	
	付囑品	第17	573권	
第七會	曼殊室利分	第1~2	574~575권	서문 수록
第八會	那伽室利分	第1	576권	서문 수록
第九會	能斷金剛分	第1	577권	서문 수록
第十會	般若理趣分	第1	578권	서문 수록
第十一會	施波羅蜜多分	第1~5	579~583권	서문 수록
第十二會	淨戒波羅蜜多分	第1~5	584~588권	서문 수록
第十三會	忍波羅蜜多分	第1	589권	서문 수록
第十四會	精進波羅蜜多分	第1	590권	서문 수록

第十五會	靜慮波羅蜜多分	第1~2	591~592권	서문 수록
第十六會	般若波羅蜜多分	第1~8	593~600권	서문 수록

따라서 마하반야바라밀다경은 설법의 내용을 따라서 각각 다른 결집의 형태를 보여주고 있으며, 매우 방대하였던 까닭으로 반야계통의 경전인 『소품반야경』, 『금강반야경』, 『반야심경』 등에 비교하여 많이 연구되지 않고 있다. 그러나 『고려대장경』의 처음에 『마하반야바라밀다경』을 배치하고 있는 것은 한국불교에서는 『마하반야바라밀다경』의 사상적인 위치가 매우 중요하였다고 추정할 수 있다.

초분
初分

마하반야바라밀다경 제151권

30. 교량공덕품(校量功德品)(49)

"다시 다음으로 교시가여. 만약 선남자와 선여인 등이 무상보리심을 일으킨 자를 위하여 정려바라밀다를 널리 설한다면, '그대 선남자여. 정려바라밀다에 상응하여 수습할 것이고, 고성제가 항상하거나 무상하다고 상응하여 관찰하지 않아야 하며, 집·멸·도성제가 항상하거나 무상하다고 상응하여 관찰하지 않아야 합니다. 왜 그러한가? 고성제는 고성제의 자성이 공하고 집·멸·도성제는 집·멸·도성제의 자성이 공하더라도, 이 고성제의 자성은 곧 자성이 아니고 이 집·멸·도성제의 자성도 역시 자성이 아닙니다.

만약 자성이 아닌 것이 곧 정려바라밀다라면, 이 정려바라밀다에서는 고성제를 얻을 수 없고 그것의 항상함과 무상함도 역시 얻을 수 없으며, 집·멸·도성제를 모두 얻을 수 없고 그것의 항상함과 무상함도 역시 얻을 수 없습니다. 그 까닭은 무엇인가? 이 가운데에서 오히려 고성제 등도 얻을 수 없는데, 어찌 하물며 그것의 항상함과 무상함이 있겠습니까? 그대가 만약 이와 같이 능히 정려를 수습한다면 이것이 정려바라밀다를 수습하는 것입니다.'라고 이와 같이 말을 지어야 하느니라.

다시 '그대 선남자여. 정려바라밀다에 상응하여 수습할 것이고, 고성제가 즐겁거나 괴롭다고 상응하여 관찰하지 않아야 하며, 집·멸·도성제가 즐겁거나 괴롭다고 상응하여 관찰하지 않아야 합니다. 왜 그러한가? 고성제는 고성제의 자성이 공하고 집·멸·도성제는 집·멸·도성제의 자성이 공하더라도, 이 고성제의 자성은 곧 자성이 아니고 이 집·멸·도성제의 자성도 역시 자성이 아닙니다.

만약 자성이 아닌 것이 곧 정려바라밀다라면, 이 정려바라밀다에서는 고성제를 얻을 수 없고 그것의 즐거움과 괴로움도 역시 얻을 수 없으며, 집·멸·도성제를 모두 얻을 수 없고 그것의 즐거움과 괴로움도 역시 얻을 수 없습니다. 그 까닭은 무엇인가? 이 가운데에서 오히려 고성제 등도 얻을 수 없는데, 어찌 하물며 그것의 즐거움과 괴로움이 있겠습니까? 그대가 만약 이와 같이 능히 정려를 수습한다면 이것이 정려바라밀다를 수습하는 것입니다.'라고 이와 같이 말을 지어야 하느니라.

다시 '그대 선남자여. 정려바라밀다에 상응하여 수습할 것이고, 고성제가 나이거나 무아라고 상응하여 관찰하지 않아야 하며, 집·멸·도성제가 나이거나 무아라고 상응하여 관찰하지 않아야 합니다. 왜 그러한가? 고성제는 고성제의 자성이 공하고 집·멸·도성제는 집·멸·도성제의 자성이 공하더라도, 이 고성제의 자성은 곧 자성이 아니고 이 집·멸·도성제의 자성도 역시 자성이 아닙니다.

만약 자성이 아닌 것이 곧 정려바라밀다라면, 이 정려바라밀다에서는 고성제를 얻을 수 없고 그것의 나와 무아도 역시 얻을 수 없으며, 집·멸·도성제를 모두 얻을 수 없고 그것의 나와 무아도 역시 얻을 수 없습니다. 그 까닭은 무엇인가? 이 가운데에서 오히려 고성제 등도 얻을 수 없는데, 어찌 하물며 그것의 나와 무아가 있겠습니까? 그대가 만약 이와 같이 능히 정려를 수습한다면 이것이 정려바라밀다를 수습하는 것입니다.'라고 이와 같이 말을 지어야 하느니라.

다시 '그대 선남자여. 정려바라밀다에 상응하여 수습할 것이고, 고성제가 청정하거나 부정하다고 상응하여 관찰하지 않아야 하며, 집·멸·도성제가 청정하거나 부정하다고 상응하여 관찰하지 않아야 합니다. 왜 그러한가? 고성제는 고성제의 자성이 공하고 집·멸·도성제는 집·멸·도성제의 자성이 공하더라도, 이 고성제의 자성은 곧 자성이 아니고 이 집·멸·도성제의 자성도 역시 자성이 아닙니다.

만약 자성이 아닌 것이 곧 정려바라밀다라면, 이 정려바라밀다에서는 고성제를 얻을 수 없고 그것의 청정과 부정도 역시 얻을 수 없으며, 집·멸·도성제를 모두 얻을 수 없고 그것의 청정과 부정도 역시 얻을 수 없습니다. 그 까닭은 무엇인가? 이 가운데에서 오히려 고성제 등도 얻을 수 없는데, 어찌 하물며 그것의 청정과 부정이 있겠습니까? 그대가 만약 이와 같이 능히 정려를 수습한다면 이것이 정려바라밀다를 수습하는 것입니다.'라고 이와 같이 말을 지어야 하느니라. 교시가여. 이 선남자와 선여인 등이 이것 등을 설하였다면 이것이 널리 진정하게 정려바라밀다를 설하는 것이니라.

다시 다음으로 교시가여. 만약 선남자와 선여인 등이 무상보리심을 일으킨 자를 위하여 정려바라밀다를 널리 설한다면, '그대 선남자여. 정려바라밀다에 상응하여 수습할 것이고, 4정려가 항상하거나 무상하다고 상응하여 관찰하지 않아야 하며, 4무량·4무색정이 항상하거나 무상하다고 상응하여 관찰하지 않아야 합니다. 왜 그러한가? 4정려는 4정려의 자성이 공하고 4무량·4무색정은 4무량·4무색정의 자성이 공하더라도, 이 4정려의 자성은 곧 자성이 아니고 이 4무량·4무색정의 자성도 역시 자성이 아닙니다.

만약 자성이 아닌 것이 곧 정려바라밀다라면, 이 정려바라밀다에서는 4정려를 얻을 수 없고 그것의 항상함과 무상함도 역시 얻을 수 없으며, 4무량·4무색정을 모두 얻을 수 없고 그것의 항상함과 무상함도 역시 얻을 수 없습니다. 그 까닭은 무엇인가? 이 가운데에서 오히려 4정려 등도 얻을 수 없는데, 어찌 하물며 그것의 항상함과 무상함이 있겠습니까? 그대가 만약 이와 같이 능히 정려를 수습한다면 이것이 정려바라밀다를 수습하는 것입니다.'라고 이와 같이 말을 지어야 하느니라.

다시 '그대 선남자여. 정려바라밀다에 상응하여 수습할 것이고, 4정려가 즐겁거나 괴롭다고 상응하여 관찰하지 않아야 하며, 4무량·4무색정이 즐겁거나 괴롭다고 상응하여 관찰하지 않아야 합니다. 왜 그러한가? 4정려는 4정려의 자성이 공하고 4무량·4무색정은 4무량·4무색정의 자성이 공하더라도, 이 4정려의 자성은 곧 자성이 아니고 이 4무량·4무색정의 자성도 역시 자성이 아닙니다.

만약 자성이 아닌 것이 곧 정려바라밀다라면, 이 정려바라밀다에서는 4정려를 얻을 수 없고 그것의 즐거움과 괴로움도 역시 얻을 수 없으며, 4무량·4무색정을 모두 얻을 수 없고 그것의 즐거움과 괴로움도 역시 얻을 수 없습니다. 그 까닭은 무엇인가? 이 가운데에서 오히려 4정려 등도 얻을 수 없는데, 어찌 하물며 그것의 즐거움과 괴로움이 있겠습니까? 그대가 만약 이와 같이 능히 정려를 수습한다면 이것이 정려바라밀다를 수습하는 것입니다.'라고 이와 같이 말을 지어야 하느니라.

다시 '그대 선남자여. 정려바라밀다에 상응하여 수습할 것이고, 4정려가 나이거나 무아라고 상응하여 관찰하지 않아야 하며, 4무량·4무색정이 나이거나 무아라고 상응하여 관찰하지 않아야 합니다. 왜 그러한가? 4정려는 4정려의 자성이 공하고 4무량·4무색정은 4무량·4무색정의 자성이 공하더라도, 이 4정려의 자성은 곧 자성이 아니고 이 4무량·4무색정의 자성도 역시 자성이 아닙니다.

만약 자성이 아닌 것이 곧 정려바라밀다라면, 이 정려바라밀다에서는 4정려를 얻을 수 없고 그것의 나와 무아도 역시 얻을 수 없으며, 4무량·4무색정을 모두 얻을 수 없고 그것의 나와 무아도 역시 얻을 수 없습니다. 그 까닭은 무엇인가? 이 가운데에서 오히려 4정려 등도 얻을 수 없는데, 어찌 하물며 그것의 나와 무아가 있겠습니까? 그대가 만약 이와 같이 능히 정려를 수습한다면 이것이 정려바라밀다를 수습하는 것입니다.'라고 이와 같이 말을 지어야 하느니라.

다시 '그대 선남자여. 정려바라밀다에 상응하여 수습할 것이고, 4정려가 청정하거나 부정하다고 상응하여 관찰하지 않아야 하며, 4무량·4무색정이 청정하거나 부정하다고 상응하여 관찰하지 않아야 합니다. 왜 그러한가? 4정려는 4정려의 자성이 공하고 4무량·4무색정은 4무량·4무색정의 자성이 공하더라도, 이 4정려의 자성은 곧 자성이 아니고 이 4무량·4무색정의 자성도 역시 자성이 아닙니다.

만약 자성이 아닌 것이 곧 정려바라밀다라면, 이 정려바라밀다에서는 4정려를 얻을 수 없고 그것의 청정과 부정도 역시 얻을 수 없으며, 4무량·4무색정을 모두 얻을 수 없고 그것의 청정과 부정도 역시 얻을 수 없습니다. 그 까닭은 무엇인가? 이 가운데에서 오히려 4정려 등도 얻을 수 없는데, 어찌 하물며 그것의 청정과 부정이 있겠습니까? 그대가 만약 이와 같이 능히 정려를 수습한다면 이것이 정려바라밀다를 수습하는 것입니다.'라고 이와 같이 말을 지어야 하느니라. 교시가여. 이 선남자와 선여인 등이 이것 등을 설하였다면 이것이 널리 진정하게 정려바라밀다를 설하는 것이니라.

다시 다음으로 교시가여. 만약 선남자와 선여인 등이 무상보리심을 일으킨 자를 위하여 정려바라밀다를 널리 설한다면, '그대 선남자여. 정려바라밀다에 상응하여 수습할 것이고, 8해탈이 항상하거나 무상하다고 상응하여 관찰하지 않아야 하며, 8승처·9차제정·10변처가 항상하거나 무상하다고 상응하여 관찰하지 않아야 합니다. 왜 그러한가? 8해탈은 8해탈의 자성이 공하고 8승처·9차제정·10변처는 8승처·9차제정·10변처의 자성이 공하더라도, 이 8해탈의 자성은 곧 자성이 아니고 이 8승처·9차제정·10변처의 자성도 역시 자성이 아닙니다.

만약 자성이 아닌 것이 곧 정려바라밀다라면, 이 정려바라밀다에서는 8해탈을 얻을 수 없고 그것의 항상함과 무상함도 역시 얻을 수 없으며, 8승처·9차제정·10변처를 모두 얻을 수 없고 그것의 항상함과 무상함도 역시 얻을 수 없습니다. 그 까닭은 무엇인가? 이 가운데에서 오히려 8해탈 등도 얻을 수 없는데, 어찌 하물며 그것의 항상함과 무상함이 있겠습니까? 그대가 만약 이와 같이 능히 정려를 수습한다면 이것이 정려바라밀다를 수습하는 것입니다.'라고 이와 같이 말을 지어야 하느니라.

다시 '그대 선남자여. 정려바라밀다에 상응하여 수습할 것이고, 8해탈이 즐겁거나 괴롭다고 상응하여 관찰하지 않아야 하며, 8승처·9차제정·10변처가 즐겁거나 괴롭다고 상응하여 관찰하지 않아야 합니다. 왜 그러한가? 8해탈은 8해탈의 자성이 공하고 8승처·9차제정·10변처는 8승처·9차제정·10변처의 자성이 공하더라도, 이 8해탈의 자성은 곧 자성이 아니고 이 8승처·9차제정·10변처의 자성도 역시 자성이 아닙니다.

만약 자성이 아닌 것이 곧 정려바라밀다라면, 이 정려바라밀다에서는 8해탈을 얻을 수 없고 그것의 즐거움과 괴로움도 역시 얻을 수 없으며, 8승처·9차제정·10변처를 모두 얻을 수 없고 그것의 즐거움과 괴로움도 역시 얻을 수 없습니다. 그 까닭은 무엇인가? 이 가운데에서 오히려 8해탈 등도 얻을 수 없는데, 어찌 하물며 그것의 즐거움과 괴로움이 있겠습니까? 그대가 만약 이와 같이 능히 정려를 수습한다면 이것이 정려바라밀다를 수습하는 것입니다.'라고 이와 같이 말을 지어야 하느니라.

다시 '그대 선남자여. 정려바라밀다에 상응하여 수습할 것이고, 8해탈이 나이거나 무아라고 상응하여 관찰하지 않아야 하며, 8승처·9차제정·10변처가 나이거나 무아라고 상응하여 관찰하지 않아야 합니다. 왜 그러한가? 8해탈은 8해탈의 자성이 공하고 8승처·9차제정·10변처는 8승처·9차제정·10변처의 자성이 공하더라도, 이 8해탈의 자성은 곧 자성이 아니고 이 8승처·9차제정·10변처의 자성도 역시 자성이 아닙니다.

만약 자성이 아닌 것이 곧 정려바라밀다라면, 이 정려바라밀다에서는 8해탈을 얻을 수 없고 그것의 나와 무아도 역시 얻을 수 없으며, 8승처·9차제정·10변처를 모두 얻을 수 없고 그것의 나와 무아도 역시 얻을 수 없습니다. 그 까닭은 무엇인가? 이 가운데에서 오히려 8해탈 등도 얻을 수 없는데, 어찌 하물며 그것의 나와 무아가 있겠습니까? 그대가 만약 이와 같이 능히 정려를 수습한다면 이것이 정려바라밀다를 수습하는 것입니다.'라고 이와 같이 말을 지어야 하느니라.

다시 '그대 선남자여. 정려바라밀다에 상응하여 수습할 것이고, 8해탈이 청정하거나 부정하다고 상응하여 관찰하지 않아야 하며, 8승처·9차제정·10변처가 청정하거나 부정하다고 상응하여 관찰하지 않아야 합니다. 왜 그러한가? 8해탈은 8해탈의 자성이 공하고 8승처·9차제정·10변처는 8승처·9차제정·10변처의 자성이 공하더라도, 이 8해탈의 자성은 곧 자성이 아니고 이 8승처·9차제정·10변처의 자성도 역시 자성이 아닙니다.

만약 자성이 아닌 것이 곧 정려바라밀다라면, 이 정려바라밀다에서는 8해탈을 얻을 수 없고 그것의 청정과 부정도 역시 얻을 수 없으며, 8승처·9차제정·10변처를 모두 얻을 수 없고 그것의 청정과 부정도 역시 얻을 수 없습니다. 그 까닭은 무엇인가? 이 가운데에서 오히려 8해탈 등도 얻을 수 없는데, 어찌 하물며 그것의 청정과 부정이 있겠습니까? 그대가 만약 이와 같이 능히 정려를 수습한다면 이것이 정려바라밀다를 수습하는 것입니다.'라고 이와 같이 말을 지어야 하느니라. 교시가여. 이 선남자와 선여인 등이 이것 등을 설하였다면 이것이 널리 진정하게 정려바라밀다를 설하는 것이니라.

다시 다음으로 교시가여. 만약 선남자와 선여인 등이 무상보리심을 일으킨 자를 위하여 정려바라밀다를 널리 설한다면, '그대 선남자여. 정려바라밀다에 상응하여 수습할 것이고, 4념주가 항상하거나 무상하다고 상응하여 관찰하지 않아야 하며, 4정단·4신족·5근·5력·7등각지·8성도지가 항상하거나 무상하다고 상응하여 관찰하지 않아야 합니다. 왜 그러한가? 4념주는 4념주의 자성이 공하고 4정단·4신족·5근·5력·7등각지·8성도지는 4정단, 나아가 8성도지의 자성이 공하더라도, 이 4념주의 자성은 곧 자성이 아니고 이 4정단, 나아가 8성도지의 자성도 역시 자성이 아닙니다.

만약 자성이 아닌 것이 곧 정려바라밀다라면, 이 정려바라밀다에서는 4념주를 얻을 수 없고 그것의 항상함과 무상함도 역시 얻을 수 없으며, 4정단, 나아가 8성도지를 모두 얻을 수 없고 그것의 항상함과 무상함도 역시 얻을 수 없습니다. 그 까닭은 무엇인가? 이 가운데에서 오히려 4념주 등도 얻을 수 없는데, 어찌 하물며 그것의 항상함과 무상함이 있겠습니까? 그대가 만약 이와 같이 능히 정려를 수습한다면 이것이 정려바라밀다를 수습하는 것입니다.'라고 이와 같이 말을 지어야 하느니라.

다시 '그대 선남자여. 정려바라밀다에 상응하여 수습할 것이고, 4념주가 즐겁거나 괴롭다고 상응하여 관찰하지 않아야 하며, 4정단·4신족·5근·5력·7등각지·8성도지가 즐겁거나 괴롭다고 상응하여 관찰하지 않아야 합니다. 왜 그러한가? 4념주는 4념주의 자성이 공하고 4정단·4신족·5근·5력·7등각지·8성도지는 4정단, 나아가 8성도지의 자성이 공하더라도, 이 8해탈의 자성은 곧 자성이 아니고 이 4정단, 나아가 8성도지의 자성도 역시 자성이 아닙니다.

만약 자성이 아닌 것이 곧 정려바라밀다라면, 이 정려바라밀다에서는 4념주를 얻을 수 없고 그것의 즐거움과 괴로움도 역시 얻을 수 없으며, 4정단, 나아가 8성도지를 모두 얻을 수 없고 그것의 즐거움과 괴로움도 역시 얻을 수 없습니다. 그 까닭은 무엇인가? 이 가운데에서 오히려 4념주 등도 얻을 수 없는데, 어찌 하물며 그것의 즐거움과 괴로움이 있겠습니까? 그대가 만약 이와 같이 능히 정려를 수습한다면 이것이 정려바라밀다를 수습하는 것입니다.'라고 이와 같이 말을 지어야 하느니라.

다시 '그대 선남자여. 정려바라밀다에 상응하여 수습할 것이고, 4념주가 나이거나 무아라고 상응하여 관찰하지 않아야 하며, 4정단·4신족·5근·5력·7등각지·8성도지가 나이거나 무아라고 상응하여 관찰하지 않아야 합니다. 왜 그러한가? 4념주는 4념주의 자성이 공하고 4정단·4신족·5근·5력·7등각지·8성도지는 4정단, 나아가 8성도지의 자성이 공하더라도, 이 4념주의 자성은 곧 자성이 아니고 이 4정단, 나아가 8성도지의 자성도 역시 자성이 아닙니다.

만약 자성이 아닌 것이 곧 정려바라밀다라면, 이 정려바라밀다에서는 4념주를 얻을 수 없고 그것의 나와 무아도 역시 얻을 수 없으며, 4정단, 나아가 8성도지를 모두 얻을 수 없고 그것의 나와 무아도 역시 얻을 수 없습니다. 그 까닭은 무엇인가? 이 가운데에서 오히려 4념주 등도 얻을 수 없는데, 어찌 하물며 그것의 나와 무아가 있겠습니까? 그대가 만약 이와 같이 능히 정려를 수습한다면 이것이 정려바라밀다를 수습하는 것입니다.'라고 이와 같이 말을 지어야 하느니라.

다시 '그대 선남자여. 정려바라밀다에 상응하여 수습할 것이고, 4념주가 청정하거나 부정하다고 상응하여 관찰하지 않아야 하며, 4정단·4신족·5근·5력·7등각지·8성도지가 청정하거나 부정하다고 상응하여 관찰하지 않아야 합니다. 왜 그러한가? 4념주는 4념주의 자성이 공하고 4정단·4신족·5근·5력·7등각지·8성도지는 4정단, 나아가 8성도지의 자성이 공하더라도, 이 4념주의 자성은 곧 자성이 아니고 이 4정단, 나아가 8성도지의 자성도 역시 자성이 아닙니다.

만약 자성이 아닌 것이 곧 정려바라밀다라면, 이 정려바라밀다에서는 4념주를 얻을 수 없고 그것의 청정과 부정도 역시 얻을 수 없으며, 4정단, 나아가 8성도지를 모두 얻을 수 없고 그것의 청정과 부정도 역시 얻을 수 없습니다. 그 까닭은 무엇인가? 이 가운데에서 오히려 4념주 등도 얻을 수 없는데, 어찌 하물며 그것의 청정과 부정이 있겠습니까? 그대가 만약 이와 같이 능히 정려를 수습한다면 이것이 정려바라밀다를 수습하는 것입니다.'라고 이와 같이 말을 지어야 하느니라. 교시가여. 이 선남자와 선여인 등이 이것 등을 설하였다면 이것이 널리 진정하게 정려바라밀다를 설하는 것이니라.

다시 다음으로 교시가여. 만약 선남자와 선여인 등이 무상보리심을 일으킨 자를 위하여 정려바라밀다를 널리 설한다면, '그대 선남자여. 정려바라밀다에 상응하여 수습할 것이고, 공해탈문이 항상하거나 무상하다고 상응하여 관찰하지 않아야 하며, 무상·무원해탈문이 항상하거나 무상하다고 상응하여 관찰하지 않아야 합니다. 왜 그러한가? 공해탈문은 공해탈문의 자성이 공하고 무상·무원해탈문은 무상·무원해탈문의 자성이 공하더라도, 이 공해탈문의 자성은 곧 자성이 아니고 이 무상·무원해탈문의 자성도 역시 자성이 아닙니다.

만약 자성이 아닌 것이 곧 정려바라밀다라면, 이 정려바라밀다에서는 공해탈문을 얻을 수 없고 그것의 항상함과 무상함도 역시 얻을 수 없으며, 무상·무원해탈문을 모두 얻을 수 없고 그것의 항상함과 무상함도 역시 얻을 수 없습니다. 그 까닭은 무엇인가? 이 가운데에서 오히려 공해탈문 등도 얻을 수 없는데, 어찌 하물며 그것의 항상함과 무상함이 있겠습니까? 그대가 만약 이와 같이 능히 정려를 수습한다면 이것이 정려바라밀다를 수습하는 것입니다.'라고 이와 같이 말을 지어야 하느니라.

다시 '그대 선남자여. 정려바라밀다에 상응하여 수습할 것이고, 공해탈문이 즐겁거나 괴롭다고 상응하여 관찰하지 않아야 하며, 무상·무원해탈문이 즐겁거나 괴롭다고 상응하여 관찰하지 않아야 합니다. 왜 그러한가? 공해탈문은 공해탈문의 자성이 공하고 무상·무원해탈문은 무상·무원해탈문의 자성이 공하더라도, 이 공해탈문의 자성은 곧 자성이 아니고 이 무상·무원해탈문의 자성도 역시 자성이 아닙니다.

만약 자성이 아닌 것이 곧 정려바라밀다라면, 이 정려바라밀다에서는 공해탈문을 얻을 수 없고 그것의 즐거움과 괴로움도 역시 얻을 수 없으며, 무상·무원해탈문을 모두 얻을 수 없고 그것의 즐거움과 괴로움도 역시 얻을 수 없습니다. 그 까닭은 무엇인가? 이 가운데에서 오히려 공해탈문 등도 얻을 수 없는데, 어찌 하물며 그것의 즐거움과 괴로움이 있겠습니까? 그대가 만약 이와 같이 능히 정려를 수습한다면 이것이 정려바라밀다를 수습하는 것입니다.'라고 이와 같이 말을 지어야 하느니라.

다시 '그대 선남자여. 정려바라밀다에 상응하여 수습할 것이고, 공해탈문이 나이거나 무아라고 상응하여 관찰하지 않아야 하며, 무상·무원해탈문이 나이거나 무아라고 상응하여 관찰하지 않아야 합니다. 왜 그러한가? 공해탈문은 공해탈문의 자성이 공하고 무상·무원해탈문은 무상·무원해탈문의 자성이 공하더라도, 이 공해탈문의 자성은 곧 자성이 아니고 이 무상·무원해탈문의 자성도 역시 자성이 아닙니다.

만약 자성이 아닌 것이 곧 정려바라밀다라면, 이 정려바라밀다에서는 공해탈문을 얻을 수 없고 그것의 나와 무아도 역시 얻을 수 없으며, 무상·무원해탈문을 모두 얻을 수 없고 그것의 나와 무아도 역시 얻을 수 없습니다. 그 까닭은 무엇인가? 이 가운데에서 오히려 공해탈문 등도 얻을 수 없는데, 어찌 하물며 그것의 나와 무아가 있겠습니까? 그대가 만약 이와 같이 능히 정려를 수습한다면 이것이 정려바라밀다를 수습하는 것입니다.'라고 이와 같이 말을 지어야 하느니라.

다시 '그대 선남자여. 정려바라밀다에 상응하여 수습할 것이고, 공해탈문이 청정하거나 부정하다고 상응하여 관찰하지 않아야 하며, 무상·무원해탈문이 청정하거나 부정하다고 상응하여 관찰하지 않아야 합니다. 왜 그러한가? 공해탈문은 공해탈문의 자성이 공하고 무상·무원해탈문은 무상·무원해탈문의 자성이 공하더라도, 이 공해탈문의 자성은 곧 자성이 아니고 이 무상·무원해탈문의 자성도 역시 자성이 아닙니다.

만약 자성이 아닌 것이 곧 정려바라밀다라면, 이 정려바라밀다에서는 공해탈문을 얻을 수 없고 그것의 청정과 부정도 역시 얻을 수 없으며, 무상·무원해탈문을 모두 얻을 수 없고 그것의 청정과 부정도 역시 얻을 수 없습니다. 그 까닭은 무엇인가? 이 가운데에서 오히려 공해탈문 등도 얻을 수 없는데, 어찌 하물며 그것의 청정과 부정이 있겠습니까? 그대가 만약 이와 같이 능히 정려를 수습한다면 이것이 정려바라밀다를 수습하는 것입니다.'라고 이와 같이 말을 지어야 하느니라. 교시가여. 이 선남자와 선여인 등이 이것 등을 설하였다면 이것이 널리 진정하게 정려바라밀다를 설하는 것이니라.

다시 다음으로 교시가여. 만약 선남자와 선여인 등이 무상보리심을 일으킨 자를 위하여 정려바라밀다를 널리 설한다면, '그대 선남자여. 정려바라밀다에 상응하여 수습할 것이고, 5안이 항상하거나 무상하다고 상응하여 관찰하지 않아야 하며, 6신통이 항상하거나 무상하다고 상응하여 관찰하지 않아야 합니다. 왜 그러한가? 5안은 5안의 자성이 공하고 6신통은 6신통의 자성이 공하더라도, 이 5안의 자성은 곧 자성이 아니고 이 6신통의 자성도 역시 자성이 아닙니다.

만약 자성이 아닌 것이 곧 정려바라밀다라면, 이 정려바라밀다에서는 5안을 얻을 수 없고 그것의 항상함과 무상함도 역시 얻을 수 없으며, 6신통을 모두 얻을 수 없고 그것의 항상함과 무상함도 역시 얻을 수 없습니다. 그 까닭은 무엇인가? 이 가운데에서 오히려 5안 등도 얻을 수 없는데, 어찌 하물며 그것의 항상함과 무상함이 있겠습니까? 그대가 만약 이와 같이 능히 정려를 수습한다면 이것이 정려바라밀다를 수습하는 것입니다.'라고 이와 같이 말을 지어야 하느니라.

다시 '그대 선남자여. 정려바라밀다에 상응하여 수습할 것이고, 5안이 즐겁거나 괴롭다고 상응하여 관찰하지 않아야 하며, 6신통이 즐겁거나 괴롭다고 상응하여 관찰하지 않아야 합니다. 왜 그러한가? 5안은 5안의 자성이 공하고 6신통은 6신통의 자성이 공하더라도, 이 5안의 자성은 곧 자성이 아니고 이 6신통의 자성도 역시 자성이 아닙니다.

만약 자성이 아닌 것이 곧 정려바라밀다라면, 이 정려바라밀다에서는 5안을 얻을 수 없고 그것의 즐거움과 괴로움도 역시 얻을 수 없으며, 6신통을 모두 얻을 수 없고 그것의 즐거움과 괴로움도 역시 얻을 수 없습니다. 그 까닭은 무엇인가? 이 가운데에서 오히려 5안 등도 얻을 수 없는데, 어찌 하물며 그것의 즐거움과 괴로움이 있겠습니까? 그대가 만약 이와 같이 능히 정려를 수습한다면 이것이 정려바라밀다를 수습하는 것입니다.'라고 이와 같이 말을 지어야 하느니라.

다시 '그대 선남자여. 정려바라밀다에 상응하여 수습할 것이고, 5안이 나이거나 무아라고 상응하여 관찰하지 않아야 하며, 6신통이 나이거나 무아라고 상응하여 관찰하지 않아야 합니다. 왜 그러한가? 5안은 5안의 자성이 공하고 6신통은 6신통의 자성이 공하더라도, 이 5안의 자성은 곧 자성이 아니고 이 6신통의 자성도 역시 자성이 아닙니다.

만약 자성이 아닌 것이 곧 정려바라밀다라면, 이 정려바라밀다에서는 5안을 얻을 수 없고 그것의 나와 무아도 역시 얻을 수 없으며, 6신통을 모두 얻을 수 없고 그것의 나와 무아도 역시 얻을 수 없습니다. 그 까닭은 무엇인가? 이 가운데에서 오히려 5안 등도 얻을 수 없는데, 어찌 하물며 그것의 나와 무아가 있겠습니까? 그대가 만약 이와 같이 능히 정려를 수습한다면 이것이 정려바라밀다를 수습하는 것입니다.'라고 이와 같이 말을 지어야 하느니라.

다시 '그대 선남자여. 정려바라밀다에 상응하여 수습할 것이고, 5안이 청정하거나 부정하다고 상응하여 관찰하지 않아야 하며, 6신통이 청정하거나 부정하다고 상응하여 관찰하지 않아야 합니다. 왜 그러한가? 5안은 5안의 자성이 공하고 6신통은 6신통의 자성이 공하더라도, 이 5안의 자성은 곧 자성이 아니고 이 6신통의 자성도 역시 자성이 아닙니다.

만약 자성이 아닌 것이 곧 정려바라밀다라면, 이 정려바라밀다에서는 5안을 얻을 수 없고 그것의 청정과 부정도 역시 얻을 수 없으며, 6신통을 모두 얻을 수 없고 그것의 청정과 부정도 역시 얻을 수 없습니다. 그 까닭은 무엇인가? 이 가운데에서 오히려 5안 등도 얻을 수 없는데, 어찌 하물며 그것의 청정과 부정이 있겠습니까? 그대가 만약 이와 같이 능히 정려를 수습한다면 이것이 정려바라밀다를 수습하는 것입니다.'라고 이와 같이 말을 지어야 하느니라. 교시가여. 이 선남자와 선여인 등이 이것 등을 설하였다면 이것이 널리 진정하게 정려바라밀다를 설하는 것이니라.

다시 다음으로 교시가여. 만약 선남자와 선여인 등이 무상보리심을 일으킨 자를 위하여 정려바라밀다를 널리 설한다면, '그대 선남자여. 정려바라밀다에 상응하여 수습할 것이고, 여래의 10력이 항상하거나 무상하다고 상응하여 관찰하지 않아야 하며, 4무소외·4무애해·대자·대비·대희·대사·18불불공법이 항상하거나 무상하다고 상응하여 관찰하지 않아야 합니다. 왜 그러한가? 여래의 10력은 여래의 10력의 자성이 공하고 4무소외·4무애해·대자·대비·대희·대사·18불불공법은 4무소외, 나아가 18불불공법의 자성이 공하더라도, 이 여래의 10력의 자성은 곧 자성이 아니고 이 4무소외, 나아가 18불불공법의 자성도 역시 자성이 아닙니다.

만약 자성이 아닌 것이 곧 정려바라밀다라면, 이 정려바라밀다에서는 여래의 10력을 얻을 수 없고 그것의 항상함과 무상함도 역시 얻을 수 없으며, 4무소외, 나아가 18불불공법을 모두 얻을 수 없고 그것의 항상함과 무상함도 역시 얻을 수 없습니다. 그 까닭은 무엇인가? 이 가운데에서 오히려 여래의 10력 등도 얻을 수 없는데, 어찌 하물며 그것의 항상함과 무상함이 있겠습니까? 그대가 만약 이와 같이 능히 정려를 수습한다면 이것이 정려바라밀다를 수습하는 것입니다.'라고 이와 같이 말을 지어야 하느니라.

다시 '그대 선남자여. 정려바라밀다에 상응하여 수습할 것이고, 여래의 10력이 즐겁거나 괴롭다고 상응하여 관찰하지 않아야 하며, 4무소외·4무애해·대자·대비·대희·대사·18불불공법이 즐겁거나 괴롭다고 상응하여 관찰하지 않아야 합니다. 왜 그러한가? 여래의 10력은 여래의 10력의 자성이 공하고 4무소외·4무애해·대자·대비·대희·대사·18불불공법은 4무소외, 나아가 18불불공법의 자성이 공하더라도, 이 여래의 10력의 자성은 곧 자성이 아니고 이 4무소외, 나아가 18불불공법의 자성도 역시 자성이 아닙니다.

만약 자성이 아닌 것이 곧 정려바라밀다라면, 이 정려바라밀다에서는 여래의 10력을 얻을 수 없고 그것의 즐거움과 괴로움도 역시 얻을 수 없으며, 4무소외, 나아가 18불불공법을 모두 얻을 수 없고 그것의 즐거움과 괴로움도 역시 얻을 수 없습니다. 그 까닭은 무엇인가? 이 가운데에서 오히려 여래의 10력 등도 얻을 수 없는데, 어찌 하물며 그것의 즐거움과 괴로움이 있겠습니까? 그대가 만약 이와 같이 능히 정려를 수습한다면 이것이 정려바라밀다를 수습하는 것입니다.'라고 이와 같이 말을 지어야 하느니라.

다시 '그대 선남자여. 정려바라밀다에 상응하여 수습할 것이고, 여래의 10력이 나이거나 무아라고 상응하여 관찰하지 않아야 하며, 4무소외·4무애해·대자·대비·대희·대사·18불불공법이 나이거나 무아라고 상응하여 관찰하지 않아야 합니다. 왜 그러한가? 여래의 10력은 여래의 10력의 자성이 공하고 4무소외·4무애해·대자·대비·대희·대사·18불불공법은 4무소외, 나아가 18불불공법의 자성이 공하더라도, 이 여래의 10력의 자성은 곧 자성이 아니고 이 4무소외, 나아가 18불불공법의 자성도 역시 자성이 아닙니다.

만약 자성이 아닌 것이 곧 정려바라밀다라면, 이 정려바라밀다에서는 여래의 10력을 얻을 수 없고 그것의 나와 무아도 역시 얻을 수 없으며, 4무소외, 나아가 18불불공법을 모두 얻을 수 없고 그것의 나와 무아도 역시 얻을 수 없습니다. 그 까닭은 무엇인가? 이 가운데에서 오히려 여래의 10력 등도 얻을 수 없는데, 어찌 하물며 그것의 나와 무아가 있겠습니까? 그대가 만약 이와 같이 능히 정려를 수습한다면 이것이 정려바라밀다를 수습하는 것입니다.'라고 이와 같이 말을 지어야 하느니라.

다시 '그대 선남자여. 정려바라밀다에 상응하여 수습할 것이고, 여래의 10력이 청정하거나 부정하다고 상응하여 관찰하지 않아야 하며, 4무소외·4무애해·대자·대비·대희·대사·18불불공법이 청정하거나 부정하다고 상응하여 관찰하지 않아야 합니다. 왜 그러한가? 여래의 10력은 여래의 10력의 자성이 공하고 4무소외·4무애해·대자·대비·대희·대사·18불불공법은 4무소외, 나아가 18불불공법의 자성이 공하더라도, 이 여래의 10력의 자성은 곧 자성이 아니고 이 4무소외, 나아가 18불불공법의 자성도 역시 자성이 아닙니다.

만약 자성이 아닌 것이 곧 정려바라밀다라면, 이 정려바라밀다에서는 여래의 10력을 얻을 수 없고 그것의 청정과 부정도 역시 얻을 수 없으며, 4무소외, 나아가 18불불공법을 모두 얻을 수 없고 그것의 청정과 부정도 역시 얻을 수 없습니다. 그 까닭은 무엇인가? 이 가운데에서 오히려 여래의 10력 등도 얻을 수 없는데, 어찌 하물며 그것의 청정과 부정이 있겠습니까? 그대가 만약 이와 같이 능히 정려를 수습한다면 이것이 정려바라밀다를 수습하는 것입니다.'라고 이와 같이 말을 지어야 하느니라. 교시가여. 이 선남자와 선여인 등이 이것 등을 설하였다면 이것이 널리 진정하게 정려바라밀다를 설하는 것이니라.

다시 다음으로 교시가여. 만약 선남자와 선여인 등이 무상보리심을 일으킨 자를 위하여 정려바라밀다를 널리 설한다면, '그대 선남자여. 정려바라밀다에 상응하여 수습할 것이고, 무망실법이 항상하거나 무상하다고 상응하여 관찰하지 않아야 하며, 항주사성이 항상하거나 무상하다고 상응하여 관찰하지 않아야 합니다. 왜 그러한가? 무망실법은 무망실법의 자성이 공하고 항주사성은 항주사성의 자성이 공하더라도, 이 무망실법의 자성은 곧 자성이 아니고 이 항주사성의 자성도 역시 자성이 아닙니다.

만약 자성이 아닌 것이 곧 정려바라밀다라면, 이 정려바라밀다에서는 무망실법을 얻을 수 없고 그것의 항상함과 무상함도 역시 얻을 수 없으며, 항주사성을 모두 얻을 수 없고 그것의 항상함과 무상함도 역시 얻을 수 없습니다. 그 까닭은 무엇인가? 이 가운데에서 오히려 무망실법 등도 얻을 수 없는데, 어찌 하물며 그것의 항상함과 무상함이 있겠습니까? 그대가 만약 이와 같이 능히 정려를 수습한다면 이것이 정려바라밀다를 수습하는 것입니다.'라고 이와 같이 말을 지어야 하느니라.

다시 '그대 선남자여. 정려바라밀다에 상응하여 수습할 것이고, 무망실법이 즐겁거나 괴롭다고 상응하여 관찰하지 않아야 하며, 항주사성이 즐겁거나 괴롭다고 상응하여 관찰하지 않아야 합니다. 왜 그러한가? 무망실법은 무망실법의 자성이 공하고 항주사성은 항주사성의 자성이 공하더라도, 이 무망실법의 자성은 곧 자성이 아니고 이 항주사성의 자성도 역시 자성이 아닙니다.

만약 자성이 아닌 것이 곧 정려바라밀다라면, 이 정려바라밀다에서는 무망실법을 얻을 수 없고 그것의 즐거움과 괴로움도 역시 얻을 수 없으며, 항주사성을 모두 얻을 수 없고 그것의 즐거움과 괴로움도 역시 얻을 수 없습니다. 그 까닭은 무엇인가? 이 가운데에서 오히려 무망실법 등도 얻을 수 없는데, 어찌 하물며 그것의 즐거움과 괴로움이 있겠습니까? 그대가 만약 이와 같이 능히 정려를 수습한다면 이것이 정려바라밀다를 수습하는 것입니다.'라고 이와 같이 말을 지어야 하느니라.

다시 '그대 선남자여. 정려바라밀다에 상응하여 수습할 것이고, 무망실법이 나이거나 무아라고 상응하여 관찰하지 않아야 하며, 항주사성이 나이거나 무아라고 상응하여 관찰하지 않아야 합니다. 왜 그러한가? 무망실법은 무망실법의 자성이 공하고 항주사성은 항주사성의 자성이 공하더라도, 이 무망실법의 자성은 곧 자성이 아니고 이 항주사성의 자성도 역시 자성이 아닙니다.

만약 자성이 아닌 것이 곧 정려바라밀다라면, 이 정려바라밀다에서는 무망실법을 얻을 수 없고 그것의 나와 무아도 역시 얻을 수 없으며, 항주사성을 모두 얻을 수 없고 그것의 나와 무아도 역시 얻을 수 없습니다. 그 까닭은 무엇인가? 이 가운데에서 오히려 무망실법 등도 얻을 수 없는데, 어찌 하물며 그것의 나와 무아가 있겠습니까? 그대가 만약 이와 같이 능히 정려를 수습한다면 이것이 정려바라밀다를 수습하는 것입니다.'라고 이와 같이 말을 지어야 하느니라.

다시 '그대 선남자여. 정려바라밀다에 상응하여 수습할 것이고, 무망실법이 청정하거나 부정하다고 상응하여 관찰하지 않아야 하며, 항주사성이 청정하거나 부정하다고 상응하여 관찰하지 않아야 합니다. 왜 그러한가? 무망실법은 무망실법의 자성이 공하고 항주사성은 항주사성의 자성이 공하더라도, 이 무망실법의 자성은 곧 자성이 아니고 이 항주사성의 자성도 역시 자성이 아닙니다.

만약 자성이 아닌 것이 곧 정려바라밀다라면, 이 정려바라밀다에서는 무망실법을 얻을 수 없고 그것의 청정과 부정도 역시 얻을 수 없으며, 항주사성을 모두 얻을 수 없고 그것의 청정과 부정도 역시 얻을 수 없습니다. 그 까닭은 무엇인가? 이 가운데에서 오히려 무망실법 등도 얻을 수 없는데, 어찌 하물며 그것의 청정과 부정이 있겠습니까? 그대가 만약 이와 같이 능히 정려를 수습한다면 이것이 정려바라밀다를 수습하는 것입니다.'라고 이와 같이 말을 지어야 하느니라. 교시가여. 이 선남자와 선여인 등이 이것 등을 설하였다면 이것이 널리 진정하게 정려바라밀다를 설하는 것이니라.

다시 다음으로 교시가여. 만약 선남자와 선여인 등이 무상보리심을 일으킨 자를 위하여 정려바라밀다를 널리 설한다면, '그대 선남자여. 정려바라밀다에 상응하여 수습할 것이고, 일체지가 항상하거나 무상하다고 상응하여 관찰하지 않아야 하며, 도상지·일체상지가 항상하거나 무상하다고 상응하여 관찰하지 않아야 합니다. 왜 그러한가? 일체지는 일체지의 자성이 공하고 도상지·일체상지는 도상지·일체상지의 자성이 공하더라도, 이 일체지의 자성은 곧 자성이 아니고 이 도상지·일체상지의 자성도 역시 자성이 아닙니다.

만약 자성이 아닌 것이 곧 정려바라밀다라면, 이 정려바라밀다에서는 일체지를 얻을 수 없고 그것의 항상함과 무상함도 역시 얻을 수 없으며, 도상지·일체상지를 모두 얻을 수 없고 그것의 항상함과 무상함도 역시 얻을 수 없습니다. 그 까닭은 무엇인가? 이 가운데에서 오히려 일체지 등도 얻을 수 없는데, 어찌 하물며 그것의 항상함과 무상함이 있겠습니까? 그대가 만약 이와 같이 능히 정려를 수습한다면 이것이 정려바라밀다를 수습하는 것입니다.'라고 이와 같이 말을 지어야 하느니라.

다시 '그대 선남자여. 정려바라밀다에 상응하여 수습할 것이고, 일체지가 즐겁거나 괴롭다고 상응하여 관찰하지 않아야 하며, 도상지·일체상지가 즐겁거나 괴롭다고 상응하여 관찰하지 않아야 합니다. 왜 그러한가? 일체지는 일체지의 자성이 공하고 도상지·일체상지는 도상지·일체상지의 자성이 공하더라도, 이 일체지의 자성은 곧 자성이 아니고 이 도상지·일체상지의 자성도 역시 자성이 아닙니다.

만약 자성이 아닌 것이 곧 정려바라밀다라면, 이 정려바라밀다에서는 일체지를 얻을 수 없고 그것의 즐거움과 괴로움도 역시 얻을 수 없으며, 도상지·일체상지를 모두 얻을 수 없고 그것의 즐거움과 괴로움도 역시 얻을 수 없습니다. 그 까닭은 무엇인가? 이 가운데에서 오히려 일체지 등도 얻을 수 없는데, 어찌 하물며 그것의 즐거움과 괴로움이 있겠습니까? 그대가 만약 이와 같이 능히 정려를 수습한다면 이것이 정려바라밀다를 수습하는 것입니다.'라고 이와 같이 말을 지어야 하느니라.

다시 '그대 선남자여. 정려바라밀다에 상응하여 수습할 것이고, 일체지가 나이거나 무아라고 상응하여 관찰하지 않아야 하며, 도상지·일체상지가 나이거나 무아라고 상응하여 관찰하지 않아야 합니다. 왜 그러한가? 일체지는 일체지의 자성이 공하고 도상지·일체상지는 도상지·일체상지의 자성이 공하더라도, 이 일체지의 자성은 곧 자성이 아니고 이 도상지·일체상지의 자성도 역시 자성이 아닙니다.

만약 자성이 아닌 것이 곧 정려바라밀다라면, 이 정려바라밀다에서는 일체지를 얻을 수 없고 그것의 나와 무아도 역시 얻을 수 없으며, 도상지·일체상지를 모두 얻을 수 없고 그것의 나와 무아도 역시 얻을 수 없습니다. 그 까닭은 무엇인가? 이 가운데에서 오히려 일체지 등도 얻을 수 없는데, 어찌 하물며 그것의 나와 무아가 있겠습니까? 그대가 만약 이와 같이 능히 정려를 수습한다면 이것이 정려바라밀다를 수습하는 것입니다.'라

고 이와 같이 말을 지어야 하느니라.

다시 '그대 선남자여. 정려바라밀다에 상응하여 수습할 것이고, 일체지가 청정하거나 부정하다고 상응하여 관찰하지 않아야 하며, 도상지·일체상지가 청정하거나 부정하다고 상응하여 관찰하지 않아야 합니다. 왜 그러한가? 일체지는 일체지의 자성이 공하고 도상지·일체상지는 도상지·일체상지의 자성이 공하더라도, 이 일체지의 자성은 곧 자성이 아니고 이 도상지·일체상지의 자성도 역시 자성이 아닙니다.

만약 자성이 아닌 것이 곧 정려바라밀다라면, 이 정려바라밀다에서는 일체지를 얻을 수 없고 그것의 청정과 부정도 역시 얻을 수 없으며, 도상지·일체상지를 모두 얻을 수 없고 그것의 청정과 부정도 역시 얻을 수 없습니다. 그 까닭은 무엇인가? 이 가운데에서 오히려 일체지 등도 얻을 수 없는데, 어찌 하물며 그것의 청정과 부정이 있겠습니까? 그대가 만약 이와 같이 능히 정려를 수습한다면 이것이 정려바라밀다를 수습하는 것입니다.'라고 이와 같이 말을 지어야 하느니라. 교시가여. 이 선남자와 선여인 등이 이것 등을 설하였다면 이것이 널리 진정하게 정려바라밀다를 설하는 것이니라."

마하반야바라밀다경 제152권

30. 교량공덕품(校量功德品)(50)

"다시 다음으로 교시가여. 만약 선남자와 선여인 등이 무상보리심을 일으킨 자를 위하여 정려바라밀다를 널리 설한다면, '그대 선남자여. 정려바라밀다에 상응하여 수습할 것이고, 일체의 다라니문이 항상하거나 무상하다고 상응하여 관찰하지 않아야 하며, 일체의 삼마지문이 항상하거나 무상하다고 상응하여 관찰하지 않아야 합니다. 왜 그러한가? 일체의 다라니문은 일체의 다라니문의 자성이 공하고 일체의 삼마지문은 일체의 삼마지문의 자성이 공하더라도, 이 일체의 다라니문의 자성은 곧 자성이 아니고 이 일체의 삼마지문의 자성도 역시 자성이 아닙니다.

만약 자성이 아닌 것이 곧 정려바라밀다라면, 이 정려바라밀다에서는 일체의 다라니문을 얻을 수 없고 그것의 항상함과 무상함도 역시 얻을 수 없으며, 일체의 삼마지문을 모두 얻을 수 없고 그것의 항상함과 무상함도 역시 얻을 수 없습니다. 그 까닭은 무엇인가? 이 가운데에서 오히려 일체의 다라니문 등도 얻을 수 없는데, 어찌 하물며 그것의 항상함과 무상함이 있겠습니까? 그대가 만약 이와 같이 능히 정려를 수습한다면 이것이 정려바라밀다를 수습하는 것입니다.'라고 이와 같이 말을 지어야 하느니라.

다시 '그대 선남자여. 정려바라밀다에 상응하여 수습할 것이고, 일체의 다라니문이 즐겁거나 괴롭다고 상응하여 관찰하지 않아야 하며, 일체의 삼마지문이 즐겁거나 괴롭다고 상응하여 관찰하지 않아야 합니다. 왜 그러한가? 일체의 다라니문은 일체의 다라니문의 자성이 공하고 일체의 삼마지문은 일체의 삼마지문의 자성이 공하더라도, 이 일체의 다라니문의 자성은 곧 자성이 아니고 이 일체의 삼마지문의 자성도 역시 자성이 아닙니다.

만약 자성이 아닌 것이 곧 정려바라밀다라면, 이 정려바라밀다에서는 일체의 다라니문을 얻을 수 없고 그것의 즐거움과 괴로움도 역시 얻을 수 없으며, 일체의 삼마지문을 모두 얻을 수 없고 그것의 즐거움과 괴로움도 역시 얻을 수 없습니다. 그 까닭은 무엇인가? 이 가운데에서 오히려 일체의 다라니문 등도 얻을 수 없는데, 어찌 하물며 그것의 즐거움과 괴로움이 있겠습니까? 그대가 만약 이와 같이 능히 정려를 수습한다면 이것이 정려바라밀다를 수습하는 것입니다.'라고 이와 같이 말을 지어야 하느니라.

다시 '그대 선남자여. 정려바라밀다에 상응하여 수습할 것이고, 일체의 다라니문이 나이거나 무아라고 상응하여 관찰하지 않아야 하며, 일체의 삼마지문이 나이거나 무아라고 상응하여 관찰하지 않아야 합니다. 왜 그러한가? 일체의 다라니문은 일체의 다라니문의 자성이 공하고 일체의 삼마지문은 일체의 삼마지문의 자성이 공하더라도, 이 일체의 다라니문의 자성은 곧 자성이 아니고 이 일체의 삼마지문의 자성도 역시 자성이 아닙니다.

만약 자성이 아닌 것이 곧 정려바라밀다라면, 이 정려바라밀다에서는 일체의 다라니문을 얻을 수 없고 그것의 나와 무아도 역시 얻을 수 없으며, 일체의 삼마지문을 모두 얻을 수 없고 그것의 나와 무아도 역시 얻을 수 없습니다. 그 까닭은 무엇인가? 이 가운데에서 오히려 일체의 다라니문 등도 얻을 수 없는데, 어찌 하물며 그것의 나와 무아가 있겠습니까? 그대가 만약 이와 같이 능히 정려를 수습한다면 이것이 정려바라밀다를 수습하는 것입니다.'라고 이와 같이 말을 지어야 하느니라.

다시 '그대 선남자여. 정려바라밀다에 상응하여 수습할 것이고, 일체의 다라니문이 청정하거나 부정하다고 상응하여 관찰하지 않아야 하며,

일체의 삼마지문이 청정하거나 부정하다고 상응하여 관찰하지 않아야 합니다. 왜 그러한가? 일체의 다라니문은 일체의 다라니문의 자성이 공하고 일체의 삼마지문은 일체의 삼마지문의 자성이 공하더라도, 이 일체의 다라니문의 자성은 곧 자성이 아니고 이 일체의 삼마지문의 자성도 역시 자성이 아닙니다.

만약 자성이 아닌 것이 곧 정려바라밀다라면, 이 정려바라밀다에서는 일체의 다라니문을 얻을 수 없고 그것의 청정과 부정도 역시 얻을 수 없으며, 일체의 삼마지문을 모두 얻을 수 없고 그것의 청정과 부정도 역시 얻을 수 없습니다. 그 까닭은 무엇인가? 이 가운데에서 오히려 일체의 다라니문 등도 얻을 수 없는데, 어찌 하물며 그것의 청정과 부정이 있겠습니까? 그대가 만약 이와 같이 능히 정려를 수습한다면 이것이 정려바라밀다를 수습하는 것입니다.'라고 이와 같이 말을 지어야 하느니라. 교시가여. 이 선남자와 선여인 등이 이것 등을 설하였다면 이것이 널리 진정하게 정려바라밀다를 설하는 것이니라.

다시 다음으로 교시가여. 만약 선남자와 선여인 등이 무상보리심을 일으킨 자를 위하여 정려바라밀다를 널리 설한다면, '그대 선남자여. 정려바라밀다에 상응하여 수습할 것이고, 예류향·예류과가 항상하거나 무상하다고 상응하여 관찰하지 않아야 하며, 일래향·일래과·불환향·불환과·아라한향·아라한과가 항상하거나 무상하다고 상응하여 관찰하지 않아야 합니다. 왜 그러한가? 예류향·예류과는 예류향·예류과의 자성이 공하고 일래향·일래과·불환향·불환과·아라한향·아라한과는 일래향, 나아가 아라한과의 자성이 공하더라도, 이 예류향·예류과의 자성은 곧 자성이 아니고 이 일래향, 나아가 아라한과의 자성도 역시 자성이 아닙니다.

만약 자성이 아닌 것이 곧 정려바라밀다라면, 이 정려바라밀다에서는 예류향·예류과를 얻을 수 없고 그것의 항상함과 무상함도 역시 얻을 수 없으며, 일래향, 나아가 아라한과를 모두 얻을 수 없고 그것의 항상함과 무상함도 역시 얻을 수 없습니다. 그 까닭은 무엇인가? 이 가운데에서 오히려 예류향·예류과 등도 얻을 수 없는데, 어찌 하물며 그것의 항상함과 무상함이 있겠습니까? 그대가 만약 이와 같이 능히 정려를 수습한다면 이것이 정려바라밀다를 수습하는 것입니다.'라고 이와 같이 말을 지어야 하느니라.

다시 '그대 선남자여. 정려바라밀다에 상응하여 수습할 것이고, 예류향·예류과가 즐겁거나 괴롭다고 상응하여 관찰하지 않아야 하며, 일래향·일래과·불환향·불환과·아라한향·아라한과는 즐겁거나 괴롭다고 상응하여 관찰하지 않아야 합니다. 왜 그러한가? 예류향·예류과는 예류향·예류과의 자성이 공하고 일래향·일래과·불환향·불환과·아라한향·아라한과는 일래향, 나아가 아라한과의 자성이 공하더라도, 이 예류향·예류과의 자성은 곧 자성이 아니고 이 일래향, 나아가 아라한과의 자성도 역시 자성이 아닙니다.

만약 자성이 아닌 것이 곧 정려바라밀다라면, 이 정려바라밀다에서는 예류향·예류과를 얻을 수 없고 그것의 즐거움과 괴로움도 역시 얻을 수 없으며, 일래향, 나아가 아라한과를 모두 얻을 수 없고 그것의 즐거움과 괴로움도 역시 얻을 수 없습니다. 그 까닭은 무엇인가? 이 가운데에서 오히려 예류향·예류과 등도 얻을 수 없는데, 어찌 하물며 그것의 즐거움과 괴로움이 있겠습니까? 그대가 만약 이와 같이 능히 정려를 수습한다면 이것이 정려바라밀다를 수습하는 것입니다.'라고 이와 같이 말을 지어야 하느니라.

다시 '그대 선남자여. 정려바라밀다에 상응하여 수습할 것이고, 예류향·예류과가 나이거나 무아라고 상응하여 관찰하지 않아야 하며, 일래향·일래과·불환향·불환과·아라한향·아라한과가 나이거나 무아라고 상응하여 관찰하지 않아야 합니다. 왜 그러한가? 예류향·예류과는 예류향·예류과의 자성이 공하고 일래향·일래과·불환향·불환과·아라한향·아라한과는 일래향, 나아가 아라한과의 자성이 공하더라도, 이 예류향·예류과의 자성은 곧 자성이 아니고 이 일래향, 나아가 아라한과의 자성도 역시 자성이 아닙니다.

만약 자성이 아닌 것이 곧 정려바라밀다라면, 이 정려바라밀다에서는 예류향·예류과를 얻을 수 없고 그것의 나와 무아도 역시 얻을 수 없으며, 일래향, 나아가 아라한과를 모두 얻을 수 없고 그것의 나와 무아도 역시 얻을 수 없습니다. 그 까닭은 무엇인가? 이 가운데에서 오히려 예류향·예류과 등도 얻을 수 없는데, 어찌 하물며 그것의 나와 무아가 있겠습니까? 그대가 만약 이와 같이 능히 정려를 수습한다면 이것이 정려바라밀다를 수습하는 것입니다.'라고 이와 같이 말을 지어야 하느니라.

다시 '그대 선남자여. 정려바라밀다에 상응하여 수습할 것이고, 예류향·예류과가 청정하거나 부정하다고 상응하여 관찰하지 않아야 하며, 일래향·일래과·불환향·불환과·아라한향·아라한과가 청정하거나 부정하다고 상응하여 관찰하지 않아야 합니다. 왜 그러한가? 예류향·예류과는 예류향·예류과의 자성이 공하고 일래향·일래과·불환향·불환과·아라한향·아라한과는 일래향, 나아가 아라한과의 자성이 공하더라도, 이 예류향·예류과의 자성은 곧 자성이 아니고 이 일래향, 나아가 아라한과의 자성도 역시 자성이 아닙니다.

만약 자성이 아닌 것이 곧 정려바라밀다라면, 이 정려바라밀다에서는 예류향·예류과를 얻을 수 없고 그것의 청정과 부정도 역시 얻을 수 없으며, 일래향, 나아가 아라한과를 모두 얻을 수 없고 그것의 청정과 부정도 역시 얻을 수 없습니다. 그 까닭은 무엇인가? 이 가운데에서 오히려 예류향·예류과 등도 얻을 수 없는데, 어찌 하물며 그것의 청정과 부정이 있겠습니까? 그대가 만약 이와 같이 능히 정려를 수습한다면 이것이 정려바라밀다를 수습하는 것입니다.'라고 이와 같이 말을 지어야 하느니라. 교시가여. 이 선남자와 선여인 등이 이것 등을 설하였다면 이것이 널리 진정하게 정려바라밀다를 설하는 것이니라.

다시 다음으로 교시가여. 만약 선남자와 선여인 등이 무상보리심을 일으킨 자를 위하여 정려바라밀다를 널리 설한다면, '그대 선남자여. 정려바라밀다에 상응하여 수습할 것이고, 독각의 보리가 항상하거나 무상하다고 상응하여 관찰하지 않아야 합니다. 왜 그러한가? 독각의 보리는 독각의 보리의 자성이 공하더라도, 이 독각의 보리의 자성은 곧 자성이 아닙니다.

만약 자성이 아닌 것이 곧 정려바라밀다라면, 이 정려바라밀다에서는 독각의 보리를 얻을 수 없고 그것의 항상함과 무상함도 역시 얻을 수 없습니다. 그 까닭은 무엇인가? 이 가운데에서 오히려 독각의 보리 등도 얻을 수 없는데, 어찌 하물며 그것의 항상함과 무상함이 있겠습니까? 그대가 만약 이와 같이 능히 정려를 수습한다면 이것이 정려바라밀다를 수습하는 것입니다.'라고 이와 같이 말을 지어야 하느니라.

다시 '그대 선남자여. 정려바라밀다에 상응하여 수습할 것이고, 독각의 보리가 즐겁거나 괴롭다고 상응하여 관찰하지 않아야 합니다. 왜 그러한가? 독각의 보리는 독각의 보리의 자성이 공하더라도, 이 독각의 보리의 자성은 곧 자성이 아닙니다. 만약 자성이 아닌 것이 곧 정려바라밀다라면, 이 정려바라밀다에서는 독각의 보리를 얻을 수 없고 그것의 즐거움과 괴로움도 역시 얻을 수 없습니다. 그 까닭은 무엇인가? 이 가운데에서 오히려 독각의 보리 등도 얻을 수 없는데, 어찌 하물며 그것의 즐거움과 괴로움이 있겠습니까? 그대가 만약 이와 같이 능히 정려를 수습한다면 이것이 정려바라밀다를 수습하는 것입니다.'라고 이와 같이 말을 지어야 하느니라.

다시 '그대 선남자여. 정려바라밀다에 상응하여 수습할 것이고, 독각의 보리가 나이거나 무아라고 상응하여 관찰하지 않아야 합니다. 왜 그러한가? 독각의 보리는 독각의 보리의 자성이 공하더라도, 이 독각의 보리의 자성은 곧 자성이 아닙니다. 만약 자성이 아닌 것이 곧 정려바라밀다라면, 이 정려바라밀다에서는 독각의 보리를 얻을 수 없고 그것의 나와 무아도 역시 얻을 수 없습니다. 그 까닭은 무엇인가? 이 가운데에서 오히려 독각의 보리 등도 얻을 수 없는데, 어찌 하물며 그것의 나와 무아가 있겠습니까? 그대가 만약 이와 같이 능히 정려를 수습한다면 이것이 정려바라밀다를 수습하는 것입니다.'라고 이와 같이 말을 지어야 하느니라.

다시 '그대 선남자여. 정려바라밀다에 상응하여 수습할 것이고, 독각의 보리가 청정하거나 부정하다고 상응하여 관찰하지 않아야 합니다. 왜 그러한가? 독각의 보리는 독각의 보리의 자성이 공하더라도, 이 독각의 보리의 자성은 곧 자성이 아닙니다. 만약 자성이 아닌 것이 곧 정려바라밀다라면, 이 정려바라밀다에서는 독각의 보리를 얻을 수 없고 그것의 청정과 부정도 역시 얻을 수 없습니다. 그 까닭은 무엇인가? 이 가운데에서 오히려 독각의 보리 등도 얻을 수 없는데, 어찌 하물며 그것의 청정과 부정이 있겠습니까? 그대가 만약 이와 같이 능히 정려를 수습한다면 이것이 정려바라밀다를 수습하는 것입니다.'라고 이와 같이 말을 지어야 하느니라. 교시가여. 이 선남자와 선여인 등이 이것 등을 설하였다면 이것이 널리 진정하게 정려바라밀다를 설하는 것이니라.

다시 다음으로 교시가여. 만약 선남자와 선여인 등이 무상보리심을 일으킨 자를 위하여 정려바라밀다를 널리 설한다면, '그대 선남자여. 정려바라밀다에 상응하여 수습할 것이고, 일체의 보살마하살의 행이 항상하거나 무상하다고 상응하여 관찰하지 않아야 합니다. 왜 그러한가? 일체의 보살마하살의 행은 일체의 보살마하살의 행의 자성이 공하더라도, 이 보살마하살의 행의 자성은 곧 자성이 아닙니다.

만약 자성이 아닌 것이 곧 정려바라밀다라면, 이 정려바라밀다에서는 일체의 보살마하살의 행을 얻을 수 없고 그것의 항상함과 무상함도 역시 얻을 수 없습니다. 그 까닭은 무엇인가? 이 가운데에서 오히려 일체의 보살마하살의 행 등도 얻을 수 없는데, 어찌 하물며 그것의 항상함과 무상함이 있겠습니까? 그대가 만약 이와 같이 능히 정려를 수습한다면 이것이 정려바라밀다를 수습하는 것입니다.'라고 이와 같이 말을 지어야 하느니라.

다시 '그대 선남자여. 정려바라밀다에 상응하여 수습할 것이고, 일체의 보살마하살의 행이 즐겁거나 괴롭다고 상응하여 관찰하지 않아야 합니다. 왜 그러한가? 일체의 보살마하살의 행은 일체의 보살마하살의 행의 자성이 공하더라도, 이 일체의 보살마하살의 행의 자성은 곧 자성이 아닙니다. 만약 자성이 아닌 것이 곧 정려바라밀다라면, 이 정려바라밀다에서는 일체의 보살마하살의 행을 얻을 수 없고 그것의 즐거움과 괴로움도 역시 얻을 수 없습니다. 그 까닭은 무엇인가? 이 가운데에서 오히려 일체의 보살마하살의 행 등도 얻을 수 없는데, 어찌 하물며 그것의 즐거움과 괴로움이 있겠습니까? 그대가 만약 이와 같이 능히 정려를 수습한다면 이것이 정려바라밀다를 수습하는 것입니다.'라고 이와 같이 말을 지어야 하느니라.

다시 '그대 선남자여. 정려바라밀다에 상응하여 수습할 것이고, 일체의 보살마하살의 행이 나이거나 무아라고 상응하여 관찰하지 않아야 합니다. 왜 그러한가? 일체의 보살마하살의 행은 일체의 보살마하살의 행의 자성이 공하더라도, 이 일체의 보살마하살의 행의 자성은 곧 자성이 아닙니다. 만약 자성이 아닌 것이 곧 정려바라밀다라면, 이 정려바라밀다에서는 일체의 보살마하살의 행을 얻을 수 없고 그것의 나와 무아도 역시 얻을 수 없습니다. 그 까닭은 무엇인가? 이 가운데에서 오히려 일체의 보살마하살의 행 등도 얻을 수 없는데, 어찌 하물며 그것의 나와 무아가 있겠습니까? 그대가 만약 이와 같이 능히 정려를 수습한다면 이것이 정려바라밀다를 수습하는 것입니다.'라고 이와 같이 말을 지어야 하느니라.

다시 '그대 선남자여. 정려바라밀다에 상응하여 수습할 것이고, 일체의 보살마하살의 행이 청정하거나 부정하다고 상응하여 관찰하지 않아야 합니다. 왜 그러한가? 일체의 보살마하살의 행은 일체의 보살마하살의 행의 자성이 공하더라도, 이 일체의 보살마하살의 행의 자성은 곧 자성이 아닙니다. 만약 자성이 아닌 것이 곧 정려바라밀다라면, 이 정려바라밀다에서는 일체의 보살마하살의 행을 얻을 수 없고 그것의 청정과 부정도 역시 얻을 수 없습니다. 그 까닭은 무엇인가? 이 가운데에서 오히려 일체의 보살마하살의 행 등도 얻을 수 없는데, 어찌 하물며 그것의 청정과 부정이 있겠습니까? 그대가 만약 이와 같이 능히 정려를 수습한다면 이것이 정려바라밀다를 수습하는 것입니다.'라고 이와 같이 말을 지어야 하느니라. 교시가여. 이 선남자와 선여인 등이 이것 등을 설하였다면 이것이 널리 진정하게 정려바라밀다를 설하는 것이니라.

다시 다음으로 교시가여. 만약 선남자와 선여인 등이 무상보리심을 일으킨 자를 위하여 정려바라밀다를 널리 설한다면, '그대 선남자여. 정려바라밀다에 상응하여 수습할 것이고, 제불의 무상정등보리가 항상하거나 무상하다고 상응하여 관찰하지 않아야 합니다. 왜 그러한가? 제불의 무상정등보리는 제불의 무상정등보리의 자성이 공하더라도, 이 제불의 무상정등보리의 자성은 곧 자성이 아닙니다.

만약 자성이 아닌 것이 곧 정려바라밀다라면, 이 정려바라밀다에서는 제불의 무상정등보리를 얻을 수 없고 그것의 항상함과 무상함도 역시 얻을 수 없습니다. 그 까닭은 무엇인가? 이 가운데에서 오히려 제불의 무상정등보리 등도 얻을 수 없는데, 어찌 하물며 그것의 항상함과 무상함이 있겠습니까? 그대가 만약 이와 같이 능히 정려를 수습한다면 이것이 정려바라밀다를 수습하는 것입니다.'라고 이와 같이 말을 지어야 하느니라.

다시 '그대 선남자여. 정려바라밀다에 상응하여 수습할 것이고, 제불의 무상정등보리가 즐겁거나 괴롭다고 상응하여 관찰하지 않아야 합니다. 왜 그러한가? 제불의 무상정등보리는 제불의 무상정등보리의 자성이 공하더라도, 이 제불의 무상정등보리의 자성은 곧 자성이 아닙니다. 만약 자성이 아닌 것이 곧 정려바라밀다라면, 이 정려바라밀다에서는 제불의 무상정등보리를 얻을 수 없고 그것의 즐거움과 괴로움도 역시 얻을 수 없습니다. 그 까닭은 무엇인가? 이 가운데에서 오히려 제불의 무상정등보리 등도 얻을 수 없는데, 어찌 하물며 그것의 즐거움과 괴로움이 있겠습니까? 그대가 만약 이와 같이 능히 정려를 수습한다면 이것이 정려바라밀다를 수습하는 것입니다.'라고 이와 같이 말을 지어야 하느니라.

다시 '그대 선남자여. 정려바라밀다에 상응하여 수습할 것이고, 제불의 무상정등보리가 나이거나 무아라고 상응하여 관찰하지 않아야 합니다. 왜 그러한가? 제불의 무상정등보리는 무상정등보리의 자성이 공하더라도, 이 제불의 무상정등보리의 자성은 곧 자성이 아닙니다. 만약 자성이 아닌 것이 곧 정려바라밀다라면, 이 정려바라밀다에서는 제불의 무상정등보리를 얻을 수 없고 그것의 나와 무아도 역시 얻을 수 없습니다. 그 까닭은 무엇인가? 이 가운데에서 오히려 제불의 무상정등보리 등도 얻을 수 없는데, 어찌 하물며 그것의 나와 무아가 있겠습니까? 그대가 만약 이와 같이 능히 정려를 수습한다면 이것이 정려바라밀다를 수습하는 것입니다.'라고 이와 같이 말을 지어야 하느니라.

다시 '그대 선남자여. 정려바라밀다에 상응하여 수습할 것이고, 제불의 무상정등보리가 청정하거나 부정하다고 상응하여 관찰하지 않아야 합니다. 왜 그러한가? 제불의 무상정등보리는 제불의 무상정등보리의 자성이 공하더라도, 이 제불의 무상정등보리의 자성은 곧 자성이 아닙니다. 만약 자성이 아닌 것이 곧 정려바라밀다라면, 이 정려바라밀다에서는 제불의 무상정등보리를 얻을 수 없고 그것의 청정과 부정도 역시 얻을 수 없습니다. 그 까닭은 무엇인가? 이 가운데에서 오히려 제불의 무상정등보리 등도 얻을 수 없는데, 어찌 하물며 그것의 청정과 부정이 있겠습니까? 그대가 만약 이와 같이 능히 정려를 수습한다면 이것이 정려바라밀다를 수습하는 것입니다.'라고 이와 같이 말을 지어야 하느니라. 교시가여. 이 선남자와 선여인 등이 이것 등을 설하였다면 이것이 널리 진정하게 정려바라밀다를 설하는 것이니라."

그때 천제석이 다시 세존께 아뢰어 말하였다.

"세존이시여. 무엇을 선남자와 선여인 등이 얻을 수 없는 것으로 정진바라밀다(精進波羅密多)를 설한다면, 진정한 정진바라밀다를 설한다고 이름합니까?"

세존께서 말씀하셨다.

"교시가여. 만약 선남자와 선여인 등이 무상보리심(無上菩提心)을 일으킨 자를 위하여 정진바라밀다를 널리 설한다면, '그대 선남자여. 정진바라밀다에 상응하여 수습할 것이고, 색(色)이 항상하거나 무상하다고 상응하여 관찰하지 않아야 하며, 수(受)·상(想)·행(行)·식(識)이 항상하거나 무상하다고 상응하여 관찰하지 않아야 합니다. 왜 그러한가? 색은 색의 자성(自性)이 공(空)하고 수·상·행·식은 수·상·행·식의 자성이 공하더라도, 이 색의 자성은 곧 자성이 아니고, 이 수·상·행·식의 자성도 역시 자성이 아닙니다.

만약 자성이 아닌 것이 곧 정진바라밀다라면, 이 정진바라밀다에서는 색을 얻을 수 없고 그것의 항상함과 무상함도 역시 얻을 수 없으며, 수·상·행·식을 모두 얻을 수 없고 그것의 항상함과 무상함도 역시 얻을 수 없습니다. 그 까닭은 무엇인가? 이 가운데에서 오히려 색 등도 얻을 수 없는데, 어찌 하물며 그것의 항상함과 무상함이 있겠습니까? 그대가 만약 이와 같이 능히 정진을 수습한다면 이것이 정진바라밀다를 수습하는 것입니다.'라고 이와 같이 말을 지어야 하느니라.

다시 '그대 선남자여. 정진바라밀다에 상응하여 수습할 것이고, 색이 즐겁거나 괴롭다고 상응하여 관찰하지 않아야 하며, 수·상·행·식이 즐겁거나 괴롭다고 상응하여 관찰하지 않아야 합니다. 왜 그러한가? 색은 색의 자성이 공하고 수·상·행·식은 수·상·행·식의 자성이 공하더라도, 이 색의 자성은 곧 자성이 아니고 이 수·상·행·식의 자성도 역시 자성이 아닙니다.

만약 자성이 아닌 것이 곧 정진바라밀다라면, 이 정진바라밀다에서는 색을 얻을 수 없고 그것의 즐거움과 괴로움도 역시 얻을 수 없으며, 수·상·행·식을 모두 얻을 수 없고 그것의 즐거움과 괴로움도 역시 얻을 수 없습니다. 그 까닭은 무엇인가? 이 가운데에서 오히려 색 등도 얻을 수 없는데, 어찌 하물며 그것의 즐거움과 괴로움이 있겠습니까? 그대가 만약 이와 같이 능히 정진을 수습한다면 이것이 정진바라밀다를 수습하는 것입니다.'라고 이와 같이 말을 지어야 하느니라.

다시 '그대 선남자여. 정진바라밀다에 상응하여 수습할 것이고, 색이 나이거나 무아라고 상응하여 관찰하지 않아야 하며, 수·상·행·식이 나이거나 무아라고 상응하여 관찰하지 않아야 합니다. 왜 그러한가? 색은 색의 자성이 공하고 수·상·행·식은 수·상·행·식의 자성이 공하더라도, 이 색의 자성은 곧 자성이 아니고 이 수·상·행·식의 자성도 역시 자성이 아닙니다.

만약 자성이 아닌 것이 곧 정진바라밀다라면, 이 정진바라밀다에서는

색을 얻을 수 없고 그것의 나와 무아도 역시 얻을 수 없으며, 수·상·행·식을 모두 얻을 수 없고 그것의 나와 무아도 역시 얻을 수 없습니다. 그 까닭은 무엇인가? 이 가운데에서 오히려 색 등도 얻을 수 없는데, 어찌 하물며 그것의 나와 무아가 있겠습니까? 그대가 만약 이와 같이 능히 정진을 수습한다면 이것이 정진바라밀다를 수습하는 것입니다.'라고 이와 같이 말을 지어야 하느니라.

다시 '그대 선남자여. 정진바라밀다에 상응하여 수습할 것이고, 색이 청정(淨)하거나 부정(不淨)하다고 상응하여 관찰하지 않아야 하며, 수·상·행·식이 청정하거나 부정하다고 상응하여 관찰하지 않아야 합니다. 왜 그러한가? 색은 색의 자성이 공하고 수·상·행·식은 수·상·행·식의 자성이 공하더라도, 이 색의 자성은 곧 자성이 아니고 이 수·상·행·식의 자성도 역시 자성이 아닙니다.

만약 자성이 아닌 것이 곧 정진바라밀다라면, 이 정진바라밀다에서는 색을 얻을 수 없고 그것의 청정과 부정도 역시 얻을 수 없으며, 수·상·행·식을 모두 얻을 수 없고 그것의 청정과 부정도 역시 얻을 수 없습니다. 그 까닭은 무엇인가? 이 가운데에서 오히려 색 등도 얻을 수 없는데, 어찌 하물며 그것의 청정과 부정이 있겠습니까? 그대가 만약 이와 같이 능히 정진을 수습한다면 이것이 정진바라밀다를 수습하는 것입니다.'라고 이와 같이 말을 지어야 하느니라. 교시가여. 이 선남자와 선여인 등이 이것 등을 설하였다면 이것이 널리 진정하게 정진바라밀다를 설하는 것이니라.

다시 다음으로 교시가여. 만약 선남자와 선여인 등이 무상보리심을 일으킨 자를 위하여 정진바라밀다를 널리 설한다면, '그대 선남자여. 정진바라밀다에 상응하여 수습할 것이고, 안처(眼處)가 항상하거나 무상하다고 상응하여 관찰하지 않아야 하며, 이(耳)·비(鼻)·설(舌)·신(身)·의처(意處)가 항상하거나 무상하다고 상응하여 관찰하지 않아야 합니다. 왜 그러한가? 안처는 안처의 자성이 공하고 이·비·설·신·의처는 이·비·설·신·의처의 자성이 공하더라도, 이 안처의 자성은 곧 자성이 아니고 이 이·비·설·신·의처의 자성도 역시 자성이 아닙니다.

만약 자성이 아닌 것이 곧 정진바라밀다라면, 이 정진바라밀다에서는 안처를 얻을 수 없고 그것의 항상함과 무상함도 역시 얻을 수 없으며, 이·비·설·신·의처를 모두 얻을 수 없고 그것의 항상함과 무상함도 역시 얻을 수 없습니다. 그 까닭은 무엇인가? 이 가운데에서 오히려 안처 등도 얻을 수 없는데, 어찌 하물며 그것의 항상함과 무상함이 있겠습니까? 그대가 만약 이와 같이 능히 정진을 수습한다면 이것이 정진바라밀다를 수습하는 것입니다.'라고 이와 같이 말을 지어야 하느니라.

다시 '그대 선남자여. 정진바라밀다에 상응하여 수습할 것이고, 안처가 즐겁거나 괴롭다고 상응하여 관찰하지 않아야 하며, 이·비·설·신·의처가 즐겁거나 괴롭다고 상응하여 관찰하지 않아야 합니다. 왜 그러한가? 안처는 안처의 자성이 공하고 이·비·설·신·의처는 이·비·설·신·의처의 자성이 공하더라도, 이 안처의 자성은 곧 자성이 아니고 이 이·비·설·신·의처의 자성도 역시 자성이 아닙니다.

만약 자성이 아닌 것이 곧 정진바라밀다라면, 이 정진바라밀다에서는 안처를 얻을 수 없고 그것의 즐거움과 괴로움도 역시 얻을 수 없으며, 이·비·설·신·의처를 모두 얻을 수 없고 그것의 즐거움과 괴로움도 역시 얻을 수 없습니다. 그 까닭은 무엇인가? 이 가운데에서 오히려 안처 등도 얻을 수 없는데, 어찌 하물며 그것의 즐거움과 괴로움이 있겠습니까? 그대가 만약 이와 같이 능히 정진을 수습한다면 이것이 정진바라밀다를 수습하는 것입니다.'라고 이와 같이 말을 지어야 하느니라.

다시 '그대 선남자여. 정진바라밀다에 상응하여 수습할 것이고, 안처가 나이거나 무아라고 상응하여 관찰하지 않아야 하며, 이·비·설·신·의처가 나이거나 무아라고 상응하여 관찰하지 않아야 합니다. 왜 그러한가? 안처는 안처의 자성이 공하고 이·비·설·신·의처는 이·비·설·신·의처의 자성이 공하더라도, 이 안처의 자성은 곧 자성이 아니고 이 이·비·설·신·의처의 자성도 역시 자성이 아닙니다.

만약 자성이 아닌 것이 곧 정진바라밀다라면, 이 정진바라밀다에서는

안처를 얻을 수 없고 그것의 나와 무아도 역시 얻을 수 없으며, 이·비·설·신·의처를 모두 얻을 수 없고 그것의 나와 무아도 역시 얻을 수 없습니다. 그 까닭은 무엇인가? 이 가운데에서 오히려 안처 등도 얻을 수 없는데, 어찌 하물며 그것의 나와 무아가 있겠습니까? 그대가 만약 이와 같이 능히 정진을 수습한다면 이것이 정진바라밀다를 수습하는 것입니다.'라고 이와 같이 말을 지어야 하느니라.

다시 '그대 선남자여. 정진바라밀다에 상응하여 수습할 것이고, 안처가 청정하거나 부정하다고 상응하여 관찰하지 않아야 하며, 이·비·설·신·의처가 청정하거나 부정하다고 상응하여 관찰하지 않아야 합니다. 왜 그러한가? 안처는 안처의 자성이 공하고 이·비·설·신·의처는 이·비·설·신·의처의 자성이 공하더라도, 이 안처의 자성은 곧 자성이 아니고 이 이·비·설·신·의처의 자성도 역시 자성이 아닙니다.

만약 자성이 아닌 것이 곧 정진바라밀다라면, 이 정진바라밀다에서는 안처를 얻을 수 없고 그것의 청정과 부정도 역시 얻을 수 없으며, 이·비·설·신·의처를 모두 얻을 수 없고 그것의 청정과 부정도 역시 얻을 수 없습니다. 그 까닭은 무엇인가? 이 가운데에서 오히려 안처 등도 얻을 수 없는데, 어찌 하물며 그것의 청정과 부정이 있겠습니까? 그대가 만약 이와 같이 능히 정진을 수습한다면 이것이 정진바라밀다를 수습하는 것입니다.'라고 이와 같이 말을 지어야 하느니라. 교시가여. 이 선남자와 선여인 등이 이것 등을 설하였다면 이것이 널리 진정하게 정진바라밀다를 설하는 것이니라.

다시 다음으로 교시가여. 만약 선남자와 선여인 등이 무상보리심을 일으킨 자를 위하여 정진바라밀다를 널리 설한다면, '그대 선남자여. 정진바라밀다에 상응하여 수습할 것이고, 색처(色處)가 항상하거나 무상하다고 상응하여 관찰하지 않아야 하며, 성(聲)·향(香)·미(味)·촉(觸)·법처(法處)가 항상하거나 무상하다고 상응하여 관찰하지 않아야 합니다. 왜 그러한가? 색처는 색처의 자성이 공하고 성·향·미·촉·법처는 성·향·미·촉·법처의 자성이 공하더라도, 이 색처의 자성은 곧 자성이 아니고 이 성·향·미·촉·법처의 자성도 역시 자성이 아닙니다.

만약 자성이 아닌 것이 곧 정진바라밀다라면, 이 정진바라밀다에서는 색처를 얻을 수 없고 그것의 항상함과 무상함도 역시 얻을 수 없으며, 성·향·미·촉·법처를 모두 얻을 수 없고 그것의 항상함과 무상함도 역시 얻을 수 없습니다. 그 까닭은 무엇인가? 이 가운데에서 오히려 색처 등도 얻을 수 없는데, 어찌 하물며 그것의 항상함과 무상함이 있겠습니까? 그대가 만약 이와 같이 능히 정진을 수습한다면 이것이 정진바라밀다를 수습하는 것입니다.'라고 이와 같이 말을 지어야 하느니라.

다시 '그대 선남자여. 정진바라밀다에 상응하여 수습할 것이고, 색처가 즐겁거나 괴롭다고 상응하여 관찰하지 않아야 하며, 성·향·미·촉·법처가 즐겁거나 괴롭다고 상응하여 관찰하지 않아야 합니다. 왜 그러한가? 색처는 색처의 자성이 공하고 성·향·미·촉·법처는 성·향·미·촉·법처의 자성이 공하더라도, 이 색처의 자성은 곧 자성이 아니고 이 성·향·미·촉·법처의 자성도 역시 자성이 아닙니다.

만약 자성이 아닌 것이 곧 정진바라밀다라면, 이 정진바라밀다에서는 색처를 얻을 수 없고 그것의 즐거움과 괴로움도 역시 얻을 수 없으며, 성·향·미·촉·법처를 모두 얻을 수 없고 그것의 즐거움과 괴로움도 역시 얻을 수 없습니다. 그 까닭은 무엇인가? 이 가운데에서 오히려 색처 등도 얻을 수 없는데, 어찌 하물며 그것의 즐거움과 괴로움이 있겠습니까? 그대가 만약 이와 같이 능히 정진을 수습한다면 이것이 정진바라밀다를 수습하는 것입니다.'라고 이와 같이 말을 지어야 하느니라.

다시 '그대 선남자여. 정진바라밀다에 상응하여 수습할 것이고, 색처가 나이거나 무아라고 상응하여 관찰하지 않아야 하며, 성·향·미·촉·법처가 나이거나 무아라고 상응하여 관찰하지 않아야 합니다. 왜 그러한가? 색처는 색처의 자성이 공하고 성·향·미·촉·법처는 성·향·미·촉·법처의 자성이 공하더라도, 이 색처의 자성은 곧 자성이 아니고 이 성·향·미·촉·법처의 자성도 역시 자성이 아닙니다.

만약 자성이 아닌 것이 곧 정진바라밀다라면, 이 정진바라밀다에서는

색처를 얻을 수 없고 그것의 나와 무아도 역시 얻을 수 없으며, 성·향·미·촉·법처를 모두 얻을 수 없고 그것의 나와 무아도 역시 얻을 수 없습니다. 그 까닭은 무엇인가? 이 가운데에서 오히려 색처 등도 얻을 수 없는데, 어찌 하물며 그것의 나와 무아가 있겠습니까? 그대가 만약 이와 같이 능히 정진을 수습한다면 이것이 정진바라밀다를 수습하는 것입니다.'라고 이와 같이 말을 지어야 하느니라.

다시 '그대 선남자여. 정진바라밀다에 상응하여 수습할 것이고, 색처가 청정하거나 부정하다고 상응하여 관찰하지 않아야 하며, 성·향·미·촉·법처가 청정하거나 부정하다고 상응하여 관찰하지 않아야 합니다. 왜 그러한가? 색처는 색처의 자성이 공하고 성·향·미·촉·법처는 성·향·미·촉·법처의 자성이 공하더라도, 이 색처의 자성은 곧 자성이 아니고 이 성·향·미·촉·법처의 자성도 역시 자성이 아닙니다.

만약 자성이 아닌 것이 곧 정진바라밀다라면, 이 정진바라밀다에서는 색처를 얻을 수 없고 그것의 청정과 부정도 역시 얻을 수 없으며, 성·향·미·촉·법처를 모두 얻을 수 없고 그것의 청정과 부정도 역시 얻을 수 없습니다. 그 까닭은 무엇인가? 이 가운데에서 오히려 색처 등도 얻을 수 없는데, 어찌 하물며 그것의 청정과 부정이 있겠습니까? 그대가 만약 이와 같이 능히 정진을 수습한다면 이것이 정진바라밀다를 수습하는 것입니다.'라고 이와 같이 말을 지어야 하느니라. 교시가여. 이 선남자와 선여인 등이 이것 등을 설하였다면 이것이 널리 진정하게 정진바라밀다를 설하는 것이니라.

다시 다음으로 교시가여. 만약 선남자와 선여인 등이 무상보리심을 일으킨 자를 위하여 정진바라밀다를 널리 설한다면, '그대 선남자여. 정진바라밀다에 상응하여 수습할 것이고, 안계(眼界)가 항상하거나 무상하다고 상응하여 관찰하지 않아야 하며, 색계(色界)·안식계(眼識界), 나아가 안촉(眼觸)·안촉을 인연으로 생겨난 여러 수(受)가 항상하거나 무상하다고 상응하여 관찰하지 않아야 합니다. 왜 그러한가? 안계는 안계의 자성이 공하고 색계·안식계, 나아가 안촉·안촉을 인연으로 생겨난 여러 수는 색계, 나아가 안촉을 인연으로 생겨난 여러 수의 자성이 공하더라도, 이 안계의 자성은 곧 자성이 아니고 이 색계, 나아가 안촉을 인연으로 생겨난 여러 수의 자성도 역시 자성이 아닙니다.

만약 자성이 아닌 것이 곧 정진바라밀다라면, 이 정진바라밀다에서는 안계를 얻을 수 없고 그것의 항상함과 무상함도 역시 얻을 수 없으며, 색계, 나아가 안촉을 인연으로 생겨난 여러 수를 모두 얻을 수 없고 그것의 항상함과 무상함도 역시 얻을 수 없습니다. 그 까닭은 무엇인가? 이 가운데에서 오히려 안계 등도 얻을 수 없는데, 어찌 하물며 그것의 항상함과 무상함이 있겠습니까? 그대가 만약 이와 같이 능히 정진을 수습한다면 이것이 정진바라밀다를 수습하는 것입니다.'라고 이와 같이 말을 지어야 하느니라.

다시 '그대 선남자여. 정진바라밀다에 상응하여 수습할 것이고, 안계가 즐겁거나 괴롭다고 상응하여 관찰하지 않아야 하며, 색계, 나아가 안촉을 인연으로 생겨난 여러 수가 즐겁거나 괴롭다고 상응하여 관찰하지 않아야 합니다. 왜 그러한가? 안계는 안계의 자성이 공하고 색계, 나아가 안촉을 인연으로 생겨난 여러 수는 색계, 나아가 안촉을 인연으로 생겨난 여러 수의 자성이 공하더라도, 이 안계의 자성은 곧 자성이 아니고 이 색계, 나아가 안촉을 인연으로 생겨난 여러 수의 자성도 역시 자성이 아닙니다.

만약 자성이 아닌 것이 곧 정진바라밀다라면, 이 정진바라밀다에서는 안계를 얻을 수 없고 그것의 즐거움과 괴로움도 역시 얻을 수 없으며, 색계, 나아가 안촉을 인연으로 생겨난 여러 수를 모두 얻을 수 없고 그것의 즐거움과 괴로움도 역시 얻을 수 없습니다. 그 까닭은 무엇인가? 이 가운데에서 오히려 안계 등도 얻을 수 없는데, 어찌 하물며 그것의 즐거움과 괴로움이 있겠습니까? 그대가 만약 이와 같이 능히 정진을 수습한다면 이것이 정진바라밀다를 수습하는 것입니다.'라고 이와 같이 말을 지어야 하느니라.

다시 '그대 선남자여. 정진바라밀다에 상응하여 수습할 것이고, 안계가 나이거나 무아라고 상응하여 관찰하지 않아야 하며, 색계, 나아가 안촉을 인연으로 생겨난 여러 수가 나이거나 무아라고 상응하여 관찰하지 않아야 합니다. 왜 그러한가? 안계는 안계의 자성이 공하고 색계, 나아가 안촉을 인연으로 생겨난 여러 수는 색계, 나아가 안촉을 인연으로 생겨난 여러 수의 자성이 공하더라도, 이 안계의 자성은 곧 자성이 아니고 이 색계, 나아가 안촉을 인연으로 생겨난 여러 수의 자성도 역시 자성이 아닙니다.

만약 자성이 아닌 것이 곧 정진바라밀다라면, 이 정진바라밀다에서는 안계를 얻을 수 없고 그것의 나와 무아도 역시 얻을 수 없으며, 색계, 나아가 안촉을 인연으로 생겨난 여러 수를 모두 얻을 수 없고 그것의 나와 무아도 역시 얻을 수 없습니다. 그 까닭은 무엇인가? 이 가운데에서 오히려 안계 등도 얻을 수 없는데, 어찌 하물며 그것의 나와 무아가 있겠습니까? 그대가 만약 이와 같이 능히 정진을 수습한다면 이것이 정진바라밀다를 수습하는 것입니다.'라고 이와 같이 말을 지어야 하느니라.

다시 '그대 선남자여. 정진바라밀다에 상응하여 수습할 것이고, 안계가 청정하거나 부정하다고 상응하여 관찰하지 않아야 하며, 색계, 나아가 안촉을 인연으로 생겨난 여러 수가 청정하거나 부정하다고 상응하여 관찰하지 않아야 합니다. 왜 그러한가? 안계는 안계의 자성이 공하고 색계, 나아가 안촉을 인연으로 생겨난 여러 수는 색계, 나아가 안촉을 인연으로 생겨난 여러 수의 자성이 공하더라도, 이 안계의 자성은 곧 자성이 아니고 이 색계, 나아가 안촉을 인연으로 생겨난 여러 수의 자성도 역시 자성이 아닙니다.

만약 자성이 아닌 것이 곧 정진바라밀다라면, 이 정진라밀다에서는 안계를 얻을 수 없고 그것의 청정과 부정도 역시 얻을 수 없으며, 색계, 나아가 안촉을 인연으로 생겨난 여러 수를 모두 얻을 수 없고 그것의 청정과 부정도 역시 얻을 수 없습니다. 그 까닭은 무엇인가? 이 가운데에서 오히려 안계 등도 얻을 수 없는데, 어찌 하물며 그것의 청정과 부정이 있겠습니까? 그대가 만약 이와 같이 능히 정진을 수습한다면 이것이 정진바라밀다를 수습하는 것입니다.'라고 이와 같이 말을 지어야 하느니라. 교시가여. 이 선남자와 선여인 등이 이것 등을 설하였다면 이것이 널리 진정하게 정진바라밀다를 설하는 것이니라.

다시 다음으로 교시가여. 만약 선남자와 선여인 등이 무상보리심을 일으킨 자를 위하여 정진바라밀다를 널리 설한다면, '그대 선남자여. 정진바라밀다에 상응하여 수습할 것이고, 이계(耳界)가 항상하거나 무상하다고 상응하여 관찰하지 않아야 하며, 성계(聲界)·이식계(耳識界), 나아가 이촉(耳觸)·이촉을 인연으로 생겨난 여러 수가 항상하거나 무상하다고 상응하여 관찰하지 않아야 합니다. 왜 그러한가? 이계는 이계의 자성이 공하고 성계·이식계, 나아가 이촉·이촉을 인연으로 생겨난 여러 수는 성계, 나아가 이촉을 인연으로 생겨난 여러 수의 자성이 공하더라도, 이 이계의 자성은 곧 자성이 아니고 이 성계, 나아가 이촉을 인연으로 생겨난 여러 수의 자성도 역시 자성이 아닙니다.

만약 자성이 아닌 것이 곧 정진바라밀다라면, 이 정진바라밀다에서는 이계를 얻을 수 없고 그것의 항상함과 무상함도 역시 얻을 수 없으며, 성계, 나아가 이촉을 인연으로 생겨난 여러 수를 모두 얻을 수 없고 그것의 항상함과 무상함도 역시 얻을 수 없습니다. 그 까닭은 무엇인가? 이 가운데에서 오히려 이계 등도 얻을 수 없는데, 어찌 하물며 그것의 항상함과 무상함이 있겠습니까? 그대가 만약 이와 같이 능히 정진을 수습한다면 이것이 정진바라밀다를 수습하는 것입니다.'라고 이와 같이 말을 지어야 하느니라.

다시 '그대 선남자여. 정진바라밀다에 상응하여 수습할 것이고, 이계가 즐겁거나 괴롭다고 상응하여 관찰하지 않아야 하며, 성계, 나아가 이촉을 인연으로 생겨난 여러 수가 즐겁거나 괴롭다고 상응하여 관찰하지 않아야 합니다. 왜 그러한가? 이계는 이계의 자성이 공하고 성계, 나아가 이촉을 인연으로 생겨난 여러 수는 성계, 나아가 이촉을 인연으로 생겨난 여러 수의 자성이 공하더라도, 이 이계의 자성은 곧 자성이 아니고 이 성계, 나아가 이촉을 인연으로 생겨난 여러 수의 자성도 역시 자성이 아닙니다.

만약 자성이 아닌 것이 곧 정진바라밀다라면, 이 정진바라밀다에서는 이계를 얻을 수 없고 그것의 즐거움과 괴로움도 역시 얻을 수 없으며,

성계, 나아가 이촉을 인연으로 생겨난 여러 수를 모두 얻을 수 없고 그것의 즐거움과 괴로움도 역시 얻을 수 없습니다. 그 까닭은 무엇인가? 이 가운데에서 오히려 이계 등도 얻을 수 없는데, 어찌 하물며 그것의 즐거움과 괴로움이 있겠습니까? 그대가 만약 이와 같이 능히 정진을 수습한다면 이것이 정진바라밀다를 수습하는 것입니다.'라고 이와 같이 말을 지어야 하느니라.

다시 '그대 선남자여. 정진바라밀다에 상응하여 수습할 것이고, 이계가 나이거나 무아라고 상응하여 관찰하지 않아야 하며, 성계, 나아가 이촉을 인연으로 생겨난 여러 수가 나이거나 무아라고 상응하여 관찰하지 않아야 합니다. 왜 그러한가? 이계는 이계의 자성이 공하고 성계, 나아가 이촉을 인연으로 생겨난 여러 수는 성계, 나아가 이촉을 인연으로 생겨난 여러 수의 자성이 공하더라도, 이 이계의 자성은 곧 자성이 아니고 이 성계, 나아가 이촉을 인연으로 생겨난 여러 수의 자성도 역시 자성이 아닙니다.

만약 자성이 아닌 것이 곧 정진바라밀다라면, 이 정진바라밀다에서는 이계를 얻을 수 없고 그것의 나와 무아도 역시 얻을 수 없으며, 성계, 나아가 이촉을 인연으로 생겨난 여러 수를 모두 얻을 수 없고 그것의 나와 무아도 역시 얻을 수 없습니다. 그 까닭은 무엇인가? 이 가운데에서 오히려 이계 등도 얻을 수 없는데, 어찌 하물며 그것의 나와 무아가 있겠습니까? 그대가 만약 이와 같이 능히 정진을 수습한다면 이것이 정진바라밀다를 수습하는 것입니다.'라고 이와 같이 말을 지어야 하느니라.

다시 '그대 선남자여. 정진바라밀다에 상응하여 수습할 것이고, 이계가 청정하거나 부정하다고 상응하여 관찰하지 않아야 하며, 성계, 나아가 이촉을 인연으로 생겨난 여러 수가 청정하거나 부정하다고 상응하여 관찰하지 않아야 합니다. 왜 그러한가? 이계는 이계의 자성이 공하고 성계, 나아가 이촉을 인연으로 생겨난 여러 수는 성계, 나아가 이촉을 인연으로 생겨난 여러 수의 자성이 공하더라도, 이 이계의 자성은 곧 자성이 아니고 이 성계, 나아가 이촉을 인연으로 생겨난 여러 수의 자성도 역시 자성이 아닙니다.

만약 자성이 아닌 것이 곧 정진바라밀다라면, 이 정진바라밀다에서는 이계를 얻을 수 없고 그것의 청정과 부정도 역시 얻을 수 없으며, 성계, 나아가 이촉을 인연으로 생겨난 여러 수를 모두 얻을 수 없고 그것의 청정과 부정도 역시 얻을 수 없습니다. 그 까닭은 무엇인가? 이 가운데에서 오히려 이계 등도 얻을 수 없는데, 어찌 하물며 그것의 청정과 부정이 있겠습니까? 그대가 만약 이와 같이 능히 정진을 수습한다면 이것이 정진바라밀다를 수습하는 것입니다.'라고 이와 같이 말을 지어야 하느니라. 교시가여. 이 선남자와 선여인 등이 이것 등을 설하였다면 이것이 널리 진정하게 정진바라밀다를 설하는 것이니라."

마하반야바라밀다경 제153권

30. 교량공덕품(校量功德品)(51)

“다시 다음으로 교시가여. 만약 선남자와 선여인 등이 무상보리심을 일으킨 자를 위하여 정진바라밀다를 널리 설한다면, ‘그대 선남자여. 정진바라밀다에 상응하여 수습할 것이고, 비계(鼻界)가 항상하거나 무상하다고 상응하여 관찰하지 않아야 하며, 향계(香界)·비식계(鼻識界), 나아가 비촉(鼻觸)·비촉을 인연으로 생겨난 여러 수가 항상하거나 무상하다고 상응하여 관찰하지 않아야 합니다. 왜 그러한가? 비계는 비계의 자성이 공하고 향계·비식계, 나아가 비촉·비촉을 인연으로 생겨난 여러 수는 향계, 나아가 비촉을 인연으로 생겨난 여러 수의 자성이 공하더라도, 이 비계의 자성은 곧 자성이 아니고 이 향계, 나아가 비촉을 인연으로 생겨난 여러 수의 자성도 역시 자성이 아닙니다.

만약 자성이 아닌 것이 곧 정진바라밀다라면, 이 정진바라밀다에서는 비계를 얻을 수 없고 그것의 항상함과 무상함도 역시 얻을 수 없으며, 향계, 나아가 비촉을 인연으로 생겨난 여러 수를 모두 얻을 수 없고 그것의 항상함과 무상함도 역시 얻을 수 없습니다. 그 까닭은 무엇인가? 이 가운데에서 오히려 비계 등도 얻을 수 없는데, 어찌 하물며 그것의 항상함과 무상함이 있겠습니까? 그대가 만약 이와 같이 능히 정진을 수습한다면 이것이 정진바라밀다를 수습하는 것입니다.’라고 이와 같이 말을 지어야 하느니라.

다시 ‘그대 선남자여. 정진바라밀다에 상응하여 수습할 것이고, 비계가 즐겁거나 괴롭다고 상응하여 관찰하지 않아야 하며, 향계, 나아가 비촉을 인연으로 생겨난 여러 수가 즐겁거나 괴롭다고 상응하여 관찰하지 않아야 합니다. 왜 그러한가? 비계는 비계의 자성이 공하고 향계, 나아가 비촉을 인연으로 생겨난 여러 수는 향계, 나아가 비촉을 인연으로 생겨난 여러 수의 자성이 공하더라도, 이 비계의 자성은 곧 자성이 아니고 이 향계, 나아가 비촉을 인연으로 생겨난 여러 수의 자성도 역시 자성이 아닙니다.

만약 자성이 아닌 것이 곧 정진바라밀다라면, 이 정진바라밀다에서는 비계를 얻을 수 없고 그것의 즐거움과 괴로움도 역시 얻을 수 없으며, 향계, 나아가 비촉을 인연으로 생겨난 여러 수를 모두 얻을 수 없고 그것의 즐거움과 괴로움도 역시 얻을 수 없습니다. 그 까닭은 무엇인가? 이 가운데에서 오히려 비계 등도 얻을 수 없는데, 어찌 하물며 그것의 즐거움과 괴로움이 있겠습니까? 그대가 만약 이와 같이 능히 정진을 수습한다면 이것이 정진바라밀다를 수습하는 것입니다.'라고 이와 같이 말을 지어야 하느니라.

다시 '그대 선남자여. 정진바라밀다에 상응하여 수습할 것이고, 비계가 나이거나 무아라고 상응하여 관찰하지 않아야 하며, 향계, 나아가 비촉을 인연으로 생겨난 여러 수가 나이거나 무아라고 상응하여 관찰하지 않아야 합니다. 왜 그러한가? 비계는 비계의 자성이 공하고 향계, 나아가 비촉을 인연으로 생겨난 여러 수는 향계, 나아가 비촉을 인연으로 생겨난 여러 수의 자성이 공하더라도, 이 비계의 자성은 곧 자성이 아니고 이 향계, 나아가 비촉을 인연으로 생겨난 여러 수의 자성도 역시 자성이 아닙니다.

만약 자성이 아닌 것이 곧 정진바라밀다라면, 이 정진바라밀다에서는 비계를 얻을 수 없고 그것의 나와 무아도 역시 얻을 수 없으며, 향계, 나아가 비촉을 인연으로 생겨난 여러 수를 모두 얻을 수 없고 그것의 나와 무아도 역시 얻을 수 없습니다. 그 까닭은 무엇인가? 이 가운데에서 오히려 비계 등도 얻을 수 없는데, 어찌 하물며 그것의 나와 무아가 있겠습니까? 그대가 만약 이와 같이 능히 정진을 수습한다면 이것이 정진바라밀다를 수습하는 것입니다.'라고 이와 같이 말을 지어야 하느니라.

다시 '그대 선남자여. 정진바라밀다에 상응하여 수습할 것이고, 비계가 청정하거나 부정하다고 상응하여 관찰하지 않아야 하며, 향계, 나아가 비촉을 인연으로 생겨난 여러 수가 청정하거나 부정하다고 상응하여 관찰하지 않아야 합니다. 왜 그러한가? 비계는 비계의 자성이 공하고 향계, 나아가 비촉을 인연으로 생겨난 여러 수는 향계, 나아가 비촉을 인연으로 생겨난 여러 수의 자성이 공하더라도, 이 비계의 자성은 곧 자성이 아니고 이 향계, 나아가 비촉을 인연으로 생겨난 여러 수의 자성도 역시 자성이 아닙니다.

만약 자성이 아닌 것이 곧 정진바라밀다라면, 이 정진바라밀다에서는 비계를 얻을 수 없고 그것의 청정과 부정도 역시 얻을 수 없으며, 향계, 나아가 비촉을 인연으로 생겨난 여러 수를 모두 얻을 수 없고 그것의 청정과 부정도 역시 얻을 수 없습니다. 그 까닭은 무엇인가? 이 가운데에서 오히려 비계 등도 얻을 수 없는데, 어찌 하물며 그것의 청정과 부정이 있겠습니까? 그대가 만약 이와 같이 능히 정진을 수습한다면 이것이 정진바라밀다를 수습하는 것입니다.'라고 이와 같이 말을 지어야 하느니라. 교시가여. 이 선남자와 선여인 등이 이것 등을 설하였다면 이것이 널리 진정하게 정진바라밀다를 설하는 것이니라.

다시 다음으로 교시가여. 만약 선남자와 선여인 등이 무상보리심을 일으킨 자를 위하여 정진바라밀다를 널리 설한다면, '그대 선남자여. 정진바라밀다에 상응하여 수습할 것이고, 설계(舌界)가 항상하거나 무상하다고 상응하여 관찰하지 않아야 하며, 미계(味界)·설식계(舌識界), 나아가 설촉(舌觸)·설촉을 인연으로 생겨난 여러 수가 항상하거나 무상하다고 상응하여 관찰하지 않아야 합니다. 왜 그러한가? 설계는 설계의 자성이 공하고 미계·설식계, 나아가 설촉·설촉을 인연으로 생겨난 여러 수는 미계, 나아가 설촉을 인연으로 생겨난 여러 수의 자성이 공하더라도, 이 설계의 자성은 곧 자성이 아니고 미계, 나아가 설촉을 인연으로 생겨난 여러 수의 자성도 역시 자성이 아닙니다.

만약 자성이 아닌 것이 곧 정진바라밀다라면, 이 정진바라밀다에서는

설계를 얻을 수 없고 그것의 항상함과 무상함도 역시 얻을 수 없으며, 미계, 나아가 설촉을 인연으로 생겨난 여러 수를 모두 얻을 수 없고 그것의 항상함과 무상함도 역시 얻을 수 없습니다. 그 까닭은 무엇인가? 이 가운데에서 오히려 설계 등도 얻을 수 없는데, 어찌 하물며 그것의 항상함과 무상함이 있겠습니까? 그대가 만약 이와 같이 능히 정진을 수습한다면 이것이 정진바라밀다를 수습하는 것입니다.'라고 이와 같이 말을 지어야 하느니라.

다시 '그대 선남자여. 정진바라밀다에 상응하여 수습할 것이고, 설계가 즐겁거나 괴롭다고 상응하여 관찰하지 않아야 하며, 미계, 나아가 설촉을 인연으로 생겨난 여러 수가 즐겁거나 괴롭다고 상응하여 관찰하지 않아야 합니다. 왜 그러한가? 설계는 설계의 자성이 공하고 미계, 나아가 설촉을 인연으로 생겨난 여러 수는 미계, 나아가 설촉을 인연으로 생겨난 여러 수의 자성이 공하더라도, 이 설계의 자성은 곧 자성이 아니고 미계, 나아가 설촉을 인연으로 생겨난 여러 수의 자성도 역시 자성이 아닙니다.

만약 자성이 아닌 것이 곧 정진바라밀다라면, 이 정진바라밀다에서는 설계를 얻을 수 없고 그것의 즐거움과 괴로움도 역시 얻을 수 없으며, 미계, 나아가 설촉을 인연으로 생겨난 여러 수를 모두 얻을 수 없고 그것의 즐거움과 괴로움도 역시 얻을 수 없습니다. 그 까닭은 무엇인가? 이 가운데에서 오히려 설계 등도 얻을 수 없는데, 어찌 하물며 그것의 즐거움과 괴로움이 있겠습니까? 그대가 만약 이와 같이 능히 정진을 수습한다면 이것이 정진바라밀다를 수습하는 것입니다.'라고 이와 같이 말을 지어야 하느니라.

다시 '그대 선남자여. 정진바라밀다에 상응하여 수습할 것이고, 설계가 나이거나 무아라고 상응하여 관찰하지 않아야 하며, 미계, 나아가 설촉을 인연으로 생겨난 여러 수가 나이거나 무아라고 상응하여 관찰하지 않아야 합니다. 왜 그러한가? 설계는 설계의 자성이 공하고 미계, 나아가 설촉을 인연으로 생겨난 여러 수는 미계, 나아가 설촉을 인연으로 생겨난 여러 수의 자성이 공하더라도, 이 설계의 자성은 곧 자성이 아니고 이 미계,

나아가 설촉을 인연으로 생겨난 여러 수의 자성도 역시 자성이 아닙니다.

만약 자성이 아닌 것이 곧 정진바라밀다라면, 이 정진바라밀다에서는 설계를 얻을 수 없고 그것의 나와 무아도 역시 얻을 수 없으며, 미계, 나아가 설촉을 인연으로 생겨난 여러 수를 모두 얻을 수 없고 그것의 나와 무아도 역시 얻을 수 없습니다. 그 까닭은 무엇인가? 이 가운데에서 오히려 설계 등도 얻을 수 없는데, 어찌 하물며 그것의 나와 무아가 있겠습니까? 그대가 만약 이와 같이 능히 정진을 수습한다면 이것이 정진바라밀다를 수습하는 것입니다.'라고 이와 같이 말을 지어야 하느니라.

다시 '그대 선남자여. 정진바라밀다에 상응하여 수습할 것이고, 설계가 청정하거나 부정하다고 상응하여 관찰하지 않아야 하며, 미계, 나아가 설촉을 인연으로 생겨난 여러 수가 청정하거나 부정하다고 상응하여 관찰하지 않아야 합니다. 왜 그러한가? 설계는 설계의 자성이 공하고 미계, 나아가 설촉을 인연으로 생겨난 여러 수는 미계, 나아가 설촉을 인연으로 생겨난 여러 수의 자성이 공하더라도, 이 설계의 자성은 곧 자성이 아니고 이 미계, 나아가 설촉을 인연으로 생겨난 여러 수의 자성도 역시 자성이 아닙니다.

만약 자성이 아닌 것이 곧 정진바라밀다라면, 이 정진바라밀다에서는 설계를 얻을 수 없고 그것의 청정과 부정도 역시 얻을 수 없으며, 미계, 나아가 설촉을 인연으로 생겨난 여러 수를 모두 얻을 수 없고 그것의 청정과 부정도 역시 얻을 수 없습니다. 그 까닭은 무엇인가? 이 가운데에서 오히려 설계 등도 얻을 수 없는데, 어찌 하물며 그것의 청정과 부정이 있겠습니까? 그대가 만약 이와 같이 능히 정진을 수습한다면 이것이 정진바라밀다를 수습하는 것입니다.'라고 이와 같이 말을 지어야 하느니라. 교시가여. 이 선남자와 선여인 등이 이것 등을 설하였다면 이것이 널리 진정하게 정진바라밀다를 설하는 것이니라.

다시 다음으로 교시가여. 만약 선남자와 선여인 등이 무상보리심을 일으킨 자를 위하여 정진바라밀다를 널리 설한다면, '그대 선남자여. 정진바라밀다에 상응하여 수습할 것이고, 신계(身界)가 항상하거나 무상하다고 상응하여 관찰하지 않아야 하며, 촉계(觸界)·신식계(身識界), 나아가 신촉(身觸)·신촉을 인연으로 생겨난 여러 수가 항상하거나 무상하다고 상응하여 관찰하지 않아야 합니다. 왜 그러한가? 신계는 신계의 자성이 공하고 촉계·신식계, 나아가 신촉·신촉을 인연으로 생겨난 여러 수는 촉계, 나아가 신촉을 인연으로 생겨난 여러 수의 자성이 공하더라도, 이 신계의 자성은 곧 자성이 아니고 촉계, 나아가 신촉을 인연으로 생겨난 여러 수의 자성도 역시 자성이 아닙니다.

만약 자성이 아닌 것이 곧 정진바라밀다라면, 이 정진바라밀다에서는 신계를 얻을 수 없고 그것의 항상함과 무상함도 역시 얻을 수 없으며, 촉계, 나아가 신촉을 인연으로 생겨난 여러 수를 모두 얻을 수 없고 그것의 항상함과 무상함도 역시 얻을 수 없습니다. 그 까닭은 무엇인가? 이 가운데에서 오히려 신계 등도 얻을 수 없는데, 어찌 하물며 그것의 항상함과 무상함이 있겠습니까? 그대가 만약 이와 같이 능히 정진을 수습한다면 이것이 정진바라밀다를 수습하는 것입니다.'라고 이와 같이 말을 지어야 하느니라.

다시 '그대 선남자여. 정진바라밀다에 상응하여 수습할 것이고, 신계가 즐겁거나 괴롭다고 상응하여 관찰하지 않아야 하며, 촉계, 나아가 신촉을 인연으로 생겨난 여러 수가 즐겁거나 괴롭다고 상응하여 관찰하지 않아야 합니다. 왜 그러한가? 신계는 신계의 자성이 공하고 촉계, 나아가 신촉을 인연으로 생겨난 여러 수는 촉계, 나아가 신촉을 인연으로 생겨난 여러 수의 자성이 공하더라도, 이 신계의 자성은 곧 자성이 아니고 촉계, 나아가 신촉을 인연으로 생겨난 여러 수의 자성도 역시 자성이 아닙니다.

만약 자성이 아닌 것이 곧 정진바라밀다라면, 이 정진바라밀다에서는 신계를 얻을 수 없고 그것의 즐거움과 괴로움도 역시 얻을 수 없으며, 촉계, 나아가 신촉을 인연으로 생겨난 여러 수를 모두 얻을 수 없고 그것의 즐거움과 괴로움도 역시 얻을 수 없습니다. 그 까닭은 무엇인가? 이 가운데에서 오히려 신계 등도 얻을 수 없는데, 어찌 하물며 그것의 즐거움과 괴로움이 있겠습니까? 그대가 만약 이와 같이 능히 정진을 수습한다면 이것이 정진바라밀다를 수습하는 것입니다.'라고 이와 같이 말을 지어야 하느니라.

다시 '그대 선남자여. 정진바라밀다에 상응하여 수습할 것이고, 신계가 나이거나 무아라고 상응하여 관찰하지 않아야 하며, 촉계, 나아가 신촉을 인연으로 생겨난 여러 수가 나이거나 무아라고 상응하여 관찰하지 않아야 합니다. 왜 그러한가? 신계는 신계의 자성이 공하고 촉계, 나아가 신촉을 인연으로 생겨난 여러 수는 촉계, 나아가 신촉을 인연으로 생겨난 여러 수의 자성이 공하더라도, 이 신계의 자성은 곧 자성이 아니고 이 촉계, 나아가 신촉을 인연으로 생겨난 여러 수의 자성도 역시 자성이 아닙니다.

만약 자성이 아닌 것이 곧 정진바라밀다라면, 이 정진바라밀다에서는 신계를 얻을 수 없고 그것의 나와 무아도 역시 얻을 수 없으며, 촉계, 나아가 신촉을 인연으로 생겨난 여러 수를 모두 얻을 수 없고 그것의 나와 무아도 역시 얻을 수 없습니다. 그 까닭은 무엇인가? 이 가운데에서 오히려 신계 등도 얻을 수 없는데, 어찌 하물며 그것의 나와 무아가 있겠습니까? 그대가 만약 이와 같이 능히 정진을 수습한다면 이것이 정진바라밀다를 수습하는 것입니다.'라고 이와 같이 말을 지어야 하느니라.

다시 '그대 선남자여. 정진바라밀다에 상응하여 수습할 것이고, 신계가 청정하거나 부정하다고 상응하여 관찰하지 않아야 하며, 촉계, 나아가 신촉을 인연으로 생겨난 여러 수가 청정하거나 부정하다고 상응하여 관찰하지 않아야 합니다. 왜 그러한가? 신계는 신계의 자성이 공하고 촉계, 나아가 신촉을 인연으로 생겨난 여러 수는 촉계, 나아가 신촉을 인연으로 생겨난 여러 수의 자성이 공하더라도, 이 신계의 자성은 곧 자성이 아니고 이 촉계, 나아가 신촉을 인연으로 생겨난 여러 수의 자성도 역시 자성이 아닙니다.

만약 자성이 아닌 것이 곧 정진바라밀다라면, 이 정진바라밀다에서는 신계를 얻을 수 없고 그것의 청정과 부정도 역시 얻을 수 없으며, 촉계, 나아가 신촉을 인연으로 생겨난 여러 수를 모두 얻을 수 없고 그것의 청정과 부정도 역시 얻을 수 없습니다. 그 까닭은 무엇인가? 이 가운데에서 오히려 신계 등도 얻을 수 없는데, 어찌 하물며 그것의 청정과 부정이 있겠습니까? 그대가 만약 이와 같이 능히 정진을 수습한다면 이것이 정진바라밀다를 수습하는 것입니다.'라고 이와 같이 말을 지어야 하느니라. 교시가여. 이 선남자와 선여인 등이 이것 등을 설하였다면 이것이 널리 진정하게 정진바라밀다를 설하는 것이니라."

다시 다음으로 교시가여. 만약 선남자와 선여인 등이 무상보리심을 일으킨 자를 위하여 정진바라밀다를 널리 설한다면, '그대 선남자여. 정진바라밀다에 상응하여 수습할 것이고, 의계(意界)가 항상하거나 무상하다고 상응하여 관찰하지 않아야 하며, 법계(法界)·의식계(意識界), 나아가 의촉(意觸)·의촉을 인연으로 생겨난 여러 수가 항상하거나 무상하다고 상응하여 관찰하지 않아야 합니다. 왜 그러한가? 의계는 의계의 자성이 공하고 법계·의식계, 나아가 의촉·의촉을 인연으로 생겨난 여러 수는 법계, 나아가 의촉을 인연으로 생겨난 여러 수의 자성이 공하더라도, 이 의계의 자성은 곧 자성이 아니고 이 법계, 나아가 의촉을 인연으로 생겨난 여러 수의 자성도 역시 자성이 아닙니다.

만약 자성이 아닌 것이 곧 정진바라밀다라면, 이 정진바라밀다에서는 의계를 얻을 수 없고 그것의 항상함과 무상함도 역시 얻을 수 없으며, 법계, 나아가 의촉을 인연으로 생겨난 여러 수를 모두 얻을 수 없고 그것의 항상함과 무상함도 역시 얻을 수 없습니다. 그 까닭은 무엇인가? 이 가운데에서 오히려 의계 등도 얻을 수 없는데, 어찌 하물며 그것의 항상함과 무상함이 있겠습니까? 그대가 만약 이와 같이 능히 정진을 수습한다면 이것이 정진바라밀다를 수습하는 것입니다.'라고 이와 같이 말을 지어야 하느니라.

다시 '그대 선남자여. 정진바라밀다에 상응하여 수습할 것이고, 의계가 즐겁거나 괴롭다고 상응하여 관찰하지 않아야 하며, 법계, 나아가 의촉을 인연으로 생겨난 여러 수가 즐겁거나 괴롭다고 상응하여 관찰하지 않아야 합니다. 왜 그러한가? 의계는 의계의 자성이 공하고 법계, 나아가 의촉을 인연으로 생겨난 여러 수는 법계, 나아가 의촉을 인연으로 생겨난 여러 수의 자성이 공하더라도, 이 의계의 자성은 곧 자성이 아니고 이 법계, 나아가 의촉을 인연으로 생겨난 여러 수의 자성도 역시 자성이 아닙니다.

만약 자성이 아닌 것이 곧 정진바라밀다라면, 이 정진바라밀다에서는 의계를 얻을 수 없고 그것의 즐거움과 괴로움도 역시 얻을 수 없으며, 법계, 나아가 의촉을 인연으로 생겨난 여러 수를 모두 얻을 수 없고 그것의 즐거움과 괴로움도 역시 얻을 수 없습니다. 그 까닭은 무엇인가? 이 가운데에서 오히려 의계 등도 얻을 수 없는데, 어찌 하물며 그것의 즐거움과 괴로움이 있겠습니까? 그대가 만약 이와 같이 능히 정진을 수습한다면 이것이 정진바라밀다를 수습하는 것입니다.'라고 이와 같이 말을 지어야 하느니라.

다시 '그대 선남자여. 정진바라밀다에 상응하여 수습할 것이고, 의계가 나이거나 무아라고 상응하여 관찰하지 않아야 하며, 법계, 나아가 의촉을 인연으로 생겨난 여러 수가 나이거나 무아라고 상응하여 관찰하지 않아야 합니다. 왜 그러한가? 의계는 의계의 자성이 공하고 법계, 나아가 의촉을 인연으로 생겨난 여러 수는 법계, 나아가 의촉을 인연으로 생겨난 여러 수의 자성이 공하더라도, 이 의계의 자성은 곧 자성이 아니고 이 법계, 나아가 의촉을 인연으로 생겨난 여러 수의 자성도 역시 자성이 아닙니다.

만약 자성이 아닌 것이 곧 정진바라밀다라면, 이 정진바라밀다에서는 의계를 얻을 수 없고 그것의 나와 무아도 역시 얻을 수 없으며, 법계, 나아가 의촉을 인연으로 생겨난 여러 수를 모두 얻을 수 없고 그것의 나와 무아도 역시 얻을 수 없습니다. 그 까닭은 무엇인가? 이 가운데에서 오히려 의계 등도 얻을 수 없는데, 어찌 하물며 그것의 나와 무아가 있겠습니까? 그대가 만약 이와 같이 능히 정진을 수습한다면 이것이 정진바라밀다를 수습하는 것입니다.'라고 이와 같이 말을 지어야 하느니라.

다시 '그대 선남자여. 정진바라밀다에 상응하여 수습할 것이고, 의계가 청정하거나 부정하다고 상응하여 관찰하지 않아야 하며, 법계, 나아가 의촉을 인연으로 생겨난 여러 수가 청정하거나 부정하다고 상응하여 관찰하지 않아야 합니다. 왜 그러한가? 의계는 의계의 자성이 공하고 법계, 나아가 의촉을 인연으로 생겨난 여러 수는 법계, 나아가 의촉을 인연으로 생겨난 여러 수의 자성이 공하더라도, 이 의계의 자성은 곧 자성이 아니고 이 법계, 나아가 의촉을 인연으로 생겨난 여러 수의 자성도 역시 자성이 아닙니다.

만약 자성이 아닌 것이 곧 정진바라밀다라면, 이 정진바라밀다에서는 의계를 얻을 수 없고 그것의 청정과 부정도 역시 얻을 수 없으며, 법계, 나아가 의촉을 인연으로 생겨난 여러 수를 모두 얻을 수 없고 그것의 청정과 부정도 역시 얻을 수 없습니다. 그 까닭은 무엇인가? 이 가운데에서 오히려 의계 등도 얻을 수 없는데, 어찌 하물며 그것의 청정과 부정이 있겠습니까? 그대가 만약 이와 같이 능히 정진을 수습한다면 이것이 정진바라밀다를 수습하는 것입니다.'라고 이와 같이 말을 지어야 하느니라. 교시가여. 이 선남자와 선여인 등이 이것 등을 설하였다면 이것이 널리 진정하게 정진바라밀다를 설하는 것이니라.

다시 다음으로 교시가여. 만약 선남자와 선여인 등이 무상보리심을 일으킨 자를 위하여 정진바라밀다를 널리 설한다면, '그대 선남자여. 정진바라밀다에 상응하여 수습할 것이고, 지계(地界)가 항상하거나 무상하다고 상응하여 관찰하지 않아야 하며, 수(水)·화(火)·풍(風)·공(空)·식계(識界)가 항상하거나 무상하다고 상응하여 관찰하지 않아야 합니다. 왜 그러한가? 지계는 지계의 자성이 공하고 수·화·풍·공·식계는 수·화·풍·공·식계의 자성이 공하더라도, 이 지계의 자성은 곧 자성이 아니고 이 수·화·풍·공·식계의 자성도 역시 자성이 아닙니다.

만약 자성이 아닌 것이 곧 정진바라밀다라면, 이 정진바라밀다에서는 지계를 얻을 수 없고 그것의 항상함과 무상함도 역시 얻을 수 없으며, 수·화·풍·공·식계를 모두 얻을 수 없고 그것의 항상함과 무상함도 역시 얻을 수 없습니다. 그 까닭은 무엇인가? 이 가운데에서 오히려 지계 등도 얻을 수 없는데, 어찌 하물며 그것의 항상함과 무상함이 있겠습니까? 그대가 만약 이와 같이 능히 정진을 수습한다면 이것이 정진바라밀다를 수습하는 것입니다.'라고 이와 같이 말을 지어야 하느니라.

다시 '그대 선남자여. 정진바라밀다에 상응하여 수습할 것이고, 지계가 즐겁거나 괴롭다고 상응하여 관찰하지 않아야 하며, 수·화·풍·공·식계가 즐겁거나 괴롭다고 상응하여 관찰하지 않아야 합니다. 왜 그러한가? 지계는 지계의 자성이 공하고 수·화·풍·공·식계는 수·화·풍·공·식계의 자성이 공하더라도, 이 지계의 자성은 곧 자성이 아니고 이 수·화·풍·공·식계의 자성도 역시 자성이 아닙니다.

만약 자성이 아닌 것이 곧 정진바라밀다라면, 이 정진바라밀다에서는 지계를 얻을 수 없고 그것의 즐거움과 괴로움도 역시 얻을 수 없으며, 수·화·풍·공·식계를 모두 얻을 수 없고 그것의 즐거움과 괴로움도 역시 얻을 수 없습니다. 그 까닭은 무엇인가? 이 가운데에서 오히려 지계 등도 얻을 수 없는데, 어찌 하물며 그것의 즐거움과 괴로움이 있겠습니까? 그대가 만약 이와 같이 능히 정진을 수습한다면 이것이 정진바라밀다를 수습하는 것입니다.'라고 이와 같이 말을 지어야 하느니라.

다시 '그대 선남자여. 정진바라밀다에 상응하여 수습할 것이고, 지계가 나이거나 무아라고 상응하여 관찰하지 않아야 하며, 수·화·풍·공·식계가 나이거나 무아라고 상응하여 관찰하지 않아야 합니다. 왜 그러한가? 지계는 지계의 자성이 공하고 수·화·풍·공·식계는 수·화·풍·공·식계의 자성이 공하더라도, 이 지계의 자성은 곧 자성이 아니고 이 수·화·풍·공·식계의 자성도 역시 자성이 아닙니다.

만약 자성이 아닌 것이 곧 정진바라밀다라면, 이 정진바라밀다에서는 지계를 얻을 수 없고 그것의 나와 무아도 역시 얻을 수 없으며, 수·화·풍·공·식계를 모두 얻을 수 없고 그것의 나와 무아도 역시 얻을 수 없습니다. 그 까닭은 무엇인가? 이 가운데에서 오히려 지계 등도 얻을 수 없는데, 어찌 하물며 그것의 나와 무아가 있겠습니까? 그대가 만약 이와 같이 능히 정진을 수습한다면 이것이 정진바라밀다를 수습하는 것입니다.'라고 이와 같이 말을 지어야 하느니라.

다시 '그대 선남자여. 정진바라밀다에 상응하여 수습할 것이고, 지계가 청정하거나 부정하다고 상응하여 관찰하지 않아야 하며, 수·화·풍·공·식계가 청정하거나 부정하다고 상응하여 관찰하지 않아야 합니다. 왜 그러한가? 지계는 지계의 자성이 공하고 수·화·풍·공·식계는 수·화·풍·공·식계의 자성이 공하더라도, 이 지계의 자성은 곧 자성이 아니고 이 수·화·풍·공·식계의 자성도 역시 자성이 아닙니다.

만약 자성이 아닌 것이 곧 정진바라밀다라면, 이 정진바라밀다에서는 지계를 얻을 수 없고 그것의 청정과 부정도 역시 얻을 수 없으며, 수·화·풍·공·식계를 모두 얻을 수 없고 그것의 청정과 부정도 역시 얻을 수 없습니다. 그 까닭은 무엇인가? 이 가운데에서 오히려 지계 등도 얻을 수 없는데, 어찌 하물며 그것의 청정과 부정이 있겠습니까? 그대가 만약 이와 같이 능히 정진을 수습한다면 이것이 정진바라밀다를 수습하는 것입니다.'라고 이와 같이 말을 지어야 하느니라. 교시가여. 이 선남자와 선여인 등이 이것 등을 설하였다면 이것이 널리 진정하게 정진바라밀다를 설하는 것이니라.

다시 다음으로 교시가여. 만약 선남자와 선여인 등이 무상보리심을 일으킨 자를 위하여 정진바라밀다를 널리 설한다면, '그대 선남자여. 정진바라밀다에 상응하여 수습할 것이고, 무명(無明)이 항상하거나 무상하다고 상응하여 관찰하지 않아야 하며, 행(行)·식(食)·명색(名色)·육처(六處)·촉(觸)·수(受)·애(愛)·취(取)·유(有)·생(生)·노사(老死)의 수탄고우뇌(愁歎苦憂惱)가 항상하거나 무상하다고 상응하여 관찰하지 않아야 합니다. 왜 그러한가? 무명은 무명의 자성이 공하고 행·식·명색·육처·촉·수·애·취·유·생·노사의 수탄고우뇌는 행, 나아가 노사의 수탄고우뇌의 자성이 공하더라도, 이 무명의 자성은 곧 자성이 아니고 이 행, 나아가 노사의 수탄고우뇌의 자성도 역시 자성이 아닙니다.

만약 자성이 아닌 것이 곧 정진바라밀다라면, 이 정진바라밀다에서는 무명을 얻을 수 없고 그것의 항상함과 무상함도 역시 얻을 수 없으며, 행, 나아가 노사의 수탄고우뇌를 모두 얻을 수 없고 그것의 항상함과 무상함도 역시 얻을 수 없습니다. 그 까닭은 무엇인가? 이 가운데에서 오히려 무명 등도 얻을 수 없는데, 어찌 하물며 그것의 항상함과 무상함이 있겠습니까? 그대가 만약 이와 같이 능히 정진을 수습한다면 이것이 정진바라밀다를 수습하는 것입니다.'라고 이와 같이 말을 지어야 하느니라.

다시 '그대 선남자여. 정진바라밀다에 상응하여 수습할 것이고, 무명이 즐겁거나 괴롭다고 상응하여 관찰하지 않아야 하며, 행·식·명색·육처·촉·수·애·취·유·생·노사의 수탄고우뇌가 즐겁거나 괴롭다고 상응하여 관찰하지 않아야 합니다. 왜 그러한가? 무명은 무명의 자성이 공하고 행·식·명색·육처·촉·수·애·취·유·생·노사의 수탄고우뇌는 행, 나아가 노사의 수탄고우뇌의 자성이 공하더라도, 이 무명의 자성은 곧 자성이 아니고 이 행, 나아가 노사의 수탄고우뇌의 자성도 역시 자성이 아닙니다.

만약 자성이 아닌 것이 곧 정진바라밀다라면, 이 정진바라밀다에서는 무명을 얻을 수 없고 그것의 즐거움과 괴로움도 역시 얻을 수 없으며, 행, 나아가 노사의 수탄고우뇌를 모두 얻을 수 없고 그것의 즐거움과 괴로움도 역시 얻을 수 없습니다. 그 까닭은 무엇인가? 이 가운데에서 오히려 무명 등도 얻을 수 없는데, 어찌 하물며 그것의 즐거움과 괴로움이 있겠습니까? 그대가 만약 이와 같이 능히 정진을 수습한다면 이것이 정진바라밀다를 수습하는 것입니다.'라고 이와 같이 말을 지어야 하느니라.

다시 '그대 선남자여. 정진바라밀다에 상응하여 수습할 것이고, 무명이 나이거나 무아라고 상응하여 관찰하지 않아야 하며, 행·식·명색·육처·촉·수·애·취·유·생·노사의 수탄고우뇌가 나이거나 무아라고 상응하여 관찰하지 않아야 합니다. 왜 그러한가? 무명은 무명의 자성이 공하고 행·식·명색·육처·촉·수·애·취·유·생·노사의 수탄고우뇌는 행, 나아가 노사의 수탄고우뇌의 자성이 공하더라도, 이 무명의 자성은 곧 자성이 아니고 이 행, 나아가 노사의 수탄고우뇌의 자성도 역시 자성이 아닙니다.

만약 자성이 아닌 것이 곧 정진바라밀다라면, 이 정진바라밀다에서는 무명을 얻을 수 없고 그것의 나와 무아도 역시 얻을 수 없으며, 행, 나아가 노사의 수탄고우뇌를 모두 얻을 수 없고 그것의 나와 무아도 역시 얻을 수 없습니다. 그 까닭은 무엇인가? 이 가운데에서 오히려 무명 등도 얻을 수 없는데, 어찌 하물며 그것의 나와 무아가 있겠습니까?

그대가 만약 이와 같이 능히 정진을 수습한다면 이것이 정진바라밀다를 수습하는 것입니다.'라고 이와 같이 말을 지어야 하느니라.

다시 '그대 선남자여. 정진바라밀다에 상응하여 수습할 것이고, 무명이 청정하거나 부정하다고 상응하여 관찰하지 않아야 하며, 행·식·명색·육처·촉·수·애·취·유·생·노사의 수탄고우뇌가 청정하거나 부정하다고 상응하여 관찰하지 않아야 합니다. 왜 그러한가? 무명은 무명의 자성이 공하고 행·식·명색·육처·촉·수·애·취·유·생·노사의 수탄고우뇌는 행, 나아가 노사의 수탄고우뇌의 자성이 공하더라도, 이 무명의 자성은 곧 자성이 아니고 이 행, 나아가 노사의 수탄고우뇌의 자성도 역시 자성이 아닙니다.

만약 자성이 아닌 것이 곧 정진바라밀다라면, 이 정진바라밀다에서는 무명을 얻을 수 없고 그것의 청정과 부정도 역시 얻을 수 없으며, 행, 나아가 노사의 수탄고우뇌를 모두 얻을 수 없고 그것의 청정과 부정도 역시 얻을 수 없습니다. 그 까닭은 무엇인가? 이 가운데에서 오히려 무명 등도 얻을 수 없는데, 어찌 하물며 그것의 청정과 부정이 있겠습니까? 그대가 만약 이와 같이 능히 정진을 수습한다면 이것이 정진바라밀다를 수습하는 것입니다.'라고 이와 같이 말을 지어야 하느니라.

교시가여. 이 선남자와 선여인 등이 이것 등을 설하였다면 이것이 널리 진정하게 정진바라밀다를 설하는 것이니라.

다시 다음으로 교시가여. 만약 선남자와 선여인 등이 무상보리심을 일으킨 자를 위하여 정진바라밀다를 널리 설한다면, '그대 선남자여. 정진바라밀다에 상응하여 수습할 것이고, 보시바라밀다(布施波羅密多)가 항상하거나 무상하다고 상응하여 관찰하지 않아야 하며, 정계(淨戒)·안인(安忍)·정진(精進)·정려(靜慮)·반야바라밀다(般若波羅密多)가 항상하거나 무상하다고 상응하여 관찰하지 않아야 합니다. 왜 그러한가? 보시바라밀다는 보시바라밀다의 자성이 공하고 정계·안인·정진·정려·반야바라밀다는 정계·안인·정진·정려·반야바라밀다의 자성이 공하더라도, 이 보시바라밀다의 자성은 곧 자성이 아니고 이 정계·안인·정진·정려·반야바라밀다의 자성도 역시 자성이 아닙니다.

만약 자성이 아닌 것이 곧 정진바라밀다라면, 이 정진바라밀다에서는 보시바라밀다를 얻을 수 없고 그것의 항상함과 무상함도 역시 얻을 수 없으며, 정계·안인·정진·정려·반야바라밀다를 모두 얻을 수 없고 그것의 항상함과 무상함도 역시 얻을 수 없습니다. 그 까닭은 무엇인가? 이 가운데에서 오히려 보시바라밀다 등도 얻을 수 없는데, 어찌 하물며 그것의 항상함과 무상함이 있겠습니까? 그대가 만약 이와 같이 능히 정진을 수습한다면 이것이 정진바라밀다를 수습하는 것입니다.'라고 이와 같이 말을 지어야 하느니라.

다시 '그대 선남자여. 정진바라밀다에 상응하여 수습할 것이고, 보시바라밀다가 즐겁거나 괴롭다고 상응하여 관찰하지 않아야 하며, 정계·안인·정진·정려·반야바라밀다가 즐겁거나 괴롭다고 상응하여 관찰하지 않아야 합니다. 왜 그러한가? 보시바라밀다는 보시바라밀다의 자성이 공하고 정계·안인·정진·정려·반야바라밀다는 정계·안인·정진·정려·반야바라밀다의 자성이 공하더라도, 이 보시바라밀다의 자성은 곧 자성이 아니고 이 정계·안인·정진·정려·반야바라밀다의 자성도 역시 자성이 아닙니다.

만약 자성이 아닌 것이 곧 정진바라밀다라면, 이 정진바라밀다에서는 보시바라밀다를 얻을 수 없고 그것의 즐거움과 괴로움도 역시 얻을 수 없으며, 정계·안인·정진·정려·반야바라밀다를 모두 얻을 수 없고 그것의 즐거움과 괴로움도 역시 얻을 수 없습니다. 그 까닭은 무엇인가? 이 가운데에서 오히려 보시바라밀다 등도 얻을 수 없는데, 어찌 하물며 그것의 즐거움과 괴로움이 있겠습니까? 그대가 만약 이와 같이 능히 정진을 수습한다면 이것이 정진바라밀다를 수습하는 것입니다.'라고 이와 같이 말을 지어야 하느니라.

다시 '그대 선남자여. 정진바라밀다에 상응하여 수습할 것이고, 보시바라밀다가 나이거나 무아라고 상응하여 관찰하지 않아야 하며, 정계·안인·정진·정려·반야바라밀다가 나이거나 무아라고 상응하여 관찰하지 않아야 합니다. 왜 그러한가? 보시바라밀다는 보시바라밀다의 자성이 공하고 정계·안인·정진·정려·반야바라밀다는 정계·안인·정진·정려·반야바라밀다의 자성이 공하더라도, 이 보시바라밀다의 자성은 곧 자성이 아니고 이 정계·안인·정진·정려·반야바라밀다의 자성도 역시 자성이 아닙니다.

만약 자성이 아닌 것이 곧 정진바라밀다라면, 이 정진바라밀다에서는 보시바라밀다를 얻을 수 없고 그것의 나와 무아도 역시 얻을 수 없으며, 정계·안인·정진·정려·반야바라밀다를 모두 얻을 수 없고 그것의 나와 무아도 역시 얻을 수 없습니다. 그 까닭은 무엇인가? 이 가운데에서 오히려 보시바라밀다 등도 얻을 수 없는데, 어찌 하물며 그것의 나와 무아가 있겠습니까? 그대가 만약 이와 같이 능히 정진을 수습한다면 이것이 정진바라밀다를 수습하는 것입니다.'라고 이와 같이 말을 지어야 하느니라.

다시 '그대 선남자여. 정진바라밀다에 상응하여 수습할 것이고, 보시바라밀다가 청정하거나 부정하다고 상응하여 관찰하지 않아야 하며, 정계·안인·정진·정려·반야바라밀다가 청정하거나 부정하다고 상응하여 관찰하지 않아야 합니다. 왜 그러한가? 보시바라밀다는 보시바라밀다의 자성이 공하고 정계·안인·정진·정려·반야바라밀다는 정계·안인·정진·정려·반야바라밀다의 자성이 공하더라도, 이 보시바라밀다의 자성은 곧 자성이 아니고 이 정계·안인·정진·정려·반야바라밀다의 자성도 역시 자성이 아닙니다.

만약 자성이 아닌 것이 곧 정진바라밀다라면, 이 정진바라밀다에서는 보시바라밀다를 얻을 수 없고 그것의 청정과 부정도 역시 얻을 수 없으며, 정계·안인·정진·정려·반야바라밀다를 모두 얻을 수 없고 그것의 청정과 부정도 역시 얻을 수 없습니다. 그 까닭은 무엇인가? 이 가운데에서 오히려 보시바라밀다 등도 얻을 수 없는데, 어찌 하물며 그것의 청정과 부정이 있겠습니까? 그대가 만약 이와 같이 능히 정진을 수습한다면 이것이 정진바라밀다를 수습하는 것입니다.'라고 이와 같이 말을 지어야 하느니라. 교시가여. 이 선남자와 선여인 등이 이것 등을 설하였다면 이것이 널리 진정하게 정진바라밀다를 설하는 것이니라.

다시 다음으로 교시가여. 만약 선남자와 선여인 등이 무상보리심을 일으킨 자를 위하여 정진바라밀다를 널리 설한다면, '그대 선남자여. 정진반야바라밀다에 상응하여 수습할 것이고, 내공(內空)이 항상하거나 무상하다고 상응하여 관찰하지 않아야 하며, 외공(外空)·내외공(內外空)·공공(空空)·대공(大空)·승의공(勝義空)·유위공(有爲空)·무위공(無爲空)·필경공(畢竟空)·무제공(無際空)·산공(散空)·무변이공(無變異空)·본성공(本性空)·자상공(自相空)·공상공(共相空)·일체법공(一切法空)·불가득공(不可得空)·무성공(無性空)·자성공(自性空)·무성자성공(無性自性空)이 항상하거나 무상하다고 상응하여 관찰하지 않아야 합니다. 왜 그러한가? 내공은 내공의 자성이 공하고 외공·내외공·공공·대공·승의공·유위공·무위공·필경공·무제공·산공·무변이공·본성공·자상공·공상공·일체법공·불가득공·무성공·자성공·무성자성공은 외공, 나아가 무성자성공의 자성이 공하더라도, 이 내공의 자성은 곧 자성이 아니고 이 외공, 나아가 무성자성공의 자성도 역시 자성이 아닙니다.

만약 자성이 아닌 것이 곧 정진바라밀다라면, 이 정진바라밀다에서는 내공을 얻을 수 없고 그것의 항상함과 무상함도 역시 얻을 수 없으며, 외공, 나아가 무성자성공을 모두 얻을 수 없고 그것의 항상함과 무상함도 역시 얻을 수 없습니다. 그 까닭은 무엇인가? 이 가운데에서 오히려 내공 등도 얻을 수 없는데, 어찌 하물며 그것의 항상함과 무상함이 있겠습니까? 그대가 만약 이와 같이 능히 정진을 수습한다면 이것이 정진바라밀다를 수습하는 것입니다.'라고 이와 같이 말을 지어야 하느니라.

다시 '그대 선남자여. 정진바라밀다에 상응하여 수습할 것이고, 내공이 즐겁거나 괴롭다고 상응하여 관찰하지 않아야 하며, 외공·내외공·공공·대공·승의공·유위공·무위공·필경공·무제공·산공·무변이공·본성공·자상공·공상공·일체법공·불가득공·무성공·자성공·무성자성공이 즐겁거나 괴롭다고 상응하여 관찰하지 않아야 합니다. 왜 그러한가? 내공은 내공의 자성이 공하고 외공·내외공·공공·대공·승의공·유위공·무위공·필경공·무제공·산공·무변이공·본성공·자상공·공상공·일체법공·불가득공·무성공·자성공·무성자성공은 외공, 나아가 무성자성공의 자성이 공하더라도, 이 내공의 자성은 곧 자성이 아니고 이 외공, 나아가 무성자성공의 자성도 역시 자성이 아닙니다.

만약 자성이 아닌 것이 곧 정진바라밀다라면, 이 정진바라밀다에서는 내공을 얻을 수 없고 그것의 즐거움과 괴로움도 역시 얻을 수 없으며, 외공, 나아가 무성자성공을 모두 얻을 수 없고 그것의 즐거움과 괴로움도 역시 얻을 수 없습니다. 그 까닭은 무엇인가? 이 가운데에서 오히려 내공 등도 얻을 수 없는데, 어찌 하물며 그것의 즐거움과 괴로움이 있겠습니까? 그대가 만약 이와 같이 능히 정진을 수습한다면 이것이 정진바라밀다를 수습하는 것입니다.'라고 이와 같이 말을 지어야 하느니라.

다시 '그대 선남자여. 정진바라밀다에 상응하여 수습할 것이고, 내공이 나이거나 무아라고 상응하여 관찰하지 않아야 하며, 외공·내외공·공공·대공·승의공·유위공·무위공·필경공·무제공·산공·무변이공·본성공·자상공·공상공·일체법공·불가득공·무성공·자성공·무성자성공이 나이거나 무아라고 상응하여 관찰하지 않아야 합니다. 왜 그러한가? 내공은 내공의 자성이 공하고 외공·내외공·공공·대공·승의공·유위공·무위공·필경공·무제공·산공·무변이공·본성공·자상공·공상공·일체법공·불가득공·무성공·자성공·무성자성공은 외공, 나아가 무성자성공의 자성이 공하더라도, 이 내공의 자성은 곧 자성이 아니고 이 외공, 나아가 무성자성공의 자성도 역시 자성이 아닙니다.

만약 자성이 아닌 것이 곧 정진바라밀다라면, 이 정진바라밀다에서는 내공을 얻을 수 없고 그것의 나와 무아도 역시 얻을 수 없으며, 외공, 나아가 무성자성공을 모두 얻을 수 없고 그것의 나와 무아도 역시 얻을 수 없습니다. 그 까닭은 무엇인가? 이 가운데에서 오히려 내공 등도 얻을 수 없는데, 어찌 하물며 그것의 나와 무아가 있겠습니까? 그대가 만약 이와 같이 능히 정진을 수습한다면 이것이 정진바라밀다를 수습하는 것입니다.'라고 이와 같이 말을 지어야 하느니라.

다시 '그대 선남자여. 정진바라밀다에 상응하여 수습할 것이고, 내공이 청정하거나 부정하다고 상응하여 관찰하지 않아야 하며, 외공·내외공·공공·대공·승의공·유위공·무위공·필경공·무제공·산공·무변이공·본성공·자상공·공상공·일체법공·불가득공·무성공·자성공·무성자성공이 청정하거나 부정하다고 상응하여 관찰하지 않아야 합니다. 왜 그러한가? 내공은 내공의 자성이 공하고 외공·내외공·공공·대공·승의공·유위공·무위공·필경공·무제공·산공·무변이공·본성공·자상공·공상공·일체법공·불가득공·무성공·자성공·무성자성공은 외공, 나아가 무성자성공의 자성이 공하더라도, 이 내공의 자성은 곧 자성이 아니고 이 외공, 나아가 무성자성공의 자성도 역시 자성이 아닙니다.

만약 자성이 아닌 것이 곧 정진바라밀다라면, 이 정진바라밀다에서는 내공을 얻을 수 없고 그것의 청정과 부정도 역시 얻을 수 없으며, 외공, 나아가 무성자성공을 모두 얻을 수 없고 그것의 청정과 부정도 역시 얻을 수 없습니다. 그 까닭은 무엇인가? 이 가운데에서 오히려 내공 등도 얻을 수 없는데, 어찌 하물며 그것의 청정과 부정이 있겠습니까? 그대가 만약 이와 같이 능히 정진을 수습한다면 이것이 정진바라밀다를 수습하는 것입니다.'라고 이와 같이 말을 지어야 하느니라.

교시가여. 이 선남자와 선여인 등이 이것 등을 설하였다면 이것이 널리 진정하게 정진바라밀다를 설하는 것이니라."

마하반야바라밀다경 제154권

30. 교량공덕품(校量功德品)(52)

"다시 다음으로 교시가여. 만약 선남자와 선여인 등이 무상보리심을 일으킨 자를 위하여 정진바라밀다를 널리 설한다면, '그대 선남자여. 정진바라밀다에 상응하여 수습할 것이고, 진여(眞如)가 항상하거나 무상하다고 상응하여 관찰하지 않아야 하며, 법계(法界)·법성(法性)·불허망성(不虛妄性)·불변이성(不變異性)·평등성(平等性)·이생성(離生性)·법정(法定)·법주(法住)·실제(實際)·허공계(虛空界)·부사의계(不思議界)가 항상하거나 무상하다고 상응하여 관찰하지 않아야 합니다. 왜 그러한가? 진여는 진여의 자성이 공하고 법계·법성·불허망성·불변이성·평등성·이생성·법정·법주·실제·허공계·부사의계는 법계, 나아가 부사의계의 자성이 공하더라도, 이 진여의 자성은 곧 자성이 아니고 이 법계, 나아가 부사의계의 자성도 역시 자성이 아닙니다.

만약 자성이 아닌 것이 곧 정진바라밀다라면, 이 정진바라밀다에서는 진여를 얻을 수 없고 그것의 항상함과 무상함도 역시 얻을 수 없으며, 법계, 나아가 부사의계를 모두 얻을 수 없고 그것의 항상함과 무상함도 역시 얻을 수 없습니다. 그 까닭은 무엇인가? 이 가운데에서 오히려 진여 등도 얻을 수 없는데, 어찌 하물며 그것의 항상함과 무상함이 있겠습니까? 그대가 만약 이와 같이 능히 정진을 수습한다면 이것이 정진바라밀다를 수습하는 것입니다.'라고 이와 같이 말을 지어야 하느니라.

다시 '그대 선남자여. 정진바라밀다에 상응하여 수습할 것이고, 진여가 즐겁거나 괴롭다고 상응하여 관찰하지 않아야 하며, 법계·법성·불허망성·불변이성·평등성·이생성·법정·법주·실제·허공계·부사의계가 즐겁거나 괴롭다고 상응하여 관찰하지 않아야 합니다. 왜 그러한가? 진여는 진여의 자성이 공하고 법계·법성·불허망성·불변이성·평등성·이생성·법정·법주·실제·허공계·부사의계는 법계, 나아가 부사의계의 자성이 공하더라도, 이 진여의 자성은 곧 자성이 아니고 이 법계, 나아가 부사의계의 자성도 역시 자성이 아닙니다.

만약 자성이 아닌 것이 곧 정진바라밀다라면, 이 정진바라밀다에서는 진여를 얻을 수 없고 그것의 즐거움과 괴로움도 역시 얻을 수 없으며, 법계, 나아가 부사의계를 모두 얻을 수 없고 그것의 즐거움과 괴로움도 역시 얻을 수 없습니다. 그 까닭은 무엇인가? 이 가운데에서 오히려 진여 등도 얻을 수 없는데, 어찌 하물며 그것의 즐거움과 괴로움이 있겠습니까? 그대가 만약 이와 같이 능히 정진을 수습한다면 이것이 정진바라밀다를 수습하는 것입니다.'라고 이와 같이 말을 지어야 하느니라.

다시 '그대 선남자여. 정진바라밀다에 상응하여 수습할 것이고, 진여가 나이거나 무아라고 상응하여 관찰하지 않아야 하며, 법계·법성·불허망성·불변이성·평등성·이생성·법정·법주·실제·허공계·부사의계가 나이거나 무아라고 상응하여 관찰하지 않아야 합니다. 왜 그러한가? 진여는 진여의 자성이 공하고 법계·법성·불허망성·불변이성·평등성·이생성·법정·법주·실제·허공계·부사의계는 법계, 나아가 부사의계의 자성이 공하더라도, 이 진여의 자성은 곧 자성이 아니고 이 법계, 나아가 부사의계의 자성도 역시 자성이 아닙니다.

만약 자성이 아닌 것이 곧 정진바라밀다라면, 이 정진바라밀다에서는 진여를 얻을 수 없고 그것의 나와 무아도 역시 얻을 수 없으며, 법계, 나아가 부사의계를 모두 얻을 수 없고 그것의 나와 무아도 역시 얻을 수 없습니다. 그 까닭은 무엇인가? 이 가운데에서 오히려 진여 등도 얻을 수 없는데, 어찌 하물며 그것의 나와 무아가 있겠습니까? 그대가 만약 이와 같이 능히 정진을 수습한다면 이것이 정진바라밀다를 수습하는 것입니다.'라

고 이와 같이 말을 지어야 하느니라.

다시 '그대 선남자여. 정진바라밀다에 상응하여 수습할 것이고, 진여가 청정하거나 부정하다고 상응하여 관찰하지 않아야 하며, 법계·법성·불허망성·불변이성·평등성·이생성·법정·법주·실제·허공계·부사의계가 청정하거나 부정하다고 상응하여 관찰하지 않아야 합니다. 왜 그러한가? 진여는 진여의 자성이 공하고 법계·법성·불허망성·불변이성·평등성·이생성·법정·법주·실제·허공계·부사의계는 법계, 나아가 부사의계의 자성이 공하더라도, 이 진여의 자성은 곧 자성이 아니고 이 법계, 나아가 부사의계의 자성도 역시 자성이 아닙니다.

만약 자성이 아닌 것이 곧 정진바라밀다라면, 이 정진바라밀다에서는 진여를 얻을 수 없고 그것의 청정과 부정도 역시 얻을 수 없으며, 법계, 나아가 부사의계를 모두 얻을 수 없고 그것의 청정과 부정도 역시 얻을 수 없습니다. 그 까닭은 무엇인가? 이 가운데에서 오히려 진여 등도 얻을 수 없는데, 어찌 하물며 그것의 청정과 부정이 있겠습니까? 그대가 만약 이와 같이 능히 정진을 수습한다면 이것이 정진바라밀다를 수습하는 것입니다.'라고 이와 같이 말을 지어야 하느니라. 교시가여. 이 선남자와 선여인 등이 이것 등을 설하였다면 이것이 널리 진정하게 정진바라밀다를 설하는 것이니라.

다시 다음으로 교시가여. 만약 선남자와 선여인 등이 무상보리심을 일으킨 자를 위하여 정진바라밀다를 널리 설한다면, '그대 선남자여. 정진바라밀다에 상응하여 수습할 것이고, 고성제(苦聖諦)가 항상하거나 무상하다고 상응하여 관찰하지 않아야 하며, 집(集)·멸(滅)·도성제(道聖諦)가 항상하거나 무상하다고 상응하여 관찰하지 않아야 합니다. 왜 그러한가? 고성제는 고성제의 자성이 공하고 집·멸·도성제는 집·멸·도성제의 자성이 공하더라도, 이 고성제의 자성은 곧 자성이 아니고 이 집·멸·도성제의 자성도 역시 자성이 아닙니다.

만약 자성이 아닌 것이 곧 정진바라밀다라면, 이 정진바라밀다에서는 고성제를 얻을 수 없고 그것의 항상함과 무상함도 역시 얻을 수 없으며,

집·멸·도성제를 모두 얻을 수 없고 그것의 항상함과 무상함도 역시 얻을 수 없습니다. 그 까닭은 무엇인가? 이 가운데에서 오히려 고성제 등도 얻을 수 없는데, 어찌 하물며 그것의 항상함과 무상함이 있겠습니까? 그대가 만약 이와 같이 능히 정진을 수습한다면 이것이 정진바라밀다를 수습하는 것입니다.'라고 이와 같이 말을 지어야 하느니라.

다시 '그대 선남자여. 정진바라밀다에 상응하여 수습할 것이고, 고성제가 즐겁거나 괴롭다고 상응하여 관찰하지 않아야 하며, 집·멸·도성제가 즐겁거나 괴롭다고 상응하여 관찰하지 않아야 합니다. 왜 그러한가? 고성제는 고성제의 자성이 공하고 집·멸·도성제는 집·멸·도성제의 자성이 공하더라도, 이 고성제의 자성은 곧 자성이 아니고 이 집·멸·도성제의 자성도 역시 자성이 아닙니다.

만약 자성이 아닌 것이 곧 정진바라밀다라면, 이 정진바라밀다에서는 고성제를 얻을 수 없고 그것의 즐거움과 괴로움도 역시 얻을 수 없으며, 집·멸·도성제를 모두 얻을 수 없고 그것의 즐거움과 괴로움도 역시 얻을 수 없습니다. 그 까닭은 무엇인가? 이 가운데에서 오히려 고성제 등도 얻을 수 없는데, 어찌 하물며 그것의 즐거움과 괴로움이 있겠습니까? 그대가 만약 이와 같이 능히 정진을 수습한다면 이것이 정진바라밀다를 수습하는 것입니다.'라고 이와 같이 말을 지어야 하느니라.

다시 '그대 선남자여. 정진바라밀다에 상응하여 수습할 것이고, 고성제가 나이거나 무아라고 상응하여 관찰하지 않아야 하며, 집·멸·도성제가 나이거나 무아라고 상응하여 관찰하지 않아야 합니다. 왜 그러한가? 고성제는 고성제의 자성이 공하고 집·멸·도성제는 집·멸·도성제의 자성이 공하더라도, 이 고성제의 자성은 곧 자성이 아니고 이 집·멸·도성제의 자성도 역시 자성이 아닙니다.

만약 자성이 아닌 것이 곧 정진바라밀다라면, 이 정진바라밀다에서는 고성제를 얻을 수 없고 그것의 나와 무아도 역시 얻을 수 없으며, 집·멸·도성제를 모두 얻을 수 없고 그것의 나와 무아도 역시 얻을 수 없습니다. 그 까닭은 무엇인가? 이 가운데에서 오히려 고성제 등도 얻을 수 없는데,

어찌 하물며 그것의 나와 무아가 있겠습니까? 그대가 만약 이와 같이 능히 정진을 수습한다면 이것이 정진바라밀다를 수습하는 것입니다.'라고 이와 같이 말을 지어야 하느니라.

다시 '그대 선남자여. 정진바라밀다에 상응하여 수습할 것이고, 고성제가 청정하거나 부정하다고 상응하여 관찰하지 않아야 하며, 집·멸·도성제가 청정하거나 부정하다고 상응하여 관찰하지 않아야 합니다. 왜 그러한가? 고성제는 고성제의 자성이 공하고 집·멸·도성제는 집·멸·도성제의 자성이 공하더라도, 이 고성제의 자성은 곧 자성이 아니고 이 집·멸·도성제의 자성도 역시 자성이 아닙니다.

만약 자성이 아닌 것이 곧 정진바라밀다라면, 이 정진바라밀다에서는 고성제를 얻을 수 없고 그것의 청정과 부정도 역시 얻을 수 없으며, 집·멸·도성제를 모두 얻을 수 없고 그것의 청정과 부정도 역시 얻을 수 없습니다. 그 까닭은 무엇인가? 이 가운데에서 오히려 고성제 등도 얻을 수 없는데, 어찌 하물며 그것의 청정과 부정이 있겠습니까? 그대가 만약 이와 같이 능히 정진을 수습한다면 이것이 정진바라밀다를 수습하는 것입니다.'라고 이와 같이 말을 지어야 하느니라. 교시가여. 이 선남자와 선여인 등이 이것 등을 설하였다면 이것이 널리 진정하게 정진바라밀다를 설하는 것이니라.

다시 다음으로 교시가여. 만약 선남자와 선여인 등이 무상보리심을 일으킨 자를 위하여 정진바라밀다를 널리 설한다면, '그대 선남자여. 정진바라밀다에 상응하여 수습할 것이고, 4정려(四靜慮)가 항상하거나 무상하다고 상응하여 관찰하지 않아야 하며, 4무량(四無量)·4무색정(四無色定)이 항상하거나 무상하다고 상응하여 관찰하지 않아야 합니다. 왜 그러한가? 4정려는 4정려의 자성이 공하고 4무량·4무색정은 4무량·4무색정의 자성이 공하더라도, 이 4정려의 자성은 곧 자성이 아니고 이 4무량·4무색정의 자성도 역시 자성이 아닙니다.

만약 자성이 아닌 것이 곧 정진바라밀다라면, 이 정진바라밀다에서는 4정려를 얻을 수 없고 그것의 항상함과 무상함도 역시 얻을 수 없으며, 4무량·4무색정을 모두 얻을 수 없고 그것의 항상함과 무상함도 역시 얻을 수 없습니다. 그 까닭은 무엇인가? 이 가운데에서 오히려 4정려 등도 얻을 수 없는데, 어찌 하물며 그것의 항상함과 무상함이 있겠습니까? 그대가 만약 이와 같이 능히 정진을 수습한다면 이것이 정진바라밀다를 수습하는 것입니다.'라고 이와 같이 말을 지어야 하느니라.

다시 '그대 선남자여. 정진바라밀다에 상응하여 수습할 것이고, 4정려가 즐겁거나 괴롭다고 상응하여 관찰하지 않아야 하며, 4무량·4무색정이 즐겁거나 괴롭다고 상응하여 관찰하지 않아야 합니다. 왜 그러한가? 4정려는 4정려의 자성이 공하고 4무량·4무색정은 4무량·4무색정의 자성이 공하더라도, 이 4정려의 자성은 곧 자성이 아니고 이 4무량·4무색정의 자성도 역시 자성이 아닙니다.

만약 자성이 아닌 것이 곧 정진바라밀다라면, 이 정진바라밀다에서는 4정려를 얻을 수 없고 그것의 즐거움과 괴로움도 역시 얻을 수 없으며, 4무량·4무색정을 모두 얻을 수 없고 그것의 즐거움과 괴로움도 역시 얻을 수 없습니다. 그 까닭은 무엇인가? 이 가운데에서 오히려 4정려 등도 얻을 수 없는데, 어찌 하물며 그것의 즐거움과 괴로움이 있겠습니까? 그대가 만약 이와 같이 능히 정진을 수습한다면 이것이 정진바라밀다를 수습하는 것입니다.'라고 이와 같이 말을 지어야 하느니라.

다시 '그대 선남자여. 정진바라밀다에 상응하여 수습할 것이고, 4정려가 나이거나 무아라고 상응하여 관찰하지 않아야 하며, 4무량·4무색정이 나이거나 무아라고 상응하여 관찰하지 않아야 합니다. 왜 그러한가? 4정려는 4정려의 자성이 공하고 4무량·4무색정은 4무량·4무색정의 자성이 공하더라도, 이 4정려의 자성은 곧 자성이 아니고 이 4무량·4무색정의 자성도 역시 자성이 아닙니다.

만약 자성이 아닌 것이 곧 정진바라밀다라면, 이 정진바라밀다에서는 4정려를 얻을 수 없고 그것의 나와 무아도 역시 얻을 수 없으며, 4무량·4무색정을 모두 얻을 수 없고 그것의 나와 무아도 역시 얻을 수 없습니다. 그 까닭은 무엇인가? 이 가운데에서 오히려 4정려 등도 얻을 수 없는데, 어찌 하물며 그것의 나와 무아가 있겠습니까? 그대가 만약 이와 같이 능히 정진을 수습한다면 이것이 정진바라밀다를 수습하는 것입니다.'라고 이와 같이 말을 지어야 하느니라.

다시 '그대 선남자여. 정진바라밀다에 상응하여 수습할 것이고, 4정려가 청정하거나 부정하다고 상응하여 관찰하지 않아야 하며, 4무량·4무색정이 청정하거나 부정하다고 상응하여 관찰하지 않아야 합니다. 왜 그러한가? 4정려는 4정려의 자성이 공하고 4무량·4무색정은 4무량·4무색정의 자성이 공하더라도, 이 4정려의 자성은 곧 자성이 아니고 이 4무량·4무색정의 자성도 역시 자성이 아닙니다.

만약 자성이 아닌 것이 곧 정진바라밀다라면, 이 정진바라밀다에서는 4정려를 얻을 수 없고 그것의 청정과 부정도 역시 얻을 수 없으며, 4무량·4무색정을 모두 얻을 수 없고 그것의 청정과 부정도 역시 얻을 수 없습니다. 그 까닭은 무엇인가? 이 가운데에서 오히려 4정려 등도 얻을 수 없는데, 어찌 하물며 그것의 청정과 부정이 있겠습니까? 그대가 만약 이와 같이 능히 정진을 수습한다면 이것이 정진바라밀다를 수습하는 것입니다.'라고 이와 같이 말을 지어야 하느니라. 교시가여. 이 선남자와 선여인 등이 이것 등을 설하였다면 이것이 널리 진정하게 정진바라밀다를 설하는 것이니라.

다시 다음으로 교시가여. 만약 선남자와 선여인 등이 무상보리심을 일으킨 자를 위하여 정진바라밀다를 널리 설한다면, '그대 선남자여. 정진바라밀다에 상응하여 수습할 것이고, 8해탈(八解脫)이 항상하거나 무상하다고 상응하여 관찰하지 않아야 하며, 8승처(八勝處)·9차제정(九次第定)·10변처(十遍處)가 항상하거나 무상하다고 상응하여 관찰하지 않아야 합니다. 왜 그러한가? 8해탈은 8해탈의 자성이 공하고 8승처·9차제정·10변처는 8승처·9차제정·10변처의 자성이 공하더라도, 이 8해탈의 자성은 곧 자성이 아니고 이 8승처·9차제정·10변처의 자성도 역시 자성이 아닙니다.

만약 자성이 아닌 것이 곧 정진바라밀다라면, 이 정진바라밀다에서는 8해탈을 얻을 수 없고 그것의 항상함과 무상함도 역시 얻을 수 없으며, 8승처·9차제정·10변처를 모두 얻을 수 없고 그것의 항상함과 무상함도 역시 얻을 수 없습니다. 그 까닭은 무엇인가? 이 가운데에서 오히려

8해탈 등도 얻을 수 없는데, 어찌 하물며 그것의 항상함과 무상함이 있겠습니까? 그대가 만약 이와 같이 능히 정진을 수습한다면 이것이 정진바라밀다를 수습하는 것입니다.'라고 이와 같이 말을 지어야 하느니라.

다시 '그대 선남자여. 정진바라밀다에 상응하여 수습할 것이고, 8해탈이 즐겁거나 괴롭다고 상응하여 관찰하지 않아야 하며, 8승처·9차제정·10변처가 즐겁거나 괴롭다고 상응하여 관찰하지 않아야 합니다. 왜 그러한가? 8해탈은 8해탈의 자성이 공하고 8승처·9차제정·10변처는 8승처·9차제정·10변처의 자성이 공하더라도, 이 8해탈의 자성은 곧 자성이 아니고 이 8승처·9차제정·10변처의 자성도 역시 자성이 아닙니다.

만약 자성이 아닌 것이 곧 정진바라밀다라면, 이 정진바라밀다에서는 8해탈을 얻을 수 없고 그것의 즐거움과 괴로움도 역시 얻을 수 없으며, 8승처·9차제정·10변처를 모두 얻을 수 없고 그것의 즐거움과 괴로움도 역시 얻을 수 없습니다. 그 까닭은 무엇인가? 이 가운데에서 오히려 8해탈 등도 얻을 수 없는데, 어찌 하물며 그것의 즐거움과 괴로움이 있겠습니까? 그대가 만약 이와 같이 능히 정진을 수습한다면 이것이 정진바라밀다를 수습하는 것입니다.'라고 이와 같이 말을 지어야 하느니라.

다시 '그대 선남자여. 정진바라밀다에 상응하여 수습할 것이고, 8해탈이 나이거나 무아라고 상응하여 관찰하지 않아야 하며, 8승처·9차제정·10변처가 나이거나 무아라고 상응하여 관찰하지 않아야 합니다. 왜 그러한가? 8해탈은 8해탈의 자성이 공하고 8승처·9차제정·10변처는 8승처·9차제정·10변처의 자성이 공하더라도, 이 8해탈의 자성은 곧 자성이 아니고 이 8승처·9차제정·10변처의 자성도 역시 자성이 아닙니다.

만약 자성이 아닌 것이 곧 정진바라밀다라면, 이 정진바라밀다에서는 8해탈을 얻을 수 없고 그것의 나와 무아도 역시 얻을 수 없으며, 8승처·9차제정·10변처를 모두 얻을 수 없고 그것의 나와 무아도 역시 얻을 수 없습니다. 그 까닭은 무엇인가? 이 가운데에서 오히려 8해탈 등도 얻을 수 없는데, 어찌 하물며 그것의 나와 무아가 있겠습니까? 그대가 만약 이와 같이 능히 정진을 수습한다면 이것이 정진바라밀다를 수습하는 것입니다.'라고 이와 같이 말을 지어야 하느니라.

다시 '그대 선남자여. 정진바라밀다에 상응하여 수습할 것이고, 8해탈이 청정하거나 부정하다고 상응하여 관찰하지 않아야 하며, 8승처·9차제정·10변처가 청정하거나 부정하다고 상응하여 관찰하지 않아야 합니다. 왜 그러한가? 8해탈은 8해탈의 자성이 공하고 8승처·9차제정·10변처는 8승처·9차제정·10변처의 자성이 공하더라도, 이 8해탈의 자성은 곧 자성이 아니고 이 8승처·9차제정·10변처의 자성도 역시 자성이 아닙니다.

만약 자성이 아닌 것이 곧 정진바라밀다라면, 이 정진바라밀다에서는 8해탈을 얻을 수 없고 그것의 청정과 부정도 역시 얻을 수 없으며, 8승처·9차제정·10변처를 모두 얻을 수 없고 그것의 청정과 부정도 역시 얻을 수 없습니다. 그 까닭은 무엇인가? 이 가운데에서 오히려 8해탈 등도 얻을 수 없는데, 어찌 하물며 그것의 청정과 부정이 있겠습니까? 그대가 만약 이와 같이 능히 정진을 수습한다면 이것이 정진바라밀다를 수습하는 것입니다.'라고 이와 같이 말을 지어야 하느니라. 교시가여. 이 선남자와 선여인 등이 이것 등을 설하였다면 이것이 널리 진정하게 정진바라밀다를 설하는 것이니라.

다시 다음으로 교시가여. 만약 선남자와 선여인 등이 무상보리심을 일으킨 자를 위하여 정진바라밀다를 널리 설한다면, '그대 선남자여. 정진바라밀다에 상응하여 수습할 것이고, 4념주(四念住)가 항상하거나 무상하다고 상응하여 관찰하지 않아야 하며, 4정단(四正斷)·4신족(四神足)·5근(五根)·5력(五力)·7등각지(七等覺支)·8성도지(八聖道支)가 항상하거나 무상하다고 상응하여 관찰하지 않아야 합니다. 왜 그러한가? 4념주는 4념주의 자성이 공하고 4정단·4신족·5근·5력·7등각지·8성도지는 4정단, 나아가 8성도지의 자성이 공하더라도, 이 4념주의 자성은 곧 자성이 아니고 이 4정단, 나아가 8성도지의 자성도 역시 자성이 아닙니다.

만약 자성이 아닌 것이 곧 정진바라밀다라면, 이 정진바라밀다에서는 4념주를 얻을 수 없고 그것의 항상함과 무상함도 역시 얻을 수 없으며, 4정단, 나아가 8성도지를 모두 얻을 수 없고 그것의 항상함과 무상함도 역시 얻을 수 없습니다. 그 까닭은 무엇인가? 이 가운데에서 오히려 4념주 등도 얻을 수 없는데, 어찌 하물며 그것의 항상함과 무상함이 있겠습니까? 그대가 만약 이와 같이 능히 정진을 수습한다면 이것이 정진바라밀다를 수습하는 것입니다.'라고 이와 같이 말을 지어야 하느니라.

다시 '그대 선남자여. 정진바라밀다에 상응하여 수습할 것이고, 4념주가 즐겁거나 괴롭다고 상응하여 관찰하지 않아야 하며, 4정단·4신족·5근·5력·7등각지·8성도지가 즐겁거나 괴롭다고 상응하여 관찰하지 않아야 합니다. 왜 그러한가? 4념주는 4념주의 자성이 공하고 4정단·4신족·5근·5력·7등각지·8성도지는 4정단, 나아가 8성도지의 자성이 공하더라도, 이 4념주의 자성은 곧 자성이 아니고 이 4정단, 나아가 8성도지의 자성도 역시 자성이 아닙니다.

만약 자성이 아닌 것이 곧 정진바라밀다라면, 이 정진바라밀다에서는 4념주를 얻을 수 없고 그것의 즐거움과 괴로움도 역시 얻을 수 없으며, 4정단, 나아가 8성도지를 모두 얻을 수 없고 그것의 즐거움과 괴로움도 역시 얻을 수 없습니다. 그 까닭은 무엇인가? 이 가운데에서 오히려 4념주 등도 얻을 수 없는데, 어찌 하물며 그것의 즐거움과 괴로움이 있겠습니까? 그대가 만약 이와 같이 능히 정진을 수습한다면 이것이 정진바라밀다를 수습하는 것입니다.'라고 이와 같이 말을 지어야 하느니라.

다시 '그대 선남자여. 정진바라밀다에 상응하여 수습할 것이고, 4념주가 나이거나 무아라고 상응하여 관찰하지 않아야 하며, 4정단·4신족·5근·5력·7등각지·8성도지가 나이거나 무아라고 상응하여 관찰하지 않아야 합니다. 왜 그러한가? 4념주는 4념주의 자성이 공하고 4정단·4신족·5근·5력·7등각지·8성도지는 4정단, 나아가 8성도지의 자성이 공하더라도, 이 4념주의 자성은 곧 자성이 아니고 이 4정단, 나아가 8성도지의 자성도 역시 자성이 아닙니다.

만약 자성이 아닌 것이 곧 정진바라밀다라면, 이 정진바라밀다에서는 4념주를 얻을 수 없고 그것의 나와 무아도 역시 얻을 수 없으며, 4정단, 나아가 8성도지를 모두 얻을 수 없고 그것의 나와 무아도 역시 얻을 수 없습니다. 그 까닭은 무엇인가? 이 가운데에서 오히려 4념주 등도 얻을 수 없는데, 어찌 하물며 그것의 나와 무아가 있겠습니까? 그대가 만약 이와 같이 능히 정진을 수습한다면 이것이 정진바라밀다를 수습하는 것입니다.'라고 이와 같이 말을 지어야 하느니라.

다시 '그대 선남자여. 정진바라밀다에 상응하여 수습할 것이고, 4념주가 청정하거나 부정하다고 상응하여 관찰하지 않아야 하며, 4정단·4신족·5근·5력·7등각지·8성도지가 청정하거나 부정하다고 상응하여 관찰하지 않아야 합니다. 왜 그러한가? 4념주는 4념주의 자성이 공하고 4정단·4신족·5근·5력·7등각지·8성도지는 4정단, 나아가 8성도지의 자성이 공하더라도, 이 4념주의 자성은 곧 자성이 아니고 이 4정단, 나아가 8성도지의 자성도 역시 자성이 아닙니다.

만약 자성이 아닌 것이 곧 정진바라밀다라면, 이 정진바라밀다에서는 4념주를 얻을 수 없고 그것의 청정과 부정도 역시 얻을 수 없으며, 4정단, 나아가 8성도지를 모두 얻을 수 없고 그것의 청정과 부정도 역시 얻을 수 없습니다. 그 까닭은 무엇인가? 이 가운데에서 오히려 4념주 등도 얻을 수 없는데, 어찌 하물며 그것의 청정과 부정이 있겠습니까? 그대가 만약 이와 같이 능히 정진을 수습한다면 이것이 정진바라밀다를 수습하는 것입니다.'라고 이와 같이 말을 지어야 하느니라. 교시가여. 이 선남자와 선여인 등이 이것 등을 설하였다면 이것이 널리 진정하게 정진바라밀다를 설하는 것이니라.

다시 다음으로 교시가여. 만약 선남자와 선여인 등이 무상보리심을 일으킨 자를 위하여 정진바라밀다를 널리 설한다면, '그대 선남자여. 정진바라밀다에 상응하여 수습할 것이고, 공해탈문이 항상하거나 무상하다고 상응하여 관찰하지 않아야 하며, 무상·무원해탈문이 항상하거나 무상하다고 상응하여 관찰하지 않아야 합니다. 왜 그러한가? 공해탈문은 공해탈문의 자성이 공하고 무상·무원해탈문은 무상·무원해탈문의 자성이 공하더라도, 이 공해탈문의 자성은 곧 자성이 아니고 이 무상·무원해탈문의 자성도 역시 자성이 아닙니다.

만약 자성이 아닌 것이 곧 정진바라밀다라면, 이 정진바라밀다에서는 공해탈문(空解脫門)을 얻을 수 없고 그것의 항상함과 무상함도 역시 얻을 수 없으며, 무상(無相)·무원해탈문(無願解脫門)을 모두 얻을 수 없고 그것의 항상함과 무상함도 역시 얻을 수 없습니다. 그 까닭은 무엇인가? 이 가운데에서 오히려 공해탈문 등도 얻을 수 없는데, 어찌 하물며 그것의 항상함과 무상함이 있겠습니까? 그대가 만약 이와 같이 능히 정진을 수습한다면 이것이 정진바라밀다를 수습하는 것입니다.'라고 이와 같이 말을 지어야 하느니라.

다시 '그대 선남자여. 정진바라밀다에 상응하여 수습할 것이고, 공해탈문이 즐겁거나 괴롭다고 상응하여 관찰하지 않아야 하며, 무상·무원해탈문이 즐겁거나 괴롭다고 상응하여 관찰하지 않아야 합니다. 왜 그러한가? 공해탈문은 공해탈문의 자성이 공하고 무상·무원해탈문은 무상·무원해탈문의 자성이 공하더라도, 이 공해탈문의 자성은 곧 자성이 아니고 이 무상·무원해탈문의 자성도 역시 자성이 아닙니다.

만약 자성이 아닌 것이 곧 정진바라밀다라면, 이 정진바라밀다에서는 공해탈문을 얻을 수 없고 그것의 즐거움과 괴로움도 역시 얻을 수 없으며, 무상·무원해탈문을 모두 얻을 수 없고 그것의 즐거움과 괴로움도 역시 얻을 수 없습니다. 그 까닭은 무엇인가? 이 가운데에서 오히려 공해탈문 등도 얻을 수 없는데, 어찌 하물며 그것의 즐거움과 괴로움이 있겠습니까? 그대가 만약 이와 같이 능히 정진을 수습한다면 이것이 정진바라밀다를 수습하는 것입니다.'라고 이와 같이 말을 지어야 하느니라.

다시 '그대 선남자여. 정진바라밀다에 상응하여 수습할 것이고, 공해탈문이 나이거나 무아라고 상응하여 관찰하지 않아야 하며, 무상·무원해탈문이 나이거나 무아라고 상응하여 관찰하지 않아야 합니다. 왜 그러한가? 공해탈문은 공해탈문의 자성이 공하고 무상·무원해탈문은 무상·무원해탈문의 자성이 공하더라도, 이 공해탈문의 자성은 곧 자성이 아니고 이 무상·무원해탈문의 자성도 역시 자성이 아닙니다.

만약 자성이 아닌 것이 곧 정진바라밀다라면, 이 정진바라밀다에서는

공해탈문을 얻을 수 없고 그것의 나와 무아도 역시 얻을 수 없으며, 무상·무원해탈문을 모두 얻을 수 없고 그것의 나와 무아도 역시 얻을 수 없습니다. 그 까닭은 무엇인가? 이 가운데에서 오히려 공해탈문 등도 얻을 수 없는데, 어찌 하물며 그것의 나와 무아가 있겠습니까? 그대가 만약 이와 같이 능히 정진을 수습한다면 이것이 정진바라밀다를 수습하는 것입니다.'라고 이와 같이 말을 지어야 하느니라.

다시 '그대 선남자여. 정진바라밀다에 상응하여 수습할 것이고, 공해탈문이 청정하거나 부정하다고 상응하여 관찰하지 않아야 하며, 무상·무원해탈문이 청정하거나 부정하다고 상응하여 관찰하지 않아야 합니다. 왜 그러한가? 공해탈문은 공해탈문의 자성이 공하고 무상·무원해탈문은 무상·무원해탈문의 자성이 공하더라도, 이 공해탈문의 자성은 곧 자성이 아니고 이 무상·무원해탈문의 자성도 역시 자성이 아닙니다.

만약 자성이 아닌 것이 곧 정진바라밀다라면, 이 정진바라밀다에서는 공해탈문을 얻을 수 없고 그것의 청정과 부정도 역시 얻을 수 없으며, 무상·무원해탈문을 모두 얻을 수 없고 그것의 청정과 부정도 역시 얻을 수 없습니다. 그 까닭은 무엇인가? 이 가운데에서 오히려 공해탈문 등도 얻을 수 없는데, 어찌 하물며 그것의 청정과 부정이 있겠습니까? 그대가 만약 이와 같이 능히 정진을 수습한다면 이것이 정진바라밀다를 수습하는 것입니다.'라고 이와 같이 말을 지어야 하느니라. 교시가여. 이 선남자와 선여인 등이 이것 등을 설하였다면 이것이 널리 진정하게 정진바라밀다를 설하는 것이니라.

다시 다음으로 교시가여. 만약 선남자와 선여인 등이 무상보리심을 일으킨 자를 위하여 정진바라밀다를 널리 설한다면, '그대 선남자여. 정진바라밀다에 상응하여 수습할 것이고, 5안(五眼)이 항상하거나 무상하다고 상응하여 관찰하지 않아야 하며, 6신통(六神通)이 항상하거나 무상하다고 상응하여 관찰하지 않아야 합니다. 왜 그러한가? 5안은 5안의 자성이 공하고 6신통은 6신통의 자성이 공하더라도, 이 5안의 자성은 곧 자성이 아니고 이 6신통의 자성도 역시 자성이 아닙니다.

만약 자성이 아닌 것이 곧 정진바라밀다라면, 이 정진바라밀다에서는 5안을 얻을 수 없고 그것의 항상함과 무상함도 역시 얻을 수 없으며, 6신통을 모두 얻을 수 없고 그것의 항상함과 무상함도 역시 얻을 수 없습니다. 그 까닭은 무엇인가? 이 가운데에서 오히려 5안 등도 얻을 수 없는데, 어찌 하물며 그것의 항상함과 무상함이 있겠습니까? 그대가 만약 이와 같이 능히 정진을 수습한다면 이것이 정진바라밀다를 수습하는 것입니다.'라고 이와 같이 말을 지어야 하느니라.

다시 '그대 선남자여. 정진바라밀다에 상응하여 수습할 것이고, 5안이 즐겁거나 괴롭다고 상응하여 관찰하지 않아야 하며, 6신통이 즐겁거나 괴롭다고 상응하여 관찰하지 않아야 합니다. 왜 그러한가? 5안은 5안의 자성이 공하고 6신통은 6신통의 자성이 공하더라도, 이 5안의 자성은 곧 자성이 아니고 이 6신통의 자성도 역시 자성이 아닙니다.

만약 자성이 아닌 것이 곧 정진바라밀다라면, 이 정진바라밀다에서는 5안을 얻을 수 없고 그것의 즐거움과 괴로움도 역시 얻을 수 없으며, 6신통을 모두 얻을 수 없고 그것의 즐거움과 괴로움도 역시 얻을 수 없습니다. 그 까닭은 무엇인가? 이 가운데에서 오히려 5안 등도 얻을 수 없는데, 어찌 하물며 그것의 즐거움과 괴로움이 있겠습니까? 그대가 만약 이와 같이 능히 정진을 수습한다면 이것이 정진바라밀다를 수습하는 것입니다.'라고 이와 같이 말을 지어야 하느니라.

다시 '그대 선남자여. 정진바라밀다에 상응하여 수습할 것이고, 5안이 나이거나 무아라고 상응하여 관찰하지 않아야 하며, 6신통이 나이거나 무아라고 상응하여 관찰하지 않아야 합니다. 왜 그러한가? 5안은 5안의 자성이 공하고 6신통은 6신통의 자성이 공하더라도, 이 5안의 자성은 곧 자성이 아니고 이 6신통의 자성도 역시 자성이 아닙니다.

만약 자성이 아닌 것이 곧 정진바라밀다라면, 이 정진바라밀다에서는 5안을 얻을 수 없고 그것의 나와 무아도 역시 얻을 수 없으며, 6신통을 모두 얻을 수 없고 그것의 나와 무아도 역시 얻을 수 없습니다. 그 까닭은 무엇인가? 이 가운데에서 오히려 5안 등도 얻을 수 없는데, 어찌 하물며 그것의 나와 무아가 있겠습니까? 그대가 만약 이와 같이 능히 정진을 수습한다면 이것이 정진바라밀다를 수습하는 것입니다.'라고 이와 같이 말을 지어야 하느니라.

다시 '그대 선남자여. 정진바라밀다에 상응하여 수습할 것이고, 5안이 청정하거나 부정하다고 상응하여 관찰하지 않아야 하며, 6신통이 청정하거나 부정하다고 상응하여 관찰하지 않아야 합니다. 왜 그러한가? 5안은 5안의 자성이 공하고 6신통은 6신통의 자성이 공하더라도, 이 5안의 자성은 곧 자성이 아니고 이 6신통의 자성도 역시 자성이 아닙니다.

만약 자성이 아닌 것이 곧 정진바라밀다라면, 이 정진바라밀다에서는 5안을 얻을 수 없고 그것의 청정과 부정도 역시 얻을 수 없으며, 6신통을 모두 얻을 수 없고 그것의 청정과 부정도 역시 얻을 수 없습니다. 그 까닭은 무엇인가? 이 가운데에서 오히려 5안 등도 얻을 수 없는데, 어찌 하물며 그것의 청정과 부정이 있겠습니까? 그대가 만약 이와 같이 능히 정진을 수습한다면 이것이 정진바라밀다를 수습하는 것입니다.'라고 이와 같이 말을 지어야 하느니라. 교시가여. 이 선남자와 선여인 등이 이것 등을 설하였다면 이것이 널리 진정하게 정진바라밀다를 설하는 것이니라.

다시 다음으로 교시가여. 만약 선남자와 선여인 등이 무상보리심을 일으킨 자를 위하여 정진바라밀다를 널리 설한다면, '그대 선남자여. 정진바라밀다에 상응하여 수습할 것이고, 여래(佛)의 10력(十力)이 항상하거나 무상하다고 상응하여 관찰하지 않아야 하며, 4무소외(四無所畏)·4무애해(四無礙解)·대자(大慈)·대비(大悲)·대희(大喜)·대사(大捨)·18불불공법(十八佛不共法)이 항상하거나 무상하다고 상응하여 관찰하지 않아야 합니다. 왜 그러한가? 여래의 10력은 여래의 10력의 자성이 공하고 4무소외·4무애해·대자·대비·대희·대사·18불불공법은 4무소외, 나아가 18불불공법의 자성이 공하더라도, 이 여래의 10력의 자성은 곧 자성이 아니고 이 4무소외, 나아가 18불불공법의 자성도 역시 자성이 아닙니다.

만약 자성이 아닌 것이 곧 정진바라밀다라면, 이 정진바라밀다에서는 여래의 10력을 얻을 수 없고 그것의 항상함과 무상함도 역시 얻을 수 없으며, 4무소외, 나아가 18불불공법을 모두 얻을 수 없고 그것의 항상함과 무상함도 역시 얻을 수 없습니다. 그 까닭은 무엇인가? 이 가운데에서 오히려 여래의 10력 등도 얻을 수 없는데, 어찌 하물며 그것의 항상함과 무상함이 있겠습니까? 그대가 만약 이와 같이 능히 정진을 수습한다면 이것이 정진바라밀다를 수습하는 것입니다.'라고 이와 같이 말을 지어야 하느니라.

다시 '그대 선남자여. 정진바라밀다에 상응하여 수습할 것이고, 여래의 10력이 즐겁거나 괴롭다고 상응하여 관찰하지 않아야 하며, 4무소외·4무애해·대자·대비·대희·대사·18불불공법이 즐겁거나 괴롭다고 상응하여 관찰하지 않아야 합니다. 왜 그러한가? 여래의 10력은 여래의 10력의 자성이 공하고 4무소외·4무애해·대자·대비·대희·대사·18불불공법은 4무소외, 나아가 18불불공법의 자성이 공하더라도, 이 여래의 10력의 자성은 곧 자성이 아니고 이 4무소외, 나아가 18불불공법의 자성도 역시 자성이 아닙니다.

만약 자성이 아닌 것이 곧 정진바라밀다라면, 이 정진바라밀다에서는 여래의 10력을 얻을 수 없고 그것의 즐거움과 괴로움도 역시 얻을 수 없으며, 4무소외, 나아가 18불불공법을 모두 얻을 수 없고 그것의 즐거움과 괴로움도 역시 얻을 수 없습니다. 그 까닭은 무엇인가? 이 가운데에서 오히려 여래의 10력 등도 얻을 수 없는데, 어찌 하물며 그것의 즐거움과 괴로움이 있겠습니까? 그대가 만약 이와 같이 능히 정진을 수습한다면 이것이 정진바라밀다를 수습하는 것입니다.'라고 이와 같이 말을 지어야 하느니라.

다시 '그대 선남자여. 정진바라밀다에 상응하여 수습할 것이고, 여래의 10력이 나이거나 무아라고 상응하여 관찰하지 않아야 하며, 4무소외·4무애해·대자·대비·대희·대사·18불불공법이 나이거나 무아라고 상응하여 관찰하지 않아야 합니다. 왜 그러한가? 여래의 10력은 여래의 10력의 자성이 공하고 4무소외·4무애해·대자·대비·대희·대사·18불불공법은 4무소외, 나아가 18불불공법의 자성이 공하더라도, 이 여래의 10력의 자성은 곧 자성이 아니고 이 4무소외, 나아가 18불불공법의 자성도 역시 자성이 아닙니다.

만약 자성이 아닌 것이 곧 정진바라밀다라면, 이 정진바라밀다에서는 여래의 10력을 얻을 수 없고 그것의 나와 무아도 역시 얻을 수 없으며, 4무소외, 나아가 18불불공법을 모두 얻을 수 없고 그것의 나와 무아도 역시 얻을 수 없습니다. 그 까닭은 무엇인가? 이 가운데에서 오히려 여래의 10력 등도 얻을 수 없는데, 어찌 하물며 그것의 나와 무아가 있겠습니까? 그대가 만약 이와 같이 능히 정진을 수습한다면 이것이 정진바라밀다를 수습하는 것입니다.'라고 이와 같이 말을 지어야 하느니라.

다시 '그대 선남자여. 정진바라밀다에 상응하여 수습할 것이고, 여래의 10력이 청정하거나 부정하다고 상응하여 관찰하지 않아야 하며, 4무소외·4무애해·대자·대비·대희·대사·18불불공법이 청정하거나 부정하다고 상응하여 관찰하지 않아야 합니다. 왜 그러한가? 여래의 10력은 여래의 10력의 자성이 공하고 4무소외·4무애해·대자·대비·대희·대사·18불불공법은 4무소외, 나아가 18불불공법의 자성이 공하더라도, 이 여래의 10력의 자성은 곧 자성이 아니고 이 4무소외, 나아가 18불불공법의 자성도 역시 자성이 아닙니다.

만약 자성이 아닌 것이 곧 정진바라밀다라면, 이 정진바라밀다에서는 여래의 10력을 얻을 수 없고 그것의 청정과 부정도 역시 얻을 수 없으며, 4무소외, 나아가 18불불공법을 모두 얻을 수 없고 그것의 청정과 부정도 역시 얻을 수 없습니다. 그 까닭은 무엇인가? 이 가운데에서 오히려 여래의 10력 등도 얻을 수 없는데, 어찌 하물며 그것의 청정과 부정이 있겠습니까? 그대가 만약 이와 같이 능히 정진을 수습한다면 이것이 정진바라밀다를 수습하는 것입니다.'라고 이와 같이 말을 지어야 하느니라. 교시가여. 이 선남자와 선여인 등이 이것 등을 설하였다면 이것이 널리 진정하게 정진바라밀다를 설하는 것이니라.

다시 다음으로 교시가여. 만약 선남자와 선여인 등이 무상보리심을 일으킨 자를 위하여 정진바라밀다를 널리 설한다면, '그대 선남자여. 정진바라밀다에 상응하여 수습할 것이고, 무망실법(無忘失法)이 항상하거나 무상하다고 상응하여 관찰하지 않아야 하며, 항주사성(恒住捨性)이 항상하거나 무상하다고 상응하여 관찰하지 않아야 합니다. 왜 그러한가? 무망실법은 무망실법의 자성이 공하고 항주사성은 항주사성의 자성이 공하더라도, 이 무망실법의 자성은 곧 자성이 아니고 이 항주사성의 자성도 역시 자성이 아닙니다.

만약 자성이 아닌 것이 곧 정진바라밀다라면, 이 정진바라밀다에서는 무망실법을 얻을 수 없고 그것의 항상함과 무상함도 역시 얻을 수 없으며, 항주사성을 모두 얻을 수 없고 그것의 항상함과 무상함도 역시 얻을 수 없습니다. 그 까닭은 무엇인가? 이 가운데에서 오히려 무망실법 등도 얻을 수 없는데, 어찌 하물며 그것의 항상함과 무상함이 있겠습니까? 그대가 만약 이와 같이 능히 정진을 수습한다면 이것이 정진바라밀다를 수습하는 것입니다.'라고 이와 같이 말을 지어야 하느니라.

다시 '그대 선남자여. 정진바라밀다에 상응하여 수습할 것이고, 무망실법이 즐겁거나 괴롭다고 상응하여 관찰하지 않아야 하며, 항주사성이 즐겁거나 괴롭다고 상응하여 관찰하지 않아야 합니다. 왜 그러한가? 무망실법은 무망실법의 자성이 공하고 항주사성은 항주사성의 자성이 공하더라도, 이 무망실법의 자성은 곧 자성이 아니고 이 항주사성의 자성도 역시 자성이 아닙니다.

만약 자성이 아닌 것이 곧 정진바라밀다라면, 이 정진바라밀다에서는 무망실법을 얻을 수 없고 그것의 즐거움과 괴로움도 역시 얻을 수 없으며, 항주사성을 모두 얻을 수 없고 그것의 즐거움과 괴로움도 역시 얻을 수 없습니다. 그 까닭은 무엇인가? 이 가운데에서 오히려 무망실법 등도 얻을 수 없는데, 어찌 하물며 그것의 즐거움과 괴로움이 있겠습니까? 그대가 만약 이와 같이 능히 정진을 수습한다면 이것이 정진바라밀다를 수습하는 것입니다.'라고 이와 같이 말을 지어야 하느니라.

다시 '그대 선남자여. 정진바라밀다에 상응하여 수습할 것이고, 무망실법이 나이거나 무아라고 상응하여 관찰하지 않아야 하며, 항주사성이 나이거나 무아라고 상응하여 관찰하지 않아야 합니다. 왜 그러한가?

무망실법은 무망실법의 자성이 공하고 항주사성은 항주사성의 자성이 공하더라도, 이 무망실법의 자성은 곧 자성이 아니고 이 항주사성의 자성도 역시 자성이 아닙니다.

만약 자성이 아닌 것이 곧 정진바라밀다라면, 이 정진바라밀다에서는 무망실법을 얻을 수 없고 그것의 나와 무아도 역시 얻을 수 없으며, 항주사성을 모두 얻을 수 없고 그것의 나와 무아도 역시 얻을 수 없습니다. 그 까닭은 무엇인가? 이 가운데에서 오히려 무망실법 등도 얻을 수 없는데, 어찌 하물며 그것의 나와 무아가 있겠습니까? 그대가 만약 이와 같이 능히 정진을 수습한다면 이것이 정진바라밀다를 수습하는 것입니다.'라고 이와 같이 말을 지어야 하느니라.

다시 '그대 선남자여. 정진바라밀다에 상응하여 수습할 것이고, 무망실법이 청정하거나 부정하다고 상응하여 관찰하지 않아야 하며, 항주사성이 청정하거나 부정하다고 상응하여 관찰하지 않아야 합니다. 왜 그러한가? 무망실법은 무망실법의 자성이 공하고 항주사성은 항주사성의 자성이 공하더라도, 이 무망실법의 자성은 곧 자성이 아니고 이 항주사성의 자성도 역시 자성이 아닙니다.

만약 자성이 아닌 것이 곧 정진바라밀다라면, 이 정진바라밀다에서는 무망실법을 얻을 수 없고 그것의 청정과 부정도 역시 얻을 수 없으며, 항주사성을 모두 얻을 수 없고 그것의 청정과 부정도 역시 얻을 수 없습니다. 그 까닭은 무엇인가? 이 가운데에서 오히려 무망실법 등도 얻을 수 없는데, 어찌 하물며 그것의 청정과 부정이 있겠습니까? 그대가 만약 이와 같이 능히 정진을 수습한다면 이것이 정진바라밀다를 수습하는 것입니다.'라고 이와 같이 말을 지어야 하느니라. 교시가여. 이 선남자와 선여인 등이 이것 등을 설하였다면 이것이 널리 진정하게 정진바라밀다를 설하는 것이니라."

마하반야바라밀다경 제155권

30. 교량공덕품(校量功德品)(53)

"다시 다음으로 교시가여. 만약 선남자와 선여인 등이 무상보리심을 일으킨 자를 위하여 정진바라밀다를 널리 설한다면, '그대 선남자여. 정진바라밀다에 상응하여 수습할 것이고, 일체지(一切智)가 항상하거나 무상하다고 상응하여 관찰하지 않아야 하며, 도상지(道相智)·일체상지(一切相智)가 항상하거나 무상하다고 상응하여 관찰하지 않아야 합니다. 왜 그러한가? 일체지는 일체지의 자성이 공하고 도상지·일체상지는 도상지·일체상지의 자성이 공하더라도, 이 일체지의 자성은 곧 자성이 아니고 이 도상지·일체상지의 자성도 역시 자성이 아닙니다.

만약 자성이 아닌 것이 곧 정진바라밀다라면, 이 정진바라밀다에서는 일체지를 얻을 수 없고 그것의 항상함과 무상함도 역시 얻을 수 없으며, 도상지·일체상지를 모두 얻을 수 없고 그것의 항상함과 무상함도 역시 얻을 수 없습니다. 그 까닭은 무엇인가? 이 가운데에서 오히려 일체지 등도 얻을 수 없는데, 어찌 하물며 그것의 항상함과 무상함이 있겠습니까? 그대가 만약 이와 같이 능히 정진을 수습한다면 이것이 정진바라밀다를 수습하는 것입니다.'라고 이와 같이 말을 지어야 하느니라.

다시 '그대 선남자여. 정진바라밀다에 상응하여 수습할 것이고, 일체지가 즐겁거나 괴롭다고 상응하여 관찰하지 않아야 하며, 도상지·일체상지가 즐겁거나 괴롭다고 상응하여 관찰하지 않아야 합니다. 왜 그러한가? 일체지는 일체지의 자성이 공하고 도상지·일체상지는 도상지·일체상지의 자성이 공하더라도, 이 일체지의 자성은 곧 자성이 아니고 이 도상지·일체상지의 자성도 역시 자성이 아닙니다.

만약 자성이 아닌 것이 곧 정진바라밀다라면, 이 정진바라밀다에서는 일체지를 얻을 수 없고 그것의 즐거움과 괴로움도 역시 얻을 수 없으며, 도상지·일체상지를 모두 얻을 수 없고 그것의 즐거움과 괴로움도 역시 얻을 수 없습니다. 그 까닭은 무엇인가? 이 가운데에서 오히려 일체지 등도 얻을 수 없는데, 어찌 하물며 그것의 즐거움과 괴로움이 있겠습니까? 그대가 만약 이와 같이 능히 정진을 수습한다면 이것이 정진바라밀다를 수습하는 것입니다.'라고 이와 같이 말을 지어야 하느니라.

다시 '그대 선남자여. 정진바라밀다에 상응하여 수습할 것이고, 일체지가 나이거나 무아라고 상응하여 관찰하지 않아야 하며, 도상지·일체상지가 나이거나 무아라고 상응하여 관찰하지 않아야 합니다. 왜 그러한가? 일체지는 일체지의 자성이 공하고 도상지·일체상지는 도상지·일체상지의 자성이 공하더라도, 이 일체지의 자성은 곧 자성이 아니고 이 도상지·일체상지의 자성도 역시 자성이 아닙니다.

만약 자성이 아닌 것이 곧 정진바라밀다라면, 이 정진바라밀다에서는 일체지를 얻을 수 없고 그것의 나와 무아도 역시 얻을 수 없으며, 도상지·일체상지를 모두 얻을 수 없고 그것의 나와 무아도 역시 얻을 수 없습니다. 그 까닭은 무엇인가? 이 가운데에서 오히려 일체지 등도 얻을 수 없는데, 어찌 하물며 그것의 나와 무아가 있겠습니까? 그대가 만약 이와 같이 능히 정진을 수습한다면 이것이 정진바라밀다를 수습하는 것입니다.'라고 이와 같이 말을 지어야 하느니라.

다시 '그대 선남자여. 정진바라밀다에 상응하여 수습할 것이고, 일체지가 청정하거나 부정하다고 상응하여 관찰하지 않아야 하며, 도상지·일체상지가 청정하거나 부정하다고 상응하여 관찰하지 않아야 합니다. 왜 그러한가? 일체지는 일체지의 자성이 공하고 도상지·일체상지는 도상지·일체상지의 자성이 공하더라도, 이 일체지의 자성은 곧 자성이 아니고 이 도상지·일체상지의 자성도 역시 자성이 아닙니다.

만약 자성이 아닌 것이 곧 정진바라밀다라면, 이 정진바라밀다에서는 일체지를 얻을 수 없고 그것의 청정과 부정도 역시 얻을 수 없으며, 도상지·일체상지를 모두 얻을 수 없고 그것의 청정과 부정도 역시 얻을 수 없습니다. 그 까닭은 무엇인가? 이 가운데에서 오히려 일체지 등도 얻을 수 없는데, 어찌 하물며 그것의 청정과 부정이 있겠습니까? 그대가 만약 이와 같이 능히 정진을 수습한다면 이것이 정진바라밀다를 수습하는 것입니다.'라고 이와 같이 말을 지어야 하느니라. 교시가여. 이 선남자와 선여인 등이 이것 등을 설하였다면 이것이 널리 진정하게 정진바라밀다를 설하는 것이니라.

다시 다음으로 교시가여. 만약 선남자와 선여인 등이 무상보리심을 일으킨 자를 위하여 정진바라밀다를 널리 설한다면, '그대 선남자여. 정진바라밀다에 상응하여 수습할 것이고, 일체의 다라니문이 항상하거나 무상하다고 상응하여 관찰하지 않아야 하며, 일체의 삼마지문이 항상하거나 무상하다고 상응하여 관찰하지 않아야 합니다. 왜 그러한가? 일체의 다라니문은 일체의 다라니문의 자성이 공하고 일체의 삼마지문은 일체의 삼마지문의 자성이 공하더라도, 이 일체의 다라니문의 자성은 곧 자성이 아니고 이 일체의 삼마지문의 자성도 역시 자성이 아닙니다.

만약 자성이 아닌 것이 곧 정진바라밀다라면, 이 정진바라밀다에서는 일체의 다라니문을 얻을 수 없고 그것의 항상함과 무상함도 역시 얻을 수 없으며, 일체의 삼마지문을 모두 얻을 수 없고 그것의 항상함과 무상함도 역시 얻을 수 없습니다. 그 까닭은 무엇인가? 이 가운데에서 오히려 일체의 다라니문 등도 얻을 수 없는데, 어찌 하물며 그것의 항상함과 무상함이 있겠습니까? 그대가 만약 이와 같이 능히 정진을 수습한다면 이것이 정진바라밀다를 수습하는 것입니다.'라고 이와 같이 말을 지어야 하느니라.

다시 '그대 선남자여. 정진바라밀다에 상응하여 수습할 것이고, 일체의 다라니문이 즐겁거나 괴롭다고 상응하여 관찰하지 않아야 하며, 일체의 삼마지문이 즐겁거나 괴롭다고 상응하여 관찰하지 않아야 합니다. 왜 그러한가? 일체의 다라니문은 일체의 다라니문의 자성이 공하고 일체의 삼마지문은 일체의 삼마지문의 자성이 공하더라도, 이 일체의 다라니문의 자성은 곧 자성이 아니고 이 일체의 삼마지문의 자성도 역시 자성이 아닙니다.

만약 자성이 아닌 것이 곧 정진바라밀다라면, 이 정진바라밀다에서는 일체의 다라니문을 얻을 수 없고 그것의 즐거움과 괴로움도 역시 얻을 수 없으며, 일체의 삼마지문을 모두 얻을 수 없고 그것의 즐거움과 괴로움도 역시 얻을 수 없습니다. 그 까닭은 무엇인가? 이 가운데에서 오히려 일체의 다라니문 등도 얻을 수 없는데, 어찌 하물며 그것의 즐거움과 괴로움이 있겠습니까? 그대가 만약 이와 같이 능히 정진을 수습한다면 이것이 정진바라밀다를 수습하는 것입니다.'라고 이와 같이 말을 지어야 하느니라.

다시 '그대 선남자여. 정진바라밀다에 상응하여 수습할 것이고, 일체의 다라니문이 나이거나 무아라고 상응하여 관찰하지 않아야 하며, 일체의 삼마지문이 나이거나 무아라고 상응하여 관찰하지 않아야 합니다. 왜 그러한가? 일체(一切)의 다라니문(陀羅尼門)은 일체의 다라니문의 자성이 공하고 일체의 삼마지문은 일체의 삼마지문(三摩地門)의 자성이 공하더라도, 이 일체의 다라니문의 자성은 곧 자성이 아니고 이 일체의 삼마지문의 자성도 역시 자성이 아닙니다.

만약 자성이 아닌 것이 곧 정진바라밀다라면, 이 정진바라밀다에서는 일체의 다라니문을 얻을 수 없고 그것의 나와 무아도 역시 얻을 수 없으며, 일체의 삼마지문을 모두 얻을 수 없고 그것의 나와 무아도 역시 얻을 수 없습니다. 그 까닭은 무엇인가? 이 가운데에서 오히려 일체의 다라니문 등도 얻을 수 없는데, 어찌 하물며 그것의 나와 무아가 있겠습니까? 그대가 만약 이와 같이 능히 정진을 수습한다면 이것이 정진바라밀다를 수습하는 것입니다.'라고 이와 같이 말을 지어야 하느니라.

다시 '그대 선남자여. 정진바라밀다에 상응하여 수습할 것이고, 일체의 다라니문이 청정하거나 부정하다고 상응하여 관찰하지 않아야 하며,

일체의 삼마지문이 청정하거나 부정하다고 상응하여 관찰하지 않아야 합니다. 왜 그러한가? 일체의 다라니문은 일체의 다라니문의 자성이 공하고 일체의 삼마지문은 일체의 삼마지문의 자성이 공하더라도, 이 일체의 다라니문의 자성은 곧 자성이 아니고 이 일체의 삼마지문의 자성도 역시 자성이 아닙니다.

만약 자성이 아닌 것이 곧 정진바라밀다라면, 이 정진바라밀다에서는 일체의 다라니문을 얻을 수 없고 그것의 청정과 부정도 역시 얻을 수 없으며, 일체의 삼마지문을 모두 얻을 수 없고 그것의 청정과 부정도 역시 얻을 수 없습니다. 그 까닭은 무엇인가? 이 가운데에서 오히려 일체의 다라니문 등도 얻을 수 없는데, 어찌 하물며 그것의 청정과 부정이 있겠습니까? 그대가 만약 이와 같이 능히 정진을 수습한다면 이것이 정진바라밀다를 수습하는 것입니다.'라고 이와 같이 말을 지어야 하느니라. 교시가여. 이 선남자와 선여인 등이 이것 등을 설하였다면 이것이 널리 진정하게 정진바라밀다를 설하는 것이니라.

다시 다음으로 교시가여. 만약 선남자와 선여인 등이 무상보리심을 일으킨 자를 위하여 정진바라밀다를 널리 설한다면, '그대 선남자여. 정진바라밀다에 상응하여 수습할 것이고, 예류향(預流向)·예류과(預流果)가 항상하거나 무상하다고 상응하여 관찰하지 않아야 하며, 일래향·일래과·불환향·불환과·아라한향·아라한과가 항상하거나 무상하다고 상응하여 관찰하지 않아야 합니다. 왜 그러한가? 예류향·예류과는 예류향·예류과의 자성이 공하고 일래향(一來向)·일래과(一來果)·불환향(不還向)·불환과(不還果)·아라한향(阿羅漢向)·아라한과(阿羅漢果)는 일래향, 나아가 아라한과의 자성이 공하더라도, 이 예류향·예류과의 자성은 곧 자성이 아니고 이 일래향, 나아가 아라한과의 자성도 역시 자성이 아닙니다.

만약 자성이 아닌 것이 곧 정진바라밀다라면, 이 정진바라밀다에서는 예류향·예류과를 얻을 수 없고 그것의 항상함과 무상함도 역시 얻을 수 없으며, 일래향, 나아가 아라한과를 모두 얻을 수 없고 그것의 항상함과 무상함도 역시 얻을 수 없습니다. 그 까닭은 무엇인가? 이 가운데에서 오히려 예류향·예류과 등도 얻을 수 없는데, 어찌 하물며 그것의 항상함과 무상함이 있겠습니까? 그대가 만약 이와 같이 능히 정진을 수습한다면 이것이 정진바라밀다를 수습하는 것입니다.'라고 이와 같이 말을 지어야 하느니라.

다시 '그대 선남자여. 정진바라밀다에 상응하여 수습할 것이고, 예류향·예류과가 즐겁거나 괴롭다고 상응하여 관찰하지 않아야 하며, 이 일래향·일래과·불환향·불환과·아라한향·아라한과는 즐겁거나 괴롭다고 상응하여 관찰하지 않아야 합니다. 왜 그러한가? 예류향·예류과는 예류향·예류과의 자성이 공하고 일래향·일래과·불환향·불환과·아라한향·아라한과는 일래향, 나아가 아라한과의 자성이 공하더라도, 이 예류향·예류과의 자성은 곧 자성이 아니고 이 일래향, 나아가 아라한과의 자성도 역시 자성이 아닙니다.

만약 자성이 아닌 것이 곧 정진바라밀다라면, 이 정진바라밀다에서는 예류향·예류과를 얻을 수 없고 그것의 즐거움과 괴로움도 역시 얻을 수 없으며, 일래향, 나아가 아라한과를 모두 얻을 수 없고 그것의 즐거움과 괴로움도 역시 얻을 수 없습니다. 그 까닭은 무엇인가? 이 가운데에서 오히려 예류향·예류과 등도 얻을 수 없는데, 어찌 하물며 그것의 즐거움과 괴로움이 있겠습니까? 그대가 만약 이와 같이 능히 정진를 수습한다면 이것이 정진바라밀다를 수습하는 것입니다.'라고 이와 같이 말을 지어야 하느니라.

다시 '그대 선남자여. 정진바라밀다에 상응하여 수습할 것이고, 예류향·예류과가 나이거나 무아라고 상응하여 관찰하지 않아야 하며, 일래향·일래과·불환향·불환과·아라한향·아라한과가 나이거나 무아라고 상응하여 관찰하지 않아야 합니다. 왜 그러한가? 예류향·예류과는 예류향·예류과의 자성이 공하고 일래향·일래과·불환향·불환과·아라한향·아라한과는 일래향, 나아가 아라한과의 자성이 공하더라도, 이 예류향·예류과의 자성은 곧 자성이 아니고 이 일래향, 나아가 아라한과의 자성도 역시 자성이 아닙니다.

만약 자성이 아닌 것이 곧 정진바라밀다라면, 이 정진바라밀다에서는 예류향·예류과를 얻을 수 없고 그것의 나와 무아도 역시 얻을 수 없으며, 일래향, 나아가 아라한과를 모두 얻을 수 없고 그것의 나와 무아도 역시 얻을 수 없습니다. 그 까닭은 무엇인가? 이 가운데에서 오히려 예류향·예류과 등도 얻을 수 없는데, 어찌 하물며 그것의 나와 무아가 있겠습니까? 그대가 만약 이와 같이 능히 정진을 수습한다면 이것이 정진바라밀다를 수습하는 것입니다.'라고 이와 같이 말을 지어야 하느니라.

다시 '그대 선남자여. 정진바라밀다에 상응하여 수습할 것이고, 예류향·예류과가 청정하거나 부정하다고 상응하여 관찰하지 않아야 하며, 일래향·일래과·불환향·불환과·아라한향·아라한과가 청정하거나 부정하다고 상응하여 관찰하지 않아야 합니다. 왜 그러한가? 예류향·예류과는 예류향·예류과의 자성이 공하고 일래향·일래과·불환향·불환과·아라한향·아라한과는 일래향, 나아가 아라한과의 자성이 공하더라도, 이 예류향·예류과의 자성은 곧 자성이 아니고 이 일래향, 나아가 아라한과의 자성도 역시 자성이 아닙니다.

만약 자성이 아닌 것이 곧 정진바라밀다라면, 이 정진바라밀다에서는 예류향·예류과를 얻을 수 없고 그것의 청정과 부정도 역시 얻을 수 없으며, 일래향, 나아가 아라한과를 모두 얻을 수 없고 그것의 청정과 부정도 역시 얻을 수 없습니다. 그 까닭은 무엇인가? 이 가운데에서 오히려 예류향·예류과 등도 얻을 수 없는데, 어찌 하물며 그것의 청정과 부정이 있겠습니까? 그대가 만약 이와 같이 능히 정진을 수습한다면 이것이 정진바라밀다를 수습하는 것입니다.'라고 이와 같이 말을 지어야 하느니라. 교시가여. 이 선남자와 선여인 등이 이것 등을 설하였다면 이것이 널리 진정하게 정진바라밀다를 설하는 것이니라.

다시 다음으로 교시가여. 만약 선남자와 선여인 등이 무상보리심을 일으킨 자를 위하여 정진바라밀다를 널리 설한다면, '그대 선남자여. 정진바라밀다에 상응하여 수습할 것이고, 독각(獨覺)의 보리(菩提)가 항상하거나 무상하다고 상응하여 관찰하지 않아야 합니다. 왜 그러한가?

독각의 보리는 독각의 보리의 자성이 공하더라도, 이 독각의 보리의 자성은 곧 자성이 아닙니다.

만약 자성이 아닌 것이 곧 정진바라밀다라면, 이 정진바라밀다에서는 독각의 보리를 얻을 수 없고 그것의 항상함과 무상함도 역시 얻을 수 없습니다. 그 까닭은 무엇인가? 이 가운데에서 오히려 독각의 보리 등도 얻을 수 없는데, 어찌 하물며 그것의 항상함과 무상함이 있겠습니까? 그대가 만약 이와 같이 능히 정진을 수습한다면 이것이 정진바라밀다를 수습하는 것입니다.'라고 이와 같이 말을 지어야 하느니라.

다시 '그대 선남자여. 정진바라밀다에 상응하여 수습할 것이고, 독각의 보리가 즐겁거나 괴롭다고 상응하여 관찰하지 않아야 합니다. 왜 그러한가? 독각의 보리는 독각의 보리의 자성이 공하더라도, 이 독각의 보리의 자성은 곧 자성이 아닙니다. 만약 자성이 아닌 것이 곧 정진바라밀다라면, 이 정진바라밀다에서는 독각의 보리를 얻을 수 없고 그것의 즐거움과 괴로움도 역시 얻을 수 없습니다. 그 까닭은 무엇인가? 이 가운데에서 오히려 독각의 보리 등도 얻을 수 없는데, 어찌 하물며 그것의 즐거움과 괴로움이 있겠습니까? 그대가 만약 이와 같이 능히 정진을 수습한다면 이것이 정진바라밀다를 수습하는 것입니다.'라고 이와 같이 말을 지어야 하느니라.

다시 '그대 선남자여. 정진바라밀다에 상응하여 수습할 것이고, 독각의 보리가 나이거나 무아라고 상응하여 관찰하지 않아야 합니다. 왜 그러한가? 독각의 보리는 독각의 보리의 자성이 공하더라도, 이 독각의 보리의 자성은 곧 자성이 아닙니다. 만약 자성이 아닌 것이 곧 정진바라밀다라면, 이 정진바라밀다에서는 독각의 보리를 얻을 수 없고 그것의 나와 무아도 역시 얻을 수 없습니다. 그 까닭은 무엇인가? 이 가운데에서 오히려 독각의 보리 등도 얻을 수 없는데, 어찌 하물며 그것의 나와 무아가 있겠습니까? 그대가 만약 이와 같이 능히 정진을 수습한다면 이것이 정진바라밀다를 수습하는 것입니다.'라고 이와 같이 말을 지어야 하느니라.

다시 '그대 선남자여. 정진바라밀다에 상응하여 수습할 것이고, 독각의 보리가 청정하거나 부정하다고 상응하여 관찰하지 않아야 합니다. 왜 그러한가? 독각의 보리는 독각의 보리의 자성이 공하더라도, 이 독각의 보리의 자성은 곧 자성이 아닙니다. 만약 자성이 아닌 것이 곧 정진바라밀다라면, 이 정진바라밀다에서는 독각의 보리를 얻을 수 없고 그것의 청정과 부정도 역시 얻을 수 없습니다. 그 까닭은 무엇인가? 이 가운데에서 오히려 독각의 보리 등도 얻을 수 없는데, 어찌 하물며 그것의 청정과 부정이 있겠습니까? 그대가 만약 이와 같이 능히 정진을 수습한다면 이것이 정진바라밀다를 수습하는 것입니다.'라고 이와 같이 말을 지어야 하느니라. 교시가여. 이 선남자와 선여인 등이 이것 등을 설하였다면 이것이 널리 진정하게 정진바라밀다를 설하는 것이니라.

다시 다음으로 교시가여. 만약 선남자와 선여인 등이 무상보리심을 일으킨 자를 위하여 정진바라밀다를 널리 설한다면, '그대 선남자여. 정진바라밀다에 상응하여 수습할 것이고, 일체의 보살마하살(菩薩摩訶薩)의 행(行)이 항상하거나 무상하다고 상응하여 관찰하지 않아야 합니다. 왜 그러한가? 일체의 보살마하살의 행은 일체의 보살마하살의 행의 자성이 공하더라도, 이 독각의 보리 자성은 곧 자성이 아닙니다.

만약 자성이 아닌 것이 곧 정진바라밀다라면, 이 정진바라밀다에서는 일체의 보살마하살의 행은 얻을 수 없고 그것의 항상함과 무상함도 역시 얻을 수 없습니다. 그 까닭은 무엇인가? 이 가운데에서 오히려 일체의 보살마하살의 행 등도 얻을 수 없는데, 어찌 하물며 그것의 항상함과 무상함이 있겠습니까? 그대가 만약 이와 같이 능히 정진을 수습한다면 이것이 정진바라밀다를 수습하는 것입니다.'라고 이와 같이 말을 지어야 하느니라.

다시 '그대 선남자여. 정진바라밀다에 상응하여 수습할 것이고, 일체의 보살마하살의 행이 즐겁거나 괴롭다고 상응하여 관찰하지 않아야 합니다. 왜 그러한가? 일체의 보살마하살의 행은 일체의 보살마하살의 행의 자성이 공하더라도, 이 일체의 보살마하살의 행의 자성은 곧 자성이 아닙니다.

만약 자성이 아닌 것이 곧 정진바라밀다라면, 이 정진바라밀다에서는 일체의 보살마하살의 행을 얻을 수 없고 그것의 즐거움과 괴로움도 역시 얻을 수 없습니다. 그 까닭은 무엇인가? 이 가운데에서 오히려 일체의 보살마하살의 행 등도 얻을 수 없는데, 어찌 하물며 그것의 즐거움과 괴로움이 있겠습니까? 그대가 만약 이와 같이 능히 정진을 수습한다면 이것이 정진바라밀다를 수습하는 것입니다.'라고 이와 같이 말을 지어야 하느니라.

다시 '그대 선남자여. 정진바라밀다에 상응하여 수습할 것이고, 일체의 보살마하살의 행이 나이거나 무아라고 상응하여 관찰하지 않아야 합니다. 왜 그러한가? 일체의 보살마하살의 행은 일체의 보살마하살의 행의 자성이 공하더라도, 이 일체의 보살마하살의 행의 자성은 곧 자성이 아닙니다. 만약 자성이 아닌 것이 곧 정진바라밀다라면, 이 정진바라밀다에서는 일체의 보살마하살의 행을 얻을 수 없고 그것의 나와 무아도 역시 얻을 수 없습니다. 그 까닭은 무엇인가? 이 가운데에서 오히려 일체의 보살마하살의 행 등도 얻을 수 없는데, 어찌 하물며 그것의 나와 무아가 있겠습니까? 그대가 만약 이와 같이 능히 반야를 수습한다면 이것이 정진바라밀다를 수습하는 것입니다.'라고 이와 같이 말을 지어야 하느니라.

다시 '그대 선남자여. 정진바라밀다에 상응하여 수습할 것이고, 일체의 보살마하살의 행이 청정하거나 부정하다고 상응하여 관찰하지 않아야 합니다. 왜 그러한가? 일체의 보살마하살의 행은 일체의 보살마하살의 행의 자성이 공하더라도, 이 일체의 보살마하살의 행의 자성은 곧 자성이 아닙니다. 만약 자성이 아닌 것이 곧 정진바라밀다라면, 이 정진바라밀다에서는 일체의 보살마하살의 행을 얻을 수 없고 그것의 청정과 부정도 역시 얻을 수 없습니다. 그 까닭은 무엇인가? 이 가운데에서 오히려 일체의 보살마하살의 행 등도 얻을 수 없는데, 어찌 하물며 그것의 청정과 부정이 있겠습니까? 그대가 만약 이와 같이 능히 정진을 수습한다면 이것이 정진바라밀다를 수습하는 것입니다.'라고 이와 같이 말을 지어야 하느니라. 교시가여. 이 선남자와 선여인 등이 이것 등을 설하였다면 이것이 널리 진정하게 정진바라밀다를 설하는 것이니라.

다시 다음으로 교시가여. 만약 선남자와 선여인 등이 무상보리심을 일으킨 자를 위하여 정진바라밀다를 널리 설한다면, '그대 선남자여. 정진바라밀다에 상응하여 수습할 것이고, 제불(諸佛)의 무상정등보리(無上正等菩提)가 항상하거나 무상하다고 상응하여 관찰하지 않아야 합니다. 왜 그러한가? 제불의 무상정등보리는 제불의 무상정등보리의 자성이 공하더라도, 이 무상정등보리의 자성은 곧 자성이 아닙니다.

만약 자성이 아닌 것이 곧 정진바라밀다라면, 이 정진바라밀다에서는 제불의 무상정등보리를 얻을 수 없고 그것의 항상함과 무상함도 역시 얻을 수 없습니다. 그 까닭은 무엇인가? 이 가운데에서 오히려 제불의 무상정등보리 등도 얻을 수 없는데, 어찌 하물며 그것의 항상함과 무상함이 있겠습니까? 그대가 만약 이와 같이 능히 정진을 수습한다면 이것이 정진바라밀다를 수습하는 것입니다.'라고 이와 같이 말을 지어야 하느니라.

다시 '그대 선남자여. 정진바라밀다에 상응하여 수습할 것이고, 제불의 무상정등보리가 즐겁거나 괴롭다고 상응하여 관찰하지 않아야 합니다. 왜 그러한가? 제불의 무상정등보리는 제불의 무상정등보리의 자성이 공하더라도, 이 제불의 무상정등보리의 자성은 곧 자성이 아닙니다. 만약 자성이 아닌 것이 곧 정진바라밀다라면, 이 정진바라밀다에서는 제불의 무상정등보리를 얻을 수 없고 그것의 즐거움과 괴로움도 역시 얻을 수 없습니다. 그 까닭은 무엇인가? 이 가운데에서 오히려 제불의 무상정등보리 등도 얻을 수 없는데, 어찌 하물며 그것의 즐거움과 괴로움이 있겠습니까? 그대가 만약 이와 같이 능히 정진을 수습한다면 이것이 정진바라밀다를 수습하는 것입니다.'라고 이와 같이 말을 지어야 하느니라.

다시 '그대 선남자여. 정진바라밀다에 상응하여 수습할 것이고, 제불의 무상정등보리가 나이거나 무아라고 상응하여 관찰하지 않아야 합니다. 왜 그러한가? 제불의 무상정등보리는 제불의 무상정등보리의 자성이 공하더라도, 이 제불의 무상정등보리의 자성은 곧 자성이 아닙니다. 만약 자성이 아닌 것이 곧 정진바라밀다라면, 이 정진바라밀다에서는 제불의 무상정등보리를 얻을 수 없고 그것의 나와 무아도 역시 얻을 수 없습니다. 그 까닭은 무엇인가? 이 가운데에서 오히려 제불의 무상정등보리 등도 얻을 수 없는데, 어찌 하물며 그것의 나와 무아가 있겠습니까? 그대가 만약 이와 같이 능히 정진을 수습한다면 이것이 정진바라밀다를 수습하는 것입니다.'라고 이와 같이 말을 지어야 하느니라.

다시 '그대 선남자여. 정진바라밀다에 상응하여 수습할 것이고, 제불의 무상정등보리가 청정하거나 부정하다고 상응하여 관찰하지 않아야 합니다. 왜 그러한가? 제불의 무상정등보리는 제불의 무상정등보리의 자성이 공하더라도, 이 제불의 무상정등보리의 자성은 곧 자성이 아닙니다. 만약 자성이 아닌 것이 곧 정진바라밀다라면, 이 정진바라밀다에서는 제불의 무상정등보리를 얻을 수 없고 그것의 청정과 부정도 역시 얻을 수 없습니다. 그 까닭은 무엇인가? 이 가운데에서 오히려 제불의 무상정등보리 등도 얻을 수 없는데, 어찌 하물며 그것의 청정과 부정이 있겠습니까? 그대가 만약 이와 같이 능히 정진을 수습한다면 이것이 정진바라밀다를 수습하는 것입니다.'라고 이와 같이 말을 지어야 하느니라.

교시가여. 이 선남자와 선여인 등이 이것 등을 설하였다면 이것이 널리 진정하게 정진바라밀다를 설하는 것이니라."

그때 천제석이 다시 세존께 아뢰어 말하였다.

"세존이시여. 무엇을 선남자와 선여인 등이 얻을 수 없는 것으로 안인바라밀다를 설한다면, 진정한 안인바라밀다를 설한다고 이름합니까?"

세존께서 말씀하셨다.

"교시가여. 만약 선남자와 선여인 등이 무상보리심을 일으킨 자를 위하여 안인바라밀다를 널리 설한다면, '그대 선남자여. 안인바라밀다에 상응하여 수습할 것이고, 색이 항상하거나 무상하다고 상응하여 관찰하지 않아야 하며, 수·상·행·식이 항상하거나 무상하다고 상응하여 관찰하지 않아야 합니다. 왜 그러한가? 색은 색의 자성이 공하고 수·상·행·식은 수·상·행·식의 자성이 공하더라도, 이 색의 자성은 곧 자성이 아니고 이 수·상·행·식의 자성도 역시 자성이 아닙니다.

만약 자성이 아닌 것이 곧 안인바라밀다라면, 이 안인바라밀다에서는 색을 얻을 수 없고 그것의 항상함과 무상함도 역시 얻을 수 없으며, 수·상·행·식을 모두 얻을 수 없고 그것의 항상함과 무상함도 역시 얻을 수 없습니다. 그 까닭은 무엇인가? 이 가운데에서 오히려 색 등도 얻을 수 없는데, 어찌 하물며 그것의 항상함과 무상함이 있겠습니까? 그대가 만약 이와 같이 능히 안인을 수습한다면 이것이 안인바라밀다를 수습하는 것입니다.'라고 이와 같이 말을 지어야 하느니라.

다시 '그대 선남자여. 안인바라밀다에 상응하여 수습할 것이고, 색이 즐겁거나 괴롭다고 상응하여 관찰하지 않아야 하며, 수·상·행·식이 즐겁거나 괴롭다고 상응하여 관찰하지 않아야 합니다. 왜 그러한가? 색은 색의 자성이 공하고 수·상·행·식은 수·상·행·식의 자성이 공하더라도, 이 색의 자성은 곧 자성이 아니고 이 수·상·행·식의 자성도 역시 자성이 아닙니다.

만약 자성이 아닌 것이 곧 안인바라밀다라면, 이 안인바라밀다에서는 색을 얻을 수 없고 그것의 즐거움과 괴로움도 역시 얻을 수 없으며, 수·상·행·식을 모두 얻을 수 없고 그것의 즐거움과 괴로움도 역시 얻을 수 없습니다. 그 까닭은 무엇인가? 이 가운데에서 오히려 색 등도 얻을 수 없는데, 어찌 하물며 그것의 즐거움과 괴로움이 있겠습니까? 그대가 만약 이와 같이 능히 안인을 수습한다면 이것이 안인바라밀다를 수습하는 것입니다.'라고 이와 같이 말을 지어야 하느니라.

다시 '그대 선남자여. 안인바라밀다에 상응하여 수습할 것이고, 색이 나이거나 무아라고 상응하여 관찰하지 않아야 하며, 수·상·행·식이 나이거나 무아라고 상응하여 관찰하지 않아야 합니다. 왜 그러한가? 색은 색의 자성이 공하고 수·상·행·식은 수·상·행·식의 자성이 공하더라도, 이 색의 자성은 곧 자성이 아니고 이 수·상·행·식의 자성도 역시 자성이 아닙니다.

만약 자성이 아닌 것이 곧 안인바라밀다라면, 이 안인바라밀다에서는

색을 얻을 수 없고 그것의 나와 무아도 역시 얻을 수 없으며, 수·상·행·식을 모두 얻을 수 없고 그것의 나와 무아도 역시 얻을 수 없습니다. 그 까닭은 무엇인가? 이 가운데에서 오히려 색 등도 얻을 수 없는데, 어찌 하물며 그것의 나와 무아가 있겠습니까? 그대가 만약 이와 같이 능히 안인을 수습한다면 이것이 안인바라밀다를 수습하는 것입니다.'라고 이와 같이 말을 지어야 하느니라.

다시 '그대 선남자여. 안인바라밀다에 상응하여 수습할 것이고, 색이 청정(淨)하거나 부정(不淨)하다고 상응하여 관찰하지 않아야 하며, 수·상·행·식이 청정하거나 부정하다고 상응하여 관찰하지 않아야 합니다. 왜 그러한가? 색은 색의 자성이 공하고 수·상·행·식은 수·상·행·식의 자성이 공하더라도, 이 색의 자성은 곧 자성이 아니고 이 수·상·행·식의 자성도 역시 자성이 아닙니다.

만약 자성이 아닌 것이 곧 안인바라밀다라면, 이 안인바라밀다에서는 색을 얻을 수 없고 그것의 청정과 부정도 역시 얻을 수 없으며, 수·상·행·식을 모두 얻을 수 없고 그것의 청정과 부정도 역시 얻을 수 없습니다. 그 까닭은 무엇인가? 이 가운데에서 오히려 색 등도 얻을 수 없는데, 어찌 하물며 그것의 청정과 부정이 있겠습니까? 그대가 만약 이와 같이 능히 안인을 수습한다면 이것이 안인바라밀다를 수습하는 것입니다.'라고 이와 같이 말을 지어야 하느니라. 교시가여. 이 선남자와 선여인 등이 이것 등을 설하였다면 이것이 널리 진정하게 안인바라밀다를 설하는 것이니라.

다시 다음으로 교시가여. 만약 선남자와 선여인 등이 무상보리심을 일으킨 자를 위하여 안인바라밀다를 널리 설한다면, '그대 선남자여. 안인바라밀다에 상응하여 수습할 것이고, 안처가 항상하거나 무상하다고 상응하여 관찰하지 않아야 하며, 이·비·설·신·의처가 항상하거나 무상하다고 상응하여 관찰하지 않아야 합니다. 왜 그러한가? 안처는 안처의 자성이 공하고 이·비·설·신·의처는 이·비·설·신·의처의 자성이 공하더라도, 이 안처의 자성은 곧 자성이 아니고 이 이·비·설·신·의처의 자성도 역시 자성이 아닙니다.

만약 자성이 아닌 것이 곧 안인바라밀다라면, 이 안인바라밀다에서는 안처를 얻을 수 없고 그것의 항상함과 무상함도 역시 얻을 수 없으며, 이·비·설·신·의처를 모두 얻을 수 없고 그것의 항상함과 무상함도 역시 얻을 수 없습니다. 그 까닭은 무엇인가? 이 가운데에서 오히려 안처 등도 얻을 수 없는데, 어찌 하물며 그것의 항상함과 무상함이 있겠습니까? 그대가 만약 이와 같이 능히 안인을 수습한다면 이것이 안인바라밀다를 수습하는 것입니다.'라고 이와 같이 말을 지어야 하느니라.

다시 '그대 선남자여. 안인바라밀다에 상응하여 수습할 것이고, 안처가 즐겁거나 괴롭다고 상응하여 관찰하지 않아야 하며, 이·비·설·신·의처가 즐겁거나 괴롭다고 상응하여 관찰하지 않아야 합니다. 왜 그러한가? 안처는 안처의 자성이 공하고 이·비·설·신·의처는 이·비·설·신·의처의 자성이 공하더라도, 이 안처의 자성은 곧 자성이 아니고 이 이·비·설·신·의처의 자성도 역시 자성이 아닙니다.

만약 자성이 아닌 것이 곧 안인바라밀다라면, 이 안인바라밀다에서는 안처를 얻을 수 없고 그것의 즐거움과 괴로움도 역시 얻을 수 없으며, 이·비·설·신·의처를 모두 얻을 수 없고 그것의 즐거움과 괴로움도 역시 얻을 수 없습니다. 그 까닭은 무엇인가? 이 가운데에서 오히려 안처 등도 얻을 수 없는데, 어찌 하물며 그것의 즐거움과 괴로움이 있겠습니까? 그대가 만약 이와 같이 능히 안인을 수습한다면 이것이 안인바라밀다를 수습하는 것입니다.'라고 이와 같이 말을 지어야 하느니라.

다시 '그대 선남자여. 안인바라밀다에 상응하여 수습할 것이고, 안처가 나이거나 무아라고 상응하여 관찰하지 않아야 하며, 이·비·설·신·의처가 나이거나 무아라고 상응하여 관찰하지 않아야 합니다. 왜 그러한가? 안처는 안처의 자성이 공하고 이·비·설·신·의처는 이·비·설·신·의처의 자성이 공하더라도, 이 안처의 자성은 곧 자성이 아니고 이 이·비·설·신·의처의 자성도 역시 자성이 아닙니다.

만약 자성이 아닌 것이 곧 안인바라밀다라면, 이 안인바라밀다에서는

안처를 얻을 수 없고 그것의 나와 무아도 역시 얻을 수 없으며, 이·비·설·신·의처를 모두 얻을 수 없고 그것의 나와 무아도 역시 얻을 수 없습니다. 그 까닭은 무엇인가? 이 가운데에서 오히려 안처 등도 얻을 수 없는데, 어찌 하물며 그것의 나와 무아가 있겠습니까? 그대가 만약 이와 같이 능히 안인을 수습한다면 이것이 안인바라밀다를 수습하는 것입니다.'라고 이와 같이 말을 지어야 하느니라.

다시 '그대 선남자여. 안인바라밀다에 상응하여 수습할 것이고, 안처가 청정하거나 부정하다고 상응하여 관찰하지 않아야 하며, 이·비·설·신·의처가 청정하거나 부정하다고 상응하여 관찰하지 않아야 합니다. 왜 그러한가? 안처는 안처의 자성이 공하고 이·비·설·신·의처는 이·비·설·신·의처의 자성이 공하더라도, 이 안처의 자성은 곧 자성이 아니고 이 이·비·설·신·의처의 자성도 역시 자성이 아닙니다.

만약 자성이 아닌 것이 곧 안인바라밀다라면, 이 안인바라밀다에서는 안처를 얻을 수 없고 그것의 청정과 부정도 역시 얻을 수 없으며, 이·비·설·신·의처를 모두 얻을 수 없고 그것의 청정과 부정도 역시 얻을 수 없습니다. 그 까닭은 무엇인가? 이 가운데에서 오히려 안처 등도 얻을 수 없는데, 어찌 하물며 그것의 청정과 부정이 있겠습니까? 그대가 만약 이와 같이 능히 안인을 수습한다면 이것이 안인바라밀다를 수습하는 것입니다.'라고 이와 같이 말을 지어야 하느니라. 교시가여. 이 선남자와 선여인 등이 이것 등을 설하였다면 이것이 널리 진정하게 안인바라밀다를 설하는 것이니라.

다시 다음으로 교시가여. 만약 선남자와 선여인 등이 무상보리심을 일으킨 자를 위하여 안인바라밀다를 널리 설한다면, '그대 선남자여. 안인바라밀다에 상응하여 수습할 것이고, 색처가 항상하거나 무상하다고 상응하여 관찰하지 않아야 하며, 성·향·미·촉·법처가 항상하거나 무상하다고 상응하여 관찰하지 않아야 합니다. 왜 그러한가? 색처는 색처의 자성이 공하고 성·향·미·촉·법처는 성·향·미·촉·법처의 자성이 공하더라도, 이 색처의 자성은 곧 자성이 아니고 이 성·향·미·촉·법처의 자성도 역시 자성이 아닙니다.

만약 자성이 아닌 것이 곧 안인바라밀다라면, 이 안인바라밀다에서는 색처를 얻을 수 없고 그것의 항상함과 무상함도 역시 얻을 수 없으며, 성·향·미·촉·법처를 모두 얻을 수 없고 그것의 항상함과 무상함도 역시 얻을 수 없습니다. 그 까닭은 무엇인가? 이 가운데에서 오히려 색처 등도 얻을 수 없는데, 어찌 하물며 그것의 항상함과 무상함이 있겠습니까? 그대가 만약 이와 같이 능히 안인을 수습한다면 이것이 안인바라밀다를 수습하는 것입니다.'라고 이와 같이 말을 지어야 하느니라.

다시 '그대 선남자여. 안인바라밀다에 상응하여 수습할 것이고, 색처가 즐겁거나 괴롭다고 상응하여 관찰하지 않아야 하며, 성·향·미·촉·법처가 즐겁거나 괴롭다고 상응하여 관찰하지 않아야 합니다. 왜 그러한가? 색처는 색처의 자성이 공하고 성·향·미·촉·법처는 성·향·미·촉·법처의 자성이 공하더라도, 이 색처의 자성은 곧 자성이 아니고 이 성·향·미·촉·법처의 자성도 역시 자성이 아닙니다.

만약 자성이 아닌 것이 곧 안인바라밀다라면, 이 안인바라밀다에서는 색처를 얻을 수 없고 그것의 즐거움과 괴로움도 역시 얻을 수 없으며, 성·향·미·촉·법처를 모두 얻을 수 없고 그것의 즐거움과 괴로움도 역시 얻을 수 없습니다. 그 까닭은 무엇인가? 이 가운데에서 오히려 색처 등도 얻을 수 없는데, 어찌 하물며 그것의 즐거움과 괴로움이 있겠습니까? 그대가 만약 이와 같이 능히 안인을 수습한다면 이것이 안인바라밀다를 수습하는 것입니다.'라고 이와 같이 말을 지어야 하느니라.

다시 '그대 선남자여. 안인바라밀다에 상응하여 수습할 것이고, 색처가 나이거나 무아라고 상응하여 관찰하지 않아야 하며, 성·향·미·촉·법처가 나이거나 무아라고 상응하여 관찰하지 않아야 합니다. 왜 그러한가? 색처는 색처의 자성이 공하고 성·향·미·촉·법처는 성·향·미·촉·법처의 자성이 공하더라도, 이 색처의 자성은 곧 자성이 아니고 이 성·향·미·촉·법처의 자성도 역시 자성이 아닙니다.

만약 자성이 아닌 것이 곧 안인바라밀다라면, 이 안인바라밀다에서는

색처를 얻을 수 없고 그것의 나와 무아도 역시 얻을 수 없으며, 성·향·미·촉·법처를 모두 얻을 수 없고 그것의 나와 무아도 역시 얻을 수 없습니다. 그 까닭은 무엇인가? 이 가운데에서 오히려 색처 등도 얻을 수 없는데, 어찌 하물며 그것의 나와 무아가 있겠습니까? 그대가 만약 이와 같이 능히 안인을 수습한다면 이것이 안인바라밀다를 수습하는 것입니다.'라고 이와 같이 말을 지어야 하느니라.

다시 '그대 선남자여. 안인바라밀다에 상응하여 수습할 것이고, 색처가 청정하거나 부정하다고 상응하여 관찰하지 않아야 하며, 성·향·미·촉·법처가 청정하거나 부정하다고 상응하여 관찰하지 않아야 합니다. 왜 그러한가? 색처는 색처의 자성이 공하고 성·향·미·촉·법처는 성·향·미·촉·법처의 자성이 공하더라도, 이 색처의 자성은 곧 자성이 아니고 이 성·향·미·촉·법처의 자성도 역시 자성이 아닙니다.

만약 자성이 아닌 것이 곧 안인바라밀다라면, 이 안인바라밀다에서는 색처를 얻을 수 없고 그것의 청정과 부정도 역시 얻을 수 없으며, 성·향·미·촉·법처를 모두 얻을 수 없고 그것의 청정과 부정도 역시 얻을 수 없습니다. 그 까닭은 무엇인가? 이 가운데에서 오히려 색처 등도 얻을 수 없는데, 어찌 하물며 그것의 청정과 부정이 있겠습니까? 그대가 만약 이와 같이 능히 안인을 수습한다면 이것이 안인바라밀다를 수습하는 것입니다.'라고 이와 같이 말을 지어야 하느니라. 교시가여. 이 선남자와 선여인 등이 이것 등을 설하였다면 이것이 널리 진정하게 안인바라밀다를 설하는 것이니라."

마하반야바라밀다경 제156권

30. 교량공덕품(校量功德品)(54)

"다시 다음으로 교시가여. 만약 선남자와 선여인 등이 무상보리심을 일으킨 자를 위하여 안인바라밀다를 널리 설한다면, '그대 선남자여. 안인바라밀다에 상응하여 수습할 것이고, 안계가 항상하거나 무상하다고 상응하여 관찰하지 않아야 하며, 색계·안식계, 나아가 안촉·안촉을 인연으로 생겨난 여러 수가 항상하거나 무상하다고 상응하여 관찰하지 않아야 합니다. 왜 그러한가? 안계는 안계의 자성이 공하고 색계·안식계, 나아가 안촉·안촉을 인연으로 생겨난 여러 수는 색계, 나아가 안촉을 인연으로 생겨난 여러 수의 자성이 공하더라도, 이 안계의 자성은 곧 자성이 아니고 이 색계, 나아가 안촉을 인연으로 생겨난 여러 수의 자성도 역시 자성이 아닙니다.

만약 자성이 아닌 것이 곧 안인바라밀다라면, 이 안인바라밀다에서는 안계를 얻을 수 없고 그것의 항상함과 무상함도 역시 얻을 수 없으며, 색계, 나아가 안촉을 인연으로 생겨난 여러 수를 모두 얻을 수 없고 그것의 항상함과 무상함도 역시 얻을 수 없습니다. 그 까닭은 무엇인가? 이 가운데에서 오히려 안계 등도 얻을 수 없는데, 어찌 하물며 그것의 항상함과 무상함이 있겠습니까? 그대가 만약 이와 같이 능히 안인을 수습한다면 이것이 안인바라밀다를 수습하는 것입니다.'라고 이와 같이 말을 지어야 하느니라.

다시 '그대 선남자여. 안인바라밀다에 상응하여 수습할 것이고, 안계가 즐겁거나 괴롭다고 상응하여 관찰하지 않아야 하며, 색계, 나아가 안촉을 인연으로 생겨난 여러 수가 즐겁거나 괴롭다고 상응하여 관찰하지 않아야 합니다. 왜 그러한가? 안계는 안계의 자성이 공하고 색계, 나아가 안촉을 인연으로 생겨난 여러 수는 색계, 나아가 안촉을 인연으로 생겨난 여러 수의 자성이 공하더라도, 이 안계의 자성은 곧 자성이 아니고 이 색계, 나아가 안촉을 인연으로 생겨난 여러 수의 자성도 역시 자성이 아닙니다.

만약 자성이 아닌 것이 곧 안인바라밀다라면, 이 안인바라밀다에서는 안계를 얻을 수 없고 그것의 즐거움과 괴로움도 역시 얻을 수 없으며, 색계, 나아가 안촉을 인연으로 생겨난 여러 수를 모두 얻을 수 없고 그것의 즐거움과 괴로움도 역시 얻을 수 없습니다. 그 까닭은 무엇인가? 이 가운데에서 오히려 안계 등도 얻을 수 없는데, 어찌 하물며 그것의 즐거움과 괴로움이 있겠습니까? 그대가 만약 이와 같이 능히 안인을 수습한다면 이것이 안인바라밀다를 수습하는 것입니다.'라고 이와 같이 말을 지어야 하느니라.

다시 '그대 선남자여. 안인바라밀다에 상응하여 수습할 것이고, 안계가 나이거나 무아라고 상응하여 관찰하지 않아야 하며, 색계, 나아가 안촉을 인연으로 생겨난 여러 수가 나이거나 무아라고 상응하여 관찰하지 않아야 합니다. 왜 그러한가? 안계는 안계의 자성이 공하고 색계, 나아가 안촉을 인연으로 생겨난 여러 수는 색계, 나아가 안촉을 인연으로 생겨난 여러 수의 자성이 공하더라도, 이 안계의 자성은 곧 자성이 아니고 이 색계, 나아가 안촉을 인연으로 생겨난 여러 수의 자성도 역시 자성이 아닙니다.

만약 자성이 아닌 것이 곧 안인바라밀다라면, 이 안인바라밀다에서는 안계를 얻을 수 없고 그것의 나와 무아도 역시 얻을 수 없으며, 색계, 나아가 안촉을 인연으로 생겨난 여러 수를 모두 얻을 수 없고 그것의 나와 무아도 역시 얻을 수 없습니다. 그 까닭은 무엇인가? 이 가운데에서 오히려 안계 등도 얻을 수 없는데, 어찌 하물며 그것의 나와 무아가 있겠습니까? 그대가 만약 이와 같이 능히 안인을 수습한다면 이것이 안인바라밀다를 수습하는 것입니다.'라고 이와 같이 말을 지어야 하느니라.

다시 '그대 선남자여. 안인바라밀다에 상응하여 수습할 것이고, 안계가 청정하거나 부정하다고 상응하여 관찰하지 않아야 하며, 색계, 나아가 안촉을 인연으로 생겨난 여러 수가 청정하거나 부정하다고 상응하여 관찰하지 않아야 합니다. 왜 그러한가? 안계는 안계의 자성이 공하고 색계, 나아가 안촉을 인연으로 생겨난 여러 수는 색계, 나아가 안촉을 인연으로 생겨난 여러 수의 자성이 공하더라도, 이 안계의 자성은 곧 자성이 아니고 이 색계, 나아가 안촉을 인연으로 생겨난 여러 수의 자성도 역시 자성이 아닙니다.

만약 자성이 아닌 것이 곧 안인바라밀다라면, 이 안인바라밀다에서는 안계를 얻을 수 없고 그것의 청정과 부정도 역시 얻을 수 없으며, 색계, 나아가 안촉을 인연으로 생겨난 여러 수를 모두 얻을 수 없고 그것의 청정과 부정도 역시 얻을 수 없습니다. 그 까닭은 무엇인가? 이 가운데에서 오히려 안계 등도 얻을 수 없는데, 어찌 하물며 그것의 청정과 부정이 있겠습니까? 그대가 만약 이와 같이 능히 안인을 수습한다면 이것이 안인바라밀다를 수습하는 것입니다.'라고 이와 같이 말을 지어야 하느니라. 교시가여. 이 선남자와 선여인 등이 이것 등을 설하였다면 이것이 널리 진정하게 안인바라밀다를 설하는 것이니라.

다시 다음으로 교시가여. 만약 선남자와 선여인 등이 무상보리심을 일으킨 자를 위하여 안인바라밀다를 널리 설한다면, '그대 선남자여. 안인바라밀다에 상응하여 수습할 것이고, 이계가 항상하거나 무상하다고 상응하여 관찰하지 않아야 하며, 성계·이식계, 나아가 이촉·이촉을 인연으로 생겨난 여러 수가 항상하거나 무상하다고 상응하여 관찰하지 않아야 합니다. 왜 그러한가? 이계는 이계의 자성이 공하고 성계·이식계, 나아가 이촉·이촉을 인연으로 생겨난 여러 수는 성계, 나아가 이촉을 인연으로 생겨난 여러 수의 자성이 공하더라도, 이 이계의 자성은 곧 자성이 아니고 이 성계, 나아가 이촉을 인연으로 생겨난 여러 수의 자성도 역시 자성이 아닙니다.

만약 자성이 아닌 것이 곧 안인바라밀다라면, 이 안인바라밀다에서는

이계를 얻을 수 없고 그것의 항상함과 무상함도 역시 얻을 수 없으며, 성계, 나아가 이촉을 인연으로 생겨난 여러 수를 모두 얻을 수 없고 그것의 항상함과 무상함도 역시 얻을 수 없습니다. 그 까닭은 무엇인가? 이 가운데에서 오히려 이계 등도 얻을 수 없는데, 어찌 하물며 그것의 항상함과 무상함이 있겠습니까? 그대가 만약 이와 같이 능히 안인을 수습한다면 이것이 안인바라밀다를 수습하는 것입니다.'라고 이와 같이 말을 지어야 하느니라.

다시 '그대 선남자여. 안인바라밀다에 상응하여 수습할 것이고, 이계가 즐겁거나 괴롭다고 상응하여 관찰하지 않아야 하며, 성계, 나아가 이촉을 인연으로 생겨난 여러 수가 즐겁거나 괴롭다고 상응하여 관찰하지 않아야 합니다. 왜 그러한가? 이계는 이계의 자성이 공하고 성계, 나아가 이촉을 인연으로 생겨난 여러 수는 성계, 나아가 이촉을 인연으로 생겨난 여러 수의 자성이 공하더라도, 이 이계의 자성은 곧 자성이 아니고 이 성계, 나아가 이촉을 인연으로 생겨난 여러 수의 자성도 역시 자성이 아닙니다.

만약 자성이 아닌 것이 곧 안인바라밀다라면, 이 안인바라밀다에서는 이계를 얻을 수 없고 그것의 즐거움과 괴로움도 역시 얻을 수 없으며, 성계, 나아가 이촉을 인연으로 생겨난 여러 수를 모두 얻을 수 없고 그것의 즐거움과 괴로움도 역시 얻을 수 없습니다. 그 까닭은 무엇인가? 이 가운데에서 오히려 이계 등도 얻을 수 없는데, 어찌 하물며 그것의 즐거움과 괴로움이 있겠습니까? 그대가 만약 이와 같이 능히 안인을 수습한다면 이것이 안인바라밀다를 수습하는 것입니다.'라고 이와 같이 말을 지어야 하느니라.

다시 '그대 선남자여. 안인바라밀다에 상응하여 수습할 것이고, 이계가 나이거나 무아라고 상응하여 관찰하지 않아야 하며, 성계, 나아가 이촉을 인연으로 생겨난 여러 수가 나이거나 무아라고 상응하여 관찰하지 않아야 합니다. 왜 그러한가? 이계는 이계의 자성이 공하고 성계, 나아가 이촉을 인연으로 생겨난 여러 수는 성계, 나아가 이촉을 인연으로 생겨난 여러 수의 자성이 공하더라도, 이 이계의 자성은 곧 자성이 아니고 이 성계,

나아가 이촉을 인연으로 생겨난 여러 수의 자성도 역시 자성이 아닙니다.

만약 자성이 아닌 것이 곧 안인바라밀다라면, 이 안인바라밀다에서는 이계를 얻을 수 없고 그것의 나와 무아도 역시 얻을 수 없으며, 성계, 나아가 이촉을 인연으로 생겨난 여러 수를 모두 얻을 수 없고 그것의 나와 무아도 역시 얻을 수 없습니다. 그 까닭은 무엇인가? 이 가운데에서 오히려 이계 등도 얻을 수 없는데, 어찌 하물며 그것의 나와 무아가 있겠습니까? 그대가 만약 이와 같이 능히 안인을 수습한다면 이것이 안인바라밀다를 수습하는 것입니다.'라고 이와 같이 말을 지어야 하느니라.

다시 '그대 선남자여. 안인바라밀다에 상응하여 수습할 것이고, 이계가 청정하거나 부정하다고 상응하여 관찰하지 않아야 하며, 성계, 나아가 이촉을 인연으로 생겨난 여러 수가 청정하거나 부정하다고 상응하여 관찰하지 않아야 합니다. 왜 그러한가? 이계는 이계의 자성이 공하고 성계, 나아가 이촉을 인연으로 생겨난 여러 수는 성계, 나아가 이촉을 인연으로 생겨난 여러 수의 자성이 공하더라도, 이 이계의 자성은 곧 자성이 아니고 이 성계, 나아가 이촉을 인연으로 생겨난 여러 수의 자성도 역시 자성이 아닙니다.

만약 자성이 아닌 것이 곧 안인바라밀다라면, 이 안인바라밀다에서는 이계를 얻을 수 없고 그것의 청정과 부정도 역시 얻을 수 없으며, 성계, 나아가 이촉을 인연으로 생겨난 여러 수를 모두 얻을 수 없고 그것의 청정과 부정도 역시 얻을 수 없습니다. 그 까닭은 무엇인가? 이 가운데에서 오히려 이계 등도 얻을 수 없는데, 어찌 하물며 그것의 청정과 부정이 있겠습니까? 그대가 만약 이와 같이 능히 안인을 수습한다면 이것이 안인바라밀다를 수습하는 것입니다.'라고 이와 같이 말을 지어야 하느니라. 교시가여. 이 선남자와 선여인 등이 이것 등을 설하였다면 이것이 널리 진정하게 안인바라밀다를 설하는 것이니라.

다시 다음으로 교시가여. 만약 선남자와 선여인 등이 무상보리심을 일으킨 자를 위하여 안인바라밀다를 널리 설한다면, '그대 선남자여. 안인바라밀다에 상응하여 수습할 것이고, 비계가 항상하거나 무상하다고 상응하여 관찰하지 않아야 하며, 향계·비식계, 나아가 비촉·비촉을 인연으로 생겨난 여러 수가 항상하거나 무상하다고 상응하여 관찰하지 않아야 합니다. 왜 그러한가? 비계는 비계의 자성이 공하고 향계·비식계, 나아가 비촉·비촉을 인연으로 생겨난 여러 수는 향계, 나아가 비촉을 인연으로 생겨난 여러 수의 자성이 공하더라도, 이 비계의 자성은 곧 자성이 아니고 이 향계, 나아가 비촉을 인연으로 생겨난 여러 수의 자성도 역시 자성이 아닙니다.

만약 자성이 아닌 것이 곧 안인바라밀다라면, 이 안인바라밀다에서는 비계를 얻을 수 없고 그것의 항상함과 무상함도 역시 얻을 수 없으며, 향계, 나아가 비촉을 인연으로 생겨난 여러 수를 모두 얻을 수 없고 그것의 항상함과 무상함도 역시 얻을 수 없습니다. 그 까닭은 무엇인가? 이 가운데에서 오히려 비계 등도 얻을 수 없는데, 어찌 하물며 그것의 항상함과 무상함이 있겠습니까? 그대가 만약 이와 같이 능히 안인을 수습한다면 이것이 안인바라밀다를 수습하는 것입니다.'라고 이와 같이 말을 지어야 하느니라.

다시 '그대 선남자여. 안인바라밀다에 상응하여 수습할 것이고, 비계가 즐겁거나 괴롭다고 상응하여 관찰하지 않아야 하며, 향계, 나아가 비촉을 인연으로 생겨난 여러 수가 즐겁거나 괴롭다고 상응하여 관찰하지 않아야 합니다. 왜 그러한가? 비계는 비계의 자성이 공하고 향계, 나아가 비촉을 인연으로 생겨난 여러 수는 향계, 나아가 비촉을 인연으로 생겨난 여러 수의 자성이 공하더라도, 이 비계의 자성은 곧 자성이 아니고 이 향계, 나아가 비촉을 인연으로 생겨난 여러 수의 자성도 역시 자성이 아닙니다.

만약 자성이 아닌 것이 곧 안인바라밀다라면, 이 안인바라밀다에서는 비계를 얻을 수 없고 그것의 즐거움과 괴로움도 역시 얻을 수 없으며, 향계, 나아가 비촉을 인연으로 생겨난 여러 수를 모두 얻을 수 없고 그것의 즐거움과 괴로움도 역시 얻을 수 없습니다. 그 까닭은 무엇인가? 이 가운데에서 오히려 비계 등도 얻을 수 없는데, 어찌 하물며 그것의 즐거움과 괴로움이 있겠습니까? 그대가 만약 이와 같이 능히 안인을 수습한다면 이것이 안인바라밀다를 수습하는 것입니다.'라고 이와 같이 말을 지어야 하느니라.

다시 '그대 선남자여. 안인바라밀다에 상응하여 수습할 것이고, 비계가 나이거나 무아라고 상응하여 관찰하지 않아야 하며, 향계, 나아가 비촉을 인연으로 생겨난 여러 수가 나이거나 무아라고 상응하여 관찰하지 않아야 합니다. 왜 그러한가? 비계는 비계의 자성이 공하고 향계, 나아가 비촉을 인연으로 생겨난 여러 수는 향계, 나아가 비촉을 인연으로 생겨난 여러 수의 자성이 공하더라도, 이 비계의 자성은 곧 자성이 아니고 이 향계, 나아가 비촉을 인연으로 생겨난 여러 수의 자성도 역시 자성이 아닙니다.

만약 자성이 아닌 것이 곧 안인바라밀다라면, 이 안인바라밀다에서는 비계를 얻을 수 없고 그것의 나와 무아도 역시 얻을 수 없으며, 향계, 나아가 비촉을 인연으로 생겨난 여러 수를 모두 얻을 수 없고 그것의 나와 무아도 역시 얻을 수 없습니다. 그 까닭은 무엇인가? 이 가운데에서 오히려 비계 등도 얻을 수 없는데, 어찌 하물며 그것의 나와 무아가 있겠습니까? 그대가 만약 이와 같이 능히 안인을 수습한다면 이것이 안인바라밀다를 수습하는 것입니다.'라고 이와 같이 말을 지어야 하느니라.

다시 '그대 선남자여. 안인바라밀다에 상응하여 수습할 것이고, 비계가 청정하거나 부정하다고 상응하여 관찰하지 않아야 하며, 향계, 나아가 비촉을 인연으로 생겨난 여러 수가 청정하거나 부정하다고 상응하여 관찰하지 않아야 합니다. 왜 그러한가? 비계는 비계의 자성이 공하고 향계, 나아가 비촉을 인연으로 생겨난 여러 수는 향계, 나아가 비촉을 인연으로 생겨난 여러 수의 자성이 공하더라도, 이 비계의 자성은 곧 자성이 아니고 이 향계, 나아가 비촉을 인연으로 생겨난 여러 수의 자성도 역시 자성이 아닙니다.

만약 자성이 아닌 것이 곧 안인바라밀다라면, 이 안인바라밀다에서는 비계를 얻을 수 없고 그것의 청정과 부정도 역시 얻을 수 없으며, 향계, 나아가 비촉을 인연으로 생겨난 여러 수를 모두 얻을 수 없고 그것의 청정과 부정도 역시 얻을 수 없습니다. 그 까닭은 무엇인가? 이 가운데에서 오히려 비계 등도 얻을 수 없는데, 어찌 하물며 그것의 청정과 부정이 있겠습니까? 그대가 만약 이와 같이 능히 안인을 수습한다면 이것이 안인바라밀다를 수습하는 것입니다.'라고 이와 같이 말을 지어야 하느니라. 교시가여. 이 선남자와 선여인 등이 이것 등을 설하였다면 이것이 널리 진정하게 안인바라밀다를 설하는 것이니라.

다시 다음으로 교시가여. 만약 선남자와 선여인 등이 무상보리심을 일으킨 자를 위하여 안인바라밀다를 널리 설한다면, '그대 선남자여. 안인바라밀다에 상응하여 수습할 것이고, 설계가 항상하거나 무상하다고 상응하여 관찰하지 않아야 하며, 미계·설식계, 나아가 설촉·설촉을 인연으로 생겨난 여러 수가 항상하거나 무상하다고 상응하여 관찰하지 않아야 합니다. 왜 그러한가? 설계는 설계의 자성이 공하고 미계·설식계, 나아가 설촉·설촉을 인연으로 생겨난 여러 수는 미계, 나아가 설촉을 인연으로 생겨난 여러 수의 자성이 공하더라도, 이 설계의 자성은 곧 자성이 아니고 미계, 나아가 설촉을 인연으로 생겨난 여러 수의 자성도 역시 자성이 아닙니다.

만약 자성이 아닌 것이 곧 안인바라밀다라면, 이 안인바라밀다에서는 설계를 얻을 수 없고 그것의 항상함과 무상함도 역시 얻을 수 없으며, 미계, 나아가 설촉을 인연으로 생겨난 여러 수를 모두 얻을 수 없고 그것의 항상함과 무상함도 역시 얻을 수 없습니다. 그 까닭은 무엇인가? 이 가운데에서 오히려 설계 등도 얻을 수 없는데, 어찌 하물며 그것의 항상함과 무상함이 있겠습니까? 그대가 만약 이와 같이 능히 안인을 수습한다면 이것이 안인바라밀다를 수습하는 것입니다.'라고 이와 같이 말을 지어야 하느니라.

다시 '그대 선남자여. 안인바라밀다에 상응하여 수습할 것이고, 설계가 즐겁거나 괴롭다고 상응하여 관찰하지 않아야 하며, 미계, 나아가 설촉을 인연으로 생겨난 여러 수가 즐겁거나 괴롭다고 상응하여 관찰하지 않아야 합니다. 왜 그러한가? 설계는 설계의 자성이 공하고 미계, 나아가 설촉을 인연으로 생겨난 여러 수는 미계, 나아가 설촉을 인연으로 생겨난 여러 수의 자성이 공하더라도, 이 설계의 자성은 곧 자성이 아니고 미계, 나아가 설촉을 인연으로 생겨난 여러 수의 자성도 역시 자성이 아닙니다.

만약 자성이 아닌 것이 곧 안인바라밀다라면, 이 안인바라밀다에서는 설계를 얻을 수 없고 그것의 즐거움과 괴로움도 역시 얻을 수 없으며, 미계, 나아가 설촉을 인연으로 생겨난 여러 수를 모두 얻을 수 없고 그것의 즐거움과 괴로움도 역시 얻을 수 없습니다. 그 까닭은 무엇인가? 이 가운데에서 오히려 설계 등도 얻을 수 없는데, 어찌 하물며 그것의 즐거움과 괴로움이 있겠습니까? 그대가 만약 이와 같이 능히 안인을 수습한다면 이것이 안인바라밀다를 수습하는 것입니다.'라고 이와 같이 말을 지어야 하느니라.

다시 '그대 선남자여. 안인바라밀다에 상응하여 수습할 것이고, 설계가 나이거나 무아라고 상응하여 관찰하지 않아야 하며, 미계, 나아가 설촉을 인연으로 생겨난 여러 수가 나이거나 무아라고 상응하여 관찰하지 않아야 합니다. 왜 그러한가? 설계는 설계의 자성이 공하고 미계, 나아가 설촉을 인연으로 생겨난 여러 수는 미계, 나아가 설촉을 인연으로 생겨난 여러 수의 자성이 공하더라도, 이 설계의 자성은 곧 자성이 아니고 이 미계, 나아가 설촉을 인연으로 생겨난 여러 수의 자성도 역시 자성이 아닙니다.

만약 자성이 아닌 것이 곧 안인바라밀다라면, 이 안인바라밀다에서는 설계를 얻을 수 없고 그것의 나와 무아도 역시 얻을 수 없으며, 미계, 나아가 설촉을 인연으로 생겨난 여러 수를 모두 얻을 수 없고 그것의 나와 무아도 역시 얻을 수 없습니다. 그 까닭은 무엇인가? 이 가운데에서 오히려 설계 등도 얻을 수 없는데, 어찌 하물며 그것의 나와 무아가 있겠습니까? 그대가 만약 이와 같이 능히 안인을 수습한다면 이것이 안인바라밀다를 수습하는 것입니다.'라고 이와 같이 말을 지어야 하느니라.

다시 '그대 선남자여. 안인바라밀다에 상응하여 수습할 것이고, 설계가 청정하거나 부정하다고 상응하여 관찰하지 않아야 하며, 미계, 나아가 설촉을 인연으로 생겨난 여러 수가 청정하거나 부정하다고 상응하여 관찰하지 않아야 합니다. 왜 그러한가? 설계는 설계의 자성이 공하고 미계, 나아가 설촉을 인연으로 생겨난 여러 수는 미계, 나아가 설촉을 인연으로 생겨난 여러 수의 자성이 공하더라도, 이 설계의 자성은 곧 자성이 아니고 이 미계, 나아가 설촉을 인연으로 생겨난 여러 수의 자성도 역시 자성이 아닙니다.

만약 자성이 아닌 것이 곧 안인바라밀다라면, 이 안인바라밀다에서는 설계를 얻을 수 없고 그것의 청정과 부정도 역시 얻을 수 없으며, 미계, 나아가 설촉을 인연으로 생겨난 여러 수를 모두 얻을 수 없고 그것의 청정과 부정도 역시 얻을 수 없습니다. 그 까닭은 무엇인가? 이 가운데에서 오히려 설계 등도 얻을 수 없는데, 어찌 하물며 그것의 청정과 부정이 있겠습니까? 그대가 만약 이와 같이 능히 안인을 수습한다면 이것이 안인바라밀다를 수습하는 것입니다.'라고 이와 같이 말을 지어야 하느니라. 교시가여. 이 선남자와 선여인 등이 이것 등을 설하였다면 이것이 널리 진정하게 안인바라밀다를 설하는 것이니라.

다시 다음으로 교시가여. 만약 선남자와 선여인 등이 무상보리심을 일으킨 자를 위하여 안인바라밀다를 널리 설한다면, '그대 선남자여. 안인바라밀다에 상응하여 수습할 것이고, 신계가 항상하거나 무상하다고 상응하여 관찰하지 않아야 하며, 촉계·신식계, 나아가 신촉·신촉을 인연으로 생겨난 여러 수가 항상하거나 무상하다고 상응하여 관찰하지 않아야 합니다. 왜 그러한가? 신계는 신계의 자성이 공하고 촉계·신식계, 나아가 신촉·신촉을 인연으로 생겨난 여러 수는 촉계, 나아가 신촉을 인연으로 생겨난 여러 수의 자성이 공하더라도, 이 신계의 자성은 곧 자성이 아니고 촉계, 나아가 신촉을 인연으로 생겨난 여러 수의 자성도 역시 자성이 아닙니다.

만약 자성이 아닌 것이 곧 안인바라밀다라면, 이 안인바라밀다에서는 신계를 얻을 수 없고 그것의 항상함과 무상함도 역시 얻을 수 없으며, 촉계, 나아가 신촉을 인연으로 생겨난 여러 수를 모두 얻을 수 없고 그것의 항상함과 무상함도 역시 얻을 수 없습니다. 그 까닭은 무엇인가? 이 가운데에서 오히려 신계 등도 얻을 수 없는데, 어찌 하물며 그것의 항상함과 무상함이 있겠습니까? 그대가 만약 이와 같이 능히 안인을 수습한다면 이것이 안인바라밀다를 수습하는 것입니다.'라고 이와 같이 말을 지어야 하느니라.

다시 '그대 선남자여. 안인바라밀다에 상응하여 수습할 것이고, 신계가 즐겁거나 괴롭다고 상응하여 관찰하지 않아야 하며, 촉계, 나아가 신촉을 인연으로 생겨난 여러 수가 즐겁거나 괴롭다고 상응하여 관찰하지 않아야 합니다. 왜 그러한가? 신계는 신계의 자성이 공하고 미계, 나아가 설촉을 인연으로 생겨난 여러 수는 촉계, 나아가 신촉을 인연으로 생겨난 여러 수의 자성이 공하더라도, 이 신계의 자성은 곧 자성이 아니고 촉계, 나아가 신촉을 인연으로 생겨난 여러 수의 자성도 역시 자성이 아닙니다.

만약 자성이 아닌 것이 곧 안인바라밀다라면, 이 안인바라밀다에서는 신계를 얻을 수 없고 그것의 즐거움과 괴로움도 역시 얻을 수 없으며, 촉계, 나아가 신촉을 인연으로 생겨난 여러 수를 모두 얻을 수 없고 그것의 즐거움과 괴로움도 역시 얻을 수 없습니다. 그 까닭은 무엇인가? 이 가운데에서 오히려 신계 등도 얻을 수 없는데, 어찌 하물며 그것의 즐거움과 괴로움이 있겠습니까? 그대가 만약 이와 같이 능히 안인을 수습한다면 이것이 안인바라밀다를 수습하는 것입니다.'라고 이와 같이 말을 지어야 하느니라.

다시 '그대 선남자여. 안인바라밀다에 상응하여 수습할 것이고, 신계가 나이거나 무아라고 상응하여 관찰하지 않아야 하며, 촉계, 나아가 신촉을 인연으로 생겨난 여러 수가 나이거나 무아라고 상응하여 관찰하지 않아야 합니다. 왜 그러한가? 신계는 신계의 자성이 공하고 촉계, 나아가 신촉을 인연으로 생겨난 여러 수는 촉계, 나아가 신촉을 인연으로 생겨난 여러 수의 자성이 공하더라도, 이 신계의 자성은 곧 자성이 아니고 이 촉계, 나아가 신촉을 인연으로 생겨난 여러 수의 자성도 역시 자성이 아닙니다.

만약 자성이 아닌 것이 곧 안인바라밀다라면, 이 안인바라밀다에서는 신계를 얻을 수 없고 그것의 나와 무아도 역시 얻을 수 없으며, 촉계, 나아가 신촉을 인연으로 생겨난 여러 수를 모두 얻을 수 없고 그것의 나와 무아도 역시 얻을 수 없습니다. 그 까닭은 무엇인가? 이 가운데에서 오히려 신계 등도 얻을 수 없는데, 어찌 하물며 그것의 나와 무아가 있겠습니까? 그대가 만약 이와 같이 능히 안인을 수습한다면 이것이 안인바라밀다를 수습하는 것입니다.'라고 이와 같이 말을 지어야 하느니라.

다시 '그대 선남자여. 안인바라밀다에 상응하여 수습할 것이고, 신계가 청정하거나 부정하다고 상응하여 관찰하지 않아야 하며, 촉계, 나아가 신촉을 인연으로 생겨난 여러 수가 청정하거나 부정하다고 상응하여 관찰하지 않아야 합니다. 왜 그러한가? 신계는 신계의 자성이 공하고 촉계, 나아가 신촉을 인연으로 생겨난 여러 수는 촉계, 나아가 신촉을 인연으로 생겨난 여러 수의 자성이 공하더라도, 이 신계의 자성은 곧 자성이 아니고 이 촉계, 나아가 신촉을 인연으로 생겨난 여러 수의 자성도 역시 자성이 아닙니다.

만약 자성이 아닌 것이 곧 안인바라밀다라면, 이 안인바라밀다에서는 신계를 얻을 수 없고 그것의 청정과 부정도 역시 얻을 수 없으며, 촉계, 나아가 신촉을 인연으로 생겨난 여러 수를 모두 얻을 수 없고 그것의 청정과 부정도 역시 얻을 수 없습니다. 그 까닭은 무엇인가? 이 가운데에서 오히려 신계 등도 얻을 수 없는데, 어찌 하물며 그것의 청정과 부정이 있겠습니까? 그대가 만약 이와 같이 능히 안인을 수습한다면 이것이 안인바라밀다를 수습하는 것입니다.'라고 이와 같이 말을 지어야 하느니라. 교시가여. 이 선남자와 선여인 등이 이것 등을 설하였다면 이것이 널리 진정하게 안인바라밀다를 설하는 것이니라."

다시 다음으로 교시가여. 만약 선남자와 선여인 등이 무상보리심을 일으킨 자를 위하여 안인바라밀다를 널리 설한다면, '그대 선남자여. 안인바라밀다에 상응하여 수습할 것이고, 의계가 항상하거나 무상하다고 상응하여 관찰하지 않아야 하며, 법계·의식계, 나아가 의촉·의촉을 인연으로 생겨난 여러 수가 항상하거나 무상하다고 상응하여 관찰하지 않아야 합니다. 왜 그러한가? 의계는 의계의 자성이 공하고 법계·의식계, 나아가 의촉·의촉을 인연으로 생겨난 여러 수는 법계, 나아가 의촉을 인연으로 생겨난 여러 수의 자성이 공하더라도, 이 의계의 자성은 곧 자성이 아니고 이 법계, 나아가 의촉을 인연으로 생겨난 여러 수의 자성도 역시 자성이 아닙니다.

만약 자성이 아닌 것이 곧 안인바라밀다라면, 이 안인바라밀다에서는 의계를 얻을 수 없고 그것의 항상함과 무상함도 역시 얻을 수 없으며, 법계, 나아가 의촉을 인연으로 생겨난 여러 수를 모두 얻을 수 없고 그것의 항상함과 무상함도 역시 얻을 수 없습니다. 그 까닭은 무엇인가? 이 가운데에서 오히려 의계 등도 얻을 수 없는데, 어찌 하물며 그것의 항상함과 무상함이 있겠습니까? 그대가 만약 이와 같이 능히 안인을 수습한다면 이것이 안인바라밀다를 수습하는 것입니다.'라고 이와 같이 말을 지어야 하느니라.

다시 '그대 선남자여. 안인바라밀다에 상응하여 수습할 것이고, 의계가 즐겁거나 괴롭다고 상응하여 관찰하지 않아야 하며, 법계, 나아가 의촉을 인연으로 생겨난 여러 수가 즐겁거나 괴롭다고 상응하여 관찰하지 않아야 합니다. 왜 그러한가? 의계는 의계의 자성이 공하고 법계, 나아가 의촉을 인연으로 생겨난 여러 수는 법계, 나아가 의촉을 인연으로 생겨난 여러 수의 자성이 공하더라도, 이 의계의 자성은 곧 자성이 아니고 이 법계, 나아가 의촉을 인연으로 생겨난 여러 수의 자성도 역시 자성이 아닙니다.

만약 자성이 아닌 것이 곧 안인바라밀다라면, 이 안인바라밀다에서는 의계를 얻을 수 없고 그것의 즐거움과 괴로움도 역시 얻을 수 없으며, 법계, 나아가 의촉을 인연으로 생겨난 여러 수를 모두 얻을 수 없고 그것의 즐거움과 괴로움도 역시 얻을 수 없습니다. 그 까닭은 무엇인가? 이 가운데에서 오히려 의계 등도 얻을 수 없는데, 어찌 하물며 그것의 즐거움과 괴로움이 있겠습니까? 그대가 만약 이와 같이 능히 안인을 수습한다면 이것이 안인바라밀다를 수습하는 것입니다.'라고 이와 같이 말을 지어야 하느니라.

다시 '그대 선남자여. 안인바라밀다에 상응하여 수습할 것이고, 의계가 나이거나 무아라고 상응하여 관찰하지 않아야 하며, 법계, 나아가 의촉을 인연으로 생겨난 여러 수가 나이거나 무아라고 상응하여 관찰하지 않아야 합니다. 왜 그러한가? 의계는 의계의 자성이 공하고 법계, 나아가 의촉을 인연으로 생겨난 여러 수는 법계, 나아가 의촉을 인연으로 생겨난 여러 수의 자성이 공하더라도, 이 의계의 자성은 곧 자성이 아니고 이 법계, 나아가 의촉을 인연으로 생겨난 여러 수의 자성도 역시 자성이 아닙니다.

만약 자성이 아닌 것이 곧 안인바라밀다라면, 이 안인바라밀다에서는 의계를 얻을 수 없고 그것의 나와 무아도 역시 얻을 수 없으며, 법계, 나아가 의촉을 인연으로 생겨난 여러 수를 모두 얻을 수 없고 그것의 나와 무아도 역시 얻을 수 없습니다. 그 까닭은 무엇인가? 이 가운데에서 오히려 의계 등도 얻을 수 없는데, 어찌 하물며 그것의 나와 무아가 있겠습니까? 그대가 만약 이와 같이 능히 안인을 수습한다면 이것이 안인바라밀다를 수습하는 것입니다.'라고 이와 같이 말을 지어야 하느니라.

다시 '그대 선남자여. 안인바라밀다에 상응하여 수습할 것이고, 의계가 청정하거나 부정하다고 상응하여 관찰하지 않아야 하며, 법계, 나아가 의촉을 인연으로 생겨난 여러 수가 청정하거나 부정하다고 상응하여 관찰하지 않아야 합니다. 왜 그러한가? 의계는 의계의 자성이 공하고 법계, 나아가 의촉을 인연으로 생겨난 여러 수는 법계, 나아가 의촉을 인연으로 생겨난 여러 수의 자성이 공하더라도, 이 의계의 자성은 곧 자성이 아니고 이 법계, 나아가 의촉을 인연으로 생겨난 여러 수의 자성도 역시 자성이 아닙니다.

만약 자성이 아닌 것이 곧 안인바라밀다라면, 이 안인바라밀다에서는 의계를 얻을 수 없고 그것의 청정과 부정도 역시 얻을 수 없으며, 법계, 나아가 의촉을 인연으로 생겨난 여러 수를 모두 얻을 수 없고 그것의 청정과 부정도 역시 얻을 수 없습니다. 그 까닭은 무엇인가? 이 가운데에서 오히려 의계 등도 얻을 수 없는데, 어찌 하물며 그것의 청정과 부정이 있겠습니까? 그대가 만약 이와 같이 능히 안인을 수습한다면 이것이 안인바라밀다를 수습하는 것입니다.'라고 이와 같이 말을 지어야 하느니라. 교시가여. 이 선남자와 선여인 등이 이것 등을 설하였다면 이것이 널리 진정하게 안인바라밀다를 설하는 것이니라.

다시 다음으로 교시가여. 만약 선남자와 선여인 등이 무상보리심을 일으킨 자를 위하여 안인바라밀다를 널리 설한다면, '그대 선남자여. 안인바라밀다에 상응하여 수습할 것이고, 지계가 항상하거나 무상하다고 상응하여 관찰하지 않아야 하며, 수·화·풍·공·식계가 항상하거나 무상하다고 상응하여 관찰하지 않아야 합니다. 왜 그러한가? 지계는 지계의 자성이 공하고 수·화·풍·공·식계는 수·화·풍·공·식계의 자성이 공하더라도, 이 지계의 자성은 곧 자성이 아니고 이 수·화·풍·공·식계의 자성도 역시 자성이 아닙니다.

만약 자성이 아닌 것이 곧 안인바라밀다라면, 이 안인바라밀다에서는 지계를 얻을 수 없고 그것의 항상함과 무상함도 역시 얻을 수 없으며, 수·화·풍·공·식계를 모두 얻을 수 없고 그것의 항상함과 무상함도 역시 얻을 수 없습니다. 그 까닭은 무엇인가? 이 가운데에서 오히려 지계 등도 얻을 수 없는데, 어찌 하물며 그것의 항상함과 무상함이 있겠습니까? 그대가 만약 이와 같이 능히 안인을 수습한다면 이것이 안인바라밀다를 수습하는 것입니다.'라고 이와 같이 말을 지어야 하느니라.

다시 '그대 선남자여. 안인바라밀다에 상응하여 수습할 것이고, 지계가 즐겁거나 괴롭다고 상응하여 관찰하지 않아야 하며, 수·화·풍·공·식계가 즐겁거나 괴롭다고 상응하여 관찰하지 않아야 합니다. 왜 그러한가? 지계는 지계의 자성이 공하고 수·화·풍·공·식계는 수·화·풍·공·식계의 자성이 공하더라도, 이 지계의 자성은 곧 자성이 아니고 이 수·화·풍·공·식계의 자성도 역시 자성이 아닙니다.

만약 자성이 아닌 것이 곧 안인바라밀다라면, 이 안인바라밀다에서는 지계를 얻을 수 없고 그것의 즐거움과 괴로움도 역시 얻을 수 없으며, 수·화·풍·공·식계를 모두 얻을 수 없고 그것의 즐거움과 괴로움도 역시 얻을 수 없습니다. 그 까닭은 무엇인가? 이 가운데에서 오히려 지계 등도 얻을 수 없는데, 어찌 하물며 그것의 즐거움과 괴로움이 있겠습니까? 그대가 만약 이와 같이 능히 안인을 수습한다면 이것이 안인바라밀다를

수습하는 것입니다.'라고 이와 같이 말을 지어야 하느니라.

다시 '그대 선남자여. 안인바라밀다에 상응하여 수습할 것이고, 지계가 나이거나 무아라고 상응하여 관찰하지 않아야 하며, 수·화·풍·공·식계가 나이거나 무아라고 상응하여 관찰하지 않아야 합니다. 왜 그러한가? 지계는 지계의 자성이 공하고 수·화·풍·공·식계는 수·화·풍·공·식계의 자성이 공하더라도, 이 지계의 자성은 곧 자성이 아니고 이 수·화·풍·공·식계의 자성도 역시 자성이 아닙니다.

만약 자성이 아닌 것이 곧 안인바라밀다라면, 이 안인바라밀다에서는 지계를 얻을 수 없고 그것의 나와 무아도 역시 얻을 수 없으며, 수·화·풍·공·식계를 모두 얻을 수 없고 그것의 나와 무아도 역시 얻을 수 없습니다. 그 까닭은 무엇인가? 이 가운데에서 오히려 지계 등도 얻을 수 없는데, 어찌 하물며 그것의 나와 무아가 있겠습니까? 그대가 만약 이와 같이 능히 안인을 수습한다면 이것이 안인바라밀다를 수습하는 것입니다.'라고 이와 같이 말을 지어야 하느니라.

다시 '그대 선남자여. 안인바라밀다에 상응하여 수습할 것이고, 지계가 청정하거나 부정하다고 상응하여 관찰하지 않아야 하며, 수·화·풍·공·식계가 청정하거나 부정하다고 상응하여 관찰하지 않아야 합니다. 왜 그러한가? 지계는 지계의 자성이 공하고 수·화·풍·공·식계는 수·화·풍·공·식계의 자성이 공하더라도, 이 지계의 자성은 곧 자성이 아니고 이 수·화·풍·공·식계의 자성도 역시 자성이 아닙니다.

만약 자성이 아닌 것이 곧 안인바라밀다라면, 이 안인바라밀다에서는 지계를 얻을 수 없고 그것의 청정과 부정도 역시 얻을 수 없으며, 수·화·풍·공·식계를 모두 얻을 수 없고 그것의 청정과 부정도 역시 얻을 수 없습니다. 그 까닭은 무엇인가? 이 가운데에서 오히려 지계 등도 얻을 수 없는데, 어찌 하물며 그것의 청정과 부정이 있겠습니까? 그대가 만약 이와 같이 능히 안인을 수습한다면 이것이 안인바라밀다를 수습하는 것입니다.'라고 이와 같이 말을 지어야 하느니라. 교시가여. 이 선남자와 선여인 등이 이것 등을 설하였다면 이것이 널리 진정하게 안인바라밀다를 설하는 것이니라.

다시 다음으로 교시가여. 만약 선남자와 선여인 등이 무상보리심을 일으킨 자를 위하여 안인바라밀다를 널리 설한다면, '그대 선남자여. 안인바라밀다에 상응하여 수습할 것이고, 무명이 항상하거나 무상하다고 상응하여 관찰하지 않아야 하며, 행·식·명색·육처·촉·수·애·취·유·생·노사의 수탄고우뇌가 항상하거나 무상하다고 상응하여 관찰하지 않아야 합니다. 왜 그러한가? 무명은 무명의 자성이 공하고 행·식·명색·육처·촉·수·애·취·유·생·노사의 수탄고우뇌는 행, 나아가 노사의 수탄고우뇌의 자성이 공하더라도, 이 무명의 자성은 곧 자성이 아니고 이 행, 나아가 노사의 수탄고우뇌의 자성도 역시 자성이 아닙니다.

만약 자성이 아닌 것이 곧 안인바라밀다라면, 이 안인바라밀다에서는 무명을 얻을 수 없고 그것의 항상함과 무상함도 역시 얻을 수 없으며, 행, 나아가 노사의 수탄고우뇌를 모두 얻을 수 없고 그것의 항상함과 무상함도 역시 얻을 수 없습니다. 그 까닭은 무엇인가? 이 가운데에서 오히려 무명 등도 얻을 수 없는데, 어찌 하물며 그것의 항상함과 무상함이 있겠습니까? 그대가 만약 이와 같이 능히 안인을 수습한다면 이것이 안인바라밀다를 수습하는 것입니다.'라고 이와 같이 말을 지어야 하느니라.

다시 '그대 선남자여. 안인바라밀다에 상응하여 수습할 것이고, 무명이 즐겁거나 괴롭다고 상응하여 관찰하지 않아야 하며, 행·식·명색·육처·촉·수·애·취·유·생·노사의 수탄고우뇌가 즐겁거나 괴롭다고 상응하여 관찰하지 않아야 합니다. 왜 그러한가? 무명은 무명의 자성이 공하고 행·식·명색·육처·촉·수·애·취·유·생·노사의 수탄고우뇌는 행, 나아가 노사의 수탄고우뇌의 자성이 공하더라도, 이 무명의 자성은 곧 자성이 아니고 이 행, 나아가 노사의 수탄고우뇌의 자성도 역시 자성이 아닙니다.

만약 자성이 아닌 것이 곧 안인바라밀다라면, 이 안인바라밀다에서는 무명을 얻을 수 없고 그것의 즐거움과 괴로움도 역시 얻을 수 없으며, 행, 나아가 노사의 수탄고우뇌를 모두 얻을 수 없고 그것의 즐거움과 괴로움도 역시 얻을 수 없습니다. 그 까닭은 무엇인가? 이 가운데에서 오히려 무명 등도 얻을 수 없는데, 어찌 하물며 그것의 즐거움과 괴로움이 있겠습니까? 그대가 만약 이와 같이 능히 안인을 수습한다면 이것이 안인바라밀다를 수습하는 것입니다.'라고 이와 같이 말을 지어야 하느니라.

다시 '그대 선남자여. 안인바라밀다에 상응하여 수습할 것이고, 무명이 나이거나 무아라고 상응하여 관찰하지 않아야 하며, 행·식·명색·육처·촉·수·애·취·유·생·노사의 수탄고우뇌가 나이거나 무아라고 상응하여 관찰하지 않아야 합니다. 왜 그러한가? 무명은 무명의 자성이 공하고 행·식·명색·육처·촉·수·애·취·유·생·노사의 수탄고우뇌는 행, 나아가 노사의 수탄고우뇌의 자성이 공하더라도, 이 무명의 자성은 곧 자성이 아니고 이 행, 나아가 노사의 수탄고우뇌의 자성도 역시 자성이 아닙니다.

만약 자성이 아닌 것이 곧 안인바라밀다라면, 이 안인바라밀다에서는 무명을 얻을 수 없고 그것의 나와 무아도 역시 얻을 수 없으며, 행, 나아가 노사의 수탄고우뇌를 모두 얻을 수 없고 그것의 나와 무아도 역시 얻을 수 없습니다. 그 까닭은 무엇인가? 이 가운데에서 오히려 무명 등도 얻을 수 없는데, 어찌 하물며 그것의 나와 무아가 있겠습니까? 그대가 만약 이와 같이 능히 안인을 수습한다면 이것이 안인바라밀다를 수습하는 것입니다.'라고 이와 같이 말을 지어야 하느니라.

다시 '그대 선남자여. 안인바라밀다에 상응하여 수습할 것이고, 무명이 청정하거나 부정하다고 상응하여 관찰하지 않아야 하며, 행·식·명색·육처·촉·수·애·취·유·생·노사의 수탄고우뇌가 청정하거나 부정하다고 상응하여 관찰하지 않아야 합니다. 왜 그러한가? 무명은 무명의 자성이 공하고 행·식·명색·육처·촉·수·애·취·유·생·노사의 수탄고우뇌는 행, 나아가 노사의 수탄고우뇌의 자성이 공하더라도, 이 무명의 자성은 곧 자성이 아니고 이 행, 나아가 노사의 수탄고우뇌의 자성도 역시 자성이 아닙니다.

만약 자성이 아닌 것이 곧 안인바라밀다라면, 이 안인바라밀다에서는 무명을 얻을 수 없고 그것의 청정과 부정도 역시 얻을 수 없으며, 행, 나아가 노사의 수탄고우뇌를 모두 얻을 수 없고 그것의 청정과 부정도 역시 얻을 수 없습니다. 그 까닭은 무엇인가? 이 가운데에서 오히려 무명 등도 얻을 수 없는데, 어찌 하물며 그것의 청정과 부정이 있겠습니까? 그대가 만약 이와 같이 능히 안인을 수습한다면 이것이 안인바라밀다를 수습하는 것입니다.'라고 이와 같이 말을 지어야 하느니라. 교시가여. 이 선남자와 선여인 등이 이것 등을 설하였다면 이것이 널리 진정하게 안인바라밀다를 설하는 것이니라."

마하반야바라밀다경 제157권

30. 교량공덕품(校量功德品)(55)

"다시 다음으로 교시가여. 만약 선남자와 선여인 등이 무상보리심을 일으킨 자를 위하여 안인바라밀다를 널리 설한다면, '그대 선남자여. 안인바라밀다에 상응하여 수습할 것이고, 보시바라밀다가 항상하거나 무상하다고 상응하여 관찰하지 않아야 하며, 정계·안인·정진·정려·반야바라밀다가 항상하거나 무상하다고 상응하여 관찰하지 않아야 합니다. 왜 그러한가? 보시바라밀다는 보시바라밀다의 자성이 공하고 정계·안인·정진·정려·반야바라밀다는 정계·안인·정진·정려·반야바라밀다의 자성이 공하더라도, 이 보시바라밀다의 자성은 곧 자성이 아니고 이 정계·안인·정진·정려·반야바라밀다의 자성도 역시 자성이 아닙니다.

만약 자성이 아닌 것이 곧 안인바라밀다라면, 이 안인바라밀다에서는 보시바라밀다를 얻을 수 없고 그것의 항상함과 무상함도 역시 얻을 수 없으며, 정계·안인·정진·정려·반야바라밀다를 모두 얻을 수 없고 그것의 항상함과 무상함도 역시 얻을 수 없습니다. 그 까닭은 무엇인가? 이 가운데에서 오히려 보시바라밀다 등도 얻을 수 없는데, 어찌 하물며 그것의 항상함과 무상함이 있겠습니까? 그대가 만약 이와 같이 능히 안인을 수습한다면 이것이 안인바라밀다를 수습하는 것입니다.'라고 이와 같이 말을 지어야 하느니라.

다시 '그대 선남자여. 안인바라밀다에 상응하여 수습할 것이고, 보시바라밀다가 즐겁거나 괴롭다고 상응하여 관찰하지 않아야 하며, 정계·안인·

정진·정려·반야바라밀다가 즐겁거나 괴롭다고 상응하여 관찰하지 않아야 합니다. 왜 그러한가? 보시바라밀다는 보시바라밀다의 자성이 공하고 정계·안인·정진·정려·반야바라밀다는 정계·안인·정진·정려·반야바라밀다의 자성이 공하더라도, 이 보시바라밀다의 자성은 곧 자성이 아니고 이 정계·안인·정진·정려·반야바라밀다의 자성도 역시 자성이 아닙니다.

만약 자성이 아닌 것이 곧 안인바라밀다라면, 이 안인바라밀다에서는 보시바라밀다를 얻을 수 없고 그것의 즐거움과 괴로움도 역시 얻을 수 없으며, 정계·안인·정진·정려·반야바라밀다를 모두 얻을 수 없고 그것의 즐거움과 괴로움도 역시 얻을 수 없습니다. 그 까닭은 무엇인가? 이 가운데에서 오히려 보시바라밀다 등도 얻을 수 없는데, 어찌 하물며 그것의 즐거움과 괴로움이 있겠습니까? 그대가 만약 이와 같이 능히 안인을 수습한다면 이것이 안인바라밀다를 수습하는 것입니다.'라고 이와 같이 말을 지어야 하느니라.

다시 '그대 선남자여. 안인바라밀다에 상응하여 수습할 것이고, 보시바라밀다가 나이거나 무아라고 상응하여 관찰하지 않아야 하며, 정계·안인·정진·정려·반야바라밀다가 나이거나 무아라고 상응하여 관찰하지 않아야 합니다. 왜 그러한가? 보시바라밀다는 보시바라밀다의 자성이 공하고 정계·안인·정진·정려·반야바라밀다는 정계·안인·정진·정려·반야바라밀다의 자성이 공하더라도, 이 보시바라밀다의 자성은 곧 자성이 아니고 이 정계·안인·정진·정려·반야바라밀다의 자성도 역시 자성이 아닙니다.

만약 자성이 아닌 것이 곧 안인바라밀다라면, 이 안인바라밀다에서는 보시바라밀다를 얻을 수 없고 그것의 나와 무아도 역시 얻을 수 없으며, 정계·안인·정진·정려·반야바라밀다를 모두 얻을 수 없고 그것의 나와 무아도 역시 얻을 수 없습니다. 그 까닭은 무엇인가? 이 가운데에서 오히려 보시바라밀다 등도 얻을 수 없는데, 어찌 하물며 그것의 나와 무아가 있겠습니까? 그대가 만약 이와 같이 능히 안인을 수습한다면 이것이 안인바라밀다를 수습하는 것입니다.'라고 이와 같이 말을 지어야 하느니라.

다시 '그대 선남자여. 안인바라밀다에 상응하여 수습할 것이고, 보시바라밀다가 청정하거나 부정하다고 상응하여 관찰하지 않아야 하며, 정계·안인·정진·정려·반야바라밀다가 청정하거나 부정하다고 상응하여 관찰하지 않아야 합니다. 왜 그러한가? 보시바라밀다는 보시바라밀다의 자성이 공하고 정계·안인·정진·정려·반야바라밀다는 정계·안인·정진·정려·반야바라밀다의 자성이 공하더라도, 이 보시바라밀다의 자성은 곧 자성이 아니고 이 정계·안인·정진·정려·반야바라밀다의 자성도 역시 자성이 아닙니다.

만약 자성이 아닌 것이 곧 안인바라밀다라면, 이 안인바라밀다에서는 보시바라밀다를 얻을 수 없고 그것의 청정과 부정도 역시 얻을 수 없으며, 정계·안인·정진·정려·반야바라밀다를 모두 얻을 수 없고 그것의 청정과 부정도 역시 얻을 수 없습니다. 그 까닭은 무엇인가? 이 가운데에서 오히려 보시바라밀다 등도 얻을 수 없는데, 어찌 하물며 그것의 청정과 부정이 있겠습니까? 그대가 만약 이와 같이 능히 안인을 수습한다면 이것이 안인바라밀다를 수습하는 것입니다.'라고 이와 같이 말을 지어야 하느니라. 교시가여. 이 선남자와 선여인 등이 이것 등을 설하였다면 이것이 널리 진정하게 안인바라밀다를 설하는 것이니라.

다시 다음으로 교시가여. 만약 선남자와 선여인 등이 무상보리심을 일으킨 자를 위하여 안인바라밀다를 널리 설한다면, '그대 선남자여. 안인바라밀다에 상응하여 수습할 것이고, 내공이 항상하거나 무상하다고 상응하여 관찰하지 않아야 하며, 외공·내외공·공공·대공·승의공·유위공·무위공·필경공·무제공·산공·무변이공·본성공·자상공·공상공·일체법공·불가득공·무성공·자성공·무성자성공이 항상하거나 무상하다고 상응하여 관찰하지 않아야 합니다. 왜 그러한가? 내공은 내공의 자성이 공하고 외공·내외공·공공·대공·승의공·유위공·무위공·필경공·무제공·산공·무변이공·본성공·자상공·공상공·일체법공·불가득공·무성공·자성공·무성자성공은 외공, 나아가 무성자성공의 자성이 공하더라도, 이 내공의 자성은 곧 자성이 아니고 이 외공, 나아가 무성자성공의 자성도 역시 자성이 아닙니다.

만약 자성이 아닌 것이 곧 안인바라밀다라면, 이 안인바라밀다에서는 내공을 얻을 수 없고 그것의 항상함과 무상함도 역시 얻을 수 없으며, 외공, 나아가 무성자성공을 모두 얻을 수 없고 그것의 항상함과 무상함도 역시 얻을 수 없습니다. 그 까닭은 무엇인가? 이 가운데에서 오히려 내공 등도 얻을 수 없는데, 어찌 하물며 그것의 항상함과 무상함이 있겠습니까? 그대가 만약 이와 같이 능히 안인을 수습한다면 이것이 안인바라밀다를 수습하는 것입니다.'라고 이와 같이 말을 지어야 하느니라.

다시 '그대 선남자여. 안인바라밀다에 상응하여 수습할 것이고, 내공이 즐겁거나 괴롭다고 상응하여 관찰하지 않아야 하며, 외공·내외공·공공·대공·승의공·유위공·무위공·필경공·무제공·산공·무변이공·본성공·자상공·공상공·일체법공·불가득공·무성공·자성공·무성자성공이 즐겁거나 괴롭다고 상응하여 관찰하지 않아야 합니다. 왜 그러한가? 내공은 내공의 자성이 공하고 외공·내외공·공공·대공·승의공·유위공·무위공·필경공·무제공·산공·무변이공·본성공·자상공·공상공·일체법공·불가득공·무성공·자성공·무성자성공은 외공, 나아가 무성자성공의 자성이 공하더라도, 이 내공의 자성은 곧 자성이 아니고 이 외공, 나아가 무성자성공의 자성도 역시 자성이 아닙니다.

만약 자성이 아닌 것이 곧 안인바라밀다라면, 이 안인바라밀다에서는 내공을 얻을 수 없고 그것의 즐거움과 괴로움도 역시 얻을 수 없으며, 외공, 나아가 무성자성공을 모두 얻을 수 없고 그것의 즐거움과 괴로움도 역시 얻을 수 없습니다. 그 까닭은 무엇인가? 이 가운데에서 오히려 내공 등도 얻을 수 없는데, 어찌 하물며 그것의 즐거움과 괴로움이 있겠습니까? 그대가 만약 이와 같이 능히 안인을 수습한다면 이것이 안인바라밀다를 수습하는 것입니다.'라고 이와 같이 말을 지어야 하느니라.

다시 '그대 선남자여. 안인바라밀다에 상응하여 수습할 것이고, 내공이 나이거나 무아라고 상응하여 관찰하지 않아야 하며, 외공·내외공·공공·대공·승의공·유위공·무위공·필경공·무제공·산공·무변이공·본성공·

자상공·공상공·일체법공·불가득공·무성공·자성공·무성자성공이 나이거나 무아라고 상응하여 관찰하지 않아야 합니다. 왜 그러한가? 내공은 내공의 자성이 공하고 외공·내외공·공공·대공·승의공·유위공·무위공·필경공·무제공·산공·무변이공·본성공·자상공·공상공·일체법공·불가득공·무성공·자성공·무성자성공은 외공, 나아가 무성자성공의 자성이 공하더라도, 이 내공의 자성은 곧 자성이 아니고 이 외공, 나아가 무성자성공의 자성도 역시 자성이 아닙니다.

만약 자성이 아닌 것이 곧 안인바라밀다라면, 이 안인바라밀다에서는 내공을 얻을 수 없고 그것의 나와 무아도 역시 얻을 수 없으며, 외공, 나아가 무성자성공을 모두 얻을 수 없고 그것의 나와 무아도 역시 얻을 수 없습니다. 그 까닭은 무엇인가? 이 가운데에서 오히려 내공 등도 얻을 수 없는데, 어찌 하물며 그것의 나와 무아가 있겠습니까? 그대가 만약 이와 같이 능히 안인을 수습한다면 이것이 안인바라밀다를 수습하는 것입니다.'라고 이와 같이 말을 지어야 하느니라.

다시 '그대 선남자여. 안인바라밀다에 상응하여 수습할 것이고, 내공이 청정하거나 부정하다고 상응하여 관찰하지 않아야 하며, 외공·내외공·공공·대공·승의공·유위공·무위공·필경공·무제공·산공·무변이공·본성공·자상공·공상공·일체법공·불가득공·무성공·자성공·무성자성공이 청정하거나 부정하다고 상응하여 관찰하지 않아야 합니다. 왜 그러한가? 내공은 내공의 자성이 공하고 외공·내외공·공공·대공·승의공·유위공·무위공·필경공·무제공·산공·무변이공·본성공·자상공·공상공·일체법공·불가득공·무성공·자성공·무성자성공은 외공, 나아가 무성자성공의 자성이 공하더라도, 이 내공의 자성은 곧 자성이 아니고 이 외공, 나아가 무성자성공의 자성도 역시 자성이 아닙니다.

만약 자성이 아닌 것이 곧 안인바라밀다라면, 이 안인바라밀다에서는 내공을 얻을 수 없고 그것의 청정과 부정도 역시 얻을 수 없으며, 외공, 나아가 무성자성공을 모두 얻을 수 없고 그것의 청정과 부정도 역시 얻을 수 없습니다. 그 까닭은 무엇인가? 이 가운데에서 오히려 내공 등도 얻을 수 없는데, 어찌 하물며 그것의 청정과 부정이 있겠습니까? 그대가 만약 이와 같이 능히 안인을 수습한다면 이것이 안인바라밀다를 수습하는 것입니다.'라고 이와 같이 말을 지어야 하느니라. 교시가여. 이 선남자와 선여인 등이 이것 등을 설하였다면 이것이 널리 진정하게 안인바라밀다를 설하는 것이니라.

다시 다음으로 교시가여. 만약 선남자와 선여인 등이 무상보리심을 일으킨 자를 위하여 안인바라밀다를 널리 설한다면, '그대 선남자여. 안인바라밀다에 상응하여 수습할 것이고, 진여가 항상하거나 무상하다고 상응하여 관찰하지 않아야 하며, 법계·법성·불허망성·불변이성·평등성·이생성·법정·법주·실제·허공계·부사의계가 항상하거나 무상하다고 상응하여 관찰하지 않아야 합니다. 왜 그러한가? 진여는 진여의 자성이 공하고 법계·법성·불허망성·불변이성·평등성·이생성·법정·법주·실제·허공계·부사의계는 법계, 나아가 부사의계의 자성이 공하더라도, 이 진여의 자성은 곧 자성이 아니고 이 법계, 나아가 부사의계의 자성도 역시 자성이 아닙니다.

만약 자성이 아닌 것이 곧 안인바라밀다라면, 이 안인바라밀다에서는 진여를 얻을 수 없고 그것의 항상함과 무상함도 역시 얻을 수 없으며, 법계, 나아가 부사의계를 모두 얻을 수 없고 그것의 항상함과 무상함도 역시 얻을 수 없습니다. 그 까닭은 무엇인가? 이 가운데에서 오히려 진여 등도 얻을 수 없는데, 어찌 하물며 그것의 항상함과 무상함이 있겠습니까? 그대가 만약 이와 같이 능히 안인을 수습한다면 이것이 안인바라밀다를 수습하는 것입니다.'라고 이와 같이 말을 지어야 하느니라.

다시 '그대 선남자여. 안인바라밀다에 상응하여 수습할 것이고, 진여가 즐겁거나 괴롭다고 상응하여 관찰하지 않아야 하며, 법계·법성·불허망성·불변이성·평등성·이생성·법정·법주·실제·허공계·부사의계가 즐겁거나 괴롭다고 상응하여 관찰하지 않아야 합니다. 왜 그러한가? 진여는 진여의 자성이 공하고 법계·법성·불허망성·불변이성·평등성·이생성·법정·법주·실제·허공계·부사의계는 법계, 나아가 부사의계의 자성이 공하더라도, 이 진여의 자성은 곧 자성이 아니고 이 법계, 나아가 부사의계의 자성도 역시 자성이 아닙니다.

만약 자성이 아닌 것이 곧 안인바라밀다라면, 이 안인바라밀다에서는 진여를 얻을 수 없고 그것의 즐거움과 괴로움도 역시 얻을 수 없으며, 법계, 나아가 부사의계를 모두 얻을 수 없고 그것의 즐거움과 괴로움도 역시 얻을 수 없습니다. 그 까닭은 무엇인가? 이 가운데에서 오히려 진여 등도 얻을 수 없는데, 어찌 하물며 그것의 즐거움과 괴로움이 있겠습니까? 그대가 만약 이와 같이 능히 안인을 수습한다면 이것이 안인바라밀다를 수습하는 것입니다.'라고 이와 같이 말을 지어야 하느니라.

다시 '그대 선남자여. 안인바라밀다에 상응하여 수습할 것이고, 진여가 나이거나 무아라고 상응하여 관찰하지 않아야 하며, 법계·법성·불허망성·불변이성·평등성·이생성·법정·법주·실제·허공계·부사의계가 나이거나 무아라고 상응하여 관찰하지 않아야 합니다. 왜 그러한가? 진여는 진여의 자성이 공하고 법계·법성·불허망성·불변이성·평등성·이생성·법정·법주·실제·허공계·부사의계는 법계, 나아가 부사의계의 자성이 공하더라도, 이 진여의 자성은 곧 자성이 아니고 이 법계, 나아가 부사의계의 자성도 역시 자성이 아닙니다.

만약 자성이 아닌 것이 곧 안인바라밀다라면, 이 안인바라밀다에서는 진여를 얻을 수 없고 그것의 나와 무아도 역시 얻을 수 없으며, 법계, 나아가 부사의계를 모두 얻을 수 없고 그것의 나와 무아도 역시 얻을 수 없습니다. 그 까닭은 무엇인가? 이 가운데에서 오히려 진여 등도 얻을 수 없는데, 어찌 하물며 그것의 나와 무아가 있겠습니까? 그대가 만약 이와 같이 능히 안인을 수습한다면 이것이 안인바라밀다를 수습하는 것입니다.'라고 이와 같이 말을 지어야 하느니라.

다시 '그대 선남자여. 안인바라밀다에 상응하여 수습할 것이고, 진여가 청정하거나 부정하다고 상응하여 관찰하지 않아야 하며, 법계·법성·불허망성·불변이성·평등성·이생성·법정·법주·실제·허공계·부사의계가 청정하거나 부정하다고 상응하여 관찰하지 않아야 합니다. 왜 그러한가?

진여는 진여의 자성이 공하고 법계·법성·불허망성·불변이성·평등성·이생성·법정·법주·실제·허공계·부사의계는 법계, 나아가 부사의계의 자성이 공하더라도, 이 진여의 자성은 곧 자성이 아니고 이 법계, 나아가 부사의계의 자성도 역시 자성이 아닙니다.

만약 자성이 아닌 것이 곧 안인바라밀다라면, 이 안인바라밀다에서는 진여를 얻을 수 없고 그것의 청정과 부정도 역시 얻을 수 없으며, 법계, 나아가 부사의계를 모두 얻을 수 없고 그것의 청정과 부정도 역시 얻을 수 없습니다. 그 까닭은 무엇인가? 이 가운데에서 오히려 진여 등도 얻을 수 없는데, 어찌 하물며 그것의 청정과 부정이 있겠습니까? 그대가 만약 이와 같이 능히 안인을 수습한다면 이것이 안인바라밀다를 수습하는 것입니다.'라고 이와 같이 말을 지어야 하느니라. 교시가여. 이 선남자와 선여인 등이 이것 등을 설하였다면 이것이 널리 진정하게 안인바라밀다를 설하는 것이니라.

다시 다음으로 교시가여. 만약 선남자와 선여인 등이 무상보리심을 일으킨 자를 위하여 안인바라밀다를 널리 설한다면, '그대 선남자여. 안인바라밀다에 상응하여 수습할 것이고, 고성제가 항상하거나 무상하다고 상응하여 관찰하지 않아야 하며, 집·멸·도성제가 항상하거나 무상하다고 상응하여 관찰하지 않아야 합니다. 왜 그러한가? 고성제는 고성제의 자성이 공하고 집·멸·도성제는 집·멸·도성제의 자성이 공하더라도, 이 고성제의 자성은 곧 자성이 아니고 이 집·멸·도성제의 자성도 역시 자성이 아닙니다.

만약 자성이 아닌 것이 곧 안인바라밀다라면, 이 안인바라밀다에서는 고성제를 얻을 수 없고 그것의 항상함과 무상함도 역시 얻을 수 없으며, 집·멸·도성제를 모두 얻을 수 없고 그것의 항상함과 무상함도 역시 얻을 수 없습니다. 그 까닭은 무엇인가? 이 가운데에서 오히려 고성제 등도 얻을 수 없는데, 어찌 하물며 그것의 항상함과 무상함이 있겠습니까? 그대가 만약 이와 같이 능히 안인을 수습한다면 이것이 안인바라밀다를 수습하는 것입니다.'라고 이와 같이 말을 지어야 하느니라.

다시 '그대 선남자여. 안인바라밀다에 상응하여 수습할 것이고, 고성제가 즐겁거나 괴롭다고 상응하여 관찰하지 않아야 하며, 집·멸·도성제가 즐겁거나 괴롭다고 상응하여 관찰하지 않아야 합니다. 왜 그러한가? 고성제는 고성제의 자성이 공하고 집·멸·도성제는 집·멸·도성제의 자성이 공하더라도, 이 고성제의 자성은 곧 자성이 아니고 이 집·멸·도성제의 자성도 역시 자성이 아닙니다.

만약 자성이 아닌 것이 곧 안인바라밀다라면, 이 안인바라밀다에서는 고성제를 얻을 수 없고 그것의 즐거움과 괴로움도 역시 얻을 수 없으며, 집·멸·도성제를 모두 얻을 수 없고 그것의 즐거움과 괴로움도 역시 얻을 수 없습니다. 그 까닭은 무엇인가? 이 가운데에서 오히려 고성제 등도 얻을 수 없는데, 어찌 하물며 그것의 즐거움과 괴로움이 있겠습니까? 그대가 만약 이와 같이 능히 안인을 수습한다면 이것이 안인바라밀다를 수습하는 것입니다.'라고 이와 같이 말을 지어야 하느니라.

다시 '그대 선남자여. 안인바라밀다에 상응하여 수습할 것이고, 고성제가 나이거나 무아라고 상응하여 관찰하지 않아야 하며, 집·멸·도성제가 나이거나 무아라고 상응하여 관찰하지 않아야 합니다. 왜 그러한가? 고성제는 고성제의 자성이 공하고 집·멸·도성제는 집·멸·도성제의 자성이 공하더라도, 이 고성제의 자성은 곧 자성이 아니고 이 집·멸·도성제의 자성도 역시 자성이 아닙니다.

만약 자성이 아닌 것이 곧 안인바라밀다라면, 이 안인바라밀다에서는 고성제를 얻을 수 없고 그것의 나와 무아도 역시 얻을 수 없으며, 집·멸·도성제를 모두 얻을 수 없고 그것의 나와 무아도 역시 얻을 수 없습니다. 그 까닭은 무엇인가? 이 가운데에서 오히려 고성제 등도 얻을 수 없는데, 어찌 하물며 그것의 나와 무아가 있겠습니까? 그대가 만약 이와 같이 능히 안인을 수습한다면 이것이 안인바라밀다를 수습하는 것입니다.'라고 이와 같이 말을 지어야 하느니라.

다시 '그대 선남자여. 안인바라밀다에 상응하여 수습할 것이고, 고성제가 청정하거나 부정하다고 상응하여 관찰하지 않아야 하며, 집·멸·도성제가 청정하거나 부정하다고 상응하여 관찰하지 않아야 합니다. 왜 그러한가? 고성제는 고성제의 자성이 공하고 집·멸·도성제는 집·멸·도성제의 자성이 공하더라도, 이 고성제의 자성은 곧 자성이 아니고 이 집·멸·도성제의 자성도 역시 자성이 아닙니다.

만약 자성이 아닌 것이 곧 안인바라밀다라면, 이 안인바라밀다에서는 고성제를 얻을 수 없고 그것의 청정과 부정도 역시 얻을 수 없으며, 집·멸·도성제를 모두 얻을 수 없고 그것의 청정과 부정도 역시 얻을 수 없습니다. 그 까닭은 무엇인가? 이 가운데에서 오히려 고성제 등도 얻을 수 없는데, 어찌 하물며 그것의 청정과 부정이 있겠습니까? 그대가 만약 이와 같이 능히 안인을 수습한다면 이것이 안인바라밀다를 수습하는 것입니다.'라고 이와 같이 말을 지어야 하느니라. 교시가여. 이 선남자와 선여인 등이 이것 등을 설하였다면 이것이 널리 진정하게 안인바라밀다를 설하는 것이니라.

다시 다음으로 교시가여. 만약 선남자와 선여인 등이 무상보리심을 일으킨 자를 위하여 안인바라밀다를 널리 설한다면, '그대 선남자여. 안인바라밀다에 상응하여 수습할 것이고, 4정려가 항상하거나 무상하다고 상응하여 관찰하지 않아야 하며, 4무량·4무색정이 항상하거나 무상하다고 상응하여 관찰하지 않아야 합니다. 왜 그러한가? 4정려는 4정려의 자성이 공하고 4무량·4무색정은 4무량·4무색정의 자성이 공하더라도, 이 4정려의 자성은 곧 자성이 아니고 이 4무량·4무색정의 자성도 역시 자성이 아닙니다.

만약 자성이 아닌 것이 곧 안인바라밀다라면, 이 안인바라밀다에서는 4정려를 얻을 수 없고 그것의 항상함과 무상함도 역시 얻을 수 없으며, 4무량·4무색정을 모두 얻을 수 없고 그것의 항상함과 무상함도 역시 얻을 수 없습니다. 그 까닭은 무엇인가? 이 가운데에서 오히려 4정려 등도 얻을 수 없는데, 어찌 하물며 그것의 항상함과 무상함이 있겠습니까? 그대가 만약 이와 같이 능히 안인을 수습한다면 이것이 안인바라밀다를 수습하는 것입니다.'라고 이와 같이 말을 지어야 하느니라.

다시 '그대 선남자여. 안인바라밀다에 상응하여 수습할 것이고, 4정려가 즐겁거나 괴롭다고 상응하여 관찰하지 않아야 하며, 4무량·4무색정이 즐겁거나 괴롭다고 상응하여 관찰하지 않아야 합니다. 왜 그러한가? 4정려는 4정려의 자성이 공하고 4무량·4무색정은 4무량·4무색정의 자성이 공하더라도, 이 4정려의 자성은 곧 자성이 아니고 이 4무량·4무색정의 자성도 역시 자성이 아닙니다.

만약 자성이 아닌 것이 곧 안인바라밀다라면, 이 안인바라밀다에서는 4정려를 얻을 수 없고 그것의 즐거움과 괴로움도 역시 얻을 수 없으며, 4무량·4무색정을 모두 얻을 수 없고 그것의 즐거움과 괴로움도 역시 얻을 수 없습니다. 그 까닭은 무엇인가? 이 가운데에서 오히려 4정려 등도 얻을 수 없는데, 어찌 하물며 그것의 즐거움과 괴로움이 있겠습니까? 그대가 만약 이와 같이 능히 안인을 수습한다면 이것이 안인바라밀다를 수습하는 것입니다.'라고 이와 같이 말을 지어야 하느니라.

다시 '그대 선남자여. 안인바라밀다에 상응하여 수습할 것이고, 4정려가 나이거나 무아라고 상응하여 관찰하지 않아야 하며, 4무량·4무색정이 나이거나 무아라고 상응하여 관찰하지 않아야 합니다. 왜 그러한가? 4정려는 4정려의 자성이 공하고 4무량·4무색정은 4무량·4무색정의 자성이 공하더라도, 이 4정려의 자성은 곧 자성이 아니고 이 4무량·4무색정의 자성도 역시 자성이 아닙니다.

만약 자성이 아닌 것이 곧 안인바라밀다라면, 이 안인바라밀다에서는 4정려를 얻을 수 없고 그것의 나와 무아도 역시 얻을 수 없으며, 4무량·4무색정을 모두 얻을 수 없고 그것의 나와 무아도 역시 얻을 수 없습니다. 그 까닭은 무엇인가? 이 가운데에서 오히려 4정려 등도 얻을 수 없는데, 어찌 하물며 그것의 나와 무아가 있겠습니까? 그대가 만약 이와 같이 능히 안인을 수습한다면 이것이 안인바라밀다를 수습하는 것입니다.'라고 이와 같이 말을 지어야 하느니라.

다시 '그대 선남자여. 안인바라밀다에 상응하여 수습할 것이고, 4정려가 청정하거나 부정하다고 상응하여 관찰하지 않아야 하며, 4무량·4무색정이 청정하거나 부정하다고 상응하여 관찰하지 않아야 합니다. 왜 그러한가? 4정려는 4정려의 자성이 공하고 4무량·4무색정은 4무량·4무색정의 자성이 공하더라도, 이 4정려의 자성은 곧 자성이 아니고 이 4무량·4무색정의 자성도 역시 자성이 아닙니다.

만약 자성이 아닌 것이 곧 안인바라밀다라면, 이 안인바라밀다에서는 4정려를 얻을 수 없고 그것의 청정과 부정도 역시 얻을 수 없으며, 4무량·4무색정을 모두 얻을 수 없고 그것의 청정과 부정도 역시 얻을 수 없습니다. 그 까닭은 무엇인가? 이 가운데에서 오히려 4정려 등도 얻을 수 없는데, 어찌 하물며 그것의 청정과 부정이 있겠습니까? 그대가 만약 이와 같이 능히 안인을 수습한다면 이것이 안인바라밀다를 수습하는 것입니다.'라고 이와 같이 말을 지어야 하느니라. 교시가여. 이 선남자와 선여인 등이 이것 등을 설하였다면 이것이 널리 진정하게 안인바라밀다를 설하는 것이니라.

다시 다음으로 교시가여. 만약 선남자와 선여인 등이 무상보리심을 일으킨 자를 위하여 안인바라밀다를 널리 설한다면, '그대 선남자여. 안인바라밀다에 상응하여 수습할 것이고, 8해탈이 항상하거나 무상하다고 상응하여 관찰하지 않아야 하며, 8승처·9차제정·10변처가 항상하거나 무상하다고 상응하여 관찰하지 않아야 합니다. 왜 그러한가? 8해탈은 8해탈의 자성이 공하고 8승처·9차제정·10변처는 8승처·9차제정·10변처의 자성이 공하더라도, 이 8해탈의 자성은 곧 자성이 아니고 이 8승처·9차제정·10변처의 자성도 역시 자성이 아닙니다.

만약 자성이 아닌 것이 곧 안인바라밀다라면, 이 안인바라밀다에서는 8해탈을 얻을 수 없고 그것의 항상함과 무상함도 역시 얻을 수 없으며, 8승처·9차제정·10변처를 모두 얻을 수 없고 그것의 항상함과 무상함도 역시 얻을 수 없습니다. 그 까닭은 무엇인가? 이 가운데에서 오히려 8해탈 등도 얻을 수 없는데, 어찌 하물며 그것의 항상함과 무상함이 있겠습니까? 그대가 만약 이와 같이 능히 안인을 수습한다면 이것이 안인바라밀다를 수습하는 것입니다.'라고 이와 같이 말을 지어야 하느니라.

다시 '그대 선남자여. 안인바라밀다에 상응하여 수습할 것이고, 8해탈이 즐겁거나 괴롭다고 상응하여 관찰하지 않아야 하며, 8승처·9차제정·10변처가 즐겁거나 괴롭다고 상응하여 관찰하지 않아야 합니다. 왜 그러한가? 8해탈은 8해탈의 자성이 공하고 8승처·9차제정·10변처는 8승처·9차제정·10변처의 자성이 공하더라도, 이 8해탈의 자성은 곧 자성이 아니고 이 8승처·9차제정·10변처의 자성도 역시 자성이 아닙니다.

만약 자성이 아닌 것이 곧 안인바라밀다라면, 이 안인바라밀다에서는 8해탈을 얻을 수 없고 그것의 즐거움과 괴로움도 역시 얻을 수 없으며, 8승처·9차제정·10변처를 모두 얻을 수 없고 그것의 즐거움과 괴로움도 역시 얻을 수 없습니다. 그 까닭은 무엇인가? 이 가운데에서 오히려 8해탈 등도 얻을 수 없는데, 어찌 하물며 그것의 즐거움과 괴로움이 있겠습니까? 그대가 만약 이와 같이 능히 안인을 수습한다면 이것이 안인바라밀다를 수습하는 것입니다.'라고 이와 같이 말을 지어야 하느니라.

다시 '그대 선남자여. 안인바라밀다에 상응하여 수습할 것이고, 8해탈이 나이거나 무아라고 상응하여 관찰하지 않아야 하며, 8승처·9차제정·10변처가 나이거나 무아라고 상응하여 관찰하지 않아야 합니다. 왜 그러한가? 8해탈은 8해탈의 자성이 공하고 8승처·9차제정·10변처는 8승처·9차제정·10변처의 자성이 공하더라도, 이 8해탈의 자성은 곧 자성이 아니고 이 8승처·9차제정·10변처의 자성도 역시 자성이 아닙니다.

만약 자성이 아닌 것이 곧 안인바라밀다라면, 이 안인바라밀다에서는 8해탈을 얻을 수 없고 그것의 나와 무아도 역시 얻을 수 없으며, 8승처·9차제정·10변처를 모두 얻을 수 없고 그것의 나와 무아도 역시 얻을 수 없습니다. 그 까닭은 무엇인가? 이 가운데에서 오히려 8해탈 등도 얻을 수 없는데, 어찌 하물며 그것의 나와 무아가 있겠습니까? 그대가 만약 이와 같이 능히 안인을 수습한다면 이것이 안인바라밀다를 수습하는 것입니다.'라고 이와 같이 말을 지어야 하느니라.

다시 '그대 선남자여. 안인바라밀다에 상응하여 수습할 것이고, 8해탈이 청정하거나 부정하다고 상응하여 관찰하지 않아야 하며, 8승처·9차제정·10변처가 청정하거나 부정하다고 상응하여 관찰하지 않아야 합니다. 왜 그러한가? 8해탈은 8해탈의 자성이 공하고 8승처·9차제정·10변처는 8승처·9차제정·10변처의 자성이 공하더라도, 이 8해탈의 자성은 곧 자성이 아니고 이 8승처·9차제정·10변처의 자성도 역시 자성이 아닙니다.

만약 자성이 아닌 것이 곧 안인바라밀다라면, 이 안인바라밀다에서는 8해탈을 얻을 수 없고 그것의 청정과 부정도 역시 얻을 수 없으며, 8승처·9차제정·10변처를 모두 얻을 수 없고 그것의 청정과 부정도 역시 얻을 수 없습니다. 그 까닭은 무엇인가? 이 가운데에서 오히려 8해탈 등도 얻을 수 없는데, 어찌 하물며 그것의 청정과 부정이 있겠습니까? 그대가 만약 이와 같이 능히 안인을 수습한다면 이것이 안인바라밀다를 수습하는 것입니다.'라고 이와 같이 말을 지어야 하느니라. 교시가여. 이 선남자와 선여인 등이 이것 등을 설하였다면 이것이 널리 진정하게 안인바라밀다를 설하는 것이니라.

다시 다음으로 교시가여. 만약 선남자와 선여인 등이 무상보리심을 일으킨 자를 위하여 안인바라밀다를 널리 설한다면, '그대 선남자여. 안인바라밀다에 상응하여 수습할 것이고, 4념주가 항상하거나 무상하다고 상응하여 관찰하지 않아야 하며, 4정단·4신족·5근·5력·7등각지·8성도지가 항상하거나 무상하다고 상응하여 관찰하지 않아야 합니다. 왜 그러한가? 4념주는 4념주의 자성이 공하고 4정단·4신족·5근·5력·7등각지·8성도지는 4정단, 나아가 8성도지의 자성이 공하더라도, 이 4념주의 자성은 곧 자성이 아니고 이 4정단, 나아가 8성도지의 자성도 역시 자성이 아닙니다.

만약 자성이 아닌 것이 곧 안인바라밀다라면, 이 안인바라밀다에서는 4념주를 얻을 수 없고 그것의 항상함과 무상함도 역시 얻을 수 없으며, 4정단, 나아가 8성도지를 모두 얻을 수 없고 그것의 항상함과 무상함도 역시 얻을 수 없습니다. 그 까닭은 무엇인가? 이 가운데에서 오히려 4념주 등도 얻을 수 없는데, 어찌 하물며 그것의 항상함과 무상함이 있겠습니까? 그대가 만약 이와 같이 능히 안인을 수습한다면 이것이 안인바라밀다를

수습하는 것입니다.'라고 이와 같이 말을 지어야 하느니라.

다시 '그대 선남자여. 안인바라밀다에 상응하여 수습할 것이고, 4념주가 즐겁거나 괴롭다고 상응하여 관찰하지 않아야 하며, 4정단·4신족·5근·5력·7등각지·8성도지가 즐겁거나 괴롭다고 상응하여 관찰하지 않아야 합니다. 왜 그러한가? 4념주는 4념주의 자성이 공하고 4정단·4신족·5근·5력·7등각지·8성도지는 4정단, 나아가 8성도지의 자성이 공하더라도, 이 8해탈의 자성은 곧 자성이 아니고 이 4정단, 나아가 8성도지의 자성도 역시 자성이 아닙니다.

만약 자성이 아닌 것이 곧 안인바라밀다라면, 이 안인바라밀다에서는 4념주를 얻을 수 없고 그것의 즐거움과 괴로움도 역시 얻을 수 없으며, 4정단, 나아가 8성도지를 모두 얻을 수 없고 그것의 즐거움과 괴로움도 역시 얻을 수 없습니다. 그 까닭은 무엇인가? 이 가운데에서 오히려 4념주 등도 얻을 수 없는데, 어찌 하물며 그것의 즐거움과 괴로움이 있겠습니까? 그대가 만약 이와 같이 능히 안인을 수습한다면 이것이 안인바라밀다를 수습하는 것입니다.'라고 이와 같이 말을 지어야 하느니라.

다시 '그대 선남자여. 안인바라밀다에 상응하여 수습할 것이고, 4념주가 나이거나 무아라고 상응하여 관찰하지 않아야 하며, 4정단·4신족·5근·5력·7등각지·8성도지가 나이거나 무아라고 상응하여 관찰하지 않아야 합니다. 왜 그러한가? 4념주는 4념주의 자성이 공하고 4정단·4신족·5근·5력·7등각지·8성도지는 4정단, 나아가 8성도지의 자성이 공하더라도, 이 4념주의 자성은 곧 자성이 아니고 이 4정단, 나아가 8성도지의 자성도 역시 자성이 아닙니다.

만약 자성이 아닌 것이 곧 안인바라밀다라면, 이 안인바라밀다에서는 4념주를 얻을 수 없고 그것의 나와 무아도 역시 얻을 수 없으며, 4정단, 나아가 8성도지를 모두 얻을 수 없고 그것의 나와 무아도 역시 얻을 수 없습니다. 그 까닭은 무엇인가? 이 가운데에서 오히려 4념주 등도 얻을 수 없는데, 어찌 하물며 그것의 나와 무아가 있겠습니까? 그대가 만약 이와 같이 능히 안인을 수습한다면 이것이 안인바라밀다를 수습하는 것입니다.'라고 이와 같이 말을 지어야 하느니라.

다시 '그대 선남자여. 안인바라밀다에 상응하여 수습할 것이고, 4념주가 청정하거나 부정하다고 상응하여 관찰하지 않아야 하며, 4정단·4신족·5근·5력·7등각지·8성도지가 청정하거나 부정하다고 상응하여 관찰하지 않아야 합니다. 왜 그러한가? 4념주는 4념주의 자성이 공하고 4정단·4신족·5근·5력·7등각지·8성도지는 4정단, 나아가 8성도지의 자성이 공하더라도, 이 8해탈의 자성은 곧 자성이 아니고 이 4정단, 나아가 8성도지의 자성도 역시 자성이 아닙니다.

만약 자성이 아닌 것이 곧 안인바라밀다라면, 이 안인바라밀다에서는 4념주를 얻을 수 없고 그것의 청정과 부정도 역시 얻을 수 없으며, 4정단, 나아가 8성도지를 모두 얻을 수 없고 그것의 청정과 부정도 역시 얻을 수 없습니다. 그 까닭은 무엇인가? 이 가운데에서 오히려 4념주 등도 얻을 수 없는데, 어찌 하물며 그것의 청정과 부정이 있겠습니까? 그대가 만약 이와 같이 능히 안인을 수습한다면 이것이 안인바라밀다를 수습하는 것입니다.'라고 이와 같이 말을 지어야 하느니라. 교시가여. 이 선남자와 선여인 등이 이것 등을 설하였다면 이것이 널리 진정하게 안인바라밀다를 설하는 것이니라.

다시 다음으로 교시가여. 만약 선남자와 선여인 등이 무상보리심을 일으킨 자를 위하여 안인바라밀다를 널리 설한다면, '그대 선남자여. 안인바라밀다에 상응하여 수습할 것이고, 공해탈문이 항상하거나 무상하다고 상응하여 관찰하지 않아야 하며, 무상·무원해탈문이 항상하거나 무상하다고 상응하여 관찰하지 않아야 합니다. 왜 그러한가? 공해탈문은 공해탈문의 자성이 공하고 무상·무원해탈문은 무상·무원해탈문의 자성이 공하더라도, 이 공해탈문의 자성은 곧 자성이 아니고 이 무상·무원해탈문의 자성도 역시 자성이 아닙니다.

만약 자성이 아닌 것이 곧 안인바라밀다라면, 이 안인바라밀다에서는 공해탈문을 얻을 수 없고 그것의 항상함과 무상함도 역시 얻을 수 없으며, 무상·무원해탈문을 모두 얻을 수 없고 그것의 항상함과 무상함도 역시 얻을 수 없습니다. 그 까닭은 무엇인가? 이 가운데에서 오히려 공해탈문 등도 얻을 수 없는데, 어찌 하물며 그것의 항상함과 무상함이 있겠습니까? 그대가 만약 이와 같이 능히 안인을 수습한다면 이것이 안인바라밀다를 수습하는 것입니다.'라고 이와 같이 말을 지어야 하느니라.

다시 '그대 선남자여. 안인바라밀다에 상응하여 수습할 것이고, 공해탈문이 즐겁거나 괴롭다고 상응하여 관찰하지 않아야 하며, 무상·무원해탈문이 즐겁거나 괴롭다고 상응하여 관찰하지 않아야 합니다. 왜 그러한가? 공해탈문은 공해탈문의 자성이 공하고 무상·무원해탈문은 무상·무원해탈문의 자성이 공하더라도, 이 공해탈문의 자성은 곧 자성이 아니고 이 무상·무원해탈문의 자성도 역시 자성이 아닙니다.

만약 자성이 아닌 것이 곧 안인바라밀다라면, 이 안인바라밀다에서는 공해탈문을 얻을 수 없고 그것의 즐거움과 괴로움도 역시 얻을 수 없으며, 무상·무원해탈문을 모두 얻을 수 없고 그것의 즐거움과 괴로움도 역시 얻을 수 없습니다. 그 까닭은 무엇인가? 이 가운데에서 오히려 공해탈문 등도 얻을 수 없는데, 어찌 하물며 그것의 즐거움과 괴로움이 있겠습니까? 그대가 만약 이와 같이 능히 안인을 수습한다면 이것이 안인바라밀다를 수습하는 것입니다.'라고 이와 같이 말을 지어야 하느니라.

다시 '그대 선남자여. 안인바라밀다에 상응하여 수습할 것이고, 공해탈문이 나이거나 무아라고 상응하여 관찰하지 않아야 하며, 무상·무원해탈문이 나이거나 무아라고 상응하여 관찰하지 않아야 합니다. 왜 그러한가? 공해탈문은 공해탈문의 자성이 공하고 무상·무원해탈문은 무상·무원해탈문의 자성이 공하더라도, 이 공해탈문의 자성은 곧 자성이 아니고 이 무상·무원해탈문의 자성도 역시 자성이 아닙니다.

만약 자성이 아닌 것이 곧 안인바라밀다라면, 이 안인바라밀다에서는 공해탈문을 얻을 수 없고 그것의 나와 무아도 역시 얻을 수 없으며, 무상·무원해탈문을 모두 얻을 수 없고 그것의 나와 무아도 역시 얻을 수 없습니다. 그 까닭은 무엇인가? 이 가운데에서 오히려 공해탈문 등도 얻을 수 없는데, 어찌 하물며 그것의 나와 무아가 있겠습니까? 그대가 만약 이와 같이 능히 안인을 수습한다면 이것이 안인바라밀다를 수습하는 것입니다.'라고 이와 같이 말을 지어야 하느니라.

다시 '그대 선남자여. 안인바라밀다에 상응하여 수습할 것이고, 공해탈문이 청정하거나 부정하다고 상응하여 관찰하지 않아야 하며, 무상·무원해탈문이 청정하거나 부정하다고 상응하여 관찰하지 않아야 합니다. 왜 그러한가? 공해탈문은 공해탈문의 자성이 공하고 무상·무원해탈문은 무상·무원해탈문의 자성이 공하더라도, 이 공해탈문의 자성은 곧 자성이 아니고 이 무상·무원해탈문의 자성도 역시 자성이 아닙니다.

만약 자성이 아닌 것이 곧 안인바라밀다라면, 이 안인바라밀다에서는 공해탈문을 얻을 수 없고 그것의 청정과 부정도 역시 얻을 수 없으며, 무상·무원해탈문을 모두 얻을 수 없고 그것의 청정과 부정도 역시 얻을 수 없습니다. 그 까닭은 무엇인가? 이 가운데에서 오히려 공해탈문 등도 얻을 수 없는데, 어찌 하물며 그것의 청정과 부정이 있겠습니까? 그대가 만약 이와 같이 능히 안인을 수습한다면 이것이 안인바라밀다를 수습하는 것입니다.'라고 이와 같이 말을 지어야 하느니라. 교시가여. 이 선남자와 선여인 등이 이것 등을 설하였다면 이것이 널리 진정하게 안인바라밀다를 설하는 것이니라."

마하반야바라밀다경 제158권

30. 교량공덕품(校量功德品)(56)

"다시 다음으로 교시가여. 만약 선남자와 선여인 등이 무상보리심을 일으킨 자를 위하여 안인바라밀다를 널리 설한다면, '그대 선남자여. 안인바라밀다에 상응하여 수습할 것이고, 5안이 항상하거나 무상하다고 상응하여 관찰하지 않아야 하며, 6신통이 항상하거나 무상하다고 상응하여 관찰하지 않아야 합니다. 왜 그러한가? 5안은 5안의 자성이 공하고 6신통은 6신통의 자성이 공하더라도, 이 5안의 자성은 곧 자성이 아니고 이 6신통의 자성도 역시 자성이 아닙니다.

만약 자성이 아닌 것이 곧 안인바라밀다라면, 이 안인바라밀다에서는 5안을 얻을 수 없고 그것의 항상함과 무상함도 역시 얻을 수 없으며, 6신통을 모두 얻을 수 없고 그것의 항상함과 무상함도 역시 얻을 수 없습니다. 그 까닭은 무엇인가? 이 가운데에서 오히려 5안 등도 얻을 수 없는데, 어찌 하물며 그것의 항상함과 무상함이 있겠습니까? 그대가 만약 이와 같이 능히 안인을 수습한다면 이것이 안인바라밀다를 수습하는 것입니다.'라고 이와 같이 말을 지어야 하느니라.

다시 '그대 선남자여. 안인바라밀다에 상응하여 수습할 것이고, 5안이 즐겁거나 괴롭다고 상응하여 관찰하지 않아야 하며, 6신통이 즐겁거나 괴롭다고 상응하여 관찰하지 않아야 합니다. 왜 그러한가? 5안은 5안의 자성이 공하고 6신통은 6신통의 자성이 공하더라도, 이 5안의 자성은 곧 자성이 아니고 이 6신통의 자성도 역시 자성이 아닙니다.

만약 자성이 아닌 것이 곧 안인바라밀다라면, 이 안인바라밀다에서는 5안을 얻을 수 없고 그것의 즐거움과 괴로움도 역시 얻을 수 없으며, 6신통을 모두 얻을 수 없고 그것의 즐거움과 괴로움도 역시 얻을 수 없습니다. 그 까닭은 무엇인가? 이 가운데에서 오히려 5안 등도 얻을 수 없는데, 어찌 하물며 그것의 즐거움과 괴로움이 있겠습니까? 그대가 만약 이와 같이 능히 안인을 수습한다면 이것이 안인바라밀다를 수습하는 것입니다.'라고 이와 같이 말을 지어야 하느니라.

다시 '그대 선남자여. 안인바라밀다에 상응하여 수습할 것이고, 5안이 나이거나 무아라고 상응하여 관찰하지 않아야 하며, 6신통이 나이거나 무아라고 상응하여 관찰하지 않아야 합니다. 왜 그러한가? 5안은 5안의 자성이 공하고 6신통은 6신통의 자성이 공하더라도, 이 5안의 자성은 곧 자성이 아니고 이 6신통의 자성도 역시 자성이 아닙니다.

만약 자성이 아닌 것이 곧 안인바라밀다라면, 이 안인바라밀다에서는 5안을 얻을 수 없고 그것의 나와 무아도 역시 얻을 수 없으며, 6신통을 모두 얻을 수 없고 그것의 나와 무아도 역시 얻을 수 없습니다. 그 까닭은 무엇인가? 이 가운데에서 오히려 5안 등도 얻을 수 없는데, 어찌 하물며 그것의 나와 무아가 있겠습니까? 그대가 만약 이와 같이 능히 안인을 수습한다면 이것이 안인바라밀다를 수습하는 것입니다.'라고 이와 같이 말을 지어야 하느니라.

다시 '그대 선남자여. 안인바라밀다에 상응하여 수습할 것이고, 5안이 청정하거나 부정하다고 상응하여 관찰하지 않아야 하며, 6신통이 청정하거나 부정하다고 상응하여 관찰하지 않아야 합니다. 왜 그러한가? 5안은 5안의 자성이 공하고 6신통은 6신통의 자성이 공하더라도, 이 5안의 자성은 곧 자성이 아니고 이 6신통의 자성도 역시 자성이 아닙니다.

만약 자성이 아닌 것이 곧 안인바라밀다라면, 이 안인바라밀다에서는 5안을 얻을 수 없고 그것의 청정과 부정도 역시 얻을 수 없으며, 6신통을 모두 얻을 수 없고 그것의 청정과 부정도 역시 얻을 수 없습니다. 그 까닭은 무엇인가? 이 가운데에서 오히려 5안 등도 얻을 수 없는데, 어찌 하물며 그것의 청정과 부정이 있겠습니까? 그대가 만약 이와 같이 능히 안인을 수습한다면 이것이 안인바라밀다를 수습하는 것입니다.'라고 이와 같이 말을 지어야 하느니라. 교시가여. 이 선남자와 선여인 등이 이것 등을 설하였다면 이것이 널리 진정하게 안인바라밀다를 설하는 것이니라.

다시 다음으로 교시가여. 만약 선남자와 선여인 등이 무상보리심을 일으킨 자를 위하여 안인바라밀다를 널리 설한다면, '그대 선남자여. 안인바라밀다에 상응하여 수습할 것이고, 여래의 10력이 항상하거나 무상하다고 상응하여 관찰하지 않아야 하며, 4무소외·4무애해·대자·대비·대희·대사·18불불공법이 항상하거나 무상하다고 상응하여 관찰하지 않아야 합니다. 왜 그러한가? 여래의 10력은 여래의 10력의 자성이 공하고 4무소외·4무애해·대자·대비·대희·대사·18불불공법은 4무소외, 나아가 18불불공법의 자성이 공하더라도, 이 여래의 10력의 자성은 곧 자성이 아니고 이 4무소외, 나아가 18불불공법의 자성도 역시 자성이 아닙니다.

만약 자성이 아닌 것이 곧 안인바라밀다라면, 이 안인바라밀다에서는 여래의 10력을 얻을 수 없고 그것의 항상함과 무상함도 역시 얻을 수 없으며, 4무소외, 나아가 18불불공법을 모두 얻을 수 없고 그것의 항상함과 무상함도 역시 얻을 수 없습니다. 그 까닭은 무엇인가? 이 가운데에서 오히려 여래의 10력 등도 얻을 수 없는데, 어찌 하물며 그것의 항상함과 무상함이 있겠습니까? 그대가 만약 이와 같이 능히 안인을 수습한다면 이것이 안인바라밀다를 수습하는 것입니다.'라고 이와 같이 말을 지어야 하느니라.

다시 '그대 선남자여. 안인바라밀다에 상응하여 수습할 것이고, 여래의 10력이 즐겁거나 괴롭다고 상응하여 관찰하지 않아야 하며, 4무소외·4무애해·대자·대비·대희·대사·18불불공법이 즐겁거나 괴롭다고 상응하여 관찰하지 않아야 합니다. 왜 그러한가? 여래의 10력은 여래의 10력의 자성이 공하고 4무소외·4무애해·대자·대비·대희·대사·18불불공법은 4무소외, 나아가 18불불공법의 자성이 공하더라도, 이 여래의 10력의 자성은 곧 자성이 아니고 이 4무소외, 나아가 18불불공법의 자성도 역시 자성이 아닙니다.

만약 자성이 아닌 것이 곧 안인바라밀다라면, 이 안인바라밀다에서는 여래의 10력을 얻을 수 없고 그것의 즐거움과 괴로움도 역시 얻을 수 없으며, 4무소외, 나아가 18불불공법을 모두 얻을 수 없고 그것의 즐거움과 괴로움도 역시 얻을 수 없습니다. 그 까닭은 무엇인가? 이 가운데에서 오히려 여래의 10력 등도 얻을 수 없는데, 어찌 하물며 그것의 즐거움과 괴로움이 있겠습니까? 그대가 만약 이와 같이 능히 안인을 수습한다면 이것이 안인바라밀다를 수습하는 것입니다.'라고 이와 같이 말을 지어야 하느니라.

다시 '그대 선남자여. 안인바라밀다에 상응하여 수습할 것이고, 여래의 10력이 나이거나 무아라고 상응하여 관찰하지 않아야 하며, 4무소외·4무애해·대자·대비·대희·대사·18불불공법이 나이거나 무아라고 상응하여 관찰하지 않아야 합니다. 왜 그러한가? 여래의 10력은 여래의 10력의 자성이 공하고 4무소외·4무애해·대자·대비·대희·대사·18불불공법은 4무소외, 나아가 18불불공법의 자성이 공하더라도, 이 여래의 10력의 자성은 곧 자성이 아니고 이 4무소외, 나아가 18불불공법의 자성도 역시 자성이 아닙니다.

만약 자성이 아닌 것이 곧 안인바라밀다라면, 이 안인바라밀다에서는 여래의 10력을 얻을 수 없고 그것의 나와 무아도 역시 얻을 수 없으며, 4무소외, 나아가 18불불공법을 모두 얻을 수 없고 그것의 나와 무아도 역시 얻을 수 없습니다. 그 까닭은 무엇인가? 이 가운데에서 오히려 여래의 10력 등도 얻을 수 없는데, 어찌 하물며 그것의 나와 무아가 있겠습니까? 그대가 만약 이와 같이 능히 안인을 수습한다면 이것이 안인바라밀다를 수습하는 것입니다.'라고 이와 같이 말을 지어야 하느니라.

다시 '그대 선남자여. 안인바라밀다에 상응하여 수습할 것이고, 여래의 10력이 청정하거나 부정하다고 상응하여 관찰하지 않아야 하며, 4무소외·4무애해·대자·대비·대희·대사·18불불공법이 청정하거나 부정하다고 상응하여 관찰하지 않아야 합니다. 왜 그러한가? 여래의 10력은 여래의 10력의 자성이 공하고 4무소외·4무애해·대자·대비·대희·대사·18불불공법은 4무소외, 나아가 18불불공법의 자성이 공하더라도, 이 여래의 10력의 자성은 곧 자성이 아니고 이 4무소외, 나아가 18불불공법의 자성도 역시 자성이 아닙니다.

만약 자성이 아닌 것이 곧 안인바라밀다라면, 이 안인바라밀다에서는 여래의 10력을 얻을 수 없고 그것의 청정과 부정도 역시 얻을 수 없으며, 4무소외, 나아가 18불불공법을 모두 얻을 수 없고 그것의 청정과 부정도 역시 얻을 수 없습니다. 그 까닭은 무엇인가? 이 가운데에서 오히려 여래의 10력 등도 얻을 수 없는데, 어찌 하물며 그것의 청정과 부정이 있겠습니까? 그대가 만약 이와 같이 능히 안인을 수습한다면 이것이 안인바라밀다를 수습하는 것입니다.'라고 이와 같이 말을 지어야 하느니라. 교시가여. 이 선남자와 선여인 등이 이것 등을 설하였다면 이것이 널리 진정하게 안인바라밀다를 설하는 것이니라.

다시 다음으로 교시가여. 만약 선남자와 선여인 등이 무상보리심을 일으킨 자를 위하여 안인바라밀다를 널리 설한다면, '그대 선남자여. 안인바라밀다에 상응하여 수습할 것이고, 무망실법이 항상하거나 무상하다고 상응하여 관찰하지 않아야 하며, 항주사성이 항상하거나 무상하다고 상응하여 관찰하지 않아야 합니다. 왜 그러한가? 무망실법은 무망실법의 자성이 공하고 항주사성은 항주사성의 자성이 공하더라도, 이 무망실법의 자성은 곧 자성이 아니고 이 항주사성의 자성도 역시 자성이 아닙니다.

만약 자성이 아닌 것이 곧 안인바라밀다라면, 이 안인바라밀다에서는 무망실법을 얻을 수 없고 그것의 항상함과 무상함도 역시 얻을 수 없으며, 항주사성을 모두 얻을 수 없고 그것의 항상함과 무상함도 역시 얻을 수 없습니다. 그 까닭은 무엇인가? 이 가운데에서 오히려 무망실법 등도 얻을 수 없는데, 어찌 하물며 그것의 항상함과 무상함이 있겠습니까? 그대가 만약 이와 같이 능히 안인을 수습한다면 이것이 안인바라밀다를 수습하는 것입니다.'라고 이와 같이 말을 지어야 하느니라.

다시 '그대 선남자여. 안인바라밀다에 상응하여 수습할 것이고, 무망실법이 즐겁거나 괴롭다고 상응하여 관찰하지 않아야 하며, 항주사성이 즐겁거나 괴롭다고 상응하여 관찰하지 않아야 합니다. 왜 그러한가? 무망실법은 무망실법의 자성이 공하고 항주사성은 항주사성의 자성이 공하더라도, 이 무망실법의 자성은 곧 자성이 아니고 이 항주사성의 자성도 역시 자성이 아닙니다.

만약 자성이 아닌 것이 곧 안인바라밀다라면, 이 안인바라밀다에서는 무망실법을 얻을 수 없고 그것의 즐거움과 괴로움도 역시 얻을 수 없으며, 항주사성을 모두 얻을 수 없고 그것의 즐거움과 괴로움도 역시 얻을 수 없습니다. 그 까닭은 무엇인가? 이 가운데에서 오히려 무망실법 등도 얻을 수 없는데, 어찌 하물며 그것의 즐거움과 괴로움이 있겠습니까? 그대가 만약 이와 같이 능히 안인을 수습한다면 이것이 안인바라밀다를 수습하는 것입니다.'라고 이와 같이 말을 지어야 하느니라.

다시 '그대 선남자여. 안인바라밀다에 상응하여 수습할 것이고, 무망실법이 나이거나 무아라고 상응하여 관찰하지 않아야 하며, 항주사성이 나이거나 무아라고 상응하여 관찰하지 않아야 합니다. 왜 그러한가? 무망실법은 무망실법의 자성이 공하고 항주사성은 항주사성의 자성이 공하더라도, 이 무망실법의 자성은 곧 자성이 아니고 이 항주사성의 자성도 역시 자성이 아닙니다.

만약 자성이 아닌 것이 곧 안인바라밀다라면, 이 안인바라밀다에서는 무망실법을 얻을 수 없고 그것의 나와 무아도 역시 얻을 수 없으며, 항주사성을 모두 얻을 수 없고 그것의 나와 무아도 역시 얻을 수 없습니다. 그 까닭은 무엇인가? 이 가운데에서 오히려 무망실법 등도 얻을 수 없는데, 어찌 하물며 그것의 나와 무아가 있겠습니까? 그대가 만약 이와 같이 능히 안인을 수습한다면 이것이 안인바라밀다를 수습하는 것입니다.'라고 이와 같이 말을 지어야 하느니라.

다시 '그대 선남자여. 안인바라밀다에 상응하여 수습할 것이고, 무망실법이 청정하거나 부정하다고 상응하여 관찰하지 않아야 하며, 항주사성이 청정하거나 부정하다고 상응하여 관찰하지 않아야 합니다. 왜 그러한가? 무망실법은 무망실법의 자성이 공하고 항주사성은 항주사성의 자성이 공하더라도, 이 무망실법의 자성은 곧 자성이 아니고 이 항주사성의 자성도 역시 자성이 아닙니다.

만약 자성이 아닌 것이 곧 안인바라밀다라면, 이 안인바라밀다에서는 무망실법을 얻을 수 없고 그것의 청정과 부정도 역시 얻을 수 없으며, 항주사성을 모두 얻을 수 없고 그것의 청정과 부정도 역시 얻을 수 없습니다. 그 까닭은 무엇인가? 이 가운데에서 오히려 무망실법 등도 얻을 수 없는데, 어찌 하물며 그것의 청정과 부정이 있겠습니까? 그대가 만약 이와 같이 능히 안인을 수습한다면 이것이 안인바라밀다를 수습하는 것입니다.'라고 이와 같이 말을 지어야 하느니라. 교시가여. 이 선남자와 선여인 등이 이것 등을 설하였다면 이것이 널리 진정하게 안인바라밀다를 설하는 것이니라.

다시 다음으로 교시가여. 만약 선남자와 선여인 등이 무상보리심을 일으킨 자를 위하여 안인바라밀다를 널리 설한다면, '그대 선남자여. 안인바라밀다에 상응하여 수습할 것이고, 일체지가 항상하거나 무상하다고 상응하여 관찰하지 않아야 하며, 도상지·일체상지가 항상하거나 무상하다고 상응하여 관찰하지 않아야 합니다. 왜 그러한가? 일체지는 일체지의 자성이 공하고 도상지·일체상지는 도상지·일체상지의 자성이 공하더라도, 이 일체지의 자성은 곧 자성이 아니고 이 도상지·일체상지의 자성도 역시 자성이 아닙니다.

만약 자성이 아닌 것이 곧 안인바라밀다라면, 이 안인바라밀다에서는 일체지를 얻을 수 없고 그것의 항상함과 무상함도 역시 얻을 수 없으며, 도상지·일체상지를 모두 얻을 수 없고 그것의 항상함과 무상함도 역시 얻을 수 없습니다. 그 까닭은 무엇인가? 이 가운데에서 오히려 일체지 등도 얻을 수 없는데, 어찌 하물며 그것의 항상함과 무상함이 있겠습니까? 그대가 만약 이와 같이 능히 안인을 수습한다면 이것이 안인바라밀다를 수습하는 것입니다.'라고 이와 같이 말을 지어야 하느니라.

다시 '그대 선남자여. 안인바라밀다에 상응하여 수습할 것이고, 일체지가 즐겁거나 괴롭다고 상응하여 관찰하지 않아야 하며, 도상지·일체상지가 즐겁거나 괴롭다고 상응하여 관찰하지 않아야 합니다. 왜 그러한가? 일체지는 일체지의 자성이 공하고 도상지·일체상지는 도상지·일체상지의 자성이 공하더라도, 이 일체지의 자성은 곧 자성이 아니고 이 도상지·일체상지의 자성도 역시 자성이 아닙니다.

만약 자성이 아닌 것이 곧 안인바라밀다라면, 이 안인바라밀다에서는 일체지를 얻을 수 없고 그것의 즐거움과 괴로움도 역시 얻을 수 없으며, 도상지·일체상지를 모두 얻을 수 없고 그것의 즐거움과 괴로움도 역시 얻을 수 없습니다. 그 까닭은 무엇인가? 이 가운데에서 오히려 일체지 등도 얻을 수 없는데, 어찌 하물며 그것의 즐거움과 괴로움이 있겠습니까? 그대가 만약 이와 같이 능히 안인을 수습한다면 이것이 안인바라밀다를 수습하는 것입니다.'라고 이와 같이 말을 지어야 하느니라.

다시 '그대 선남자여. 안인바라밀다에 상응하여 수습할 것이고, 일체지가 나이거나 무아라고 상응하여 관찰하지 않아야 하며, 도상지·일체상지가 나이거나 무아라고 상응하여 관찰하지 않아야 합니다. 왜 그러한가? 일체지는 일체지의 자성이 공하고 도상지·일체상지는 도상지·일체상지의 자성이 공하더라도, 이 일체지의 자성은 곧 자성이 아니고 이 도상지·일체상지의 자성도 역시 자성이 아닙니다.

만약 자성이 아닌 것이 곧 안인바라밀다라면, 이 안인바라밀다에서는 일체지를 얻을 수 없고 그것의 나와 무아도 역시 얻을 수 없으며, 도상지·일체상지를 모두 얻을 수 없고 그것의 나와 무아도 역시 얻을 수 없습니다. 그 까닭은 무엇인가? 이 가운데에서 오히려 일체지 등도 얻을 수 없는데, 어찌 하물며 그것의 나와 무아가 있겠습니까? 그대가 만약 이와 같이 능히 안인을 수습한다면 이것이 안인바라밀다를 수습하는 것입니다.'라고 이와 같이 말을 지어야 하느니라.

다시 '그대 선남자여. 안인바라밀다에 상응하여 수습할 것이고, 일체지가 청정하거나 부정하다고 상응하여 관찰하지 않아야 하며, 도상지·일체상지가 청정하거나 부정하다고 상응하여 관찰하지 않아야 합니다. 왜 그러한가? 일체지는 일체지의 자성이 공하고 도상지·일체상지는 도상지·일체상지의 자성이 공하더라도, 이 일체지의 자성은 곧 자성이 아니고 이 도상지·일체상지의 자성도 역시 자성이 아닙니다.

만약 자성이 아닌 것이 곧 안인바라밀다라면, 이 안인바라밀다에서는 일체지를 얻을 수 없고 그것의 청정과 부정도 역시 얻을 수 없으며, 도상지·일체상지를 모두 얻을 수 없고 그것의 청정과 부정도 역시 얻을 수 없습니다. 그 까닭은 무엇인가? 이 가운데에서 오히려 일체지 등도 얻을 수 없는데, 어찌 하물며 그것의 청정과 부정이 있겠습니까? 그대가 만약 이와 같이 능히 안인을 수습한다면 이것이 안인바라밀다를 수습하는 것입니다.'라고 이와 같이 말을 지어야 하느니라. 교시가여. 이 선남자와 선여인 등이 이것 등을 설하였다면 이것이 널리 진정하게 안인바라밀다를 설하는 것이니라.

다시 다음으로 교시가여. 만약 선남자와 선여인 등이 무상보리심을 일으킨 자를 위하여 안인바라밀다를 널리 설한다면, '그대 선남자여. 안인바라밀다에 상응하여 수습할 것이고, 일체의 다라니문이 항상하거나 무상하다고 상응하여 관찰하지 않아야 하며, 일체의 삼마지문이 항상하거나 무상하다고 상응하여 관찰하지 않아야 합니다. 왜 그러한가? 일체의 다라니문은 일체의 다라니문의 자성이 공하고 일체의 삼마지문은 일체의 삼마지문의 자성이 공하더라도, 이 일체의 다라니문의 자성은 곧 자성이 아니고 이 일체의 삼마지문의 자성도 역시 자성이 아닙니다.

만약 자성이 아닌 것이 곧 안인바라밀다라면, 이 안인바라밀다에서는 일체의 다라니문을 얻을 수 없고 그것의 항상함과 무상함도 역시 얻을 수 없으며, 일체의 삼마지문을 모두 얻을 수 없고 그것의 항상함과 무상함도 역시 얻을 수 없습니다. 그 까닭은 무엇인가? 이 가운데에서 오히려 일체의 다라니문 등도 얻을 수 없는데, 어찌 하물며 그것의 항상함과 무상함이 있겠습니까? 그대가 만약 이와 같이 능히 안인을 수습한다면 이것이 안인바라밀다를 수습하는 것입니다.'라고 이와 같이 말을 지어야 하느니라.

다시 '그대 선남자여. 안인바라밀다에 상응하여 수습할 것이고, 일체의 다라니문이 즐겁거나 괴롭다고 상응하여 관찰하지 않아야 하며, 일체의 삼마지문이 즐겁거나 괴롭다고 상응하여 관찰하지 않아야 합니다. 왜 그러한가? 일체의 다라니문은 일체의 다라니문의 자성이 공하고 일체의 삼마지문은 일체의 삼마지문의 자성이 공하더라도, 이 일체의 다라니문의 자성은 곧 자성이 아니고 이 일체의 삼마지문의 자성도 역시 자성이 아닙니다.

만약 자성이 아닌 것이 곧 안인바라밀다라면, 이 안인바라밀다에서는 일체의 다라니문을 얻을 수 없고 그것의 즐거움과 괴로움도 역시 얻을 수 없으며, 일체의 삼마지문을 모두 얻을 수 없고 그것의 즐거움과 괴로움도 역시 얻을 수 없습니다. 그 까닭은 무엇인가? 이 가운데에서 오히려 일체의 다라니문 등도 얻을 수 없는데, 어찌 하물며 그것의 즐거움과 괴로움이 있겠습니까? 그대가 만약 이와 같이 능히 안인을 수습한다면 이것이 안인바라밀다를 수습하는 것입니다.'라고 이와 같이 말을 지어야 하느니라.

다시 '그대 선남자여. 안인바라밀다에 상응하여 수습할 것이고, 일체의 다라니문이 나이거나 무아라고 상응하여 관찰하지 않아야 하며, 일체의 삼마지문이 나이거나 무아라고 상응하여 관찰하지 않아야 합니다. 왜 그러한가? 일체의 다라니문은 일체의 다라니문의 자성이 공하고 일체의 삼마지문은 일체의 삼마지문의 자성이 공하더라도, 이 일체의 다라니문의 자성은 곧 자성이 아니고 이 일체의 삼마지문의 자성도 역시 자성이 아닙니다.

만약 자성이 아닌 것이 곧 안인바라밀다라면, 이 안인바라밀다에서는 일체의 다라니문을 얻을 수 없고 그것의 나와 무아도 역시 얻을 수 없으며, 일체의 삼마지문을 모두 얻을 수 없고 그것의 나와 무아도 역시 얻을 수 없습니다. 그 까닭은 무엇인가? 이 가운데에서 오히려 일체의 다라니문 등도 얻을 수 없는데, 어찌 하물며 그것의 나와 무아가 있겠습니까?

그대가 만약 이와 같이 능히 안인을 수습한다면 이것이 안인바라밀다를 수습하는 것입니다.'라고 이와 같이 말을 지어야 하느니라.

다시 '그대 선남자여. 안인바라밀다에 상응하여 수습할 것이고, 일체의 다라니문이 청정하거나 부정하다고 상응하여 관찰하지 않아야 하며, 일체의 삼마지문이 청정하거나 부정하다고 상응하여 관찰하지 않아야 합니다. 왜 그러한가? 일체의 다라니문은 일체의 다라니문의 자성이 공하고 일체의 삼마지문은 일체의 삼마지문의 자성이 공하더라도, 이 일체의 다라니문의 자성은 곧 자성이 아니고 이 일체의 삼마지문의 자성도 역시 자성이 아닙니다.

만약 자성이 아닌 것이 곧 안인바라밀다라면, 이 안인바라밀다에서는 일체의 다라니문을 얻을 수 없고 그것의 청정과 부정도 역시 얻을 수 없으며, 일체의 삼마지문을 모두 얻을 수 없고 그것의 청정과 부정도 역시 얻을 수 없습니다. 그 까닭은 무엇인가? 이 가운데에서 오히려 일체의 다라니문 등도 얻을 수 없는데, 어찌 하물며 그것의 청정과 부정이 있겠습니까? 그대가 만약 이와 같이 능히 안인을 수습한다면 이것이 안인바라밀다를 수습하는 것입니다.'라고 이와 같이 말을 지어야 하느니라. 교시가여. 이 선남자와 선여인 등이 이것 등을 설하였다면 이것이 널리 진정하게 안인바라밀다를 설하는 것이니라.

다시 다음으로 교시가여. 만약 선남자와 선여인 등이 무상보리심을 일으킨 자를 위하여 안인바라밀다를 널리 설한다면, '그대 선남자여. 안인바라밀다에 상응하여 수습할 것이고, 예류향·예류과가 항상하거나 무상하다고 상응하여 관찰하지 않아야 하며, 일래향·일래과·불환향·불환과·아라한향·아라한과가 항상하거나 무상하다고 상응하여 관찰하지 않아야 합니다. 왜 그러한가? 예류향·예류과는 예류향·예류과의 자성이 공하고 일래향·일래과·불환향·불환과·아라한향·아라한과는 일래향, 나아가 아라한과의 자성이 공하더라도, 이 예류향·예류과의 자성은 곧 자성이 아니고 이 일래향, 나아가 아라한과의 자성도 역시 자성이 아닙니다.

만약 자성이 아닌 것이 곧 안인바라밀다라면, 이 안인바라밀다에서는

예류향·예류과를 얻을 수 없고 그것의 항상함과 무상함도 역시 얻을 수 없으며, 일래향, 나아가 아라한과를 모두 얻을 수 없고 그것의 항상함과 무상함도 역시 얻을 수 없습니다. 그 까닭은 무엇인가? 이 가운데에서 오히려 예류향·예류과 등도 얻을 수 없는데, 어찌 하물며 그것의 항상함과 무상함이 있겠습니까? 그대가 만약 이와 같이 능히 안인을 수습한다면 이것이 안인바라밀다를 수습하는 것입니다.'라고 이와 같이 말을 지어야 하느니라.

다시 '그대 선남자여. 안인바라밀다에 상응하여 수습할 것이고, 예류향·예류과가 즐겁거나 괴롭다고 상응하여 관찰하지 않아야 하며, 이 일래향·일래과·불환향·불환과·아라한향·아라한과는 즐겁거나 괴롭다고 상응하여 관찰하지 않아야 합니다. 왜 그러한가? 예류향·예류과는 예류향·예류과의 자성이 공하고 일래향·일래과·불환향·불환과·아라한향·아라한과는 일래향, 나아가 아라한과의 자성이 공하더라도, 이 예류향·예류과의 자성은 곧 자성이 아니고 이 일래향, 나아가 아라한과의 자성도 역시 자성이 아닙니다.

만약 자성이 아닌 것이 곧 안인바라밀다라면, 이 안인바라밀다에서는 예류향·예류과를 얻을 수 없고 그것의 즐거움과 괴로움도 역시 얻을 수 없으며, 6신통을 모두 얻을 수 없고 그것의 즐거움과 괴로움도 역시 얻을 수 없습니다. 그 까닭은 무엇인가? 이 가운데에서 오히려 예류향·예류과 등도 얻을 수 없는데, 어찌 하물며 그것의 즐거움과 괴로움이 있겠습니까? 그대가 만약 이와 같이 능히 안인을 수습한다면 이것이 안인바라밀다를 수습하는 것입니다.'라고 이와 같이 말을 지어야 하느니라.

다시 '그대 선남자여. 안인바라밀다에 상응하여 수습할 것이고, 예류향·예류과가 나이거나 무아라고 상응하여 관찰하지 않아야 하며, 일래향·일래과·불환향·불환과·아라한향·아라한과가 나이거나 무아라고 상응하여 관찰하지 않아야 합니다. 왜 그러한가? 예류향·예류과는 예류향·예류과의 자성이 공하고 일래향·일래과·불환향·불환과·아라한향·아라한과는 일래향, 나아가 아라한과의 자성이 공하더라도, 이 예류향·예류과의 자성은 곧 자성이 아니고 이 일래향, 나아가 아라한과의 자성도 역시 자성이 아닙니다.

만약 자성이 아닌 것이 곧 안인바라밀다라면, 이 안인바라밀다에서는 예류향·예류과를 얻을 수 없고 그것의 나와 무아도 역시 얻을 수 없으며, 일래향, 나아가 아라한과를 모두 얻을 수 없고 그것의 나와 무아도 역시 얻을 수 없습니다. 그 까닭은 무엇인가? 이 가운데에서 오히려 예류향·예류과 등도 얻을 수 없는데, 어찌 하물며 그것의 나와 무아가 있겠습니까? 그대가 만약 이와 같이 능히 안인을 수습한다면 이것이 안인바라밀다를 수습하는 것입니다.'라고 이와 같이 말을 지어야 하느니라.

다시 '그대 선남자여. 안인바라밀다에 상응하여 수습할 것이고, 예류향·예류과가 청정하거나 부정하다고 상응하여 관찰하지 않아야 하며, 일래향·일래과·불환향·불환과·아라한향·아라한과가 청정하거나 부정하다고 상응하여 관찰하지 않아야 합니다. 왜 그러한가? 예류향·예류과는 예류향·예류과의 자성이 공하고 일래향·일래과·불환향·불환과·아라한향·아라한과는 일래향, 나아가 아라한과의 자성이 공하더라도, 이 예류향·예류과의 자성은 곧 자성이 아니고 이 일래향, 나아가 아라한과의 자성도 역시 자성이 아닙니다.

만약 자성이 아닌 것이 곧 안인바라밀다라면, 이 안인바라밀다에서는 예류향·예류과를 얻을 수 없고 그것의 청정과 부정도 역시 얻을 수 없으며, 일래향, 나아가 아라한과를 모두 얻을 수 없고 그것의 청정과 부정도 역시 얻을 수 없습니다. 그 까닭은 무엇인가? 이 가운데에서 오히려 예류향·예류과 등도 얻을 수 없는데, 어찌 하물며 그것의 청정과 부정이 있겠습니까? 그대가 만약 이와 같이 능히 안인을 수습한다면 이것이 안인바라밀다를 수습하는 것입니다.'라고 이와 같이 말을 지어야 하느니라. 교시가여. 이 선남자와 선여인 등이 이것 등을 설하였다면 이것이 널리 진정하게 안인바라밀다를 설하는 것이니라.

다시 다음으로 교시가여. 만약 선남자와 선여인 등이 무상보리심을 일으킨 자를 위하여 안인바라밀다를 널리 설한다면, '그대 선남자여.

안인바라밀다에 상응하여 수습할 것이고, 독각의 보리가 항상하거나 무상하다고 상응하여 관찰하지 않아야 합니다. 왜 그러한가? 독각의 보리는 독각의 보리의 자성이 공하더라도, 이 독각의 보리의 자성은 곧 자성이 아닙니다.

만약 자성이 아닌 것이 곧 안인바라밀다라면, 이 안인바라밀다에서는 독각의 보리를 얻을 수 없고 그것의 항상함과 무상함도 역시 얻을 수 없습니다. 그 까닭은 무엇인가? 이 가운데에서 오히려 독각의 보리 등도 얻을 수 없는데, 어찌 하물며 그것의 항상함과 무상함이 있겠습니까? 그대가 만약 이와 같이 능히 안인을 수습한다면 이것이 안인바라밀다를 수습하는 것입니다.'라고 이와 같이 말을 지어야 하느니라.

다시 '그대 선남자여. 안인바라밀다에 상응하여 수습할 것이고, 독각의 보리가 즐겁거나 괴롭다고 상응하여 관찰하지 않아야 합니다. 왜 그러한가? 독각의 보리는 독각의 보리의 자성이 공하더라도, 이 독각의 보리의 자성은 곧 자성이 아닙니다. 만약 자성이 아닌 것이 곧 안인바라밀다라면, 이 안인바라밀다에서는 독각의 보리를 얻을 수 없고 그것의 즐거움과 괴로움도 역시 얻을 수 없습니다. 그 까닭은 무엇인가? 이 가운데에서 오히려 독각의 보리 등도 얻을 수 없는데, 어찌 하물며 그것의 즐거움과 괴로움이 있겠습니까? 그대가 만약 이와 같이 능히 안인을 수습한다면 이것이 안인바라밀다를 수습하는 것입니다.'라고 이와 같이 말을 지어야 하느니라.

다시 '그대 선남자여. 안인바라밀다에 상응하여 수습할 것이고, 독각의 보리가 나이거나 무아라고 상응하여 관찰하지 않아야 합니다. 왜 그러한가? 독각의 보리는 독각의 보리의 자성이 공하더라도, 이 독각의 보리의 자성은 곧 자성이 아닙니다. 만약 자성이 아닌 것이 곧 안인바라밀다라면, 이 안인바라밀다에서는 독각의 보리를 얻을 수 없고 그것의 나와 무아도 역시 얻을 수 없습니다. 그 까닭은 무엇인가? 이 가운데에서 오히려 독각의 보리 등도 얻을 수 없는데, 어찌 하물며 그것의 나와 무아가 있겠습니까? 그대가 만약 이와 같이 능히 안인을 수습한다면 이것이 안인바라밀다를

수습하는 것입니다.'라고 이와 같이 말을 지어야 하느니라.

다시 '그대 선남자여. 안인바라밀다에 상응하여 수습할 것이고, 독각의 보리가 청정하거나 부정하다고 상응하여 관찰하지 않아야 합니다. 왜 그러한가? 독각의 보리는 독각의 보리의 자성이 공하더라도, 이 독각의 보리의 자성은 곧 자성이 아닙니다. 만약 자성이 아닌 것이 곧 안인바라밀다라면, 이 안인바라밀다에서는 독각의 보리를 얻을 수 없고 그것의 청정과 부정도 역시 얻을 수 없습니다. 그 까닭은 무엇인가? 이 가운데에서 오히려 독각의 보리 등도 얻을 수 없는데, 어찌 하물며 그것의 청정과 부정이 있겠습니까? 그대가 만약 이와 같이 능히 안인을 수습한다면 이것이 안인바라밀다를 수습하는 것입니다.'라고 이와 같이 말을 지어야 하느니라. 교시가여. 이 선남자와 선여인 등이 이것 등을 설하였다면 이것이 널리 진정하게 안인바라밀다를 설하는 것이니라.

다시 다음으로 교시가여. 만약 선남자와 선여인 등이 무상보리심을 일으킨 자를 위하여 안인바라밀다를 널리 설한다면, '그대 선남자여. 안인바라밀다에 상응하여 수습할 것이고, 일체의 보살마하살의 행이 항상하거나 무상하다고 상응하여 관찰하지 않아야 합니다. 왜 그러한가? 일체의 보살마하살의 행은 일체의 보살마하살의 행의 자성이 공하더라도, 이 일체의 보살마하살의 행의 자성은 곧 자성이 아닙니다.

만약 자성이 아닌 것이 곧 안인바라밀다라면, 이 안인바라밀다에서는 일체의 보살마하살의 행을 얻을 수 없고 그것의 항상함과 무상함도 역시 얻을 수 없습니다. 그 까닭은 무엇인가? 이 가운데에서 오히려 일체의 보살마하살의 행 등도 얻을 수 없는데, 어찌 하물며 그것의 항상함과 무상함이 있겠습니까? 그대가 만약 이와 같이 능히 안인을 수습한다면 이것이 안인바라밀다를 수습하는 것입니다.'라고 이와 같이 말을 지어야 하느니라.

다시 '그대 선남자여. 안인바라밀다에 상응하여 수습할 것이고, 일체의 보살마하살의 행이 즐겁거나 괴롭다고 상응하여 관찰하지 않아야 합니다. 왜 그러한가? 일체의 보살마하살의 행은 일체의 보살마하살의 행의 자성이 공하더라도, 이 일체의 보살마하살의 행의 자성은 곧 자성이 아닙니다. 만약 자성이 아닌 것이 곧 안인바라밀다라면, 이 안인바라밀다에서는 일체의 보살마하살의 행을 얻을 수 없고 그것의 즐거움과 괴로움도 역시 얻을 수 없습니다. 그 까닭은 무엇인가? 이 가운데에서 오히려 일체의 보살마하살의 행 등도 얻을 수 없는데, 어찌 하물며 그것의 즐거움과 괴로움이 있겠습니까? 그대가 만약 이와 같이 능히 안인을 수습한다면 이것이 안인바라밀다를 수습하는 것입니다.'라고 이와 같이 말을 지어야 하느니라.

다시 '그대 선남자여. 안인바라밀다에 상응하여 수습할 것이고, 일체의 보살마하살의 행이 나이거나 무아라고 상응하여 관찰하지 않아야 합니다. 왜 그러한가? 일체의 보살마하살의 행은 일체의 보살마하살의 행의 자성이 공하더라도, 이 일체의 보살마하살의 행의 자성은 곧 자성이 아닙니다. 만약 자성이 아닌 것이 곧 안인바라밀다라면, 이 안인바라밀다에서는 일체의 보살마하살의 행을 얻을 수 없고 그것의 나와 무아도 역시 얻을 수 없습니다. 그 까닭은 무엇인가? 이 가운데에서 오히려 일체의 보살마하살의 행 등도 얻을 수 없는데, 어찌 하물며 그것의 나와 무아가 있겠습니까? 그대가 만약 이와 같이 능히 안인을 수습한다면 이것이 안인바라밀다를 수습하는 것입니다.'라고 이와 같이 말을 지어야 하느니라.

다시 '그대 선남자여. 안인바라밀다에 상응하여 수습할 것이고, 일체의 보살마하살의 행이 청정하거나 부정하다고 상응하여 관찰하지 않아야 합니다. 왜 그러한가? 일체의 보살마하살의 행은 일체의 보살마하살의 행의 자성이 공하더라도, 이 일체의 보살마하살의 행의 자성은 곧 자성이 아닙니다. 만약 자성이 아닌 것이 곧 안인바라밀다라면, 이 안인바라밀다에서는 일체의 보살마하살의 행을 얻을 수 없고 그것의 청정과 부정도 역시 얻을 수 없습니다. 그 까닭은 무엇인가? 이 가운데에서 오히려 일체의 보살마하살의 행 등도 얻을 수 없는데, 어찌 하물며 그것의 청정과 부정이 있겠습니까? 그대가 만약 이와 같이 능히 안인을 수습한다면 이것이 안인바라밀다를 수습하는 것입니다.'라고 이와 같이 말을 지어야 하느니라. 교시가여. 이 선남자와 선여인 등이 이것 등을 설하였다면 이것이 널리 진정하게 안인바라밀다를 설하는 것이니라.

다시 다음으로 교시가여. 만약 선남자와 선여인 등이 무상보리심을 일으킨 자를 위하여 안인바라밀다를 널리 설한다면, '그대 선남자여. 안인바라밀다에 상응하여 수습할 것이고, 제불의 무상정등보리가 항상하거나 무상하다고 상응하여 관찰하지 않아야 합니다. 왜 그러한가? 무상정 제불의 무상정등보리는 제불의 무상정등보리의 자성이 공하더라도, 이 제불의 무상정등보리의 자성은 곧 자성이 아닙니다.

만약 자성이 아닌 것이 곧 안인바라밀다라면, 이 안인바라밀다에서는 제불의 무상정등보리를 얻을 수 없고 그것의 항상함과 무상함도 역시 얻을 수 없습니다. 그 까닭은 무엇인가? 이 가운데에서 오히려 제불의 무상정등보리 등도 얻을 수 없는데, 어찌 하물며 그것의 항상함과 무상함이 있겠습니까? 그대가 만약 이와 같이 능히 안인을 수습한다면 이것이 안인바라밀다를 수습하는 것입니다.'라고 이와 같이 말을 지어야 하느니라.

다시 '그대 선남자여. 안인바라밀다에 상응하여 수습할 것이고, 제불의 무상정등보리가 즐겁거나 괴롭다고 상응하여 관찰하지 않아야 합니다. 왜 그러한가? 제불의 무상정등보리는 제불의 무상정등보리의 자성이 공하더라도, 이 제불의 무상정등보리의 자성은 곧 자성이 아닙니다. 만약 자성이 아닌 것이 곧 안인바라밀다라면, 이 안인바라밀다에서는 제불의 무상정등보리를 얻을 수 없고 그것의 즐거움과 괴로움도 역시 얻을 수 없습니다. 그 까닭은 무엇인가? 이 가운데에서 오히려 제불의 무상정등보리 등도 얻을 수 없는데, 어찌 하물며 그것의 즐거움과 괴로움이 있겠습니까? 그대가 만약 이와 같이 능히 안인을 수습한다면 이것이 안인바라밀다를 수습하는 것입니다.'라고 이와 같이 말을 지어야 하느니라.

다시 '그대 선남자여. 안인바라밀다에 상응하여 수습할 것이고, 제불의 무상정등보리가 나이거나 무아라고 상응하여 관찰하지 않아야 합니다. 왜 그러한가? 제불의 무상정등보리는 무상정등보리의 자성이 공하더라도, 이 제불의 무상정등보리의 자성은 곧 자성이 아닙니다. 만약 자성이 아닌 것이 곧 안인바라밀다라면, 이 안인바라밀다에서는 제불의 무상정등보리를 얻을 수 없고 그것의 나와 무아도 역시 얻을 수 없습니다. 그 까닭은 무엇인가? 이 가운데에서 오히려 제불의 무상정등보리 등도 얻을 수 없는데, 어찌 하물며 그것의 나와 무아가 있겠습니까? 그대가 만약 이와 같이 능히 안인을 수습한다면 이것이 안인바라밀다를 수습하는 것입니다.'라고 이와 같이 말을 지어야 하느니라.

다시 '그대 선남자여. 안인바라밀다에 상응하여 수습할 것이고, 제불의 무상정등보리가 청정하거나 부정하다고 상응하여 관찰하지 않아야 합니다. 왜 그러한가? 제불의 무상정등보리는 제불의 무상정등보리의 자성이 공하더라도, 이 제불의 무상정등보리의 자성은 곧 자성이 아닙니다. 만약 자성이 아닌 것이 곧 안인바라밀다라면, 이 안인바라밀다에서는 제불의 무상정등보리를 얻을 수 없고 그것의 청정과 부정도 역시 얻을 수 없습니다. 그 까닭은 무엇인가? 이 가운데에서 오히려 제불의 무상정등보리 등도 얻을 수 없는데, 어찌 하물며 그것의 청정과 부정이 있겠습니까? 그대가 만약 이와 같이 능히 안인을 수습한다면 이것이 안인바라밀다를 수습하는 것입니다.'라고 이와 같이 말을 지어야 하느니라. 교시가여. 이 선남자와 선여인 등이 이것 등을 설하였다면 이것이 널리 진정하게 안인바라밀다를 설하는 것이니라."

마하반야바라밀다경 제159권

30. 교량공덕품(校量功德品)(57)

"그때 천제석이 다시 세존께 아뢰어 말하였다.

"세존이시여. 무엇을 선남자와 선여인 등이 얻을 수 없는 것으로 정계바라밀다를 설한다면, 진정한 정계바라밀다를 설한다고 이름합니까?"

세존께서 말씀하셨다.

"교시가여. 만약 선남자와 선여인 등이 무상보리심을 일으킨 자를 위하여 정계바라밀다를 널리 설한다면, '그대 선남자여. 정계바라밀다에 상응하여 수습할 것이고, 색이 항상하거나 무상하다고 상응하여 관찰하지 않아야 하며, 수·상·행·식이 항상하거나 무상하다고 상응하여 관찰하지 않아야 합니다. 왜 그러한가? 색은 색의 자성이 공하고 수·상·행·식은 수·상·행·식의 자성이 공하더라도, 이 색의 자성은 곧 자성이 아니고 이 수·상·행·식의 자성도 역시 자성이 아닙니다.

만약 자성이 아닌 것이 곧 정계바라밀다라면, 이 정계바라밀다에서는 색을 얻을 수 없고 그것의 항상함과 무상함도 역시 얻을 수 없으며, 수·상·행·식을 모두 얻을 수 없고 그것의 항상함과 무상함도 역시 얻을 수 없습니다. 그 까닭은 무엇인가? 이 가운데에서 오히려 색 등도 얻을 수 없는데, 어찌 하물며 그것의 항상함과 무상함이 있겠습니까? 그대가 만약 이와 같이 능히 정계를 수습한다면 이것이 정계바라밀다를 수습하는 것입니다.'라고 이와 같이 말을 지어야 하느니라.

다시 '그대 선남자여. 정계바라밀다에 상응하여 수습할 것이고, 색이 즐겁거나 괴롭다고 상응하여 관찰하지 않아야 하며, 수·상·행·식이 즐겁거나 괴롭다고 상응하여 관찰하지 않아야 합니다. 왜 그러한가? 색은 색의 자성이 공하고 수·상·행·식은 수·상·행·식의 자성이 공하더라도, 이 색의 자성은 곧 자성이 아니고 이 수·상·행·식의 자성도 역시 자성이 아닙니다.

만약 자성이 아닌 것이 곧 정계바라밀다라면, 이 정계바라밀다에서는 색을 얻을 수 없고 그것의 즐거움과 괴로움도 역시 얻을 수 없으며, 수·상·행·식을 모두 얻을 수 없고 그것의 즐거움과 괴로움도 역시 얻을 수 없습니다. 그 까닭은 무엇인가? 이 가운데에서 오히려 색 등도 얻을 수 없는데, 어찌 하물며 그것의 즐거움과 괴로움이 있겠습니까? 그대가 만약 이와 같이 능히 정계를 수습한다면 이것이 정계바라밀다를 수습하는 것입니다.'라고 이와 같이 말을 지어야 하느니라.

다시 '그대 선남자여. 정계바라밀다에 상응하여 수습할 것이고, 색이 나이거나 무아라고 상응하여 관찰하지 않아야 하며, 수·상·행·식이 나이거나 무아라고 상응하여 관찰하지 않아야 합니다. 왜 그러한가? 색은 색의 자성이 공하고 수·상·행·식은 수·상·행·식의 자성이 공하더라도, 이 색의 자성은 곧 자성이 아니고 이 수·상·행·식의 자성도 역시 자성이 아닙니다.

만약 자성이 아닌 것이 곧 정계바라밀다라면, 이 정계바라밀다에서는 색을 얻을 수 없고 그것의 나와 무아도 역시 얻을 수 없으며, 수·상·행·식을 모두 얻을 수 없고 그것의 나와 무아도 역시 얻을 수 없습니다. 그 까닭은 무엇인가? 이 가운데에서 오히려 색 등도 얻을 수 없는데, 어찌 하물며 그것의 나와 무아가 있겠습니까? 그대가 만약 이와 같이 능히 정계를 수습한다면 이것이 정계바라밀다를 수습하는 것입니다.'라고 이와 같이 말을 지어야 하느니라.

다시 '그대 선남자여. 정계바라밀다에 상응하여 수습할 것이고, 색이 청정(淨)하거나 부정(不淨)하다고 상응하여 관찰하지 않아야 하며, 수·상·행·식이 청정하거나 부정하다고 상응하여 관찰하지 않아야 합니다. 왜 그러한가? 색은 색의 자성이 공하고 수·상·행·식은 수·상·행·식의 자성이 공하더라도, 이 색의 자성은 곧 자성이 아니고 이 수·상·행·식의 자성도 역시 자성이 아닙니다.

만약 자성이 아닌 것이 곧 정계바라밀다라면, 이 정계바라밀다에서는 색을 얻을 수 없고 그것의 청정과 부정도 역시 얻을 수 없으며, 수·상·행·식을 모두 얻을 수 없고 그것의 청정과 부정도 역시 얻을 수 없습니다. 그 까닭은 무엇인가? 이 가운데에서 오히려 색 등도 얻을 수 없는데, 어찌 하물며 그것의 청정과 부정이 있겠습니까? 그대가 만약 이와 같이 능히 정계를 수습한다면 이것이 정계바라밀다를 수습하는 것입니다.'라고 이와 같이 말을 지어야 하느니라. 교시가여. 이 선남자와 선여인 등이 이것 등을 설하였다면 이것이 널리 진정하게 정계바라밀다를 설하는 것이니라.

다시 다음으로 교시가여. 만약 선남자와 선여인 등이 무상보리심을 일으킨 자를 위하여 정계바라밀다를 널리 설한다면, '그대 선남자여. 정계바라밀다에 상응하여 수습할 것이고, 안처가 항상하거나 무상하다고 상응하여 관찰하지 않아야 하며, 이·비·설·신·의처가 항상하거나 무상하다고 상응하여 관찰하지 않아야 합니다. 왜 그러한가? 안처는 안처의 자성이 공하고 이·비·설·신·의처는 이·비·설·신·의처의 자성이 공하더라도, 이 안처의 자성은 곧 자성이 아니고 이 이·비·설·신·의처의 자성도 역시 자성이 아닙니다.

만약 자성이 아닌 것이 곧 정계바라밀다라면, 이 정계바라밀다에서는 안처를 얻을 수 없고 그것의 항상함과 무상함도 역시 얻을 수 없으며, 이·비·설·신·의처를 모두 얻을 수 없고 그것의 항상함과 무상함도 역시 얻을 수 없습니다. 그 까닭은 무엇인가? 이 가운데에서 오히려 안처 등도 얻을 수 없는데, 어찌 하물며 그것의 항상함과 무상함이 있겠습니까? 그대가 만약 이와 같이 능히 정계를 수습한다면 이것이 정계바라밀다를 수습하는 것입니다.'라고 이와 같이 말을 지어야 하느니라.

다시 '그대 선남자여. 정계바라밀다에 상응하여 수습할 것이고, 안처가 즐겁거나 괴롭다고 상응하여 관찰하지 않아야 하며, 이·비·설·신·의처가 즐겁거나 괴롭다고 상응하여 관찰하지 않아야 합니다. 왜 그러한가? 안처는 안처의 자성이 공하고 이·비·설·신·의처는 이·비·설·신·의처의 자성이 공하더라도, 이 안처의 자성은 곧 자성이 아니고 이 이·비·설·신·의처의 자성도 역시 자성이 아닙니다.

만약 자성이 아닌 것이 곧 정계바라밀다라면, 이 정계바라밀다에서는 안처를 얻을 수 없고 그것의 즐거움과 괴로움도 역시 얻을 수 없으며, 이·비·설·신·의처를 모두 얻을 수 없고 그것의 즐거움과 괴로움도 역시 얻을 수 없습니다. 그 까닭은 무엇인가? 이 가운데에서 오히려 안처 등도 얻을 수 없는데, 어찌 하물며 그것의 즐거움과 괴로움이 있겠습니까? 그대가 만약 이와 같이 능히 정계를 수습한다면 이것이 정계바라밀다를 수습하는 것입니다.'라고 이와 같이 말을 지어야 하느니라.

다시 '그대 선남자여. 정계바라밀다에 상응하여 수습할 것이고, 안처가 나이거나 무아라고 상응하여 관찰하지 않아야 하며, 이·비·설·신·의처가 나이거나 무아라고 상응하여 관찰하지 않아야 합니다. 왜 그러한가? 안처는 안처의 자성이 공하고 이·비·설·신·의처는 이·비·설·신·의처의 자성이 공하더라도, 이 안처의 자성은 곧 자성이 아니고 이 이·비·설·신·의처의 자성도 역시 자성이 아닙니다.

만약 자성이 아닌 것이 곧 정계바라밀다라면, 이 정계바라밀다에서는 안처를 얻을 수 없고 그것의 나와 무아도 역시 얻을 수 없으며, 이·비·설·신·의처를 모두 얻을 수 없고 그것의 나와 무아도 역시 얻을 수 없습니다. 그 까닭은 무엇인가? 이 가운데에서 오히려 안처 등도 얻을 수 없는데, 어찌 하물며 그것의 나와 무아가 있겠습니까? 그대가 만약 이와 같이 능히 정계를 수습한다면 이것이 정계바라밀다를 수습하는 것입니다.'라고 이와 같이 말을 지어야 하느니라.

다시 '그대 선남자여. 정계바라밀다에 상응하여 수습할 것이고, 안처가 청정하거나 부정하다고 상응하여 관찰하지 않아야 하며, 이·비·설·신·의처가 청정하거나 부정하다고 상응하여 관찰하지 않아야 합니다. 왜 그러한가? 안처는 안처의 자성이 공하고 이·비·설·신·의처는 이·비·설·신·의처의 자성이 공하더라도, 이 안처의 자성은 곧 자성이 아니고 이 이·비·설·신·의처의 자성도 역시 자성이 아닙니다.

만약 자성이 아닌 것이 곧 정계바라밀다라면, 이 정계바라밀다에서는 안처를 얻을 수 없고 그것의 청정과 부정도 역시 얻을 수 없으며, 이·비·설·신·의처를 모두 얻을 수 없고 그것의 청정과 부정도 역시 얻을 수 없습니다. 그 까닭은 무엇인가? 이 가운데에서 오히려 안처 등도 얻을 수 없는데, 어찌 하물며 그것의 청정과 부정이 있겠습니까? 그대가 만약 이와 같이 능히 정계를 수습한다면 이것이 정계바라밀다를 수습하는 것입니다.'라고 이와 같이 말을 지어야 하느니라. 교시가여. 이 선남자와 선여인 등이 이것 등을 설하였다면 이것이 널리 진정하게 정계바라밀다를 설하는 것이니라.

다시 다음으로 교시가여. 만약 선남자와 선여인 등이 무상보리심을 일으킨 자를 위하여 정계바라밀다를 널리 설한다면, '그대 선남자여. 정계바라밀다에 상응하여 수습할 것이고, 색처가 항상하거나 무상하다고 상응하여 관찰하지 않아야 하며, 성·향·미·촉·법처가 항상하거나 무상하다고 상응하여 관찰하지 않아야 합니다. 왜 그러한가? 색처는 색처의 자성이 공하고 성·향·미·촉·법처는 성·향·미·촉·법처의 자성이 공하더라도, 이 색처의 자성은 곧 자성이 아니고 이 성·향·미·촉·법처의 자성도 역시 자성이 아닙니다.

만약 자성이 아닌 것이 곧 정계바라밀다라면, 이 정계바라밀다에서는 색처를 얻을 수 없고 그것의 항상함과 무상함도 역시 얻을 수 없으며, 성·향·미·촉·법처를 모두 얻을 수 없고 그것의 항상함과 무상함도 역시 얻을 수 없습니다. 그 까닭은 무엇인가? 이 가운데에서 오히려 색처 등도 얻을 수 없는데, 어찌 하물며 그것의 항상함과 무상함이 있겠습니까? 그대가 만약 이와 같이 능히 정계를 수습한다면 이것이 정계바라밀다를 수습하는 것입니다.'라고 이와 같이 말을 지어야 하느니라.

다시 '그대 선남자여. 정계바라밀다에 상응하여 수습할 것이고, 색처가 즐겁거나 괴롭다고 상응하여 관찰하지 않아야 하며, 성·향·미·촉·법처가 즐겁거나 괴롭다고 상응하여 관찰하지 않아야 합니다. 왜 그러한가? 색처는 색처의 자성이 공하고 성·향·미·촉·법처는 성·향·미·촉·법처의 자성이 공하더라도, 이 색처의 자성은 곧 자성이 아니고 이 성·향·미·촉·법처의 자성도 역시 자성이 아닙니다.

만약 자성이 아닌 것이 곧 정계바라밀다라면, 이 정계바라밀다에서는 색처를 얻을 수 없고 그것의 즐거움과 괴로움도 역시 얻을 수 없으며, 성·향·미·촉·법처를 모두 얻을 수 없고 그것의 즐거움과 괴로움도 역시 얻을 수 없습니다. 그 까닭은 무엇인가? 이 가운데에서 오히려 색처 등도 얻을 수 없는데, 어찌 하물며 그것의 즐거움과 괴로움이 있겠습니까? 그대가 만약 이와 같이 능히 정계를 수습한다면 이것이 정계바라밀다를 수습하는 것입니다.'라고 이와 같이 말을 지어야 하느니라.

다시 '그대 선남자여. 정계바라밀다에 상응하여 수습할 것이고, 색처가 나이거나 무아라고 상응하여 관찰하지 않아야 하며, 성·향·미·촉·법처가 나이거나 무아라고 상응하여 관찰하지 않아야 합니다. 왜 그러한가? 색처는 색처의 자성이 공하고 성·향·미·촉·법처는 성·향·미·촉·법처의 자성이 공하더라도, 이 색처의 자성은 곧 자성이 아니고 이 성·향·미·촉·법처의 자성도 역시 자성이 아닙니다.

만약 자성이 아닌 것이 곧 정계바라밀다라면, 이 정계바라밀다에서는 색처를 얻을 수 없고 그것의 나와 무아도 역시 얻을 수 없으며, 성·향·미·촉·법처를 모두 얻을 수 없고 그것의 나와 무아도 역시 얻을 수 없습니다. 그 까닭은 무엇인가? 이 가운데에서 오히려 색처 등도 얻을 수 없는데, 어찌 하물며 그것의 나와 무아가 있겠습니까? 그대가 만약 이와 같이 능히 정계를 수습한다면 이것이 정계바라밀다를 수습하는 것입니다.'라고 이와 같이 말을 지어야 하느니라.

다시 '그대 선남자여. 정계바라밀다에 상응하여 수습할 것이고, 색처가 청정하거나 부정하다고 상응하여 관찰하지 않아야 하며, 성·향·미·촉·법처가 청정하거나 부정하다고 상응하여 관찰하지 않아야 합니다. 왜 그러한가? 색처는 색처의 자성이 공하고 성·향·미·촉·법처는 성·향·미·촉·법처의 자성이 공하더라도, 이 색처의 자성은 곧 자성이 아니고 이 성·향·미·촉·법처의 자성도 역시 자성이 아닙니다.

만약 자성이 아닌 것이 곧 정계바라밀다라면, 이 정계바라밀다에서는 색처를 얻을 수 없고 그것의 청정과 부정도 역시 얻을 수 없으며, 성·향·미·촉·법처를 모두 얻을 수 없고 그것의 청정과 부정도 역시 얻을 수 없습니다. 그 까닭은 무엇인가? 이 가운데에서 오히려 색처 등도 얻을 수 없는데, 어찌 하물며 그것의 청정과 부정이 있겠습니까? 그대가 만약 이와 같이 능히 정계를 수습한다면 이것이 정계바라밀다를 수습하는 것입니다.'라고 이와 같이 말을 지어야 하느니라.

교시가여. 이 선남자와 선여인 등이 이것 등을 설하였다면 이것이 널리 진정하게 정계바라밀다를 설하는 것이니라.

다시 다음으로 교시가여. 만약 선남자와 선여인 등이 무상보리심을 일으킨 자를 위하여 정계바라밀다를 널리 설한다면, '그대 선남자여. 정계바라밀다에 상응하여 수습할 것이고, 안계가 항상하거나 무상하다고 상응하여 관찰하지 않아야 하며, 색계·안식계, 나아가 안촉·안촉을 인연으로 생겨난 여러 수가 항상하거나 무상하다고 상응하여 관찰하지 않아야 합니다. 왜 그러한가? 안계는 안계의 자성이 공하고 색계·안식계, 나아가 안촉·안촉을 인연으로 생겨난 여러 수는 색계, 나아가 안촉을 인연으로 생겨난 여러 수의 자성이 공하더라도, 이 안계의 자성은 곧 자성이 아니고 이 색계, 나아가 안촉을 인연으로 생겨난 여러 수의 자성도 역시 자성이 아닙니다.

만약 자성이 아닌 것이 곧 정계바라밀다라면, 이 정계바라밀다에서는 안계를 얻을 수 없고 그것의 항상함과 무상함도 역시 얻을 수 없으며, 색계, 나아가 안촉을 인연으로 생겨난 여러 수를 모두 얻을 수 없고 그것의 항상함과 무상함도 역시 얻을 수 없습니다. 그 까닭은 무엇인가? 이 가운데에서 오히려 안계 등도 얻을 수 없는데, 어찌 하물며 그것의 항상함과 무상함이 있겠습니까? 그대가 만약 이와 같이 능히 정계를 수습한다면 이것이 정계바라밀다를 수습하는 것입니다.'라고 이와 같이 말을 지어야 하느니라.

다시 '그대 선남자여. 정계바라밀다에 상응하여 수습할 것이고, 안계가 즐겁거나 괴롭다고 상응하여 관찰하지 않아야 하며, 색계, 나아가 안촉을 인연으로 생겨난 여러 수가 즐겁거나 괴롭다고 상응하여 관찰하지 않아야 합니다. 왜 그러한가? 안계는 안계의 자성이 공하고 색계, 나아가 안촉을 인연으로 생겨난 여러 수는 색계, 나아가 안촉을 인연으로 생겨난 여러 수의 자성이 공하더라도, 이 안계의 자성은 곧 자성이 아니고 이 색계, 나아가 안촉을 인연으로 생겨난 여러 수의 자성도 역시 자성이 아닙니다.

만약 자성이 아닌 것이 곧 정계바라밀다라면, 이 정계바라밀다에서는 안계를 얻을 수 없고 그것의 즐거움과 괴로움도 역시 얻을 수 없으며, 색계, 나아가 안촉을 인연으로 생겨난 여러 수를 모두 얻을 수 없고 그것의 즐거움과 괴로움도 역시 얻을 수 없습니다. 그 까닭은 무엇인가? 이 가운데에서 오히려 안계 등도 얻을 수 없는데, 어찌 하물며 그것의 즐거움과 괴로움이 있겠습니까? 그대가 만약 이와 같이 능히 정계를 수습한다면 이것이 정계바라밀다를 수습하는 것입니다.'라고 이와 같이 말을 지어야 하느니라.

다시 '그대 선남자여. 정계바라밀다에 상응하여 수습할 것이고, 안계가 나이거나 무아라고 상응하여 관찰하지 않아야 하며, 색계, 나아가 안촉을 인연으로 생겨난 여러 수가 나이거나 무아라고 상응하여 관찰하지 않아야 합니다. 왜 그러한가? 안계는 안계의 자성이 공하고 색계, 나아가 안촉을 인연으로 생겨난 여러 수는 색계, 나아가 안촉을 인연으로 생겨난 여러 수의 자성이 공하더라도, 이 안계의 자성은 곧 자성이 아니고 이 색계, 나아가 안촉을 인연으로 생겨난 여러 수의 자성도 역시 자성이 아닙니다.

만약 자성이 아닌 것이 곧 정계바라밀다라면, 이 정계바라밀다에서는 안계를 얻을 수 없고 그것의 나와 무아도 역시 얻을 수 없으며, 색계, 나아가 안촉을 인연으로 생겨난 여러 수를 모두 얻을 수 없고 그것의 나와 무아도 역시 얻을 수 없습니다. 그 까닭은 무엇인가? 이 가운데에서 오히려 안계 등도 얻을 수 없는데, 어찌 하물며 그것의 나와 무아가 있겠습니까?

그대가 만약 이와 같이 능히 정계를 수습한다면 이것이 정계바라밀다를 수습하는 것입니다.'라고 이와 같이 말을 지어야 하느니라.

다시 '그대 선남자여. 정계바라밀다에 상응하여 수습할 것이고, 안계가 청정하거나 부정하다고 상응하여 관찰하지 않아야 하며, 색계, 나아가 안촉을 인연으로 생겨난 여러 수가 청정하거나 부정하다고 상응하여 관찰하지 않아야 합니다. 왜 그러한가? 안계는 안계의 자성이 공하고 색계, 나아가 안촉을 인연으로 생겨난 여러 수는 색계, 나아가 안촉을 인연으로 생겨난 여러 수의 자성이 공하더라도, 이 안계의 자성은 곧 자성이 아니고 이 색계, 나아가 안촉을 인연으로 생겨난 여러 수의 자성도 역시 자성이 아닙니다.

만약 자성이 아닌 것이 곧 정계바라밀다라면, 이 정계바라밀다에서는 안계를 얻을 수 없고 그것의 청정과 부정도 역시 얻을 수 없으며, 색계, 나아가 안촉을 인연으로 생겨난 여러 수를 모두 얻을 수 없고 그것의 청정과 부정도 역시 얻을 수 없습니다. 그 까닭은 무엇인가? 이 가운데에서 오히려 안계 등도 얻을 수 없는데, 어찌 하물며 그것의 청정과 부정이 있겠습니까? 그대가 만약 이와 같이 능히 정계를 수습한다면 이것이 정계바라밀다를 수습하는 것입니다.'라고 이와 같이 말을 지어야 하느니라. 교시가여. 이 선남자와 선여인 등이 이것 등을 설하였다면 이것이 널리 진정하게 정계바라밀다를 설하는 것이니라.

다시 다음으로 교시가여. 만약 선남자와 선여인 등이 무상보리심을 일으킨 자를 위하여 정계바라밀다를 널리 설한다면, '그대 선남자여. 정계바라밀다에 상응하여 수습할 것이고, 이계가 항상하거나 무상하다고 상응하여 관찰하지 않아야 하며, 성계·이식계, 나아가 이촉·이촉을 인연으로 생겨난 여러 수가 항상하거나 무상하다고 상응하여 관찰하지 않아야 합니다. 왜 그러한가? 이계는 이계의 자성이 공하고 성계·이식계, 나아가 이촉·이촉을 인연으로 생겨난 여러 수는 성계, 나아가 이촉을 인연으로 생겨난 여러 수의 자성이 공하더라도, 이 이계의 자성은 곧 자성이 아니고 이 성계, 나아가 이촉을 인연으로 생겨난 여러 수의 자성도 역시 자성이 아닙니다.

만약 자성이 아닌 것이 곧 정계바라밀다라면, 이 정계바라밀다에서는 이계를 얻을 수 없고 그것의 항상함과 무상함도 역시 얻을 수 없으며, 성계, 나아가 이촉을 인연으로 생겨난 여러 수를 모두 얻을 수 없고 그것의 항상함과 무상함도 역시 얻을 수 없습니다. 그 까닭은 무엇인가? 이 가운데에서 오히려 이계 등도 얻을 수 없는데, 어찌 하물며 그것의 항상함과 무상함이 있겠습니까? 그대가 만약 이와 같이 능히 정계를 수습한다면 이것이 정계바라밀다를 수습하는 것입니다.'라고 이와 같이 말을 지어야 하느니라.

다시 '그대 선남자여. 정계바라밀다에 상응하여 수습할 것이고, 이계가 즐겁거나 괴롭다고 상응하여 관찰하지 않아야 하며, 성계, 나아가 이촉을 인연으로 생겨난 여러 수가 즐겁거나 괴롭다고 상응하여 관찰하지 않아야 합니다. 왜 그러한가? 이계는 이계의 자성이 공하고 성계, 나아가 이촉을 인연으로 생겨난 여러 수는 성계, 나아가 이촉을 인연으로 생겨난 여러 수의 자성이 공하더라도, 이 이계의 자성은 곧 자성이 아니고 이 성계, 나아가 이촉을 인연으로 생겨난 여러 수의 자성도 역시 자성이 아닙니다.

만약 자성이 아닌 것이 곧 정계바라밀다라면, 이 정계바라밀다에서는 이계를 얻을 수 없고 그것의 즐거움과 괴로움도 역시 얻을 수 없으며, 성계, 나아가 이촉을 인연으로 생겨난 여러 수를 모두 얻을 수 없고 그것의 즐거움과 괴로움도 역시 얻을 수 없습니다. 그 까닭은 무엇인가? 이 가운데에서 오히려 이계 등도 얻을 수 없는데, 어찌 하물며 그것의 즐거움과 괴로움이 있겠습니까? 그대가 만약 이와 같이 능히 정계를 수습한다면 이것이 정계바라밀다를 수습하는 것입니다.'라고 이와 같이 말을 지어야 하느니라.

다시 '그대 선남자여. 정계바라밀다에 상응하여 수습할 것이고, 이계가 나이거나 무아라고 상응하여 관찰하지 않아야 하며, 성계, 나아가 이촉을 인연으로 생겨난 여러 수가 나이거나 무아라고 상응하여 관찰하지 않아야 합니다. 왜 그러한가? 이계는 이계의 자성이 공하고 성계, 나아가 이촉을 인연으로 생겨난 여러 수는 성계, 나아가 이촉을 인연으로 생겨난 여러 수의 자성이 공하더라도, 이 이계의 자성은 곧 자성이 아니고 이 성계, 나아가 이촉을 인연으로 생겨난 여러 수의 자성도 역시 자성이 아닙니다.

만약 자성이 아닌 것이 곧 정계바라밀다라면, 이 정계바라밀다에서는 이계를 얻을 수 없고 그것의 나와 무아도 역시 얻을 수 없으며, 성계, 나아가 이촉을 인연으로 생겨난 여러 수를 모두 얻을 수 없고 그것의 나와 무아도 역시 얻을 수 없습니다. 그 까닭은 무엇인가? 이 가운데에서 오히려 이계 등도 얻을 수 없는데, 어찌 하물며 그것의 나와 무아가 있겠습니까? 그대가 만약 이와 같이 능히 정계를 수습한다면 이것이 정계바라밀다를 수습하는 것입니다.'라고 이와 같이 말을 지어야 하느니라.

다시 '그대 선남자여. 정계바라밀다에 상응하여 수습할 것이고, 이계가 청정하거나 부정하다고 상응하여 관찰하지 않아야 하며, 성계, 나아가 이촉을 인연으로 생겨난 여러 수가 청정하거나 부정하다고 상응하여 관찰하지 않아야 합니다. 왜 그러한가? 이계는 이계의 자성이 공하고 성계, 나아가 이촉을 인연으로 생겨난 여러 수는 성계, 나아가 이촉을 인연으로 생겨난 여러 수의 자성이 공하더라도, 이 이계의 자성은 곧 자성이 아니고 이 성계, 나아가 이촉을 인연으로 생겨난 여러 수의 자성도 역시 자성이 아닙니다.

만약 자성이 아닌 것이 곧 정계바라밀다라면, 이 정계바라밀다에서는 이계를 얻을 수 없고 그것의 청정과 부정도 역시 얻을 수 없으며, 성계, 나아가 이촉을 인연으로 생겨난 여러 수를 모두 얻을 수 없고 그것의 청정과 부정도 역시 얻을 수 없습니다. 그 까닭은 무엇인가? 이 가운데에서 오히려 이계 등도 얻을 수 없는데, 어찌 하물며 그것의 청정과 부정이 있겠습니까? 그대가 만약 이와 같이 능히 정계를 수습한다면 이것이 정계바라밀다를 수습하는 것입니다.'라고 이와 같이 말을 지어야 하느니라. 교시가여. 이 선남자와 선여인 등이 이것 등을 설하였다면 이것이 널리 진정하게 정계바라밀다를 설하는 것이니라.

다시 다음으로 교시가여. 만약 선남자와 선여인 등이 무상보리심을 일으킨 자를 위하여 정계바라밀다를 널리 설한다면, '그대 선남자여. 정계바라밀다에 상응하여 수습할 것이고, 비계가 항상하거나 무상하다고 상응하여 관찰하지 않아야 하며, 향계·비식계, 나아가 비촉·비촉을 인연으로 생겨난 여러 수가 항상하거나 무상하다고 상응하여 관찰하지 않아야 합니다. 왜 그러한가? 비계는 비계의 자성이 공하고 향계·비식계, 나아가 비촉·비촉을 인연으로 생겨난 여러 수는 향계, 나아가 비촉을 인연으로 생겨난 여러 수의 자성이 공하더라도, 이 비계의 자성은 곧 자성이 아니고 이 향계, 나아가 비촉을 인연으로 생겨난 여러 수의 자성도 역시 자성이 아닙니다.

만약 자성이 아닌 것이 곧 정계바라밀다라면, 이 정계바라밀다에서는 비계를 얻을 수 없고 그것의 항상함과 무상함도 역시 얻을 수 없으며, 향계, 나아가 비촉을 인연으로 생겨난 여러 수를 모두 얻을 수 없고 그것의 항상함과 무상함도 역시 얻을 수 없습니다. 그 까닭은 무엇인가? 이 가운데에서 오히려 비계 등도 얻을 수 없는데, 어찌 하물며 그것의 항상함과 무상함이 있겠습니까? 그대가 만약 이와 같이 능히 정계를 수습한다면 이것이 정계바라밀다를 수습하는 것입니다.'라고 이와 같이 말을 지어야 하느니라.

다시 '그대 선남자여. 정계바라밀다에 상응하여 수습할 것이고, 비계가 즐겁거나 괴롭다고 상응하여 관찰하지 않아야 하며, 향계, 나아가 비촉을 인연으로 생겨난 여러 수가 즐겁거나 괴롭다고 상응하여 관찰하지 않아야 합니다. 왜 그러한가? 비계는 비계의 자성이 공하고 향계, 나아가 비촉을 인연으로 생겨난 여러 수는 향계, 나아가 비촉을 인연으로 생겨난 여러 수의 자성이 공하더라도, 이 비계의 자성은 곧 자성이 아니고 이 향계, 나아가 비촉을 인연으로 생겨난 여러 수의 자성도 역시 자성이 아닙니다.

만약 자성이 아닌 것이 곧 정계바라밀다라면, 이 정계바라밀다에서는 비계를 얻을 수 없고 그것의 즐거움과 괴로움도 역시 얻을 수 없으며, 향계, 나아가 비촉을 인연으로 생겨난 여러 수를 모두 얻을 수 없고 그것의 즐거움과 괴로움도 역시 얻을 수 없습니다. 그 까닭은 무엇인가? 이 가운데에서 오히려 비계 등도 얻을 수 없는데, 어찌 하물며 그것의 즐거움과 괴로움이 있겠습니까? 그대가 만약 이와 같이 능히 정계를 수습한다면 이것이 정계바라밀다를 수습하는 것입니다.'라고 이와 같이 말을 지어야 하느니라.

다시 '그대 선남자여. 정계바라밀다에 상응하여 수습할 것이고, 비계가 나이거나 무아라고 상응하여 관찰하지 않아야 하며, 향계, 나아가 비촉을 인연으로 생겨난 여러 수가 나이거나 무아라고 상응하여 관찰하지 않아야 합니다. 왜 그러한가? 비계는 비계의 자성이 공하고 향계, 나아가 비촉을 인연으로 생겨난 여러 수는 향계, 나아가 비촉을 인연으로 생겨난 여러 수의 자성이 공하더라도, 이 비계의 자성은 곧 자성이 아니고 이 향계, 나아가 비촉을 인연으로 생겨난 여러 수의 자성도 역시 자성이 아닙니다.

만약 자성이 아닌 것이 곧 정계바라밀다라면, 이 정계바라밀다에서는 비계를 얻을 수 없고 그것의 나와 무아도 역시 얻을 수 없으며, 향계, 나아가 비촉을 인연으로 생겨난 여러 수를 모두 얻을 수 없고 그것의 나와 무아도 역시 얻을 수 없습니다. 그 까닭은 무엇인가? 이 가운데에서 오히려 비계 등도 얻을 수 없는데, 어찌 하물며 그것의 나와 무아가 있겠습니까? 그대가 만약 이와 같이 능히 정계를 수습한다면 이것이 정계바라밀다를 수습하는 것입니다.'라고 이와 같이 말을 지어야 하느니라.

다시 '그대 선남자여. 정계바라밀다에 상응하여 수습할 것이고, 비계가 청정하거나 부정하다고 상응하여 관찰하지 않아야 하며, 향계, 나아가 비촉을 인연으로 생겨난 여러 수가 청정하거나 부정하다고 상응하여 관찰하지 않아야 합니다. 왜 그러한가? 비계는 비계의 자성이 공하고 향계, 나아가 비촉을 인연으로 생겨난 여러 수는 향계, 나아가 비촉을 인연으로 생겨난 여러 수의 자성이 공하더라도, 이 비계의 자성은 곧 자성이 아니고 이 향계, 나아가 비촉을 인연으로 생겨난 여러 수의 자성도 역시 자성이 아닙니다.

만약 자성이 아닌 것이 곧 정계바라밀다라면, 이 정계바라밀다에서는 비계를 얻을 수 없고 그것의 청정과 부정도 역시 얻을 수 없으며, 향계, 나아가 비촉을 인연으로 생겨난 여러 수를 모두 얻을 수 없고 그것의 청정과 부정도 역시 얻을 수 없습니다. 그 까닭은 무엇인가? 이 가운데에서 오히려 비계 등도 얻을 수 없는데, 어찌 하물며 그것의 청정과 부정이 있겠습니까? 그대가 만약 이와 같이 능히 정계를 수습한다면 이것이 정계바라밀다를 수습하는 것입니다.'라고 이와 같이 말을 지어야 하느니라. 교시가여. 이 선남자와 선여인 등이 이것 등을 설하였다면 이것이 널리 진정하게 정계바라밀다를 설하는 것이니라.

다시 다음으로 교시가여. 만약 선남자와 선여인 등이 무상보리심을 일으킨 자를 위하여 정계바라밀다를 널리 설한다면, '그대 선남자여. 정계바라밀다에 상응하여 수습할 것이고, 설계가 항상하거나 무상하다고 상응하여 관찰하지 않아야 하며, 미계·설식계, 나아가 설촉·설촉을 인연으로 생겨난 여러 수가 항상하거나 무상하다고 상응하여 관찰하지 않아야 합니다. 왜 그러한가? 설계는 설계의 자성이 공하고 미계·설식계, 나아가 설촉·설촉을 인연으로 생겨난 여러 수는 미계, 나아가 설촉을 인연으로 생겨난 여러 수의 자성이 공하더라도, 이 설계의 자성은 곧 자성이 아니고 이 미계, 나아가 설촉을 인연으로 생겨난 여러 수의 자성도 역시 자성이 아닙니다.

만약 자성이 아닌 것이 곧 정계바라밀다라면, 이 정계바라밀다에서는 설계를 얻을 수 없고 그것의 항상함과 무상함도 역시 얻을 수 없으며, 미계, 나아가 설촉을 인연으로 생겨난 여러 수를 모두 얻을 수 없고 그것의 항상함과 무상함도 역시 얻을 수 없습니다. 그 까닭은 무엇인가? 이 가운데에서 오히려 설계 등도 얻을 수 없는데, 어찌 하물며 그것의 항상함과 무상함이 있겠습니까? 그대가 만약 이와 같이 능히 정계를 수습한다면 이것이 정계바라밀다를 수습하는 것입니다.'라고 이와 같이 말을 지어야 하느니라.

다시 '그대 선남자여. 정계바라밀다에 상응하여 수습할 것이고, 설계가 즐겁거나 괴롭다고 상응하여 관찰하지 않아야 하며, 미계, 나아가 설촉을 인연으로 생겨난 여러 수가 즐겁거나 괴롭다고 상응하여 관찰하지 않아야 합니다. 왜 그러한가? 설계는 설계의 자성이 공하고 미계, 나아가 설촉을 인연으로 생겨난 여러 수는 미계, 나아가 설촉을 인연으로 생겨난 여러 수의 자성이 공하더라도, 이 설계의 자성은 곧 자성이 아니고 이 미계,

나아가 설촉을 인연으로 생겨난 여러 수의 자성도 역시 자성이 아닙니다.

만약 자성이 아닌 것이 곧 정계바라밀다라면, 이 정계바라밀다에서는 설계를 얻을 수 없고 그것의 즐거움과 괴로움도 역시 얻을 수 없으며, 미계, 나아가 설촉을 인연으로 생겨난 여러 수를 모두 얻을 수 없고 그것의 즐거움과 괴로움도 역시 얻을 수 없습니다. 그 까닭은 무엇인가? 이 가운데에서 오히려 설계 등도 얻을 수 없는데, 어찌 하물며 그것의 즐거움과 괴로움이 있겠습니까? 그대가 만약 이와 같이 능히 정계를 수습한다면 이것이 정계바라밀다를 수습하는 것입니다.'라고 이와 같이 말을 지어야 하느니라.

다시 '그대 선남자여. 정계바라밀다에 상응하여 수습할 것이고, 설계가 나이거나 무아라고 상응하여 관찰하지 않아야 하며, 미계, 나아가 설촉을 인연으로 생겨난 여러 수가 나이거나 무아라고 상응하여 관찰하지 않아야 합니다. 왜 그러한가? 설계는 설계의 자성이 공하고 미계, 나아가 설촉을 인연으로 생겨난 여러 수는 미계, 나아가 설촉을 인연으로 생겨난 여러 수의 자성이 공하더라도, 이 설계의 자성은 곧 자성이 아니고 이 미계, 나아가 설촉을 인연으로 생겨난 여러 수의 자성도 역시 자성이 아닙니다.

만약 자성이 아닌 것이 곧 정계바라밀다라면, 이 정계바라밀다에서는 설계를 얻을 수 없고 그것의 나와 무아도 역시 얻을 수 없으며, 미계, 나아가 설촉을 인연으로 생겨난 여러 수를 모두 얻을 수 없고 그것의 나와 무아도 역시 얻을 수 없습니다. 그 까닭은 무엇인가? 이 가운데에서 오히려 설계 등도 얻을 수 없는데, 어찌 하물며 그것의 나와 무아가 있겠습니까? 그대가 만약 이와 같이 능히 정계를 수습한다면 이것이 정계바라밀다를 수습하는 것입니다.'라고 이와 같이 말을 지어야 하느니라.

다시 '그대 선남자여. 정계바라밀다에 상응하여 수습할 것이고, 설계가 청정하거나 부정하다고 상응하여 관찰하지 않아야 하며, 미계, 나아가 설촉을 인연으로 생겨난 여러 수가 청정하거나 부정하다고 상응하여 관찰하지 않아야 합니다. 왜 그러한가? 설계는 설계의 자성이 공하고 미계, 나아가 설촉을 인연으로 생겨난 여러 수는 미계, 나아가 설촉을 인연으로 생겨난 여러 수의 자성이 공하더라도, 이 설계의 자성은 곧 자성이 아니고 이 미계, 나아가 설촉을 인연으로 생겨난 여러 수의 자성도 역시 자성이 아닙니다.

만약 자성이 아닌 것이 곧 정계바라밀다라면, 이 정계바라밀다에서는 설계를 얻을 수 없고 그것의 청정과 부정도 역시 얻을 수 없으며, 미계, 나아가 설촉을 인연으로 생겨난 여러 수를 모두 얻을 수 없고 그것의 청정과 부정도 역시 얻을 수 없습니다. 그 까닭은 무엇인가? 이 가운데에서 오히려 설계 등도 얻을 수 없는데, 어찌 하물며 그것의 청정과 부정이 있겠습니까? 그대가 만약 이와 같이 능히 정계를 수습한다면 이것이 정계바라밀다를 수습하는 것입니다.'라고 이와 같이 말을 지어야 하느니라. 교시가여. 이 선남자와 선여인 등이 이것 등을 설하였다면 이것이 널리 진정하게 정계바라밀다를 설하는 것이니라.

다시 다음으로 교시가여. 만약 선남자와 선여인 등이 무상보리심을 일으킨 자를 위하여 정계바라밀다를 널리 설한다면, '그대 선남자여. 정계바라밀다에 상응하여 수습할 것이고, 신계가 항상하거나 무상하다고 상응하여 관찰하지 않아야 하며, 촉계·신식계, 나아가 신촉·신촉을 인연으로 생겨난 여러 수가 항상하거나 무상하다고 상응하여 관찰하지 않아야 합니다. 왜 그러한가? 신계는 신계의 자성이 공하고 촉계·신식계, 나아가 신촉·신촉을 인연으로 생겨난 여러 수는 촉계, 나아가 신촉을 인연으로 생겨난 여러 수의 자성이 공하더라도, 이 신계의 자성은 곧 자성이 아니고 촉계, 나아가 신촉을 인연으로 생겨난 여러 수의 자성도 역시 자성이 아닙니다.

만약 자성이 아닌 것이 곧 정계바라밀다라면, 이 정계바라밀다에서는 신계를 얻을 수 없고 그것의 항상함과 무상함도 역시 얻을 수 없으며, 촉계, 나아가 신촉을 인연으로 생겨난 여러 수를 모두 얻을 수 없고 그것의 항상함과 무상함도 역시 얻을 수 없습니다. 그 까닭은 무엇인가? 이 가운데에서 오히려 신계 등도 얻을 수 없는데, 어찌 하물며 그것의 항상함과 무상함이 있겠습니까? 그대가 만약 이와 같이 능히 정계를 수습한다면 이것이 정계바라밀다를 수습하는 것입니다.'라고 이와 같이 말을 지어야 하느니라.

다시 '그대 선남자여. 정계바라밀다에 상응하여 수습할 것이고, 신계가 즐겁거나 괴롭다고 상응하여 관찰하지 않아야 하며, 촉계, 나아가 신촉을 인연으로 생겨난 여러 수가 즐겁거나 괴롭다고 상응하여 관찰하지 않아야 합니다. 왜 그러한가? 신계는 신계의 자성이 공하고 촉계, 나아가 신촉을 인연으로 생겨난 여러 수는 촉계, 나아가 신촉을 인연으로 생겨난 여러 수의 자성이 공하더라도, 이 신계의 자성은 곧 자성이 아니고 이 촉계, 나아가 신촉을 인연으로 생겨난 여러 수의 자성도 역시 자성이 아닙니다.

만약 자성이 아닌 것이 곧 정계바라밀다라면, 이 정계바라밀다에서는 신계를 얻을 수 없고 그것의 즐거움과 괴로움도 역시 얻을 수 없으며, 촉계, 나아가 신촉을 인연으로 생겨난 여러 수를 모두 얻을 수 없고 그것의 즐거움과 괴로움도 역시 얻을 수 없습니다. 그 까닭은 무엇인가? 이 가운데에서 오히려 신계 등도 얻을 수 없는데, 어찌 하물며 그것의 즐거움과 괴로움이 있겠습니까? 그대가 만약 이와 같이 능히 정계를 수습한다면 이것이 정계바라밀다를 수습하는 것입니다.'라고 이와 같이 말을 지어야 하느니라.

다시 '그대 선남자여. 정계바라밀다에 상응하여 수습할 것이고, 신계가 나이거나 무아라고 상응하여 관찰하지 않아야 하며, 촉계, 나아가 신촉을 인연으로 생겨난 여러 수가 나이거나 무아라고 상응하여 관찰하지 않아야 합니다. 왜 그러한가? 신계는 신계의 자성이 공하고 촉계, 나아가 신촉을 인연으로 생겨난 여러 수는 촉계, 나아가 신촉을 인연으로 생겨난 여러 수의 자성이 공하더라도, 이 신계의 자성은 곧 자성이 아니고 이 촉계, 나아가 신촉을 인연으로 생겨난 여러 수의 자성도 역시 자성이 아닙니다.

만약 자성이 아닌 것이 곧 정계바라밀다라면, 이 정계바라밀다에서는 신계를 얻을 수 없고 그것의 나와 무아도 역시 얻을 수 없으며, 촉계, 나아가 신촉을 인연으로 생겨난 여러 수를 모두 얻을 수 없고 그것의 나와 무아도 역시 얻을 수 없습니다. 그 까닭은 무엇인가? 이 가운데에서 오히려 신계 등도 얻을 수 없는데, 어찌 하물며 그것의 나와 무아가 있겠습니까?

그대가 만약 이와 같이 능히 정계를 수습한다면 이것이 정계바라밀다를 수습하는 것입니다.'라고 이와 같이 말을 지어야 하느니라.

다시 '그대 선남자여. 정계바라밀다에 상응하여 수습할 것이고, 신계가 청정하거나 부정하다고 상응하여 관찰하지 않아야 하며, 촉계, 나아가 신촉을 인연으로 생겨난 여러 수가 청정하거나 부정하다고 상응하여 관찰하지 않아야 합니다. 왜 그러한가? 신계는 신계의 자성이 공하고 촉계, 나아가 신촉을 인연으로 생겨난 여러 수는 촉계, 나아가 신촉을 인연으로 생겨난 여러 수의 자성이 공하더라도, 이 신계의 자성은 곧 자성이 아니고 이 촉계, 나아가 신촉을 인연으로 생겨난 여러 수의 자성도 역시 자성이 아닙니다.

만약 자성이 아닌 것이 곧 정계바라밀다라면, 이 정계바라밀다에서는 신계를 얻을 수 없고 그것의 청정과 부정도 역시 얻을 수 없으며, 촉계, 나아가 신촉을 인연으로 생겨난 여러 수를 모두 얻을 수 없고 그것의 청정과 부정도 역시 얻을 수 없습니다. 그 까닭은 무엇인가? 이 가운데에서 오히려 신계 등도 얻을 수 없는데, 어찌 하물며 그것의 청정과 부정이 있겠습니까? 그대가 만약 이와 같이 능히 정계를 수습한다면 이것이 정계바라밀다를 수습하는 것입니다.'라고 이와 같이 말을 지어야 하느니라. 교시가여. 이 선남자와 선여인 등이 이것 등을 설하였다면 이것이 널리 진정하게 정계바라밀다를 설하는 것이니라."

다시 다음으로 교시가여. 만약 선남자와 선여인 등이 무상보리심을 일으킨 자를 위하여 정계바라밀다를 널리 설한다면, '그대 선남자여. 정계바라밀다에 상응하여 수습할 것이고, 의계가 항상하거나 무상하다고 상응하여 관찰하지 않아야 하며, 법계·의식계, 나아가 의촉·의촉을 인연으로 생겨난 여러 수가 항상하거나 무상하다고 상응하여 관찰하지 않아야 합니다. 왜 그러한가? 의계는 의계의 자성이 공하고 법계·의식계, 나아가 의촉·의촉을 인연으로 생겨난 여러 수는 법계, 나아가 의촉을 인연으로 생겨난 여러 수의 자성이 공하더라도, 이 의계의 자성은 곧 자성이 아니고 이 법계, 나아가 의촉을 인연으로 생겨난 여러 수의 자성도 역시 자성이 아닙니다.

만약 자성이 아닌 것이 곧 정계바라밀다라면, 이 정계바라밀다에서는 의계를 얻을 수 없고 그것의 항상함과 무상함도 역시 얻을 수 없으며, 법계, 나아가 의촉을 인연으로 생겨난 여러 수를 모두 얻을 수 없고 그것의 항상함과 무상함도 역시 얻을 수 없습니다. 그 까닭은 무엇인가? 이 가운데에서 오히려 의계 등도 얻을 수 없는데, 어찌 하물며 그것의 항상함과 무상함이 있겠습니까? 그대가 만약 이와 같이 능히 정계를 수습한다면 이것이 정계바라밀다를 수습하는 것입니다.'라고 이와 같이 말을 지어야 하느니라.

다시 '그대 선남자여. 정계바라밀다에 상응하여 수습할 것이고, 의계가 즐겁거나 괴롭다고 상응하여 관찰하지 않아야 하며, 법계, 나아가 의촉을 인연으로 생겨난 여러 수가 즐겁거나 괴롭다고 상응하여 관찰하지 않아야 합니다. 왜 그러한가? 의계는 의계의 자성이 공하고 법계, 나아가 의촉을 인연으로 생겨난 여러 수는 법계, 나아가 의촉을 인연으로 생겨난 여러 수의 자성이 공하더라도, 이 의계의 자성은 곧 자성이 아니고 이 법계, 나아가 의촉을 인연으로 생겨난 여러 수의 자성도 역시 자성이 아닙니다.

만약 자성이 아닌 것이 곧 정계바라밀다라면, 이 정계바라밀다에서는 의계를 얻을 수 없고 그것의 즐거움과 괴로움도 역시 얻을 수 없으며, 법계, 나아가 의촉을 인연으로 생겨난 여러 수를 모두 얻을 수 없고 그것의 즐거움과 괴로움도 역시 얻을 수 없습니다. 그 까닭은 무엇인가? 이 가운데에서 오히려 의계 등도 얻을 수 없는데, 어찌 하물며 그것의 즐거움과 괴로움이 있겠습니까? 그대가 만약 이와 같이 능히 정계를 수습한다면 이것이 정계바라밀다를 수습하는 것입니다.'라고 이와 같이 말을 지어야 하느니라.

다시 '그대 선남자여. 정계바라밀다에 상응하여 수습할 것이고, 의계가 나이거나 무아라고 상응하여 관찰하지 않아야 하며, 법계, 나아가 의촉을 인연으로 생겨난 여러 수가 나이거나 무아라고 상응하여 관찰하지 않아야 합니다. 왜 그러한가? 의계는 의계의 자성이 공하고 법계, 나아가 의촉을 인연으로 생겨난 여러 수는 법계, 나아가 의촉을 인연으로 생겨난 여러 수의 자성이 공하더라도, 이 의계의 자성은 곧 자성이 아니고 이 법계, 나아가 의촉을 인연으로 생겨난 여러 수의 자성도 역시 자성이 아닙니다.

만약 자성이 아닌 것이 곧 정계바라밀다라면, 이 정계바라밀다에서는 의계를 얻을 수 없고 그것의 나와 무아도 역시 얻을 수 없으며, 법계, 나아가 의촉을 인연으로 생겨난 여러 수를 모두 얻을 수 없고 그것의 나와 무아도 역시 얻을 수 없습니다. 그 까닭은 무엇인가? 이 가운데에서 오히려 의계 등도 얻을 수 없는데, 어찌 하물며 그것의 나와 무아가 있겠습니까? 그대가 만약 이와 같이 능히 정계를 수습한다면 이것이 정계바라밀다를 수습하는 것입니다.'라고 이와 같이 말을 지어야 하느니라.

다시 '그대 선남자여. 정계바라밀다에 상응하여 수습할 것이고, 의계가 청정하거나 부정하다고 상응하여 관찰하지 않아야 하며, 법계, 나아가 의촉을 인연으로 생겨난 여러 수가 청정하거나 부정하다고 상응하여 관찰하지 않아야 합니다. 왜 그러한가? 의계는 의계의 자성이 공하고 법계, 나아가 의촉을 인연으로 생겨난 여러 수는 법계, 나아가 의촉을 인연으로 생겨난 여러 수의 자성이 공하더라도, 이 의계의 자성은 곧 자성이 아니고 이 법계, 나아가 의촉을 인연으로 생겨난 여러 수의 자성도 역시 자성이 아닙니다.

만약 자성이 아닌 것이 곧 정계바라밀다라면, 이 정계바라밀다에서는 의계를 얻을 수 없고 그것의 청정과 부정도 역시 얻을 수 없으며, 법계, 나아가 의촉을 인연으로 생겨난 여러 수를 모두 얻을 수 없고 그것의 청정과 부정도 역시 얻을 수 없습니다. 그 까닭은 무엇인가? 이 가운데에서 오히려 의계 등도 얻을 수 없는데, 어찌 하물며 그것의 청정과 부정이 있겠습니까? 그대가 만약 이와 같이 능히 정계를 수습한다면 이것이 정계바라밀다를 수습하는 것입니다.'라고 이와 같이 말을 지어야 하느니라.

교시가여. 이 선남자와 선여인 등이 이것 등을 설하였다면 이것이 널리 진정하게 정계바라밀다를 설하는 것이니라."

마하반야바라밀다경 제160권

30. 교량공덕품(校量功德品)(58)

"다시 다음으로 교시가여. 만약 선남자와 선여인 등이 무상보리심을 일으킨 자를 위하여 정계바라밀다를 널리 설한다면, '그대 선남자여. 정계바라밀다에 상응하여 수습할 것이고, 지계가 항상하거나 무상하다고 상응하여 관찰하지 않아야 하며, 수·화·풍·공·식계가 항상하거나 무상하다고 상응하여 관찰하지 않아야 합니다. 왜 그러한가? 지계는 지계의 자성이 공하고 수·화·풍·공·식계는 수·화·풍·공·식계의 자성이 공하더라도, 이 지계의 자성은 곧 자성이 아니고 이 수·화·풍·공·식계의 자성도 역시 자성이 아닙니다.

만약 자성이 아닌 것이 곧 정계바라밀다라면, 이 정계바라밀다에서는 지계를 얻을 수 없고 그것의 항상함과 무상함도 역시 얻을 수 없으며, 수·화·풍·공·식계를 모두 얻을 수 없고 그것의 항상함과 무상함도 역시 얻을 수 없습니다. 그 까닭은 무엇인가? 이 가운데에서 오히려 지계 등도 얻을 수 없는데, 어찌 하물며 그것의 항상함과 무상함이 있겠습니까? 그대가 만약 이와 같이 능히 정계를 수습한다면 이것이 정계바라밀다를 수습하는 것입니다.'라고 이와 같이 말을 지어야 하느니라.

다시 '그대 선남자여. 정계바라밀다에 상응하여 수습할 것이고, 지계가 즐겁거나 괴롭다고 상응하여 관찰하지 않아야 하며, 수·화·풍·공·식계가 즐겁거나 괴롭다고 상응하여 관찰하지 않아야 합니다. 왜 그러한가? 지계는 지계의 자성이 공하고 수·화·풍·공·식계는 수·화·풍·공·식계의 자성이 공하더라도, 이 지계의 자성은 곧 자성이 아니고 이 수·화·풍·공·

식계의 자성도 역시 자성이 아닙니다.

만약 자성이 아닌 것이 곧 정계바라밀다라면, 이 정계바라밀다에서는 지계를 얻을 수 없고 그것의 즐거움과 괴로움도 역시 얻을 수 없으며, 수·화·풍·공·식계를 모두 얻을 수 없고 그것의 즐거움과 괴로움도 역시 얻을 수 없습니다. 그 까닭은 무엇인가? 이 가운데에서 오히려 지계 등도 얻을 수 없는데, 어찌 하물며 그것의 즐거움과 괴로움이 있겠습니까? 그대가 만약 이와 같이 능히 정계를 수습한다면 이것이 정계바라밀다를 수습하는 것입니다.'라고 이와 같이 말을 지어야 하느니라.

다시 '그대 선남자여. 정계바라밀다에 상응하여 수습할 것이고, 지계가 나이거나 무아라고 상응하여 관찰하지 않아야 하며, 수·화·풍·공·식계가 나이거나 무아라고 상응하여 관찰하지 않아야 합니다. 왜 그러한가? 지계는 지계의 자성이 공하고 수·화·풍·공·식계는 수·화·풍·공·식계의 자성이 공하더라도, 이 지계의 자성은 곧 자성이 아니고 이 수·화·풍·공·식계의 자성도 역시 자성이 아닙니다.

만약 자성이 아닌 것이 곧 정계바라밀다라면, 이 정계바라밀다에서는 지계를 얻을 수 없고 그것의 나와 무아도 역시 얻을 수 없으며, 수·화·풍·공·식계를 모두 얻을 수 없고 그것의 나와 무아도 역시 얻을 수 없습니다. 그 까닭은 무엇인가? 이 가운데에서 오히려 지계 등도 얻을 수 없는데, 어찌 하물며 그것의 나와 무아가 있겠습니까? 그대가 만약 이와 같이 능히 정계를 수습한다면 이것이 정계바라밀다를 수습하는 것입니다.'라고 이와 같이 말을 지어야 하느니라.

다시 '그대 선남자여. 정계바라밀다에 상응하여 수습할 것이고, 지계가 청정하거나 부정하다고 상응하여 관찰하지 않아야 하며, 수·화·풍·공·식계가 청정하거나 부정하다고 상응하여 관찰하지 않아야 합니다. 왜 그러한가? 지계는 지계의 자성이 공하고 수·화·풍·공·식계는 수·화·풍·공·식계의 자성이 공하더라도, 이 지계의 자성은 곧 자성이 아니고 이 수·화·풍·공·식계의 자성도 역시 자성이 아닙니다.

만약 자성이 아닌 것이 곧 정계바라밀다라면, 이 정계바라밀다에서는

지계를 얻을 수 없고 그것의 청정과 부정도 역시 얻을 수 없으며, 수·화·풍·공·식계를 모두 얻을 수 없고 그것의 청정과 부정도 역시 얻을 수 없습니다. 그 까닭은 무엇인가? 이 가운데에서 오히려 지계 등도 얻을 수 없는데, 어찌 하물며 그것의 청정과 부정이 있겠습니까? 그대가 만약 이와 같이 능히 정계를 수습한다면 이것이 정계바라밀다를 수습하는 것입니다.'라고 이와 같이 말을 지어야 하느니라. 교시가여. 이 선남자와 선여인 등이 이것 등을 설하였다면 이것이 널리 진정하게 정계바라밀다를 설하는 것이니라.

다시 다음으로 교시가여. 만약 선남자와 선여인 등이 무상보리심을 일으킨 자를 위하여 정계바라밀다를 널리 설한다면, '그대 선남자여. 정계바라밀다에 상응하여 수습할 것이고, 무명이 항상하거나 무상하다고 상응하여 관찰하지 않아야 하며, 행·식·명색·육처·촉·수·애·취·유·생·노사의 수탄고우뇌가 항상하거나 무상하다고 상응하여 관찰하지 않아야 합니다. 왜 그러한가? 무명은 무명의 자성이 공하고 행·식·명색·육처·촉·수·애·취·유·생·노사의 수탄고우뇌는 행, 나아가 노사의 수탄고우뇌의 자성이 공하더라도, 이 무명의 자성은 곧 자성이 아니고 이 행, 나아가 노사의 수탄고우뇌의 자성도 역시 자성이 아닙니다.

만약 자성이 아닌 것이 곧 정계바라밀다라면, 이 정계바라밀다에서는 무명을 얻을 수 없고 그것의 항상함과 무상함도 역시 얻을 수 없으며, 행, 나아가 노사의 수탄고우뇌를 모두 얻을 수 없고 그것의 항상함과 무상함도 역시 얻을 수 없습니다. 그 까닭은 무엇인가? 이 가운데에서 오히려 무명 등도 얻을 수 없는데, 어찌 하물며 그것의 항상함과 무상함이 있겠습니까? 그대가 만약 이와 같이 능히 정계를 수습한다면 이것이 정계바라밀다를 수습하는 것입니다.'라고 이와 같이 말을 지어야 하느니라.

다시 '그대 선남자여. 정계바라밀다에 상응하여 수습할 것이고, 무명이 즐겁거나 괴롭다고 상응하여 관찰하지 않아야 하며, 행·식·명색·육처·촉·수·애·취·유·생·노사의 수탄고우뇌가 즐겁거나 괴롭다고 상응하여 관찰하지 않아야 합니다. 왜 그러한가? 무명은 무명의 자성이 공하고 행·식·명색·육처·촉·수·애·취·유·생·노사의 수탄고우뇌는 행, 나아가 노사의 수탄고우뇌의 자성이 공하더라도, 이 무명의 자성은 곧 자성이 아니고 이 행, 나아가 노사의 수탄고우뇌의 자성도 역시 자성이 아닙니다.

만약 자성이 아닌 것이 곧 정계바라밀다라면, 이 정계바라밀다에서는 무명을 얻을 수 없고 그것의 즐거움과 괴로움도 역시 얻을 수 없으며, 행, 나아가 노사의 수탄고우뇌를 모두 얻을 수 없고 그것의 즐거움과 괴로움도 역시 얻을 수 없습니다. 그 까닭은 무엇인가? 이 가운데에서 오히려 무명 등도 얻을 수 없는데, 어찌 하물며 그것의 즐거움과 괴로움이 있겠습니까? 그대가 만약 이와 같이 능히 정계를 수습한다면 이것이 정계바라밀다를 수습하는 것입니다.'라고 이와 같이 말을 지어야 하느니라.

다시 '그대 선남자여. 정계바라밀다에 상응하여 수습할 것이고, 무명이 나이거나 무아라고 상응하여 관찰하지 않아야 하며, 행·식·명색·육처·촉·수·애·취·유·생·노사의 수탄고우뇌가 나이거나 무아라고 상응하여 관찰하지 않아야 합니다. 왜 그러한가? 무명은 무명의 자성이 공하고 행·식·명색·육처·촉·수·애·취·유·생·노사의 수탄고우뇌는 행, 나아가 노사의 수탄고우뇌의 자성이 공하더라도, 이 무명의 자성은 곧 자성이 아니고 이 행, 나아가 노사의 수탄고우뇌의 자성도 역시 자성이 아닙니다.

만약 자성이 아닌 것이 곧 정계바라밀다라면, 이 정계바라밀다에서는 무명을 얻을 수 없고 그것의 나와 무아도 역시 얻을 수 없으며, 행, 나아가 노사의 수탄고우뇌를 모두 얻을 수 없고 그것의 나와 무아도 역시 얻을 수 없습니다. 그 까닭은 무엇인가? 이 가운데에서 오히려 무명 등도 얻을 수 없는데, 어찌 하물며 그것의 나와 무아가 있겠습니까? 그대가 만약 이와 같이 능히 정계를 수습한다면 이것이 정계바라밀다를 수습하는 것입니다.'라고 이와 같이 말을 지어야 하느니라.

다시 '그대 선남자여. 정계바라밀다에 상응하여 수습할 것이고, 무명이 청정하거나 부정하다고 상응하여 관찰하지 않아야 하며, 행·식·명색·육처·촉·수·애·취·유·생·노사의 수탄고우뇌가 청정하거나 부정하다고 상응하여 관찰하지 않아야 합니다. 왜 그러한가? 무명은 무명의 자성이 공하고 행·식·명색·육처·촉·수·애·취·유·생·노사의 수탄고우뇌는 행,

나아가 노사의 수탄고우뇌의 자성이 공하더라도, 이 무명의 자성은 곧 자성이 아니고 이 행, 나아가 노사의 수탄고우뇌의 자성도 역시 자성이 아닙니다.

만약 자성이 아닌 것이 곧 정계바라밀다라면, 이 정계바라밀다에서는 무명을 얻을 수 없고 그것의 청정과 부정도 역시 얻을 수 없으며, 행, 나아가 노사의 수탄고우뇌를 모두 얻을 수 없고 그것의 청정과 부정도 역시 얻을 수 없습니다. 그 까닭은 무엇인가? 이 가운데에서 오히려 무명 등도 얻을 수 없는데, 어찌 하물며 그것의 청정과 부정이 있겠습니까? 그대가 만약 이와 같이 능히 정계를 수습한다면 이것이 정계려바라밀다를 수습하는 것입니다.'라고 이와 같이 말을 지어야 하느니라. 교시가여. 이 선남자와 선여인 등이 이것 등을 설하였다면 이것이 널리 진정하게 정계바라밀다를 설하는 것이니라.

다시 다음으로 교시가여. 만약 선남자와 선여인 등이 무상보리심을 일으킨 자를 위하여 정계바라밀다를 널리 설한다면, '그대 선남자여. 정계바라밀다에 상응하여 수습할 것이고, 보시바라밀다가 항상하거나 무상하다고 상응하여 관찰하지 않아야 하며, 정계·안인·정진·정려·반야바라밀다가 항상하거나 무상하다고 상응하여 관찰하지 않아야 합니다. 왜 그러한가? 보시바라밀다는 보시바라밀다의 자성이 공하고 정계·안인·정진·정려·반야바라밀다는 정계·안인·정진·정려·반야바라밀다의 자성이 공하더라도, 이 보시바라밀다의 자성은 곧 자성이 아니고 이 정계·안인·정진·정려·반야바라밀다의 자성도 역시 자성이 아닙니다.

만약 자성이 아닌 것이 곧 정계바라밀다라면, 이 정계바라밀다에서는 보시바라밀다를 얻을 수 없고 그것의 항상함과 무상함도 역시 얻을 수 없으며, 정계, 나아가 반야바라밀다를 모두 얻을 수 없고 그것의 항상함과 무상함도 역시 얻을 수 없습니다. 그 까닭은 무엇인가? 이 가운데에서 오히려 보시바라밀다 등도 얻을 수 없는데, 어찌 하물며 그것의 항상함과 무상함이 있겠습니까? 그대가 만약 이와 같이 능히 정려를 수습한다면 이것이 정계바라밀다를 수습하는 것입니다.'라고 이와 같이 말을 지어야 하느니라.

다시 '그대 선남자여. 정계바라밀다에 상응하여 수습할 것이고, 보시바라밀다가 즐겁거나 괴롭다고 상응하여 관찰하지 않아야 하며, 정계·안인·정진·정려·반야바라밀다가 즐겁거나 괴롭다고 상응하여 관찰하지 않아야 합니다. 왜 그러한가? 보시바라밀다는 보시바라밀다의 자성이 공하고 정계·안인·정진·정려·반야바라밀다는 정계·안인·정진·정려·반야바라밀다의 자성이 공하더라도, 이 보시바라밀다의 자성은 곧 자성이 아니고 이 정계·안인·정진·정려·반야바라밀다의 자성도 역시 자성이 아닙니다.

만약 자성이 아닌 것이 곧 정계바라밀다라면, 이 정계바라밀다에서는 보시바라밀다를 얻을 수 없고 그것의 즐거움과 괴로움도 역시 얻을 수 없으며, 정계·안인·정진·정려·반야바라밀다를 모두 얻을 수 없고 그것의 즐거움과 괴로움도 역시 얻을 수 없습니다. 그 까닭은 무엇인가? 이 가운데에서 오히려 보시바라밀다 등도 얻을 수 없는데, 어찌 하물며 그것의 즐거움과 괴로움이 있겠습니까? 그대가 만약 이와 같이 능히 정계를 수습한다면 이것이 정계바라밀다를 수습하는 것입니다.'라고 이와 같이 말을 지어야 하느니라.

다시 '그대 선남자여. 정계바라밀다에 상응하여 수습할 것이고, 보시바라밀다가 나이거나 무아라고 상응하여 관찰하지 않아야 하며, 정계·안인·정진·정려·반야바라밀다가 나이거나 무아라고 상응하여 관찰하지 않아야 합니다. 왜 그러한가? 보시바라밀다는 보시바라밀다의 자성이 공하고 정계·안인·정진·정려·반야바라밀다는 정계·안인·정진·정려·반야바라밀다의 자성이 공하더라도, 이 보시바라밀다의 자성은 곧 자성이 아니고 이 정계·안인·정진·정려·반야바라밀다의 자성도 역시 자성이 아닙니다.

만약 자성이 아닌 것이 곧 정계바라밀다라면, 이 정계바라밀다에서는 보시바라밀다를 얻을 수 없고 그것의 나와 무아도 역시 얻을 수 없으며, 정계·안인·정진·정려·반야바라밀다를 모두 얻을 수 없고 그것의 나와 무아도 역시 얻을 수 없습니다. 그 까닭은 무엇인가? 이 가운데에서 오히려 보시바라밀다 등도 얻을 수 없는데, 어찌 하물며 그것의 나와 무아가 있겠습니까? 그대가 만약 이와 같이 능히 정계를 수습한다면 이것이 정계바라밀다를 수습하는 것입니다.'라고 이와 같이 말을 지어야 하느니라.

다시 '그대 선남자여. 정계바라밀다에 상응하여 수습할 것이고, 보시바라밀다가 청정하거나 부정하다고 상응하여 관찰하지 않아야 하며, 정계·안인·정진·정려·반야바라밀다가 청정하거나 부정하다고 상응하여 관찰하지 않아야 합니다. 왜 그러한가? 보시바라밀다는 보시바라밀다의 자성이 공하고 정계·안인·정진·정려·반야바라밀다는 정계·안인·정진·정려·반야바라밀다의 자성이 공하더라도, 이 보시바라밀다의 자성은 곧 자성이 아니고 이 정계·안인·정진·정려·반야바라밀다의 자성도 역시 자성이 아닙니다.

만약 자성이 아닌 것이 곧 정계바라밀다라면, 이 정계바라밀다에서는 보시바라밀다를 얻을 수 없고 그것의 청정과 부정도 역시 얻을 수 없으며, 정계·안인·정진·정려·반야바라밀다를 모두 얻을 수 없고 그것의 청정과 부정도 역시 얻을 수 없습니다. 그 까닭은 무엇인가? 이 가운데에서 오히려 보시바라밀다 등도 얻을 수 없는데, 어찌 하물며 그것의 청정과 부정이 있겠습니까? 그대가 만약 이와 같이 능히 정계를 수습한다면 이것이 정계바라밀다를 수습하는 것입니다.'라고 이와 같이 말을 지어야 하느니라. 교시가여. 이 선남자와 선여인 등이 이것 등을 설하였다면 이것이 널리 진정하게 정계바라밀다를 설하는 것이니라.

다시 다음으로 교시가여. 만약 선남자와 선여인 등이 무상보리심을 일으킨 자를 위하여 정계바라밀다를 널리 설한다면, '그대 선남자여. 정계바라밀다에 상응하여 수습할 것이고, 내공이 항상하거나 무상하다고 상응하여 관찰하지 않아야 하며, 외공·내외공·공공·대공·승의공·유위공·무위공·필경공·무제공·산공·무변이공·본성공·자상공·공상공·일체법공·불가득공·무성공·자성공·무성자성공이 항상하거나 무상하다고 상응하여 관찰하지 않아야 합니다. 왜 그러한가? 내공은 내공의 자성이 공하고 외공·내외공·공공·대공·승의공·유위공·무위공·필경공·무제공

·산공·무변이공·본성공·자상공·공상공·일체법공·불가득공·무성공·자성공·무성자성공은 외공, 나아가 무성자성공의 자성이 공하더라도, 이 내공의 자성은 곧 자성이 아니고 이 외공, 나아가 무성자성공의 자성도 역시 자성이 아닙니다.

만약 자성이 아닌 것이 곧 정계바라밀다라면, 이 정계바라밀다에서는 내공을 얻을 수 없고 그것의 항상함과 무상함도 역시 얻을 수 없으며, 외공, 나아가 무성자성공을 모두 얻을 수 없고 그것의 항상함과 무상함도 역시 얻을 수 없습니다. 그 까닭은 무엇인가? 이 가운데에서 오히려 내공 등도 얻을 수 없는데, 어찌 하물며 그것의 항상함과 무상함이 있겠습니까? 그대가 만약 이와 같이 능히 정계를 수습한다면 이것이 정계바라밀다를 수습하는 것입니다.'라고 이와 같이 말을 지어야 하느니라.

다시 '그대 선남자여. 정계바라밀다에 상응하여 수습할 것이고, 내공이 즐겁거나 괴롭다고 상응하여 관찰하지 않아야 하며, 외공·내외공·공공·대공·승의공·유위공·무위공·필경공·무제공·산공·무변이공·본성공·자상공·공상공·일체법공·불가득공·무성공·자성공·무성자성공이 즐겁거나 괴롭다고 상응하여 관찰하지 않아야 합니다. 왜 그러한가? 내공은 내공의 자성이 공하고 외공·내외공·공공·대공·승의공·유위공·무위공·필경공·무제공·산공·무변이공·본성공·자상공·공상공·일체법공·불가득공·무성공·자성공·무성자성공은 외공, 나아가 무성자성공의 자성이 공하더라도, 이 내공의 자성은 곧 자성이 아니고 이 외공, 나아가 무성자성공의 자성도 역시 자성이 아닙니다.

만약 자성이 아닌 것이 곧 정계바라밀다라면, 이 정계바라밀다에서는 내공을 얻을 수 없고 그것의 즐거움과 괴로움도 역시 얻을 수 없으며, 외공, 나아가 무성자성공을 모두 얻을 수 없고 그것의 즐거움과 괴로움도 역시 얻을 수 없습니다. 그 까닭은 무엇인가? 이 가운데에서 오히려 내공 등도 얻을 수 없는데, 어찌 하물며 그것의 즐거움과 괴로움이 있겠습니까? 그대가 만약 이와 같이 능히 정계를 수습한다면 이것이 정계바라밀다를 수습하는 것입니다.'라고 이와 같이 말을 지어야 하느니라.

다시 '그대 선남자여. 정계바라밀다에 상응하여 수습할 것이고, 내공이 나이거나 무아라고 상응하여 관찰하지 않아야 하며, 외공·내외공·공공·대공·승의공·유위공·무위공·필경공·무제공·산공·무변이공·본성공·자상공·공상공·일체법공·불가득공·무성공·자성공·무성자성공이 나이거나 무아라고 상응하여 관찰하지 않아야 합니다. 왜 그러한가? 내공은 내공의 자성이 공하고 외공·내외공·공공·대공·승의공·유위공·무위공·필경공·무제공·산공·무변이공·본성공·자상공·공상공·일체법공·불가득공·무성공·자성공·무성자성공은 외공, 나아가 무성자성공의 자성이 공하더라도, 이 내공의 자성은 곧 자성이 아니고 이 외공, 나아가 무성자성공의 자성도 역시 자성이 아닙니다.

만약 자성이 아닌 것이 곧 정계바라밀다라면, 이 정계바라밀다에서는 내공을 얻을 수 없고 그것의 나와 무아도 역시 얻을 수 없으며, 외공, 나아가 무성자성공을 모두 얻을 수 없고 그것의 나와 무아도 역시 얻을 수 없습니다. 그 까닭은 무엇인가? 이 가운데에서 오히려 내공 등도 얻을 수 없는데, 어찌 하물며 그것의 나와 무아가 있겠습니까? 그대가 만약 이와 같이 능히 정계를 수습한다면 이것이 정계바라밀다를 수습하는 것입니다.'라고 이와 같이 말을 지어야 하느니라.

다시 '그대 선남자여. 정계바라밀다에 상응하여 수습할 것이고, 내공이 청정하거나 부정하다고 상응하여 관찰하지 않아야 하며, 외공·내외공·공공·대공·승의공·유위공·무위공·필경공·무제공·산공·무변이공·본성공·자상공·공상공·일체법공·불가득공·무성공·자성공·무성자성공이 청정하거나 부정하다고 상응하여 관찰하지 않아야 합니다. 왜 그러한가? 내공은 내공의 자성이 공하고 외공·내외공·공공·대공·승의공·유위공·무위공·필경공·무제공·산공·무변이공·본성공·자상공·공상공·일체법공·불가득공·무성공·자성공·무성자성공은 외공, 나아가 무성자성공의 자성이 공하더라도, 이 내공의 자성은 곧 자성이 아니고 이 외공, 나아가 무성자성공의 자성도 역시 자성이 아닙니다.

만약 자성이 아닌 것이 곧 정계바라밀다라면, 이 정계바라밀다에서는

내공을 얻을 수 없고 그것의 청정과 부정도 역시 얻을 수 없으며, 외공, 나아가 무성자성공을 모두 얻을 수 없고 그것의 청정과 부정도 역시 얻을 수 없습니다. 그 까닭은 무엇인가? 이 가운데에서 오히려 내공 등도 얻을 수 없는데, 어찌 하물며 그것의 청정과 부정이 있겠습니까? 그대가 만약 이와 같이 능히 정계를 수습한다면 이것이 정계바라밀다를 수습하는 것입니다.'라고 이와 같이 말을 지어야 하느니라. 교시가여. 이 선남자와 선여인 등이 이것 등을 설하였다면 이것이 널리 진정하게 정계바라밀다를 설하는 것이니라.

다시 다음으로 교시가여. 만약 선남자와 선여인 등이 무상보리심을 일으킨 자를 위하여 정계바라밀다를 널리 설한다면, '그대 선남자여. 정계바라밀다에 상응하여 수습할 것이고, 진여가 항상하거나 무상하다고 상응하여 관찰하지 않아야 하며, 법계·법성·불허망성·불변이성·평등성·이생성·법정·법주·실제·허공계·부사의계가 항상하거나 무상하다고 상응하여 관찰하지 않아야 합니다. 왜 그러한가? 진여는 진여의 자성이 공하고 법계·법성·불허망성·불변이성·평등성·이생성·법정·법주·실제·허공계·부사의계는 법계, 나아가 부사의계의 자성이 공하더라도, 이 진여의 자성은 곧 자성이 아니고 이 법계, 나아가 부사의계의 자성도 역시 자성이 아닙니다.

만약 자성이 아닌 것이 곧 정계바라밀다라면, 이 정계바라밀다에서는 진여를 얻을 수 없고 그것의 항상함과 무상함도 역시 얻을 수 없으며, 법계, 나아가 부사의계를 모두 얻을 수 없고 그것의 항상함과 무상함도 역시 얻을 수 없습니다. 그 까닭은 무엇인가? 이 가운데에서 오히려 진여 등도 얻을 수 없는데, 어찌 하물며 그것의 항상함과 무상함이 있겠습니까? 그대가 만약 이와 같이 능히 정계를 수습한다면 이것이 정계바라밀다를 수습하는 것입니다.'라고 이와 같이 말을 지어야 하느니라.

다시 '그대 선남자여. 정계바라밀다에 상응하여 수습할 것이고, 진여가 즐겁거나 괴롭다고 상응하여 관찰하지 않아야 하며, 법계·법성·불허망성·불변이성·평등성·이생성·법정·법주·실제·허공계·부사의계가 즐겁거나 괴롭다고 상응하여 관찰하지 않아야 합니다. 왜 그러한가? 진여는 진여의 자성이 공하고 법계·법성·불허망성·불변이성·평등성·이생성·법정·법주·실제·허공계·부사의계는 법계, 나아가 부사의계의 자성이 공하더라도, 이 진여의 자성은 곧 자성이 아니고 이 법계, 나아가 부사의계의 자성도 역시 자성이 아닙니다.

만약 자성이 아닌 것이 곧 정계바라밀다라면, 이 정계바라밀다에서는 진여를 얻을 수 없고 그것의 즐거움과 괴로움도 역시 얻을 수 없으며, 법계, 나아가 부사의계를 모두 얻을 수 없고 그것의 즐거움과 괴로움도 역시 얻을 수 없습니다. 그 까닭은 무엇인가? 이 가운데에서 오히려 진여 등도 얻을 수 없는데, 어찌 하물며 그것의 즐거움과 괴로움이 있겠습니까? 그대가 만약 이와 같이 능히 정계를 수습한다면 이것이 정계바라밀다를 수습하는 것입니다.'라고 이와 같이 말을 지어야 하느니라.

다시 '그대 선남자여. 정계바라밀다에 상응하여 수습할 것이고, 진여가 나이거나 무아라고 상응하여 관찰하지 않아야 하며, 법계·법성·불허망성·불변이성·평등성·이생성·법정·법주·실제·허공계·부사의계가 나이거나 무아라고 상응하여 관찰하지 않아야 합니다. 왜 그러한가? 진여는 진여의 자성이 공하고 법계·법성·불허망성·불변이성·평등성·이생성·법정·법주·실제·허공계·부사의계는 법계, 나아가 부사의계의 자성이 공하더라도, 이 진여의 자성은 곧 자성이 아니고 이 법계, 나아가 부사의계의 자성도 역시 자성이 아닙니다.

만약 자성이 아닌 것이 곧 정계바라밀다라면, 이 정계바라밀다에서는 진여를 얻을 수 없고 그것의 나와 무아도 역시 얻을 수 없으며, 법계, 나아가 부사의계를 모두 얻을 수 없고 그것의 나와 무아도 역시 얻을 수 없습니다. 그 까닭은 무엇인가? 이 가운데에서 오히려 진여 등도 얻을 수 없는데, 어찌 하물며 그것의 나와 무아가 있겠습니까? 그대가 만약 이와 같이 능히 정계를 수습한다면 이것이 정계바라밀다를 수습하는 것입니다.'라고 이와 같이 말을 지어야 하느니라.

다시 '그대 선남자여. 정계바라밀다에 상응하여 수습할 것이고, 진여가 청정하거나 부정하다고 상응하여 관찰하지 않아야 하며, 법계·법성·불허망성·불변이성·평등성·이생성·법정·법주·실제·허공계·부사의계가 청정하거나 부정하다고 상응하여 관찰하지 않아야 합니다. 왜 그러한가? 진여는 진여의 자성이 공하고 법계·법성·불허망성·불변이성·평등성·이생성·법정·법주·실제·허공계·부사의계는 법계, 나아가 부사의계의 자성이 공하더라도, 이 진여의 자성은 곧 자성이 아니고 이 법계, 나아가 부사의계의 자성도 역시 자성이 아닙니다.

만약 자성이 아닌 것이 곧 정계바라밀다라면, 이 정계바라밀다에서는 진여를 얻을 수 없고 그것의 청정과 부정도 역시 얻을 수 없으며, 법계, 나아가 부사의계를 모두 얻을 수 없고 그것의 청정과 부정도 역시 얻을 수 없습니다. 그 까닭은 무엇인가? 이 가운데에서 오히려 진여 등도 얻을 수 없는데, 어찌 하물며 그것의 청정과 부정이 있겠습니까? 그대가 만약 이와 같이 능히 정계를 수습한다면 이것이 정계바라밀다를 수습하는 것입니다.'라고 이와 같이 말을 지어야 하느니라.

교시가여. 이 선남자와 선여인 등이 이것 등을 설하였다면 이것이 널리 진정하게 정계바라밀다를 설하는 것이니라.

다시 다음으로 교시가여. 만약 선남자와 선여인 등이 무상보리심을 일으킨 자를 위하여 정계바라밀다를 널리 설한다면, '그대 선남자여. 정계바라밀다에 상응하여 수습할 것이고, 고성제가 항상하거나 무상하다고 상응하여 관찰하지 않아야 하며, 집·멸·도성제가 항상하거나 무상하다고 상응하여 관찰하지 않아야 합니다. 왜 그러한가? 고성제는 고성제의 자성이 공하고 집·멸·도성제는 집·멸·도성제의 자성이 공하더라도, 이 고성제의 자성은 곧 자성이 아니고 이 집·멸·도성제의 자성도 역시 자성이 아닙니다.

만약 자성이 아닌 것이 곧 정계바라밀다라면, 이 정계바라밀다에서는 고성제를 얻을 수 없고 그것의 항상함과 무상함도 역시 얻을 수 없으며, 집·멸·도성제를 모두 얻을 수 없고 그것의 항상함과 무상함도 역시 얻을 수 없습니다. 그 까닭은 무엇인가? 이 가운데에서 오히려 고성제 등도 얻을 수 없는데, 어찌 하물며 그것의 항상함과 무상함이 있겠습니까? 그대가 만약 이와 같이 능히 정계를 수습한다면 이것이 정계바라밀다를 수습하는 것입니다.'라고 이와 같이 말을 지어야 하느니라.

다시 '그대 선남자여. 정계바라밀다에 상응하여 수습할 것이고, 고성제가 즐겁거나 괴롭다고 상응하여 관찰하지 않아야 하며, 집·멸·도성제가 즐겁거나 괴롭다고 상응하여 관찰하지 않아야 합니다. 왜 그러한가? 고성제는 고성제의 자성이 공하고 집·멸·도성제는 집·멸·도성제의 자성이 공하더라도, 이 고성제의 자성은 곧 자성이 아니고 이 집·멸·도성제의 자성도 역시 자성이 아닙니다.

만약 자성이 아닌 것이 곧 정계바라밀다라면, 이 정계바라밀다에서는 고성제를 얻을 수 없고 그것의 즐거움과 괴로움도 역시 얻을 수 없으며, 집·멸·도성제를 모두 얻을 수 없고 그것의 즐거움과 괴로움도 역시 얻을 수 없습니다. 그 까닭은 무엇인가? 이 가운데에서 오히려 고성제 등도 얻을 수 없는데, 어찌 하물며 그것의 즐거움과 괴로움이 있겠습니까? 그대가 만약 이와 같이 능히 정계를 수습한다면 이것이 정계바라밀다를 수습하는 것입니다.'라고 이와 같이 말을 지어야 하느니라.

다시 '그대 선남자여. 정계바라밀다에 상응하여 수습할 것이고, 고성제가 나이거나 무아라고 상응하여 관찰하지 않아야 하며, 집·멸·도성제가 나이거나 무아라고 상응하여 관찰하지 않아야 합니다. 왜 그러한가? 고성제는 고성제의 자성이 공하고 집·멸·도성제는 집·멸·도성제의 자성이 공하더라도, 이 고성제의 자성은 곧 자성이 아니고 이 집·멸·도성제의 자성도 역시 자성이 아닙니다.

만약 자성이 아닌 것이 곧 정계바라밀다라면, 이 정계바라밀다에서는 고성제를 얻을 수 없고 그것의 나와 무아도 역시 얻을 수 없으며, 집·멸·도성제를 모두 얻을 수 없고 그것의 나와 무아도 역시 얻을 수 없습니다. 그 까닭은 무엇인가? 이 가운데에서 오히려 고성제 등도 얻을 수 없는데, 어찌 하물며 그것의 나와 무아가 있겠습니까? 그대가 만약 이와 같이 능히 정계를 수습한다면 이것이 정계바라밀다를 수습하는 것입니다.'라

고 이와 같이 말을 지어야 하느니라.

다시 '그대 선남자여. 정계바라밀다에 상응하여 수습할 것이고, 고성제가 청정하거나 부정하다고 상응하여 관찰하지 않아야 하며, 집·멸·도성제가 청정하거나 부정하다고 상응하여 관찰하지 않아야 합니다. 왜 그러한가? 고성제는 고성제의 자성이 공하고 집·멸·도성제는 집·멸·도성제의 자성이 공하더라도, 이 고성제의 자성은 곧 자성이 아니고 이 집·멸·도성제의 자성도 역시 자성이 아닙니다.

만약 자성이 아닌 것이 곧 정계바라밀다라면, 이 정계바라밀다에서는 고성제를 얻을 수 없고 그것의 청정과 부정도 역시 얻을 수 없으며, 집·멸·도성제를 모두 얻을 수 없고 그것의 청정과 부정도 역시 얻을 수 없습니다. 그 까닭은 무엇인가? 이 가운데에서 오히려 고성제 등도 얻을 수 없는데, 어찌 하물며 그것의 청정과 부정이 있겠습니까? 그대가 만약 이와 같이 능히 정계를 수습한다면 이것이 정계바라밀다를 수습하는 것입니다.'라고 이와 같이 말을 지어야 하느니라. 교시가여. 이 선남자와 선여인 등이 이것 등을 설하였다면 이것이 널리 진정하게 정계바라밀다를 설하는 것이니라.

다시 다음으로 교시가여. 만약 선남자와 선여인 등이 무상보리심을 일으킨 자를 위하여 정계바라밀다를 널리 설한다면, '그대 선남자여. 정계바라밀다에 상응하여 수습할 것이고, 4정려가 항상하거나 무상하다고 상응하여 관찰하지 않아야 하며, 4무량·4무색정이 항상하거나 무상하다고 상응하여 관찰하지 않아야 합니다. 왜 그러한가? 4정려는 4정려의 자성이 공하고 4무량·4무색정은 4무량·4무색정의 자성이 공하더라도, 이 4정려의 자성은 곧 자성이 아니고 이 4무량·4무색정의 자성도 역시 자성이 아닙니다.

만약 자성이 아닌 것이 곧 정계바라밀다라면, 이 정계바라밀다에서는 4정려를 얻을 수 없고 그것의 항상함과 무상함도 역시 얻을 수 없으며, 4무량·4무색정을 모두 얻을 수 없고 그것의 항상함과 무상함도 역시 얻을 수 없습니다. 그 까닭은 무엇인가? 이 가운데에서 오히려 4정려 등도 얻을 수 없는데, 어찌 하물며 그것의 항상함과 무상함이 있겠습니까? 그대가 만약 이와 같이 능히 정계를 수습한다면 이것이 정계바라밀다를 수습하는 것입니다.'라고 이와 같이 말을 지어야 하느니라.

다시 '그대 선남자여. 정계바라밀다에 상응하여 수습할 것이고, 4정려가 즐겁거나 괴롭다고 상응하여 관찰하지 않아야 하며, 4무량·4무색정이 즐겁거나 괴롭다고 상응하여 관찰하지 않아야 합니다. 왜 그러한가? 4정려는 4정려의 자성이 공하고 4무량·4무색정은 4무량·4무색정의 자성이 공하더라도, 이 4정려의 자성은 곧 자성이 아니고 이 4무량·4무색정의 자성도 역시 자성이 아닙니다.

만약 자성이 아닌 것이 곧 정계바라밀다라면, 이 정계바라밀다에서는 4정려를 얻을 수 없고 그것의 즐거움과 괴로움도 역시 얻을 수 없으며, 4무량·4무색정을 모두 얻을 수 없고 그것의 즐거움과 괴로움도 역시 얻을 수 없습니다. 그 까닭은 무엇인가? 이 가운데에서 오히려 4정려 등도 얻을 수 없는데, 어찌 하물며 그것의 즐거움과 괴로움이 있겠습니까? 그대가 만약 이와 같이 능히 정계를 수습한다면 이것이 정계바라밀다를 수습하는 것입니다.'라고 이와 같이 말을 지어야 하느니라.

다시 '그대 선남자여. 정계바라밀다에 상응하여 수습할 것이고, 4정려가 나이거나 무아라고 상응하여 관찰하지 않아야 하며, 4무량·4무색정이 나이거나 무아라고 상응하여 관찰하지 않아야 합니다. 왜 그러한가? 4정려는 4정려의 자성이 공하고 4무량·4무색정은 4무량·4무색정의 자성이 공하더라도, 이 4정려의 자성은 곧 자성이 아니고 이 4무량·4무색정의 자성도 역시 자성이 아닙니다.

만약 자성이 아닌 것이 곧 정계바라밀다라면, 이 정계바라밀다에서는 4정려를 얻을 수 없고 그것의 나와 무아도 역시 얻을 수 없으며, 4무량·4무색정을 모두 얻을 수 없고 그것의 나와 무아도 역시 얻을 수 없습니다. 그 까닭은 무엇인가? 이 가운데에서 오히려 4정려 등도 얻을 수 없는데, 어찌 하물며 그것의 나와 무아가 있겠습니까? 그대가 만약 이와 같이 능히 정계를 수습한다면 이것이 정계바라밀다를 수습하는 것입니다.'라

고 이와 같이 말을 지어야 하느니라.

다시 '그대 선남자여. 정계바라밀다에 상응하여 수습할 것이고, 4정려가 청정하거나 부정하다고 상응하여 관찰하지 않아야 하며, 4무량·4무색정이 청정하거나 부정하다고 상응하여 관찰하지 않아야 합니다. 왜 그러한가? 4정려는 4정려의 자성이 공하고 4무량·4무색정은 4무량·4무색정의 자성이 공하더라도, 이 4정려의 자성은 곧 자성이 아니고 이 4무량·4무색정의 자성도 역시 자성이 아닙니다.

만약 자성이 아닌 것이 곧 정계바라밀다라면, 이 정계바라밀다에서는 4정려를 얻을 수 없고 그것의 청정과 부정도 역시 얻을 수 없으며, 4무량·4무색정을 모두 얻을 수 없고 그것의 청정과 부정도 역시 얻을 수 없습니다. 그 까닭은 무엇인가? 이 가운데에서 오히려 4정려 등도 얻을 수 없는데, 어찌 하물며 그것의 청정과 부정이 있겠습니까? 그대가 만약 이와 같이 능히 정계를 수습한다면 이것이 정계바라밀다를 수습하는 것입니다.'라고 이와 같이 말을 지어야 하느니라. 교시가여. 이 선남자와 선여인 등이 이것 등을 설하였다면 이것이 널리 진정하게 정계바라밀다를 설하는 것이니라."

마하반야바라밀다경 제161권

30. 교량공덕품(校量功德品)(59)

"다시 다음으로 교시가여. 만약 선남자와 선여인 등이 무상보리심을 일으킨 자를 위하여 정계바라밀다를 널리 설한다면, '그대 선남자여. 정계바라밀다에 상응하여 수습할 것이고, 8해탈이 항상하거나 무상하다고 상응하여 관찰하지 않아야 하며, 8승처·9차제정·10변처가 항상하거나 무상하다고 상응하여 관찰하지 않아야 합니다. 왜 그러한가? 8해탈은 8해탈의 자성이 공하고 8승처·9차제정·10변처는 8승처·9차제정·10변처의 자성이 공하더라도, 이 8해탈의 자성은 곧 자성이 아니고 이 8승처·9차제정·10변처의 자성도 역시 자성이 아닙니다.

만약 자성이 아닌 것이 곧 정계바라밀다라면, 이 정계바라밀다에서는 8해탈을 얻을 수 없고 그것의 항상함과 무상함도 역시 얻을 수 없으며, 8승처·9차제정·10변처를 모두 얻을 수 없고 그것의 항상함과 무상함도 역시 얻을 수 없습니다. 그 까닭은 무엇인가? 이 가운데에서 오히려 8해탈 등도 얻을 수 없는데, 어찌 하물며 그것의 항상함과 무상함이 있겠습니까? 그대가 만약 이와 같이 능히 정계를 수습한다면 이것이 정계바라밀다를 수습하는 것입니다.'라고 이와 같이 말을 지어야 하느니라.

다시 '그대 선남자여. 정계바라밀다에 상응하여 수습할 것이고, 8해탈이 즐겁거나 괴롭다고 상응하여 관찰하지 않아야 하며, 8승처·9차제정·10변처가 즐겁거나 괴롭다고 상응하여 관찰하지 않아야 합니다. 왜 그러한가? 8해탈은 8해탈의 자성이 공하고 8승처·9차제정·10변처는 8승처·9차제정·10변처의 자성이 공하더라도, 이 8해탈의 자성은 곧 자성이 아니고 이 8승처·9차제정·10변처의 자성도 역시 자성이 아닙니다.

만약 자성이 아닌 것이 곧 정계바라밀다라면, 이 정계바라밀다에서는 8해탈을 얻을 수 없고 그것의 즐거움과 괴로움도 역시 얻을 수 없으며, 8승처·9차제정·10변처를 모두 얻을 수 없고 그것의 즐거움과 괴로움도 역시 얻을 수 없습니다. 그 까닭은 무엇인가? 이 가운데에서 오히려 8해탈 등도 얻을 수 없는데, 어찌 하물며 그것의 즐거움과 괴로움이 있겠습니까? 그대가 만약 이와 같이 능히 정계를 수습한다면 이것이 정계바라밀다를 수습하는 것입니다.'라고 이와 같이 말을 지어야 하느니라.

다시 '그대 선남자여. 정계바라밀다에 상응하여 수습할 것이고, 8해탈이 나이거나 무아라고 상응하여 관찰하지 않아야 하며, 8승처·9차제정·10변처가 나이거나 무아라고 상응하여 관찰하지 않아야 합니다. 왜 그러한가? 8해탈은 8해탈의 자성이 공하고 8승처·9차제정·10변처는 8승처·9차제정·10변처의 자성이 공하더라도, 이 8해탈의 자성은 곧 자성이 아니고 이 8승처·9차제정·10변처의 자성도 역시 자성이 아닙니다.

만약 자성이 아닌 것이 곧 정계바라밀다라면, 이 정계바라밀다에서는 8해탈을 얻을 수 없고 그것의 나와 무아도 역시 얻을 수 없으며, 8승처·9차제정·10변처를 모두 얻을 수 없고 그것의 나와 무아도 역시 얻을 수 없습니다. 그 까닭은 무엇인가? 이 가운데에서 오히려 8해탈 등도 얻을 수 없는데, 어찌 하물며 그것의 나와 무아가 있겠습니까? 그대가 만약 이와 같이 능히 정계를 수습한다면 이것이 정계바라밀다를 수습하는 것입니다.'라고 이와 같이 말을 지어야 하느니라.

다시 '그대 선남자여. 정계바라밀다에 상응하여 수습할 것이고, 8해탈이 청정하거나 부정하다고 상응하여 관찰하지 않아야 하며, 8승처·9차제정·10변처가 청정하거나 부정하다고 상응하여 관찰하지 않아야 합니다. 왜 그러한가? 8해탈은 8해탈의 자성이 공하고 8승처·9차제정·10변처는 8승처·9차제정·10변처의 자성이 공하더라도, 이 8해탈의 자성은 곧 자성이 아니고 이 8승처·9차제정·10변처의 자성도 역시 자성이 아닙니다.

만약 자성이 아닌 것이 곧 정계바라밀다라면, 이 정계바라밀다에서는 8해탈을 얻을 수 없고 그것의 청정과 부정도 역시 얻을 수 없으며, 8승처·9차제정·10변처를 모두 얻을 수 없고 그것의 청정과 부정도 역시 얻을 수 없습니다. 그 까닭은 무엇인가? 이 가운데에서 오히려 8해탈 등도 얻을 수 없는데, 어찌 하물며 그것의 청정과 부정이 있겠습니까? 그대가 만약 이와 같이 능히 정계를 수습한다면 이것이 정계바라밀다를 수습하는 것입니다.'라고 이와 같이 말을 지어야 하느니라.

교시가여. 이 선남자와 선여인 등이 이것 등을 설하였다면 이것이 널리 진정하게 정계바라밀다를 설하는 것이니라.

다시 다음으로 교시가여. 만약 선남자와 선여인 등이 무상보리심을 일으킨 자를 위하여 정계바라밀다를 널리 설한다면, '그대 선남자여. 정계바라밀다에 상응하여 수습할 것이고, 4념주가 항상하거나 무상하다고 상응하여 관찰하지 않아야 하며, 4정단·4신족·5근·5력·7등각지·8성도지가 항상하거나 무상하다고 상응하여 관찰하지 않아야 합니다. 왜 그러한가? 4념주는 4념주의 자성이 공하고 4정단·4신족·5근·5력·7등각지·8성도지는 4정단, 나아가 8성도지의 자성이 공하더라도, 이 4념주의 자성은 곧 자성이 아니고 이 4정단, 나아가 8성도지의 자성도 역시 자성이 아닙니다.

만약 자성이 아닌 것이 곧 정계바라밀다라면, 이 정계바라밀다에서는 4념주를 얻을 수 없고 그것의 항상함과 무상함도 역시 얻을 수 없으며, 4정단, 나아가 8성도지를 모두 얻을 수 없고 그것의 항상함과 무상함도 역시 얻을 수 없습니다. 그 까닭은 무엇인가? 이 가운데에서 오히려 4념주 등도 얻을 수 없는데, 어찌 하물며 그것의 항상함과 무상함이 있겠습니까? 그대가 만약 이와 같이 능히 정계를 수습한다면 이것이 정계바라밀다를 수습하는 것입니다.'라고 이와 같이 말을 지어야 하느니라.

다시 '그대 선남자여. 정계바라밀다에 상응하여 수습할 것이고, 4념주가 즐겁거나 괴롭다고 상응하여 관찰하지 않아야 하며, 4정단·4신족·5근·5력·7등각지·8성도지가 즐겁거나 괴롭다고 상응하여 관찰하지 않아야 합니다. 왜 그러한가? 4념주는 4념주의 자성이 공하고 4정단·4신족·5근·5력·7등각지·8성도지는 4정단, 나아가 8성도지의 자성이 공하더라도, 이 4념주의 자성은 곧 자성이 아니고 이 4정단, 나아가 8성도지의 자성도 역시 자성이 아닙니다.

만약 자성이 아닌 것이 곧 정계바라밀다라면, 이 정계바라밀다에서는 4념주를 얻을 수 없고 그것의 즐거움과 괴로움도 역시 얻을 수 없으며, 4정단, 나아가 8성도지를 모두 얻을 수 없고 그것의 즐거움과 괴로움도 역시 얻을 수 없습니다. 그 까닭은 무엇인가? 이 가운데에서 오히려 4념주 등도 얻을 수 없는데, 어찌 하물며 그것의 즐거움과 괴로움이 있겠습니까? 그대가 만약 이와 같이 능히 정계를 수습한다면 이것이 정계바라밀다를 수습하는 것입니다.'라고 이와 같이 말을 지어야 하느니라.

다시 '그대 선남자여. 정계바라밀다에 상응하여 수습할 것이고, 4념주가 나이거나 무아라고 상응하여 관찰하지 않아야 하며, 4정단·4신족·5근·5력·7등각지·8성도지가 나이거나 무아라고 상응하여 관찰하지 않아야 합니다. 왜 그러한가? 4념주는 4념주의 자성이 공하고 4정단·4신족·5근·5력·7등각지·8성도지는 4정단, 나아가 8성도지의 자성이 공하더라도, 이 4념주의 자성은 곧 자성이 아니고 이 4정단, 나아가 8성도지의 자성도 역시 자성이 아닙니다.

만약 자성이 아닌 것이 곧 정계바라밀다라면, 이 정계바라밀다에서는 4념주를 얻을 수 없고 그것의 나와 무아도 역시 얻을 수 없으며, 4정단, 나아가 8성도지를 모두 얻을 수 없고 그것의 나와 무아도 역시 얻을 수 없습니다. 그 까닭은 무엇인가? 이 가운데에서 오히려 4념주 등도 얻을 수 없는데, 어찌 하물며 그것의 나와 무아가 있겠습니까? 그대가 만약 이와 같이 능히 정계를 수습한다면 이것이 정계바라밀다를 수습하는 것입니다.'라고 이와 같이 말을 지어야 하느니라.

다시 '그대 선남자여. 정계바라밀다에 상응하여 수습할 것이고, 4념주가 청정하거나 부정하다고 상응하여 관찰하지 않아야 하며, 4정단·4신족·5근·5력·7등각지·8성도지가 청정하거나 부정하다고 상응하여 관찰하지 않아야 합니다. 왜 그러한가? 4념주는 4념주의 자성이 공하고 4정단·4신족·5근·5력·7등각지·8성도지는 4정단, 나아가 8성도지의 자성이 공하더라도, 이 4념주의 자성은 곧 자성이 아니고 이 4정단, 나아가 8성도지의 자성도 역시 자성이 아닙니다.

만약 자성이 아닌 것이 곧 정계바라밀다라면, 이 정계바라밀다에서는 4념주를 얻을 수 없고 그것의 청정과 부정도 역시 얻을 수 없으며, 4정단, 나아가 8성도지를 모두 얻을 수 없고 그것의 청정과 부정도 역시 얻을 수 없습니다. 그 까닭은 무엇인가? 이 가운데에서 오히려 4념주 등도 얻을 수 없는데, 어찌 하물며 그것의 청정과 부정이 있겠습니까? 그대가 만약 이와 같이 능히 정계를 수습한다면 이것이 정계바라밀다를 수습하는 것입니다.'라고 이와 같이 말을 지어야 하느니라.

교시가여. 이 선남자와 선여인 등이 이것 등을 설하였다면 이것이 널리 진정하게 정계바라밀다를 설하는 것이니라.

다시 다음으로 교시가여. 만약 선남자와 선여인 등이 무상보리심을 일으킨 자를 위하여 정계바라밀다를 널리 설한다면, '그대 선남자여. 정계바라밀다에 상응하여 수습할 것이고, 공해탈문이 항상하거나 무상하다고 상응하여 관찰하지 않아야 하며, 무상·무원해탈문이 항상하거나 무상하다고 상응하여 관찰하지 않아야 합니다. 왜 그러한가? 공해탈문은 공해탈문의 자성이 공하고 무상·무원해탈문은 무상·무원해탈문의 자성이 공하더라도, 이 공해탈문의 자성은 곧 자성이 아니고 이 무상·무원해탈문의 자성도 역시 자성이 아닙니다.

만약 자성이 아닌 것이 곧 정계바라밀다라면, 이 정계바라밀다에서는 공해탈문을 얻을 수 없고 그것의 항상함과 무상함도 역시 얻을 수 없으며, 무상·무원해탈문을 모두 얻을 수 없고 그것의 항상함과 무상함도 역시 얻을 수 없습니다. 그 까닭은 무엇인가? 이 가운데에서 오히려 공해탈문 등도 얻을 수 없는데, 어찌 하물며 그것의 항상함과 무상함이 있겠습니까? 그대가 만약 이와 같이 능히 정계를 수습한다면 이것이 정계바라밀다를 수습하는 것입니다.'라고 이와 같이 말을 지어야 하느니라.

다시 '그대 선남자여. 정계바라밀다에 상응하여 수습할 것이고, 공해탈문이 즐겁거나 괴롭다고 상응하여 관찰하지 않아야 하며, 무상·무원해탈문이 즐겁거나 괴롭다고 상응하여 관찰하지 않아야 합니다. 왜 그러한가? 공해탈문은 공해탈문의 자성이 공하고 무상·무원해탈문은 무상·무원해탈문의 자성이 공하더라도, 이 공해탈문의 자성은 곧 자성이 아니고 이 무상·무원해탈문의 자성도 역시 자성이 아닙니다.

만약 자성이 아닌 것이 곧 정계바라밀다라면, 이 정계바라밀다에서는 공해탈문을 얻을 수 없고 그것의 즐거움과 괴로움도 역시 얻을 수 없으며, 무상·무원해탈문을 모두 얻을 수 없고 그것의 즐거움과 괴로움도 역시 얻을 수 없습니다. 그 까닭은 무엇인가? 이 가운데에서 오히려 공해탈문 등도 얻을 수 없는데, 어찌 하물며 그것의 즐거움과 괴로움이 있겠습니까? 그대가 만약 이와 같이 능히 정계를 수습한다면 이것이 정계바라밀다를 수습하는 것입니다.'라고 이와 같이 말을 지어야 하느니라.

다시 '그대 선남자여. 정계바라밀다에 상응하여 수습할 것이고, 공해탈문이 나이거나 무아라고 상응하여 관찰하지 않아야 하며, 무상·무원해탈문이 나이거나 무아라고 상응하여 관찰하지 않아야 합니다. 왜 그러한가? 공해탈문은 공해탈문의 자성이 공하고 무상·무원해탈문은 무상·무원해탈문의 자성이 공하더라도, 이 공해탈문의 자성은 곧 자성이 아니고 이 무상·무원해탈문의 자성도 역시 자성이 아닙니다.

만약 자성이 아닌 것이 곧 정계바라밀다라면, 이 정계바라밀다에서는 공해탈문을 얻을 수 없고 그것의 나와 무아도 역시 얻을 수 없으며, 무상·무원해탈문을 모두 얻을 수 없고 그것의 나와 무아도 역시 얻을 수 없습니다. 그 까닭은 무엇인가? 이 가운데에서 오히려 공해탈문 등도 얻을 수 없는데, 어찌 하물며 그것의 나와 무아가 있겠습니까? 그대가 만약 이와 같이 능히 정계를 수습한다면 이것이 정계바라밀다를 수습하는 것입니다.'라고 이와 같이 말을 지어야 하느니라.

다시 '그대 선남자여. 정계바라밀다에 상응하여 수습할 것이고, 공해탈문이 청정하거나 부정하다고 상응하여 관찰하지 않아야 하며, 무상·무원해탈문이 청정하거나 부정하다고 상응하여 관찰하지 않아야 합니다. 왜 그러한가? 공해탈문은 공해탈문의 자성이 공하고 무상·무원해탈문은 무상·무원해탈문의 자성이 공하더라도, 이 공해탈문의 자성은 곧 자성이 아니고 이 무상·무원해탈문의 자성도 역시 자성이 아닙니다.

만약 자성이 아닌 것이 곧 정계바라밀다라면, 이 정계바라밀다에서는 공해탈문을 얻을 수 없고 그것의 청정과 부정도 역시 얻을 수 없으며, 무상·무원해탈문을 모두 얻을 수 없고 그것의 청정과 부정도 역시 얻을 수 없습니다. 그 까닭은 무엇인가? 이 가운데에서 오히려 공해탈문 등도 얻을 수 없는데, 어찌 하물며 그것의 청정과 부정이 있겠습니까? 그대가 만약 이와 같이 능히 정계를 수습한다면 이것이 정계바라밀다를 수습하는 것입니다.'라고 이와 같이 말을 지어야 하느니라. 교시가여. 이 선남자와 선여인 등이 이것 등을 설하였다면 이것이 널리 진정하게 정계바라밀다를 설하는 것이니라.

다시 다음으로 교시가여. 만약 선남자와 선여인 등이 무상보리심을 일으킨 자를 위하여 정계바라밀다를 널리 설한다면, '그대 선남자여. 정계바라밀다에 상응하여 수습할 것이고, 5안이 항상하거나 무상하다고 상응하여 관찰하지 않아야 하며, 6신통이 항상하거나 무상하다고 상응하여 관찰하지 않아야 합니다. 왜 그러한가? 5안은 5안의 자성이 공하고 6신통은 6신통의 자성이 공하더라도, 이 5안의 자성은 곧 자성이 아니고 이 6신통의 자성도 역시 자성이 아닙니다.

만약 자성이 아닌 것이 곧 정계바라밀다라면, 이 정계바라밀다에서는 5안을 얻을 수 없고 그것의 항상함과 무상함도 역시 얻을 수 없으며, 6신통을 모두 얻을 수 없고 그것의 항상함과 무상함도 역시 얻을 수 없습니다. 그 까닭은 무엇인가? 이 가운데에서 오히려 5안 등도 얻을 수 없는데, 어찌 하물며 그것의 항상함과 무상함이 있겠습니까? 그대가 만약 이와 같이 능히 정계를 수습한다면 이것이 정계바라밀다를 수습하는 것입니다.'라고 이와 같이 말을 지어야 하느니라.

다시 '그대 선남자여. 정계바라밀다에 상응하여 수습할 것이고, 5안이 즐겁거나 괴롭다고 상응하여 관찰하지 않아야 하며, 6신통이 즐겁거나 괴롭다고 상응하여 관찰하지 않아야 합니다. 왜 그러한가? 5안은 5안의 자성이 공하고 6신통은 6신통의 자성이 공하더라도, 이 5안의 자성은 곧 자성이 아니고 이 6신통의 자성도 역시 자성이 아닙니다.

만약 자성이 아닌 것이 곧 정계바라밀다라면, 이 정계바라밀다에서는 5안을 얻을 수 없고 그것의 즐거움과 괴로움도 역시 얻을 수 없으며, 6신통을 모두 얻을 수 없고 그것의 즐거움과 괴로움도 역시 얻을 수 없습니다. 그 까닭은 무엇인가? 이 가운데에서 오히려 5안 등도 얻을 수 없는데, 어찌 하물며 그것의 즐거움과 괴로움이 있겠습니까? 그대가 만약 이와 같이 능히 정계를 수습한다면 이것이 정계바라밀다를 수습하는 것입니다.'라고 이와 같이 말을 지어야 하느니라.

다시 '그대 선남자여. 정계바라밀다에 상응하여 수습할 것이고, 5안이 나이거나 무아라고 상응하여 관찰하지 않아야 하며, 6신통이 나이거나 무아라고 상응하여 관찰하지 않아야 합니다. 왜 그러한가? 5안은 5안의 자성이 공하고 6신통은 6신통의 자성이 공하더라도, 이 5안의 자성은 곧 자성이 아니고 이 6신통의 자성도 역시 자성이 아닙니다.

만약 자성이 아닌 것이 곧 정계바라밀다라면, 이 정계바라밀다에서는 5안을 얻을 수 없고 그것의 나와 무아도 역시 얻을 수 없으며, 6신통을 모두 얻을 수 없고 그것의 나와 무아도 역시 얻을 수 없습니다. 그 까닭은 무엇인가? 이 가운데에서 오히려 5안 등도 얻을 수 없는데, 어찌 하물며 그것의 나와 무아가 있겠습니까? 그대가 만약 이와 같이 능히 정계를 수습한다면 이것이 정계바라밀다를 수습하는 것입니다.'라고 이와 같이 말을 지어야 하느니라.

다시 '그대 선남자여. 정계바라밀다에 상응하여 수습할 것이고, 5안이 청정하거나 부정하다고 상응하여 관찰하지 않아야 하며, 6신통이 청정하거나 부정하다고 상응하여 관찰하지 않아야 합니다. 왜 그러한가? 5안은 5안의 자성이 공하고 6신통은 6신통의 자성이 공하더라도, 이 5안의 자성은 곧 자성이 아니고 이 6신통의 자성도 역시 자성이 아닙니다.

만약 자성이 아닌 것이 곧 정계바라밀다라면, 이 정계바라밀다에서는 5안을 얻을 수 없고 그것의 청정과 부정도 역시 얻을 수 없으며, 6신통을 모두 얻을 수 없고 그것의 청정과 부정도 역시 얻을 수 없습니다. 그 까닭은 무엇인가? 이 가운데에서 오히려 5안 등도 얻을 수 없는데, 어찌 하물며 그것의 청정과 부정이 있겠습니까? 그대가 만약 이와 같이 능히 정계를 수습한다면 이것이 정계바라밀다를 수습하는 것입니다.'라고 이와 같이 말을 지어야 하느니라. 교시가여. 이 선남자와 선여인 등이 이것 등을 설하였다면 이것이 널리 진정하게 정계바라밀다를 설하는 것이니라.

다시 다음으로 교시가여. 만약 선남자와 선여인 등이 무상보리심을 일으킨 자를 위하여 정계바라밀다를 널리 설한다면, '그대 선남자여. 정계바라밀다에 상응하여 수습할 것이고, 여래의 10력이 항상하거나 무상하다고 상응하여 관찰하지 않아야 하며, 4무소외·4무애해·대자·대비·대희·대사·18불불공법이 항상하거나 무상하다고 상응하여 관찰하지 않아야 합니다. 왜 그러한가? 여래의 10력은 여래의 10력의 자성이 공하고 4무소외·4무애해·대자·대비·대희·대사·18불불공법은 4무소외, 나아가 18불불공법의 자성이 공하더라도, 이 여래의 10력의 자성은 곧 자성이 아니고 이 4무소외, 나아가 18불불공법의 자성도 역시 자성이 아닙니다.

만약 자성이 아닌 것이 곧 정계바라밀다라면, 이 정계바라밀다에서는 여래의 10력을 얻을 수 없고 그것의 항상함과 무상함도 역시 얻을 수 없으며, 4무소외, 나아가 18불불공법을 모두 얻을 수 없고 그것의 항상함과 무상함도 역시 얻을 수 없습니다. 그 까닭은 무엇인가? 이 가운데에서 오히려 여래의 10력 등도 얻을 수 없는데, 어찌 하물며 그것의 항상함과 무상함이 있겠습니까? 그대가 만약 이와 같이 능히 정계를 수습한다면 이것이 정계바라밀다를 수습하는 것입니다.'라고 이와 같이 말을 지어야 하느니라.

다시 '그대 선남자여. 정계바라밀다에 상응하여 수습할 것이고, 여래의 10력이 즐겁거나 괴롭다고 상응하여 관찰하지 않아야 하며, 4무소외·4무애해·대자·대비·대희·대사·18불불공법이 즐겁거나 괴롭다고 상응하여 관찰하지 않아야 합니다. 왜 그러한가? 여래의 10력은 여래의 10력의 자성이 공하고 4무소외·4무애해·대자·대비·대희·대사·18불불공법은 4무소외, 나아가 18불불공법의 자성이 공하더라도, 이 여래의 10력의 자성은 곧 자성이 아니고 이 4무소외, 나아가 18불불공법의 자성도 역시 자성이 아닙니다.

만약 자성이 아닌 것이 곧 정계바라밀다라면, 이 정계바라밀다에서는 여래의 10력을 얻을 수 없고 그것의 즐거움과 괴로움도 역시 얻을 수 없으며, 4무소외, 나아가 18불불공법을 모두 얻을 수 없고 그것의 즐거움과 괴로움도 역시 얻을 수 없습니다. 그 까닭은 무엇인가? 이 가운데에서 오히려 여래의 10력 등도 얻을 수 없는데, 어찌 하물며 그것의 즐거움과 괴로움이 있겠습니까? 그대가 만약 이와 같이 능히 정계를 수습한다면 이것이 정계바라밀다를 수습하는 것입니다.'라고 이와 같이 말을 지어야 하느니라.

다시 '그대 선남자여. 정계바라밀다에 상응하여 수습할 것이고, 여래의 10력이 나이거나 무아라고 상응하여 관찰하지 않아야 하며, 4무소외·4무애해·대자·대비·대희·대사·18불불공법이 나이거나 무아라고 상응하여 관찰하지 않아야 합니다. 왜 그러한가? 여래의 10력은 여래의 10력의 자성이 공하고 4무소외·4무애해·대자·대비·대희·대사·18불불공법은 4무소외, 나아가 18불불공법의 자성이 공하더라도, 이 여래의 10력의 자성은 곧 자성이 아니고 이 4무소외, 나아가 18불불공법의 자성도 역시 자성이 아닙니다.

만약 자성이 아닌 것이 곧 정계바라밀다라면, 이 정계바라밀다에서는 여래의 10력을 얻을 수 없고 그것의 나와 무아도 역시 얻을 수 없으며, 4무소외, 나아가 18불불공법을 모두 얻을 수 없고 그것의 나와 무아도 역시 얻을 수 없습니다. 그 까닭은 무엇인가? 이 가운데에서 오히려 여래의 10력 등도 얻을 수 없는데, 어찌 하물며 그것의 나와 무아가 있겠습니까? 그대가 만약 이와 같이 능히 정계를 수습한다면 이것이 정계바라밀다를

수습하는 것입니다.'라고 이와 같이 말을 지어야 하느니라.

다시 '그대 선남자여. 정계바라밀다에 상응하여 수습할 것이고, 여래의 10력이 청정하거나 부정하다고 상응하여 관찰하지 않아야 하며, 4무소외·4무애해·대자·대비·대희·대사·18불불공법이 청정하거나 부정하다고 상응하여 관찰하지 않아야 합니다. 왜 그러한가? 여래의 10력은 여래의 10력의 자성이 공하고 4무소외·4무애해·대자·대비·대희·대사·18불불공법은 4무소외, 나아가 18불불공법의 자성이 공하더라도, 이 여래의 10력의 자성은 곧 자성이 아니고 이 4무소외, 나아가 18불불공법의 자성도 역시 자성이 아닙니다.

만약 자성이 아닌 것이 곧 정계바라밀다라면, 이 정계바라밀다에서는 여래의 10력을 얻을 수 없고 그것의 청정과 부정도 역시 얻을 수 없으며, 4무소외, 나아가 18불불공법을 모두 얻을 수 없고 그것의 청정과 부정도 역시 얻을 수 없습니다. 그 까닭은 무엇인가? 이 가운데에서 오히려 여래의 10력 등도 얻을 수 없는데, 어찌 하물며 그것의 청정과 부정이 있겠습니까? 그대가 만약 이와 같이 능히 정계를 수습한다면 이것이 정계바라밀다를 수습하는 것입니다.'라고 이와 같이 말을 지어야 하느니라. 교시가여. 이 선남자와 선여인 등이 이것 등을 설하였다면 이것이 널리 진정하게 정계바라밀다를 설하는 것이니라.

다시 다음으로 교시가여. 만약 선남자와 선여인 등이 무상보리심을 일으킨 자를 위하여 정계바라밀다를 널리 설한다면, '그대 선남자여. 정계바라밀다에 상응하여 수습할 것이고, 무망실법이 항상하거나 무상하다고 상응하여 관찰하지 않아야 하며, 항주사성이 항상하거나 무상하다고 상응하여 관찰하지 않아야 합니다. 왜 그러한가? 무망실법은 무망실법의 자성이 공하고 항주사성은 항주사성의 자성이 공하더라도, 이 무망실법의 자성은 곧 자성이 아니고 이 항주사성의 자성도 역시 자성이 아닙니다.

만약 자성이 아닌 것이 곧 정계바라밀다라면, 이 정계바라밀다에서는 무망실법을 얻을 수 없고 그것의 항상함과 무상함도 역시 얻을 수 없으며, 항주사성을 모두 얻을 수 없고 그것의 항상함과 무상함도 역시 얻을 수 없습니다. 그 까닭은 무엇인가? 이 가운데에서 오히려 무망실법 등도 얻을 수 없는데, 어찌 하물며 그것의 항상함과 무상함이 있겠습니까? 그대가 만약 이와 같이 능히 정계를 수습한다면 이것이 정계바라밀다를 수습하는 것입니다.'라고 이와 같이 말을 지어야 하느니라.

다시 '그대 선남자여. 정계바라밀다에 상응하여 수습할 것이고, 무망실법이 즐겁거나 괴롭다고 상응하여 관찰하지 않아야 하며, 항주사성이 즐겁거나 괴롭다고 상응하여 관찰하지 않아야 합니다. 왜 그러한가? 무망실법은 무망실법의 자성이 공하고 항주사성은 항주사성의 자성이 공하더라도, 이 무망실법의 자성은 곧 자성이 아니고 이 항주사성의 자성도 역시 자성이 아닙니다.

만약 자성이 아닌 것이 곧 정계바라밀다라면, 이 정계바라밀다에서는 무망실법을 얻을 수 없고 그것의 즐거움과 괴로움도 역시 얻을 수 없으며, 항주사성을 모두 얻을 수 없고 그것의 즐거움과 괴로움도 역시 얻을 수 없습니다. 그 까닭은 무엇인가? 이 가운데에서 오히려 무망실법 등도 얻을 수 없는데, 어찌 하물며 그것의 즐거움과 괴로움이 있겠습니까? 그대가 만약 이와 같이 능히 정계를 수습한다면 이것이 정계바라밀다를 수습하는 것입니다.'라고 이와 같이 말을 지어야 하느니라.

다시 '그대 선남자여. 정계바라밀다에 상응하여 수습할 것이고, 무망실법이 나이거나 무아라고 상응하여 관찰하지 않아야 하며, 항주사성이 나이거나 무아라고 상응하여 관찰하지 않아야 합니다. 왜 그러한가? 무망실법은 무망실법의 자성이 공하고 항주사성은 항주사성의 자성이 공하더라도, 이 무망실법의 자성은 곧 자성이 아니고 이 항주사성의 자성도 역시 자성이 아닙니다.

만약 자성이 아닌 것이 곧 정계바라밀다라면, 이 정계바라밀다에서는 무망실법을 얻을 수 없고 그것의 나와 무아도 역시 얻을 수 없으며, 항주사성을 모두 얻을 수 없고 그것의 나와 무아도 역시 얻을 수 없습니다. 그 까닭은 무엇인가? 이 가운데에서 오히려 무망실법 등도 얻을 수 없는데, 어찌 하물며 그것의 나와 무아가 있겠습니까? 그대가 만약 이와 같이 능히 정계를 수습한다면 이것이 정계바라밀다를 수습하는 것입니다.'라고 이와 같이 말을 지어야 하느니라.

다시 '그대 선남자여. 정계바라밀다에 상응하여 수습할 것이고, 무망실법이 청정하거나 부정하다고 상응하여 관찰하지 않아야 하며, 항주사성이 청정하거나 부정하다고 상응하여 관찰하지 않아야 합니다. 왜 그러한가? 무망실법은 무망실법의 자성이 공하고 항주사성은 항주사성의 자성이 공하더라도, 이 무망실법의 자성은 곧 자성이 아니고 이 항주사성의 자성도 역시 자성이 아닙니다.

만약 자성이 아닌 것이 곧 정계바라밀다라면, 이 정계바라밀다에서는 무망실법을 얻을 수 없고 그것의 청정과 부정도 역시 얻을 수 없으며, 항주사성을 모두 얻을 수 없고 그것의 청정과 부정도 역시 얻을 수 없습니다. 그 까닭은 무엇인가? 이 가운데에서 오히려 무망실법 등도 얻을 수 없는데, 어찌 하물며 그것의 청정과 부정이 있겠습니까? 그대가 만약 이와 같이 능히 정계를 수습한다면 이것이 정계바라밀다를 수습하는 것입니다.'라고 이와 같이 말을 지어야 하느니라. 교시가여. 이 선남자와 선여인 등이 이것 등을 설하였다면 이것이 널리 진정하게 정계바라밀다를 설하는 것이니라.

다시 다음으로 교시가여. 만약 선남자와 선여인 등이 무상보리심을 일으킨 자를 위하여 정계바라밀다를 널리 설한다면, '그대 선남자여. 정계바라밀다에 상응하여 수습할 것이고, 일체지가 항상하거나 무상하다고 상응하여 관찰하지 않아야 하며, 도상지·일체상지가 항상하거나 무상하다고 상응하여 관찰하지 않아야 합니다. 왜 그러한가? 일체지는 일체지의 자성이 공하고 도상지·일체상지는 도상지·일체상지의 자성이 공하더라도, 이 일체지의 자성은 곧 자성이 아니고 이 도상지·일체상지의 자성도 역시 자성이 아닙니다.

만약 자성이 아닌 것이 곧 정계바라밀다라면, 이 정계바라밀다에서는 일체지를 얻을 수 없고 그것의 항상함과 무상함도 역시 얻을 수 없으며, 도상지·일체상지를 모두 얻을 수 없고 그것의 항상함과 무상함도 역시 얻을 수 없습니다. 그 까닭은 무엇인가? 이 가운데에서 오히려 일체지 등도 얻을 수 없는데, 어찌 하물며 그것의 항상함과 무상함이 있겠습니까? 그대가 만약 이와 같이 능히 정계를 수습한다면 이것이 정계바라밀다를 수습하는 것입니다.'라고 이와 같이 말을 지어야 하느니라.

다시 '그대 선남자여. 정계바라밀다에 상응하여 수습할 것이고, 일체지가 즐겁거나 괴롭다고 상응하여 관찰하지 않아야 하며, 도상지·일체상지가 즐겁거나 괴롭다고 상응하여 관찰하지 않아야 합니다. 왜 그러한가? 일체지는 일체지의 자성이 공하고 도상지·일체상지는 도상지·일체상지의 자성이 공하더라도, 이 일체지의 자성은 곧 자성이 아니고 이 도상지·일체상지의 자성도 역시 자성이 아닙니다.

만약 자성이 아닌 것이 곧 정계바라밀다라면, 이 정계바라밀다에서는 일체지를 얻을 수 없고 그것의 즐거움과 괴로움도 역시 얻을 수 없으며, 도상지·일체상지를 모두 얻을 수 없고 그것의 즐거움과 괴로움도 역시 얻을 수 없습니다. 그 까닭은 무엇인가? 이 가운데에서 오히려 일체지 등도 얻을 수 없는데, 어찌 하물며 그것의 즐거움과 괴로움이 있겠습니까? 그대가 만약 이와 같이 능히 정계를 수습한다면 이것이 정계바라밀다를 수습하는 것입니다.'라고 이와 같이 말을 지어야 하느니라.

다시 '그대 선남자여. 정계바라밀다에 상응하여 수습할 것이고, 일체지가 나이거나 무아라고 상응하여 관찰하지 않아야 하며, 도상지·일체상지가 나이거나 무아라고 상응하여 관찰하지 않아야 합니다. 왜 그러한가? 일체지는 일체지의 자성이 공하고 도상지·일체상지는 도상지·일체상지의 자성이 공하더라도, 이 일체지의 자성은 곧 자성이 아니고 이 도상지·일체상지의 자성도 역시 자성이 아닙니다.

만약 자성이 아닌 것이 곧 정계바라밀다라면, 이 정계바라밀다에서는 일체지를 얻을 수 없고 그것의 나와 무아도 역시 얻을 수 없으며, 도상지·일체상지를 모두 얻을 수 없고 그것의 나와 무아도 역시 얻을 수 없습니다. 그 까닭은 무엇인가? 이 가운데에서 오히려 일체지 등도 얻을 수 없는데, 어찌 하물며 그것의 나와 무아가 있겠습니까? 그대가 만약 이와 같이 능히 정계를 수습한다면 이것이 정계바라밀다를 수습하는 것입니다.'라고 이와 같이 말을 지어야 하느니라.

다시 '그대 선남자여. 정계바라밀다에 상응하여 수습할 것이고, 일체지가 청정하거나 부정하다고 상응하여 관찰하지 않아야 하며, 도상지·일체상지가 청정하거나 부정하다고 상응하여 관찰하지 않아야 합니다. 왜 그러한가? 일체지는 일체지의 자성이 공하고 도상지·일체상지는 도상지·일체상지의 자성이 공하더라도, 이 일체지의 자성은 곧 자성이 아니고 이 도상지·일체상지의 자성도 역시 자성이 아닙니다.

만약 자성이 아닌 것이 곧 정계바라밀다라면, 이 정계바라밀다에서는 일체지를 얻을 수 없고 그것의 청정과 부정도 역시 얻을 수 없으며, 도상지·일체상지를 모두 얻을 수 없고 그것의 청정과 부정도 역시 얻을 수 없습니다. 그 까닭은 무엇인가? 이 가운데에서 오히려 일체지 등도 얻을 수 없는데, 어찌 하물며 그것의 청정과 부정이 있겠습니까? 그대가 만약 이와 같이 능히 정계를 수습한다면 이것이 정계바라밀다를 수습하는 것입니다.'라고 이와 같이 말을 지어야 하느니라. 교시가여. 이 선남자와 선여인 등이 이것 등을 설하였다면 이것이 널리 진정하게 정계바라밀다를 설하는 것이니라.

다시 다음으로 교시가여. 만약 선남자와 선여인 등이 무상보리심을 일으킨 자를 위하여 정계바라밀다를 널리 설한다면, '그대 선남자여. 정계바라밀다에 상응하여 수습할 것이고, 일체의 다라니문이 항상하거나 무상하다고 상응하여 관찰하지 않아야 하며, 일체의 삼마지문이 항상하거나 무상하다고 상응하여 관찰하지 않아야 합니다. 왜 그러한가? 일체의 다라니문은 일체의 다라니문의 자성이 공하고 일체의 삼마지문은 일체의 삼마지문의 자성이 공하더라도, 이 일체의 다라니문의 자성은 곧 자성이 아니고 이 일체의 삼마지문의 자성도 역시 자성이 아닙니다.

만약 자성이 아닌 것이 곧 정계바라밀다라면, 이 정계바라밀다에서는 일체의 다라니문을 얻을 수 없고 그것의 항상함과 무상함도 역시 얻을 수 없으며, 일체의 삼마지문을 모두 얻을 수 없고 그것의 항상함과 무상함도 역시 얻을 수 없습니다. 그 까닭은 무엇인가? 이 가운데에서 오히려 일체의 다라니문 등도 얻을 수 없는데, 어찌 하물며 그것의 항상함과 무상함이 있겠습니까? 그대가 만약 이와 같이 능히 정계를 수습한다면 이것이 정계바라밀다를 수습하는 것입니다.'라고 이와 같이 말을 지어야 하느니라.

다시 '그대 선남자여. 정계바라밀다에 상응하여 수습할 것이고, 일체의 다라니문이 즐겁거나 괴롭다고 상응하여 관찰하지 않아야 하며, 일체의 삼마지문이 즐겁거나 괴롭다고 상응하여 관찰하지 않아야 합니다. 왜 그러한가? 일체의 다라니문은 일체의 다라니문의 자성이 공하고 일체의 삼마지문은 일체의 삼마지문의 자성이 공하더라도, 이 일체의 다라니문의 자성은 곧 자성이 아니고 이 일체의 삼마지문의 자성도 역시 자성이 아닙니다.

만약 자성이 아닌 것이 곧 정계바라밀다라면, 이 정계바라밀다에서는 일체의 다라니문을 얻을 수 없고 그것의 즐거움과 괴로움도 역시 얻을 수 없으며, 일체의 삼마지문을 모두 얻을 수 없고 그것의 즐거움과 괴로움도 역시 얻을 수 없습니다. 그 까닭은 무엇인가? 이 가운데에서 오히려 일체의 다라니문 등도 얻을 수 없는데, 어찌 하물며 그것의 즐거움과 괴로움이 있겠습니까? 그대가 만약 이와 같이 능히 정계를 수습한다면 이것이 정계바라밀다를 수습하는 것입니다.'라고 이와 같이 말을 지어야 하느니라.

다시 '그대 선남자여. 정계바라밀다에 상응하여 수습할 것이고, 일체의 다라니문이 나이거나 무아라고 상응하여 관찰하지 않아야 하며, 일체의 삼마지문이 나이거나 무아라고 상응하여 관찰하지 않아야 합니다. 왜 그러한가? 일체의 다라니문은 일체의 다라니문의 자성이 공하고 일체의 삼마지문은 일체의 삼마지문의 자성이 공하더라도, 이 일체의 다라니문의 자성은 곧 자성이 아니고 이 일체의 삼마지문의 자성도 역시 자성이 아닙니다.

만약 자성이 아닌 것이 곧 정계바라밀다라면, 이 정계바라밀다에서는

일체의 다라니문을 얻을 수 없고 그것의 나와 무아도 역시 얻을 수 없으며, 일체의 삼마지문을 모두 얻을 수 없고 그것의 나와 무아도 역시 얻을 수 없습니다. 그 까닭은 무엇인가? 이 가운데에서 오히려 일체의 다라니문 등도 얻을 수 없는데, 어찌 하물며 그것의 나와 무아가 있겠습니까? 그대가 만약 이와 같이 능히 정계를 수습한다면 이것이 정계바라밀다를 수습하는 것입니다.'라고 이와 같이 말을 지어야 하느니라.

다시 '그대 선남자여. 정계바라밀다에 상응하여 수습할 것이고, 일체의 다라니문이 청정하거나 부정하다고 상응하여 관찰하지 않아야 하며, 일체의 삼마지문이 청정하거나 부정하다고 상응하여 관찰하지 않아야 합니다. 왜 그러한가? 일체의 다라니문은 일체의 다라니문의 자성이 공하고 일체의 삼마지문은 일체의 삼마지문의 자성이 공하더라도, 이 일체의 다라니문의 자성은 곧 자성이 아니고 이 일체의 삼마지문의 자성도 역시 자성이 아닙니다.

만약 자성이 아닌 것이 곧 정계바라밀다라면, 이 정계바라밀다에서는 일체의 다라니문을 얻을 수 없고 그것의 청정과 부정도 역시 얻을 수 없으며, 일체의 삼마지문을 모두 얻을 수 없고 그것의 청정과 부정도 역시 얻을 수 없습니다. 그 까닭은 무엇인가? 이 가운데에서 오히려 일체의 다라니문 등도 얻을 수 없는데, 어찌 하물며 그것의 청정과 부정이 있겠습니까? 그대가 만약 이와 같이 능히 정계를 수습한다면 이것이 정계바라밀다를 수습하는 것입니다.'라고 이와 같이 말을 지어야 하느니라. 교시가여. 이 선남자와 선여인 등이 이것 등을 설하였다면 이것이 널리 진정하게 정계바라밀다를 설하는 것이니라.

다시 다음으로 교시가여. 만약 선남자와 선여인 등이 무상보리심을 일으킨 자를 위하여 정계바라밀다를 널리 설한다면, '그대 선남자여. 정계바라밀다에 상응하여 수습할 것이고, 예류향·예류과가 항상하거나 무상하다고 상응하여 관찰하지 않아야 하며, 일래향·일래과·불환향·불환과·아라한향·아라한과가 항상하거나 무상하다고 상응하여 관찰하지 않아야 합니다. 왜 그러한가? 예류향·예류과는 예류향·예류과의 자성이 공하고 일래향·일래과·불환향·불환과·아라한향·아라한과는 일래향, 나아가 아라한과의 자성이 공하더라도, 이 예류향·예류과의 자성은 곧 자성이 아니고 이 일래향, 나아가 아라한과의 자성도 역시 자성이 아닙니다.

만약 자성이 아닌 것이 곧 정계바라밀다라면, 이 정계바라밀다에서는 예류향·예류과를 얻을 수 없고 그것의 항상함과 무상함도 역시 얻을 수 없으며, 일래향, 나아가 아라한과를 모두 얻을 수 없고 그것의 항상함과 무상함도 역시 얻을 수 없습니다. 그 까닭은 무엇인가? 이 가운데에서 오히려 예류향·예류과 등도 얻을 수 없는데, 어찌 하물며 그것의 항상함과 무상함이 있겠습니까? 그대가 만약 이와 같이 능히 정계를 수습한다면 이것이 정계바라밀다를 수습하는 것입니다.'라고 이와 같이 말을 지어야 하느니라.

다시 '그대 선남자여. 정계바라밀다에 상응하여 수습할 것이고, 예류향·예류과가 즐겁거나 괴롭다고 상응하여 관찰하지 않아야 하며, 이 일래향·일래과·불환향·불환과·아라한향·아라한과는 즐겁거나 괴롭다고 상응하여 관찰하지 않아야 합니다. 왜 그러한가? 예류향·예류과는 예류향·예류과의 자성이 공하고 일래향·일래과·불환향·불환과·아라한향·아라한과는 일래향, 나아가 아라한과의 자성이 공하더라도, 이 예류향·예류과의 자성은 곧 자성이 아니고 이 일래향, 나아가 아라한과의 자성도 역시 자성이 아닙니다.

만약 자성이 아닌 것이 곧 정계바라밀다라면, 이 정계바라밀다에서는 예류향·예류과를 얻을 수 없고 그것의 즐거움과 괴로움도 역시 얻을 수 없으며, 일래향, 나아가 아라한과를 모두 얻을 수 없고 그것의 즐거움과 괴로움도 역시 얻을 수 없습니다. 그 까닭은 무엇인가? 이 가운데에서 오히려 예류향·예류과 등도 얻을 수 없는데, 어찌 하물며 그것의 즐거움과 괴로움이 있겠습니까? 그대가 만약 이와 같이 능히 정계를 수습한다면 이것이 정계바라밀다를 수습하는 것입니다.'라고 이와 같이 말을 지어야 하느니라.

다시 '그대 선남자여. 정계바라밀다에 상응하여 수습할 것이고, 예류향·

예류과가 나이거나 무아라고 상응하여 관찰하지 않아야 하며, 일래향·일래과·불환향·불환과·아라한향·아라한과가 나이거나 무아라고 상응하여 관찰하지 않아야 합니다. 왜 그러한가? 예류향·예류과는 예류향·예류과의 자성이 공하고 일래향·일래과·불환향·불환과·아라한향·아라한과는 일래향, 나아가 아라한과의 자성이 공하더라도, 이 예류향·예류과의 자성은 곧 자성이 아니고 이 일래향, 나아가 아라한과의 자성도 역시 자성이 아닙니다.

만약 자성이 아닌 것이 곧 정계바라밀다라면, 이 정계바라밀다에서는 예류향·예류과를 얻을 수 없고 그것의 나와 무아도 역시 얻을 수 없으며, 일래향, 나아가 아라한과를 모두 얻을 수 없고 그것의 나와 무아도 역시 얻을 수 없습니다. 그 까닭은 무엇인가? 이 가운데에서 오히려 예류향·예류과 등도 얻을 수 없는데, 어찌 하물며 그것의 나와 무아가 있겠습니까? 그대가 만약 이와 같이 능히 정계를 수습한다면 이것이 정계바라밀다를 수습하는 것입니다.'라고 이와 같이 말을 지어야 하느니라.

다시 '그대 선남자여. 정계바라밀다에 상응하여 수습할 것이고, 예류향·예류과가 청정하거나 부정하다고 상응하여 관찰하지 않아야 하며, 일래향·일래과·불환향·불환과·아라한향·아라한과가 청정하거나 부정하다고 상응하여 관찰하지 않아야 합니다. 왜 그러한가? 예류향·예류과는 예류향·예류과의 자성이 공하고 일래향·일래과·불환향·불환과·아라한향·아라한과는 일래향, 나아가 아라한과의 자성이 공하더라도, 이 예류향·예류과의 자성은 곧 자성이 아니고 이 일래향, 나아가 아라한과의 자성도 역시 자성이 아닙니다.

만약 자성이 아닌 것이 곧 정계바라밀다라면, 이 정계바라밀다에서는 예류향·예류과를 얻을 수 없고 그것의 청정과 부정도 역시 얻을 수 없으며, 일래향, 나아가 아라한과를 모두 얻을 수 없고 그것의 청정과 부정도 역시 얻을 수 없습니다. 그 까닭은 무엇인가? 이 가운데에서 오히려 예류향·예류과 등도 얻을 수 없는데, 어찌 하물며 그것의 청정과 부정이 있겠습니까? 그대가 만약 이와 같이 능히 정계를 수습한다면 이것이 정계바라밀다를 수습하는 것입니다.'라고 이와 같이 말을 지어야 하느니라. 교시가여. 이 선남자와 선여인 등이 이것 등을 설하였다면 이것이 널리 진정하게 정계바라밀다를 설하는 것이니라.

다시 다음으로 교시가여. 만약 선남자와 선여인 등이 무상보리심을 일으킨 자를 위하여 정계바라밀다를 널리 설한다면, '그대 선남자여. 정계바라밀다에 상응하여 수습할 것이고, 독각의 보리가 항상하거나 무상하다고 상응하여 관찰하지 않아야 합니다. 왜 그러한가? 독각의 보리는 독각의 보리의 자성이 공하더라도, 이 독각의 보리의 자성은 곧 자성이 아닙니다.

만약 자성이 아닌 것이 곧 정계바라밀다라면, 이 정계바라밀다에서는 독각의 보리를 얻을 수 없고 그것의 항상함과 무상함도 역시 얻을 수 없습니다. 그 까닭은 무엇인가? 이 가운데에서 오히려 독각의 보리 등도 얻을 수 없는데, 어찌 하물며 그것의 항상함과 무상함이 있겠습니까? 그대가 만약 이와 같이 능히 정계를 수습한다면 이것이 정계바라밀다를 수습하는 것입니다.'라고 이와 같이 말을 지어야 하느니라.

다시 '그대 선남자여. 정계바라밀다에 상응하여 수습할 것이고, 독각의 보리가 즐겁거나 괴롭다고 상응하여 관찰하지 않아야 합니다. 왜 그러한가? 독각의 보리는 독각의 보리의 자성이 공하더라도, 이 독각의 보리의 자성은 곧 자성이 아닙니다. 만약 자성이 아닌 것이 곧 정계바라밀다라면, 이 정계바라밀다에서는 독각의 보리를 얻을 수 없고 그것의 즐거움과 괴로움도 역시 얻을 수 없습니다. 그 까닭은 무엇인가? 이 가운데에서 오히려 독각의 보리 등도 얻을 수 없는데, 어찌 하물며 그것의 즐거움과 괴로움이 있겠습니까? 그대가 만약 이와 같이 능히 정계를 수습한다면 이것이 정계바라밀다를 수습하는 것입니다.'라고 이와 같이 말을 지어야 하느니라.

다시 '그대 선남자여. 정계바라밀다에 상응하여 수습할 것이고, 독각의 보리가 나이거나 무아라고 상응하여 관찰하지 않아야 합니다. 왜 그러한가? 독각의 보리는 독각의 보리의 자성이 공하더라도, 이 독각의 보리의 자성은 곧 자성이 아닙니다. 만약 자성이 아닌 것이 곧 정계바라밀다라면, 이 정계바라밀다에서는 독각의 보리를 얻을 수 없고 그것의 나와 무아도 역시 얻을 수 없습니다. 그 까닭은 무엇인가? 이 가운데에서 오히려 독각의 보리 등도 얻을 수 없는데, 어찌 하물며 그것의 나와 무아가 있겠습니까? 그대가 만약 이와 같이 능히 정계를 수습한다면 이것이 정계바라밀다를 수습하는 것입니다.'라고 이와 같이 말을 지어야 하느니라.

다시 '그대 선남자여. 정계바라밀다에 상응하여 수습할 것이고, 독각의 보리가 청정하거나 부정하다고 상응하여 관찰하지 않아야 합니다. 왜 그러한가? 독각의 보리는 독각의 보리의 자성이 공하더라도, 이 독각의 보리의 자성은 곧 자성이 아닙니다. 만약 자성이 아닌 것이 곧 정계바라밀다라면, 이 정계바라밀다에서는 독각의 보리를 얻을 수 없고 그것의 청정과 부정도 역시 얻을 수 없습니다. 그 까닭은 무엇인가? 이 가운데에서 오히려 독각의 보리 등도 얻을 수 없는데, 어찌 하물며 그것의 청정과 부정이 있겠습니까? 그대가 만약 이와 같이 능히 정계를 수습한다면 이것이 정계바라밀다를 수습하는 것입니다.'라고 이와 같이 말을 지어야 하느니라.

교시가여. 이 선남자와 선여인 등이 이것 등을 설하였다면 이것이 널리 진정하게 정계바라밀다를 설하는 것이니라.

다시 다음으로 교시가여. 만약 선남자와 선여인 등이 무상보리심을 일으킨 자를 위하여 정계바라밀다를 널리 설한다면, '그대 선남자여. 정계바라밀다에 상응하여 수습할 것이고, 일체의 보살마하살의 행이 항상하거나 무상하다고 상응하여 관찰하지 않아야 합니다. 왜 그러한가? 일체의 보살마하살의 행은 일체의 보살마하살의 행의 자성이 공하더라도, 이 일체의 보살마하살의 행의 자성은 곧 자성이 아닙니다.

만약 자성이 아닌 것이 곧 정계바라밀다라면, 이 정계바라밀다에서는 일체의 보살마하살의 행을 얻을 수 없고 그것의 항상함과 무상함도 역시 얻을 수 없습니다. 그 까닭은 무엇인가? 이 가운데에서 오히려 일체의 보살마하살의 행 등도 얻을 수 없는데, 어찌 하물며 그것의 항상함과 무상함이 있겠습니까? 그대가 만약 이와 같이 능히 정계를 수습한다면 이것이 정계바라밀다를 수습하는 것입니다.'라고 이와 같이 말을 지어야 하느니라."

마하반야바라밀다경 제162권

30. 교량공덕품(校量功德品)(60)

“다시 ‘그대 선남자여. 정계바라밀다에 상응하여 수습할 것이고, 일체의 보살마하살의 행이 즐겁거나 괴롭다고 상응하여 관찰하지 않아야 합니다. 왜 그러한가? 일체의 보살마하살의 행은 일체의 보살마하살의 행의 자성이 공하더라도, 이 일체의 보살마하살의 행의 자성은 곧 자성이 아닙니다. 만약 자성이 아닌 것이 곧 정계바라밀다라면, 이 정계바라밀다에서는 일체의 보살마하살의 행을 얻을 수 없고 그것의 즐거움과 괴로움도 역시 얻을 수 없습니다. 그 까닭은 무엇인가? 이 가운데에서 오히려 일체의 보살마하살의 행 등도 얻을 수 없는데, 어찌 하물며 그것의 즐거움과 괴로움이 있겠습니까? 그대가 만약 이와 같이 능히 정계를 수습한다면 이것이 정계바라밀다를 수습하는 것입니다.’라고 이와 같이 말을 지어야 하느니라.

다시 ‘그대 선남자여. 정계바라밀다에 상응하여 수습할 것이고, 일체의 보살마하살의 행이 나이거나 무아라고 상응하여 관찰하지 않아야 합니다. 왜 그러한가? 일체의 보살마하살의 행은 일체의 보살마하살의 행의 자성이 공하더라도, 이 일체의 보살마하살의 행의 자성은 곧 자성이 아닙니다. 만약 자성이 아닌 것이 곧 정계바라밀다라면, 이 정계바라밀다에서는 일체의 보살마하살의 행을 얻을 수 없고 그것의 나와 무아도 역시 얻을 수 없습니다. 그 까닭은 무엇인가? 이 가운데에서 오히려 일체의 보살마하살의 행 등도 얻을 수 없는데, 어찌 하물며 그것의 나와 무아가 있겠습니까?

그대가 만약 이와 같이 능히 정계를 수습한다면 이것이 정계바라밀다를 수습하는 것입니다.'라고 이와 같이 말을 지어야 하느니라.

다시 '그대 선남자여. 정계바라밀다에 상응하여 수습할 것이고, 일체의 보살마하살의 행이 청정하거나 부정하다고 상응하여 관찰하지 않아야 합니다. 왜 그러한가? 일체의 보살마하살의 행은 일체의 보살마하살의 행의 자성이 공하더라도, 이 일체의 보살마하살의 행의 자성은 곧 자성이 아닙니다. 만약 자성이 아닌 것이 곧 정계바라밀다라면, 이 정계바라밀다에서는 일체의 보살마하살의 행을 얻을 수 없고 그것의 청정과 부정도 역시 얻을 수 없습니다. 그 까닭은 무엇인가? 이 가운데에서 오히려 일체의 보살마하살의 행 등도 얻을 수 없는데, 어찌 하물며 그것의 청정과 부정이 있겠습니까? 그대가 만약 이와 같이 능히 정계를 수습한다면 이것이 정계바라밀다를 수습하는 것입니다.'라고 이와 같이 말을 지어야 하느니라. 교시가여. 이 선남자와 선여인 등이 이것 등을 설하였다면 이것이 널리 진정하게 정계바라밀다를 설하는 것이니라.

다시 다음으로 교시가여. 만약 선남자와 선여인 등이 무상보리심을 일으킨 자를 위하여 정계바라밀다를 널리 설한다면, '그대 선남자여. 정계바라밀다에 상응하여 수습할 것이고, 제불의 무상정등보리가 항상하거나 무상하다고 상응하여 관찰하지 않아야 합니다. 왜 그러한가? 제불의 무상정등보리는 제불의 무상정등보리의 자성이 공하더라도, 이 무상정등보리의 자성은 곧 자성이 아닙니다.

만약 자성이 아닌 것이 곧 정계바라밀다라면, 이 정계바라밀다에서는 제불의 무상정등보리를 얻을 수 없고 그것의 항상함과 무상함도 역시 얻을 수 없습니다. 그 까닭은 무엇인가? 이 가운데에서 오히려 제불의 무상정등보리 등도 얻을 수 없는데, 어찌 하물며 그것의 항상함과 무상함이 있겠습니까? 그대가 만약 이와 같이 능히 정계를 수습한다면 이것이 정계바라밀다를 수습하는 것입니다.'라고 이와 같이 말을 지어야 하느니라.

다시 '그대 선남자여. 정계바라밀다에 상응하여 수습할 것이고, 제불의 무상정등보리가 즐겁거나 괴롭다고 상응하여 관찰하지 않아야 합니다.

왜 그러한가? 제불의 무상정등보리는 제불의 무상정등보리의 자성이 공하더라도, 이 제불의 무상정등보리의 자성은 곧 자성이 아닙니다. 만약 자성이 아닌 것이 곧 정계바라밀다라면, 이 정계바라밀다에서는 제불의 무상정등보리를 얻을 수 없고 그것의 즐거움과 괴로움도 역시 얻을 수 없습니다. 그 까닭은 무엇인가? 이 가운데에서 오히려 제불의 무상정등보리 등도 얻을 수 없는데, 어찌 하물며 그것의 즐거움과 괴로움이 있겠습니까? 그대가 만약 이와 같이 능히 정계를 수습한다면 이것이 정계바라밀다를 수습하는 것입니다.'라고 이와 같이 말을 지어야 하느니라.

다시 '그대 선남자여. 정계바라밀다에 상응하여 수습할 것이고, 제불의 무상정등보리가 나이거나 무아라고 상응하여 관찰하지 않아야 합니다. 왜 그러한가? 제불의 무상정등보리는 제불의 무상정등보리의 자성이 공하더라도, 이 제불의 무상정등보리의 자성은 곧 자성이 아닙니다. 만약 자성이 아닌 것이 곧 정계바라밀다라면, 이 정계바라밀다에서는 제불의 무상정등보리를 얻을 수 없고 그것의 나와 무아도 역시 얻을 수 없습니다. 그 까닭은 무엇인가? 이 가운데에서 오히려 제불의 무상정등보리 등도 얻을 수 없는데, 어찌 하물며 그것의 나와 무아가 있겠습니까? 그대가 만약 이와 같이 능히 정계를 수습한다면 이것이 정계바라밀다를 수습하는 것입니다.'라고 이와 같이 말을 지어야 하느니라.

다시 '그대 선남자여. 정계바라밀다에 상응하여 수습할 것이고, 제불의 무상정등보리가 청정하거나 부정하다고 상응하여 관찰하지 않아야 합니다. 왜 그러한가? 제불의 무상정등보리는 제불의 무상정등보리의 자성이 공하더라도, 이 제불의 무상정등보리의 자성은 곧 자성이 아닙니다. 만약 자성이 아닌 것이 곧 정계바라밀다라면, 이 정계바라밀다에서는 제불의 무상정등보리를 얻을 수 없고 그것의 청정과 부정도 역시 얻을 수 없습니다. 그 까닭은 무엇인가? 이 가운데에서 오히려 제불의 무상정등보리 등도 얻을 수 없는데, 어찌 하물며 그것의 청정과 부정이 있겠습니까? 그대가 만약 이와 같이 능히 정계를 수습한다면 이것이 정계바라밀다를 수습하는 것입니다.'라고 이와 같이 말을 지어야 하느니라. 교시가여.

이 선남자와 선여인 등이 이것 등을 설하였다면 이것이 널리 진정하게 정계바라밀다를 설하는 것이니라.”

그때 천제석이 다시 세존께 아뢰어 말하였다.

“세존이시여. 무엇을 선남자와 선여인 등이 얻을 수 없는 것으로 보시바라밀다를 설한다면, 진정한 보시바라밀다를 설한다고 이름합니까?”

세존께서 말씀하셨다.

“교시가여. 만약 선남자와 선여인 등이 무상보리심을 일으킨 자를 위하여 보시바라밀다를 널리 설한다면, ‘그대 선남자여. 보시바라밀다에 상응하여 수습할 것이고, 색이 항상하거나 무상하다고 상응하여 관찰하지 않아야 하며, 수·상·행·식이 항상하거나 무상하다고 상응하여 관찰하지 않아야 합니다. 왜 그러한가? 색은 색의 자성이 공하고 수·상·행·식은 수·상·행·식의 자성이 공하더라도, 이 색의 자성은 곧 자성이 아니고 이 수·상·행·식의 자성도 역시 자성이 아닙니다.

만약 자성이 아닌 것이 곧 보시바라밀다라면, 이 보시바라밀다에서는 색을 얻을 수 없고 그것의 항상함과 무상함도 역시 얻을 수 없으며, 수·상·행·식을 모두 얻을 수 없고 그것의 항상함과 무상함도 역시 얻을 수 없습니다. 그 까닭은 무엇인가? 이 가운데에서 오히려 색 등도 얻을 수 없는데, 어찌 하물며 그것의 항상함과 무상함이 있겠습니까? 그대가 만약 이와 같이 능히 보시를 수습한다면 이것이 보시바라밀다를 수습하는 것입니다.’라고 이와 같이 말을 지어야 하느니라.

다시 ‘그대 선남자여. 보시바라밀다에 상응하여 수습할 것이고, 색이 즐겁거나 괴롭다고 상응하여 관찰하지 않아야 하며, 수·상·행·식이 즐겁거나 괴롭다고 상응하여 관찰하지 않아야 합니다. 왜 그러한가? 색은 색의 자성이 공하고 수·상·행·식은 수·상·행·식의 자성이 공하더라도, 이 색의 자성은 곧 자성이 아니고 이 수·상·행·식의 자성도 역시 자성이 아닙니다.

만약 자성이 아닌 것이 곧 보시바라밀다라면, 이 보시바라밀다에서는

색을 얻을 수 없고 그것의 즐거움과 괴로움도 역시 얻을 수 없으며, 수·상·행·식을 모두 얻을 수 없고 그것의 즐거움과 괴로움도 역시 얻을 수 없습니다. 그 까닭은 무엇인가? 이 가운데에서 오히려 색 등도 얻을 수 없는데, 어찌 하물며 그것의 즐거움과 괴로움이 있겠습니까? 그대가 만약 이와 같이 능히 보시를 수습한다면 이것이 보시바라밀다를 수습하는 것입니다.'라고 이와 같이 말을 지어야 하느니라.

다시 '그대 선남자여. 보시바라밀다에 상응하여 수습할 것이고, 색이 나이거나 무아라고 상응하여 관찰하지 않아야 하며, 수·상·행·식이 나이거나 무아라고 상응하여 관찰하지 않아야 합니다. 왜 그러한가? 색은 색의 자성이 공하고 수·상·행·식은 수·상·행·식의 자성이 공하더라도, 이 색의 자성은 곧 자성이 아니고 이 수·상·행·식의 자성도 역시 자성이 아닙니다.

만약 자성이 아닌 것이 곧 보시바라밀다라면, 이 보시바라밀다에서는 색을 얻을 수 없고 그것의 나와 무아도 역시 얻을 수 없으며, 수·상·행·식을 모두 얻을 수 없고 그것의 나와 무아도 역시 얻을 수 없습니다. 그 까닭은 무엇인가? 이 가운데에서 오히려 색 등도 얻을 수 없는데, 어찌 하물며 그것의 나와 무아가 있겠습니까? 그대가 만약 이와 같이 능히 보시를 수습한다면 이것이 보시바라밀다를 수습하는 것입니다.'라고 이와 같이 말을 지어야 하느니라.

다시 '그대 선남자여. 보시바라밀다에 상응하여 수습할 것이고, 색이 청정하거나 부정하다고 상응하여 관찰하지 않아야 하며, 수·상·행·식이 청정하거나 부정하다고 상응하여 관찰하지 않아야 합니다. 왜 그러한가? 색은 색의 자성이 공하고 수·상·행·식은 수·상·행·식의 자성이 공하더라도, 이 색의 자성은 곧 자성이 아니고 이 수·상·행·식의 자성도 역시 자성이 아닙니다.

만약 자성이 아닌 것이 곧 보시바라밀다라면, 이 보시바라밀다에서는 색을 얻을 수 없고 그것의 청정과 부정도 역시 얻을 수 없으며, 수·상·행·식을 모두 얻을 수 없고 그것의 청정과 부정도 역시 얻을 수 없습니다.

그 까닭은 무엇인가? 이 가운데에서 오히려 색 등도 얻을 수 없는데, 어찌 하물며 그것의 청정과 부정이 있겠습니까? 그대가 만약 이와 같이 능히 보시를 수습한다면 이것이 보시바라밀다를 수습하는 것입니다.'라고 이와 같이 말을 지어야 하느니라. 교시가여. 이 선남자와 선여인 등이 이것 등을 설하였다면 이것이 널리 진정하게 보시바라밀다를 설하는 것이니라.

다시 다음으로 교시가여. 만약 선남자와 선여인 등이 무상보리심을 일으킨 자를 위하여 보시바라밀다를 널리 설한다면, '그대 선남자여. 보시바라밀다에 상응하여 수습할 것이고, 안처가 항상하거나 무상하다고 상응하여 관찰하지 않아야 하며, 이·비·설·신·의처가 항상하거나 무상하다고 상응하여 관찰하지 않아야 합니다. 왜 그러한가? 안처는 안처의 자성이 공하고 이·비·설·신·의처는 이·비·설·신·의처의 자성이 공하더라도, 이 안처의 자성은 곧 자성이 아니고 이 이·비·설·신·의처의 자성도 역시 자성이 아닙니다.

만약 자성이 아닌 것이 곧 보시바라밀다라면, 이 보시바라밀다에서는 안처를 얻을 수 없고 그것의 항상함과 무상함도 역시 얻을 수 없으며, 이·비·설·신·의처를 모두 얻을 수 없고 그것의 항상함과 무상함도 역시 얻을 수 없습니다. 그 까닭은 무엇인가? 이 가운데에서 오히려 안처 등도 얻을 수 없는데, 어찌 하물며 그것의 항상함과 무상함이 있겠습니까? 그대가 만약 이와 같이 능히 보시를 수습한다면 이것이 보시바라밀다를 수습하는 것입니다.'라고 이와 같이 말을 지어야 하느니라.

다시 '그대 선남자여. 보시바라밀다에 상응하여 수습할 것이고, 안처가 즐겁거나 괴롭다고 상응하여 관찰하지 않아야 하며, 이·비·설·신·의처가 즐겁거나 괴롭다고 상응하여 관찰하지 않아야 합니다. 왜 그러한가? 안처는 안처의 자성이 공하고 이·비·설·신·의처는 이·비·설·신·의처의 자성이 공하더라도, 이 안처의 자성은 곧 자성이 아니고 이 이·비·설·신·의처의 자성도 역시 자성이 아닙니다.

만약 자성이 아닌 것이 곧 보시바라밀다라면, 이 보시바라밀다에서는

안처를 얻을 수 없고 그것의 즐거움과 괴로움도 역시 얻을 수 없으며, 이·비·설·신·의처를 모두 얻을 수 없고 그것의 즐거움과 괴로움도 역시 얻을 수 없습니다. 그 까닭은 무엇인가? 이 가운데에서 오히려 안처 등도 얻을 수 없는데, 어찌 하물며 그것의 즐거움과 괴로움이 있겠습니까? 그대가 만약 이와 같이 능히 보시를 수습한다면 이것이 보시바라밀다를 수습하는 것입니다.'라고 이와 같이 말을 지어야 하느니라.

다시 '그대 선남자여. 보시바라밀다에 상응하여 수습할 것이고, 안처가 나이거나 무아라고 상응하여 관찰하지 않아야 하며, 이·비·설·신·의처가 나이거나 무아라고 상응하여 관찰하지 않아야 합니다. 왜 그러한가? 안처는 안처의 자성이 공하고 이·비·설·신·의처는 이·비·설·신·의처의 자성이 공하더라도, 이 안처의 자성은 곧 자성이 아니고 이 이·비·설·신·의처의 자성도 역시 자성이 아닙니다.

만약 자성이 아닌 것이 곧 보시바라밀다라면, 이 보시바라밀다에서는 안처를 얻을 수 없고 그것의 나와 무아도 역시 얻을 수 없으며, 이·비·설·신·의처를 모두 얻을 수 없고 그것의 나와 무아도 역시 얻을 수 없습니다. 그 까닭은 무엇인가? 이 가운데에서 오히려 안처 등도 얻을 수 없는데, 어찌 하물며 그것의 나와 무아가 있겠습니까? 그대가 만약 이와 같이 능히 보시를 수습한다면 이것이 보시바라밀다를 수습하는 것입니다.'라고 이와 같이 말을 지어야 하느니라.

다시 '그대 선남자여. 보시바라밀다에 상응하여 수습할 것이고, 안처가 청정하거나 부정하다고 상응하여 관찰하지 않아야 하며, 이·비·설·신·의처가 청정하거나 부정하다고 상응하여 관찰하지 않아야 합니다. 왜 그러한가? 안처는 안처의 자성이 공하고 이·비·설·신·의처는 이·비·설·신·의처의 자성이 공하더라도, 이 안처의 자성은 곧 자성이 아니고 이 이·비·설·신·의처의 자성도 역시 자성이 아닙니다.

만약 자성이 아닌 것이 곧 보시바라밀다라면, 이 보시바라밀다에서는 안처를 얻을 수 없고 그것의 청정과 부정도 역시 얻을 수 없으며, 이·비·설·신·의처를 모두 얻을 수 없고 그것의 청정과 부정도 역시 얻을 수 없습니다.

그 까닭은 무엇인가? 이 가운데에서 오히려 안처 등도 얻을 수 없는데, 어찌 하물며 그것의 청정과 부정이 있겠습니까? 그대가 만약 이와 같이 능히 보시를 수습한다면 이것이 보시바라밀다를 수습하는 것입니다.'라고 이와 같이 말을 지어야 하느니라. 교시가여. 이 선남자와 선여인 등이 이것 등을 설하였다면 이것이 널리 진정하게 보시바라밀다를 설하는 것이니라.

다시 다음으로 교시가여. 만약 선남자와 선여인 등이 무상보리심을 일으킨 자를 위하여 보시바라밀다를 널리 설한다면, '그대 선남자여. 보시바라밀다에 상응하여 수습할 것이고, 색처가 항상하거나 무상하다고 상응하여 관찰하지 않아야 하며, 성·향·미·촉·법처가 항상하거나 무상하다고 상응하여 관찰하지 않아야 합니다. 왜 그러한가? 색처는 색처의 자성이 공하고 성·향·미·촉·법처는 성·향·미·촉·법처의 자성이 공하더라도, 이 색처의 자성은 곧 자성이 아니고 이 성·향·미·촉·법처의 자성도 역시 자성이 아닙니다.

만약 자성이 아닌 것이 곧 보시바라밀다라면, 이 보시바라밀다에서는 색처를 얻을 수 없고 그것의 항상함과 무상함도 역시 얻을 수 없으며, 성·향·미·촉·법처를 모두 얻을 수 없고 그것의 항상함과 무상함도 역시 얻을 수 없습니다. 그 까닭은 무엇인가? 이 가운데에서 오히려 색처 등도 얻을 수 없는데, 어찌 하물며 그것의 항상함과 무상함이 있겠습니까? 그대가 만약 이와 같이 능히 보시를 수습한다면 이것이 보시바라밀다를 수습하는 것입니다.'라고 이와 같이 말을 지어야 하느니라.

다시 '그대 선남자여. 보시바라밀다에 상응하여 수습할 것이고, 색처가 즐겁거나 괴롭다고 상응하여 관찰하지 않아야 하며, 성·향·미·촉·법처가 즐겁거나 괴롭다고 상응하여 관찰하지 않아야 합니다. 왜 그러한가? 색처는 색처의 자성이 공하고 성·향·미·촉·법처는 성·향·미·촉·법처의 자성이 공하더라도, 이 색처의 자성은 곧 자성이 아니고 이 성·향·미·촉·법처의 자성도 역시 자성이 아닙니다.

만약 자성이 아닌 것이 곧 보시바라밀다라면, 이 보시바라밀다에서는

색처를 얻을 수 없고 그것의 즐거움과 괴로움도 역시 얻을 수 없으며, 성·향·미·촉·법처를 모두 얻을 수 없고 그것의 즐거움과 괴로움도 역시 얻을 수 없습니다. 그 까닭은 무엇인가? 이 가운데에서 오히려 색처 등도 얻을 수 없는데, 어찌 하물며 그것의 즐거움과 괴로움이 있겠습니까? 그대가 만약 이와 같이 능히 보시를 수습한다면 이것이 보시바라밀다를 수습하는 것입니다.'라고 이와 같이 말을 지어야 하느니라.

다시 '그대 선남자여. 보시바라밀다에 상응하여 수습할 것이고, 색처가 나이거나 무아라고 상응하여 관찰하지 않아야 하며, 성·향·미·촉·법처가 나이거나 무아라고 상응하여 관찰하지 않아야 합니다. 왜 그러한가? 색처는 색처의 자성이 공하고 성·향·미·촉·법처는 성·향·미·촉·법처의 자성이 공하더라도, 이 색처의 자성은 곧 자성이 아니고 이 성·향·미·촉·법처의 자성도 역시 자성이 아닙니다.

만약 자성이 아닌 것이 곧 보시바라밀다라면, 이 보시바라밀다에서는 색처를 얻을 수 없고 그것의 나와 무아도 역시 얻을 수 없으며, 성·향·미·촉·법처를 모두 얻을 수 없고 그것의 나와 무아도 역시 얻을 수 없습니다. 그 까닭은 무엇인가? 이 가운데에서 오히려 색처 등도 얻을 수 없는데, 어찌 하물며 그것의 나와 무아가 있겠습니까? 그대가 만약 이와 같이 능히 보시를 수습한다면 이것이 보시바라밀다를 수습하는 것입니다.'라고 이와 같이 말을 지어야 하느니라.

다시 '그대 선남자여. 보시바라밀다에 상응하여 수습할 것이고, 색처가 청정하거나 부정하다고 상응하여 관찰하지 않아야 하며, 성·향·미·촉·법처가 청정하거나 부정하다고 상응하여 관찰하지 않아야 합니다. 왜 그러한가? 색처는 색처의 자성이 공하고 성·향·미·촉·법처는 성·향·미·촉·법처의 자성이 공하더라도, 이 색처의 자성은 곧 자성이 아니고 이 성·향·미·촉·법처의 자성도 역시 자성이 아닙니다.

만약 자성이 아닌 것이 곧 보시바라밀다라면, 이 보시바라밀다에서는 색처를 얻을 수 없고 그것의 청정과 부정도 역시 얻을 수 없으며, 성·향·미·촉·법처를 모두 얻을 수 없고 그것의 청정과 부정도 역시 얻을 수 없습니다.

그 까닭은 무엇인가? 이 가운데에서 오히려 색처 등도 얻을 수 없는데, 어찌 하물며 그것의 청정과 부정이 있겠습니까? 그대가 만약 이와 같이 능히 보시를 수습한다면 이것이 보시바라밀다를 수습하는 것입니다.'라고 이와 같이 말을 지어야 하느니라. 교시가여. 이 선남자와 선여인 등이 이것 등을 설하였다면 이것이 널리 진정하게 보시바라밀다를 설하는 것이니라.

다시 다음으로 교시가여. 만약 선남자와 선여인 등이 무상보리심을 일으킨 자를 위하여 보시바라밀다를 널리 설한다면, '그대 선남자여. 보시바라밀다에 상응하여 수습할 것이고, 안계가 항상하거나 무상하다고 상응하여 관찰하지 않아야 하며, 색계·안식계, 나아가 안촉·안촉을 인연으로 생겨난 여러 수가 항상하거나 무상하다고 상응하여 관찰하지 않아야 합니다. 왜 그러한가? 안계는 안계의 자성이 공하고 색계·안식계, 나아가 안촉·안촉을 인연으로 생겨난 여러 수는 색계, 나아가 안촉을 인연으로 생겨난 여러 수의 자성이 공하더라도, 이 안계의 자성은 곧 자성이 아니고 이 색계, 나아가 안촉을 인연으로 생겨난 여러 수의 자성도 역시 자성이 아닙니다.

만약 자성이 아닌 것이 곧 보시바라밀다라면, 이 보시바라밀다에서는 안계를 얻을 수 없고 그것의 항상함과 무상함도 역시 얻을 수 없으며, 색계, 나아가 안촉을 인연으로 생겨난 여러 수를 모두 얻을 수 없고 그것의 항상함과 무상함도 역시 얻을 수 없습니다. 그 까닭은 무엇인가? 이 가운데에서 오히려 안계 등도 얻을 수 없는데, 어찌 하물며 그것의 항상함과 무상함이 있겠습니까? 그대가 만약 이와 같이 능히 보시를 수습한다면 이것이 보시바라밀다를 수습하는 것입니다.'라고 이와 같이 말을 지어야 하느니라.

다시 '그대 선남자여. 보시바라밀다에 상응하여 수습할 것이고, 안계가 즐겁거나 괴롭다고 상응하여 관찰하지 않아야 하며, 색계, 나아가 안촉을 인연으로 생겨난 여러 수가 즐겁거나 괴롭다고 상응하여 관찰하지 않아야 합니다. 왜 그러한가? 안계는 안계의 자성이 공하고 색계, 나아가 안촉을 인연으로 생겨난 여러 수는 색계, 나아가 안촉을 인연으로 생겨난 여러 수의 자성이 공하더라도, 이 안계의 자성은 곧 자성이 아니고 이 색계, 나아가 안촉을 인연으로 생겨난 여러 수의 자성도 역시 자성이 아닙니다.

만약 자성이 아닌 것이 곧 보시바라밀다라면, 이 보시바라밀다에서는 안계를 얻을 수 없고 그것의 즐거움과 괴로움도 역시 얻을 수 없으며, 색계, 나아가 안촉을 인연으로 생겨난 여러 수를 모두 얻을 수 없고 그것의 즐거움과 괴로움도 역시 얻을 수 없습니다. 그 까닭은 무엇인가? 이 가운데에서 오히려 안계 등도 얻을 수 없는데, 어찌 하물며 그것의 즐거움과 괴로움이 있겠습니까? 그대가 만약 이와 같이 능히 보시를 수습한다면 이것이 보시바라밀다를 수습하는 것입니다.'라고 이와 같이 말을 지어야 하느니라.

다시 '그대 선남자여. 보시바라밀다에 상응하여 수습할 것이고, 안계가 나이거나 무아라고 상응하여 관찰하지 않아야 하며, 색계, 나아가 안촉을 인연으로 생겨난 여러 수가 나이거나 무아라고 상응하여 관찰하지 않아야 합니다. 왜 그러한가? 안계는 안계의 자성이 공하고 색계, 나아가 안촉을 인연으로 생겨난 여러 수는 색계, 나아가 안촉을 인연으로 생겨난 여러 수의 자성이 공하더라도, 이 안계의 자성은 곧 자성이 아니고 이 색계, 나아가 안촉을 인연으로 생겨난 여러 수의 자성도 역시 자성이 아닙니다.

만약 자성이 아닌 것이 곧 보시바라밀다라면, 이 보시바라밀다에서는 안계를 얻을 수 없고 그것의 나와 무아도 역시 얻을 수 없으며, 색계, 나아가 안촉을 인연으로 생겨난 여러 수를 모두 얻을 수 없고 그것의 나와 무아도 역시 얻을 수 없습니다. 그 까닭은 무엇인가? 이 가운데에서 오히려 안계 등도 얻을 수 없는데, 어찌 하물며 그것의 나와 무아가 있겠습니까? 그대가 만약 이와 같이 능히 보시를 수습한다면 이것이 보시바라밀다를 수습하는 것입니다.'라고 이와 같이 말을 지어야 하느니라.

다시 '그대 선남자여. 보시바라밀다에 상응하여 수습할 것이고, 안계가 청정하거나 부정하다고 상응하여 관찰하지 않아야 하며, 색계, 나아가 안촉을 인연으로 생겨난 여러 수가 청정하거나 부정하다고 상응하여 관찰하지 않아야 합니다. 왜 그러한가? 안계는 안계의 자성이 공하고 색계, 나아가 안촉을 인연으로 생겨난 여러 수는 색계, 나아가 안촉을 인연으로 생겨난 여러 수의 자성이 공하더라도, 이 안계의 자성은 곧 자성이 아니고 이 색계, 나아가 안촉을 인연으로 생겨난 여러 수의 자성도 역시 자성이 아닙니다.

만약 자성이 아닌 것이 곧 보시바라밀다라면, 이 보시바라밀다에서는 안계를 얻을 수 없고 그것의 청정과 부정도 역시 얻을 수 없으며, 색계, 나아가 안촉을 인연으로 생겨난 여러 수를 모두 얻을 수 없고 그것의 청정과 부정도 역시 얻을 수 없습니다. 그 까닭은 무엇인가? 이 가운데에서 오히려 안계 등도 얻을 수 없는데, 어찌 하물며 그것의 청정과 부정이 있겠습니까? 그대가 만약 이와 같이 능히 보시를 수습한다면 이것이 보시바라밀다를 수습하는 것입니다.'라고 이와 같이 말을 지어야 하느니라. 교시가여. 이 선남자와 선여인 등이 이것 등을 설하였다면 이것이 널리 진정하게 보시바라밀다를 설하는 것이니라.

다시 다음으로 교시가여. 만약 선남자와 선여인 등이 무상보리심을 일으킨 자를 위하여 보시바라밀다를 널리 설한다면, '그대 선남자여. 보시바라밀다에 상응하여 수습할 것이고, 이계가 항상하거나 무상하다고 상응하여 관찰하지 않아야 하며, 성계·이식계, 나아가 이촉·이촉을 인연으로 생겨난 여러 수가 항상하거나 무상하다고 상응하여 관찰하지 않아야 합니다. 왜 그러한가? 이계는 이계의 자성이 공하고 성계·이식계, 나아가 이촉·이촉을 인연으로 생겨난 여러 수는 성계, 나아가 이촉을 인연으로 생겨난 여러 수의 자성이 공하더라도, 이 이계의 자성은 곧 자성이 아니고 이 성계, 나아가 이촉을 인연으로 생겨난 여러 수의 자성도 역시 자성이 아닙니다.

만약 자성이 아닌 것이 곧 보시바라밀다라면, 이 보시바라밀다에서는 이계를 얻을 수 없고 그것의 항상함과 무상함도 역시 얻을 수 없으며, 성계, 나아가 이촉을 인연으로 생겨난 여러 수를 모두 얻을 수 없고 그것의 항상함과 무상함도 역시 얻을 수 없습니다. 그 까닭은 무엇인가?

이 가운데에서 오히려 이계 등도 얻을 수 없는데, 어찌 하물며 그것의 항상함과 무상함이 있겠습니까? 그대가 만약 이와 같이 능히 보시를 수습한다면 이것이 보시바라밀다를 수습하는 것입니다.'라고 이와 같이 말을 지어야 하느니라.

다시 '그대 선남자여. 보시바라밀다에 상응하여 수습할 것이고, 이계가 즐겁거나 괴롭다고 상응하여 관찰하지 않아야 하며, 성계, 나아가 이촉을 인연으로 생겨난 여러 수가 즐겁거나 괴롭다고 상응하여 관찰하지 않아야 합니다. 왜 그러한가? 이계는 이계의 자성이 공하고 성계, 나아가 이촉을 인연으로 생겨난 여러 수는 성계, 나아가 이촉을 인연으로 생겨난 여러 수의 자성이 공하더라도, 이 이계의 자성은 곧 자성이 아니고 이 성계, 나아가 이촉을 인연으로 생겨난 여러 수의 자성도 역시 자성이 아닙니다.

만약 자성이 아닌 것이 곧 보시바라밀다라면, 이 보시바라밀다에서는 이계를 얻을 수 없고 그것의 즐거움과 괴로움도 역시 얻을 수 없으며, 성계, 나아가 이촉을 인연으로 생겨난 여러 수를 모두 얻을 수 없고 그것의 즐거움과 괴로움도 역시 얻을 수 없습니다. 그 까닭은 무엇인가? 이 가운데에서 오히려 이계 등도 얻을 수 없는데, 어찌 하물며 그것의 즐거움과 괴로움이 있겠습니까? 그대가 만약 이와 같이 능히 보시를 수습한다면 이것이 보시바라밀다를 수습하는 것입니다.'라고 이와 같이 말을 지어야 하느니라.

다시 '그대 선남자여. 보시바라밀다에 상응하여 수습할 것이고, 이계가 나이거나 무아라고 상응하여 관찰하지 않아야 하며, 성계, 나아가 이촉을 인연으로 생겨난 여러 수가 나이거나 무아라고 상응하여 관찰하지 않아야 합니다. 왜 그러한가? 이계는 이계의 자성이 공하고 성계, 나아가 이촉을 인연으로 생겨난 여러 수는 성계, 나아가 이촉을 인연으로 생겨난 여러 수의 자성이 공하더라도, 이 이계의 자성은 곧 자성이 아니고 이 성계, 나아가 이촉을 인연으로 생겨난 여러 수의 자성도 역시 자성이 아닙니다.

만약 자성이 아닌 것이 곧 보시바라밀다라면, 이 보시바라밀다에서는 이계를 얻을 수 없고 그것의 나와 무아도 역시 얻을 수 없으며, 성계,

나아가 이촉을 인연으로 생겨난 여러 수를 모두 얻을 수 없고 그것의 나와 무아도 역시 얻을 수 없습니다. 그 까닭은 무엇인가? 이 가운데에서 오히려 이계 등도 얻을 수 없는데, 어찌 하물며 그것의 나와 무아가 있겠습니까? 그대가 만약 이와 같이 능히 보시를 수습한다면 이것이 보시바라밀다를 수습하는 것입니다.'라고 이와 같이 말을 지어야 하느니라.

다시 '그대 선남자여. 보시바라밀다에 상응하여 수습할 것이고, 이계가 청정하거나 부정하다고 상응하여 관찰하지 않아야 하며, 성계, 나아가 이촉을 인연으로 생겨난 여러 수가 청정하거나 부정하다고 상응하여 관찰하지 않아야 합니다. 왜 그러한가? 이계는 이계의 자성이 공하고 성계, 나아가 이촉을 인연으로 생겨난 여러 수는 성계, 나아가 이촉을 인연으로 생겨난 여러 수의 자성이 공하더라도, 이 이계의 자성은 곧 자성이 아니고 이 성계, 나아가 이촉을 인연으로 생겨난 여러 수의 자성도 역시 자성이 아닙니다.

만약 자성이 아닌 것이 곧 보시바라밀다라면, 이 보시바라밀다에서는 이계를 얻을 수 없고 그것의 청정과 부정도 역시 얻을 수 없으며, 성계, 나아가 이촉을 인연으로 생겨난 여러 수를 모두 얻을 수 없고 그것의 청정과 부정도 역시 얻을 수 없습니다. 그 까닭은 무엇인가? 이 가운데에서 오히려 이계 등도 얻을 수 없는데, 어찌 하물며 그것의 청정과 부정이 있겠습니까? 그대가 만약 이와 같이 능히 보시를 수습한다면 이것이 보시바라밀다를 수습하는 것입니다.'라고 이와 같이 말을 지어야 하느니라. 교시가여. 이 선남자와 선여인 등이 이것 등을 설하였다면 이것이 널리 진정하게 보시바라밀다를 설하는 것이니라.

다시 다음으로 교시가여. 만약 선남자와 선여인 등이 무상보리심을 일으킨 자를 위하여 보시바라밀다를 널리 설한다면, '그대 선남자여. 보시바라밀다에 상응하여 수습할 것이고, 비계가 항상하거나 무상하다고 상응하여 관찰하지 않아야 하며, 향계·비식계, 나아가 비촉·비촉을 인연으로 생겨난 여러 수가 항상하거나 무상하다고 상응하여 관찰하지 않아야 합니다. 왜 그러한가? 비계는 비계의 자성이 공하고 향계·비식계, 나아가 비촉·비촉을 인연으로 생겨난 여러 수는 향계, 나아가 비촉을 인연으로 생겨난 여러 수의 자성이 공하더라도, 이 비계의 자성은 곧 자성이 아니고 이 향계, 나아가 비촉을 인연으로 생겨난 여러 수의 자성도 역시 자성이 아닙니다.

만약 자성이 아닌 것이 곧 보시바라밀다라면, 이 보시바라밀다에서는 비계를 얻을 수 없고 그것의 항상함과 무상함도 역시 얻을 수 없으며, 향계, 나아가 비촉을 인연으로 생겨난 여러 수를 모두 얻을 수 없고 그것의 항상함과 무상함도 역시 얻을 수 없습니다. 그 까닭은 무엇인가? 이 가운데에서 오히려 비계 등도 얻을 수 없는데, 어찌 하물며 그것의 항상함과 무상함이 있겠습니까? 그대가 만약 이와 같이 능히 보시를 수습한다면 이것이 보시바라밀다를 수습하는 것입니다.'라고 이와 같이 말을 지어야 하느니라.

다시 '그대 선남자여. 보시바라밀다에 상응하여 수습할 것이고, 비계가 즐겁거나 괴롭다고 상응하여 관찰하지 않아야 하며, 향계, 나아가 비촉을 인연으로 생겨난 여러 수가 즐겁거나 괴롭다고 상응하여 관찰하지 않아야 합니다. 왜 그러한가? 비계는 비계의 자성이 공하고 향계, 나아가 비촉을 인연으로 생겨난 여러 수는 향계, 나아가 비촉을 인연으로 생겨난 여러 수의 자성이 공하더라도, 이 비계의 자성은 곧 자성이 아니고 이 향계, 나아가 비촉을 인연으로 생겨난 여러 수의 자성도 역시 자성이 아닙니다.

만약 자성이 아닌 것이 곧 보시바라밀다라면, 이 보시바라밀다에서는 비계를 얻을 수 없고 그것의 즐거움과 괴로움도 역시 얻을 수 없으며, 향계, 나아가 비촉을 인연으로 생겨난 여러 수를 모두 얻을 수 없고 그것의 즐거움과 괴로움도 역시 얻을 수 없습니다. 그 까닭은 무엇인가? 이 가운데에서 오히려 비계 등도 얻을 수 없는데, 어찌 하물며 그것의 즐거움과 괴로움이 있겠습니까? 그대가 만약 이와 같이 능히 보시를 수습한다면 이것이 보시바라밀다를 수습하는 것입니다.'라고 이와 같이 말을 지어야 하느니라.

다시 '그대 선남자여. 보시바라밀다에 상응하여 수습할 것이고, 비계가 나이거나 무아라고 상응하여 관찰하지 않아야 하며, 향계, 나아가 비촉을 인연으로 생겨난 여러 수가 나이거나 무아라고 상응하여 관찰하지 않아야 합니다. 왜 그러한가? 비계는 비계의 자성이 공하고 향계, 나아가 비촉을 인연으로 생겨난 여러 수는 향계, 나아가 비촉을 인연으로 생겨난 여러 수의 자성이 공하더라도, 이 비계의 자성은 곧 자성이 아니고 이 향계, 나아가 비촉을 인연으로 생겨난 여러 수의 자성도 역시 자성이 아닙니다.

만약 자성이 아닌 것이 곧 보시바라밀다라면, 이 보시바라밀다에서는 비계를 얻을 수 없고 그것의 나와 무아도 역시 얻을 수 없으며, 향계, 나아가 비촉을 인연으로 생겨난 여러 수를 모두 얻을 수 없고 그것의 나와 무아도 역시 얻을 수 없습니다. 그 까닭은 무엇인가? 이 가운데에서 오히려 비계 등도 얻을 수 없는데, 어찌 하물며 그것의 나와 무아가 있겠습니까? 그대가 만약 이와 같이 능히 보시를 수습한다면 이것이 보시바라밀다를 수습하는 것입니다.'라고 이와 같이 말을 지어야 하느니라.

다시 '그대 선남자여. 보시바라밀다에 상응하여 수습할 것이고, 비계가 청정하거나 부정하다고 상응하여 관찰하지 않아야 하며, 향계, 나아가 비촉을 인연으로 생겨난 여러 수가 청정하거나 부정하다고 상응하여 관찰하지 않아야 합니다. 왜 그러한가? 비계는 비계의 자성이 공하고 향계, 나아가 비촉을 인연으로 생겨난 여러 수는 향계, 나아가 비촉을 인연으로 생겨난 여러 수의 자성이 공하더라도, 이 비계의 자성은 곧 자성이 아니고 이 향계, 나아가 비촉을 인연으로 생겨난 여러 수의 자성도 역시 자성이 아닙니다.

만약 자성이 아닌 것이 곧 보시바라밀다라면, 이 보시바라밀다에서는 비계를 얻을 수 없고 그것의 청정과 부정도 역시 얻을 수 없으며, 향계, 나아가 비촉을 인연으로 생겨난 여러 수를 모두 얻을 수 없고 그것의 청정과 부정도 역시 얻을 수 없습니다. 그 까닭은 무엇인가? 이 가운데에서 오히려 비계 등도 얻을 수 없는데, 어찌 하물며 그것의 청정과 부정이 있겠습니까? 그대가 만약 이와 같이 능히 보시를 수습한다면 이것이 보시바라밀다를 수습하는 것입니다.'라고 이와 같이 말을 지어야 하느니

라. 교시가여. 이 선남자와 선여인 등이 이것 등을 설하였다면 이것이 널리 진정하게 보시바라밀다를 설하는 것이니라.

다시 다음으로 교시가여. 만약 선남자와 선여인 등이 무상보리심을 일으킨 자를 위하여 보시바라밀다를 널리 설한다면, '그대 선남자여. 보시바라밀다에 상응하여 수습할 것이고, 설계가 항상하거나 무상하다고 상응하여 관찰하지 않아야 하며, 미계·설식계, 나아가 설촉·설촉을 인연으로 생겨난 여러 수가 항상하거나 무상하다고 상응하여 관찰하지 않아야 합니다. 왜 그러한가? 설계는 설계의 자성이 공하고 미계·설식계, 나아가 설촉·설촉을 인연으로 생겨난 여러 수는 미계, 나아가 설촉을 인연으로 생겨난 여러 수의 자성이 공하더라도, 이 설계의 자성은 곧 자성이 아니고 미계, 나아가 설촉을 인연으로 생겨난 여러 수의 자성도 역시 자성이 아닙니다.

만약 자성이 아닌 것이 곧 보시바라밀다라면, 이 보시바라밀다에서는 설계를 얻을 수 없고 그것의 항상함과 무상함도 역시 얻을 수 없으며, 미계, 나아가 설촉을 인연으로 생겨난 여러 수를 모두 얻을 수 없고 그것의 항상함과 무상함도 역시 얻을 수 없습니다. 그 까닭은 무엇인가? 이 가운데에서 오히려 설계 등도 얻을 수 없는데, 어찌 하물며 그것의 항상함과 무상함이 있겠습니까? 그대가 만약 이와 같이 능히 보시를 수습한다면 이것이 보시바라밀다를 수습하는 것입니다.'라고 이와 같이 말을 지어야 하느니라.

다시 '그대 선남자여. 보시바라밀다에 상응하여 수습할 것이고, 설계가 즐겁거나 괴롭다고 상응하여 관찰하지 않아야 하며, 미계, 나아가 설촉을 인연으로 생겨난 여러 수가 즐겁거나 괴롭다고 상응하여 관찰하지 않아야 합니다. 왜 그러한가? 설계는 설계의 자성이 공하고 미계, 나아가 설촉을 인연으로 생겨난 여러 수는 미계, 나아가 설촉을 인연으로 생겨난 여러 수의 자성이 공하더라도, 이 설계의 자성은 곧 자성이 아니고 미계, 나아가 설촉을 인연으로 생겨난 여러 수의 자성도 역시 자성이 아닙니다.

만약 자성이 아닌 것이 곧 보시바라밀다라면, 이 보시바라밀다에서는

설계를 얻을 수 없고 그것의 즐거움과 괴로움도 역시 얻을 수 없으며, 미계, 나아가 설촉을 인연으로 생겨난 여러 수를 모두 얻을 수 없고 그것의 즐거움과 괴로움도 역시 얻을 수 없습니다. 그 까닭은 무엇인가? 이 가운데에서 오히려 설계 등도 얻을 수 없는데, 어찌 하물며 그것의 즐거움과 괴로움이 있겠습니까? 그대가 만약 이와 같이 능히 보시를 수습한다면 이것이 보시바라밀다를 수습하는 것입니다.'라고 이와 같이 말을 지어야 하느니라.

다시 '그대 선남자여. 보시바라밀다에 상응하여 수습할 것이고, 설계가 나이거나 무아라고 상응하여 관찰하지 않아야 하며, 미계, 나아가 설촉을 인연으로 생겨난 여러 수가 나이거나 무아라고 상응하여 관찰하지 않아야 합니다. 왜 그러한가? 설계는 설계의 자성이 공하고 미계, 나아가 설촉을 인연으로 생겨난 여러 수는 미계, 나아가 설촉을 인연으로 생겨난 여러 수의 자성이 공하더라도, 이 설계의 자성은 곧 자성이 아니고 이 미계, 나아가 설촉을 인연으로 생겨난 여러 수의 자성도 역시 자성이 아닙니다.

만약 자성이 아닌 것이 곧 보시바라밀다라면, 이 보시바라밀다에서는 설계를 얻을 수 없고 그것의 나와 무아도 역시 얻을 수 없으며, 미계, 나아가 설촉을 인연으로 생겨난 여러 수를 모두 얻을 수 없고 그것의 나와 무아도 역시 얻을 수 없습니다. 그 까닭은 무엇인가? 이 가운데에서 오히려 설계 등도 얻을 수 없는데, 어찌 하물며 그것의 나와 무아가 있겠습니까? 그대가 만약 이와 같이 능히 보시를 수습한다면 이것이 보시바라밀다를 수습하는 것입니다.'라고 이와 같이 말을 지어야 하느니라.

다시 '그대 선남자여. 보시바라밀다에 상응하여 수습할 것이고, 설계가 청정하거나 부정하다고 상응하여 관찰하지 않아야 하며, 미계, 나아가 설촉을 인연으로 생겨난 여러 수가 청정하거나 부정하다고 상응하여 관찰하지 않아야 합니다. 왜 그러한가? 설계는 설계의 자성이 공하고 미계, 나아가 설촉을 인연으로 생겨난 여러 수는 미계, 나아가 설촉을 인연으로 생겨난 여러 수의 자성이 공하더라도, 이 설계의 자성은 곧 자성이 아니고 이 미계, 나아가 설촉을 인연으로 생겨난 여러 수의 자성도 역시 자성이 아닙니다.

만약 자성이 아닌 것이 곧 보시바라밀다라면, 이 보시바라밀다에서는 설계를 얻을 수 없고 그것의 청정과 부정도 역시 얻을 수 없으며, 미계, 나아가 설촉을 인연으로 생겨난 여러 수를 모두 얻을 수 없고 그것의 청정과 부정도 역시 얻을 수 없습니다. 그 까닭은 무엇인가? 이 가운데에서 오히려 설계 등도 얻을 수 없는데, 어찌 하물며 그것의 청정과 부정이 있겠습니까? 그대가 만약 이와 같이 능히 보시를 수습한다면 이것이 보시바라밀다를 수습하는 것입니다.'라고 이와 같이 말을 지어야 하느니라. 교시가여. 이 선남자와 선여인 등이 이것 등을 설하였다면 이것이 널리 진정하게 보시바라밀다를 설하는 것이니라."

마하반야바라밀다경 제163권

30. 교량공덕품(校量功德品)(61)

“다시 다음으로 교시가여. 만약 선남자와 선여인 등이 무상보리심을 일으킨 자를 위하여 보시바라밀다를 널리 설한다면, ‘그대 선남자여. 보시바라밀다에 상응하여 수습할 것이고, 신계가 항상하거나 무상하다고 상응하여 관찰하지 않아야 하며, 촉계·신식계, 나아가 신촉·신촉을 인연으로 생겨난 여러 수가 항상하거나 무상하다고 상응하여 관찰하지 않아야 합니다. 왜 그러한가? 신계는 신계의 자성이 공하고 촉계·신식계, 나아가 신촉·신촉을 인연으로 생겨난 여러 수는 촉계, 나아가 신촉을 인연으로 생겨난 여러 수의 자성이 공하더라도, 이 신계의 자성은 곧 자성이 아니고 촉계, 나아가 신촉을 인연으로 생겨난 여러 수의 자성도 역시 자성이 아닙니다.

만약 자성이 아닌 것이 곧 보시바라밀다라면, 이 보시바라밀다에서는 신계를 얻을 수 없고 그것의 항상함과 무상함도 역시 얻을 수 없으며, 촉계, 나아가 신촉을 인연으로 생겨난 여러 수를 모두 얻을 수 없고 그것의 항상함과 무상함도 역시 얻을 수 없습니다. 그 까닭은 무엇인가? 이 가운데에서 오히려 신계 등도 얻을 수 없는데, 어찌 하물며 그것의 항상함과 무상함이 있겠습니까? 그대가 만약 이와 같이 능히 보시를 수습한다면 이것이 보시바라밀다를 수습하는 것입니다.’라고 이와 같이 말을 지어야 하느니라.

다시 ‘그대 선남자여. 보시바라밀다에 상응하여 수습할 것이고, 신계가 즐겁거나 괴롭다고 상응하여 관찰하지 않아야 하며, 촉계, 나아가 신촉을 인연으로 생겨난 여러 수가 즐겁거나 괴롭다고 상응하여 관찰하지 않아야 합니다. 왜 그러한가? 신계는 신계의 자성이 공하고 촉계, 나아가 신촉을 인연으로 생겨난 여러 수는 촉계, 나아가 신촉을 인연으로 생겨난 여러 수의 자성이 공하더라도, 이 신계의 자성은 곧 자성이 아니고 촉계, 나아가 신촉을 인연으로 생겨난 여러 수의 자성도 역시 자성이 아닙니다.

만약 자성이 아닌 것이 곧 보시바라밀다라면, 이 보시바라밀다에서는 신계를 얻을 수 없고 그것의 즐거움과 괴로움도 역시 얻을 수 없으며, 촉계, 나아가 신촉을 인연으로 생겨난 여러 수를 모두 얻을 수 없고 그것의 즐거움과 괴로움도 역시 얻을 수 없습니다. 그 까닭은 무엇인가? 이 가운데에서 오히려 신계 등도 얻을 수 없는데, 어찌 하물며 그것의 즐거움과 괴로움이 있겠습니까? 그대가 만약 이와 같이 능히 보시를 수습한다면 이것이 보시바라밀다를 수습하는 것입니다.'라고 이와 같이 말을 지어야 하느니라.

다시 '그대 선남자여. 보시바라밀다에 상응하여 수습할 것이고, 신계가 나이거나 무아라고 상응하여 관찰하지 않아야 하며, 촉계, 나아가 신촉을 인연으로 생겨난 여러 수가 나이거나 무아라고 상응하여 관찰하지 않아야 합니다. 왜 그러한가? 신계는 신계의 자성이 공하고 촉계, 나아가 신촉을 인연으로 생겨난 여러 수는 촉계, 나아가 신촉을 인연으로 생겨난 여러 수의 자성이 공하더라도, 이 신계의 자성은 곧 자성이 아니고 이 촉계, 나아가 신촉을 인연으로 생겨난 여러 수의 자성도 역시 자성이 아닙니다.

만약 자성이 아닌 것이 곧 보시바라밀다라면, 이 보시바라밀다에서는 신계를 얻을 수 없고 그것의 나와 무아도 역시 얻을 수 없으며, 촉계, 나아가 신촉을 인연으로 생겨난 여러 수를 모두 얻을 수 없고 그것의 나와 무아도 역시 얻을 수 없습니다. 그 까닭은 무엇인가? 이 가운데에서 오히려 신계 등도 얻을 수 없는데, 어찌 하물며 그것의 나와 무아가 있겠습니까? 그대가 만약 이와 같이 능히 보시를 수습한다면 이것이 보시바라밀다를 수습하는 것입니다.'라고 이와 같이 말을 지어야 하느니라.

다시 '그대 선남자여. 보시바라밀다에 상응하여 수습할 것이고, 신계가 청정하거나 부정하다고 상응하여 관찰하지 않아야 하며, 촉계, 나아가 신촉을 인연으로 생겨난 여러 수가 청정하거나 부정하다고 상응하여 관찰하지 않아야 합니다. 왜 그러한가? 신계는 신계의 자성이 공하고 촉계, 나아가 신촉을 인연으로 생겨난 여러 수는 촉계, 나아가 신촉을 인연으로 생겨난 여러 수의 자성이 공하더라도, 이 신계의 자성은 곧 자성이 아니고 이 촉계, 나아가 신촉을 인연으로 생겨난 여러 수의 자성도 역시 자성이 아닙니다.

만약 자성이 아닌 것이 곧 보시바라밀다라면, 이 보시바라밀다에서는 신계를 얻을 수 없고 그것의 청정과 부정도 역시 얻을 수 없으며, 촉계, 나아가 신촉을 인연으로 생겨난 여러 수를 모두 얻을 수 없고 그것의 청정과 부정도 역시 얻을 수 없습니다. 그 까닭은 무엇인가? 이 가운데에서 오히려 신계 등도 얻을 수 없는데, 어찌 하물며 그것의 청정과 부정이 있겠습니까? 그대가 만약 이와 같이 능히 보시를 수습한다면 이것이 보시바라밀다를 수습하는 것입니다.'라고 이와 같이 말을 지어야 하느니라. 교시가여. 이 선남자와 선여인 등이 이것 등을 설하였다면 이것이 널리 진정하게 보시바라밀다를 설하는 것이니라."

다시 다음으로 교시가여. 만약 선남자와 선여인 등이 무상보리심을 일으킨 자를 위하여 보시바라밀다를 널리 설한다면, '그대 선남자여. 보시바라밀다에 상응하여 수습할 것이고, 의계가 항상하거나 무상하다고 상응하여 관찰하지 않아야 하며, 법계·의식계, 나아가 의촉·의촉을 인연으로 생겨난 여러 수가 항상하거나 무상하다고 상응하여 관찰하지 않아야 합니다. 왜 그러한가? 의계는 의계의 자성이 공하고 법계·의식계, 나아가 의촉·의촉을 인연으로 생겨난 여러 수는 법계, 나아가 의촉을 인연으로 생겨난 여러 수의 자성이 공하더라도, 이 의계의 자성은 곧 자성이 아니고 이 법계, 나아가 의촉을 인연으로 생겨난 여러 수의 자성도 역시 자성이 아닙니다.

만약 자성이 아닌 것이 곧 보시바라밀다라면, 이 보시바라밀다에서는

의계를 얻을 수 없고 그것의 항상함과 무상함도 역시 얻을 수 없으며, 법계, 나아가 의촉을 인연으로 생겨난 여러 수를 모두 얻을 수 없고 그것의 항상함과 무상함도 역시 얻을 수 없습니다. 그 까닭은 무엇인가? 이 가운데에서 오히려 의계 등도 얻을 수 없는데, 어찌 하물며 그것의 항상함과 무상함이 있겠습니까? 그대가 만약 이와 같이 능히 보시를 수습한다면 이것이 보시바라밀다를 수습하는 것입니다.'라고 이와 같이 말을 지어야 하느니라.

다시 '그대 선남자여. 보시바라밀다에 상응하여 수습할 것이고, 의계가 즐겁거나 괴롭다고 상응하여 관찰하지 않아야 하며, 법계, 나아가 의촉을 인연으로 생겨난 여러 수가 즐겁거나 괴롭다고 상응하여 관찰하지 않아야 합니다. 왜 그러한가? 의계는 의계의 자성이 공하고 법계, 나아가 의촉을 인연으로 생겨난 여러 수는 법계, 나아가 의촉을 인연으로 생겨난 여러 수의 자성이 공하더라도, 이 의계의 자성은 곧 자성이 아니고 이 법계, 나아가 의촉을 인연으로 생겨난 여러 수의 자성도 역시 자성이 아닙니다.

만약 자성이 아닌 것이 곧 보시바라밀다라면, 이 보시바라밀다에서는 의계를 얻을 수 없고 그것의 즐거움과 괴로움도 역시 얻을 수 없으며, 법계, 나아가 의촉을 인연으로 생겨난 여러 수를 모두 얻을 수 없고 그것의 즐거움과 괴로움도 역시 얻을 수 없습니다. 그 까닭은 무엇인가? 이 가운데에서 오히려 의계 등도 얻을 수 없는데, 어찌 하물며 그것의 즐거움과 괴로움이 있겠습니까? 그대가 만약 이와 같이 능히 보시를 수습한다면 이것이 보시바라밀다를 수습하는 것입니다.'라고 이와 같이 말을 지어야 하느니라.

다시 '그대 선남자여. 보시바라밀다에 상응하여 수습할 것이고, 의계가 나이거나 무아라고 상응하여 관찰하지 않아야 하며, 법계, 나아가 의촉을 인연으로 생겨난 여러 수가 나이거나 무아라고 상응하여 관찰하지 않아야 합니다. 왜 그러한가? 의계는 의계의 자성이 공하고 법계, 나아가 의촉을 인연으로 생겨난 여러 수는 법계, 나아가 의촉을 인연으로 생겨난 여러 수의 자성이 공하더라도, 이 의계의 자성은 곧 자성이 아니고 이 법계,

나아가 의촉을 인연으로 생겨난 여러 수의 자성도 역시 자성이 아닙니다.

만약 자성이 아닌 것이 곧 보시바라밀다라면, 이 보시바라밀다에서는 의계를 얻을 수 없고 그것의 나와 무아도 역시 얻을 수 없으며, 법계, 나아가 의촉을 인연으로 생겨난 여러 수를 모두 얻을 수 없고 그것의 나와 무아도 역시 얻을 수 없습니다. 그 까닭은 무엇인가? 이 가운데에서 오히려 의계 등도 얻을 수 없는데, 어찌 하물며 그것의 나와 무아가 있겠습니까? 그대가 만약 이와 같이 능히 보시를 수습한다면 이것이 보시바라밀다를 수습하는 것입니다.'라고 이와 같이 말을 지어야 하느니라.

다시 '그대 선남자여. 보시바라밀다에 상응하여 수습할 것이고, 의계가 청정하거나 부정하다고 상응하여 관찰하지 않아야 하며, 법계, 나아가 의촉을 인연으로 생겨난 여러 수가 청정하거나 부정하다고 상응하여 관찰하지 않아야 합니다. 왜 그러한가? 의계는 의계의 자성이 공하고 법계, 나아가 의촉을 인연으로 생겨난 여러 수는 법계, 나아가 의촉을 인연으로 생겨난 여러 수의 자성이 공하더라도, 이 의계의 자성은 곧 자성이 아니고 이 법계, 나아가 의촉을 인연으로 생겨난 여러 수의 자성도 역시 자성이 아닙니다.

만약 자성이 아닌 것이 곧 보시바라밀다라면, 이 보시바라밀다에서는 의계를 얻을 수 없고 그것의 청정과 부정도 역시 얻을 수 없으며, 법계, 나아가 의촉을 인연으로 생겨난 여러 수를 모두 얻을 수 없고 그것의 청정과 부정도 역시 얻을 수 없습니다. 그 까닭은 무엇인가? 이 가운데에서 오히려 의계 등도 얻을 수 없는데, 어찌 하물며 그것의 청정과 부정이 있겠습니까? 그대가 만약 이와 같이 능히 보시를 수습한다면 이것이 보시바라밀다를 수습하는 것입니다.'라고 이와 같이 말을 지어야 하느니라. 교시가여. 이 선남자와 선여인 등이 이것 등을 설하였다면 이것이 널리 진정하게 보시바라밀다를 설하는 것이니라.

다시 다음으로 교시가여. 만약 선남자와 선여인 등이 무상보리심을 일으킨 자를 위하여 보시바라밀다를 널리 설한다면, '그대 선남자여. 보시바라밀다에 상응하여 수습할 것이고, 지계가 항상하거나 무상하다고 상응하여 관찰하지 않아야 하며, 수·화·풍·공·식계가 항상하거나 무상하다고 상응하여 관찰하지 않아야 합니다. 왜 그러한가? 지계는 지계의 자성이 공하고 수·화·풍·공·식계는 수·화·풍·공·식계의 자성이 공하더라도, 이 지계의 자성은 곧 자성이 아니고 이 수·화·풍·공·식계의 자성도 역시 자성이 아닙니다.

만약 자성이 아닌 것이 곧 보시바라밀다라면, 이 보시바라밀다에서는 지계를 얻을 수 없고 그것의 항상함과 무상함도 역시 얻을 수 없으며, 수·화·풍·공·식계를 모두 얻을 수 없고 그것의 항상함과 무상함도 역시 얻을 수 없습니다. 그 까닭은 무엇인가? 이 가운데에서 오히려 지계 등도 얻을 수 없는데, 어찌 하물며 그것의 항상함과 무상함이 있겠습니까? 그대가 만약 이와 같이 능히 보시를 수습한다면 이것이 보시바라밀다를 수습하는 것입니다.'라고 이와 같이 말을 지어야 하느니라.

다시 '그대 선남자여. 보시바라밀다에 상응하여 수습할 것이고, 지계가 즐겁거나 괴롭다고 상응하여 관찰하지 않아야 하며, 수·화·풍·공·식계가 즐겁거나 괴롭다고 상응하여 관찰하지 않아야 합니다. 왜 그러한가? 지계는 지계의 자성이 공하고 수·화·풍·공·식계는 수·화·풍·공·식계의 자성이 공하더라도, 이 지계의 자성은 곧 자성이 아니고 이 수·화·풍·공·식계의 자성도 역시 자성이 아닙니다.

만약 자성이 아닌 것이 곧 보시바라밀다라면, 이 보시바라밀다에서는 지계를 얻을 수 없고 그것의 즐거움과 괴로움도 역시 얻을 수 없으며, 수·화·풍·공·식계를 모두 얻을 수 없고 그것의 즐거움과 괴로움도 역시 얻을 수 없습니다. 그 까닭은 무엇인가? 이 가운데에서 오히려 지계 등도 얻을 수 없는데, 어찌 하물며 그것의 즐거움과 괴로움이 있겠습니까? 그대가 만약 이와 같이 능히 보시를 수습한다면 이것이 보시바라밀다를 수습하는 것입니다.'라고 이와 같이 말을 지어야 하느니라.

다시 '그대 선남자여. 보시바라밀다에 상응하여 수습할 것이고, 지계가 나이거나 무아라고 상응하여 관찰하지 않아야 하며, 수·화·풍·공·식계가 나이거나 무아라고 상응하여 관찰하지 않아야 합니다. 왜 그러한가?

지계는 지계의 자성이 공하고 수·화·풍·공·식계는 수·화·풍·공·식계의 자성이 공하더라도, 이 지계의 자성은 곧 자성이 아니고 이 수·화·풍·공·식계의 자성도 역시 자성이 아닙니다.

만약 자성이 아닌 것이 곧 보시바라밀다라면, 이 보시바라밀다에서는 지계를 얻을 수 없고 그것의 나와 무아도 역시 얻을 수 없으며, 수·화·풍·공·식계를 모두 얻을 수 없고 그것의 나와 무아도 역시 얻을 수 없습니다. 그 까닭은 무엇인가? 이 가운데에서 오히려 지계 등도 얻을 수 없는데, 어찌 하물며 그것의 나와 무아가 있겠습니까? 그대가 만약 이와 같이 능히 보시를 수습한다면 이것이 보시바라밀다를 수습하는 것입니다.'라고 이와 같이 말을 지어야 하느니라.

다시 '그대 선남자여. 보시바라밀다에 상응하여 수습할 것이고, 지계가 청정하거나 부정하다고 상응하여 관찰하지 않아야 하며, 수·화·풍·공·식계가 청정하거나 부정하다고 상응하여 관찰하지 않아야 합니다. 왜 그러한가? 지계는 지계의 자성이 공하고 수·화·풍·공·식계는 수·화·풍·공·식계의 자성이 공하더라도, 이 지계의 자성은 곧 자성이 아니고 이 수·화·풍·공·식계의 자성도 역시 자성이 아닙니다.

만약 자성이 아닌 것이 곧 보시바라밀다라면, 이 보시바라밀다에서는 지계를 얻을 수 없고 그것의 청정과 부정도 역시 얻을 수 없으며, 수·화·풍·공·식계를 모두 얻을 수 없고 그것의 청정과 부정도 역시 얻을 수 없습니다. 그 까닭은 무엇인가? 이 가운데에서 오히려 지계 등도 얻을 수 없는데, 어찌 하물며 그것의 청정과 부정이 있겠습니까? 그대가 만약 이와 같이 능히 보시를 수습한다면 이것이 보시바라밀다를 수습하는 것입니다.'라고 이와 같이 말을 지어야 하느니라. 교시가여. 이 선남자와 선여인 등이 이것 등을 설하였다면 이것이 널리 진정하게 보시바라밀다를 설하는 것이니라.

다시 다음으로 교시가여. 만약 선남자와 선여인 등이 무상보리심을 일으킨 자를 위하여 보시바라밀다를 널리 설한다면, '그대 선남자여. 보시바라밀다에 상응하여 수습할 것이고, 무명이 항상하거나 무상하다고 상응하여 관찰하지 않아야 하며, 행·식·명색·육처·촉·수·애·취·유·생·노사의 수탄고우뇌가 항상하거나 무상하다고 상응하여 관찰하지 않아야 합니다. 왜 그러한가? 무명은 무명의 자성이 공하고 행·식·명색·육처·촉·수·애·취·유·생·노사의 수탄고우뇌는 행, 나아가 노사의 수탄고우뇌의 자성이 공하더라도, 이 무명의 자성은 곧 자성이 아니고 이 행, 나아가 노사의 수탄고우뇌의 자성도 역시 자성이 아닙니다.

만약 자성이 아닌 것이 곧 보시바라밀다라면, 이 보시바라밀다에서는 무명을 얻을 수 없고 그것의 항상함과 무상함도 역시 얻을 수 없으며, 행, 나아가 노사의 수탄고우뇌를 모두 얻을 수 없고 그것의 항상함과 무상함도 역시 얻을 수 없습니다. 그 까닭은 무엇인가? 이 가운데에서 오히려 무명 등도 얻을 수 없는데, 어찌 하물며 그것의 항상함과 무상함이 있겠습니까? 그대가 만약 이와 같이 능히 보시를 수습한다면 이것이 보시바라밀다를 수습하는 것입니다.'라고 이와 같이 말을 지어야 하느니라.

다시 '그대 선남자여. 보시바라밀다에 상응하여 수습할 것이고, 무명이 즐겁거나 괴롭다고 상응하여 관찰하지 않아야 하며, 행·식·명색·육처·촉·수·애·취·유·생·노사의 수탄고우뇌가 즐겁거나 괴롭다고 상응하여 관찰하지 않아야 합니다. 왜 그러한가? 무명은 무명의 자성이 공하고 행·식·명색·육처·촉·수·애·취·유·생·노사의 수탄고우뇌는 행, 나아가 노사의 수탄고우뇌의 자성이 공하더라도, 이 무명의 자성은 곧 자성이 아니고 이 행, 나아가 노사의 수탄고우뇌의 자성도 역시 자성이 아닙니다.

만약 자성이 아닌 것이 곧 보시바라밀다라면, 이 보시바라밀다에서는 무명을 얻을 수 없고 그것의 즐거움과 괴로움도 역시 얻을 수 없으며, 행, 나아가 노사의 수탄고우뇌를 모두 얻을 수 없고 그것의 즐거움과 괴로움도 역시 얻을 수 없습니다. 그 까닭은 무엇인가? 이 가운데에서 오히려 무명 등도 얻을 수 없는데, 어찌 하물며 그것의 즐거움과 괴로움이 있겠습니까? 그대가 만약 이와 같이 능히 보시를 수습한다면 이것이 보시바라밀다를 수습하는 것입니다.'라고 이와 같이 말을 지어야 하느니라.

다시 '그대 선남자여. 보시바라밀다에 상응하여 수습할 것이고, 무명이 나이거나 무아라고 상응하여 관찰하지 않아야 하며, 행·식·명색·육처·촉·수·애·취·유·생·노사의 수탄고우뇌가 나이거나 무아라고 상응하여 관찰하지 않아야 합니다. 왜 그러한가? 무명은 무명의 자성이 공하고 행·식·명색·육처·촉·수·애·취·유·생·노사의 수탄고우뇌는 행, 나아가 노사의 수탄고우뇌의 자성이 공하더라도, 이 무명의 자성은 곧 자성이 아니고 이 행, 나아가 노사의 수탄고우뇌의 자성도 역시 자성이 아닙니다.

만약 자성이 아닌 것이 곧 보시바라밀다라면, 이 보시바라밀다에서는 무명을 얻을 수 없고 그것의 나와 무아도 역시 얻을 수 없으며, 행, 나아가 노사의 수탄고우뇌를 모두 얻을 수 없고 그것의 나와 무아도 역시 얻을 수 없습니다. 그 까닭은 무엇인가? 이 가운데에서 오히려 무명 등도 얻을 수 없는데, 어찌 하물며 그것의 나와 무아가 있겠습니까? 그대가 만약 이와 같이 능히 보시를 수습한다면 이것이 보시바라밀다를 수습하는 것입니다.'라고 이와 같이 말을 지어야 하느니라.

다시 '그대 선남자여. 보시바라밀다에 상응하여 수습할 것이고, 무명이 청정하거나 부정하다고 상응하여 관찰하지 않아야 하며, 행·식·명색·육처·촉·수·애·취·유·생·노사의 수탄고우뇌가 청정하거나 부정하다고 상응하여 관찰하지 않아야 합니다. 왜 그러한가? 무명은 무명의 자성이 공하고 행·식·명색·육처·촉·수·애·취·유·생·노사의 수탄고우뇌는 행, 나아가 노사의 수탄고우뇌의 자성이 공하더라도, 이 무명의 자성은 곧 자성이 아니고 이 행, 나아가 노사의 수탄고우뇌의 자성도 역시 자성이 아닙니다.

만약 자성이 아닌 것이 곧 보시바라밀다라면, 이 보시바라밀다에서는 무명을 얻을 수 없고 그것의 청정과 부정도 역시 얻을 수 없으며, 행, 나아가 노사의 수탄고우뇌를 모두 얻을 수 없고 그것의 청정과 부정도 역시 얻을 수 없습니다. 그 까닭은 무엇인가? 이 가운데에서 오히려 무명 등도 얻을 수 없는데, 어찌 하물며 그것의 청정과 부정이 있겠습니까? 그대가 만약 이와 같이 능히 보시를 수습한다면 이것이 보시바라밀다를 수습하는 것입니다.'라고 이와 같이 말을 지어야 하느니라. 교시가여.

이 선남자와 선여인 등이 이것 등을 설하였다면 이것이 널리 진정하게 보시바라밀다를 설하는 것이니라.

다시 다음으로 교시가여. 만약 선남자와 선여인 등이 무상보리심을 일으킨 자를 위하여 보시바라밀다를 널리 설한다면, '그대 선남자여. 보시바라밀다에 상응하여 수습할 것이고, 보시바라밀다가 항상하거나 무상하다고 상응하여 관찰하지 않아야 하며, 정계·안인·정진·정려·반야바라밀다가 항상하거나 무상하다고 상응하여 관찰하지 않아야 합니다. 왜 그러한가? 보시바라밀다는 보시바라밀다의 자성이 공하고 정계·안인·정진·정려·반야바라밀다는 정계·안인·정진·정려·반야바라밀다의 자성이 공하더라도, 이 보시바라밀다의 자성은 곧 자성이 아니고 이 정계·안인·정진·정려·반야바라밀다의 자성도 역시 자성이 아닙니다.

만약 자성이 아닌 것이 곧 보시바라밀다라면, 이 보시바라밀다에서는 보시바라밀다를 얻을 수 없고 그것의 항상함과 무상함도 역시 얻을 수 없으며, 정계, 나아가 반야바라밀다를 모두 얻을 수 없고 그것의 항상함과 무상함도 역시 얻을 수 없습니다. 그 까닭은 무엇인가? 이 가운데에서 오히려 보시바라밀다 등도 얻을 수 없는데, 어찌 하물며 그것의 항상함과 무상함이 있겠습니까? 그대가 만약 이와 같이 능히 보시를 수습한다면 이것이 보시바라밀다를 수습하는 것입니다.'라고 이와 같이 말을 지어야 하느니라.

다시 '그대 선남자여. 보시바라밀다에 상응하여 수습할 것이고, 보시바라밀다가 즐겁거나 괴롭다고 상응하여 관찰하지 않아야 하며, 정계·안인·정진·정려·반야바라밀다가 즐겁거나 괴롭다고 상응하여 관찰하지 않아야 합니다. 왜 그러한가? 보시바라밀다는 보시바라밀다의 자성이 공하고 정계·안인·정진·정려·반야바라밀다는 정계·안인·정진·정려·반야바라밀다의 자성이 공하더라도, 이 보시바라밀다의 자성은 곧 자성이 아니고 이 정계·안인·정진·정려·반야바라밀다의 자성도 역시 자성이 아닙니다.

만약 자성이 아닌 것이 곧 보시바라밀다라면, 이 보시바라밀다에서는 보시바라밀다를 얻을 수 없고 그것의 즐거움과 괴로움도 역시 얻을 수 없으며, 정계·안인·정진·정려·반야바라밀다를 모두 얻을 수 없고 그것의 즐거움과 괴로움도 역시 얻을 수 없습니다. 그 까닭은 무엇인가? 이 가운데에서 오히려 보시바라밀다 등도 얻을 수 없는데, 어찌 하물며 그것의 즐거움과 괴로움이 있겠습니까? 그대가 만약 이와 같이 능히 보시를 수습한다면 이것이 보시바라밀다를 수습하는 것입니다.'라고 이와 같이 말을 지어야 하느니라.

다시 '그대 선남자여. 보시바라밀다에 상응하여 수습할 것이고, 보시바라밀다가 나이거나 무아라고 상응하여 관찰하지 않아야 하며, 정계·안인·정진·정려·반야바라밀다가 나이거나 무아라고 상응하여 관찰하지 않아야 합니다. 왜 그러한가? 보시바라밀다는 보시바라밀다의 자성이 공하고 정계·안인·정진·정려·반야바라밀다는 정계·안인·정진·정려·반야바라밀다의 자성이 공하더라도, 이 보시바라밀다의 자성은 곧 자성이 아니고 이 정계·안인·정진·정려·반야바라밀다의 자성도 역시 자성이 아닙니다.

만약 자성이 아닌 것이 곧 보시바라밀다라면, 이 보시바라밀다에서는 보시바라밀다를 얻을 수 없고 그것의 나와 무아도 역시 얻을 수 없으며, 정계·안인·정진·정려·반야바라밀다를 모두 얻을 수 없고 그것의 나와 무아도 역시 얻을 수 없습니다. 그 까닭은 무엇인가? 이 가운데에서 오히려 보시바라밀다 등도 얻을 수 없는데, 어찌 하물며 그것의 나와 무아가 있겠습니까? 그대가 만약 이와 같이 능히 보시를 수습한다면 이것이 보시바라밀다를 수습하는 것입니다.'라고 이와 같이 말을 지어야 하느니라.

다시 '그대 선남자여. 보시바라밀다에 상응하여 수습할 것이고, 보시바라밀다가 청정하거나 부정하다고 상응하여 관찰하지 않아야 하며, 정계·안인·정진·정려·반야바라밀다가 청정하거나 부정하다고 상응하여 관찰하지 않아야 합니다. 왜 그러한가? 보시바라밀다는 보시바라밀다의 자성이 공하고 정계·안인·정진·정려·반야바라밀다는 정계·안인·정진·정려·반야바라밀다의 자성이 공하더라도, 이 보시바라밀다의 자성은 곧 자성이 아니고 이 정계·안인·정진·정려·반야바라밀다의 자성도 역시 자성이 아닙니다.

만약 자성이 아닌 것이 곧 보시바라밀다라면, 이 보시바라밀다에서는 보시바라밀다를 얻을 수 없고 그것의 청정과 부정도 역시 얻을 수 없으며, 정계·안인·정진·정려·반야바라밀다를 모두 얻을 수 없고 그것의 청정과 부정도 역시 얻을 수 없습니다. 그 까닭은 무엇인가? 이 가운데에서 오히려 보시바라밀다 등도 얻을 수 없는데, 어찌 하물며 그것의 청정과 부정이 있겠습니까? 그대가 만약 이와 같이 능히 보시를 수습한다면 이것이 보시바라밀다를 수습하는 것입니다.'라고 이와 같이 말을 지어야 하느니라. 교시가여. 이 선남자와 선여인 등이 이것 등을 설하였다면 이것이 널리 진정하게 보시바라밀다를 설하는 것이니라.

다시 다음으로 교시가여. 만약 선남자와 선여인 등이 무상보리심을 일으킨 자를 위하여 보시바라밀다를 널리 설한다면, '그대 선남자여. 보시바라밀다에 상응하여 수습할 것이고, 내공이 항상하거나 무상하다고 상응하여 관찰하지 않아야 하며, 외공·내외공·공공·대공·승의공·유위공·무위공·필경공·무제공·산공·무변이공·본성공·자상공·공상공·일체법공·불가득공·무성공·자성공·무성자성공이 항상하거나 무상하다고 상응하여 관찰하지 않아야 합니다. 왜 그러한가? 내공은 내공의 자성이 공하고 외공·내외공·공공·대공·승의공·유위공·무위공·필경공·무제공·산공·무변이공·본성공·자상공·공상공·일체법공·불가득공·무성공·자성공·무성자성공은 외공, 나아가 무성자성공의 자성이 공하더라도, 이 내공의 자성은 곧 자성이 아니고 이 외공, 나아가 무성자성공의 자성도 역시 자성이 아닙니다.

만약 자성이 아닌 것이 곧 보시바라밀다라면, 이 보시바라밀다에서는 내공을 얻을 수 없고 그것의 항상함과 무상함도 역시 얻을 수 없으며, 외공, 나아가 무성자성공을 모두 얻을 수 없고 그것의 항상함과 무상함도 역시 얻을 수 없습니다. 그 까닭은 무엇인가? 이 가운데에서 오히려 내공 등도 얻을 수 없는데, 어찌 하물며 그것의 항상함과 무상함이 있겠습니까? 그대가 만약 이와 같이 능히 보시를 수습한다면 이것이 보시바라밀다를 수습하는 것입니다.'라고 이와 같이 말을 지어야 하느니라.

다시 '그대 선남자여. 보시바라밀다에 상응하여 수습할 것이고, 내공이 즐겁거나 괴롭다고 상응하여 관찰하지 않아야 하며, 외공·내외공·공공·대공·승의공·유위공·무위공·필경공·무제공·산공·무변이공·본성공·자상공·공상공·일체법공·불가득공·무성공·자성공·무성자성공이 즐겁거나 괴롭다고 상응하여 관찰하지 않아야 합니다. 왜 그러한가? 내공은 내공의 자성이 공하고 외공·내외공·공공·대공·승의공·유위공·무위공·필경공·무제공·산공·무변이공·본성공·자상공·공상공·일체법공·불가득공·무성공·자성공·무성자성공은 외공, 나아가 무성자성공의 자성이 공하더라도, 이 내공의 자성은 곧 자성이 아니고 이 외공, 나아가 무성자성공의 자성도 역시 자성이 아닙니다.

만약 자성이 아닌 것이 곧 보시바라밀다라면, 이 보시바라밀다에서는 내공을 얻을 수 없고 그것의 즐거움과 괴로움도 역시 얻을 수 없으며, 외공, 나아가 무성자성공을 모두 얻을 수 없고 그것의 즐거움과 괴로움도 역시 얻을 수 없습니다. 그 까닭은 무엇인가? 이 가운데에서 오히려 내공 등도 얻을 수 없는데, 어찌 하물며 그것의 즐거움과 괴로움이 있겠습니까? 그대가 만약 이와 같이 능히 보시를 수습한다면 이것이 보시바라밀다를 수습하는 것입니다.'라고 이와 같이 말을 지어야 하느니라.

다시 '그대 선남자여. 보시바라밀다에 상응하여 수습할 것이고, 내공이 나이거나 무아라고 상응하여 관찰하지 않아야 하며, 외공·내외공·공공·대공·승의공·유위공·무위공·필경공·무제공·산공·무변이공·본성공·자상공·공상공·일체법공·불가득공·무성공·자성공·무성자성공이 나이거나 무아라고 상응하여 관찰하지 않아야 합니다. 왜 그러한가? 내공은 내공의 자성이 공하고 외공·내외공·공공·대공·승의공·유위공·무위공·필경공·무제공·산공·무변이공·본성공·자상공·공상공·일체법공·불가득공·무성공·자성공·무성자성공은 외공, 나아가 무성자성공의 자성이 공하더라도, 이 내공의 자성은 곧 자성이 아니고 이 외공, 나아가 무성자성공의 자성도 역시 자성이 아닙니다.

만약 자성이 아닌 것이 곧 보시바라밀다라면, 이 보시바라밀다에서는 내공을 얻을 수 없고 그것의 나와 무아도 역시 얻을 수 없으며, 외공, 나아가 무성자성공을 모두 얻을 수 없고 그것의 나와 무아도 역시 얻을 수 없습니다. 그 까닭은 무엇인가? 이 가운데에서 오히려 내공 등도 얻을 수 없는데, 어찌 하물며 그것의 나와 무아가 있겠습니까? 그대가 만약 이와 같이 능히 보시를 수습한다면 이것이 보시바라밀다를 수습하는 것입니다.'라고 이와 같이 말을 지어야 하느니라.

다시 '그대 선남자여. 보시바라밀다에 상응하여 수습할 것이고, 내공이 청정하거나 부정하다고 상응하여 관찰하지 않아야 하며, 외공·내외공·공공·대공·승의공·유위공·무위공·필경공·무제공·산공·무변이공·본성공·자상공·공상공·일체법공·불가득공·무성공·자성공·무성자성공이 청정하거나 부정하다고 상응하여 관찰하지 않아야 합니다. 왜 그러한가? 내공은 내공의 자성이 공하고 외공·내외공·공공·대공·승의공·유위공·무위공·필경공·무제공·산공·무변이공·본성공·자상공·공상공·일체법공·불가득공·무성공·자성공·무성자성공은 외공, 나아가 무성자성공의 자성이 공하더라도, 이 내공의 자성은 곧 자성이 아니고 이 외공, 나아가 무성자성공의 자성도 역시 자성이 아닙니다.

만약 자성이 아닌 것이 곧 보시바라밀다라면, 이 보시바라밀다에서는 내공을 얻을 수 없고 그것의 청정과 부정도 역시 얻을 수 없으며, 외공, 나아가 무성자성공을 모두 얻을 수 없고 그것의 청정과 부정도 역시 얻을 수 없습니다. 그 까닭은 무엇인가? 이 가운데에서 오히려 내공 등도 얻을 수 없는데, 어찌 하물며 그것의 청정과 부정이 있겠습니까? 그대가 만약 이와 같이 능히 보시를 수습한다면 이것이 보시바라밀다를 수습하는 것입니다.'라고 이와 같이 말을 지어야 하느니라. 교시가여. 이 선남자와 선여인 등이 이것 등을 설하였다면 이것이 널리 진정하게 보시바라밀다를 설하는 것이니라.

다시 다음으로 교시가여. 만약 선남자와 선여인 등이 무상보리심을 일으킨 자를 위하여 보시바라밀다를 널리 설한다면, '그대 선남자여.

보시바라밀다에 상응하여 수습할 것이고, 진여가 항상하거나 무상하다고 상응하여 관찰하지 않아야 하며, 법계·법성·불허망성·불변이성·평등성·이생성·법정·법주·실제·허공계·부사의계가 항상하거나 무상하다고 상응하여 관찰하지 않아야 합니다. 왜 그러한가? 진여는 진여의 자성이 공하고 법계·법성·불허망성·불변이성·평등성·이생성·법정·법주·실제·허공계·부사의계는 법계, 나아가 부사의계의 자성이 공하더라도, 이 진여의 자성은 곧 자성이 아니고 이 법계, 나아가 부사의계의 자성도 역시 자성이 아닙니다.

만약 자성이 아닌 것이 곧 보시바라밀다라면, 이 보시바라밀다에서는 진여를 얻을 수 없고 그것의 항상함과 무상함도 역시 얻을 수 없으며, 법계, 나아가 부사의계를 모두 얻을 수 없고 그것의 항상함과 무상함도 역시 얻을 수 없습니다. 그 까닭은 무엇인가? 이 가운데에서 오히려 진여 등도 얻을 수 없는데, 어찌 하물며 그것의 항상함과 무상함이 있겠습니까? 그대가 만약 이와 같이 능히 보시를 수습한다면 이것이 보시바라밀다를 수습하는 것입니다.'라고 이와 같이 말을 지어야 하느니라.

다시 '그대 선남자여. 보시바라밀다에 상응하여 수습할 것이고, 진여가 즐겁거나 괴롭다고 상응하여 관찰하지 않아야 하며, 법계·법성·불허망성·불변이성·평등성·이생성·법정·법주·실제·허공계·부사의계가 즐겁거나 괴롭다고 상응하여 관찰하지 않아야 합니다. 왜 그러한가? 진여는 진여의 자성이 공하고 법계·법성·불허망성·불변이성·평등성·이생성·법정·법주·실제·허공계·부사의계는 법계, 나아가 부사의계의 자성이 공하더라도, 이 진여의 자성은 곧 자성이 아니고 이 법계, 나아가 부사의계의 자성도 역시 자성이 아닙니다.

만약 자성이 아닌 것이 곧 보시바라밀다라면, 이 보시바라밀다에서는 진여를 얻을 수 없고 그것의 즐거움과 괴로움도 역시 얻을 수 없으며, 법계, 나아가 부사의계를 모두 얻을 수 없고 그것의 즐거움과 괴로움도 역시 얻을 수 없습니다. 그 까닭은 무엇인가? 이 가운데에서 오히려 진여 등도 얻을 수 없는데, 어찌 하물며 그것의 즐거움과 괴로움이 있겠습니까? 그대가 만약 이와 같이 능히 보시를 수습한다면 이것이 보시바라밀다를 수습하는 것입니다.'라고 이와 같이 말을 지어야 하느니라.

다시 '그대 선남자여. 보시바라밀다에 상응하여 수습할 것이고, 진여가 나이거나 무아라고 상응하여 관찰하지 않아야 하며, 법계·법성·불허망성·불변이성·평등성·이생성·법정·법주·실제·허공계·부사의계가 나이거나 무아라고 상응하여 관찰하지 않아야 합니다. 왜 그러한가? 진여는 진여의 자성이 공하고 법계·법성·불허망성·불변이성·평등성·이생성·법정·법주·실제·허공계·부사의계는 법계, 나아가 부사의계의 자성이 공하더라도, 이 진여의 자성은 곧 자성이 아니고 이 법계, 나아가 부사의계의 자성도 역시 자성이 아닙니다.

만약 자성이 아닌 것이 곧 보시바라밀다라면, 이 보시바라밀다에서는 진여를 얻을 수 없고 그것의 나와 무아도 역시 얻을 수 없으며, 법계, 나아가 부사의계를 모두 얻을 수 없고 그것의 나와 무아도 역시 얻을 수 없습니다. 그 까닭은 무엇인가? 이 가운데에서 오히려 진여 등도 얻을 수 없는데, 어찌 하물며 그것의 나와 무아가 있겠습니까? 그대가 만약 이와 같이 능히 보시를 수습한다면 이것이 보시바라밀다를 수습하는 것입니다.'라고 이와 같이 말을 지어야 하느니라.

다시 '그대 선남자여. 보시바라밀다에 상응하여 수습할 것이고, 진여가 청정하거나 부정하다고 상응하여 관찰하지 않아야 하며, 법계·법성·불허망성·불변이성·평등성·이생성·법정·법주·실제·허공계·부사의계가 청정하거나 부정하다고 상응하여 관찰하지 않아야 합니다. 왜 그러한가? 진여는 진여의 자성이 공하고 법계·법성·불허망성·불변이성·평등성·이생성·법정·법주·실제·허공계·부사의계는 법계, 나아가 부사의계의 자성이 공하더라도, 이 진여의 자성은 곧 자성이 아니고 이 법계, 나아가 부사의계의 자성도 역시 자성이 아닙니다.

만약 자성이 아닌 것이 곧 보시바라밀다라면, 이 보시바라밀다에서는 진여를 얻을 수 없고 그것의 청정과 부정도 역시 얻을 수 없으며, 법계, 나아가 부사의계를 모두 얻을 수 없고 그것의 청정과 부정도 역시 얻을 수 없습니다. 그 까닭은 무엇인가? 이 가운데에서 오히려 진여 등도 얻을 수 없는데, 어찌 하물며 그것의 청정과 부정이 있겠습니까? 그대가 만약 이와 같이 능히 보시를 수습한다면 이것이 보시바라밀다를 수습하는 것입니다.'라고 이와 같이 말을 지어야 하느니라. 교시가여. 이 선남자와 선여인 등이 이것 등을 설하였다면 이것이 널리 진정하게 보시바라밀다를 설하는 것이니라.

다시 다음으로 교시가여. 만약 선남자와 선여인 등이 무상보리심을 일으킨 자를 위하여 보시바라밀다를 널리 설한다면, '그대 선남자여. 보시바라밀다에 상응하여 수습할 것이고, 고성제가 항상하거나 무상하다고 상응하여 관찰하지 않아야 하며, 집·멸·도성제가 항상하거나 무상하다고 상응하여 관찰하지 않아야 합니다. 왜 그러한가? 고성제는 고성제의 자성이 공하고 집·멸·도성제는 집·멸·도성제의 자성이 공하더라도, 이 고성제의 자성은 곧 자성이 아니고 이 집·멸·도성제의 자성도 역시 자성이 아닙니다.

만약 자성이 아닌 것이 곧 보시바라밀다라면, 이 보시바라밀다에서는 고성제를 얻을 수 없고 그것의 항상함과 무상함도 역시 얻을 수 없으며, 집·멸·도성제를 모두 얻을 수 없고 그것의 항상함과 무상함도 역시 얻을 수 없습니다. 그 까닭은 무엇인가? 이 가운데에서 오히려 고성제 등도 얻을 수 없는데, 어찌 하물며 그것의 항상함과 무상함이 있겠습니까? 그대가 만약 이와 같이 능히 보시를 수습한다면 이것이 보시바라밀다를 수습하는 것입니다.'라고 이와 같이 말을 지어야 하느니라.

다시 '그대 선남자여. 보시바라밀다에 상응하여 수습할 것이고, 고성제가 즐겁거나 괴롭다고 상응하여 관찰하지 않아야 하며, 집·멸·도성제가 즐겁거나 괴롭다고 상응하여 관찰하지 않아야 합니다. 왜 그러한가? 고성제는 고성제의 자성이 공하고 집·멸·도성제는 집·멸·도성제의 자성이 공하더라도, 이 고성제의 자성은 곧 자성이 아니고 이 집·멸·도성제의 자성도 역시 자성이 아닙니다.

만약 자성이 아닌 것이 곧 보시바라밀다라면, 이 보시바라밀다에서는

고성제를 얻을 수 없고 그것의 즐거움과 괴로움도 역시 얻을 수 없으며, 집·멸·도성제를 모두 얻을 수 없고 그것의 즐거움과 괴로움도 역시 얻을 수 없습니다. 그 까닭은 무엇인가? 이 가운데에서 오히려 고성제 등도 얻을 수 없는데, 어찌 하물며 그것의 즐거움과 괴로움이 있겠습니까? 그대가 만약 이와 같이 능히 보시를 수습한다면 이것이 보시바라밀다를 수습하는 것입니다.'라고 이와 같이 말을 지어야 하느니라.

다시 '그대 선남자여. 보시바라밀다에 상응하여 수습할 것이고, 고성제가 나이거나 무아라고 상응하여 관찰하지 않아야 하며, 집·멸·도성제가 나이거나 무아라고 상응하여 관찰하지 않아야 합니다. 왜 그러한가? 고성제는 고성제의 자성이 공하고 집·멸·도성제는 집·멸·도성제의 자성이 공하더라도, 이 고성제의 자성은 곧 자성이 아니고 이 집·멸·도성제의 자성도 역시 자성이 아닙니다.

만약 자성이 아닌 것이 곧 보시바라밀다라면, 이 보시바라밀다에서는 고성제를 얻을 수 없고 그것의 나와 무아도 역시 얻을 수 없으며, 집·멸·도성제를 모두 얻을 수 없고 그것의 나와 무아도 역시 얻을 수 없습니다. 그 까닭은 무엇인가? 이 가운데에서 오히려 고성제 등도 얻을 수 없는데, 어찌 하물며 그것의 나와 무아가 있겠습니까? 그대가 만약 이와 같이 능히 보시를 수습한다면 이것이 보시바라밀다를 수습하는 것입니다.'라고 이와 같이 말을 지어야 하느니라.

다시 '그대 선남자여. 보시바라밀다에 상응하여 수습할 것이고, 고성제가 청정하거나 부정하다고 상응하여 관찰하지 않아야 하며, 집·멸·도성제가 청정하거나 부정하다고 상응하여 관찰하지 않아야 합니다. 왜 그러한가? 고성제는 고성제의 자성이 공하고 집·멸·도성제는 집·멸·도성제의 자성이 공하더라도, 이 고성제의 자성은 곧 자성이 아니고 이 집·멸·도성제의 자성도 역시 자성이 아닙니다.

만약 자성이 아닌 것이 곧 보시바라밀다라면, 이 보시바라밀다에서는 고성제를 얻을 수 없고 그것의 청정과 부정도 역시 얻을 수 없으며, 집·멸·도성제를 모두 얻을 수 없고 그것의 청정과 부정도 역시 얻을 수 없습니다. 그 까닭은 무엇인가? 이 가운데에서 오히려 고성제 등도 얻을 수 없는데, 어찌 하물며 그것의 청정과 부정이 있겠습니까? 그대가 만약 이와 같이 능히 보시를 수습한다면 이것이 보시바라밀다를 수습하는 것입니다.'라고 이와 같이 말을 지어야 하느니라.

교시가여. 이 선남자와 선여인 등이 이것 등을 설하였다면 이것이 널리 진정하게 보시바라밀다를 설하는 것이니라."

마하반야바라밀다경 제164권

30. 교량공덕품(校量功德品)(62)

“다시 다음으로 교시가여. 만약 선남자와 선여인 등이 무상보리심을 일으킨 자를 위하여 보시바라밀다를 널리 설한다면, ‘그대 선남자여. 보시바라밀다에 상응하여 수습할 것이고, 4정려가 항상하거나 무상하다고 상응하여 관찰하지 않아야 하며, 4무량·4무색정이 항상하거나 무상하다고 상응하여 관찰하지 않아야 합니다. 왜 그러한가? 4정려는 4정려의 자성이 공하고 4무량·4무색정은 4무량·4무색정의 자성이 공하더라도, 이 4정려의 자성은 곧 자성이 아니고 이 4무량·4무색정의 자성도 역시 자성이 아닙니다.

만약 자성이 아닌 것이 곧 보시바라밀다라면, 이 보시바라밀다에서는 4정려를 얻을 수 없고 그것의 항상함과 무상함도 역시 얻을 수 없으며, 4무량·4무색정을 모두 얻을 수 없고 그것의 항상함과 무상함도 역시 얻을 수 없습니다. 그 까닭은 무엇인가? 이 가운데에서 오히려 4정려 등도 얻을 수 없는데, 어찌 하물며 그것의 항상함과 무상함이 있겠습니까? 그대가 만약 이와 같이 능히 보시를 수습한다면 이것이 보시바라밀다를 수습하는 것입니다.’라고 이와 같이 말을 지어야 하느니라.

다시 ‘그대 선남자여. 보시바라밀다에 상응하여 수습할 것이고, 4정려가 즐겁거나 괴롭다고 상응하여 관찰하지 않아야 하며, 4무량·4무색정이 즐겁거나 괴롭다고 상응하여 관찰하지 않아야 합니다. 왜 그러한가? 4정려는 4정려의 자성이 공하고 4무량·4무색정은 4무량·4무색정의 자성이 공하더라도, 이 4정려의 자성은 곧 자성이 아니고 이 4무량·4무색정의 자성도 역시 자성이 아닙니다.

만약 자성이 아닌 것이 곧 보시바라밀다라면, 이 보시바라밀다에서는 4정려를 얻을 수 없고 그것의 즐거움과 괴로움도 역시 얻을 수 없으며, 4무량·4무색정을 모두 얻을 수 없고 그것의 즐거움과 괴로움도 역시 얻을 수 없습니다. 그 까닭은 무엇인가? 이 가운데에서 오히려 4정려 등도 얻을 수 없는데, 어찌 하물며 그것의 즐거움과 괴로움이 있겠습니까? 그대가 만약 이와 같이 능히 보시를 수습한다면 이것이 보시바라밀다를 수습하는 것입니다.'라고 이와 같이 말을 지어야 하느니라.

다시 '그대 선남자여. 보시바라밀다에 상응하여 수습할 것이고, 4정려가 나이거나 무아라고 상응하여 관찰하지 않아야 하며, 4무량·4무색정이 나이거나 무아라고 상응하여 관찰하지 않아야 합니다. 왜 그러한가? 4정려는 4정려의 자성이 공하고 4무량·4무색정은 4무량·4무색정의 자성이 공하더라도, 이 4정려의 자성은 곧 자성이 아니고 이 4무량·4무색정의 자성도 역시 자성이 아닙니다.

만약 자성이 아닌 것이 곧 보시바라밀다라면, 이 보시바라밀다에서는 4정려를 얻을 수 없고 그것의 나와 무아도 역시 얻을 수 없으며, 4무량·4무색정을 모두 얻을 수 없고 그것의 나와 무아도 역시 얻을 수 없습니다. 그 까닭은 무엇인가? 이 가운데에서 오히려 4정려 등도 얻을 수 없는데, 어찌 하물며 그것의 나와 무아가 있겠습니까? 그대가 만약 이와 같이 능히 보시를 수습한다면 이것이 보시바라밀다를 수습하는 것입니다.'라고 이와 같이 말을 지어야 하느니라.

다시 '그대 선남자여. 보시바라밀다에 상응하여 수습할 것이고, 4정려가 청정하거나 부정하다고 상응하여 관찰하지 않아야 하며, 4무량·4무색정이 청정하거나 부정하다고 상응하여 관찰하지 않아야 합니다. 왜 그러한가? 4정려는 4정려의 자성이 공하고 4무량·4무색정은 4무량·4무색정의 자성이 공하더라도, 이 4정려의 자성은 곧 자성이 아니고 이 4무량·4무색정의 자성도 역시 자성이 아닙니다.

만약 자성이 아닌 것이 곧 보시바라밀다라면, 이 보시바라밀다에서는 4정려를 얻을 수 없고 그것의 청정과 부정도 역시 얻을 수 없으며, 4무량·4무색정을 모두 얻을 수 없고 그것의 청정과 부정도 역시 얻을 수 없습니다. 그 까닭은 무엇인가? 이 가운데에서 오히려 4정려 등도 얻을 수 없는데, 어찌 하물며 그것의 청정과 부정이 있겠습니까? 그대가 만약 이와 같이 능히 보시를 수습한다면 이것이 보시바라밀다를 수습하는 것입니다.'라고 이와 같이 말을 지어야 하느니라. 교시가여. 이 선남자와 선여인 등이 이것 등을 설하였다면 이것이 널리 진정하게 보시바라밀다를 설하는 것이니라.

다시 다음으로 교시가여. 만약 선남자와 선여인 등이 무상보리심을 일으킨 자를 위하여 보시바라밀다를 널리 설한다면, '그대 선남자여. 보시바라밀다에 상응하여 수습할 것이고, 8해탈이 항상하거나 무상하다고 상응하여 관찰하지 않아야 하며, 8승처·9차제정·10변처가 항상하거나 무상하다고 상응하여 관찰하지 않아야 합니다. 왜 그러한가? 8해탈은 8해탈의 자성이 공하고 8승처·9차제정·10변처는 8승처·9차제정·10변처의 자성이 공하더라도, 이 8해탈의 자성은 곧 자성이 아니고 이 8승처·9차제정·10변처의 자성도 역시 자성이 아닙니다.

만약 자성이 아닌 것이 곧 보시바라밀다라면, 이 보시바라밀다에서는 8해탈을 얻을 수 없고 그것의 항상함과 무상함도 역시 얻을 수 없으며, 8승처·9차제정·10변처를 모두 얻을 수 없고 그것의 항상함과 무상함도 역시 얻을 수 없습니다. 그 까닭은 무엇인가? 이 가운데에서 오히려 8해탈 등도 얻을 수 없는데, 어찌 하물며 그것의 항상함과 무상함이 있겠습니까? 그대가 만약 이와 같이 능히 보시를 수습한다면 이것이 보시바라밀다를 수습하는 것입니다.'라고 이와 같이 말을 지어야 하느니라.

다시 '그대 선남자여. 보시바라밀다에 상응하여 수습할 것이고, 8해탈이 즐겁거나 괴롭다고 상응하여 관찰하지 않아야 하며, 8승처·9차제정·10변처가 즐겁거나 괴롭다고 상응하여 관찰하지 않아야 합니다. 왜 그러한가? 8해탈은 8해탈의 자성이 공하고 8승처·9차제정·10변처는 8승처·9차제정·10변처의 자성이 공하더라도, 이 8해탈의 자성은 곧 자성이 아니고 이 8승처·9차제정·10변처의 자성도 역시 자성이 아닙니다.

만약 자성이 아닌 것이 곧 보시바라밀다라면, 이 보시바라밀다에서는 8해탈을 얻을 수 없고 그것의 즐거움과 괴로움도 역시 얻을 수 없으며, 8승처·9차제정·10변처를 모두 얻을 수 없고 그것의 즐거움과 괴로움도 역시 얻을 수 없습니다. 그 까닭은 무엇인가? 이 가운데에서 오히려 8해탈 등도 얻을 수 없는데, 어찌 하물며 그것의 즐거움과 괴로움이 있겠습니까? 그대가 만약 이와 같이 능히 보시를 수습한다면 이것이 보시바라밀다를 수습하는 것입니다.'라고 이와 같이 말을 지어야 하느니라.

다시 '그대 선남자여. 보시바라밀다에 상응하여 수습할 것이고, 8해탈이 나이거나 무아라고 상응하여 관찰하지 않아야 하며, 8승처·9차제정·10변처가 나이거나 무아라고 상응하여 관찰하지 않아야 합니다. 왜 그러한가? 8해탈은 8해탈의 자성이 공하고 8승처·9차제정·10변처는 8승처·9차제정·10변처의 자성이 공하더라도, 이 8해탈의 자성은 곧 자성이 아니고 이 8승처·9차제정·10변처의 자성도 역시 자성이 아닙니다.

만약 자성이 아닌 것이 곧 보시바라밀다라면, 이 보시바라밀다에서는 8해탈을 얻을 수 없고 그것의 나와 무아도 역시 얻을 수 없으며, 8승처·9차제정·10변처를 모두 얻을 수 없고 그것의 나와 무아도 역시 얻을 수 없습니다. 그 까닭은 무엇인가? 이 가운데에서 오히려 8해탈 등도 얻을 수 없는데, 어찌 하물며 그것의 나와 무아가 있겠습니까? 그대가 만약 이와 같이 능히 보시를 수습한다면 이것이 보시바라밀다를 수습하는 것입니다.'라고 이와 같이 말을 지어야 하느니라.

다시 '그대 선남자여. 보시바라밀다에 상응하여 수습할 것이고, 8해탈이 청정하거나 부정하다고 상응하여 관찰하지 않아야 하며, 8승처·9차제정·10변처가 청정하거나 부정하다고 상응하여 관찰하지 않아야 합니다. 왜 그러한가? 8해탈은 8해탈의 자성이 공하고 8승처·9차제정·10변처는 8승처·9차제정·10변처의 자성이 공하더라도, 이 8해탈의 자성은 곧 자성이 아니고 이 8승처·9차제정·10변처의 자성도 역시 자성이 아닙니다.

만약 자성이 아닌 것이 곧 보시바라밀다라면, 이 보시바라밀다에서는 8해탈을 얻을 수 없고 그것의 청정과 부정도 역시 얻을 수 없으며, 8승처·9차제정·10변처를 모두 얻을 수 없고 그것의 청정과 부정도 역시 얻을 수 없습니다. 그 까닭은 무엇인가? 이 가운데에서 오히려 8해탈 등도 얻을 수 없는데, 어찌 하물며 그것의 청정과 부정이 있겠습니까? 그대가 만약 이와 같이 능히 보시를 수습한다면 이것이 보시바라밀다를 수습하는 것입니다.'라고 이와 같이 말을 지어야 하느니라. 교시가여. 이 선남자와 선여인 등이 이것 등을 설하였다면 이것이 널리 진정하게 보시바라밀다를 설하는 것이니라.

다시 다음으로 교시가여. 만약 선남자와 선여인 등이 무상보리심을 일으킨 자를 위하여 보시바라밀다를 널리 설한다면, '그대 선남자여. 보시바라밀다에 상응하여 수습할 것이고, 4념주가 항상하거나 무상하다고 상응하여 관찰하지 않아야 하며, 4정단·4신족·5근·5력·7등각지·8성도지가 항상하거나 무상하다고 상응하여 관찰하지 않아야 합니다. 왜 그러한가? 4념주는 4념주의 자성이 공하고 4정단·4신족·5근·5력·7등각지·8성도지는 4정단, 나아가 8성도지의 자성이 공하더라도, 이 4념주의 자성은 곧 자성이 아니고 이 4정단, 나아가 8성도지의 자성도 역시 자성이 아닙니다.

만약 자성이 아닌 것이 곧 보시바라밀다라면, 이 보시바라밀다에서는 4념주를 얻을 수 없고 그것의 항상함과 무상함도 역시 얻을 수 없으며, 4정단, 나아가 8성도지를 모두 얻을 수 없고 그것의 항상함과 무상함도 역시 얻을 수 없습니다. 그 까닭은 무엇인가? 이 가운데에서 오히려 4념주 등도 얻을 수 없는데, 어찌 하물며 그것의 항상함과 무상함이 있겠습니까? 그대가 만약 이와 같이 능히 보시를 수습한다면 이것이 보시바라밀다를 수습하는 것입니다.'라고 이와 같이 말을 지어야 하느니라.

다시 '그대 선남자여. 보시바라밀다에 상응하여 수습할 것이고, 4념주가 즐겁거나 괴롭다고 상응하여 관찰하지 않아야 하며, 4정단·4신족·5근·5력·7등각지·8성도지가 즐겁거나 괴롭다고 상응하여 관찰하지 않아야 합니다. 왜 그러한가? 4념주는 4념주의 자성이 공하고 4정단·4신족·5근·5력·7등각지·8성도지는 4정단, 나아가 8성도지의 자성이 공하더라도, 이 4념주의 자성은 곧 자성이 아니고 이 4정단, 나아가 8성도지의 자성도 역시 자성이 아닙니다.

만약 자성이 아닌 것이 곧 보시바라밀다라면, 이 보시바라밀다에서는 4념주를 얻을 수 없고 그것의 즐거움과 괴로움도 역시 얻을 수 없으며, 4정단, 나아가 8성도지를 모두 얻을 수 없고 그것의 즐거움과 괴로움도 역시 얻을 수 없습니다. 그 까닭은 무엇인가? 이 가운데에서 오히려 4념주 등도 얻을 수 없는데, 어찌 하물며 그것의 즐거움과 괴로움이 있겠습니까? 그대가 만약 이와 같이 능히 보시를 수습한다면 이것이 보시바라밀다를 수습하는 것입니다.'라고 이와 같이 말을 지어야 하느니라.

다시 '그대 선남자여. 보시바라밀다에 상응하여 수습할 것이고, 4념주가 나이거나 무아라고 상응하여 관찰하지 않아야 하며, 4정단·4신족·5근·5력·7등각지·8성도지가 나이거나 무아라고 상응하여 관찰하지 않아야 합니다. 왜 그러한가? 4념주는 4념주의 자성이 공하고 4정단·4신족·5근·5력·7등각지·8성도지는 4정단, 나아가 8성도지의 자성이 공하더라도, 이 4념주의 자성은 곧 자성이 아니고 이 4정단, 나아가 8성도지의 자성도 역시 자성이 아닙니다.

만약 자성이 아닌 것이 곧 보시바라밀다라면, 이 보시바라밀다에서는 4념주를 얻을 수 없고 그것의 나와 무아도 역시 얻을 수 없으며, 4정단, 나아가 8성도지를 모두 얻을 수 없고 그것의 나와 무아도 역시 얻을 수 없습니다. 그 까닭은 무엇인가? 이 가운데에서 오히려 4념주 등도 얻을 수 없는데, 어찌 하물며 그것의 나와 무아가 있겠습니까? 그대가 만약 이와 같이 능히 보시를 수습한다면 이것이 보시바라밀다를 수습하는 것입니다.'라고 이와 같이 말을 지어야 하느니라.

다시 '그대 선남자여. 보시바라밀다에 상응하여 수습할 것이고, 4념주가 청정하거나 부정하다고 상응하여 관찰하지 않아야 하며, 4정단·4신족·5근·5력·7등각지·8성도지가 청정하거나 부정하다고 상응하여 관찰하지 않아야 합니다. 왜 그러한가? 4념주는 4념주의 자성이 공하고 4정단·4신족·5근·5력·7등각지·8성도지는 4정단, 나아가 8성도지의 자성이 공하더라도, 이 4념주의 자성은 곧 자성이 아니고 이 4정단, 나아가 8성도지의 자성도 역시 자성이 아닙니다.

만약 자성이 아닌 것이 곧 보시바라밀다라면, 이 보시바라밀다에서는 4념주를 얻을 수 없고 그것의 청정과 부정도 역시 얻을 수 없으며, 4정단, 나아가 8성도지를 모두 얻을 수 없고 그것의 청정과 부정도 역시 얻을 수 없습니다. 그 까닭은 무엇인가? 이 가운데에서 오히려 4념주 등도 얻을 수 없는데, 어찌 하물며 그것의 청정과 부정이 있겠습니까? 그대가 만약 이와 같이 능히 보시를 수습한다면 이것이 보시바라밀다를 수습하는 것입니다.'라고 이와 같이 말을 지어야 하느니라. 교시가여. 이 선남자와 선여인 등이 이것 등을 설하였다면 이것이 널리 진정하게 보시바라밀다를 설하는 것이니라.

다시 다음으로 교시가여. 만약 선남자와 선여인 등이 무상보리심을 일으킨 자를 위하여 보시바라밀다를 널리 설한다면, '그대 선남자여. 보시바라밀다에 상응하여 수습할 것이고, 공해탈문이 항상하거나 무상하다고 상응하여 관찰하지 않아야 하며, 무상·무원해탈문이 항상하거나 무상하다고 상응하여 관찰하지 않아야 합니다. 왜 그러한가? 공해탈문은 공해탈문의 자성이 공하고 무상·무원해탈문은 무상·무원해탈문의 자성이 공하더라도, 이 공해탈문의 자성은 곧 자성이 아니고 이 무상·무원해탈문의 자성도 역시 자성이 아닙니다.

만약 자성이 아닌 것이 곧 보시바라밀다라면, 이 보시바라밀다에서는 공해탈문을 얻을 수 없고 그것의 항상함과 무상함도 역시 얻을 수 없으며, 무상·무원해탈문을 모두 얻을 수 없고 그것의 항상함과 무상함도 역시 얻을 수 없습니다. 그 까닭은 무엇인가? 이 가운데에서 오히려 공해탈문 등도 얻을 수 없는데, 어찌 하물며 그것의 항상함과 무상함이 있겠습니까? 그대가 만약 이와 같이 능히 보시를 수습한다면 이것이 보시바라밀다를 수습하는 것입니다.'라고 이와 같이 말을 지어야 하느니라.

다시 '그대 선남자여. 보시바라밀다에 상응하여 수습할 것이고, 공해탈문이 즐겁거나 괴롭다고 상응하여 관찰하지 않아야 하며, 무상·무원해탈문이 즐겁거나 괴롭다고 상응하여 관찰하지 않아야 합니다. 왜 그러한가? 공해탈문은 공해탈문의 자성이 공하고 무상·무원해탈문은 무상·무원해탈문의 자성이 공하더라도, 이 공해탈문의 자성은 곧 자성이 아니고 이 무상·무원해탈문의 자성도 역시 자성이 아닙니다.

만약 자성이 아닌 것이 곧 보시바라밀다라면, 이 보시바라밀다에서는 공해탈문을 얻을 수 없고 그것의 즐거움과 괴로움도 역시 얻을 수 없으며, 무상·무원해탈문을 모두 얻을 수 없고 그것의 즐거움과 괴로움도 역시 얻을 수 없습니다. 그 까닭은 무엇인가? 이 가운데에서 오히려 공해탈문 등도 얻을 수 없는데, 어찌 하물며 그것의 즐거움과 괴로움이 있겠습니까? 그대가 만약 이와 같이 능히 보시를 수습한다면 이것이 보시바라밀다를 수습하는 것입니다.'라고 이와 같이 말을 지어야 하느니라.

다시 '그대 선남자여. 보시바라밀다에 상응하여 수습할 것이고, 공해탈문이 나이거나 무아라고 상응하여 관찰하지 않아야 하며, 무상·무원해탈문이 나이거나 무아라고 상응하여 관찰하지 않아야 합니다. 왜 그러한가? 공해탈문은 공해탈문의 자성이 공하고 무상·무원해탈문은 무상·무원해탈문의 자성이 공하더라도, 이 공해탈문의 자성은 곧 자성이 아니고 이 무상·무원해탈문의 자성도 역시 자성이 아닙니다.

만약 자성이 아닌 것이 곧 보시바라밀다라면, 이 보시바라밀다에서는 공해탈문을 얻을 수 없고 그것의 나와 무아도 역시 얻을 수 없으며, 무상·무원해탈문을 모두 얻을 수 없고 그것의 나와 무아도 역시 얻을 수 없습니다. 그 까닭은 무엇인가? 이 가운데에서 오히려 공해탈문 등도 얻을 수 없는데, 어찌 하물며 그것의 나와 무아가 있겠습니까? 그대가 만약 이와 같이 능히 보시를 수습한다면 이것이 보시바라밀다를 수습하는 것입니다.'라고 이와 같이 말을 지어야 하느니라.

다시 '그대 선남자여. 보시바라밀다에 상응하여 수습할 것이고, 공해탈문이 청정하거나 부정하다고 상응하여 관찰하지 않아야 하며, 무상·무원해탈문이 청정하거나 부정하다고 상응하여 관찰하지 않아야 합니다. 왜 그러한가? 공해탈문은 공해탈문의 자성이 공하고 무상·무원해탈문은 무상·무원해탈문의 자성이 공하더라도, 이 공해탈문의 자성은 곧 자성이 아니고 이 무상·무원해탈문의 자성도 역시 자성이 아닙니다.

만약 자성이 아닌 것이 곧 보시바라밀다라면, 이 보시바라밀다에서는 공해탈문을 얻을 수 없고 그것의 청정과 부정도 역시 얻을 수 없으며, 무상·무원해탈문을 모두 얻을 수 없고 그것의 청정과 부정도 역시 얻을 수 없습니다. 그 까닭은 무엇인가? 이 가운데에서 오히려 공해탈문 등도 얻을 수 없는데, 어찌 하물며 그것의 청정과 부정이 있겠습니까? 그대가 만약 이와 같이 능히 보시를 수습한다면 이것이 보시바라밀다를 수습하는 것입니다.'라고 이와 같이 말을 지어야 하느니라. 교시가여. 이 선남자와 선여인 등이 이것 등을 설하였다면 이것이 널리 진정하게 보시바라밀다를 설하는 것이니라.

다시 다음으로 교시가여. 만약 선남자와 선여인 등이 무상보리심을 일으킨 자를 위하여 보시바라밀다를 널리 설한다면, '그대 선남자여. 보시바라밀다에 상응하여 수습할 것이고, 5안이 항상하거나 무상하다고 상응하여 관찰하지 않아야 하며, 6신통이 항상하거나 무상하다고 상응하여 관찰하지 않아야 합니다. 왜 그러한가? 5안은 5안의 자성이 공하고 6신통은 6신통의 자성이 공하더라도, 이 5안의 자성은 곧 자성이 아니고 이 6신통의 자성도 역시 자성이 아닙니다.

만약 자성이 아닌 것이 곧 보시바라밀다라면, 이 보시바라밀다에서는 5안을 얻을 수 없고 그것의 항상함과 무상함도 역시 얻을 수 없으며, 6신통을 모두 얻을 수 없고 그것의 항상함과 무상함도 역시 얻을 수 없습니다. 그 까닭은 무엇인가? 이 가운데에서 오히려 5안 등도 얻을 수 없는데, 어찌 하물며 그것의 항상함과 무상함이 있겠습니까? 그대가 만약 이와 같이 능히 보시를 수습한다면 이것이 보시바라밀다를 수습하는 것입니다.'라고 이와 같이 말을 지어야 하느니라.

다시 '그대 선남자여. 보시바라밀다에 상응하여 수습할 것이고, 5안이 즐겁거나 괴롭다고 상응하여 관찰하지 않아야 하며, 6신통이 즐겁거나 괴롭다고 상응하여 관찰하지 않아야 합니다. 왜 그러한가? 5안은 5안의 자성이 공하고 6신통은 6신통의 자성이 공하더라도, 이 5안의 자성은 곧 자성이 아니고 이 6신통의 자성도 역시 자성이 아닙니다.

만약 자성이 아닌 것이 곧 보시바라밀다라면, 이 보시바라밀다에서는 5안을 얻을 수 없고 그것의 즐거움과 괴로움도 역시 얻을 수 없으며, 6신통을 모두 얻을 수 없고 그것의 즐거움과 괴로움도 역시 얻을 수 없습니다. 그 까닭은 무엇인가? 이 가운데에서 오히려 5안 등도 얻을 수 없는데, 어찌 하물며 그것의 즐거움과 괴로움이 있겠습니까? 그대가 만약 이와 같이 능히 보시를 수습한다면 이것이 보시바라밀다를 수습하는 것입니다.'라고 이와 같이 말을 지어야 하느니라.

다시 '그대 선남자여. 보시바라밀다에 상응하여 수습할 것이고, 5안이 나이거나 무아라고 상응하여 관찰하지 않아야 하며, 6신통이 나이거나 무아라고 상응하여 관찰하지 않아야 합니다. 왜 그러한가? 5안은 5안의 자성이 공하고 6신통은 6신통의 자성이 공하더라도, 이 5안의 자성은 곧 자성이 아니고 이 6신통의 자성도 역시 자성이 아닙니다.

만약 자성이 아닌 것이 곧 보시바라밀다라면, 이 보시바라밀다에서는 5안을 얻을 수 없고 그것의 나와 무아도 역시 얻을 수 없으며, 6신통을 모두 얻을 수 없고 그것의 나와 무아도 역시 얻을 수 없습니다. 그 까닭은 무엇인가? 이 가운데에서 오히려 5안 등도 얻을 수 없는데, 어찌 하물며 그것의 나와 무아가 있겠습니까? 그대가 만약 이와 같이 능히 보시를 수습한다면 이것이 보시바라밀다를 수습하는 것입니다.'라고 이와 같이 말을 지어야 하느니라.

다시 '그대 선남자여. 보시바라밀다에 상응하여 수습할 것이고, 5안이 청정하거나 부정하다고 상응하여 관찰하지 않아야 하며, 6신통이 청정하거나 부정하다고 상응하여 관찰하지 않아야 합니다. 왜 그러한가? 5안은 5안의 자성이 공하고 6신통은 6신통의 자성이 공하더라도, 이 5안의 자성은 곧 자성이 아니고 이 6신통의 자성도 역시 자성이 아닙니다.

만약 자성이 아닌 것이 곧 보시바라밀다라면, 이 보시바라밀다에서는 5안을 얻을 수 없고 그것의 청정과 부정도 역시 얻을 수 없으며, 6신통을 모두 얻을 수 없고 그것의 청정과 부정도 역시 얻을 수 없습니다. 그 까닭은 무엇인가? 이 가운데에서 오히려 5안 등도 얻을 수 없는데, 어찌 하물며 그것의 청정과 부정이 있겠습니까? 그대가 만약 이와 같이 능히 보시를 수습한다면 이것이 보시바라밀다를 수습하는 것입니다.'라고 이와 같이 말을 지어야 하느니라. 교시가여. 이 선남자와 선여인 등이 이것 등을 설하였다면 이것이 널리 진정하게 보시바라밀다를 설하는 것이니라.

다시 다음으로 교시가여. 만약 선남자와 선여인 등이 무상보리심을 일으킨 자를 위하여 보시바라밀다를 널리 설한다면, '그대 선남자여. 보시바라밀다에 상응하여 수습할 것이고, 여래의 10력이 항상하거나 무상하다고 상응하여 관찰하지 않아야 하며, 4무소외·4무애해·대자·대비·대희·대사·18불불공법이 항상하거나 무상하다고 상응하여 관찰하지 않아야 합니다. 왜 그러한가? 여래의 10력은 여래의 10력의 자성이 공하고 4무소외·4무애해·대자·대비·대희·대사·18불불공법은 4무소외, 나아가 18불불공법의 자성이 공하더라도, 이 여래의 10력의 자성은 곧 자성이 아니고 이 4무소외, 나아가 18불불공법의 자성도 역시 자성이 아닙니다.

만약 자성이 아닌 것이 곧 보시바라밀다라면, 이 보시바라밀다에서는 여래의 10력을 얻을 수 없고 그것의 항상함과 무상함도 역시 얻을 수 없으며, 4무소외, 나아가 18불불공법을 모두 얻을 수 없고 그것의 항상함과 무상함도 역시 얻을 수 없습니다. 그 까닭은 무엇인가? 이 가운데에서 오히려 여래의 10력 등도 얻을 수 없는데, 어찌 하물며 그것의 항상함과 무상함이 있겠습니까? 그대가 만약 이와 같이 능히 보시를 수습한다면 이것이 보시바라밀다를 수습하는 것입니다.'라고 이와 같이 말을 지어야 하느니라.

다시 '그대 선남자여. 보시바라밀다에 상응하여 수습할 것이고, 여래의 10력이 즐겁거나 괴롭다고 상응하여 관찰하지 않아야 하며, 4무소외·4무애해·대자·대비·대희·대사·18불불공법이 즐겁거나 괴롭다고 상응하여 관찰하지 않아야 합니다. 왜 그러한가? 여래의 10력은 여래의 10력의 자성이 공하고 4무소외·4무애해·대자·대비·대희·대사·18불불공법은 4무소외, 나아가 18불불공법의 자성이 공하더라도, 이 여래의 10력의 자성은 곧 자성이 아니고 이 4무소외, 나아가 18불불공법의 자성도 역시 자성이 아닙니다.

만약 자성이 아닌 것이 곧 보시바라밀다라면, 이 보시바라밀다에서는 여래의 10력을 얻을 수 없고 그것의 즐거움과 괴로움도 역시 얻을 수 없으며, 4무소외, 나아가 18불불공법을 모두 얻을 수 없고 그것의 즐거움과 괴로움도 역시 얻을 수 없습니다. 그 까닭은 무엇인가? 이 가운데에서 오히려 여래의 10력 등도 얻을 수 없는데, 어찌 하물며 그것의 즐거움과 괴로움이 있겠습니까? 그대가 만약 이와 같이 능히 보시를 수습한다면 이것이 보시바라밀다를 수습하는 것입니다.'라고 이와 같이 말을 지어야 하느니라.

다시 '그대 선남자여. 보시바라밀다에 상응하여 수습할 것이고, 여래의 10력이 나이거나 무아라고 상응하여 관찰하지 않아야 하며, 4무소외·4무애해·대자·대비·대희·대사·18불불공법이 나이거나 무아라고 상응하여 관찰하지 않아야 합니다. 왜 그러한가? 여래의 10력은 여래의 10력의 자성이 공하고 4무소외·4무애해·대자·대비·대희·대사·18불불공법은 4무소외, 나아가 18불불공법의 자성이 공하더라도, 이 여래의 10력의 자성은 곧 자성이 아니고 이 4무소외, 나아가 18불불공법의 자성도 역시 자성이 아닙니다.

만약 자성이 아닌 것이 곧 보시바라밀다라면, 이 보시바라밀다에서는 여래의 10력을 얻을 수 없고 그것의 나와 무아도 역시 얻을 수 없으며, 4무소외, 나아가 18불불공법을 모두 얻을 수 없고 그것의 나와 무아도 역시 얻을 수 없습니다. 그 까닭은 무엇인가? 이 가운데에서 오히려 여래의 10력 등도 얻을 수 없는데, 어찌 하물며 그것의 나와 무아가 있겠습니까? 그대가 만약 이와 같이 능히 보시를 수습한다면 이것이 보시바라밀다를

수습하는 것입니다.'라고 이와 같이 말을 지어야 하느니라.

다시 '그대 선남자여. 보시바라밀다에 상응하여 수습할 것이고, 여래의 10력이 청정하거나 부정하다고 상응하여 관찰하지 않아야 하며, 4무소외·4무애해·대자·대비·대희·대사·18불불공법이 청정하거나 부정하다고 상응하여 관찰하지 않아야 합니다. 왜 그러한가? 여래의 10력은 여래의 10력의 자성이 공하고 4무소외·4무애해·대자·대비·대희·대사·18불불공법은 4무소외, 나아가 18불불공법의 자성이 공하더라도, 이 여래의 10력의 자성은 곧 자성이 아니고 이 4무소외, 나아가 18불불공법의 자성도 역시 자성이 아닙니다.

만약 자성이 아닌 것이 곧 보시바라밀다라면, 이 보시바라밀다에서는 여래의 10력을 얻을 수 없고 그것의 청정과 부정도 역시 얻을 수 없으며, 4무소외, 나아가 18불불공법을 모두 얻을 수 없고 그것의 청정과 부정도 역시 얻을 수 없습니다. 그 까닭은 무엇인가? 이 가운데에서 오히려 여래의 10력 등도 얻을 수 없는데, 어찌 하물며 그것의 청정과 부정이 있겠습니까? 그대가 만약 이와 같이 능히 보시를 수습한다면 이것이 보시바라밀다를 수습하는 것입니다.'라고 이와 같이 말을 지어야 하느니라. 교시가여. 이 선남자와 선여인 등이 이것 등을 설하였다면 이것이 널리 진정하게 보시바라밀다를 설하는 것이니라.

다시 다음으로 교시가여. 만약 선남자와 선여인 등이 무상보리심을 일으킨 자를 위하여 보시바라밀다를 널리 설한다면, '그대 선남자여. 보시바라밀다에 상응하여 수습할 것이고, 무망실법이 항상하거나 무상하다고 상응하여 관찰하지 않아야 하며, 항주사성이 항상하거나 무상하다고 상응하여 관찰하지 않아야 합니다. 왜 그러한가? 무망실법은 무망실법의 자성이 공하고 항주사성은 항주사성의 자성이 공하더라도, 이 무망실법의 자성은 곧 자성이 아니고 이 항주사성의 자성도 역시 자성이 아닙니다.

만약 자성이 아닌 것이 곧 보시바라밀다라면, 이 보시바라밀다에서는 무망실법을 얻을 수 없고 그것의 항상함과 무상함도 역시 얻을 수 없으며, 항주사성을 모두 얻을 수 없고 그것의 항상함과 무상함도 역시 얻을 수 없습니다. 그 까닭은 무엇인가? 이 가운데에서 오히려 무망실법 등도 얻을 수 없는데, 어찌 하물며 그것의 항상함과 무상함이 있겠습니까? 그대가 만약 이와 같이 능히 보시를 수습한다면 이것이 보시바라밀다를 수습하는 것입니다.'라고 이와 같이 말을 지어야 하느니라.

다시 '그대 선남자여. 보시바라밀다에 상응하여 수습할 것이고, 무망실법이 즐겁거나 괴롭다고 상응하여 관찰하지 않아야 하며, 항주사성이 즐겁거나 괴롭다고 상응하여 관찰하지 않아야 합니다. 왜 그러한가? 무망실법은 무망실법의 자성이 공하고 항주사성은 항주사성의 자성이 공하더라도, 이 무망실법의 자성은 곧 자성이 아니고 이 항주사성의 자성도 역시 자성이 아닙니다.

만약 자성이 아닌 것이 곧 보시바라밀다라면, 이 보시바라밀다에서는 무망실법을 얻을 수 없고 그것의 즐거움과 괴로움도 역시 얻을 수 없으며, 항주사성을 모두 얻을 수 없고 그것의 즐거움과 괴로움도 역시 얻을 수 없습니다. 그 까닭은 무엇인가? 이 가운데에서 오히려 무망실법 등도 얻을 수 없는데, 어찌 하물며 그것의 즐거움과 괴로움이 있겠습니까? 그대가 만약 이와 같이 능히 보시를 수습한다면 이것이 보시바라밀다를 수습하는 것입니다.'라고 이와 같이 말을 지어야 하느니라.

다시 '그대 선남자여. 보시바라밀다에 상응하여 수습할 것이고, 무망실법이 나이거나 무아라고 상응하여 관찰하지 않아야 하며, 항주사성이 나이거나 무아라고 상응하여 관찰하지 않아야 합니다. 왜 그러한가? 무망실법은 무망실법의 자성이 공하고 항주사성은 항주사성의 자성이 공하더라도, 이 무망실법의 자성은 곧 자성이 아니고 이 항주사성의 자성도 역시 자성이 아닙니다.

만약 자성이 아닌 것이 곧 보시바라밀다라면, 이 보시바라밀다에서는 무망실법을 얻을 수 없고 그것의 나와 무아도 역시 얻을 수 없으며, 항주사성을 모두 얻을 수 없고 그것의 나와 무아도 역시 얻을 수 없습니다. 그 까닭은 무엇인가? 이 가운데에서 오히려 무망실법 등도 얻을 수 없는데, 어찌 하물며 그것의 나와 무아가 있겠습니까? 그대가 만약 이와 같이 능히 보시를 수습한다면 이것이 보시바라밀다를 수습하는 것입니다.'라고 이와 같이 말을 지어야 하느니라.

다시 '그대 선남자여. 보시바라밀다에 상응하여 수습할 것이고, 무망실법이 청정하거나 부정하다고 상응하여 관찰하지 않아야 하며, 항주사성이 청정하거나 부정하다고 상응하여 관찰하지 않아야 합니다. 왜 그러한가? 무망실법은 무망실법의 자성이 공하고 항주사성은 항주사성의 자성이 공하더라도, 이 무망실법의 자성은 곧 자성이 아니고 이 항주사성의 자성도 역시 자성이 아닙니다.

만약 자성이 아닌 것이 곧 보시바라밀다라면, 이 보시바라밀다에서는 무망실법을 얻을 수 없고 그것의 청정과 부정도 역시 얻을 수 없으며, 항주사성을 모두 얻을 수 없고 그것의 청정과 부정도 역시 얻을 수 없습니다. 그 까닭은 무엇인가? 이 가운데에서 오히려 무망실법 등도 얻을 수 없는데, 어찌 하물며 그것의 청정과 부정이 있겠습니까? 그대가 만약 이와 같이 능히 보시를 수습한다면 이것이 보시바라밀다를 수습하는 것입니다.'라고 이와 같이 말을 지어야 하느니라. 교시가여. 이 선남자와 선여인 등이 이것 등을 설하였다면 이것이 널리 진정하게 보시바라밀다를 설하는 것이니라.

다시 다음으로 교시가여. 만약 선남자와 선여인 등이 무상보리심을 일으킨 자를 위하여 보시바라밀다를 널리 설한다면, '그대 선남자여. 보시바라밀다에 상응하여 수습할 것이고, 일체지가 항상하거나 무상하다고 상응하여 관찰하지 않아야 하며, 도상지·일체상지가 항상하거나 무상하다고 상응하여 관찰하지 않아야 합니다. 왜 그러한가? 일체지는 일체지의 자성이 공하고 도상지·일체상지는 도상지·일체상지의 자성이 공하더라도, 이 일체지의 자성은 곧 자성이 아니고 이 도상지·일체상지의 자성도 역시 자성이 아닙니다.

만약 자성이 아닌 것이 곧 보시바라밀다라면, 이 보시바라밀다에서는 일체지를 얻을 수 없고 그것의 항상함과 무상함도 역시 얻을 수 없으며, 도상지·일체상지를 모두 얻을 수 없고 그것의 항상함과 무상함도 역시 얻을 수 없습니다. 그 까닭은 무엇인가? 이 가운데에서 오히려 일체지 등도 얻을 수 없는데, 어찌 하물며 그것의 항상함과 무상함이 있겠습니까? 그대가 만약 이와 같이 능히 보시를 수습한다면 이것이 보시바라밀다를 수습하는 것입니다.'라고 이와 같이 말을 지어야 하느니라.

다시 '그대 선남자여. 보시바라밀다에 상응하여 수습할 것이고, 일체지가 즐겁거나 괴롭다고 상응하여 관찰하지 않아야 하며, 도상지·일체상지가 즐겁거나 괴롭다고 상응하여 관찰하지 않아야 합니다. 왜 그러한가? 일체지는 일체지의 자성이 공하고 도상지·일체상지는 도상지·일체상지의 자성이 공하더라도, 이 일체지의 자성은 곧 자성이 아니고 이 도상지·일체상지의 자성도 역시 자성이 아닙니다.

만약 자성이 아닌 것이 곧 보시바라밀다라면, 이 보시바라밀다에서는 일체지를 얻을 수 없고 그것의 즐거움과 괴로움도 역시 얻을 수 없으며, 도상지·일체상지를 모두 얻을 수 없고 그것의 즐거움과 괴로움도 역시 얻을 수 없습니다. 그 까닭은 무엇인가? 이 가운데에서 오히려 일체지 등도 얻을 수 없는데, 어찌 하물며 그것의 즐거움과 괴로움이 있겠습니까? 그대가 만약 이와 같이 능히 보시를 수습한다면 이것이 보시바라밀다를 수습하는 것입니다.'라고 이와 같이 말을 지어야 하느니라.

다시 '그대 선남자여. 보시바라밀다에 상응하여 수습할 것이고, 일체지가 나이거나 무아라고 상응하여 관찰하지 않아야 하며, 도상지·일체상지가 나이거나 무아라고 상응하여 관찰하지 않아야 합니다. 왜 그러한가? 일체지는 일체지의 자성이 공하고 도상지·일체상지는 도상지·일체상지의 자성이 공하더라도, 이 일체지의 자성은 곧 자성이 아니고 이 도상지·일체상지의 자성도 역시 자성이 아닙니다.

만약 자성이 아닌 것이 곧 보시바라밀다라면, 이 보시바라밀다에서는 일체지를 얻을 수 없고 그것의 나와 무아도 역시 얻을 수 없으며, 도상지·일체상지를 모두 얻을 수 없고 그것의 나와 무아도 역시 얻을 수 없습니다. 그 까닭은 무엇인가? 이 가운데에서 오히려 일체지 등도 얻을 수 없는데, 어찌 하물며 그것의 나와 무아가 있겠습니까? 그대가 만약 이와 같이 능히 보시를 수습한다면 이것이 보시바라밀다를 수습하는 것입니다.'라고 이와 같이 말을 지어야 하느니라.

다시 '그대 선남자여. 보시바라밀다에 상응하여 수습할 것이고, 일체지가 청정하거나 부정하다고 상응하여 관찰하지 않아야 하며, 도상지·일체상지가 청정하거나 부정하다고 상응하여 관찰하지 않아야 합니다. 왜 그러한가? 일체지는 일체지의 자성이 공하고 도상지·일체상지는 도상지·일체상지의 자성이 공하더라도, 이 일체지의 자성은 곧 자성이 아니고 이 도상지·일체상지의 자성도 역시 자성이 아닙니다.

만약 자성이 아닌 것이 곧 보시바라밀다라면, 이 보시바라밀다에서는 일체지를 얻을 수 없고 그것의 청정과 부정도 역시 얻을 수 없으며, 도상지·일체상지를 모두 얻을 수 없고 그것의 청정과 부정도 역시 얻을 수 없습니다. 그 까닭은 무엇인가? 이 가운데에서 오히려 일체지 등도 얻을 수 없는데, 어찌 하물며 그것의 청정과 부정이 있겠습니까? 그대가 만약 이와 같이 능히 보시를 수습한다면 이것이 보시바라밀다를 수습하는 것입니다.'라고 이와 같이 말을 지어야 하느니라. 교시가여. 이 선남자와 선여인 등이 이것 등을 설하였다면 이것이 널리 진정하게 보시바라밀다를 설하는 것이니라.

다시 다음으로 교시가여. 만약 선남자와 선여인 등이 무상보리심을 일으킨 자를 위하여 보시바라밀다를 널리 설한다면, '그대 선남자여. 보시바라밀다에 상응하여 수습할 것이고, 일체의 다라니문이 항상하거나 무상하다고 상응하여 관찰하지 않아야 하며, 일체의 삼마지문이 항상하거나 무상하다고 상응하여 관찰하지 않아야 합니다. 왜 그러한가? 일체의 다라니문은 일체의 다라니문의 자성이 공하고 일체의 삼마지문은 일체의 삼마지문의 자성이 공하더라도, 이 일체의 다라니문의 자성은 곧 자성이 아니고 이 일체의 삼마지문의 자성도 역시 자성이 아닙니다.

만약 자성이 아닌 것이 곧 보시바라밀다라면, 이 보시바라밀다에서는 일체의 다라니문을 얻을 수 없고 그것의 항상함과 무상함도 역시 얻을 수 없으며, 일체의 삼마지문을 모두 얻을 수 없고 그것의 항상함과 무상함도 역시 얻을 수 없습니다. 그 까닭은 무엇인가? 이 가운데에서 오히려 일체의 다라니문 등도 얻을 수 없는데, 어찌 하물며 그것의 항상함과 무상함이 있겠습니까? 그대가 만약 이와 같이 능히 보시를 수습한다면 이것이 보시바라밀다를 수습하는 것입니다.'라고 이와 같이 말을 지어야 하느니라.

다시 '그대 선남자여. 보시바라밀다에 상응하여 수습할 것이고, 일체의 다라니문이 즐겁거나 괴롭다고 상응하여 관찰하지 않아야 하며, 일체의 삼마지문이 즐겁거나 괴롭다고 상응하여 관찰하지 않아야 합니다. 왜 그러한가? 일체의 다라니문은 일체의 다라니문의 자성이 공하고 일체의 삼마지문은 일체의 삼마지문의 자성이 공하더라도, 이 일체의 다라니문의 자성은 곧 자성이 아니고 이 일체의 삼마지문의 자성도 역시 자성이 아닙니다.

만약 자성이 아닌 것이 곧 보시바라밀다라면, 이 보시바라밀다에서는 일체의 다라니문을 얻을 수 없고 그것의 즐거움과 괴로움도 역시 얻을 수 없으며, 일체의 삼마지문을 모두 얻을 수 없고 그것의 즐거움과 괴로움도 역시 얻을 수 없습니다. 그 까닭은 무엇인가? 이 가운데에서 오히려 일체의 다라니문 등도 얻을 수 없는데, 어찌 하물며 그것의 즐거움과 괴로움이 있겠습니까? 그대가 만약 이와 같이 능히 보시를 수습한다면 이것이 보시바라밀다를 수습하는 것입니다.'라고 이와 같이 말을 지어야 하느니라.

다시 '그대 선남자여. 보시바라밀다에 상응하여 수습할 것이고, 일체의 다라니문이 나이거나 무아라고 상응하여 관찰하지 않아야 하며, 일체의 삼마지문이 나이거나 무아라고 상응하여 관찰하지 않아야 합니다. 왜 그러한가? 일체의 다라니문은 일체의 다라니문의 자성이 공하고 일체의 삼마지문은 일체의 삼마지문의 자성이 공하더라도, 이 일체의 다라니문의 자성은 곧 자성이 아니고 이 일체의 삼마지문의 자성도 역시 자성이 아닙니다.

만약 자성이 아닌 것이 곧 보시바라밀다라면, 이 보시바라밀다에서는

일체의 다라니문을 얻을 수 없고 그것의 나와 무아도 역시 얻을 수 없으며, 일체의 삼마지문을 모두 얻을 수 없고 그것의 나와 무아도 역시 얻을 수 없습니다. 그 까닭은 무엇인가? 이 가운데에서 오히려 일체의 다라니문 등도 얻을 수 없는데, 어찌 하물며 그것의 나와 무아가 있겠습니까? 그대가 만약 이와 같이 능히 보시를 수습한다면 이것이 보시바라밀다를 수습하는 것입니다.'라고 이와 같이 말을 지어야 하느니라.

다시 '그대 선남자여. 보시바라밀다에 상응하여 수습할 것이고, 일체의 다라니문이 청정하거나 부정하다고 상응하여 관찰하지 않아야 하며, 일체의 삼마지문이 청정하거나 부정하다고 상응하여 관찰하지 않아야 합니다. 왜 그러한가? 일체의 다라니문은 일체의 다라니문의 자성이 공하고 일체의 삼마지문은 일체의 삼마지문의 자성이 공하더라도, 이 일체의 다라니문의 자성은 곧 자성이 아니고 이 일체의 삼마지문의 자성도 역시 자성이 아닙니다.

만약 자성이 아닌 것이 곧 보시바라밀다라면, 이 보시바라밀다에서는 일체의 다라니문을 얻을 수 없고 그것의 청정과 부정도 역시 얻을 수 없으며, 일체의 삼마지문을 모두 얻을 수 없고 그것의 청정과 부정도 역시 얻을 수 없습니다. 그 까닭은 무엇인가? 이 가운데에서 오히려 일체의 다라니문 등도 얻을 수 없는데, 어찌 하물며 그것의 청정과 부정이 있겠습니까? 그대가 만약 이와 같이 능히 보시를 수습한다면 이것이 보시바라밀다를 수습하는 것입니다.'라고 이와 같이 말을 지어야 하느니라. 교시가여. 이 선남자와 선여인 등이 이것 등을 설하였다면 이것이 널리 진정하게 보시바라밀다를 설하는 것이니라."

마하반야바라밀다경 제165권

30. 교량공덕품(校量功德品)(63)

"다시 다음으로 교시가여. 만약 선남자와 선여인 등이 무상보리심을 일으킨 자를 위하여 보시바라밀다를 널리 설한다면, '그대 선남자여. 보시바라밀다에 상응하여 수습할 것이고, 예류향·예류과가 항상하거나 무상하다고 상응하여 관찰하지 않아야 하며, 일래향·일래과·불환향·불환과·아라한향·아라한과가 항상하거나 무상하다고 상응하여 관찰하지 않아야 합니다. 왜 그러한가? 예류향·예류과는 예류향·예류과의 자성이 공하고 일래향·일래과·불환향·불환과·아라한향·아라한과는 일래향, 나아가 아라한과의 자성이 공하더라도, 이 예류향·예류과의 자성은 곧 자성이 아니고 이 일래향, 나아가 아라한과의 자성도 역시 자성이 아닙니다.

만약 자성이 아닌 것이 곧 보시바라밀다라면, 이 보시바라밀다에서는 예류향·예류과를 얻을 수 없고 그것의 항상함과 무상함도 역시 얻을 수 없으며, 일래향, 나아가 아라한과를 모두 얻을 수 없고 그것의 항상함과 무상함도 역시 얻을 수 없습니다. 그 까닭은 무엇인가? 이 가운데에서 오히려 예류향·예류과 등도 얻을 수 없는데, 어찌 하물며 그것의 항상함과 무상함이 있겠습니까? 그대가 만약 이와 같이 능히 보시를 수습한다면 이것이 보시바라밀다를 수습하는 것입니다.'라고 이와 같이 말을 지어야 하느니라.

다시 '그대 선남자여. 보시바라밀다에 상응하여 수습할 것이고, 예류향·예류과가 즐겁거나 괴롭다고 상응하여 관찰하지 않아야 하며, 이 일래향·

일래과·불환향·불환과·아라한향·아라한과는 즐겁거나 괴롭다고 상응하여 관찰하지 않아야 합니다. 왜 그러한가? 예류향·예류과는 예류향·예류과의 자성이 공하고 일래향·일래과·불환향·불환과·아라한향·아라한과는 일래향, 나아가 아라한과의 자성이 공하더라도, 이 예류향·예류과의 자성은 곧 자성이 아니고 이 일래향, 나아가 아라한과의 자성도 역시 자성이 아닙니다.

만약 자성이 아닌 것이 곧 보시바라밀다라면, 이 보시바라밀다에서는 예류향·예류과를 얻을 수 없고 그것의 즐거움과 괴로움도 역시 얻을 수 없으며, 일래향·일래과·불환향·불환과·아라한향·아라한과를 모두 얻을 수 없고 그것의 즐거움과 괴로움도 역시 얻을 수 없습니다. 그 까닭은 무엇인가? 이 가운데에서 오히려 예류향·예류과 등도 얻을 수 없는데, 어찌 하물며 그것의 즐거움과 괴로움이 있겠습니까? 그대가 만약 이와 같이 능히 보시를 수습한다면 이것이 보시바라밀다를 수습하는 것입니다.'라고 이와 같이 말을 지어야 하느니라.

다시 '그대 선남자여. 보시바라밀다에 상응하여 수습할 것이고, 예류향·예류과가 나이거나 무아라고 상응하여 관찰하지 않아야 하며, 일래향·일래과·불환향·불환과·아라한향·아라한과가 나이거나 무아라고 상응하여 관찰하지 않아야 합니다. 왜 그러한가? 예류향·예류과는 예류향·예류과의 자성이 공하고 일래향·일래과·불환향·불환과·아라한향·아라한과는 일래향, 나아가 아라한과의 자성이 공하더라도, 이 예류향·예류과의 자성은 곧 자성이 아니고 이 일래향, 나아가 아라한과의 자성도 역시 자성이 아닙니다.

만약 자성이 아닌 것이 곧 보시바라밀다라면, 이 보시바라밀다에서는 예류향·예류과를 얻을 수 없고 그것의 나와 무아도 역시 얻을 수 없으며, 일래향, 나아가 아라한과를 모두 얻을 수 없고 그것의 나와 무아도 역시 얻을 수 없습니다. 그 까닭은 무엇인가? 이 가운데에서 오히려 예류향·예류과 등도 얻을 수 없는데, 어찌 하물며 그것의 나와 무아가 있겠습니까? 그대가 만약 이와 같이 능히 보시를 수습한다면 이것이 보시바라밀다를

수습하는 것입니다.'라고 이와 같이 말을 지어야 하느니라.

다시 '그대 선남자여. 보시바라밀다에 상응하여 수습할 것이고, 예류향·예류과가 청정하거나 부정하다고 상응하여 관찰하지 않아야 하며, 일래향·일래과·불환향·불환과·아라한향·아라한과가 청정하거나 부정하다고 상응하여 관찰하지 않아야 합니다. 왜 그러한가? 예류향·예류과는 예류향·예류과의 자성이 공하고 일래향·일래과·불환향·불환과·아라한향·아라한과는 일래향, 나아가 아라한과의 자성이 공하더라도, 이 공해탈문의 자성은 곧 자성이 아니고 이 일래향, 나아가 아라한과의 자성도 역시 자성이 아닙니다.

만약 자성이 아닌 것이 곧 보시바라밀다라면, 이 보시바라밀다에서는 예류향·예류과를 얻을 수 없고 그것의 청정과 부정도 역시 얻을 수 없으며, 일래향, 나아가 아라한과를 모두 얻을 수 없고 그것의 청정과 부정도 역시 얻을 수 없습니다. 그 까닭은 무엇인가? 이 가운데에서 오히려 예류향·예류과 등도 얻을 수 없는데, 어찌 하물며 그것의 청정과 부정이 있겠습니까? 그대가 만약 이와 같이 능히 보시를 수습한다면 이것이 보시바라밀다를 수습하는 것입니다.'라고 이와 같이 말을 지어야 하느니라. 교시가여. 이 선남자와 선여인 등이 이것 등을 설하였다면 이것이 널리 진정하게 보시바라밀다를 설하는 것이니라.

다시 다음으로 교시가여. 만약 선남자와 선여인 등이 무상보리심을 일으킨 자를 위하여 보시바라밀다를 널리 설한다면, '그대 선남자여. 보시바라밀다에 상응하여 수습할 것이고, 독각의 보리가 항상하거나 무상하다고 상응하여 관찰하지 않아야 합니다. 왜 그러한가? 독각의 보리는 독각의 보리의 자성이 공하더라도, 이 독각의 보리의 자성은 곧 자성이 아닙니다.

만약 자성이 아닌 것이 곧 보시바라밀다라면, 이 보시바라밀다에서는 독각의 보리를 얻을 수 없고 그것의 항상함과 무상함도 역시 얻을 수 없습니다. 그 까닭은 무엇인가? 이 가운데에서 오히려 독각의 보리 등도 얻을 수 없는데, 어찌 하물며 그것의 항상함과 무상함이 있겠습니까?

그대가 만약 이와 같이 능히 보시를 수습한다면 이것이 보시바라밀다를 수습하는 것입니다.'라고 이와 같이 말을 지어야 하느니라.

다시 '그대 선남자여. 보시바라밀다에 상응하여 수습할 것이고, 독각의 보리가 즐겁거나 괴롭다고 상응하여 관찰하지 않아야 합니다. 왜 그러한가? 독각의 보리는 독각의 보리의 자성이 공하더라도, 이 독각의 보리의 자성은 곧 자성이 아닙니다. 만약 자성이 아닌 것이 곧 보시바라밀다라면, 이 보시바라밀다에서는 독각의 보리를 얻을 수 없고 그것의 즐거움과 괴로움도 역시 얻을 수 없습니다. 그 까닭은 무엇인가? 이 가운데에서 오히려 독각의 보리 등도 얻을 수 없는데, 어찌 하물며 그것의 즐거움과 괴로움이 있겠습니까? 그대가 만약 이와 같이 능히 보시를 수습한다면 이것이 보시바라밀다를 수습하는 것입니다.'라고 이와 같이 말을 지어야 하느니라.

다시 '그대 선남자여. 보시바라밀다에 상응하여 수습할 것이고, 독각의 보리가 나이거나 무아라고 상응하여 관찰하지 않아야 합니다. 왜 그러한가? 독각의 보리는 독각의 보리의 자성이 공하더라도, 이 독각의 보리의 자성은 곧 자성이 아닙니다. 만약 자성이 아닌 것이 곧 보시바라밀다라면, 이 보시바라밀다에서는 독각의 보리를 얻을 수 없고 그것의 나와 무아도 역시 얻을 수 없습니다. 그 까닭은 무엇인가? 이 가운데에서 오히려 독각의 보리 등도 얻을 수 없는데, 어찌 하물며 그것의 나와 무아가 있겠습니까? 그대가 만약 이와 같이 능히 보시를 수습한다면 이것이 보시바라밀다를 수습하는 것입니다.'라고 이와 같이 말을 지어야 하느니라.

다시 '그대 선남자여. 보시바라밀다에 상응하여 수습할 것이고, 독각의 보리가 청정하거나 부정하다고 상응하여 관찰하지 않아야 합니다. 왜 그러한가? 독각의 보리는 독각의 보리의 자성이 공하더라도, 이 독각의 보리의 자성은 곧 자성이 아닙니다. 만약 자성이 아닌 것이 곧 보시바라밀다라면, 이 보시바라밀다에서는 독각의 보리를 얻을 수 없고 그것의 청정과 부정도 역시 얻을 수 없습니다. 그 까닭은 무엇인가? 이 가운데에서 오히려 독각의 보리 등도 얻을 수 없는데, 어찌 하물며 그것의 청정과 부정이 있겠습니까? 그대가 만약 이와 같이 능히 보시를 수습한다면 이것이 보시바라밀다를 수습하는 것입니다.'라고 이와 같이 말을 지어야 하느니라. 교시가여. 이 선남자와 선여인 등이 이것 등을 설하였다면 이것이 널리 진정하게 보시바라밀다를 설하는 것이니라.

다시 다음으로 교시가여. 만약 선남자와 선여인 등이 무상보리심을 일으킨 자를 위하여 보시바라밀다를 널리 설한다면, '그대 선남자여. 보시바라밀다에 상응하여 수습할 것이고, 일체의 보살마하살의 행이 항상하거나 무상하다고 상응하여 관찰하지 않아야 합니다. 왜 그러한가? 일체의 보살마하살의 행은 일체의 보살마하살의 행의 자성이 공하더라도, 이 독각의 보리의 자성은 곧 자성이 아닙니다.

만약 자성이 아닌 것이 곧 보시바라밀다라면, 이 보시바라밀다에서는 일체의 보살마하살의 행을 얻을 수 없고 그것의 항상함과 무상함도 역시 얻을 수 없습니다. 그 까닭은 무엇인가? 이 가운데에서 오히려 일체의 보살마하살의 행 등도 얻을 수 없는데, 어찌 하물며 그것의 항상함과 무상함이 있겠습니까? 그대가 만약 이와 같이 능히 보시를 수습한다면 이것이 보시바라밀다를 수습하는 것입니다.'라고 이와 같이 말을 지어야 하느니라.

다시 '그대 선남자여. 보시바라밀다에 상응하여 수습할 것이고, 일체의 보살마하살의 행이 즐겁거나 괴롭다고 상응하여 관찰하지 않아야 합니다. 왜 그러한가? 일체의 보살마하살의 행은 일체의 보살마하살의 행의 자성이 공하더라도, 이 일체의 보살마하살의 행의 자성은 곧 자성이 아닙니다. 만약 자성이 아닌 것이 곧 보시바라밀다라면, 이 보시바라밀다에서는 일체의 보살마하살의 행을 얻을 수 없고 그것의 즐거움과 괴로움도 역시 얻을 수 없습니다. 그 까닭은 무엇인가? 이 가운데에서 오히려 일체의 보살마하살의 행 등도 얻을 수 없는데, 어찌 하물며 그것의 즐거움과 괴로움이 있겠습니까? 그대가 만약 이와 같이 능히 보시를 수습한다면 이것이 보시바라밀다를 수습하는 것입니다.'라고 이와 같이 말을 지어야 하느니라.

다시 '그대 선남자여. 보시바라밀다에 상응하여 수습할 것이고, 일체의 보살마하살의 행이 나이거나 무아라고 상응하여 관찰하지 않아야 합니다. 왜 그러한가? 일체의 보살마하살의 행은 일체의 보살마하살의 행의 자성이 공하더라도, 이 일체의 보살마하살의 행의 자성은 곧 자성이 아닙니다. 만약 자성이 아닌 것이 곧 보시바라밀다라면, 이 보시바라밀다에서는 일체의 보살마하살의 행을 얻을 수 없고 그것의 나와 무아도 역시 얻을 수 없습니다. 그 까닭은 무엇인가? 이 가운데에서 오히려 일체의 보살마하살의 행 등도 얻을 수 없는데, 어찌 하물며 그것의 나와 무아가 있겠습니까? 그대가 만약 이와 같이 능히 보시를 수습한다면 이것이 보시바라밀다를 수습하는 것입니다.'라고 이와 같이 말을 지어야 하느니라.

다시 '그대 선남자여. 보시바라밀다에 상응하여 수습할 것이고, 일체의 보살마하살의 행이 청정하거나 부정하다고 상응하여 관찰하지 않아야 합니다. 왜 그러한가? 일체의 보살마하살의 행은 일체의 보살마하살의 행의 자성이 공하더라도, 이 일체의 보살마하살의 행의 자성은 곧 자성이 아닙니다. 만약 자성이 아닌 것이 곧 보시바라밀다라면, 이 보시바라밀다에서는 일체의 보살마하살의 행을 얻을 수 없고 그것의 청정과 부정도 역시 얻을 수 없습니다. 그 까닭은 무엇인가? 이 가운데에서 오히려 일체의 보살마하살의 행 등도 얻을 수 없는데, 어찌 하물며 그것의 청정과 부정이 있겠습니까? 그대가 만약 이와 같이 능히 보시를 수습한다면 이것이 보시바라밀다를 수습하는 것입니다.'라고 이와 같이 말을 지어야 하느니라. 교시가여. 이 선남자와 선여인 등이 이것 등을 설하였다면 이것이 널리 진정하게 보시바라밀다를 설하는 것이니라.

다시 다음으로 교시가여. 만약 선남자와 선여인 등이 무상보리심을 일으킨 자를 위하여 보시바라밀다를 널리 설한다면, '그대 선남자여. 보시바라밀다에 상응하여 수습할 것이고, 제불의 무상정등보리가 항상하거나 무상하다고 상응하여 관찰하지 않아야 합니다. 왜 그러한가? 제불의 무상정등보리는 제불의 무상정등보리의 자성이 공하더라도, 이 무상정등보리의 자성은 곧 자성이 아닙니다.

만약 자성이 아닌 것이 곧 보시바라밀다라면, 이 보시바라밀다에서는 제불의 무상정등보리를 얻을 수 없고 그것의 항상함과 무상함도 역시 얻을 수 없습니다. 그 까닭은 무엇인가? 이 가운데에서 오히려 제불의 무상정등보리 등도 얻을 수 없는데, 어찌 하물며 그것의 항상함과 무상함이 있겠습니까? 그대가 만약 이와 같이 능히 보시를 수습한다면 이것이 보시바라밀다를 수습하는 것입니다.'라고 이와 같이 말을 지어야 하느니라.

다시 '그대 선남자여. 보시바라밀다에 상응하여 수습할 것이고, 제불의 무상정등보리가 즐겁거나 괴롭다고 상응하여 관찰하지 않아야 합니다. 왜 그러한가? 제불의 무상정등보리는 제불의 무상정등보리의 자성이 공하더라도, 이 제불의 무상정등보리의 자성은 곧 자성이 아닙니다. 만약 자성이 아닌 것이 곧 보시바라밀다라면, 이 보시바라밀다에서는 제불의 무상정등보리를 얻을 수 없고 그것의 즐거움과 괴로움도 역시 얻을 수 없습니다. 그 까닭은 무엇인가? 이 가운데에서 오히려 제불의 무상정등보리 등도 얻을 수 없는데, 어찌 하물며 그것의 즐거움과 괴로움이 있겠습니까? 그대가 만약 이와 같이 능히 보시를 수습한다면 이것이 보시바라밀다를 수습하는 것입니다.'라고 이와 같이 말을 지어야 하느니라.

다시 '그대 선남자여. 보시바라밀다에 상응하여 수습할 것이고, 제불의 무상정등보리가 나이거나 무아라고 상응하여 관찰하지 않아야 합니다. 왜 그러한가? 제불의 무상정등보리는 제불의 무상정등보리의 자성이 공하더라도, 이 제불의 무상정등보리의 자성은 곧 자성이 아닙니다. 만약 자성이 아닌 것이 곧 보시바라밀다라면, 이 보시바라밀다에서는 무상정등보리를 얻을 수 없고 그것의 나와 무아도 역시 얻을 수 없습니다. 그 까닭은 무엇인가? 이 가운데에서 오히려 제불의 무상정등보리 등도 얻을 수 없는데, 어찌 하물며 그것의 나와 무아가 있겠습니까? 그대가 만약 이와 같이 능히 보시를 수습한다면 이것이 보시바라밀다를 수습하는 것입니다.'라고 이와 같이 말을 지어야 하느니라.

다시 '그대 선남자여. 보시바라밀다에 상응하여 수습할 것이고, 제불의 무상정등보리가 청정하거나 부정하다고 상응하여 관찰하지 않아야 합니다. 왜 그러한가? 제불의 무상정등보리는 제불의 무상정등보리의 자성이 공하더라도, 이 제불의 무상정등보리의 자성은 곧 자성이 아닙니다. 만약 자성이 아닌 것이 곧 보시바라밀다라면, 이 보시바라밀다에서는 제불의 무상정등보리를 얻을 수 없고 그것의 청정과 부정도 역시 얻을 수 없습니다. 그 까닭은 무엇인가? 이 가운데에서 오히려 제불의 무상정등보리 등도 얻을 수 없는데, 어찌 하물며 그것의 청정과 부정이 있겠습니까? 그대가 만약 이와 같이 능히 보시를 수습한다면 이것이 보시바라밀다를 수습하는 것입니다.'라고 이와 같이 말을 지어야 하느니라. 교시가여. 이 선남자와 선여인 등이 이것 등을 설하였다면 이것이 널리 진정하게 보시바라밀다를 설하는 것이니라."

"다시 다음으로 교시가여. 만약 선남자와 선여인 등이 무상보리심을 일으킨 자를 위하여 널리 반야바라밀다를 설하거나 혹은 널리 정려바라밀다를 설하거나, 혹은 널리 정진바라밀다를 설하거나, 혹은 널리 안인바라밀다를 설하거나, 혹은 널리 정계바라밀다를 설하거나, 혹은 널리 보시바라밀다를 설하면서 '오십시오. 선남자여. 내가 마땅히 그대를 반야바라밀다, 나아가 보시바라밀다를 수학하게 가르치겠습니다. 그대가 수학하는 때에, 제법에서 적게라도 안주할 수 있고(可住) 초월할 수 있으며(可超) 들어갈 수 있고(可入) 얻을 수 있으며(可得) 증득할 수 있고(可證) 수지할 수 있는 것(可受持) 등의 공덕을 얻을 수 있다고 관찰하지 않아야 하고, 더불어 따라서 기뻐하면서 회향할 수 있는(可隨喜迴向) 보리를 얻을 수 있다고 관찰하지 않아야 하느니라.

왜 그러한가? 이 반야바라밀다, 나아가 보시바라밀다는 작은 법도 머무를 수 있거나, 초월할 수 있거나, 들어갈 수 있거나, 얻을 수 있거나, 증득할 수 있거나, 수지할 수 있는 것 등의 공덕과 더불어 따라서 기뻐하면서 회향할 수 있는 보리가 반드시 결국에는 없느니라. 그 까닭은 무엇인가? 일체법의 자성은 모두가 공한 까닭으로 모두 무소유(無所有)이니라.

만약 무소유가 곧 반야바라밀다, 나아가 보시바라밀다라면 이 반야바라밀다, 나아가 보시바라밀다에서 작은 법이라도 들어감이 있고(有入) 나옴'이 있으며(有出) 생겨남이 있고(有生) 소멸함이 있으며(有滅) 끊어짐이 있고(有斷) 항상함이 있으며(有常) 동일함이 있고(有一) 다름이 있으며(有異) 다가옴이 있고(有來) 떠나감이 있는(有去) 것 등을 결국 얻을 수 없느니라. 교시가여. 이 선남자와 선여인 등이 이것 등을 설하였다면 이것이 널리 진정하게 반야·정려·정진·안인·정계·보시바라밀다를 설하는 것이니라.

이러한 까닭으로써 교시가여. 여러 선남자와 선여인 등은 반야바라밀다에서 상응하여 얻을 수 없는 것(無所得)을 방편으로 삼아서 수지하고 독송하며 이치와 같게 사유하고, 마땅히 여러 종류의 교묘한 글과 뜻으로써 다른 사람을 위하여 널리 설하며, 널리 드러내어 명료하게 해석(解釋)하여 열어서 보여주고, 의취(義趣)[1]를 분별하여 그것을 쉽게 해석해야 하느니라.

교시가여. 오히려 이러한 인연을 까닭으로 나는 '만약 선남자와 선여인 등이 반야바라밀다에서 얻을 수 없는 것을 방편으로 삼아서 수지하고 독송하며 이치와 같게 사유하고, 다시 여러 종류의 교묘(巧妙)한 글과 뜻으로써 수유(須臾)[2]의 시간을 지내면서 다른 사람을 위하여 분별하여 설하며, 널리 드러내어 명료하게 해석하여 열어서 보여주고, 의취를 분별하여 그것을 쉽게 해석하였다면, 얻는 복취는 앞보다 매우 많다.'라고 나는 이렇게 설하느니라.

다시 다음으로 교시가여. 만약 선남자와 선여인 등이 섬부주(贍部洲)의 여러 유정의 부류들을 교화하여 예류과(預流果)에 안주(安住)하게 시켰다

---

1) 팔리어 attha의 번역이고, '성취', '이익', '의미', '실재', '목적', '목표', '계위' 등을 뜻한다. 세존의 가르침의 목적인 의취는 열반이라고 해석할 수 있겠다.

2) 산스크리트어 muhūrta의 번역이고, 시간 단위로서 '순간', '잠시', '매우 짧은 시간' 등을 뜻한다. 시간에 대한 단위는 경전이나 논서마다 달리 사용된다. 『아비달마구사론』에서는 120찰나가 1달찰나(怛刹那)이고, 60달찰나가 1납박(臘縛, lava)이며, 30납박이 1수유이고, 30수유가 1주야(晝夜)라고 말한다. 따라서 1수유는 48분에 해당한다.

면, 그대의 뜻은 어떠한가? 이 선남자와 선여인 등은 오히려 이 인연으로 얻는 복취가 많겠는가?"

천제석이 말하였다.

"매우 많습니다. 세존이시여. 아주 많습니다. 선서(善逝)[3]시여."

세존께서 말씀하셨다.

"교시가여. 만약 선남자와 선여인 등이 이 반야바라밀다에서 무량문(無量門)의 교묘한 글과 뜻으로써 다른 사람을 위하여 널리 설하며, 널리 드러내어 명료하게 해석하여 열어서 보여주고, 의취를 분별하여 그것을 쉽게 해석하여 주면서, 다시 '오십시오. 선남자여. 그대는 마땅히 이 매우 깊은 반야바라밀다에서 지극한 마음으로 듣고서 수지하고 독송하며 이치와 같게 사유하여 널리 통하면서 이익되게 해야 하며, 이 법문을 따르면서 상응하게 정근하면서 수학해야 합니다.'라고 이렇게 말을 지었다면, 이 선남자와 선여인 등이 얻는 복취는 앞보다 매우 많으니라. 왜 그러한가? 교시가여. 일체의 예류(預流)와 예류과(預流果)는 모두 이 반야바라밀다에서 유출(流出)되는 까닭이니라.

다시 다음으로 교시가여. 섬부주의 여러 유정의 부류들을 제쳐두고 만약 선남자와 선여인 등이 섬부주와 동승신주(東勝身洲)의 여러 유정의 부류들을 교화하여 예류과에 안주하게 시켰다면, 그대의 뜻은 어떠한가? 이 선남자와 선여인 등은 오히려 이 인연으로 얻는 복취가 많겠는가?"

천제석이 말하였다.

"매우 많습니다. 세존이시여. 아주 많습니다. 선서시여."

세존께서 말씀하셨다.

"교시가여. 만약 선남자와 선여인 등이 이 반야바라밀다에서 무량문의 교묘한 글과 뜻으로써 다른 사람을 위하여 널리 설하며, 널리 드러내어 명료하게 해석하여 열어서 보여주고, 의취를 분별하여 그것을 쉽게 해석하여 주면서, 다시 '오십시오. 선남자여. 그대는 마땅히 이 매우 깊은

3) 산스크리트어 sugata의 번역이고 십호(十號)의 하나이다. 무상정등각에 잘 이르렀다는 뜻이다.

반야바라밀다에서 지극한 마음으로 듣고서 수지하고 독송하며 이치와 같게 사유하여 널리 통하면서 이익되게 해야 하며, 이 법문을 따르면서 상응하게 정근하면서 수학해야 합니다.'라고 이렇게 말을 지었다면, 이 선남자와 선여인 등이 얻는 복취는 앞보다 매우 많으니라. 왜 그러한가? 교시가여. 일체의 예류와 예류과는 모두 이 반야바라밀다에서 유출되는 까닭이니라.

다시 다음으로 교시가여. 섬부주와 동승신주의 여러 유정의 부류들을 제쳐두고 만약 선남자와 선여인 등이 섬부주·동승신주·서우화주(西牛貨洲)의 여러 유정의 부류들을 교화하여 예류과에 안주하게 하였다면, 그대의 뜻은 어떠한가? 이 선남자와 선여인 등은 오히려 이 인연으로 얻는 복취가 많겠는가?"

천제석이 말하였다.

"매우 많습니다. 세존이시여. 아주 많습니다. 선서시여."

세존께서 말씀하셨다.

"교시가여. 만약 선남자와 선여인 등이 이 반야바라밀다에서 무량문의 교묘한 글과 뜻으로써 다른 사람을 위하여 널리 설하며, 널리 드러내어 명료하게 해석하여 열어서 보여주고, 의취를 분별하여 그것을 쉽게 해석하여 주면서, 다시 '오십시오. 선남자여. 그대는 마땅히 이 매우 깊은 반야바라밀다에서 지극한 마음으로 듣고서 수지하고 독송하며 이치와 같게 사유하여 널리 통하면서 이익되게 해야 하며, 이 법문을 따르면서 상응하게 정근하면서 수학해야 합니다.'라고 이렇게 말을 지었다면, 이 선남자와 선여인 등이 얻는 복취는 앞보다 매우 많으니라. 왜 그러한가? 교시가여. 일체의 예류와 예류과는 모두 이 반야바라밀다에서 유출되는 까닭이니라.

다시 다음으로 교시가여. 섬부주·동승신주·서우화주의 여러 유정의 부류들을 제쳐두고 만약 선남자와 선여인 등이 섬부주·동승신주·서우화주·북구로주(北俱盧洲)의 여러 유정의 부류들을 교화하여 예류과에 안주하게 시켰다면, 그대의 뜻은 어떠한가? 이 선남자와 선여인 등은 오히려 이 인연으로 얻는 복취가 많겠는가?"

천제석이 말하였다.

"매우 많습니다. 세존이시여. 아주 많습니다. 선서시여."

세존께서 말씀하셨다.

"교시가여. 만약 선남자와 선여인 등이 이 반야바라밀다에서 무량문의 교묘한 글과 뜻으로써 다른 사람을 위하여 널리 설하며, 널리 드러내어 명료하게 해석하여 열어서 보여주고, 의취를 분별하여 그것을 쉽게 해석하여 주면서, 다시 '오십시오. 선남자여. 그대는 마땅히 이 매우 깊은 반야바라밀다에서 지극한 마음으로 듣고서 수지하고 독송하며 이치와 같게 사유하여 널리 통하면서 이익되게 해야 하며, 이 법문을 따르면서 상응하게 정근하면서 수학해야 합니다.'라고 이렇게 말을 지었다면, 이 선남자와 선여인 등이 얻는 복취는 앞보다 매우 많으니라. 왜 그러한가? 교시가여. 일체의 예류와 예류과는 모두 이 반야바라밀다에서 유출되는 까닭이니라.

다시 다음으로 교시가여. 4대주(四大洲)의 여러 유정의 부류들을 제쳐두고 만약 선남자와 선여인 등이 소천세계(小千界)의 여러 유정의 부류들을 교화하여 예류과에 안주하게 시켰다면, 그대의 뜻은 어떠한가? 이 선남자와 선여인 등은 오히려 이 인연으로 얻는 복취가 많겠는가?"

천제석이 말하였다.

"매우 많습니다. 세존이시여. 아주 많습니다. 선서시여."

세존께서 말씀하셨다.

"교시가여. 만약 선남자와 선여인 등이 이 반야바라밀다에서 무량문의 교묘한 글과 뜻으로써 다른 사람을 위하여 널리 설하며, 널리 드러내어 명료하게 해석하여 열어서 보여주고, 의취를 분별하여 그것을 쉽게 해석하여 주면서, 다시 '오십시오. 선남자여. 그대는 마땅히 이 매우 깊은 반야바라밀다에서 지극한 마음으로 듣고서 수지하고 독송하며 이치와 같게 사유하여 널리 통하면서 이익되게 해야 하며, 이 법문을 따르면서 상응하게 정근하면서 수학해야 합니다.'라고 이렇게 말을 지었다면, 이 선남자와 선여인 등이 얻는 복취는 앞보다 매우 많으니라. 왜 그러한가? 교시가여. 일체의 예류와 예류과는 모두 이 반야바라밀다에서 유출되는 까닭이니라.

다시 다음으로 교시가여. 소천세계의 여러 유정의 부류들을 제쳐두고 만약 선남자와 선여인 등이 중천세계(中千界)의 여러 유정의 부류들을 교화하여 예류과에 안주하게 시켰다면, 그대의 뜻은 어떠한가? 이 선남자와 선여인 등은 오히려 이 인연으로 얻는 복취가 많겠는가?"

천제석이 말하였다.

"매우 많습니다. 세존이시여. 아주 많습니다. 선서시여."

세존께서 말씀하셨다.

"교시가여. 만약 선남자와 선여인 등이 이 반야바라밀다에서 무량문의 교묘한 글과 뜻으로써 다른 사람을 위하여 널리 설하며, 널리 드러내어 명료하게 해석하여 열어서 보여주고, 의취를 분별하여 그것을 쉽게 해석하여 주면서, 다시 '오십시오. 선남자여. 그대는 마땅히 이 매우 깊은 반야바라밀다에서 지극한 마음으로 듣고서 수지하고 독송하며 이치와 같게 사유하여 널리 통하면서 이익되게 해야 하며, 이 법문을 따르면서 상응하게 정근하면서 수학해야 합니다.'라고 이렇게 말을 지었다면, 이 선남자와 선여인 등이 얻는 복취는 앞보다 매우 많으니라. 왜 그러한가? 교시가여. 일체의 예류와 예류과는 모두 이 반야바라밀다에서 유출되는 까닭이니라.

다시 다음으로 교시가여. 중천세계의 여러 유정의 부류들을 제쳐두고 만약 선남자와 선여인 등이 삼천대천세계(三千大千世界)의 여러 유정의 부류들을 교화하여 예류과에 안주하게 시켰다면, 그대의 뜻은 어떠한가? 이 선남자와 선여인 등은 오히려 이 인연으로 얻는 복취가 많겠는가?"

천제석이 말하였다.

"매우 많습니다. 세존이시여. 아주 많습니다. 선서시여."

세존께서 말씀하셨다.

"교시가여. 만약 선남자와 선여인 등이 이 반야바라밀다에서 무량문의

교묘한 글과 뜻으로써 다른 사람을 위하여 널리 설하며, 널리 드러내어 명료하게 해석하여 열어서 보여주고, 의취를 분별하여 그것을 쉽게 해석하여 주면서, 다시 '오십시오. 선남자여. 그대는 마땅히 이 매우 깊은 반야바라밀다에서 지극한 마음으로 듣고서 수지하고 독송하며 이치와 같게 사유하여 널리 통하면서 이익되게 해야 하며, 이 법문을 따르면서 상응하게 정근하면서 수학해야 합니다.'라고 이렇게 말을 지었다면, 이 선남자와 선여인 등이 얻는 복취는 앞보다 매우 많으니라. 왜 그러한가? 교시가여. 일체의 예류와 예류과는 모두 이 반야바라밀다에서 유출되는 까닭이니라.

다시 다음으로 교시가여. 삼천대천세계의 여러 유정의 부류들을 제쳐두고 만약 선남자와 선여인 등이 시방의 각각 긍가(殑伽)의 모래와 같은 세계의 여러 유정의 부류들을 교화하여 예류과에 안주하게 시켰다면, 그대의 뜻은 어떠한가? 이 선남자와 선여인 등은 오히려 이 인연으로 얻는 복취가 많겠는가?"

천제석이 말하였다.

"매우 많습니다. 세존이시여. 아주 많습니다. 선서시여."

세존께서 말씀하셨다.

"교시가여. 만약 선남자와 선여인 등이 이 반야바라밀다에서 무량문의 교묘한 글과 뜻으로써 다른 사람을 위하여 널리 설하며, 널리 드러내어 명료하게 해석하여 열어서 보여주고, 의취를 분별하여 그것을 쉽게 해석하여 주면서, 다시 '오십시오. 선남자여. 그대는 마땅히 이 매우 깊은 반야바라밀다에서 지극한 마음으로 듣고서 수지하고 독송하며 이치와 같게 사유하여 널리 통하면서 이익되게 해야 하며, 이 법문을 따르면서 상응하게 정근하면서 수학해야 합니다.'라고 이렇게 말을 지었다면, 이 선남자와 선여인 등이 얻는 복취는 앞보다 매우 많으니라. 왜 그러한가? 교시가여. 일체의 예류와 예류과는 모두 이 반야바라밀다에서 유출되는 까닭이니라."

"다시 다음으로 교시가여. 만약 선남자와 선여인 등이 섬부주의 여러 유정의 부류들을 교화하여 일래과(一來果)에 안주하게 시켰다면, 그대의 뜻은 어떠한가? 이 선남자와 선여인 등은 오히려 이 인연으로 얻는 복취가 많겠는가?"

천제석이 말하였다.

"매우 많습니다. 세존이시여. 아주 많습니다. 선서시여."

세존께서 말씀하셨다.

"교시가여. 만약 선남자와 선여인 등이 이 반야바라밀다에서 무량문의 교묘한 글과 뜻으로써 다른 사람을 위하여 널리 설하며, 널리 드러내어 명료하게 해석하여 열어서 보여주고, 의취를 분별하여 그것을 쉽게 해석하여 주면서, 다시 '오십시오. 선남자여. 그대는 마땅히 이 매우 깊은 반야바라밀다에서 지극한 마음으로 듣고서 수지하고 독송하며 이치와 같게 사유하여 널리 통하면서 이익되게 해야 하며, 이 법문을 따르면서 상응하게 정근하면서 수학해야 합니다.'라고 이렇게 말을 지었다면, 이 선남자와 선여인 등이 얻는 복취는 앞보다 매우 많으니라. 왜 그러한가? 교시가여. 일체의 일래(一來)와 일래과(一來果)는 모두 이 반야바라밀다에서 유출되는 까닭이니라.

다시 다음으로 교시가여. 섬부주의 여러 유정의 부류들을 제쳐두고 만약 선남자와 선여인 등이 섬부주와 동승신주의 여러 유정의 부류들을 교화하여 일래과에 안주하게 시켰다면, 그대의 뜻은 어떠한가? 이 선남자와 선여인 등은 오히려 이 인연으로 얻는 복취가 많겠는가?"

천제석이 말하였다.

"매우 많습니다. 세존이시여. 아주 많습니다. 선서시여."

세존께서 말씀하셨다.

"교시가여. 만약 선남자와 선여인 등이 이 반야바라밀다에서 무량문의 교묘한 글과 뜻으로써 다른 사람을 위하여 널리 설하며, 널리 드러내어 명료하게 해석하여 열어서 보여주고, 의취를 분별하여 그것을 쉽게 해석하여 주면서, 다시 '오십시오. 선남자여. 그대는 마땅히 이 매우 깊은 반야바라밀다에서 지극한 마음으로 듣고서 수지하고 독송하며 이치와 같게 사유하여 널리 통하면서 이익되게 해야 하며, 이 법문을 따르면서 상응하게 정근하면서 수학해야 합니다.'라고 이렇게 말을 지었다면, 이 선남자와 선여인 등이 얻는 복취는 앞보다 매우 많으니라. 왜 그러한가? 교시가여. 일체의 일래와 일래과는 모두 이 반야바라밀다에서 유출되는 까닭이니라.

다시 다음으로 교시가여. 섬부주와 동승신주의 여러 유정의 부류들을 제쳐두고 만약 선남자와 선여인 등이 섬부주·동승신주·서우화주의 여러 유정의 부류들을 교화하여 일래과에 안주하게 시켰다면, 그대의 뜻은 어떠한가? 이 선남자와 선여인 등은 오히려 이 인연으로 얻는 복취가 많겠는가?"

천제석이 말하였다.

"매우 많습니다. 세존이시여. 아주 많습니다. 선서시여."

세존께서 말씀하셨다.

"교시가여. 만약 선남자와 선여인 등이 이 반야바라밀다에서 무량문의 교묘한 글과 뜻으로써 다른 사람을 위하여 널리 설하며, 널리 드러내어 명료하게 해석하여 열어서 보여주고, 의취를 분별하여 그것을 쉽게 해석하여 주면서, 다시 '오십시오. 선남자여. 그대는 마땅히 이 매우 깊은 반야바라밀다에서 지극한 마음으로 듣고서 수지하고 독송하며 이치와 같게 사유하여 널리 통하면서 이익되게 해야 하며, 이 법문을 따르면서 상응하게 정근하면서 수학해야 합니다.'라고 이렇게 말을 지었다면, 이 선남자와 선여인 등이 얻는 복취는 앞보다 매우 많으니라. 왜 그러한가? 교시가여. 일체의 일래와 일래과는 모두 이 반야바라밀다에서 유출되는 까닭이니라.

다시 다음으로 교시가여. 섬부주·동승신주·서우화주의 여러 유정의 부류들을 제쳐두고 만약 선남자와 선여인 등이 섬부주·동승신주·서우화주·북구로주의 여러 유정의 부류들을 교화하여 일래과에 안주하게 시켰다면, 그대의 뜻은 어떠한가? 이 선남자와 선여인 등은 오히려 이 인연으로 얻는 복취가 많겠는가?"

천제석이 말하였다.

"매우 많습니다. 세존이시여. 아주 많습니다. 선서시여."

세존께서 말씀하셨다.

"교시가여. 만약 선남자와 선여인 등이 이 반야바라밀다에서 무량문의 교묘한 글과 뜻으로써 다른 사람을 위하여 널리 설하며, 널리 드러내어 명료하게 해석하여 열어서 보여주고, 의취를 분별하여 그것을 쉽게 해석하여 주면서, 다시 '오십시오. 선남자여. 그대는 마땅히 이 매우 깊은 반야바라밀다에서 지극한 마음으로 듣고서 수지하고 독송하며 이치와 같게 사유하여 널리 통하면서 이익되게 해야 하며, 이 법문을 따르면서 상응하게 정근하면서 수학해야 합니다.'라고 이렇게 말을 지었다면, 이 선남자와 선여인 등이 얻는 복취는 앞보다 매우 많으니라. 왜 그러한가? 교시가여. 일체의 일래와 일래과는 모두 이 반야바라밀다에서 유출되는 까닭이니라.

다시 다음으로 교시가여. 4대주의 여러 유정의 부류들을 제쳐두고 만약 선남자와 선여인 등이 소천세계의 여러 유정의 부류들을 교화하여 일래과에 안주하게 시켰다면, 그대의 뜻은 어떠한가? 이 선남자와 선여인 등은 오히려 이 인연으로 얻는 복취가 많겠는가?"

천제석이 말하였다.

"매우 많습니다. 세존이시여. 아주 많습니다. 선서시여."

세존께서 말씀하셨다.

"교시가여. 만약 선남자와 선여인 등이 이 반야바라밀다에서 무량문의 교묘한 글과 뜻으로써 다른 사람을 위하여 널리 설하며, 널리 드러내어 명료하게 해석하여 열어서 보여주고, 의취를 분별하여 그것을 쉽게 해석하여 주면서, 다시 '오십시오. 선남자여. 그대는 마땅히 이 매우 깊은 반야바라밀다에서 지극한 마음으로 듣고서 수지하고 독송하며 이치와 같게 사유하여 널리 통하면서 이익되게 해야 하며, 이 법문을 따르면서 상응하게 정근하면서 수학해야 합니다.'라고 이렇게 말을 지었다면, 이 선남자와 선여인 등이 얻는 복취는 앞보다 매우 많으니라. 왜 그러한가? 교시가여. 일체의 일래와 일래과는 모두 이 반야바라밀다에서 유출되는 까닭이니라.

다시 다음으로 교시가여. 소천세계의 여러 유정의 부류들을 제쳐두고 만약 선남자와 선여인 등이 중천세계의 여러 유정의 부류들을 교화하여 일래과에 안주하게 시켰다면, 그대의 뜻은 어떠한가? 이 선남자와 선여인 등은 오히려 이 인연으로 얻는 복취가 많겠는가?"

천제석이 말하였다.

"매우 많습니다. 세존이시여. 아주 많습니다. 선서시여."

세존께서 말씀하셨다.

"교시가여. 만약 선남자와 선여인 등이 이 반야바라밀다에서 무량문의 교묘한 글과 뜻으로써 다른 사람을 위하여 널리 설하며, 널리 드러내어 명료하게 해석하여 열어서 보여주고, 의취를 분별하여 그것을 쉽게 해석하여 주면서, 다시 '오십시오. 선남자여. 그대는 마땅히 이 매우 깊은 반야바라밀다에서 지극한 마음으로 듣고서 수지하고 독송하며 이치와 같게 사유하여 널리 통하면서 이익되게 해야 하며, 이 법문을 따르면서 상응하게 정근하면서 수학해야 합니다.'라고 이렇게 말을 지었다면, 이 선남자와 선여인 등이 얻는 복취는 앞보다 매우 많으니라. 왜 그러한가? 교시가여. 일체의 일래와 일래과는 모두 이 반야바라밀다에서 유출되는 까닭이니라.

다시 다음으로 교시가여. 중천세계의 여러 유정의 부류들을 제쳐두고 만약 선남자와 선여인 등이 삼천대천세계의 여러 유정의 부류들을 교화하여 일래과에 안주하게 시켰다면, 그대의 뜻은 어떠한가? 이 선남자와 선여인 등은 오히려 이 인연으로 얻는 복취가 많겠는가?"

천제석이 말하였다.

"매우 많습니다. 세존이시여. 아주 많습니다. 선서시여."

세존께서 말씀하셨다.

"교시가여. 만약 선남자와 선여인 등이 이 반야바라밀다에서 무량문의

교묘한 글과 뜻으로써 다른 사람을 위하여 널리 설하며, 널리 드러내어 명료하게 해석하여 열어서 보여주고, 의취를 분별하여 그것을 쉽게 해석하여 주면서, 다시 '오십시오. 선남자여. 그대는 마땅히 이 매우 깊은 반야바라밀다에서 지극한 마음으로 듣고서 수지하고 독송하며 이치와 같게 사유하여 널리 통하면서 이익되게 해야 하며, 이 법문을 따르면서 상응하게 정근하면서 수학해야 합니다.'라고 이렇게 말을 지었다면, 이 선남자와 선여인 등이 얻는 복취는 앞보다 매우 많으니라. 왜 그러한가? 교시가여. 일체의 일래와 일래과는 모두 이 반야바라밀다에서 유출되는 까닭이니라.

다시 다음으로 교시가여. 삼천대천세계의 여러 유정의 부류들을 제쳐두고 만약 선남자와 선여인 등이 시방의 각각 긍가의 모래와 같은 세계의 여러 유정의 부류들을 교화하여 일래과에 안주하게 시켰다면, 그대의 뜻은 어떠한가? 이 선남자와 선여인 등은 오히려 이 인연으로 얻는 복취가 많겠는가?"

천제석이 말하였다.

"매우 많습니다. 세존이시여. 아주 많습니다. 선서시여."

세존께서 말씀하셨다.

"교시가여. 만약 선남자와 선여인 등이 이 반야바라밀다에서 무량문의 교묘한 글과 뜻으로써 다른 사람을 위하여 널리 설하며, 널리 드러내어 명료하게 해석하여 열어서 보여주고, 의취를 분별하여 그것을 쉽게 해석하여 주면서, 다시 '오십시오. 선남자여. 그대는 마땅히 이 매우 깊은 반야바라밀다에서 지극한 마음으로 듣고서 수지하고 독송하며 이치와 같게 사유하여 널리 통하면서 이익되게 해야 하며, 이 법문을 따르면서 상응하게 정근하면서 수학해야 합니다.'라고 이렇게 말을 지었다면, 이 선남자와 선여인 등이 얻는 복취는 앞보다 매우 많으니라. 왜 그러한가? 교시가여. 일체의 일래와 일래과는 모두 이 반야바라밀다에서 유출되는 까닭이니라."

"다시 다음으로 교시가여. 만약 선남자와 선여인 등이 섬부주의 여러 유정의 부류들을 교화하여 불환과(不還果)에 안주하게 시켰다면, 그대의 뜻은 어떠한가? 이 선남자와 선여인 등은 오히려 이 인연으로 얻는 복취가 많겠는가?"

천제석이 말하였다.

"매우 많습니다. 세존이시여. 아주 많습니다. 선서시여."

세존께서 말씀하셨다.

"교시가여. 만약 선남자와 선여인 등이 이 반야바라밀다에서 무량문의 교묘한 글과 뜻으로써 다른 사람을 위하여 널리 설하며, 널리 드러내어 명료하게 해석하여 열어서 보여주고, 의취를 분별하여 그것을 쉽게 해석하여 주면서, 다시 '오십시오. 선남자여. 그대는 마땅히 이 매우 깊은 반야바라밀다에서 지극한 마음으로 듣고서 수지하고 독송하며 이치와 같게 사유하여 널리 통하면서 이익되게 해야 하며, 이 법문을 따르면서 상응하게 정근하면서 수학해야 합니다.'라고 이렇게 말을 지었다면, 이 선남자와 선여인 등이 얻는 복취는 앞보다 매우 많으니라. 왜 그러한가? 교시가여. 일체의 불환(不還)과 불환과(不還果)는 모두 이 반야바라밀다에서 유출되는 까닭이니라.

다시 다음으로 교시가여. 섬부주의 여러 유정의 부류들을 제쳐두고 만약 선남자와 선여인 등이 섬부주와 동승신주의 여러 유정의 부류들을 교화하여 불환과에 안주하게 시켰다면, 그대의 뜻은 어떠한가? 이 선남자와 선여인 등은 오히려 이 인연으로 얻는 복취가 많겠는가?"

천제석이 말하였다.

"매우 많습니다. 세존이시여. 아주 많습니다. 선서시여."

세존께서 말씀하셨다.

"교시가여. 만약 선남자와 선여인 등이 이 반야바라밀다에서 무량문의 교묘한 글과 뜻으로써 다른 사람을 위하여 널리 설하며, 널리 드러내어 명료하게 해석하여 열어서 보여주고, 의취를 분별하여 그것을 쉽게 해석하여 주면서, 다시 '오십시오. 선남자여. 그대는 마땅히 이 매우 깊은 반야바라밀다에서 지극한 마음으로 듣고서 수지하고 독송하며 이치와 같게 사유하여 널리 통하면서 이익되게 해야 하며, 이 법문을 따르면서 상응하게 정근하면서 수학해야 합니다.'라고 이렇게 말을 지었다면, 이 선남자와 선여인 등이 얻는 복취는 앞보다 매우 많으니라. 왜 그러한가? 교시가여. 일체의 불환과 불환과는 모두 이 반야바라밀다에서 유출되는 까닭이니라.

다시 다음으로 교시가여. 섬부주와 동승신주의 여러 유정의 부류들을 제쳐두고 만약 선남자와 선여인 등이 섬부주·동승신주·서우화주의 여러 유정의 부류들을 교화하여 불환과에 안주하게 시켰다면, 그대의 뜻은 어떠한가? 이 선남자와 선여인 등은 오히려 이 인연으로 얻는 복취가 많겠는가?"

천제석이 말하였다.

"매우 많습니다. 세존이시여. 아주 많습니다. 선서시여."

세존께서 말씀하셨다.

"교시가여. 만약 선남자와 선여인 등이 이 반야바라밀다에서 무량문의 교묘한 글과 뜻으로써 다른 사람을 위하여 널리 설하며, 널리 드러내어 명료하게 해석하여 열어서 보여주고, 의취를 분별하여 그것을 쉽게 해석하여 주면서, 다시 '오십시오. 선남자여. 그대는 마땅히 이 매우 깊은 반야바라밀다에서 지극한 마음으로 듣고서 수지하고 독송하며 이치와 같게 사유하여 널리 통하면서 이익되게 해야 하며, 이 법문을 따르면서 상응하게 정근하면서 수학해야 합니다.'라고 이렇게 말을 지었다면, 이 선남자와 선여인 등이 얻는 복취는 앞보다 매우 많으니라. 왜 그러한가? 교시가여. 일체의 불환과 불환과는 모두 이 반야바라밀다에서 유출되는 까닭이니라."

마하반야바라밀다경 제166권

30. 교량공덕품(校量功德品)(64)

“다시 다음으로 교시가여. 섬부주·동승신주·서우화주의 여러 유정의 부류들을 제쳐두고 만약 선남자와 선여인 등이 섬부주·동승신주·서우화주·북구로주의 여러 유정의 부류들을 교화하여 불환과에 안주하게 시켰다면, 그대의 뜻은 어떠한가? 이 선남자와 선여인 등은 오히려 이 인연으로 얻는 복취가 많겠는가?”

천제석이 말하였다.

“매우 많습니다. 세존이시여. 아주 많습니다. 선서시여.”

세존께서 말씀하셨다.

“교시가여. 만약 선남자와 선여인 등이 이 반야바라밀다에서 무량문의 교묘한 글과 뜻으로써 다른 사람을 위하여 널리 설하며, 널리 드러내어 명료하게 해석하여 열어서 보여주고, 의취를 분별하여 그것을 쉽게 해석하여 주면서, 다시 ‘오십시오. 선남자여. 그대는 마땅히 이 매우 깊은 반야바라밀다에서 지극한 마음으로 듣고서 수지하고 독송하며 이치와 같게 사유하여 널리 통하면서 이익되게 해야 하며, 이 법문을 따르면서 상응하게 정근하면서 수학해야 합니다.’라고 이렇게 말을 지었다면, 이 선남자와 선여인 등이 얻는 복취는 앞보다 매우 많으니라. 왜 그러한가? 교시가여. 일체의 불환과 불환과는 모두 이 반야바라밀다에서 유출되는 까닭이니라.

다시 다음으로 교시가여. 4대주의 여러 유정의 부류들을 제쳐두고

만약 선남자와 선여인 등이 소천세계의 여러 유정의 부류들을 교화하여 불환과에 안주하게 시켰다면, 그대의 뜻은 어떠한가? 이 선남자와 선여인 등은 오히려 이 인연으로 얻는 복취가 많겠는가?"

천제석이 말하였다.

"매우 많습니다. 세존이시여. 아주 많습니다. 선서시여."

세존께서 말씀하셨다.

"교시가여. 만약 선남자와 선여인 등이 이 반야바라밀다에서 무량문의 교묘한 글과 뜻으로써 다른 사람을 위하여 널리 설하며, 널리 드러내어 명료하게 해석하여 열어서 보여주고, 의취를 분별하여 그것을 쉽게 해석하여 주면서, 다시 '오십시오. 선남자여. 그대는 마땅히 이 매우 깊은 반야바라밀다에서 지극한 마음으로 듣고서 수지하고 독송하며 이치와 같게 사유하여 널리 통하면서 이익되게 해야 하며, 이 법문을 따르면서 상응하게 정근하면서 수학해야 합니다.'라고 이렇게 말을 지었다면, 이 선남자와 선여인 등이 얻는 복취는 앞보다 매우 많으니라. 왜 그러한가? 교시가여. 일체의 불환과 불환과는 모두 이 반야바라밀다에서 유출되는 까닭이니라.

다시 다음으로 교시가여. 소천세계의 여러 유정의 부류들을 제쳐두고 만약 선남자와 선여인 등이 중천세계의 여러 유정의 부류들을 교화하여 불환과에 안주하게 시켰다면, 그대의 뜻은 어떠한가? 이 선남자와 선여인 등은 오히려 이 인연으로 얻는 복취가 많겠는가?"

천제석이 말하였다.

"매우 많습니다. 세존이시여. 아주 많습니다. 선서시여."

세존께서 말씀하셨다.

"교시가여. 만약 선남자와 선여인 등이 이 반야바라밀다에서 무량문의 교묘한 글과 뜻으로써 다른 사람을 위하여 널리 설하며, 널리 드러내어 명료하게 해석하여 열어서 보여주고, 의취를 분별하여 그것을 쉽게 해석하여 주면서, 다시 '오십시오. 선남자여. 그대는 마땅히 이 매우 깊은 반야바라밀다에서 지극한 마음으로 듣고서 수지하고 독송하며 이치와

같게 사유하여 널리 통하면서 이익되게 해야 하며, 이 법문을 따르면서 상응하게 정근하면서 수학해야 합니다.'라고 이렇게 말을 지었다면, 이 선남자와 선여인 등이 얻는 복취는 앞보다 매우 많으니라. 왜 그러한가? 교시가여. 일체의 불환과 불환과는 모두 이 반야바라밀다에서 유출되는 까닭이니라.

다시 다음으로 교시가여. 중천세계의 여러 유정의 부류들을 제쳐두고 만약 선남자와 선여인 등이 삼천대천세계의 여러 유정의 부류들을 교화하여 불환과에 안주하게 시켰다면, 그대의 뜻은 어떠한가? 이 선남자와 선여인 등은 오히려 이 인연으로 얻는 복취가 많겠는가?"

천제석이 말하였다.

"매우 많습니다. 세존이시여. 아주 많습니다. 선서시여."

세존께서 말씀하셨다.

"교시가여. 만약 선남자와 선여인 등이 이 반야바라밀다에서 무량문의 교묘한 글과 뜻으로써 다른 사람을 위하여 널리 설하며, 널리 드러내어 명료하게 해석하여 열어서 보여주고, 의취를 분별하여 그것을 쉽게 해석하여 주면서, 다시 '오십시오. 선남자여. 그대는 마땅히 이 매우 깊은 반야바라밀다에서 지극한 마음으로 듣고서 수지하고 독송하며 이치와 같게 사유하여 널리 통하면서 이익되게 해야 하며, 이 법문을 따르면서 상응하게 정근하면서 수학해야 합니다.'라고 이렇게 말을 지었다면, 이 선남자와 선여인 등이 얻는 복취는 앞보다 매우 많으니라. 왜 그러한가? 교시가여. 일체의 불환과 불환과는 모두 이 반야바라밀다에서 유출되는 까닭이니라.

다시 다음으로 교시가여. 삼천대천세계의 여러 유정의 부류들을 제쳐두고 만약 선남자와 선여인 등이 시방의 각각 긍가의 모래와 같은 세계의 여러 유정의 부류들을 교화하여 불환과에 안주하게 시켰다면, 그대의 뜻은 어떠한가? 이 선남자와 선여인 등은 오히려 이 인연으로 얻는 복취가 많겠는가?"

천제석이 말하였다.

"매우 많습니다. 세존이시여. 아주 많습니다. 선서시여."

세존께서 말씀하셨다.

"교시가여. 만약 선남자와 선여인 등이 이 반야바라밀다에서 무량문의 교묘한 글과 뜻으로써 다른 사람을 위하여 널리 설하며, 널리 드러내어 명료하게 해석하여 열어서 보여주고, 의취를 분별하여 그것을 쉽게 해석하여 주면서, 다시 '오십시오. 선남자여. 그대는 마땅히 이 매우 깊은 반야바라밀다에서 지극한 마음으로 듣고서 수지하고 독송하며 이치와 같게 사유하여 널리 통하면서 이익되게 해야 하며, 이 법문을 따르면서 상응하게 정근하면서 수학해야 합니다.'라고 이렇게 말을 지었다면, 이 선남자와 선여인 등이 얻는 복취는 앞보다 매우 많으니라. 왜 그러한가? 교시가여. 일체의 불환과 불환과는 모두 이 반야바라밀다에서 유출되는 까닭이니라."

"다시 다음으로 교시가여. 만약 선남자와 선여인 등이 섬부주의 여러 유정의 부류들을 교화하여 아라한과(阿羅漢果)에 안주하게 시켰다면, 그대의 뜻은 어떠한가? 이 선남자와 선여인 등은 오히려 이 인연으로 얻는 복취가 많겠는가?"

천제석이 말하였다.

"매우 많습니다. 세존이시여. 아주 많습니다. 선서시여."

세존께서 말씀하셨다.

"교시가여. 만약 선남자와 선여인 등이 이 반야바라밀다에서 무량문의 교묘한 글과 뜻으로써 다른 사람을 위하여 널리 설하며, 널리 드러내어 명료하게 해석하여 열어서 보여주고, 의취를 분별하여 그것을 쉽게 해석하여 주면서, 다시 '오십시오. 선남자여. 그대는 마땅히 이 매우 깊은 반야바라밀다에서 지극한 마음으로 듣고서 수지하고 독송하며 이치와 같게 사유하여 널리 통하면서 이익되게 해야 하며, 이 법문을 따르면서 상응하게 정근하면서 수학해야 합니다.'라고 이렇게 말을 지었다면, 이 선남자와 선여인 등이 얻는 복취는 앞보다 매우 많으니라. 왜 그러한가?

교시가여. 일체의 아라한(阿羅漢)과 아라한과(阿羅漢果)는 모두 이 반야바라밀다에서 유출되는 까닭이니라.

다시 다음으로 교시가여. 섬부주의 여러 유정의 부류들을 제쳐두고 만약 선남자와 선여인 등이 섬부주와 동승신주의 여러 유정의 부류들을 교화하여 아라한과에 안주하게 하였다면, 그대의 뜻은 어떠한가? 이 선남자와 선여인 등은 오히려 이 인연으로 얻는 복취가 많겠는가?"

천제석이 말하였다.

"매우 많습니다. 세존이시여. 아주 많습니다. 선서시여."

세존께서 말씀하셨다.

"교시가여. 만약 선남자와 선여인 등이 이 반야바라밀다에서 무량문의 교묘한 글과 뜻으로써 다른 사람을 위하여 널리 설하며, 널리 드러내어 명료하게 해석하여 열어서 보여주고, 의취를 분별하여 그것을 쉽게 해석하여 주면서, 다시 '오십시오. 선남자여. 그대는 마땅히 이 매우 깊은 반야바라밀다에서 지극한 마음으로 듣고서 수지하고 독송하며 이치와 같게 사유하여 널리 통하면서 이익되게 해야 하며, 이 법문을 따르면서 상응하게 정근하면서 수학해야 합니다.'라고 이렇게 말을 지었다면, 이 선남자와 선여인 등이 얻는 복취는 앞보다 매우 많으니라. 왜 그러한가? 교시가여. 일체의 아라한과 아라한과는 모두 이 반야바라밀다에서 유출되는 까닭이니라.

다시 다음으로 교시가여. 섬부주와 동승신주의 여러 유정의 부류들을 제쳐두고 만약 선남자와 선여인 등이 섬부주·동승신주·서우화주의 여러 유정의 부류들을 교화하여 아라한과에 안주하게 시켰다면, 그대의 뜻은 어떠한가? 이 선남자와 선여인 등은 오히려 이 인연으로 얻는 복취가 많겠는가?"

천제석이 말하였다.

"매우 많습니다. 세존이시여. 아주 많습니다. 선서시여."

세존께서 말씀하셨다.

"교시가여. 만약 선남자와 선여인 등이 이 반야바라밀다에서 무량문의

교묘한 글과 뜻으로써 다른 사람을 위하여 널리 설하며, 널리 드러내어 명료하게 해석하여 열어서 보여주고, 의취를 분별하여 그것을 쉽게 해석하여 주면서, 다시 '오십시오. 선남자여. 그대는 마땅히 이 매우 깊은 반야바라밀다에서 지극한 마음으로 듣고서 수지하고 독송하며 이치와 같게 사유하여 널리 통하면서 이익되게 해야 하며, 이 법문을 따르면서 상응하게 정근하면서 수학해야 합니다.'라고 이렇게 말을 지었다면, 이 선남자와 선여인 등이 얻는 복취는 앞보다 매우 많으니라. 왜 그러한가? 교시가여. 일체의 아라한과 아라한과는 모두 이 반야바라밀다에서 유출되는 까닭이니라.

다시 다음으로 교시가여. 섬부주·동승신주·서우화주의 여러 유정의 부류들을 제쳐두고 만약 선남자와 선여인 등이 섬부주·동승신주·서우화주·북구로주의 여러 유정의 부류들을 교화하여 아라한과에 안주하게 시켰다면, 그대의 뜻은 어떠한가? 이 선남자와 선여인 등은 오히려 이 인연으로 얻는 복취가 많겠는가?"

천제석이 말하였다.

"매우 많습니다. 세존이시여. 아주 많습니다. 선서시여."

세존께서 말씀하셨다.

"교시가여. 만약 선남자와 선여인 등이 이 반야바라밀다에서 무량문의 교묘한 글과 뜻으로써 다른 사람을 위하여 널리 설하며, 널리 드러내어 명료하게 해석하여 열어서 보여주고, 의취를 분별하여 그것을 쉽게 해석하여 주면서, 다시 '오십시오. 선남자여. 그대는 마땅히 이 매우 깊은 반야바라밀다에서 지극한 마음으로 듣고서 수지하고 독송하며 이치와 같게 사유하여 널리 통하면서 이익되게 해야 하며, 이 법문을 따르면서 상응하게 정근하면서 수학해야 합니다.'라고 이렇게 말을 지었다면, 이 선남자와 선여인 등이 얻는 복취는 앞보다 매우 많으니라. 왜 그러한가? 교시가여. 일체의 아라한과 아라한과는 모두 이 반야바라밀다에서 유출되는 까닭이니라.

다시 다음으로 교시가여. 4대주의 여러 유정의 부류들을 제쳐두고

만약 선남자와 선여인 등이 소천세계의 여러 유정의 부류들을 교화하여 아라한과에 안주하게 시켰다면, 그대의 뜻은 어떠한가? 이 선남자와 선여인 등은 오히려 이 인연으로 얻는 복취가 많겠는가?"

천제석이 말하였다.

"매우 많습니다. 세존이시여. 아주 많습니다. 선서시여."

세존께서 말씀하셨다.

"교시가여. 만약 선남자와 선여인 등이 이 반야바라밀다에서 무량문의 교묘한 글과 뜻으로써 다른 사람을 위하여 널리 설하며, 널리 드러내어 명료하게 해석하여 열어서 보여주고, 의취를 분별하여 그것을 쉽게 해석하여 주면서, 다시 '오십시오. 선남자여. 그대는 마땅히 이 매우 깊은 반야바라밀다에서 지극한 마음으로 듣고서 수지하고 독송하며 이치와 같게 사유하여 널리 통하면서 이익되게 해야 하며, 이 법문을 따르면서 상응하게 정근하면서 수학해야 합니다.'라고 이렇게 말을 지었다면, 이 선남자와 선여인 등이 얻는 복취는 앞보다 매우 많으니라. 왜 그러한가? 교시가여. 일체의 아라한과 아라한과는 모두 이 반야바라밀다에서 유출되는 까닭이니라.

다시 다음으로 교시가여. 소천세계의 여러 유정의 부류들을 제쳐두고 만약 선남자와 선여인 등이 중천세계의 여러 유정의 부류들을 교화하여 아라한과에 안주하게 시켰다면, 그대의 뜻은 어떠한가? 이 선남자와 선여인 등은 오히려 이 인연으로 얻는 복취가 많겠는가?"

천제석이 말하였다.

"매우 많습니다. 세존이시여. 아주 많습니다. 선서시여."

세존께서 말씀하셨다.

"교시가여. 만약 선남자와 선여인 등이 이 반야바라밀다에서 무량문의 교묘한 글과 뜻으로써 다른 사람을 위하여 널리 설하며, 널리 드러내어 명료하게 해석하여 열어서 보여주고, 의취를 분별하여 그것을 쉽게 해석하여 주면서, 다시 '오십시오. 선남자여. 그대는 마땅히 이 매우 깊은 반야바라밀다에서 지극한 마음으로 듣고서 수지하고 독송하며 이치와

같게 사유하여 널리 통하면서 이익되게 해야 하며, 이 법문을 따르면서 상응하게 정근하면서 수학해야 합니다.'라고 이렇게 말을 지었다면, 이 선남자와 선여인 등이 얻는 복취는 앞보다 매우 많으니라. 왜 그러한가? 교시가여. 일체의 아라한과 아라한과는 모두 이 반야바라밀다에서 유출되는 까닭이니라.

다시 다음으로 교시가여. 중천세계의 여러 유정의 부류들을 제쳐두고 만약 선남자와 선여인 등이 삼천대천세계의 여러 유정의 부류들을 교화하여 아라한과에 안주하게 시켰다면, 그대의 뜻은 어떠한가? 이 선남자와 선여인 등은 오히려 이 인연으로 얻는 복취가 많겠는가?"

천제석이 말하였다.

"매우 많습니다. 세존이시여. 아주 많습니다. 선서시여."

세존께서 말씀하셨다.

"교시가여. 만약 선남자와 선여인 등이 이 반야바라밀다에서 무량문의 교묘한 글과 뜻으로써 다른 사람을 위하여 널리 설하며, 널리 드러내어 명료하게 해석하여 열어서 보여주고, 의취를 분별하여 그것을 쉽게 해석하여 주면서, 다시 '오십시오. 선남자여. 그대는 마땅히 이 매우 깊은 반야바라밀다에서 지극한 마음으로 듣고서 수지하고 독송하며 이치와 같게 사유하여 널리 통하면서 이익되게 해야 하며, 이 법문을 따르면서 상응하게 정근하면서 수학해야 합니다.'라고 이렇게 말을 지었다면, 이 선남자와 선여인 등이 얻는 복취는 앞보다 매우 많으니라. 왜 그러한가? 교시가여. 일체의 아라한과 아라한과는 모두 이 반야바라밀다에서 유출되는 까닭이니라.

다시 다음으로 교시가여. 삼천대천세계의 여러 유정의 부류들을 제쳐두고 만약 선남자와 선여인 등이 시방의 각각 긍가의 모래와 같은 세계의 여러 유정의 부류들을 교화하여 아라한과에 안주하게 시켰다면, 그대의 뜻은 어떠한가? 이 선남자와 선여인 등은 오히려 이 인연으로 얻는 복취가 많겠는가?"

천제석이 말하였다.

"매우 많습니다. 세존이시여. 아주 많습니다. 선서시여."

세존께서 말씀하셨다.

"교시가여. 만약 선남자와 선여인 등이 이 반야바라밀다에서 무량문의 교묘한 글과 뜻으로써 다른 사람을 위하여 널리 설하며, 널리 드러내어 명료하게 해석하여 열어서 보여주고, 의취를 분별하여 그것을 쉽게 해석하여 주면서, 다시 '오십시오. 선남자여. 그대는 마땅히 이 매우 깊은 반야바라밀다에서 지극한 마음으로 듣고서 수지하고 독송하며 이치와 같게 사유하여 널리 통하면서 이익되게 해야 하며, 이 법문을 따르면서 상응하게 정근하면서 수학해야 합니다.'라고 이렇게 말을 지었다면, 이 선남자와 선여인 등이 얻는 복취는 앞보다 매우 많으니라. 왜 그러한가? 교시가여. 일체의 아라한과 아라한과는 모두 이 반야바라밀다에서 유출되는 까닭이니라."

"다시 다음으로 교시가여. 만약 선남자와 선여인 등이 섬부주의 여러 유정의 부류들을 교화하여 독각(獨覺)의 보리(菩提)에 안주하게 시켰다면, 그대의 뜻은 어떠한가? 이 선남자와 선여인 등은 오히려 이 인연으로 얻는 복취가 많겠는가?"

천제석이 말하였다.

"매우 많습니다. 세존이시여. 아주 많습니다. 선서시여."

세존께서 말씀하셨다.

"교시가여. 만약 선남자와 선여인 등이 이 반야바라밀다에서 무량문의 교묘한 글과 뜻으로써 다른 사람을 위하여 널리 설하며, 널리 드러내어 명료하게 해석하여 열어서 보여주고, 의취를 분별하여 그것을 쉽게 해석하여 주면서, 다시 '오십시오. 선남자여. 그대는 마땅히 이 매우 깊은 반야바라밀다에서 지극한 마음으로 듣고서 수지하고 독송하며 이치와 같게 사유하여 널리 통하면서 이익되게 해야 하며, 이 법문을 따르면서 상응하게 정근하면서 수학해야 합니다.'라고 이렇게 말을 지었다면, 이 선남자와 선여인 등이 얻는 복취는 앞보다 매우 많으니라. 왜 그러한가?

교시가여. 일체의 독각과 독각의 보리는 모두 이 반야바라밀다에서 유출되는 까닭이니라.

다시 다음으로 교시가여. 섬부주의 여러 유정의 부류들을 제쳐두고 만약 선남자와 선여인 등이 섬부주와 동승신주의 여러 유정의 부류들을 교화하여 독각의 보리에 안주하게 시켰다면, 그대의 뜻은 어떠한가? 이 선남자와 선여인 등은 오히려 이 인연으로 얻는 복취가 많겠는가?"

천제석이 말하였다.

"매우 많습니다. 세존이시여. 아주 많습니다. 선서시여."

세존께서 말씀하셨다.

"교시가여. 만약 선남자와 선여인 등이 이 반야바라밀다에서 무량문의 교묘한 글과 뜻으로써 다른 사람을 위하여 널리 설하며, 널리 드러내어 명료하게 해석하여 열어서 보여주고, 의취를 분별하여 그것을 쉽게 해석하여 주면서, 다시 '오십시오. 선남자여. 그대는 마땅히 이 매우 깊은 반야바라밀다에서 지극한 마음으로 듣고서 수지하고 독송하며 이치와 같게 사유하여 널리 통하면서 이익되게 해야 하며, 이 법문을 따르면서 상응하게 정근하면서 수학해야 합니다.'라고 이렇게 말을 지었다면, 이 선남자와 선여인 등이 얻는 복취는 앞보다 매우 많으니라. 왜 그러한가? 교시가여. 일체의 독각과 독각의 보리는 모두 이 반야바라밀다에서 유출되는 까닭이니라.

다시 다음으로 교시가여. 섬부주와 동승신주의 여러 유정의 부류들을 제쳐두고 만약 선남자와 선여인 등이 섬부주·동승신주·서우화주의 여러 유정의 부류들을 교화하여 독각의 보리에 안주하게 시켰다면, 그대의 뜻은 어떠한가? 이 선남자와 선여인 등은 오히려 이 인연으로 얻는 복취가 많겠는가?"

천제석이 말하였다.

"매우 많습니다. 세존이시여. 아주 많습니다. 선서시여."

세존께서 말씀하셨다.

"교시가여. 만약 선남자와 선여인 등이 이 반야바라밀다에서 무량문의

교묘한 글과 뜻으로써 다른 사람을 위하여 널리 설하며, 널리 드러내어 명료하게 해석하여 열어서 보여주고, 의취를 분별하여 그것을 쉽게 해석하여 주면서, 다시 '오십시오. 선남자여. 그대는 마땅히 이 매우 깊은 반야바라밀다에서 지극한 마음으로 듣고서 수지하고 독송하며 이치와 같게 사유하여 널리 통하면서 이익되게 해야 하며, 이 법문을 따르면서 상응하게 정근하면서 수학해야 합니다.'라고 이렇게 말을 지었다면, 이 선남자와 선여인 등이 얻는 복취는 앞보다 매우 많으니라. 왜 그러한가? 교시가여. 일체의 독각과 독각의 보리는 모두 이 반야바라밀다에서 유출되는 까닭이니라.

다시 다음으로 교시가여. 섬부주·동승신주·서우화주의 여러 유정의 부류들을 제쳐두고 만약 선남자와 선여인 등이 섬부주·동승신주·서우화주·북구로주의 여러 유정의 부류들을 교화하여 독각의 보리에 안주하게 시켰다면, 그대의 뜻은 어떠한가? 이 선남자와 선여인 등은 오히려 이 인연으로 얻는 복취가 많겠는가?"

천제석이 말하였다.

"매우 많습니다. 세존이시여. 아주 많습니다. 선서시여."

세존께서 말씀하셨다.

"교시가여. 만약 선남자와 선여인 등이 이 반야바라밀다에서 무량문의 교묘한 글과 뜻으로써 다른 사람을 위하여 널리 설하며, 널리 드러내어 명료하게 해석하여 열어서 보여주고, 의취를 분별하여 그것을 쉽게 해석하여 주면서, 다시 '오십시오. 선남자여. 그대는 마땅히 이 매우 깊은 반야바라밀다에서 지극한 마음으로 듣고서 수지하고 독송하며 이치와 같게 사유하여 널리 통하면서 이익되게 해야 하며, 이 법문을 따르면서 상응하게 정근하면서 수학해야 합니다.'라고 이렇게 말을 지었다면, 이 선남자와 선여인 등이 얻는 복취는 앞보다 매우 많으니라. 왜 그러한가? 교시가여. 일체의 독각과 독각의 보리는 모두 이 반야바라밀다에서 유출되는 까닭이니라.

다시 다음으로 교시가여. 4대주의 여러 유정의 부류들을 제쳐두고

만약 선남자와 선여인 등이 소천세계의 여러 유정의 부류들을 교화하여 독각의 보리에 안주하게 시켰다면, 그대의 뜻은 어떠한가? 이 선남자와 선여인 등은 오히려 이 인연으로 얻는 복취가 많겠는가?"

천제석이 말하였다.

"매우 많습니다. 세존이시여. 아주 많습니다. 선서시여."

세존께서 말씀하셨다.

"교시가여. 만약 선남자와 선여인 등이 이 반야바라밀다에서 무량문의 교묘한 글과 뜻으로써 다른 사람을 위하여 널리 설하며, 널리 드러내어 명료하게 해석하여 열어서 보여주고, 의취를 분별하여 그것을 쉽게 해석하여 주면서, 다시 '오십시오. 선남자여. 그대는 마땅히 이 매우 깊은 반야바라밀다에서 지극한 마음으로 듣고서 수지하고 독송하며 이치와 같게 사유하여 널리 통하면서 이익되게 해야 하며, 이 법문을 따르면서 상응하게 정근하면서 수학해야 합니다.'라고 이렇게 말을 지었다면, 이 선남자와 선여인 등이 얻는 복취는 앞보다 매우 많으니라. 왜 그러한가? 교시가여. 일체의 독각과 독각의 보리는 모두 이 반야바라밀다에서 유출되는 까닭이니라.

다시 다음으로 교시가여. 소천세계의 여러 유정의 부류들을 제쳐두고 만약 선남자와 선여인 등이 중천세계의 여러 유정의 부류들을 교화하여 독각의 보리에 안주하게 시켰다면, 그대의 뜻은 어떠한가? 이 선남자와 선여인 등은 오히려 이 인연으로 얻는 복취가 많겠는가?"

천제석이 말하였다.

"매우 많습니다. 세존이시여. 아주 많습니다. 선서시여."

세존께서 말씀하셨다.

"교시가여. 만약 선남자와 선여인 등이 이 반야바라밀다에서 무량문의 교묘한 글과 뜻으로써 다른 사람을 위하여 널리 설하며, 널리 드러내어 명료하게 해석하여 열어서 보여주고, 의취를 분별하여 그것을 쉽게 해석하여 주면서, 다시 '오십시오. 선남자여. 그대는 마땅히 이 매우 깊은 반야바라밀다에서 지극한 마음으로 듣고서 수지하고 독송하며 이치와

같게 사유하여 널리 통하면서 이익되게 해야 하며, 이 법문을 따르면서 상응하게 정근하면서 수학해야 합니다.'라고 이렇게 말을 지었다면, 이 선남자와 선여인 등이 얻는 복취는 앞보다 매우 많으니라. 왜 그러한가? 교시가여. 일체의 독각과 독각의 보리는 모두 이 반야바라밀다에서 유출되는 까닭이니라.

다시 다음으로 교시가여. 중천세계의 여러 유정의 부류들을 제쳐두고 만약 선남자와 선여인 등이 삼천대천세계의 여러 유정의 부류들을 교화하여 독각의 보리에 안주하게 시켰다면, 그대의 뜻은 어떠한가? 이 선남자와 선여인 등은 오히려 이 인연으로 얻는 복취가 많겠는가?"

천제석이 말하였다.

"매우 많습니다. 세존이시여. 아주 많습니다. 선서시여."

세존께서 말씀하셨다.

"교시가여. 만약 선남자와 선여인 등이 이 반야바라밀다에서 무량문의 교묘한 글과 뜻으로써 다른 사람을 위하여 널리 설하며, 널리 드러내어 명료하게 해석하여 열어서 보여주고, 의취를 분별하여 그것을 쉽게 해석하여 주면서, 다시 '오십시오. 선남자여. 그대는 마땅히 이 매우 깊은 반야바라밀다에서 지극한 마음으로 듣고서 수지하고 독송하며 이치와 같게 사유하여 널리 통하면서 이익되게 해야 하며, 이 법문을 따르면서 상응하게 정근하면서 수학해야 합니다.'라고 이렇게 말을 지었다면, 이 선남자와 선여인 등이 얻는 복취는 앞보다 매우 많으니라. 왜 그러한가? 교시가여. 일체의 독각과 독각의 보리는 모두 이 반야바라밀다에서 유출되는 까닭이니라.

다시 다음으로 교시가여. 삼천대천세계의 여러 유정의 부류들을 제쳐두고 만약 선남자와 선여인 등이 시방의 각각 긍가의 모래와 같은 세계의 여러 유정의 부류들을 교화하여 독각의 보리에 안주하게 시켰다면, 그대의 뜻은 어떠한가? 이 선남자와 선여인 등은 오히려 이 인연으로 얻는 복취가 많겠는가?"

천제석이 말하였다.

"매우 많습니다. 세존이시여. 아주 많습니다. 선서시여."

세존께서 말씀하셨다.

"교시가여. 만약 선남자와 선여인 등이 이 반야바라밀다에서 무량문의 교묘한 글과 뜻으로써 다른 사람을 위하여 널리 설하며, 널리 드러내어 명료하게 해석하여 열어서 보여주고, 의취를 분별하여 그것을 쉽게 해석하여 주면서, 다시 '오십시오. 선남자여. 그대는 마땅히 이 매우 깊은 반야바라밀다에서 지극한 마음으로 듣고서 수지하고 독송하며 이치와 같게 사유하여 널리 통하면서 이익되게 해야 하며, 이 법문을 따르면서 상응하게 정근하면서 수학해야 합니다.'라고 이렇게 말을 지었다면, 이 선남자와 선여인 등이 얻는 복취는 앞보다 매우 많으니라. 왜 그러한가? 교시가여. 일체의 독각과 독각의 보리는 모두 이 반야바라밀다에서 유출되는 까닭이니라."

다시 다음으로 교시가여. 만약 선남자와 선여인 등이 섬부주의 여러 유정의 부류들을 교화하여 무상정등각(無上正等覺)의 마음(心)을 일으키게 하였다면, 그대의 뜻은 어떠한가? 이 선남자와 선여인 등은 오히려 이 인연으로 얻는 복취가 많겠는가?"

천제석이 말하였다.

"매우 많습니다. 세존이시여. 아주 많습니다. 선서시여."

세존께서 말씀하셨다.

"교시가여. 만약 선남자와 선여인 등이 이 반야바라밀다에서 무량문의 교묘한 글과 뜻으로써 다른 사람을 위하여 널리 설하며, 널리 드러내어 명료하게 해석하여 열어서 보여주고, 의취를 분별하여 그것을 쉽게 해석하여 주면서, 다시 '오십시오. 선남자여. 그대는 마땅히 이 매우 깊은 반야바라밀다에서 지극한 마음으로 듣고서 수지하고 독송하며 이치와 같게 사유하여 널리 통하면서 이익되게 해야 하며, 이 반야바라밀다에서 설하는 것의 법문을 따르면서 상응하여 바르게 믿고 이해해야 하고, 만약 바르게 믿고 이해하였다면 곧 능히 이와 같은 반야바라밀다를 수학해야 하며, 만약 능히 이와 같은 반야바라밀다를 수학하였다면 곧 능히 일체의 지혜로운 법을 증득해야 하고, 만약 능히 일체의 지혜로운 법을 증득하였다면 곧 능히 반야바라밀다를 증익(增益)시켜서 원만(圓滿)함을 수습해야 하며, 만약 능히 반야바라밀다를 증익시켜서 원만함을 수습하였다면 곧 무상정등보리(無上正等菩提)를 증득할 것입니다.'라고 이렇게 말을 지었다면, 이 선남자와 선여인 등이 얻는 복취는 앞보다 매우 많으니라. 왜 그러한가? 교시가여. 일체의 처음으로 일으킨 아뇩다라삼막삼보리(阿耨多羅三藐三菩提)의 마음과 보살마하살(菩薩摩訶薩)은 모두 이 반야바라밀다에서 유출되는 까닭이니라.

다시 다음으로 교시가여. 섬부주의 여러 유정의 부류들을 제쳐두고 만약 선남자와 선여인 등이 섬부주와 동승신주의 여러 유정의 부류들을 교화하여 무상정등각의 마음을 일으키게 하였다면, 그대의 뜻은 어떠한가? 이 선남자와 선여인 등은 오히려 이 인연으로 얻는 복취가 많겠는가?"

천제석이 말하였다.

"매우 많습니다. 세존이시여. 아주 많습니다. 선서시여."

세존께서 말씀하셨다.

"교시가여. 만약 선남자와 선여인 등이 이 반야바라밀다에서 무량문의 교묘한 글과 뜻으로써 다른 사람을 위하여 널리 설하며, 널리 드러내어 명료하게 해석하여 열어서 보여주고, 의취를 분별하여 그것을 쉽게 해석하여 주면서, 다시 '오십시오. 선남자여. 그대는 마땅히 이 매우 깊은 반야바라밀다에서 지극한 마음으로 듣고서 수지하고 독송하며 이치와 같게 사유하여 널리 통하면서 이익되게 해야 하며, 이 반야바라밀다에서 설하는 것의 법문을 따르면서 상응하여 바르게 믿고 이해해야 하고, 만약 바르게 믿고 이해하였다면 곧 능히 이와 같은 반야바라밀다를 수학해야 하며, 만약 능히 이와 같은 반야바라밀다를 수학하였다면 곧 능히 일체의 지혜로운 법을 증득해야 하고, 만약 능히 일체의 지혜로운 법을 증득하였다면 곧 능히 반야바라밀다를 증익시켜서 원만함을 수습해야 하며, 만약 능히 반야바라밀다를 증익시켜서 원만함을 수습하였다면 곧 무상정등보리를 증득할 것입니다.'라고 이렇게 말을 지었다면, 이 선남자와 선여인 등이 얻는 복취는 앞보다 매우 많으니라. 왜 그러한가? 교시가여. 일체의 처음으로 일으킨 아뇩다라샴막삼보리의 마음과 보살마하살은 모두 이 반야바라밀다에서 유출되는 까닭이니라.

다시 다음으로 교시가여. 섬부주와 동승신주의 여러 유정의 부류들을 제쳐두고 만약 선남자와 선여인 등이 섬부주·동승신주·서우화주의 여러 유정의 부류들을 교화하여 무상정등각의 마음을 일으키게 하였다면, 그대의 뜻은 어떠한가? 이 선남자와 선여인 등은 오히려 이 인연으로 얻는 복취가 많겠는가?"

천제석이 말하였다.

"매우 많습니다. 세존이시여. 아주 많습니다. 선서시여."

세존께서 말씀하셨다.

"교시가여. 만약 선남자와 선여인 등이 이 반야바라밀다에서 무량문의 교묘한 글과 뜻으로써 다른 사람을 위하여 널리 설하며, 널리 드러내어 명료하게 해석하여 열어서 보여주고, 의취를 분별하여 그것을 쉽게 해석하여 주면서, 다시 '오십시오. 선남자여. 그대는 마땅히 이 매우 깊은 반야바라밀다에서 지극한 마음으로 듣고서 수지하고 독송하며 이치와 같게 사유하여 널리 통하면서 이익되게 해야 하며, 이 반야바라밀다에서 설하는 것의 법문을 따르면서 상응하여 바르게 믿고 이해해야 하고, 만약 바르게 믿고 이해하였다면 곧 능히 이와 같은 반야바라밀다를 수학해야 하며, 만약 능히 이와 같은 반야바라밀다를 수학하였다면 곧 능히 일체의 지혜로운 법을 증득해야 하고, 만약 능히 일체의 지혜로운 법을 증득하였다면 곧 능히 반야바라밀다를 증익시켜서 원만함을 수습해야 하며, 만약 능히 반야바라밀다를 증익시켜서 원만함을 수습하였다면 곧 무상정등보리를 증득할 것입니다.'라고 이렇게 말을 지었다면, 이 선남자와 선여인 등이 얻는 복취는 앞보다 매우 많으니라. 왜 그러한가? 교시가여. 일체의 처음으로 일으킨 아뇩다라샴막삼보리의 마음과 보살마하살은 모두 이 반야바라밀다에서 유출되는 까닭이니라.

다시 다음으로 교시가여. 섬부주·동승신주·서우화주의 여러 유정의 부류들을 제쳐두고 만약 선남자와 선여인 등이 섬부주·동승신주·서우화주·북구로주의 여러 유정의 부류들을 교화하여 무상정등각의 마음을 일으키게 하였다면, 그대의 뜻은 어떠한가? 이 선남자와 선여인 등은 오히려 이 인연으로 얻는 복취가 많겠는가?"

천제석이 말하였다.

"매우 많습니다. 세존이시여. 아주 많습니다. 선서시여."

세존께서 말씀하셨다.

"교시가여. 만약 선남자와 선여인 등이 이 반야바라밀다에서 무량문의 교묘한 글과 뜻으로써 다른 사람을 위하여 널리 설하며, 널리 드러내어 명료하게 해석하여 열어서 보여주고, 의취를 분별하여 그것을 쉽게 해석하여 주면서, 다시 '오십시오. 선남자여. 그대는 마땅히 이 매우 깊은 반야바라밀다에서 지극한 마음으로 듣고서 수지하고 독송하며 이치와 같게 사유하여 널리 통하면서 이익되게 해야 하며, 이 반야바라밀다에서 설하는 것의 법문을 따르면서 상응하여 바르게 믿고 이해해야 하고, 만약 바르게 믿고 이해하였다면 곧 능히 이와 같은 반야바라밀다를 수학해야 하며, 만약 능히 이와 같은 반야바라밀다를 수학하였다면 곧 능히 일체의 지혜로운 법을 증득해야 하고, 만약 능히 일체의 지혜로운 법을 증득하였다면 곧 능히 반야바라밀다를 증익시켜서 원만함을 수습해야 하며, 만약 능히 반야바라밀다를 증익시켜서 원만함을 수습하였다면 곧 무상정등보리를 증득할 것입니다.'라고 이렇게 말을 지었다면, 이 선남자와 선여인 등이 얻는 복취는 앞보다 매우 많으니라. 왜 그러한가? 교시가여. 일체의 처음으로 일으킨 아뇩다라샴막삼보리의 마음과 보살마하살은 모두 이 반야바라밀다에서 유출되는 까닭이니라.

다시 다음으로 교시가여. 4대주의 여러 유정의 부류들을 제쳐두고 만약 선남자와 선여인 등이 소천세계의 여러 유정의 부류들을 교화하여 무상정등각의 마음을 일으키게 하였다면, 그대의 뜻은 어떠한가? 이 선남자와 선여인 등은 오히려 이 인연으로 얻는 복취가 많겠는가?"

천제석이 말하였다.

"매우 많습니다. 세존이시여. 아주 많습니다. 선서시여."

세존께서 말씀하셨다.

"교시가여. 만약 선남자와 선여인 등이 이 반야바라밀다에서 무량문의 교묘한 글과 뜻으로써 다른 사람을 위하여 널리 설하며, 널리 드러내어 명료하게 해석하여 열어서 보여주고, 의취를 분별하여 그것을 쉽게 해석하여 주면서, 다시 '오십시오. 선남자여. 그대는 마땅히 이 매우 깊은 반야바라밀다에서 지극한 마음으로 듣고서 수지하고 독송하며 이치와 같게 사유하여 널리 통하면서 이익되게 해야 하며, 이 반야바라밀다에서 설하는 것의 법문을 따르면서 상응하여 바르게 믿고 이해해야 하고, 만약 바르게 믿고 이해하였다면 곧 능히 이와 같은 반야바라밀다를 수학해야 하며, 만약 능히 이와 같은 반야바라밀다를 수학하였다면 곧 능히 일체의 지혜로운 법을 증득해야 하고, 만약 능히 일체의 지혜로운 법을 증득하였다면 곧 능히 반야바라밀다를 증익시켜서 원만함을 수습해야 하며, 만약 능히 반야바라밀다를 증익시켜서 원만함을 수습하였다면 곧 무상정등보리를 증득할 것입니다.'라고 이렇게 말을 지었다면, 이 선남자와 선여인 등이 얻는 복취는 앞보다 매우 많으니라. 왜 그러한가? 교시가여. 일체의 처음으로 일으킨 아뇩다라샴막삼보리의 마음과 보살마하살은 모두 이 반야바라밀다에서 유출되는 까닭이니라.

다시 다음으로 교시가여. 소천세계의 여러 유정의 부류들을 제쳐두고 만약 선남자와 선여인 등이 중천세계의 여러 유정의 부류들을 교화하여 무상정등각의 마음을 일으키게 하였다면, 그대의 뜻은 어떠한가? 이 선남자와 선여인 등은 오히려 이 인연으로 얻는 복취가 많겠는가?"

천제석이 말하였다.

"매우 많습니다. 세존이시여. 아주 많습니다. 선서시여."

세존께서 말씀하셨다.

"교시가여. 만약 선남자와 선여인 등이 이 반야바라밀다에서 무량문의 교묘한 글과 뜻으로써 다른 사람을 위하여 널리 설하며, 널리 드러내어 명료하게 해석하여 열어서 보여주고, 의취를 분별하여 그것을 쉽게 해석하여 주면서, 다시 '오십시오. 선남자여. 그대는 마땅히 이 매우 깊은 반야바라밀다에서 지극한 마음으로 듣고서 수지하고 독송하며 이치와 같게 사유하여 널리 통하면서 이익되게 해야 하며, 이 반야바라밀다에서 설하는 것의 법문을 따르면서 상응하여 바르게 믿고 이해해야 하고, 만약 바르게 믿고 이해하였다면 곧 능히 이와 같은 반야바라밀다를 수학해야 하며, 만약 능히 이와 같은 반야바라밀다를 수학하였다면 곧 능히 일체의 지혜로운 법을 증득해야 하고, 만약 능히 일체의 지혜로운 법을 증득하였다면 곧 능히 반야바라밀다를 증익시켜서 원만함을 수습해야 하며, 만약 능히 반야바라밀다를 증익시켜서 원만함을 수습하였다면 곧 무상정등보리를 증득할 것입니다.'라고 이렇게 말을 지었다면, 이 선남자와 선여인 등이 얻는 복취는 앞보다 매우 많으니라. 왜 그러한가? 교시가여. 일체의 처음으로 일으킨 아뇩다라샴막삼보리의 마음과 보살마하살은 모두 이 반야바라밀다에서 유출되는 까닭이니라.

다시 다음으로 교시가여. 중천세계의 여러 유정의 부류들을 제쳐두고 만약 선남자와 선여인 등이 삼천대천세계의 여러 유정의 부류들을 교화하여 무상정등각의 마음을 일으키게 하였다면, 그대의 뜻은 어떠한가? 이 선남자와 선여인 등은 오히려 이 인연으로 얻는 복취가 많겠는가?"

천제석이 말하였다.

"매우 많습니다. 세존이시여. 아주 많습니다. 선서시여."

세존께서 말씀하셨다.

"교시가여. 만약 선남자와 선여인 등이 이 반야바라밀다에서 무량문의 교묘한 글과 뜻으로써 다른 사람을 위하여 널리 설하며, 널리 드러내어 명료하게 해석하여 열어서 보여주고, 의취를 분별하여 그것을 쉽게 해석하여 주면서, 다시 '오십시오. 선남자여. 그대는 마땅히 이 매우 깊은 반야바라밀다에서 지극한 마음으로 듣고서 수지하고 독송하며 이치와 같게 사유하여 널리 통하면서 이익되게 해야 하며, 이 반야바라밀다에서 설하는 것의 법문을 따르면서 상응하여 바르게 믿고 이해해야 하고,

만약 바르게 믿고 이해하였다면 곧 능히 이와 같은 반야바라밀다를 수학해야 하며, 만약 능히 이와 같은 반야바라밀다를 수학하였다면 곧 능히 일체의 지혜로운 법을 증득해야 하고, 만약 능히 일체의 지혜로운 법을 증득하였다면 곧 능히 반야바라밀다를 증익시켜서 원만함을 수습해야 하며, 만약 능히 반야바라밀다를 증익시켜서 원만함을 수습하였다면 곧 무상정등보리를 증득할 것입니다.'라고 이렇게 말을 지었다면, 이 선남자와 선여인 등이 얻는 복취는 앞보다 매우 많으니라. 왜 그러한가? 교시가여. 일체의 처음으로 일으킨 아뇩다라샴막삼보리의 마음과 보살마하살은 모두 이 반야바라밀다에서 유출되는 까닭이니라.

다시 다음으로 교시가여. 삼천대천세계의 여러 유정의 부류들을 제쳐두고 만약 선남자와 선여인 등이 시방의 각각 긍가의 모래와 같은 세계의 여러 유정의 부류들을 교화하여 무상정등각의 마음을 일으키게 하였다면, 그대의 뜻은 어떠한가? 이 선남자와 선여인 등은 오히려 이 인연으로 얻는 복취가 많겠는가?"

천제석이 말하였다.

"매우 많습니다. 세존이시여. 아주 많습니다. 선서시여."

세존께서 말씀하셨다.

"교시가여. 만약 선남자와 선여인 등이 이 반야바라밀다에서 무량문의 교묘한 글과 뜻으로써 다른 사람을 위하여 널리 설하며, 널리 드러내어 명료하게 해석하여 열어서 보여주고, 의취를 분별하여 그것을 쉽게 해석하여 주면서, 다시 '오십시오. 선남자여. 그대는 마땅히 이 매우 깊은 반야바라밀다에서 지극한 마음으로 듣고서 수지하고 독송하며 이치와 같게 사유하여 널리 통하면서 이익되게 해야 하며, 이 법문을 따르면서 상응하게 정근하면서 수학해야 합니다.'라고 이렇게 말을 지었다면, 이 선남자와 선여인 등이 얻는 복취는 앞보다 매우 많으니라. 왜 그러한가? 교시가여. 일체의 처음으로 일으킨 아뇩다라샴막삼보리의 마음과 보살마하살은 모두 이 반야바라밀다에서 유출되는 까닭이니라.

다시 다음으로 교시가여. 이 시방의 각각 긍가의 모래와 같은 세계의 여러 유정의 부류들을 제쳐두고 만약 선남자와 선여인 등이 시방의 일체 세계의 여러 유정의 부류들을 교화하여 무상정등각의 마음을 일으키게 하였다면, 그대의 뜻은 어떠한가? 이 선남자와 선여인 등은 오히려 이 인연으로 얻는 복취가 많겠는가?"

천제석이 말하였다.

"매우 많습니다. 세존이시여. 아주 많습니다. 선서시여."

세존께서 말씀하셨다.

"교시가여. 만약 선남자와 선여인 등이 이 반야바라밀다에서 무량문의 교묘한 글과 뜻으로써 다른 사람을 위하여 널리 설하며, 널리 드러내어 명료하게 해석하여 열어서 보여주고, 의취를 분별하여 그것을 쉽게 해석하여 주면서, 다시 '오십시오. 선남자여. 그대는 마땅히 이 매우 깊은 반야바라밀다에서 지극한 마음으로 듣고서 수지하고 독송하며 이치와 같게 사유하여 널리 통하면서 이익되게 해야 하며, 이 법문을 따르면서 상응하게 정근하면서 수학해야 합니다.'라고 이렇게 말을 지었다면, 이 선남자와 선여인 등이 얻는 복취는 앞보다 매우 많으니라. 왜 그러한가? 교시가여. 일체의 처음으로 일으킨 아뇩다라샴먁삼보리의 마음과 보살마하살은 모두 이 반야바라밀다에서 유출되는 까닭이니라."

마하반야바라밀다경 제167권

30. 교량공덕품(校量功德品)(65)

“다시 다음으로 교시가여. 만약 선남자와 선여인 등이 섬부주의 여러 유정의 부류들을 교화하여 모두 보살(菩薩)의 불퇴전지(不退轉地)에 안주하게 시켰다면, 그대의 뜻은 어떠한가? 이 선남자와 선여인 등은 오히려 이 인연으로 얻는 복취가 많겠는가?”

천제석이 말하였다.

“매우 많습니다. 세존이시여. 아주 많습니다. 선서시여.”

세존께서 말씀하셨다.

“교시가여. 만약 선남자와 선여인 등이 이 반야바라밀다에서 무량문의 교묘한 글과 뜻으로써 다른 사람을 위하여 널리 설하며, 널리 드러내어 명료하게 해석하여 열어서 보여주고, 의취를 분별하여 그것을 쉽게 해석하여 주면서, 다시 ‘오십시오. 선남자여. 그대는 마땅히 이 매우 깊은 반야바라밀다에서 지극한 마음으로 듣고서 수지하고 독송하며 이치와 같게 사유하여 널리 통하면서 이익되게 해야 하며, 이 반야바라밀다에서 설하는 것의 법문을 따르면서 상응하여 바르게 믿고 이해해야 하고, 만약 바르게 믿고 이해하였다면 곧 능히 이와 같은 반야바라밀다를 수학해야 하며, 만약 능히 이와 같은 반야바라밀다를 수학하였다면 곧 능히 일체의 지혜로운 법을 증득해야 하고, 만약 능히 일체의 지혜로운 법을 증득하였다면 곧 능히 반야바라밀다를 증익시켜서 원만함을 수습해야 하며, 만약 능히 반야바라밀다를 증익시켜서 원만함을 수습하였다면 곧 무상정등보리를 증득할 것입니다.'라고 이렇게 말을 지었다면, 이 선남자와 선여인 등이 얻는 복취는 앞보다 매우 많으니라. 왜 그러한가? 교시가여. 일체의 불퇴전지(不退轉地)의 보살마하살(菩薩摩訶薩)은 모두 이 반야바라밀다에서 유출되는 까닭이니라.

다시 다음으로 교시가여. 섬부주의 여러 유정의 부류들을 제쳐두고, 만약 선남자와 선여인 등이 섬부주와 동승신주의 여러 유정의 부류들을 교화하여 모두 보살의 불퇴전지에 안주하게 시켰다면, 그대의 뜻은 어떠한가? 이 선남자와 선여인 등은 오히려 이 인연으로 얻는 복취가 많겠는가?"

천제석이 말하였다.

"매우 많습니다. 세존이시여. 아주 많습니다. 선서시여."

세존께서 말씀하셨다.

"교시가여. 만약 선남자와 선여인 등이 이 반야바라밀다에서 무량문의 교묘한 글과 뜻으로써 다른 사람을 위하여 널리 설하며, 널리 드러내어 명료하게 해석하여 열어서 보여주고, 의취를 분별하여 그것을 쉽게 해석하여 주면서, 다시 '오십시오. 선남자여. 그대는 마땅히 이 매우 깊은 반야바라밀다에서 지극한 마음으로 듣고서 수지하고 독송하며 이치와 같게 사유하여 널리 통하면서 이익되게 해야 하며, 이 반야바라밀다에서 설하는 것의 법문을 따르면서 상응하여 바르게 믿고 이해해야 하고, 만약 바르게 믿고 이해하였다면 곧 능히 이와 같은 반야바라밀다를 수학해야 하며, 만약 능히 이와 같은 반야바라밀다를 수학하였다면 곧 능히 일체의 지혜로운 법을 증득해야 하고, 만약 능히 일체의 지혜로운 법을 증득하였다면 곧 능히 반야바라밀다를 증익시켜서 원만함을 수습해야 하며, 만약 능히 반야바라밀다를 증익시켜서 원만함을 수습하였다면 곧 무상정등보리를 증득할 것입니다.'라고 이렇게 말을 지었다면, 이 선남자와 선여인 등이 얻는 복취는 앞보다 매우 많으니라. 왜 그러한가? 교시가여. 일체의 불퇴전지의 보살마하살은 모두 이 반야바라밀다에서 유출되는 까닭이니라.

다시 다음으로 교시가여. 섬부주와 동승신주의 여러 유정의 부류들을 제쳐두고, 만약 선남자와 선여인 등이 섬부주·동승신주·서우화주의 여러 유정의 부류들을 교화하여 모두 보살의 불퇴전지에 안주하게 시켰다면, 그대의 뜻은 어떠한가? 이 선남자와 선여인 등은 오히려 이 인연으로 얻는 복취가 많겠는가?"

천제석이 말하였다.

"매우 많습니다. 세존이시여. 아주 많습니다. 선서시여."

세존께서 말씀하셨다.

"교시가여. 만약 선남자와 선여인 등이 이 반야바라밀다에서 무량문의 교묘한 글과 뜻으로써 다른 사람을 위하여 널리 설하며, 널리 드러내어 명료하게 해석하여 열어서 보여주고, 의취를 분별하여 그것을 쉽게 해석하여 주면서, 다시 '오십시오. 선남자여. 그대는 마땅히 이 매우 깊은 반야바라밀다에서 지극한 마음으로 듣고서 수지하고 독송하며 이치와 같게 사유하여 널리 통하면서 이익되게 해야 하며, 이 반야바라밀다에서 설하는 것의 법문을 따르면서 상응하여 바르게 믿고 이해해야 하고, 만약 바르게 믿고 이해하였다면 곧 능히 이와 같은 반야바라밀다를 수학해야 하며, 만약 능히 이와 같은 반야바라밀다를 수학하였다면 곧 능히 일체의 지혜로운 법을 증득해야 하고, 만약 능히 일체의 지혜로운 법을 증득하였다면 곧 능히 반야바라밀다를 증익시켜서 원만함을 수습해야 하며, 만약 능히 반야바라밀다를 증익시켜서 원만함을 수습하였다면 곧 무상정등보리를 증득할 것입니다.'라고 이렇게 말을 지었다면, 이 선남자와 선여인 등이 얻는 복취는 앞보다 매우 많으니라. 왜 그러한가? 교시가여. 일체의 불퇴전지의 보살마하살은 모두 이 반야바라밀다에서 유출되는 까닭이니라.

다시 다음으로 교시가여. 섬부주·동승신주·서우화주의 여러 유정의 부류들을 제쳐두고, 만약 선남자와 선여인 등이 섬부주·동승신주·서우화주·북구로주의 여러 유정의 부류들을 교화하여 모두 보살의 불퇴전지에 안주하게 시켰다면, 그대의 뜻은 어떠한가? 이 선남자와 선여인 등은 오히려 이 인연으로 얻는 복취가 많겠는가?"

천제석이 말하였다.

"매우 많습니다. 세존이시여. 아주 많습니다. 선서시여."

세존께서 말씀하셨다.

"교시가여. 만약 선남자와 선여인 등이 이 반야바라밀다에서 무량문의 교묘한 글과 뜻으로써 다른 사람을 위하여 널리 설하며, 널리 드러내어 명료하게 해석하여 열어서 보여주고, 의취를 분별하여 그것을 쉽게 해석하여 주면서, 다시 '오십시오. 선남자여. 그대는 마땅히 이 매우 깊은 반야바라밀다에서 지극한 마음으로 듣고서 수지하고 독송하며 이치와 같게 사유하여 널리 통하면서 이익되게 해야 하며, 이 반야바라밀다에서 설하는 것의 법문을 따르면서 상응하여 바르게 믿고 이해해야 하고, 만약 바르게 믿고 이해하였다면 곧 능히 이와 같은 반야바라밀다를 수학해야 하며, 만약 능히 이와 같은 반야바라밀다를 수학하였다면 곧 능히 일체의 지혜로운 법을 증득해야 하고, 만약 능히 일체의 지혜로운 법을 증득하였다면 곧 능히 반야바라밀다를 증익시켜서 원만함을 수습해야 하며, 만약 능히 반야바라밀다를 증익시켜서 원만함을 수습하였다면 곧 무상정등보리를 증득할 것입니다.'라고 이렇게 말을 지었다면, 이 선남자와 선여인 등이 얻는 복취는 앞보다 매우 많으니라. 왜 그러한가? 교시가여. 일체의 불퇴전지의 보살마하살은 모두 이 반야바라밀다에서 유출되는 까닭이니라.

다시 다음으로 교시가여. 4대주의 여러 유정의 부류들을 제쳐두고, 만약 선남자와 선여인 등이 소천세계의 여러 유정의 부류들을 교화하여 모두 보살의 불퇴전지에 안주하게 시켰다면, 그대의 뜻은 어떠한가? 이 선남자와 선여인 등은 오히려 이 인연으로 얻는 복취가 많겠는가?"

천제석이 말하였다.

"매우 많습니다. 세존이시여. 아주 많습니다. 선서시여."

세존께서 말씀하셨다.

"교시가여. 만약 선남자와 선여인 등이 이 반야바라밀다에서 무량문의

교묘한 글과 뜻으로써 다른 사람을 위하여 널리 설하며, 널리 드러내어 명료하게 해석하여 열어서 보여주고, 의취를 분별하여 그것을 쉽게 해석하여 주면서, 다시 '오십시오. 선남자여. 그대는 마땅히 이 매우 깊은 반야바라밀다에서 지극한 마음으로 듣고서 수지하고 독송하며 이치와 같게 사유하여 널리 통하면서 이익되게 해야 하며, 이 반야바라밀다에서 설하는 것의 법문을 따르면서 상응하여 바르게 믿고 이해해야 하고, 만약 바르게 믿고 이해하였다면 곧 능히 이와 같은 반야바라밀다를 수학해야 하며, 만약 능히 이와 같은 반야바라밀다를 수학하였다면 곧 능히 일체의 지혜로운 법을 증득해야 하고, 만약 능히 일체의 지혜로운 법을 증득하였다면 곧 능히 반야바라밀다를 증익시켜서 원만함을 수습해야 하며, 만약 능히 반야바라밀다를 증익시켜서 원만함을 수습하였다면 곧 무상정등보리를 증득할 것입니다.'라고 이렇게 말을 지었다면, 이 선남자와 선여인 등이 얻는 복취는 앞보다 매우 많으니라. 왜 그러한가? 교시가여. 일체의 불퇴전지의 보살마하살은 모두 이 반야바라밀다에서 유출되는 까닭이니라.

다시 다음으로 교시가여. 소천세계의 여러 유정의 부류들을 제쳐두고, 만약 선남자와 선여인 등이 중천세계의 여러 유정의 부류들을 교화하여 모두 보살의 불퇴전지에 안주하게 시켰다면, 그대의 뜻은 어떠한가? 이 선남자와 선여인 등은 오히려 이 인연으로 얻는 복취가 많겠는가?"

천제석이 말하였다.

"매우 많습니다. 세존이시여. 아주 많습니다. 선서시여."

세존께서 말씀하셨다.

"교시가여. 만약 선남자와 선여인 등이 이 반야바라밀다에서 무량문의 교묘한 글과 뜻으로써 다른 사람을 위하여 널리 설하며, 널리 드러내어 명료하게 해석하여 열어서 보여주고, 의취를 분별하여 그것을 쉽게 해석하여 주면서, 다시 '오십시오. 선남자여. 그대는 마땅히 이 매우 깊은 반야바라밀다에서 지극한 마음으로 듣고서 수지하고 독송하며 이치와 같게 사유하여 널리 통하면서 이익되게 해야 하며, 이 반야바라밀다에서 설하는 것의 법문을 따르면서 상응하여 바르게 믿고 이해해야 하고, 만약 바르게 믿고 이해하였다면 곧 능히 이와 같은 반야바라밀다를 수학해야 하며, 만약 능히 이와 같은 반야바라밀다를 수학하였다면 곧 능히 일체의 지혜로운 법을 증득해야 하고, 만약 능히 일체의 지혜로운 법을 증득하였다면 곧 능히 반야바라밀다를 증익시켜서 원만함을 수습해야 하며, 만약 능히 반야바라밀다를 증익시켜서 원만함을 수습하였다면 곧 무상정등보리를 증득할 것입니다.'라고 이렇게 말을 지었다면, 이 선남자와 선여인 등이 얻는 복취는 앞보다 매우 많으니라. 왜 그러한가? 교시가여. 일체의 불퇴전지의 보살마하살은 모두 이 반야바라밀다에서 유출되는 까닭이니라.

다시 다음으로 교시가여. 중천세계의 여러 유정의 부류들을 제쳐두고, 만약 선남자와 선여인 등이 삼천대천세계의 여러 유정의 부류들을 교화하여 모두 보살의 불퇴전지에 안주하게 시켰다면, 그대의 뜻은 어떠한가? 이 선남자와 선여인 등은 오히려 이 인연으로 얻는 복취가 많겠는가?"

천제석이 말하였다.

"매우 많습니다. 세존이시여. 아주 많습니다. 선서시여."

세존께서 말씀하셨다.

"교시가여. 만약 선남자와 선여인 등이 이 반야바라밀다에서 무량문의 교묘한 글과 뜻으로써 다른 사람을 위하여 널리 설하며, 널리 드러내어 명료하게 해석하여 열어서 보여주고, 의취를 분별하여 그것을 쉽게 해석하여 주면서, 다시 '오십시오. 선남자여. 그대는 마땅히 이 매우 깊은 반야바라밀다에서 지극한 마음으로 듣고서 수지하고 독송하며 이치와 같게 사유하여 널리 통하면서 이익되게 해야 하며, 이 반야바라밀다에서 설하는 것의 법문을 따르면서 상응하여 바르게 믿고 이해해야 하고, 만약 바르게 믿고 이해하였다면 곧 능히 이와 같은 반야바라밀다를 수학해야 하며, 만약 능히 이와 같은 반야바라밀다를 수학하였다면 곧 능히 일체의 지혜로운 법을 증득해야 하고, 만약 능히 일체의 지혜로운 법을 증득하였다면 곧 능히 반야바라밀다를 증익시켜서 원만함을 수습해야 하며, 만약 능히 반야바라밀다를 증익시켜서 원만함을 수습하였다면 곧 무상정등보리를 증득할 것입니다.'라고 이렇게 말을 지었다면, 이 선남자와 선여인 등이 얻는 복취는 앞보다 매우 많으니라. 왜 그러한가? 교시가여. 일체의 불퇴전지의 보살마하살은 모두 이 반야바라밀다에서 유출되는 까닭이니라.

다시 다음으로 교시가여. 삼천대천세계의 여러 유정의 부류들을 제쳐두고, 만약 선남자와 선여인 등이 시방의 각각 긍가의 모래와 같은 세계의 여러 유정의 부류들을 교화하여 모두 보살의 불퇴전지에 안주하게 시켰다면, 그대의 뜻은 어떠한가? 이 선남자와 선여인 등은 오히려 이 인연으로 얻는 복취가 많겠는가?"

천제석이 말하였다.

"매우 많습니다. 세존이시여. 아주 많습니다. 선서시여."

세존께서 말씀하셨다.

"교시가여. 만약 선남자와 선여인 등이 이 반야바라밀다에서 무량문의 교묘한 글과 뜻으로써 다른 사람을 위하여 널리 설하며, 널리 드러내어 명료하게 해석하여 열어서 보여주고, 의취를 분별하여 그것을 쉽게 해석하여 주면서, 다시 '오십시오. 선남자여. 그대는 마땅히 이 매우 깊은 반야바라밀다에서 지극한 마음으로 듣고서 수지하고 독송하며 이치와 같게 사유하여 널리 통하면서 이익되게 해야 하며, 이 반야바라밀다에서 설하는 것의 법문을 따르면서 상응하여 바르게 믿고 이해해야 하고, 만약 바르게 믿고 이해하였다면 곧 능히 이와 같은 반야바라밀다를 수학해야 하며, 만약 능히 이와 같은 반야바라밀다를 수학하였다면 곧 능히 일체의 지혜로운 법을 증득해야 하고, 만약 능히 일체의 지혜로운 법을 증득하였다면 곧 능히 반야바라밀다를 증익시켜서 원만함을 수습해야 하며, 만약 능히 반야바라밀다를 증익시켜서 원만함을 수습하였다면 곧 무상정등보리를 증득할 것입니다.'라고 이렇게 말을 지었다면, 이 선남자와 선여인 등이 얻는 복취는 앞보다 매우 많으니라. 왜 그러한가? 교시가여. 일체의 불퇴전지의 보살마하살은 모두 이 반야바라밀다에서 유출되는 까닭이니라.

다시 다음으로 교시가여. 이 시방의 각각 긍가의 모래와 같은 세계의 여러 유정의 부류들을 제쳐두고, 만약 선남자와 선여인 등이 시방의 일체 세계의 여러 유정의 부류들을 교화하여 모두 보살의 불퇴전지에 안주하게 시켰다면, 그대의 뜻은 어떠한가? 이 선남자와 선여인 등은 오히려 이 인연으로 얻는 복취가 많겠는가?"

천제석이 말하였다.

"매우 많습니다. 세존이시여. 아주 많습니다. 선서시여."

세존께서 말씀하셨다.

"교시가여. 만약 선남자와 선여인 등이 이 반야바라밀다에서 무량문의 교묘한 글과 뜻으로써 다른 사람을 위하여 널리 설하며, 널리 드러내어 명료하게 해석하여 열어서 보여주고, 의취를 분별하여 그것을 쉽게 해석하여 주면서, 다시 '오십시오. 선남자여. 그대는 마땅히 이 매우 깊은 반야바라밀다에서 지극한 마음으로 듣고서 수지하고 독송하며 이치와 같게 사유하여 널리 통하면서 이익되게 해야 하며, 이 반야바라밀다에서 설하는 것의 법문을 따르면서 상응하여 바르게 믿고 이해해야 하고, 만약 바르게 믿고 이해하였다면 곧 능히 이와 같은 반야바라밀다를 수학해야 하며, 만약 능히 이와 같은 반야바라밀다를 수학하였다면 곧 능히 일체의 지혜로운 법을 증득해야 하고, 만약 능히 일체의 지혜로운 법을 증득하였다면 곧 능히 반야바라밀다를 증익시켜서 원만함을 수습해야 하며, 만약 능히 반야바라밀다를 증익시켜서 원만함을 수습하였다면 곧 무상정등보리를 증득할 것입니다.'라고 이렇게 말을 지었다면, 이 선남자와 선여인 등이 얻는 복취는 앞보다 매우 많으니라. 왜 그러한가? 교시가여. 일체의 불퇴전지의 보살마하살은 모두 이 반야바라밀다에서 유출되는 까닭이니라."

"다시 다음으로 교시가여. 만약 섬부주의 여러 유정의 부류들이 모두 무상정등보리에 나아가게 하고 불퇴전지를 얻게 하며, 선남자와 선여인 등이 있어서 이 반야바라밀다에서 무량문의 교묘한 글과 뜻으로써 다른 사람을 위하여 널리 설하며, 널리 드러내어 명료하게 해석하여 열어서 보여주고, 의취를 분별하여 그것을 쉽게 해석하여 주면서, 다시 '오십시오. 선남자여. 그대는 마땅히 이 매우 깊은 반야바라밀다에서 지극한 마음으로 듣고서 수지하고 독송하며 이치와 같게 사유하여 널리 통하면서 이익되게 해야 하며, 이 반야바라밀다에서 설하는 것의 법문을 따르면서 상응하여 바르게 믿고 이해하게 해야 하느니라. 만약 바르게 믿고 이해하였다면 곧 능히 이와 같은 반야바라밀다를 수학해야 하며, 만약 능히 이와 같은 반야바라밀다를 수학하였다면 곧 능히 일체의 지혜로운 법을 증득해야 하고, 만약 능히 일체의 지혜로운 법을 증득하였다면 곧 능히 반야바라밀다를 증익시켜서 원만함을 수습해야 하며, 만약 능히 반야바라밀다를 증익시켜서 원만함을 수습하였다면 곧 무상정등보리를 증득할 것입니다.'라고 이렇게 말을 지었다면, 교시가여. 이 선남자와 선여인 등이 얻는 복취는 앞보다 매우 많으니라.

다시 다음으로 교시가여. 섬부주의 여러 유정의 부류들을 제쳐두고, 만약 섬부주와 동승신주의 여러 유정의 부류들이 모두 무상정등보리에 나아가게 하고 불퇴전지를 얻게 하며, 선남자와 선여인 등이 있어서 이 반야바라밀다에서 무량문의 교묘한 글과 뜻으로써 다른 사람을 위하여 널리 설하며, 널리 드러내어 명료하게 해석하여 열어서 보여주고, 의취를 분별하여 그것을 쉽게 해석하여 주면서, 다시 '오십시오. 선남자여. 그대는 마땅히 이 매우 깊은 반야바라밀다에서 지극한 마음으로 듣고서 수지하고 독송하며 이치와 같게 사유하여 널리 통하면서 이익되게 해야 하며, 이 반야바라밀다에서 설하는 것의 법문을 따르면서 상응하여 바르게 믿게 시키고 이해시켜야 하느니라. 만약 바르게 믿고 이해하였다면 곧 능히 이와 같은 반야바라밀다를 수학해야 하며, 만약 능히 이와 같은 반야바라밀다를 수학하였다면 곧 능히 일체의 지혜로운 법을 증득해야 하고, 만약 능히 일체의 지혜로운 법을 증득하였다면 곧 능히 반야바라밀다를 증익시켜서 원만함을 수습해야 하며, 만약 능히 반야바라밀다를 증익시켜서 원만함을 수습하였다면 곧 무상정등보리를 증득할 것입니다.'라고 이렇게 말을 지었다면, 교시가여. 이 선남자와 선여인 등이 얻는 복취는 앞보다 매우 많으니라.

다시 다음으로 교시가여. 섬부주·동승신주의 여러 유정의 부류들을 제쳐두고, 만약 섬부주·동승신주·서우화주의 여러 유정의 부류들이 모두 무상정등보리에 나아가게 하고 불퇴전지를 얻게 하며, 선남자와 선여인 등이 있어서 이 반야바라밀다에서 무량문의 교묘한 글과 뜻으로써 다른 사람을 위하여 널리 설하며, 널리 드러내어 명료하게 해석하여 열어서 보여주고, 의취를 분별하여 그것을 쉽게 해석하여 주면서, 다시 '오십시오. 선남자여. 그대는 마땅히 이 매우 깊은 반야바라밀다에서 지극한 마음으로 듣고서 수지하고 독송하며 이치와 같게 사유하여 널리 통하면서 이익되게 해야 하며, 이 반야바라밀다에서 설하는 것의 법문을 따르면서 상응하여 바르게 믿게 시키고 이해시켜야 하느니라. 만약 바르게 믿고 이해하였다면 곧 능히 이와 같은 반야바라밀다를 수학해야 하며, 만약 능히 이와 같은 반야바라밀다를 수학하였다면 곧 능히 일체의 지혜로운 법을 증득해야 하고, 만약 능히 일체의 지혜로운 법을 증득하였다면 곧 능히 반야바라밀다를 증익시켜서 원만함을 수습해야 하며, 만약 능히 반야바라밀다를 증익시켜서 원만함을 수습하였다면 곧 무상정등보리를 증득할 것입니다.'라고 이렇게 말을 지었다면, 교시가여. 이 선남자와 선여인 등이 얻는 복취는 앞보다 매우 많으니라.

다시 다음으로 교시가여. 섬부주·동승신주·서우화주의 여러 유정의 부류들을 제쳐두고, 만약 섬부주·동승신주·서우화주·북구로주의 여러 유정의 부류들이 모두 무상정등보리에 나아가게 하고 불퇴전지를 얻게 하며, 선남자와 선여인 등이 있어서 이 반야바라밀다에서 무량문의 교묘한 글과 뜻으로써 다른 사람을 위하여 널리 설하며, 널리 드러내어 명료하게 해석하여 열어서 보여주고, 의취를 분별하여 그것을 쉽게 해석하여 주면서, 다시 '오십시오. 선남자여. 그대는 마땅히 이 매우 깊은 반야바라밀다에서 지극한 마음으로 듣고서 수지하고 독송하며 이치와 같게 사유하여 널리 통하면서 이익되게 해야 하며, 이 반야바라밀다에서 설하는 것의 법문을 따르면서 상응하여 바르게 믿게 시키고 이해시켜야 하느니라. 만약 바르게 믿고 이해하였다면 곧 능히 이와 같은 반야바라밀다를 수학해야 하며, 만약 능히 이와 같은 반야바라밀다를 수학하였다면 곧 능히 일체의 지혜로운 법을 증득해야 하고, 만약 능히 일체의 지혜로운 법을 증득하였다면 곧 능히 반야바라밀다를 증익시켜서 원만함을 수습해야 하며, 만약 능히 반야바라밀다를 증익시켜서 원만함을 수습하였다면 곧 무상정등보리를 증득할 것입니다.'라고 이렇게 말을 지었다면, 교시가여. 이 선남자와 선여인 등이 얻는 복취는 앞보다 매우 많으니라.

다시 다음으로 교시가여. 4대주의 여러 유정의 부류들을 제쳐두고, 만약 소천세계의 여러 유정의 부류들이 모두 무상정등보리에 나아가게 하고 불퇴전지를 얻게 하며, 선남자와 선여인 등이 있어서 이 반야바라밀다에서 무량문의 교묘한 글과 뜻으로써 다른 사람을 위하여 널리 설하며, 널리 드러내어 명료하게 해석하여 열어서 보여주고, 의취를 분별하여 그것을 쉽게 해석하여 주면서, 다시 '오십시오. 선남자여. 그대는 마땅히 이 매우 깊은 반야바라밀다에서 지극한 마음으로 듣고서 수지하고 독송하며 이치와 같게 사유하여 널리 통하면서 이익되게 해야 하며, 이 반야바라밀다에서 설하는 것의 법문을 따르면서 상응하여 바르게 믿게 시키고 이해시켜야 하느니라. 만약 바르게 믿고 이해하였다면 곧 능히 이와 같은 반야바라밀다를 수학해야 하며, 만약 능히 이와 같은 반야바라밀다를 수학하였다면 곧 능히 일체의 지혜로운 법을 증득해야 하고, 만약 능히 일체의 지혜로운 법을 증득하였다면 곧 능히 반야바라밀다를 증익시켜서 원만함을 수습해야 하며, 만약 능히 반야바라밀다를 증익시켜서 원만함을 수습하였다면 곧 무상정등보리를 증득할 것입니다.'라고 이렇게 말을 지었다면, 교시가여. 이 선남자와 선여인 등이 얻는 복취는 앞보다 매우 많으니라.

다시 다음으로 교시가여. 소천세계의 여러 유정의 부류들을 제쳐두고, 만약 중천세계의 여러 유정의 부류들이 모두 무상정등보리에 나아가게 하고 불퇴전지를 얻게 하며, 선남자와 선여인 등이 있어서 이 반야바라밀다에서 무량문의 교묘한 글과 뜻으로써 다른 사람을 위하여 널리 설하며, 널리 드러내어 명료하게 해석하여 열어서 보여주고, 의취를 분별하여 그것을 쉽게 해석하여 주면서, 다시 '오십시오. 선남자여. 그대는 마땅히 이 매우 깊은 반야바라밀다에서 지극한 마음으로 듣고서 수지하고 독송하며 이치와 같게 사유하여 널리 통하면서 이익되게 해야 하며, 이 반야바라밀다에서 설하는 것의 법문을 따르면서 상응하여 바르게 믿게 시키고 이해시켜야 하느니라. 만약 바르게 믿고 이해하였다면 곧 능히 이와 같은 반야바라밀다를 수학해야 하며, 만약 능히 이와 같은 반야바라밀다를 수학하였다면 곧 능히 일체의 지혜로운 법을 증득해야 하고, 만약 능히 일체의 지혜로운 법을 증득하였다면 곧 능히 반야바라밀다를 증익시켜서 원만함을 수습해야 하며, 만약 능히 반야바라밀다를 증익시켜서 원만함을 수습하였다면 곧 무상정등보리를 증득할 것입니다.'라고 이렇게 말을 지었다면, 교시가여. 이 선남자와 선여인 등이 얻는 복취는 앞보다 매우 많으니라.

다시 다음으로 교시가여. 중천세계의 여러 유정의 부류들을 제쳐두고, 만약 삼천대천세계의 여러 유정의 부류들이 모두 무상정등보리에 나아가게 하고 불퇴전지를 얻게 하며, 선남자와 선여인 등이 있어서 이 반야바라밀다에서 무량문의 교묘한 글과 뜻으로써 다른 사람을 위하여 널리 설하며, 널리 드러내어 명료하게 해석하여 열어서 보여주고, 의취를 분별하여 그것을 쉽게 해석하여 주면서, 다시 '오십시오. 선남자여. 그대는 마땅히 이 매우 깊은 반야바라밀다에서 지극한 마음으로 듣고서 수지하고 독송하며 이치와 같게 사유하여 널리 통하면서 이익되게 해야 하며, 이 반야바라밀다에서 설하는 것의 법문을 따르면서 상응하여 바르게 믿게 시키고 이해시켜야 하느니라. 만약 바르게 믿고 이해하였다면 곧 능히 이와 같은 반야바라밀다를 수학해야 하며, 만약 능히 이와 같은 반야바라밀다를 수학하였다면 곧 능히 일체의 지혜로운 법을 증득해야 하고, 만약 능히 일체의 지혜로운 법을 증득하였다면 곧 능히 반야바라밀다를 증익시켜서 원만함을 수습해야 하며, 만약 능히 반야바라밀다를 증익시켜서 원만함을 수습하였다면 곧 무상정등보리를 증득할 것입니다.'라고 이렇게 말을 지었다면, 교시가여. 이 선남자와 선여인 등이 얻는 복취는 앞보다 매우 많으니라.

다시 다음으로 교시가여. 대천세계의 여러 유정의 부류들을 제쳐두고, 만약 이 시방의 각각 긍가의 모래와 같은 세계의 여러 유정의 부류들이 모두 무상정등보리에 나아가게 하고 불퇴전지를 얻게 하며, 선남자와 선여인 등이 있어서 이 반야바라밀다에서 무량문의 교묘한 글과 뜻으로써 다른 사람을 위하여 널리 설하며, 널리 드러내어 명료하게 해석하여 열어서 보여주고, 의취를 분별하여 그것을 쉽게 해석하여 주면서, 다시 '오십시오. 선남자여. 그대는 마땅히 이 매우 깊은 반야바라밀다에서 지극한 마음으로 듣고서 수지하고 독송하며 이치와 같게 사유하여 널리 통하면서 이익되게 해야 하며, 이 반야바라밀다에서 설하는 것의 법문을 따르면서 상응하여 바르게 믿게 시키고 이해시켜야 하느니라. 만약 바르게 믿고 이해하였다면 곧 능히 이와 같은 반야바라밀다를 수학해야 하며, 만약 능히 이와 같은 반야바라밀다를 수학하였다면 곧 능히 일체의 지혜로운 법을 증득해야 하고, 만약 능히 일체의 지혜로운 법을 증득하였다면 곧 능히 반야바라밀다를 증익시켜서 원만함을 수습해야 하며, 만약 능히 반야바라밀다를 증익시켜서 원만함을 수습하였다면 곧 무상정등보리를 증득할 것입니다.'라고 이렇게 말을 지었다면, 교시가여. 이 선남자와 선여인 등이 얻는 복취는 앞보다 매우 많으니라.

다시 다음으로 교시가여. 이 시방의 각각 긍가의 모래와 같은 세계의 여러 유정의 부류들을 제쳐두고, 만약 선남자와 선여인 등이 시방의 일체 세계의 여러 유정의 부류들이 모두 무상정등보리에 나아가게 하고 불퇴전지를 얻게 하며, 선남자와 선여인 등이 있어서 이 반야바라밀다에서 무량문의 교묘한 글과 뜻으로써 다른 사람을 위하여 널리 설하며, 널리 드러내어 명료하게 해석하여 열어서 보여주고, 의취를 분별하여 그것을 쉽게 해석하여 주면서, 다시 '오십시오. 선남자여. 그대는 마땅히 이 매우 깊은 반야바라밀다에서 지극한 마음으로 듣고서 수지하고 독송하며 이치와 같게 사유하여 널리 통하면서 이익되게 해야 하며, 이 반야바라밀다에서 설하는 것의 법문을 따르면서 상응하여 바르게 믿게 시키고 이해시켜야 하느니라. 만약 바르게 믿고 이해하였다면 곧 능히 이와 같은 반야바라밀다를 수학해야 하며, 만약 능히 이와 같은 반야바라밀다를 수학하였다면 곧 능히 일체의 지혜로운 법을 증득해야 하고, 만약 능히 일체의 지혜로운 법을 증득하였다면 곧 능히 반야바라밀다를 증익시켜서 원만함을 수습해야 하며, 만약 능히 반야바라밀다를 증익시켜서 원만함을 수습하였다면 곧 무상정등보리를 증득할 것입니다.'라고 이렇게 말을 지었다면, 교시가여. 이 선남자와 선여인 등이 얻는 복취는 앞보다 매우 많으니라."

"다시 다음으로 교시가여. 만약 섬부주의 여러 유정의 부류들을 가르쳐서 무상정등보리에 나아가게 하고, 선남자와 선여인 등이 있어서 이 반야바라밀다에서 무량문의 교묘한 글과 뜻으로써 다른 사람을 위하여 널리 설하며, 널리 드러내어 명료하게 해석하여 열어서 보여주고, 의취를 분별하여 그것을 쉽게 해석하여 주며, 선남자와 선여인 등이 있어서 한 유정을 가르쳐서 무상정등보리에서 불퇴전지를 얻게 하며, 다시 반야바라밀다에서 무량문의 교묘한 글과 뜻으로써 다른 사람을 위하여 널리 설하며, 널리 드러내어 명료하게 해석하여 열어서 보여주고, 의취를 분별하여 그것을 쉽게 해석하여 주었다면, 교시가여. 이 선남자와 선여인 등이 얻는 복취는 앞보다 매우 많으니라.

다시 다음으로 교시가여. 섬부주의 여러 유정의 부류들을 제쳐두고, 만약 섬부주와 동승신주의 여러 유정의 부류들을 가르쳐서 무상정등보리에 나아가게 하고, 선남자와 선여인 등이 있어서 이 반야바라밀다에서 무량문의 교묘한 글과 뜻으로써 다른 사람을 위하여 널리 설하며, 널리 드러내어 명료하게 해석하여 열어서 보여주고, 의취를 분별하여 그것을 쉽게 해석하여 주며, 선남자와 선여인 등이 있어서 한 유정을 가르쳐서 무상정등보리에서 불퇴전지를 얻게 하며, 다시 반야바라밀다에서 무량문의 교묘한 글과 뜻으로써 다른 사람을 위하여 널리 설하며, 널리 드러내어 명료하게 해석하여 열어서 보여주고, 의취를 분별하여 그것을 쉽게 해석하여 주었다면, 교시가여. 이 선남자와 선여인 등이 얻는 복취는 앞보다 매우 많으니라.

다시 다음으로 교시가여. 섬부주·동승신주의 여러 유정의 부류들을 제쳐두고, 만약 섬부주·동승신주·서우화주의 여러 유정의 부류들을 가르쳐서 무상정등보리에 나아가게 하고, 선남자와 선여인 등이 있어서 이 반야바라밀다에서 무량문의 교묘한 글과 뜻으로써 다른 사람을 위하여 널리 설하며, 널리 드러내어 명료하게 해석하여 열어서 보여주고, 의취를 분별하여 그것을 쉽게 해석하여 주며, 선남자와 선여인 등이 있어서 한 유정을 가르쳐서 무상정등보리에서 불퇴전지를 얻게 하며, 다시 반야바라밀다에서 무량문의 교묘한 글과 뜻으로써 다른 사람을 위하여 널리 설하며, 널리 드러내어 명료하게 해석하여 열어서 보여주고, 의취를 분별하여 그것을 쉽게 해석하여 주었다면, 교시가여. 이 선남자와 선여인 등이 얻는 복취는 앞보다 매우 많으니라.”

마하반야바라밀다경 제168권

30. 교량공덕품(校量功德品)(66)

"다시 다음으로 교시가여. 섬부주·동승신주·서우화주의 여러 유정의 부류들을 제쳐두고, 만약 섬부주·동승신주·서우화주·북구로주의 여러 유정의 부류들을 가르쳐서 무상정등보리에 나아가게 하고, 선남자와 선여인 등이 있어서 이 반야바라밀다에서 무량문의 교묘한 글과 뜻으로써 다른 사람을 위하여 널리 설하며, 널리 드러내어 명료하게 해석하여 열어서 보여주고, 의취를 분별하여 그것을 쉽게 해석하여 주며, 선남자와 선여인 등이 있어서 한 유정을 가르쳐서 무상정등보리에서 불퇴전지를 얻게 하며, 다시 반야바라밀다에서 무량문의 교묘한 글과 뜻으로써 다른 사람을 위하여 널리 설하며, 널리 드러내어 명료하게 해석하여 열어서 보여주고, 의취를 분별하여 그것을 쉽게 해석하여 주었다면, 교시가여. 이 선남자와 선여인 등이 얻는 복취는 앞보다 매우 많으니라.

다시 다음으로 교시가여. 4대주의 여러 유정의 부류들을 제쳐두고, 만약 소천세계의 여러 유정의 부류들을 가르쳐서 무상정등보리에 나아가게 하고, 선남자와 선여인 등이 있어서 이 반야바라밀다에서 무량문의 교묘한 글과 뜻으로써 다른 사람을 위하여 널리 설하며, 널리 드러내어 명료하게 해석하여 열어서 보여주고, 의취를 분별하여 그것을 쉽게 해석하여 주며, 선남자와 선여인 등이 있어서 한 유정을 가르쳐서 무상정등보리에서 불퇴전지를 얻게 하며, 다시 반야바라밀다에서 무량문의 교묘한 글과 뜻으로써 다른 사람을 위하여 널리 설하며, 널리 드러내어 명료하게 해석하여 열어서 보여주고, 의취를 분별하여 그것을 쉽게 해석하여 주었다면, 교시가여. 이 선남자와 선여인 등이 얻는 복취는 앞보다 매우 많으니라.

다시 다음으로 교시가여. 소천세계의 여러 유정의 부류들을 제쳐두고, 만약 중천세계의 여러 유정의 부류들을 가르쳐서 무상정등보리에 나아가게 하고, 선남자와 선여인 등이 있어서 이 반야바라밀다에서 무량문의 교묘한 글과 뜻으로써 다른 사람을 위하여 널리 설하며, 널리 드러내어 명료하게 해석하여 열어서 보여주고, 의취를 분별하여 그것을 쉽게 해석하여 주며, 선남자와 선여인 등이 있어서 한 유정을 가르쳐서 무상정등보리에서 불퇴전지를 얻게 하며, 다시 반야바라밀다에서 무량문의 교묘한 글과 뜻으로써 다른 사람을 위하여 널리 설하며, 널리 드러내어 명료하게 해석하여 열어서 보여주고, 의취를 분별하여 그것을 쉽게 해석하여 주었다면, 교시가여. 이 선남자와 선여인 등이 얻는 복취는 앞보다 매우 많으니라.

다시 다음으로 교시가여. 중천세계의 여러 유정의 부류들을 제쳐두고, 만약 삼천대천세계의 여러 유정의 부류들을 가르쳐서 무상정등보리에 나아가게 하고, 선남자와 선여인 등이 있어서 이 반야바라밀다에서 무량문의 교묘한 글과 뜻으로써 다른 사람을 위하여 널리 설하며, 널리 드러내어 명료하게 해석하여 열어서 보여주고, 의취를 분별하여 그것을 쉽게 해석하여 주며, 선남자와 선여인 등이 있어서 한 유정을 가르쳐서 무상정등보리에서 불퇴전지를 얻게 하며, 다시 반야바라밀다에서 무량문의 교묘한 글과 뜻으로써 다른 사람을 위하여 널리 설하며, 널리 드러내어 명료하게 해석하여 열어서 보여주고, 의취를 분별하여 그것을 쉽게 해석하여 주었다면, 교시가여. 이 선남자와 선여인 등이 얻는 복취는 앞보다 매우 많으니라.

다시 다음으로 교시가여. 대천세계의 여러 유정의 부류들을 제쳐두고, 만약 이 시방의 각각 긍가의 모래와 같은 세계의 여러 유정의 부류들을 가르쳐서 무상정등보리에 나아가게 하고, 선남자와 선여인 등이 있어서 이 반야바라밀다에서 무량문의 교묘한 글과 뜻으로써 다른 사람을 위하여 널리 설하며, 널리 드러내어 명료하게 해석하여 열어서 보여주고, 의취를 분별하여 그것을 쉽게 해석하여 주며, 선남자와 선여인 등이 있어서 한 유정을 가르쳐서 무상정등보리에서 불퇴전지를 얻게 하며, 다시 반야바라밀다에서 무량문의 교묘한 글과 뜻으로써 다른 사람을 위하여 널리 설하며, 널리 드러내어 명료하게 해석하여 열어서 보여주고, 의취를 분별하여 그것을 쉽게 해석하여 주었다면, 교시가여. 이 선남자와 선여인 등이 얻는 복취는 앞보다 매우 많으니라.

다시 다음으로 교시가여. 이 시방의 각각 긍가의 모래와 같은 세계의 여러 유정의 부류들을 제쳐두고, 만약 선남자와 선여인 등이 시방의 일체 세계의 여러 유정의 부류들을 가르쳐서 무상정등보리에 나아가게 하고, 선남자와 선여인 등이 있어서 이 반야바라밀다에서 무량문의 교묘한 글과 뜻으로써 다른 사람을 위하여 널리 설하며, 널리 드러내어 명료하게 해석하여 열어서 보여주고, 의취를 분별하여 그것을 쉽게 해석하여 주며, 선남자와 선여인 등이 있어서 한 유정을 가르쳐서 무상정등보리에서 불퇴전지를 얻게 하며, 다시 반야바라밀다에서 무량문의 교묘한 글과 뜻으로써 다른 사람을 위하여 널리 설하며, 널리 드러내어 명료하게 해석하여 열어서 보여주고, 의취를 분별하여 그것을 쉽게 해석하여 주었다면, 교시가여. 이 선남자와 선여인 등이 얻는 복취는 앞보다 매우 많으니라."

"다시 다음으로 교시가여. 만약 섬부주의 여러 유정의 부류들을 가르쳐서 무상정등보리에서 불퇴전(不退轉)을 얻게 하고, 다시 반야바라밀다에서 무량문의 교묘한 글과 뜻으로써 다른 사람을 위하여 널리 설하며, 널리 드러내어 명료하게 해석하여 열어서 보여주고, 의취를 분별하여 그것을 쉽게 해석하여 주며, 선남자와 선여인 등이 있어서 한 사람에게 빠르게 무상정등보리에 나아가서 3승(三乘)을 설하게 시켜서 일체의 중생들을 구제하여 제도하게 권유하고, 다시 반야바라밀다에서 무량문의 교묘한 글과 뜻으로써 다른 사람을 위하여 널리 설하며, 널리 드러내어 명료하게 해석하여 열어서 보여주고, 의취를 분별하여 그것을 쉽게 해석하여 주었다면, 교시가여. 이 선남자와 선여인 등이 얻는 복취는 앞보다 매우 많으니라.

왜 그러한가? 교시가여. 불퇴전지(不退轉地)에 안주하는 보살마하살은 설하는 법에 크게 가립(假立)으로 의지하지[1] 않는 까닭이고, 위없는 무상각(無上覺)을 목적으로 향하여 나아가는 까닭이며, 대보리(大菩提)에서 퇴전(退轉)하지 않는 까닭이고, 또 대보리에 빠르게 나아가는 보살마하살은 반드시 설하는 법에 크게 가립으로 의지해야 하는 까닭이며, 무상각에 빠르게 나아가서 구하려는 까닭이고, 일체 유정들의 생사(生死)의 고통을 관찰하면서 대비심(大悲心)을 매우 통절(痛切)[2]하게 일으키는 까닭이니라.

다시 다음으로 교시가여. 섬부주의 여러 유정의 부류들을 제쳐두고, 만약 섬부주와 동승신주의 여러 유정의 부류들을 가르쳐서 무상정등보리에서 불퇴전(不退轉)을 얻게 하고, 다시 반야바라밀다에서 무량문의 교묘한 글과 뜻으로써 다른 사람을 위하여 널리 설하며, 널리 드러내어 명료하게 해석하여 열어서 보여주고, 의취를 분별하여 그것을 쉽게 해석하여 주며, 선남자와 선여인 등이 있어서 한 사람에게 빠르게 무상정등보리에 나아가서 3승을 설하게 시켜서 일체의 중생들을 구제하여 제도하게 권유하고, 다시 반야바라밀다에서 무량문의 교묘한 글과 뜻으로써 다른 사람을 위하여 널리 설하며, 널리 드러내어 명료하게 해석하여 열어서 보여주고, 의취를 분별하여 그것을 쉽게 해석하여 주었다면, 교시가여. 이 선남자와 선여인 등이 얻는 복취는 앞보다 매우 많으니라.

왜 그러한가? 교시가여. 불퇴전지에 안주하는 보살마하살은 설하는 법에 크게 가립으로 의지하지 않는 까닭이고, 위없는 무상각을 목적으로

---

1) 원문은 '가적(假藉)'으로 번역되었는데, 본래의 의미는 '거짓으로 차용하다.', 또는 '거짓으로 의지하다.'는 뜻이다.

2) '뼈에 사무치게 절실(切實)하다.', 또는 '매우 적절(適切)하다.'는 뜻이다.

향하여 나아가는 까닭이며, 대보리에서 퇴전하지 않는 까닭이고, 또 대보리에 빠르게 나아가는 보살마하살은 반드시 설하는 법에 크게 가립으로 의지해야 하는 까닭이며, 무상각에 빠르게 나아가서 구하려는 까닭이고, 일체 유정들의 생사의 고통을 관찰하면서 대비심을 매우 통절하게 일으키는 까닭이니라.

다시 다음으로 교시가여. 섬부주·동승신주의 여러 유정의 부류들을 제쳐두고, 만약 섬부주·동승신주·서우화주의 여러 유정의 부류들을 가르쳐서 무상정등보리에서 불퇴전(不退轉)을 얻게 하고, 다시 반야바라밀다에서 무량문의 교묘한 글과 뜻으로써 다른 사람을 위하여 널리 설하며, 널리 드러내어 명료하게 해석하여 열어서 보여주고, 의취를 분별하여 그것을 쉽게 해석하여 주며, 선남자와 선여인 등이 있어서 한 사람에게 빠르게 무상정등보리에 나아가서 3승을 설하게 시켜서 일체의 중생들을 구제하여 제도하게 권유하고, 다시 반야바라밀다에서 무량문의 교묘한 글과 뜻으로써 다른 사람을 위하여 널리 설하며, 널리 드러내어 명료하게 해석하여 열어서 보여주고, 의취를 분별하여 그것을 쉽게 해석하여 주었다면, 교시가여. 이 선남자와 선여인 등이 얻는 복취는 앞보다 매우 많으니라.

왜 그러한가? 교시가여. 불퇴전지에 안주하는 보살마하살은 설하는 법에 크게 가립으로 의지하지 않는 까닭이고, 위없는 무상각을 목적으로 향하여 나아가는 까닭이며, 대보리에서 퇴전하지 않는 까닭이고, 또 대보리에 빠르게 나아가는 보살마하살은 반드시 설하는 법에 크게 가립으로 의지해야 하는 까닭이며, 무상각에 빠르게 나아가서 구하려는 까닭이고, 일체 유정들의 생사의 고통을 관찰하면서 대비심을 매우 통절하게 일으키는 까닭이니라.

다시 다음으로 교시가여. 섬부주·동승신주·서우화주의 여러 유정의 부류들을 제쳐두고, 만약 섬부주·동승신주·서우화주·북구로주의 여러 유정의 부류들을 가르쳐서 무상정등보리에서 불퇴전(不退轉)을 얻게 하고, 다시 반야바라밀다에서 무량문의 교묘한 글과 뜻으로써 다른 사람을 위하여 널리 설하며, 널리 드러내어 명료하게 해석하여 열어서 보여주고, 의취를 분별하여 그것을 쉽게 해석하여 주며, 선남자와 선여인 등이 있어서 한 사람에게 빠르게 무상정등보리에 나아가서 3승을 설하게 시켜서 일체의 중생들을 구제하여 제도하게 권유하고, 다시 반야바라밀다에서 무량문의 교묘한 글과 뜻으로써 다른 사람을 위하여 널리 설하며, 널리 드러내어 명료하게 해석하여 열어서 보여주고, 의취를 분별하여 그것을 쉽게 해석하여 주었다면, 교시가여. 이 선남자와 선여인 등이 얻는 복취는 앞보다 매우 많으니라.

왜 그러한가? 교시가여. 불퇴전지에 안주하는 보살마하살은 설하는 법에 크게 가립으로 의지하지 않는 까닭이고, 위없는 무상각을 목적으로 향하여 나아가는 까닭이며, 대보리에서 퇴전하지 않는 까닭이고, 또 대보리에 빠르게 나아가는 보살마하살은 반드시 설하는 법에 크게 가립으로 의지해야 하는 까닭이며, 무상각에 빠르게 나아가서 구하려는 까닭이고, 일체 유정들의 생사의 고통을 관찰하면서 대비심을 매우 통절하게 일으키는 까닭이니라.

다시 다음으로 교시가여. 4대주의 여러 유정의 부류들을 제쳐두고, 만약 소천세계의 여러 유정의 부류들을 가르쳐서 무상정등보리에서 불퇴전(不退轉)을 얻게 하고, 다시 반야바라밀다에서 무량문의 교묘한 글과 뜻으로써 다른 사람을 위하여 널리 설하며, 널리 드러내어 명료하게 해석하여 열어서 보여주고, 의취를 분별하여 그것을 쉽게 해석하여 주며, 선남자와 선여인 등이 있어서 한 사람에게 빠르게 무상정등보리에 나아가서 3승을 설하게 시켜서 일체의 중생들을 구제하여 제도하게 권유하고, 다시 반야바라밀다에서 무량문의 교묘한 글과 뜻으로써 다른 사람을 위하여 널리 설하며, 널리 드러내어 명료하게 해석하여 열어서 보여주고, 의취를 분별하여 그것을 쉽게 해석하여 주었다면, 교시가여. 이 선남자와 선여인 등이 얻는 복취는 앞보다 매우 많으니라.

왜 그러한가? 교시가여. 불퇴전지에 안주하는 보살마하살은 설하는 법에 크게 가립으로 의지하지 않는 까닭이고, 위없는 무상각을 목적으로

향하여 나아가는 까닭이며, 대보리에서 퇴전하지 않는 까닭이고, 또 대보리에 빠르게 나아가는 보살마하살은 반드시 설하는 법에 크게 가립으로 의지해야 하는 까닭이며, 무상각에 빠르게 나아가서 구하려는 까닭이고, 일체 유정들의 생사의 고통을 관찰하면서 대비심을 매우 통절하게 일으키는 까닭이니라.

다시 다음으로 교시가여. 소천세계의 여러 유정의 부류들을 제쳐두고, 만약 중천세계의 여러 유정의 부류들을 가르쳐서 무상정등보리에서 불퇴전(不退轉)을 얻게 하고, 다시 반야바라밀다에서 무량문의 교묘한 글과 뜻으로써 다른 사람을 위하여 널리 설하며, 널리 드러내어 명료하게 해석하여 열어서 보여주고, 의취를 분별하여 그것을 쉽게 해석하여 주며, 선남자와 선여인 등이 있어서 한 사람에게 빠르게 무상정등보리에 나아가서 3승을 설하게 시켜서 일체의 중생들을 구제하여 제도하게 권유하고, 다시 반야바라밀다에서 무량문의 교묘한 글과 뜻으로써 다른 사람을 위하여 널리 설하며, 널리 드러내어 명료하게 해석하여 열어서 보여주고, 의취를 분별하여 그것을 쉽게 해석하여 주었다면, 교시가여. 이 선남자와 선여인 등이 얻는 복취는 앞보다 매우 많으니라.

왜 그러한가? 교시가여. 불퇴전지에 안주하는 보살마하살은 설하는 법에 크게 가립으로 의지하지 않는 까닭이고, 위없는 무상각을 목적으로 향하여 나아가는 까닭이며, 대보리에서 퇴전하지 않는 까닭이고, 또 대보리에 빠르게 나아가는 보살마하살은 반드시 설하는 법에 크게 가립으로 의지해야 하는 까닭이며, 무상각에 빠르게 나아가서 구하려는 까닭이고, 일체 유정들의 생사의 고통을 관찰하면서 대비심을 매우 통절하게 일으키는 까닭이니라.

다시 다음으로 교시가여. 중천세계의 여러 유정의 부류들을 제쳐두고, 만약 삼천대천세계의 여러 유정의 부류들을 가르쳐서 무상정등보리에서 불퇴전(不退轉)을 얻게 하고, 다시 반야바라밀다에서 무량문의 교묘한 글과 뜻으로써 다른 사람을 위하여 널리 설하며, 널리 드러내어 명료하게 해석하여 열어서 보여주고, 의취를 분별하여 그것을 쉽게 해석하여 주며,

선남자와 선여인 등이 있어서 한 사람에게 빠르게 무상정등보리에 나아가서 3승을 설하게 시켜서 일체의 중생들을 구제하여 제도하게 권유하고, 다시 반야바라밀다에서 무량문의 교묘한 글과 뜻으로써 다른 사람을 위하여 널리 설하며, 널리 드러내어 명료하게 해석하여 열어서 보여주고, 의취를 분별하여 그것을 쉽게 해석하여 주었다면, 교시가여. 이 선남자와 선여인 등이 얻는 복취는 앞보다 매우 많으니라.

왜 그러한가? 교시가여. 불퇴전지에 안주하는 보살마하살은 설하는 법에 크게 가립으로 의지하지 않는 까닭이고, 위없는 무상각을 목적으로 향하여 나아가는 까닭이며, 대보리에서 퇴전하지 않는 까닭이고, 또 대보리에 빠르게 나아가는 보살마하살은 반드시 설하는 법에 크게 가립으로 의지해야 하는 까닭이며, 무상각에 빠르게 나아가서 구하려는 까닭이고, 일체 유정들의 생사의 고통을 관찰하면서 대비심을 매우 통절하게 일으키는 까닭이니라.

다시 다음으로 교시가여. 대천세계의 여러 유정의 부류들을 제쳐두고, 만약 이 시방의 각각 긍가의 모래와 같은 세계의 여러 유정의 부류들을 가르쳐서 무상정등보리에서 불퇴전(不退轉)을 얻게 하고, 다시 반야바라밀다에서 무량문의 교묘한 글과 뜻으로써 다른 사람을 위하여 널리 설하며, 널리 드러내어 명료하게 해석하여 열어서 보여주고, 의취를 분별하여 그것을 쉽게 해석하여 주며, 선남자와 선여인 등이 있어서 한 사람에게 빠르게 무상정등보리에 나아가서 3승을 설하게 시켜서 일체의 중생들을 구제하여 제도하게 권유하고, 다시 반야바라밀다에서 무량문의 교묘한 글과 뜻으로써 다른 사람을 위하여 널리 설하며, 널리 드러내어 명료하게 해석하여 열어서 보여주고, 의취를 분별하여 그것을 쉽게 해석하여 주었다면, 교시가여. 이 선남자와 선여인 등이 얻는 복취는 앞보다 매우 많으니라.

왜 그러한가? 교시가여. 불퇴전지에 안주하는 보살마하살은 설하는 법에 크게 가립으로 의지하지 않는 까닭이고, 위없는 무상각을 목적으로 향하여 나아가는 까닭이며, 대보리에서 퇴전하지 않는 까닭이고, 또 대보리에 빠르게 나아가는 보살마하살은 반드시 설하는 법에 크게 가립으로 의지해야 하는 까닭이며, 무상각에 빠르게 나아가서 구하려는 까닭이고, 일체 유정들의 생사의 고통을 관찰하면서 대비심을 매우 통절하게 일으키는 까닭이니라.

다시 다음으로 교시가여. 이 시방의 각각 긍가의 모래와 같은 세계의 여러 유정의 부류들을 제쳐두고, 만약 선남자와 선여인 등이 시방의 일체 세계의 여러 유정의 부류들을 가르쳐서 무상정등보리에서 불퇴전(不退轉)을 얻게 하고, 다시 반야바라밀다에서 무량문의 교묘한 글과 뜻으로써 다른 사람을 위하여 널리 설하며, 널리 드러내어 명료하게 해석하여 열어서 보여주고, 의취를 분별하여 그것을 쉽게 해석하여 주며, 선남자와 선여인 등이 있어서 한 사람에게 빠르게 무상정등보리에 나아가서 3승을 설하게 시켜서 일체의 중생들을 구제하여 제도하게 권유하고, 다시 반야바라밀다에서 무량문의 교묘한 글과 뜻으로써 다른 사람을 위하여 널리 설하며, 널리 드러내어 명료하게 해석하여 열어서 보여주고, 의취를 분별하여 그것을 쉽게 해석하여 주었다면, 교시가여. 이 선남자와 선여인 등이 얻는 복취는 앞보다 매우 많으니라.

왜 그러한가? 교시가여. 불퇴전지에 안주하는 보살마하살은 설하는 법에 크게 가립으로 의지하지 않는 까닭이고, 위없는 무상각을 목적으로 향하여 나아가는 까닭이며, 대보리에서 퇴전하지 않는 까닭이고, 또 대보리에 빠르게 나아가는 보살마하살은 반드시 설하는 법에 크게 가립으로 의지해야 하는 까닭이며, 무상각에 빠르게 나아가서 구하려는 까닭이고, 일체 유정들의 생사의 고통을 관찰하면서 대비심을 매우 통절하게 일으키는 까닭이니라."

그때 제석천왕이 세존께 아뢰어 말하였다.

"세존이시여. 여여(如如)[3]한 보살마하살은 전전하여 무상정등보리에

3) 산스크리트어 tathatā의 번역이고, 분별이 끊어져 마음 작용이 일어나지 않는 상태이거나, 분별이 끊어져서 존재하는 실체의 대상을 파악하는 마음 상태를

가까워질 것이니, 이와 같고 이와 같은 보시바라밀다로써 빠르게 그 보살마하살을 교계(敎誡)하고 교수(敎授)해야 하고, 여여한 보살마하살은 전전하여 무상정등보리에 가까워질 것이니, 이와 같고 이와 같은 정계·안인·정진·정려·반야바라밀다로써 빠르게 그 보살마하살을 교계하고 교수해야 합니다.

세존이시여. 여여한 보살마하살은 전전하여 무상정등보리에 가까워질 것이니, 이와 같고 이와 같은 내공(內空)으로써 빠르게 그 보살마하살을 교계하고 교수해야 하고, 여여한 보살마하살은 전전하여 무상정등보리에 가까워질 것이니, 이와 같고 이와 같은 외공(外空)·내외공(內外空)·공공(空空)·대공(大空)·승의공(勝義空)·유위공(有爲空)·무위공(無爲空)·필경공(畢竟空)·무제공(無際空)·산공(散空)·무변이공(無變異空)·본성공(本性空)·자상공(自相空)·공상공(共相空)·일체법공(一切法空)·불가득공(不可得空)·무성공(無性空)·자성공(自性空)·무성자성공(無性自性空)으로써 빠르게 그 보살마하살을 교계하고 교수해야 합니다.

세존이시여. 여여한 보살마하살은 전전하여 무상정등보리에 가까워질 것이니, 이와 같고 이와 같은 진여(眞如)로써 빠르게 그 보살마하살을 교계하고 교수해야 하고, 여여한 보살마하살은 전전하여 무상정등보리에 가까워질 것이니, 이와 같고 이와 같은 법계(法界)·법성(法性)·불허망성(不虛妄性)·불변이성(不變異性)·평등성(平等性)·이생성(離生性)·법정(法定)·법주(法住)·실제(實際)·허공계(虛空界)·부사의계(不思議界)로써 빠르게 그 보살마하살을 교계하고 교수해야 합니다.

세존이시여. 여여한 보살마하살은 전전하여 무상정등보리에 가까워질 것이니, 이와 같고 이와 같은 고성제(苦聖諦)로써 빠르게 그 보살마하살을 교계하고 교수해야 하고, 여여한 보살마하살은 전전하여 무상정등보리에 가까워질 것이니, 이와 같고 이와 같은 집성제(集聖諦)·멸성제(滅聖諦)·도성제(道聖諦)로써 빠르게 그 보살마하살을 교계하고 교수해야 합니다.

가리킨다.

세존이시여. 여여한 보살마하살은 전전하여 무상정등보리에 가까워질 것이니, 이와 같고 이와 같은 4정려(四靜慮)로써 빠르게 그 보살마하살을 교계하고 교수해야 하고, 여여한 보살마하살은 전전하여 무상정등보리에 가까워질 것이니, 이와 같고 이와 같은 4무량(四無量)·4무색정(四無色定)으로써 빠르게 그 보살마하살을 교계하고 교수해야 합니다.

세존이시여. 여여한 보살마하살은 전전하여 무상정등보리에 가까워질 것이니, 이와 같고 이와 같은 8해탈(八解脫)로써 빠르게 그 보살마하살을 교계하고 교수해야 하고, 여여한 보살마하살은 전전하여 무상정등보리에 가까워질 것이니, 이와 같고 이와 같은 8승처(八勝處)·9차제정(九次第定)·10변처(十遍處)로써 빠르게 그 보살마하살을 교계하고 교수해야 합니다. 세존이시여. 여여한 보살마하살은 전전하여 무상정등보리에 가까워질 것이니, 이와 같고 이와 같은 4념주(四念住)로써 빠르게 그 보살마하살을 교계하고 교수해야 하고, 여여한 보살마하살은 전전하여 무상정등보리에 가까워질 것이니, 이와 같고 이와 같은 4정단(四正斷)·4신족(四神足)·5근(五根)·5력(五力)·7등각지(七等覺支)·8성도지(八聖道支)로써 빠르게 그 보살마하살을 교계하고 교수해야 합니다.

세존이시여. 여여한 보살마하살은 전전하여 무상정등보리에 가까워질 것이니, 이와 같고 이와 같은 공해탈문(空解脫門)으로써 빠르게 그 보살마하살을 교계하고 교수해야 하고, 여여한 보살마하살은 전전하여 무상정등보리에 가까워질 것이니, 이와 같고 이와 같은 무상(無相)·무원(無願)해탈문으로써 빠르게 그 보살마하살을 교계하고 교수해야 합니다. 세존이시여. 여여한 보살마하살은 전전하여 무상정등보리에 가까워질 것이니, 이와 같고 이와 같은 5안(眼)으로써 빠르게 그 보살마하살을 교계하고 교수해야 하고, 여여한 보살마하살은 전전하여 무상정등보리에 가까워질 것이니, 이와 같고 이와 같은 6신통(神通)으로써 빠르게 그 보살마하살을 교계하고 교수해야 합니다.

세존이시여. 여여한 보살마하살은 전전하여 무상정등보리에 가까워질 것이니, 이와 같고 이와 같은 여래의 10력(力)으로써 빠르게 그 보살마하살을 교계하고 교수해야 하고, 여여한 보살마하살은 전전하여 무상정등보리에 가까워질 것이니, 이와 같고 이와 같은 4무소외(四無所畏)와 4무애해(四無礙解)와 대자(大慈)·대비(大悲)·대희(大喜)·대사(大捨)와 18불불공법(佛不共法)으로써 빠르게 그 보살마하살을 교계하고 교수해야 합니다.

세존이시여. 여여한 보살마하살은 전전하여 무상정등보리에 가까워질 것이니, 이와 같고 이와 같은 무망실법(無忘失法)으로써 빠르게 그 보살마하살을 교계하고 교수해야 하고, 여여한 보살마하살은 전전하여 무상정등보리에 가까워질 것이니, 이와 같고 이와 같은 항주사성(恒住捨性)으로써 빠르게 그 보살마하살을 교계하고 교수해야 합니다. 세존이시여. 여여한 보살마하살은 전전하여 무상정등보리에 가까워질 것이니, 이와 같고 이와 같은 일체지(一切智)로써 빠르게 그 보살마하살을 교계하고 교수해야 하고, 여여한 보살마하살은 전전하여 무상정등보리에 가까워질 것이니, 이와 같고 이와 같은 도상지(道相智)·일체상지(一切相智)로써 빠르게 그 보살마하살을 교계하고 교수해야 합니다.

세존이시여. 여여한 보살마하살은 전전하여 무상정등보리에 가까워질 것이니, 이와 같고 이와 같은 일체의 다라니문(陀羅尼門)으로써 빠르게 그 보살마하살을 교계하고 교수해야 하고, 여여한 보살마하살은 전전하여 무상정등보리에 가까워질 것이니, 이와 같고 이와 같은 일체의 삼마지문(三摩地門)으로써 빠르게 그 보살마하살을 교계하고 교수해야 합니다.

세존이시여. 여여한 보살마하살은 전전하여 무상정등보리에 가까워질 것이니, 이와 같고 이와 같이 상응하는 상묘(上妙)한 의복·음식·와구(臥具)[4]·의약품 등과 그 필요한 여러 종류의 자구(資具)[5]로써 그 보살마하살을 공양하고 섭수(攝受)해야 합니다. 세존이시여. 만약 선남자와 선여인 등이 능히 이와 같은 법시(法施)[6]와 재시(財施)[7]로써 그 보살마하살을

---

4) 잠자리에 필요한 이불과 요를 가리킨다.

5) 살아가면서 필요한 생활용품을 가리킨다.

6) 삼시(三施)의 하나이고, 세존의 가르침을 설하여 주는 것이다.

7) 삼시(三施)의 하나이고, 재물과 의복, 음식 등을 보시하는 것이다.

공양하고 섭수한다면, 이 선남자와 선여인 등이 얻는 공덕은 앞보다 매우 많습니다. 왜 그러한가? 세존이시여. 그 보살마하살은 요컨대 오히려 이 보시·정계·안인·정진·정려·반야바라밀다로써 교계하고 교수하며 섭수하였던 것을 까닭으로 빠르게 무상정등보리를 증득합니다.

세존이시여. 그 보살마하살은 요컨대 오히려 이 내공·외공·내외공·공공·대공·승의공·유위공·무위공·필경공·무제공·산공·무변이공·본성공·자상공·공상공·일체법공·불가득공·무성공·자성공·무성자성공으로써 교계하고 교수하며 섭수하였던 것의 까닭으로 빠르게 무상정등보리를 증득합니다. 세존이시여. 그 보살마하살은 요컨대 오히려 이 진여·법계·법성·불허망성·불변이성·평등성·이생성·법정·법주·실제·허공계·부사의계로써 교계하고 교수하며 섭수하였던 것을 까닭으로 빠르게 무상정등보리를 증득합니다.

세존이시여. 그 보살마하살은 요컨대 오히려 이 고성제·집성제·멸성제·도성제로써 교계하고 교수하며 섭수하였던 것의 까닭으로 빠르게 무상정등보리를 증득합니다. 세존이시여. 그 보살마하살은 요컨대 오히려 이 4정려·4무량·4무색정으로써 교계하고 교수하며 섭수하였던 것의 까닭으로 빠르게 무상정등보리를 증득합니다. 세존이시여. 그 보살마하살은 요컨대 오히려 이 8해탈·8승처·9차제정·10변처로써 교계하고 교수하며 섭수하였던 것을 까닭으로 빠르게 무상정등보리를 증득합니다.

세존이시여. 그 보살마하살은 요컨대 오히려 반드시 이 4념주·4정단·4신족·5근·5력·7등각지·8성도지로써 교계하고 교수하며 섭수하였던 것의 까닭으로 빠르게 무상정등보리를 증득합니다. 세존이시여. 그 보살마하살은 요컨대 오히려 이 공·무상·무원해탈문으로써 경계하고 가르치고 거두어 주어야 속히 위없는 바르고 평등한 깨달음을 증득하기 때문입니다. 세존이시여. 그 보살마하살은 요컨대 오히려 이 5안과 6신통으로써 교계하고 교수하며 섭수하였던 것을 까닭으로 빠르게 무상정등보리를 증득합니다.

세존이시여. 그 보살마하살은 요컨대 오히려 이 여래의 10력과 4무소외와 4무애해와 대자·대비·대희·대사와 18불불공법으로써 교계하고 교수하며 섭수하였던 것의 까닭으로 빠르게 무상정등보리를 증득합니다. 세존이시여. 그 보살마하살은 요컨대 오히려 이 무망실법과 항주사성으로써 교계하고 교수하며 섭수하였던 것의 까닭으로 빠르게 무상정등보리를 증득합니다. 세존이시여. 그 보살마하살은 요컨대 오히려 이 일체지·도상지·일체상지로써 교계하고 교수하며 섭수하였던 것을 까닭으로 빠르게 무상정등보리를 증득합니다.

세존이시여. 그 보살마하살은 요컨대 오히려 이 일체의 다라니문과 일체의 삼마지문으로써 교계하고 교수하며 섭수하였던 것의 까닭으로 빠르게 무상정등보리를 증득합니다. 세존이시여. 그 보살마하살은 다시 오히려 의복·음식·와구·의약품 등과 그 필요한 여러 종류의 자구로써 그 보살마하살을 공양하고 섭수하였던 것을 까닭으로 빠르게 무상정등보리를 증득합니다."

그때 구수(具壽) 선현(善現)이 제석천왕에게 알려 말하였다.

"옳습니다. 옳습니다. 교시가여. 그대는 곧 능히 그 보살마하살을 권유하고 격려(勸勵)하였으며, 다시 능히 그 보살마하살을 섭수하였으며, 역시 능히 그 보살마하살을 옹호하고 도왔나니, 그대는 지금 세존의 성스러운 제자로서 상응하여 지을 일을 지었습니다. 일체 여래의 여러 성스러운 제자들은 여러 유정들이 이익되고 즐겁게 시키기 위하여 방편으로 그 보살마하살을 권유하고 격려하면서 빠르게 무상정등보리에 나아가게 하고, 법시와 재시로써 그 보살마하살을 섭수하고 옹호하며 도와서 빠르게 무상정등보리를 증득하게 합니다. 왜 그러한가? 교시가여. 일체의 여래·성문(聲聞)·독각(獨覺)·세간의 수승한 일 등은 오히려 그 보살마하살을 까닭으로 출생합니다.

그 까닭은 무엇인가? 만약 보살마하살이 아뇩다라삼먁삼보리심(阿耨多羅三藐三菩提心)을 일으킨 자가 없다면, 곧 능히 보시·정계·안인·정진·정려·반야바라밀다를 수학(修學)할 수 없고, 역시 능히 내공·외공·내외공

·공공·대공·승의공·유위공·무위공·필경공·무제공·산공·무변이공·본성공·자상공·공상공·일체법공·불가득공·무성공·자성공·무성자성공에도 안주(安住)할 수 없으며, 역시 능히 진여·법계·법성·불허망성·불변이성·평등성·이생성·법정·법주·실제·허공계·부사의계에 안주할 수 없고, 역시 능히 고성제·집성제·멸성제·도성제에 안주할 수 없고, 역시 능히 4정려·4무량·4무색정을 수학할 수 없으며, 역시 능히 8해탈·8승처·9차제정·10변처를 수학할 수 없고, 역시 능히 4념주·4정단·4신족·5근·5력·7등각지·8성도지를 수학할 수 없으며, 역시 능히 공·무상·무원해탈문을 수학할 수 없고, 역시 능히 5안·6신통을 수학할 수 없으며, 역시 능히 여래의 10력·4무소외·4무애해·대자·대비·대희·대사·18불불공법을 수학할 수 없으며, 역시 능히 무망실법과 항주사성을 수학할 수 없고, 역시 능히 일체지·도상지·일체상지를 수학할 수 없으며, 역시 능히 일체의 다라니문·일체의 삼마지문을 수학할 수 없습니다.

만약 보살마하살이 이와 같은 여러 일을 수학하거나, 안주할 수 없다면, 곧 무상정등보리를 증득할 수 없고, 만약 보살마하살이 무상정등보리를 증득할 수 없다면, 곧 보살·성문·독각·세간의 수승한 일을 능히 안립(安立)시킬 수 없습니다.

교시가여. 오히려 보살마하살이 아뇩다라삼먁삼보리심이 있는 까닭으로, 곧바로 능히 보시·정계·안인·정진·정려·반야바라밀다를 수학할 수 있고, 역시 능히 내공·외공·내외공·공공·대공·승의공·유위공·무위공·필경공·무제공·산공·무변이공·본성공·자상공·공상공·일체법공·불가득공·무성공·자성공·무성자성공에 안주할 수 있으며, 역시 능히 진여·법계·법성·불허망성·불변이성·평등성·이생성·법정·법주·실제·허공계·부사의계에 안주할 수 있고, 역시 능히 고성제·집성제·멸성제·도성제에 안주할 수 있으며, 역시 능히 4정려·4무량·4무색정을 수행할 수 있고, 8해탈·8승처·9차제정·10변처를 수행할 수 있으며, 역시 능히 4념주·4정단·4신족·5근·5력·7등각지·8성도지를 수행할 수 있고, 역시 능히 공·무상·무원해탈문을 수행할 수 있으며, 역시 능히 5안·6신통을 수행할 수 있고, 역시 능히 여래의 10력·4무소외·4무애해·대자·대비·대희·대사·18불불공법을 수행할 수 있으며, 역시 능히 무망실법과 항주사성을 수행할 수 있고, 역시 능히 일체지·도상지·일체상지를 수행할 수 있으며, 역시 능히 일체의 다라니문과 일체의 삼마지문을 수행할 수 있습니다.

오히려 보살마하살이 이와 같은 여러 일을 수학하거나 안주하는 까닭으로 곧바로 능히 무상정등보리를 증득할 수 있고, 오히려 보살마하살이 무상정등보리를 증득한다면, 곧 세간에는 일체의 지옥(地獄)·방생(傍生)·귀계(鬼界) 등이 단멸되며, 아소락(阿素洛)의 붕당(朋黨)[8]들이 줄어들고, 천상의 대중(天衆)들이 늘어나게 됩니다. 교시가여. 보살마하살이 아뇩다라삼먁삼보리를 증득하는 까닭으로, 곧 찰제리(刹帝利)의 대종족(大族)·바라문(婆羅門)의 대종족·장자(長者)의 대종족·거사(居士)의 대종족이 세간에 출현하게 되고, 이것을 이유로 다시 사대왕중천(四大王衆天)·삼십삼천(三十三天)·야마천(夜摩天)·도사다천(覩史多天)·낙변화천(樂變化天)·타화자재천(他化自在天)이 세간에 출현합니다.

이것을 이유로 다시 범중천(梵衆天)·범보천(梵輔天)·범회천(梵會天)·대범천(大梵天)·광천(光天)·소광천(少光天)·무량광천(無量光天)·극광정천(極光淨天)·정천(淨天)·소정천(少淨天)·무량정천(無量淨天)·변정천(遍淨天)·광천(廣天)·소광천(少廣天)·무량광천(無量廣天)·광과천(廣果天)이 세간에 출현합니다. 이것을 이유로 다시 무번천(無繁天 : 無煩天)·무열천(無熱天)·선현천(善現天)·선견천(善見天)·색구경천(色究竟天)이 세간에 출현하게 되며, 이것을 이유로 다시 공무변처천(空無邊處天)·식무변처천(識無邊處天)·무소유처천(無所有處天)·비상비비상처천(非想非非想處天)이 세간에 출현합니다.

이것을 이유로 다시 보시·정계·안인·정진·정려·반야바라밀다가 세간에 출현하고, 이것을 이유로 다시 내공·외공·내외공·공공·대공·승의공·유위공·무위공·필경공·무제공·산공·무변이공·본성공·자상공·공상공·

---

8) 이익(利益)을 함께 사유(思惟)하는 무리가 모여있는 것이다.

일체법공·불가득공·무성공·자성공·무성자성공이 세간에 출현하며, 이것을 이유로 다시 진여·법계·법성·불허망성·불변이성·평등성·이생성·법정·법주·실제·허공계·부사의계가 세간에 출현하고, 이것을 이유로 다시 고성제·집성제·멸성제·도성제가 세간에 출현합니다.

이것을 이유로 다시 4정려·4무량·4무색정이 세간에 출현하고, 이것을 이유로 다시 8해탈·8승처·9차제정·10변처가 세간에 출현하며, 이것을 이유로 다시 4념주·4정단·4신족·5근·5력·7등각지·8성도지가 세간에 출현하고, 이것을 이유로 다시 공·무상·무원해탈문이 세간에 출현하며, 이것을 이유로 다시 5안과 6신통이 세간에 출현하고, 이것을 이유로 다시 여래의 10력·4무소외·4무애해·대자·대비·대희·대사·18불불공법이 세간에 출현합니다.

이것을 이유로 다시 무망실법·항주사성이 세간에 출현하고, 이것을 이유로 다시 일체지·도상지·일체상지가 세간에 출현하며, 이것을 이유로 다시 일체의 다라니문·일체의 삼마지문이 세간에 출현하고, 이것을 이유로 다시 일체의 성문승(聲聞乘)·일체의 독각승(獨覺乘)·일체의 대승(大乘)이 세간에 출현합니다."

31. 수희회향품(隨喜廻向品)(1)

그때 미륵보살마하살(彌勒菩薩摩訶薩)[9]이 상좌(上座)인 선현(善現)에게 알려 말하였다.

"대덕(大德)이여. 만약 보살마하살이 일체의 유정들이 소유한 공덕에서 따라서 기뻐하고(隨喜), 여러 복업의 일(福業事)을 함께 행하며, 만약 보살마하살이 이 복업의 일로써 일체의 유정과 함께 공동(共同)으로 아뇩다라

9) 산스크리트어 Maitreya Bodhisattva의 음사이고, '자씨(慈氏)', '자존(慈尊)', '무승(無勝)', '막승(莫勝)' 등으로 한역하며 '아일다(阿逸多)'라는 명호로 불린다.

삼먁삼보리에 회향(廻向)하나니, 얻을 수 없는 것으로써 방편으로 삼는 까닭입니다. 만약 나머지의 유정들이 따라서 기뻐하면서 회향하는 여러 복업의 일이거나, 만약 여러 이생(異生)·성문·독각의 복업의 일인 이를테면, 보시의 성품(施性)·계율의 성품(戒性)·수행의 성품(修性) 등은 세 가지의 복업의 일입니다.

만약 4념주·4정단·4신족·5근·5력·7등각지·8성도지, 4정려·4무량·4무색정, 4성제, 8해탈·8승처·8승처·9차제정·10변처, 공·무상·무원해탈문, 4무애해, 6신통 등이라면, 여러 복업의 일은 이것이 보살마하살이 소유하고 따라서 기뻐하면서 회향하는 공덕이며, 그 이생·성문·독각의 복업의 일보다 최고(最)이고 수승(勝)하며 존귀(尊)하고 고고(高)하며 묘(妙)하고 미묘(微妙)하며 위(上)이고 무상(無上)이며 무등(無等)이고 무등등(無等等)입니다.

왜 그러한가? 대덕이여. 여러 이생의 복업의 일은 다만 몸의 자재(自在)와 안락을 위(爲)하는 것이고, 성문과 독각의 복업의 일은 스스로의 조복(調伏)을 위하거나, 스스로의 적정(寂靜)을 위하거나, 스스로의 열반(涅槃)을 위할지라도, 보살마하살이 소유하였던 따라서 기뻐하고 회향하는 공덕은 널리 일체 유정들의 조복(調伏)·적정·열반을 위하는 까닭입니다."

그때 구수 선현이 미륵보살마하살에게 아뢰어 말하였다.

"대사(大師)시여. 이 보살마하살의 따라서 기뻐하고 회향하는 마음은 시방의 무수(無數)이고 무량(無量)하며 무변(無邊)한 세계의 하나·하나의 세계에서 무수이고 무량하며 무변한 제불께서 이미 열반하신 분들을 널리 인연합니다. 초발심(初發心)부터 무상정등보리의 증득에 이르셨고, 이와 같이 전전(展轉)하여 무여의반열반(無餘依般涅槃)에 들어가셨으며, 뒤에 법이 소멸에 이르기까지 그 중간에 소유하셨던 6바라밀다에 상응하는 선근(善根)과 더불어 나머지의 무수이고 무량하며 무변한 불법(佛法)에 상응하는 선근을 널리 인연합니다.

만약 그 이생과 제자들이 소유하였던 보시의 성품·계율의 성품·수행의 성품 등의 세 가지의 복업의 일이거나, 만약 그 성문과 제자들이 소유하였던 유학(有學)·무학(無學)·무루(無漏)의 선근(善根)이거나, 만약 제여래·응공·정등각께서 소유하신 계온(戒蘊)·정온(定蘊)·혜온(慧蘊)·해탈온(解脫蘊)·해탈지견온(解脫知見蘊)과 더불어 일체 유정들의 이익과 안락을 위한 대자·대비·대희·대사의 무수이고 무량하며 무변한 불법과 제불께서 설하신 정법이거나, 만약 그 법에 의지하여 정근하면서 수학하여 예류과(預流果)를 증득하였고, 일래과(一來果)를 증득하였으며, 불환과(不還果)를 증득하였고, 아라한과(阿羅漢果)를 증득하였으며, 독각의 보리(菩提)를 증득하였고, 보살의 정성이생(正性離生)에 들어감을 증득한 것 등의 이와 같이 소유한 일체의 선근을 널리 인연하였으며, 더불어 나머지의 유정들이 제여래·응공·정등각과 성문과 보살 및 여러 제자의 대중들이 만약 현재의 세간에 머무르거나, 만약 열반한 뒤에 심었던 선근 등의 이러한 여러 선근의 일체를 합하고 쌓았으며 현전(現前)에서 따라서 기뻐하였고 이미 따라서 기뻐하였다면, 다시 이와 같이 따라서 기뻐하고 함께 행한 여러 복업의 일을 일체의 유정들과 함께 아뇩다라삼먁삼보리에 회향하면서 '내가 이 선근으로써 일체 유정과 공동으로 무상정등보리를 함께 이끌어내게 하십시오.'라고 발원합니다.

이와 같은 것을 일으키고 따라서 기뻐하고 회향한다면, 나머지의 일으켰던 복업의 일보다 최고이고 수승하며 존귀하고 고고하며 묘하고 미묘하며 위이고 무상이며 무등이고 무등등입니다. 그대의 뜻은 어떻습니까? 미륵대사시여. 그 보살마하살은 이와 같은 일을 인연으로 따라서 기뻐하고 회향하는 마음을 일으키는데, 이와 같이 인연하였던 일이 있다면, 그 보살마하살이 취하였던 상(相)이라는 것과 같습니까?"

마하반야바라밀다경 제169권

31. 수희회향품(隨喜迴向品)(2)

그때 미륵보살마하살은 상좌인 선현에게 알려 말하였다.

"대덕이여. 그 보살마하살은 이와 같은 일을 인연으로 따라서 기뻐하고 회향하는 마음을 일으킬지라도, 이와 같은 일을 인연으로 그 보살마하살이 취하였던 상(相)과 같은 것은 진실로 없습니다."

구수 선현이 말하였다.

"대사여. 만약 인연하였던 일이라는 것이 취한 상과 같은 것이 없다면, 그 보살마하살이 따라서 기뻐하고 회향하는 마음은 상을 취하는 것으로써 방편으로 삼아서 시방(十方)에 무수이고 무량하며 무변한 세계의 하나·하나의 세계에서 무수이고 무량하며 무변한 제불께서 이미 열반하신 분들을 널리 인연하고, 초발심부터 나아가 법이 소멸에 이르기까지 소유하셨던 선근과 곧 그 제자들이 소유하였던 선근의 일체를 합하고 쌓았으며, 현전에서 따라서 기뻐하면서 무상정등보리에 회향하였고, 이와 같이 따라서 기뻐하면서 회향을 일으켰다면, 장차 전도(顚倒)[1]된 것이 아닙니까?

무상(無常)에서 항상하다고 말한다면, 이것은 생각의 전도(想顚倒)고, 마음의 전도(心顚倒)이며 견해의 전도(見顚倒)와 같고, 괴로움에서 즐겁다고 말한다면, 이것은 생각의 전도고, 마음의 전도이며 견해의 전도와 같으며, 무아(無我)에서 나(我)라고 말한다면, 이것은 생각의 전도이고,

1) '차례', '이치', '가치관' 등이 뒤바뀌어 본래와 다르게 거꾸로 바뀌는 것이다.

마음의 전도이며 견해의 전도와 같고, 부정(不淨)에서 청정(淸淨)이라고 말한다면, 이것은 생각의 전도이고, 마음의 전도이며 견해의 전도와 같습니다. 이것은 무상(無相)에서 그 상을 취하나니, 역시 이와 같이 상응합니다.

대사여. 인연하였던 일이라는 것은 진실로 무소유와 같나니, 따라서 기뻐하고 회향하는 마음도 역시 이와 같고, 여러 선근 등도 역시 이와 같으며, 무상정등보리도 역시 이와 같고, 색(色)·수(受)·상(想)·행(行)·식(識)도 역시 이와 같으며, 안(眼)·이(耳)·비(鼻)·설(舌)·신(身)·의처(意處)도 역시 이와 같고, 색(色)·성(聲)·향(香)·미(味)·촉(觸)·법처(法處)도 역시 이와 같으며, 안계(眼界)·색계(色界)·안식계(眼識界), …… 나아가 …… 안촉(眼觸)·안촉을 인연으로 생겨나는 여러 수(受)도 역시 이와 같고, 이계(耳界)·성계(聲界)·이식계(耳識界), …… 나아가 …… 이촉(耳觸)·이촉을 인연으로 생겨나는 여러 수도 역시 이와 같으며, 비계(鼻界)·향계(香界)·비식계(鼻識界), …… 나아가 …… 비촉(鼻觸)·비촉을 인연으로 생겨나는 여러 수도 역시 이와 같고, 설계(舌界)·미계(味界)·설식계(舌識界), …… 나아가 …… 설촉(舌觸)·설촉을 인연으로 생겨나는 여러 수도 역시 이와 같으며, 신계(身界)·촉계(觸界)·신식계(身識界), …… 나아가 …… 신촉(身觸)·신촉을 인연으로 생겨나는 여러 수도 역시 이와 같고, 의계(意界)·법계(法界)·의식계(意識界), …… 나아가 …… 의촉(意觸)·의촉을 인연으로 생겨나는 여러 수도 역시 이와 같습니다.

지(地)·수(水)·화(火)·풍(風)·공(空)·식계(識界)도 역시 이와 같고, 무명(無明)·행(行)·식(識)·명색(名色)·육처(六處)·촉(觸)·수(受)·애(愛)·취(取)·유(有)·생(生)·노사(老死)의 수탄고우뇌(愁歎苦憂惱)도 역시 이와 같으며, 보시(布施)·정계(淨戒)·안인(安忍)·정진(精進)·정려(靜慮)·반야바라밀다(般若波羅蜜多)도 역시 이와 같고, 내공(內空)·외공(外空)·내외공(內外空)·공공(空空)·대공(大空)·승의공(勝義空)·유위공(有爲空)·무위공(無爲空)·필경공(畢竟空)·무제공(無際空)·산공(散空)·무변이공(無變異空)·본성공(本性空)·자상공(自相空)·공상공(共相空)·일체법공(一切法空)·불가득공(不可得空)·무성공(無性空)·자성공(自性空)·무성자성공(無性自性空)

도 역시 이와 같습니다.

진여(眞如)·법계(法界)·법성(法性)·불허망성(不虛妄性)·불변이성(不變異性)·평등성(平等性)·이생성(離生性)·법정(法定)·법주(法住)·실제(實際)·허공계(虛空界)·부사의계(不思議界)도 역시 이와 같고, 고(苦)·집(集)·멸(滅)·도성제(道聖諦)도 역시 이와 같으며, 4정려(四靜慮)·4무량(四無量)·4무색정(四無色定)도 역시 이와 같고, 8해탈(八解脫)·8승처(八勝處)·9차제정(九次第定)·10변처(十遍處)도 역시 이와 같으며, 4념주(四念住)·4정단(四正斷)·4신족(四神足)·5근(五根)·5력(五力)·7등각지(七等覺支)·8성도지(八聖道支)도 역시 이와 같고, 공(空)·무상(無相)·무원해탈문(無願解脫門)도 역시 이와 같고, 5안(五眼)·6신통(六神通) 등도 역시 이와 같습니다.

여래(如來)의 10력(十力)·4무소외(四無所畏)·4무애해(四無礙解)·대자(大慈)·대비(大悲)·대희(大喜)·대사(大捨)·18불불공법(十八佛不共法)도 역시 이와 같고, 무망실법(無忘失法)·항주사성(恒住捨性)도 역시 이와 같으며, 일체지(一切智)·도상지(道相智)·일체상지(一切相智)도 역시 이와 같고, 일체의 다라니문(陀羅尼門)·일체의 삼마지문(三摩地門)도 역시 이와 같으며, 여러 성문승(聲聞)·독각(獨覺)·대승(大乘) 등도 역시 이와 같습니다.

대사여. 만약 인연하였던 일이라는 것이 진실로 무소유와 같다면, 따라서 기뻐하고 회향하는 마음도 역시 이와 같고, 여러 선근 등도 역시 이와 같으며, 무상정등보리도 역시 이와 같고, 색·수·상·행·식도 역시 이와 같으며, 안·이·비·설·신·의처도 역시 이와 같고, 색·성·향·미·촉·법처도 역시 이와 같으며, 안계·색계·안식계, 나아가 안촉·안촉을 인연으로 생겨나는 여러 수도 역시 이와 같고, 이계·성계·이식계, 나아가 이촉·이촉을 인연으로 생겨나는 여러 수도 역시 이와 같으며, 비계·향계·비식계, 나아가 비촉·비촉을 인연으로 생겨나는 여러 수도 역시 이와 같고, 설계·미계·설식계, 나아가 설촉·설촉을 인연으로 생겨나는 여러 수도 역시 이와 같으며, 신계·촉계·신식계, 나아가 신촉·신촉을 인연으로 생겨나는 여러 수도 역시 이와 같고, 의계·법계·의식계, 나아가 의촉·의촉을 인연으로 생겨나는 여러 수도 역시 이와 같습니다.

지·수·화·풍·공·식계도 역시 이와 같고, 무명·행·식·명색·육처·촉·수·애·취·유·생·노사의 수탄고우뇌도 역시 이와 같으며, 보시·정계·안인·정진·정려·반야바라밀다도 역시 이와 같고, 내공·외공·내외공·공공·대공·승의공·유위공·무위공·필경공·무제공·산공·무변이공·본성공·자상공·공상공·일체법공·불가득공·무성공·자성공·무성자성공도 역시 이와 같으며, 진여·법계·법성·불허망성·불변이성·평등성·이생성·법정·법주·실제·허공계·부사의계도 역시 이와 같습니다.

고·집·멸·도성제도 역시 이와 같으며, 4정려·4무량·4무색정도 역시 이와 같고, 8해탈·8승처·9차제정·10변처도 역시 이와 같으며, 4념주·4정단·4신족·5근·5력·7등각지·8성도지도 역시 이와 같고, 공·무상·무원해탈문도 역시 이와 같고, 5안·6신통도 역시 이와 같으며, 여래의 10력·4무소외·4무애해·대자·대비·대희·대사·18불불공법도 역시 이와 같고, 무망실법·항주사성도 역시 이와 같으며, 일체지·도상지·일체상지도 역시 이와 같고, 일체의 다라니문·일체의 삼마지문도 역시 이와 같으며, 여러 성문승·독각·대승도 역시 이와 같습니다.

무엇 등이 인연하는 것이고, 무엇 등이 일(事)이며, 무엇 등이 따라서 기뻐하고 회향하는 마음이고, 무엇 등이 여러 선근 등이며, 무엇 등이 무상정등보리이고, 그 보살마하살은 이와 같은 일을 인연으로 따라서 기뻐하는 마음을 일으켜서 무상정등보리에 회향합니까?"

미륵보살이 말하였다.

"대덕이여. 만약 보살마하살이 오래도록 6바라밀다를 수행하였고, 이미 일찍이 무량한 제불께 공양하였으며, 숙세(宿世)[2]에 선근을 심었고, 오랫동안 대원(大願)을 일으켰으며, 여러 선한 벗들을 위하여 섭수(攝受)하였고, 제법의 자상(自相)이 공(空)한 뜻을 잘 수학하였다면, 이 보살마하살은 인연하였던 일이라는 것에서, 따라서 기뻐하고 회향하는 마음·여러 선근 등·무상보리와 일체법(一切法)에 모두 상(相)을 취하지 않으면서 능히

2) 3생(三生)의 하나이고, 이 세상(世上)에 태어나기 이전(以前)의 생(生)을 가리킨다.

따라서 기뻐하는 마음을 일으키고 아뇩다라삼먁삼보리에 회향합니다.

이와 같이 따라서 기뻐하는 것과 회향은 둘이 아니고(非二) 둘이 아닌 것도 아닌 것(非不二)을 방편으로 삼고, 상이 아니고(非相) 상이 없는 것도 아닌 것(非無相)을 방편으로 삼으며, 얻을 수 있는 것이 아니고(非有所得) 얻을 수 없는 것이 아닌 것(非無所得)을 방편으로 삼고, 염오도 아니고(非染) 청정함도 아닌 것(非淨)을 방편으로 삼으며, 생겨남도 아니고(非生) 소멸함도 아닌 것(非滅)을 방편으로 삼는 까닭으로, 인연하였던 일이라는 것, 나아가 무상정등보리에서 상을 능히 취하지 않으며, 상을 취하지 않는 까닭으로 전도가 아닌 것을 섭수합니다.

만약 보살마하살이 있어서 오래도록 6바라밀다를 수행하지 않았고, 일찍이 무량한 제불께 공양하지 않았으며, 숙세에 선근을 심지 않았고, 오랫동안 대원을 일으키지 않았으며, 여러 선한 벗들을 위하여 섭수하지 않았고, 일체법의 자상이 공한 뜻을 잘 수학하지 않았다면, 이 제보살마하살들은 인연하였던 일이라는 것에서, 따라서 기뻐하고 회향하는 마음·여러 선근 등·무상보리와 일체법에 따라서 기뻐하는 마음을 일으키고 무상정등보리에 회향하면서 오히려 그 상을 취하며, 이와 같이 따라서 기뻐하는 마음을 일으키고 회향하면서 상을 취하는 까닭으로써 오히려 전도를 섭수합니다.

다시 다음으로 대덕이여. 그 새롭게 수학하는 대승의 제보살 등을 위하여 그들의 앞에서 상응하여 반야바라밀다를 널리 설하지 않아야 하고, 역시 새롭게 수학하는 대승의 제보살 등을 위하여 그들의 앞에서 상응하여 정려·정진·안인·정계·보시바라밀다를 널리 설하지 않아야 하며, 그 새롭게 수학하는 대승의 제보살 등을 위하여 그들의 앞에서 상응하여 내공·외공·내외공·공공·대공·승의공·유위공·무위공·필경공·무제공·산공·무변이공·본성공·자상공·공상공·일체법공·불가득공·무성공·자성공·무성자성공을 널리 설하지 않아야 하고, 역시 새롭게 수학하는 대승의 제보살 등을 위하여 그들의 앞에서 상응하여 법계·법성·불허망성·불변이성·평등성·이생성·법정·법주·실제·허공계·부사의계를 널리 설하지 않아야 합니다.

그 새롭게 수학하는 대승의 제보살 등을 위하여 그들의 앞에서 상응하여 고성제를 널리 설하지 않아야 하고, 역시 새롭게 수학하는 대승의 제보살 등을 위하여 그들의 앞에서 상응하여 집·멸·도성제를 널리 설하지 않아야 하며, 그 새롭게 수학하는 대승의 제보살 등을 위하여 그들의 앞에서 상응하여 4정려를 널리 설하지 않아야 하고, 역시 새롭게 수학하는 대승의 제보살 등을 위하여 그들의 앞에서 상응하여 4무량·4무색정을 널리 설하지 않아야 하며, 그 새롭게 수학하는 대승의 제보살 등을 위하여 그들의 앞에서 상응하여 8해탈을 널리 설하지 않아야 하고, 역시 새롭게 수학하는 대승의 제보살 등을 위하여 그들의 앞에서 상응하여 8승처·9차제정·10변처를 널리 설하지 않아야 합니다.

그 새롭게 수학하는 대승의 제보살 등을 위하여 그들의 앞에서 상응하여 4념주를 널리 설하지 않아야 하고, 역시 새롭게 수학하는 대승의 제보살 등을 위하여 그들의 앞에서 상응하여 4념주·4정단·4신족·5근·5력·7등각지·8성도지를 널리 설하지 않아야 하며, 그 새롭게 수학하는 대승의 제보살 등을 위하여 그들의 앞에서 상응하여 공해탈문을 널리 설하지 않아야 하고, 역시 새롭게 수학하는 대승의 제보살 등을 위하여 그들의 앞에서 상응하여 무상·무원해탈문을 널리 설하지 않아야 하며, 그 새롭게 수학하는 대승의 제보살 등을 위하여 그들의 앞에서 상응하여 5안을 널리 설하지 않아야 하고, 역시 새롭게 수학하는 대승의 제보살 등을 위하여 그들의 앞에서 상응하여 6신통을 널리 설하지 않아야 합니다.

그 새롭게 수학하는 대승의 제보살 등을 위하여 그들의 앞에서 상응하여 여래의 10력을 널리 설하지 않아야 하고, 역시 새롭게 수학하는 대승의 제보살 등을 위하여 그들의 앞에서 상응하여 4무소외·4무애해·대자·대비·대희·대사와 18불불공법을 널리 설하지 않아야 하며, 그 새롭게 수학하는 대승의 제보살 등을 위하여 그들의 앞에서 상응하여 무망실법을 널리 설하지 않아야 하고, 역시 새롭게 수학하는 대승의 제보살 등을 위하여 그들의 앞에서 상응하여 항주사성을 널리 설하지 않아야 하며, 그 새롭게 수학하는 대승의 제보살 등을 위하여 그들의 앞에서 상응하여 일체지를 널리 설하지 않아야 하고, 역시 새롭게 수학하는 대승의 제보살 등을 위하여 그들의 앞에서 상응하여 도상지·일체상지를 널리 설하지 않아야 합니다.

그 새롭게 수학하는 대승의 제보살 등을 위하여 그들의 앞에서 상응하여 일체의 다라니문을 널리 설하지 않아야 하고, 역시 새롭게 수학하는 대승의 제보살 등을 위하여 그들의 앞에서 상응하여 일체의 삼마지문을 널리 설하지 않아야 하며, 그 새롭게 수학하는 대승의 제보살 등을 위하여 그들의 앞에서 일체법의 자상이 공한 뜻을 널리 설하지 않아야 합니다. 왜 그러한가? 대덕이여. 새롭게 수학하는 대승의 제보살 등은 이와 같은 법에서 비록 적은 부분의 믿음·공경·사랑·즐거움이 있더라도, 그가 듣고서 곧 모두 잊어버리거나, 놀라거나, 의심하거나, 두려워하므로 훼방(毁謗)[3]이 생겨나는 까닭입니다.

다시 다음으로 대덕이여. 만약 불퇴전(不退轉)의 보살마하살(菩薩摩訶薩)이거나, 혹은 일찍이 무량한 제불께 공양하였거나, 숙세에 선근을 심었거나, 오랫동안 대서원을 세우고서 선지식(善知識)들에게 섭수된 자라면, 그 앞에 마주하고서 상응하게 그를 위하여 반야·정려·정진·안인·정계·보시바라밀다를 널리 분별(辯)하여 설해야 합니다. 만약 불퇴전의 보살마하살이거나, 혹은 일찍이 무량한 제불께 공양하였거나, 숙세에 선근을 심었거나, 오랫동안 대서원을 세우고서 선지식들에게 섭수된 자라면, 그 앞에 마주하고서 상응하게 그를 위하여 내공·외공·내외공·공공·대공·승의공·유위공·무위공·필경공·무제공·산공·무변이공·본성공·자상공·공상공·일체법공·불가득공·무성공·자성공·무성자성공을 널리 교묘하게 설해야 합니다.

만약 불퇴전의 보살마하살이거나, 혹은 일찍이 무량한 제불께 공양하였거나, 숙세에 선근을 심었거나, 오랫동안 대서원을 세우고서 선지식들

3) 다른 사람을 헐뜯고 비방(誹謗)하는 것이다.

에게 섭수된 자라면, 그 앞에 마주하고서 상응하게 그를 위하여 진여·법계·법성·불허망성·불변이성·평등성·이생성·법정·법주·실제·허공계·부사의계를 널리 교묘하게 설해야 합니다. 만약 불퇴전의 보살마하살이거나, 혹은 일찍이 무량한 제불께 공양하였거나, 숙세에 선근을 심었거나, 오랫동안 대서원을 세우고서 선지식들에게 섭수된 자라면, 그 앞에 마주하고서 상응하게 그를 위하여 고성제·집성제·멸성제·도성제를 널리 교묘하게 설해야 합니다.

만약 불퇴전의 보살마하살이거나, 혹은 일찍이 무량한 제불께 공양하였거나, 숙세에 선근을 심었거나, 오랫동안 대서원을 세우고서 선지식들에게 섭수된 자라면, 그 앞에 마주하고서 상응하게 그를 위하여 4정려·4무량·4무색정을 널리 교묘하게 설해야 합니다. 만약 불퇴전의 보살마하살이거나, 혹은 일찍이 무량한 제불께 공양하였거나, 숙세에 선근을 심었거나, 오랫동안 대서원을 세우고서 선지식들에게 섭수된 자라면, 그 앞에 마주하고서 상응하게 그를 위하여 8해탈·8승처·9차제정·10변처를 널리 교묘하게 설해야 합니다.

만약 불퇴전의 보살마하살이거나, 혹은 일찍이 무량한 제불께 공양하였거나, 숙세에 선근을 심었거나, 오랫동안 대서원을 세우고서 선지식들에게 섭수된 자라면, 그 앞에 마주하고서 상응하게 그를 위하여 4념주·4정단·4신족·5근·5력·7등각지·8성도지를 널리 교묘하게 설해야 합니다. 만약 불퇴전의 보살마하살이거나, 혹은 일찍이 무량한 제불께 공양하였거나, 숙세에 선근을 심었거나, 오랫동안 대서원을 세우고서 선지식들에게 섭수된 자라면, 그 앞에 마주하고서 상응하게 그를 위하여 공·무상·무원해탈문을 널리 교묘하게 설해야 합니다.

만약 불퇴전의 보살마하살이거나, 혹은 일찍이 무량한 제불께 공양하였거나, 숙세에 선근을 심었거나, 오랫동안 대서원을 세우고서 선지식들에게 섭수된 자라면, 그 앞에 마주하고서 상응하게 그를 위하여 5안·6신통을 널리 교묘하게 설해야 합니다. 만약 불퇴전의 보살마하살이거나, 혹은 일찍이 무량한 제불께 공양하였거나, 숙세에 선근을 심었거나, 오랫동안 대서원을 세우고서 선지식들에게 섭수된 자라면, 그 앞에 마주하고서 상응하게 그를 위하여 부처님의 10력과 4무소외와 4무애해와 대자·대비·대희·대사와 18불불공법을 널리 교묘하게 설해야 합니다.

만약 불퇴전의 보살마하살이거나, 혹은 일찍이 무량한 제불께 공양하였거나, 숙세에 선근을 심었거나, 오랫동안 대서원을 세우고서 선지식들에게 섭수된 자라면, 그 앞에 마주하고서 상응하게 그를 위하여 무망실법·항주사성을 널리 교묘하게 설해야 합니다. 만약 불퇴전의 보살마하살이거나, 혹은 일찍이 무량한 제불께 공양하였거나, 숙세에 선근을 심었거나, 오랫동안 대서원을 세우고서 선지식들에게 섭수된 자라면, 그 앞에 마주하고서 상응하게 그를 위하여 일체지·도상지·일체상지를 연설해야 합니다.

만약 불퇴전의 보살마하살이거나, 혹은 일찍이 무량한 제불께 공양하였거나, 숙세에 선근을 심었거나, 오랫동안 대서원을 세우고서 선지식들에게 섭수된 자라면, 그 앞에 마주하고서 상응하게 그를 위하여 일체의 다라니문·일체의 삼마지문을 널리 교묘하게 설해야 합니다. 만약 불퇴전의 보살마하살이거나, 혹은 일찍이 무량한 제불께 공양하였거나, 숙세에 선근을 심었거나, 오랫동안 대서원을 세우고서 선지식들에게 섭수된 자라면, 그 앞에 마주하고서 상응하게 그를 위하여 일체법의 자상(自相)이 공한 뜻을 널리 교묘하게 설해야 합니다.

왜 그러한가? 대덕이여. 이와 같이 불퇴전의 보살마하살과 일찍이 무량한 제불께 공양하였거나, 숙세에 선근을 심었거나, 오랫동안 대서원을 세우고서 선지식들에게 섭수된 자가 만약 이 법을 듣는다면 모두 능히 수지(受持)하고 결국 잊어버리지도 않으며 마음에 놀라거나 의심하지 않고 두려워하거나 겁내지도 않으며 훼방하지 않는 까닭입니다."

그때 구수 선현이 미륵보살에게 말하였다.

"보살마하살은 이와 같이 따라서 기뻐하고 함께 행하는 여러 복업의 일로써 상응하여 무상정등보리에 회향해야 합니다. 이를테면, 용심(用心)[4]으로 따라서 기뻐하고 회향하므로, 이러한 용심이 모두 소멸하고 벗어나며 변한다면 이러한 인연으로 일과 여러 선근도 역시 용심과 같이 모두 소멸하고 벗어나며 변합니다. 이 가운데에서 무엇 등이 용심인 것입니까? 다시 무엇 등으로써 인연하는 일과 여러 선근으로 설하겠고, 따라서 기뻐하면서 무상정등보리에 회향하겠습니까? 이 용심은 마음의 이치(心理)에서 상응하여 따라서 기뻐하고 회향하지 않습니다. 왜 그러한가? 두 마음(二心)부터 같은 시간에 일어나지는 않는 까닭이고, 마음도 역시 따라서 기뻐하거나 회향할 수 없는 것이 마음의 자성(自性)인 까닭입니다.

대사여. 만약 보살마하살이 반야바라밀다를 수행하는 때에, 능히 색은 무소유라고 여실(如實)하게 알아야 하고 수·상·행·식도 무소유라고 여실하게 알아야 하며, 안처는 무소유라고 여실하게 알아야 하고 이·비·설·신·의처도 무소유라고 여실하게 알아야 하며, 색처는 무소유라고 여실하게 알고 성·향·미·촉·법처도 무소유라고 여실하게 알아야 하며, 안계는 무소유라고 여실하게 알아야 하고 색계·안식계, …… 나아가 …… 안촉·안촉을 인연으로 생겨난 여러 수도 무소유라고 여실하게 알아야 하며, 이계는 무소유라고 여실하게 알아야 하고 성계·이식계, …… 나아가 …… 이촉·이촉을 인연으로 생겨난 여러 수도 무소유라고 여실하게 알아야 하며, 비계는 무소유라고 여실하게 알아야 하고 향계·비식계, …… 나아가 …… 비촉·비촉을 인연으로 생겨난 여러 수도 무소유라고 여실하게 알아야 하며, 설계는 무소유라고 여실하게 알아야 하고 미계·설식계, …… 나아가 …… 설촉·설촉을 인연으로 생겨난 여러 수도 무소유라고 여실하게 알아야 하며, 신계는 무소유라고 여실하게 알아야 하고 촉계·신식계, …… 나아가 …… 신촉·신촉을 인연으로 생겨난 여러 수도 무소유라고 여실하게 알아야 하며, 의계는 무소유라고 여실하게 알아야 하고 법계·의식계, …… 나아가 …… 의촉·의촉을 인연으로 생겨난 여러 수도 무소유라고 여실하게 알아야 하며,

지계는 무소유라고 여실하게 알아야 하고 수·화·풍·공·식계도 무소유

4) 합리적으로 마음을 사용하는 것이다.

라고 여실하게 알아야 하며, 무명은 무소유라고 여실하게 알아야 하고 행·식·명색·육처·촉·수·애·취·유·생·노사의 수탄고우뇌도 무소유라고 여실하게 알아야 하며, 보시바라밀다는 무소유라고 여실하게 알아야 하고 정계·안인·정진·정려·반야바라밀다도 무소유라고 여실하게 알아야 하며, 내공은 무소유라고 여실하게 알아야 하고 외공·내외공·공공·대공·승의공·유위공·무위공·필경공·무제공·산공·무변이공·본성공·자상공·공상공·일체법공·불가득공·무성공·자성공·무성자성공도 무소유라고 여실하게 알아야 하며, 진여는 무소유라고 여실하게 알아야 하고 법계·법성·불허망성·불변이성·평등성·이생성·법정·법주·실제·허공계·부사의계도 무소유라고 여실하게 알아야 하며, 고성제는 무소유라고 여실하게 알고 집·멸·도성제도 무소유라고 여실하게 알아야 하며, 4정려는 무소유라고 여실하게 알아야 하고 4무량·4무색정도 무소유라고 여실하게 알아야 하며, 8해탈은 무소유라고 여실하게 알아야 하고 8승처·9차제정·10변처도 무소유라고 여실하게 알아야 하며, 4념주는 무소유라고 여실하게 알아야 하고 4정단·4신족·5근·5력·7등각지·8성도지도 무소유이고 여실하게 알아야 하며, 공해탈문은 무소유라고 여실하게 알아야 하고 무상·무원해탈문도 무소유라고 여실하게 알아야 하며, 5안은 무소유라고 여실하게 알아야 하고 6신통도 무소유라고 여실하게 알아야 하며, 여래의 10력은 무소유라고 여실하게 알아야 하고 4무소외·4무애해·대자·대비·대희·대사·18불불공법도 무소유라고 여실하게 알아야 하며, 무망실법은 무소유라고 여실하게 알아야 하고 항주사성도 무소유라고 여실하게 알아야 하며, 일체지는 무소유라고 여실하게 알아야 하고 도상지·일체상지도 무소유라고 여실하게 알아야 하며, 예류과는 무소유라고 여실하게 알아야 하고 일래·불환·아라한도 무소유라고 여실하게 알아야 하며, 독각의 보리는 무소유라고 여실하게 알아야 하고 일체의 보살마하살의 행도 무소유이고 무상정등보리도 무소유라고 여실하게 알아야 합니다.

대사여. 이 보살마하살은 일체법이 모두 무소유라고 여실하게 알고서 따라서 기뻐하고 함께 복업의 일을 행하는 것으로써 무상정등보리에 회향하였다면, 이것을 전도(顚倒)가 없이 따라서 기뻐하면서 아뇩다라삼먁삼보리(阿耨多羅三藐三菩提)에 회향한다고 이름합니다."

그때 천제석이 구수 선현에게 알려 말하였다.

"대덕이여. 새롭게 수학하는(新學) 대승의 보살마하살들이 이와 같은 법을 듣는다면 그 마음에 장차 놀람·의심·공포가 없을 것입니다. 대덕이여. 새롭게 수행하는 대승의 보살마하살은 어떻게 수행을 집적(修集)하는 것으로써 일체의 선근을 무상정등보리에 회향한다고 말합니까? 대덕이여. 새롭게 수행하는 대승의 보살마하살은 어떻게 따라서 기뻐하면서 함께 행하는 여러 복업일을 섭수(攝受)하여서 무상정등보리에 회향한다고 말합니까?"

이때 구수 선현이 미륵보살마하살의 신력(神力)과 가피(加被)를 받고서 천제석에게 알려 말하였다.

"교시가여. 새롭게 수학하는 대승의 보살마하살이 만약 반야바라밀다를 수행한다면 얻을 수 없는 것으로써 방편으로 삼고 무상(無相)을 방편으로 삼으면서 반야바라밀다를 섭수하고, 만약 정려·정진·안인·정계·보시 바라밀다를 수행한다면 얻을 수 없는 것으로써 방편으로 삼고 무상을 방편으로 삼으면서 정려·정진·안인·정계·보시 바라밀다를 섭수합니다. 만약 내공에 안주한다면 얻을 수 없는 것으로써 방편으로 삼고 무상을 방편으로 삼으면서 내공을 섭수하고, 만약 외공·내외공·공공·대공·승의공·유위공·무위공·필경공·무제공·산공·무변이공·본성공·자상공·공상공·일체법공·불가득공·무성공·자성공·무성자성공에 안주한다면 얻을 수 없는 것으로써 방편으로 삼고 무상을 방편으로 삼으면서 외공, 나아가 무성자성공도 섭수합니다.

만약 진여에 안주한다면 얻을 수 없는 것으로써 방편으로 삼고 무상을 방편으로 삼으면서 진여를 섭수하고, 만약 법계·법성·불허망성·불변이성·평등성·이생성·법정·법주·실제·허공계·부사의계에 안주한다면 얻을 수 없는 것으로써 방편으로 삼고 무상을 방편으로 삼으면서 법계,

나아가 부사의계도 섭수합니다. 만약 고성제에 안주한다면 얻을 수 없는 것으로써 방편으로 삼고 무상을 방편으로 삼으면서 고성제를 섭수하고, 만약 집·멸·도성제에 안주한다면 얻을 수 없는 것으로써 방편으로 삼고 무상을 방편으로 삼으면서 집·멸·도성제를 섭수합니다.

만약 4정려를 수행한다면 얻을 수 없는 것으로써 방편으로 삼고 무상을 방편으로 삼으면서 4정려를 섭수하고, 만약 4무량·4무색정을 수행한다면 얻을 수 없는 것으로써 방편으로 삼고 무상을 방편으로 삼으면서 4무량·4무색정을 섭수합니다. 만약 8해탈을 수행한다면 얻을 수 없는 것으로써 방편으로 삼고 무상을 방편으로 삼으면서 8해탈을 섭수하고, 만약 8승처·9차제정·10변처를 수행한다면 얻을 수 없는 것으로써 방편으로 삼고 무상을 방편으로 삼으면서 8승처·9차제정·10변처를 섭수합니다.

만약 4념주를 수행한다면 얻을 수 없는 것으로써 방편으로 삼고 무상을 방편으로 삼으면서 4념주를 섭수하고, 만약 4정단·4신족·5근·5력·7등각지·8성도지를 수행한다면 얻을 수 없는 것으로써 방편으로 삼고 무상을 방편으로 삼으면서 4정단, 나아가 8성도지도 섭수합니다. 만약 공해탈문을 수행한다면 얻을 수 없는 것으로써 방편으로 삼고 무상을 방편으로 삼으면서 공해탈문을 섭수하고, 만약 무상·무원해탈문을 수행한다면 얻을 수 없는 것으로써 방편으로 삼고 무상을 방편으로 삼으면서 무상·무원해탈문을 거두어 주게 되느니라.

만약 5안을 수행한다면 얻을 수 없는 것으로써 방편으로 삼고 무상을 방편으로 삼으면서 5안을 섭수하고, 만약 6신통을 수행한다면 얻을 수 없는 것으로써 방편으로 삼고 무상을 방편으로 삼으면서 6신통을 섭수합니다. 만약 여래의 10력을 수행한다면 얻을 수 없는 것으로써 방편으로 삼고 무상을 방편으로 삼으면서 여래의 10력을 섭수하고, 만약 4무소외·4무애해·대자·대비·대희·대사·18불불공법을 수행한다면 얻을 수 없는 것으로써 방편으로 삼고 무상을 방편으로 삼으면서 4무소외, 나아가 18불불공법도 섭수합니다.

만약 무망실법을 수행한다면 얻을 수 없는 것으로써 방편으로 삼고 무상을 방편으로 삼으면서 무망실법을 섭수하고, 만약 항주사성을 수행한다면 얻을 수 없는 것으로써 방편으로 삼고 무상을 방편으로 삼으면서 항주사성을 섭수합니다. 만약 일체지를 수행한다면 얻을 수 없는 것으로써 방편으로 삼고 무상을 방편으로 삼으면서 일체지를 섭수하고, 만약 도상지·일체상지를 수행한다면 얻을 수 없는 것으로써 방편으로 삼고 무상을 방편으로 삼으면서 도상지·일체상지를 섭수합니다.

만약 일체의 다라니문을 수행한다면 얻을 수 없는 것으로써 방편으로 삼고 무상을 방편으로 삼으면서 일체의 다라니문을 섭수하고, 만약 일체 삼마지문을 수행한다면 얻을 수 없는 것으로써 방편으로 삼고 무상을 방편으로 삼으면서 일체의 삼마지문을 섭수합니다. 만약 보살마하살행을 수행한다면 얻을 수 없는 것으로써 방편으로 삼고 무상을 방편으로 삼으면서 보살마하살행을 섭수하고, 만약 무상정등보리를 방편으로 삼고 무상을 방편으로 삼으면서 무상정등보리를 섭수합니다.

교시가여. 이 보살마하살은 오히려 이 인연으로 반야바라밀다를 많이 믿고서 이해하고 정려·정진·안인·정계·보시 바라밀다도 많이 믿고서 이해하며, 내공을 많이 믿고서 이해하고 외공·내외공·공공·대공·승의공·유위공·무위공·필경공·무제공·산공·무변이공·본성공·자상공·공상공·일체법공·불가득공·무성공·자성공·무성자성공도 많이 믿고서 이해하며, 진여를 많이 믿고서 이해하고 법계·법성·불허망성·불변이성·평등성·이생성·법정·법주·실제·허공계·부사의계도 많이 믿고서 이해하며, 고성제를 많이 믿고서 이해하고 집·멸·도성제도 많이 믿고서 이해하며, 4정려를 많이 믿고서 이해하고 4무량·4무색정도 많이 믿고서 이해하며, 8해탈을 많이 믿고 이해하고서 8승처·9차제정·10변처도 많이 믿고서 이해합니다.

4념주를 많이 믿고서 이해하고 4정단·4신족·5근·5력·7등각지·8성도지도 많이 믿고 이해하며, 공해탈문을 많이 믿고서 이해하고 무상·무원해탈문도 많이 믿고서 이해하며, 5안을 많이 믿고서 이해하고 6신통도 많이 믿고서 이해하며, 여래의 10력을 많이 믿고서 이해하고 4무소외·4무애해·대자·대비·대희·대사·18불불공법도 많이 믿고서 이해하며, 무망실법을 많이 믿고 이해하고 항주사성도 많이 믿고서 이해하며, 일체지를 많이 믿고서 이해하고 도상지·일체상지도 많이 믿고서 이해하며, 일체의 다라니문을 많이 믿고서 이해하고 일체의 삼마지문도 많이 믿고서 이해하며, 보살마하살의 행을 많이 믿고서 이해하고 무상정등보리도 많이 믿고서 이해합니다.

교시가여. 이 보살마하살은 오히려 이 인연으로 항상 선한 벗에게 섭수되는 것이고, 이와 같은 선한 벗은 무량문(無量門)의 교묘한 문장(文)과 뜻으로 그를 위하여 반야·정려·정진·안인·정계·보시 바라밀다에 상응하는 법으로 널리 설하며, 이와 같은 법으로써 교계(敎誡)하고 교수(敎授)하여 그를 나아가 보살의 정성이생(正性離生)에 들어가게 하고, 항상 반야·정려·정진·안인·정계·보시 바라밀다에서 멀리 벗어나지 않게 합니다.

이와 같은 법으로써 교계하고 교수하여 마침내 그를 나아가 보살의 정성이생에 들어가게 하고 항상 내공·외공·내외공·공공·대공·승의공·유위공·무위공·필경공·무제공·산공·무변이공·본성공·자상공·공상공·일체법공·불가득공·무성공·자성공·무성자성공에서 멀리 벗어나지 않게 하며, 이와 같은 법으로써 교계하고 교수하여 마침내 그를 나아가 보살의 정성이생에 들어가게 하고, 항상 진여·법계·법성·불허망성·불변이성·평등성·이생성·법정·법주·실제·허공계·부사의계에서 멀리 벗어나지 않게 하며, 이와 같은 법으로써 교하고 교수하여 마침내 그를 나아가 보살의 정성이생에 들어가게 하고 항상 고성제·집성제·멸성제·도성제에서 멀리 벗어나지 않게 합니다.

이와 같은 법으로써 교계하고 교수하여 마침내 그를 나아가 보살의 정성이생에 들어가게 하고 항상 4정려·4무량·4무색정에서 멀리 벗어나지 않게 하며, 이와 같은 법으로써 교계하고 교수하여 마침내 그를 나아가 보살의 정성이생에 들어가게 하고 항상 8해탈·8승처·9차제정·10변처에서 멀리 벗어나지 않게 하며, 이와 같은 법으로써 교계하고 교수하여 마침내 그를 나아가 보살의 정성이생에 들어가게 하고 항상 4념주·4정단·4신족·5근·5력·7등각지·8성도지에서 멀리 벗어나지 않게 합니다.

이와 같은 법으로써 교계하고 교수하여 마침내 그를 나아가 보살의 정성이생에 들어가게 하고 항상 공·무상·무원해탈문에서 멀리 벗어나지 않게 하며, 이와 같은 법으로써 교계하고 교수하여 항상 그를 나아가 보살의 정성이생에 들어가게 하고 항상 5안과 6신통에서 멀리 벗어나지 않게 하며, 이와 같은 법으로써 교계하고 교수하여 항상 그를 나아가 보살의 정성이생에 들어가게 하고 항상 여래의 10력·4무소외·4무애해와 대자·대비·대희·대사·18불불공법에서 멀리 벗어나지 않게 합니다.

이와 같은 법으로써 교계하고 교수하여 항상 그를 나아가 보살의 정성이생에 들어가게 하고 항상 무망실법·항주사성에서 멀리 벗어나지 않게 하며, 이와 같은 법으로써 교계하고 교수하여 항상 그를 나아가 보살의 정성이생에 들어가게 하고 항상 일체지·도상지·일체상지에서 멀리 벗어나지 않게 하며, 이와 같은 법으로써 교계하고 교수하여 항상 그를 나아가 보살의 정성이생에 들어가게 하고 항상 일체의 다라니문·일체의 삼마지문에서 멀리 벗어나지 않게 하며, 이와 같은 법으로써 교계하고 교수하여 항상 그를 나아가 보살의 정성이생에 들어가게 하고 항상 보살마하살의 행에서 멀리 벗어나지 않게 합니다.

이와 같은 법으로써 교계하고 교수하여 항상 그를 나아가 보살의 정성이생에 들어가게 하고 항상 무상정등보리에서 멀리 벗어나지 않게 하며, 역시 그를 위하여 여러 악마의 일(惡魔事)을 분별(辯)하여 설하여서 그가 듣고서 여러 악마의 일에 마음의 증감(增減)이 없게 합니다. 왜 그러한가? 여러 악마의 사업(事業)은 성품은 무소유이므로 얻을 수 없는 까닭이고, 역시 이와 같은 법으로써 교계하고 교수하여 항상 그를 나아가 보살의 정성이생에 들어가게 하고 항상 박가범(薄伽梵)을 멀리 벗어나지 않게 하고 제불의 처소에서 많은 선근을 심게 하나니, 다시 오히려 선근으로 섭수되는 것인 까닭으로 항상 보살마하살의 집안에 태어나서 나아가 무상정등보리에 이르도록 여러 선근이 항상 멀리 벗어나지 않게 합니다.

교시가여. 새롭게 수학하는 대승의 보살마하살이 만약 능히 이와 같이 얻을 수 없는 것으로써 방편으로 삼고 무상을 방편으로 삼으면서 여러 공덕을 섭수하고 여러 공덕에 많이 깊이 믿고 이해하였으며 항상 선한 벗에게 섭수되었던 것이라면, 이와 같은 법을 듣고 마음에 놀라지 않고 의심하지 않으며 두려워하지도 않고 겁내지도 않습니다."

"다시 다음으로 교시가여. 새롭게 수학하는 대승의 보살마하살은 보시·정계·안인·정진·정려·반야바라밀다를 따라서 수행하고 집적(集積)하는 것에서 상응하여 얻을 수 없는 것으로써 방편으로 삼고 무상을 방편으로 삼으면서 일체 유정들과 모두 이해(悉)하면서 공동(共同)으로 무상정등보리에 회향해야 하고, 내공·외공·내외공·공공·대공·승의공·유위공·무위공·필경공·무제공·산공·무변이공·본성공·자상공·공상공·일체법공·불가득공·무성공·자성공·무성자성공을 따라서 안주(安住)하는 것에서 상응하여 얻을 수 없는 것으로써 방편으로 삼고 무상을 방편으로 삼으면서 일체 유정들과 모두 이해하면서 공동으로 무상정등보리에 회향해야 합니다.

진여·법계·법성·불허망성·불변이성·평등성·이생성·법정·법주·실제·허공계·부사의계를 따라서 안주하는 것에서 상응하여 얻을 수 없는 것으로써 방편으로 삼고 무상을 방편으로 삼으면서 일체 유정들과 모두 이해하면서 공동으로 무상정등보리에 회향해야 하고, 고성제·집성제·멸성제·도성제를 따라서 안주하는 것에서 상응하여 얻을 수 없는 것으로써 방편으로 삼고 무상을 방편으로 삼으면서 일체 유정들과 모두 이해하면서 공동으로 무상정등보리에 회향해야 하며, 4정려·4무량·4무색정을 따라서 수행하고 집적하는 것에서 상응하여 얻을 수 없는 것으로써 방편으로 삼고 무상을 방편으로 삼으면서 일체 유정들과 모두 이해하면서 공동으로 무상정등보리에 회향해야 합니다.

8해탈·8승처·9차제정·10변처를 따라서 수행하고 집적하는 것에서 상응하여 얻을 수 없는 것으로써 방편으로 삼고 무상을 방편으로 삼으면서 일체 유정들과 모두 이해하면서 공동으로 무상정등보리에 회향해야 하고, 4념주·4정단·4신족·5근·5력·7등각지·8성도지를 따라서 수행하고 집적하는 것에서 상응하여 얻을 수 없는 것으로써 방편으로 삼고 무상을 방편으로 삼으면서 일체 유정들과 모두 이해하면서 공동으로 무상정등보리에 회향해야 하며, 공·무상·무원해탈문을 따라서 수행하고 집적하는 것에서 상응하여 얻을 수 없는 것으로써 방편으로 삼고 무상을 방편으로 삼으면서 일체 유정들과 모두 이해하면서 공동으로 무상정등보리에 회향해야 합니다.

5안·6신통을 따라서 수행하고 집적하는 것에서 상응하여 얻을 수 없는 것으로써 방편으로 삼고 무상을 방편으로 삼으면서 일체 유정들과 모두 이해하면서 공동으로 무상정등보리에 회향해야 하고, 여래의 10력·4무소외·4무애해·대자·대비·대희·대사·18불불공법을 따라서 수행하고 집적하는 것에서 상응하여 얻을 수 없는 것으로써 방편으로 삼고 무상을 방편으로 삼으면서 일체 유정들과 모두 이해하면서 공동으로 무상정등보리에 회향해야 하며, 무망실법항주사성성을 따라서 수행하고 집적하는 것에서 상응하여 얻을 수 없는 것으로써 방편으로 삼고 무상을 방편으로 삼으면서 일체 유정들과 모두 이해하면서 공동으로 무상정등보리에 회향해야 하며, 일체지·도상지·일체상지를 따라서 수행하고 집적하는 것에서 상응하여 얻을 수 없는 것으로써 방편으로 삼고 무상을 방편으로 삼으면서 일체 유정들과 모두 이해하면서 공동으로 무상정등보리에 회향해야 합니다.

일체의 다라니문·일체의 삼마지문을 따라서 수행하고 집적하는 것에서 상응하여 얻을 수 없는 것으로써 방편으로 삼고 무상을 방편으로 삼으면서 일체 유정들과 모두 이해하면서 공동으로 무상정등보리에 회향해야 하며, 보살마하살의 행을 따라서 수행하고 집적하는 것에서 상응하여 얻을 수 없는 것으로써 방편으로 삼고 무상을 방편으로 삼으면서 일체 유정들과 모두 이해하면서 공동으로 무상정등보리에 회향해야 하며, 무상정등보리를 따라서 수행하고 집적하는 것에서 상응하여 얻을 수 없는 것으로써 방편으로 삼고 무상을 방편으로 삼으면서 일체 유정들과 모두 이해하면서 공동으로 무상정등보리에 회향해야 합니다.

다시 다음으로 교시가여. 새롭게 수학하는 대승의 보살마하살은 상응하여 널리 시방(十方)의 무수(無數)이고 무량(無量)하며 무변(無邊)한 세계에서 하나·하나의 세계에 각각 무수이고 무량하며 무변한 여러 존재(有)의 길(路)을 끊고, 희론(戱論)의 길(道)을 끊으며, 여러 무거운 짐을 버리고, 얽혀있는(聚落) 가시(刺)를 꺾으며, 여러 유결(有結[5])을 없애고, 바른 지혜를 구족(具足)하며, 마음을 잘 해탈시키고, 법요(法要)를 교묘한 설하신 일체의 여래·응공·정등각과 여러 제자들이 성취하셨던 것인 계온(戒蘊)·정온(定蘊)·혜온(慧蘊)·해탈온(解脫蘊)·해탈지견온(解脫智見蘊) 및 여러 종류의 공덕을 지어서 일으켰던 것과 아울러 이 처소에서 심었던 선근인 것으로 이를테면, 찰제리(刹帝利)의 대종족·바라문(婆羅門)의 대종족·장자(長者)의 대종족·거사(居士)의 대종족들이 심었던 선근이거나, 만약 사대왕중천(四大王衆天)·삼십삼천(三十三天)·야마천(夜摩天)·도사다천(覩史多天)·낙변화천(樂變化天)·타화자재천(他化自在天)들이 심었던 선근이거나, 만약 범중천(梵衆天)·범보천(梵輔天)·범회천(梵會天)·대범천(大梵天)·광천(光天)·소광천(少光天)·무량광천(無量光天)·극광정천(極光淨天)·정천(淨天)·소정천(少淨天)·무량정천(無量淨天)·변정천(遍淨天)·광천(廣天)·소광천(少廣天)·무량광천(無量廣天)·광과천(廣果天)들이 심었던 선근이거나, 만약 무번천(無繁天)·무열천(無熱天)·선현천(善現天)·선견천(善見天)·색구경천(色究竟天) 등이 심었던 선근이거나, 이와 같은 일체를 화합하여 집적하고 양(量)을 헤아리며 현전(現前)에서 일어났고 일으켰던 나머지의 선근과 비교한다면, 최고(最)이고 수승(勝)하며 존귀(尊)하고 높(高)으며 묘(妙)하고 미묘(微妙)하며 위(上)이고 무상(無上)이며 무등(無等)이고 무등등(無等等)이며 따라서 기뻐하는 마음이고(隨喜之心), 다시 이와 같이 따라서 기뻐하며 여러 복업의 일을 함께 행하고 일체 유정들과 함께 공동으로 아뇩다라삼먁삼보리에 회향해야 합니다."

---

5) 사람을 미혹(迷惑)에 얽매이게 하는 번뇌(煩惱)를 가리키는데, 유(有)는 생사(生死)의 과보(果報)이고, 결(結)은 결박(結縛)의 뜻으로, 삶과 죽음에 집착(執着)시키는 만 가지의 번뇌(煩惱)라는 뜻이다.

그때 미륵보살마하살이 구수 선현에게 물어 말하였다.

“대덕이여. 새롭게 수학하는 대승의 보살마하살이 만약 제불과 제자들이 소유한 공덕을 생각하고, 아울러 인간(人)과 천인(天)들이 심었던 선근인 것의 이와 같은 일체를 화합하여 집적하고 양을 헤아리며 현전에서 일어나고 일으켰던 나머지의 선근과 비교한다면, 최고이고 수승하며 존귀하고 높으며 묘하고 미묘하며 위이고 무상이며 무등이고 무등등이며 따라서 기뻐하는 마음이고, 다시 이와 같이 따라서 기뻐하는 선근을 여러 유정들과 모두 이해하고 무상정등보리에 회향하는 때에, 이 보살마하살은 어찌해야 전도(顚倒)된 생각과 전도된 마음과 전도된 견해에 떨어지지 않습니까?”

구수 선현이 대답하여 말하였다.

“대사(大師)시여. 만약 보살마하살이 제불과 제자들이 소유한 공덕이라고 생각하는 것에서, 제불과 제자들이 소유한 공덕이라는 생각을 일으키지 않으며, 인간과 천인 등이 심었던 선근이라고 생각하는 것에서, 선근을 심는 인간과 천인 등이 심었던 선근이라는 생각을 일으키지 않으며, 무상정등보리심에서 같이 따라서 기뻐하며 회향을 일으켰던 것에서, 역시 다시 무상정등보리심에서 같이 따라서 기뻐하며 회향한다는 생각을 일으키지 않는다면, 이 보살마하살은 따라서 기뻐하면서 회향을 일으키는 것에서, 전도된 생각이 없고 전도된 마음이 없으며 전도된 견해가 없습니다.

만약 보살마하살이 제불과 제자들이 소유한 공덕이라고 생각하는 것에서, 제불과 제자들이 소유한 공덕의 상을 취(取)하거나, 인간과 천인 등이 심었던 선근에서 그 선근을 심었던 인간과 천상 등이라는 상을 취하거나, 따라서 기뻐하면서 무상정등보리심에 회향을 일으키는 것에서, 따라서 기뻐하면서 무상정등보리심에 회향을 일으키는 상을 취하였다면, 이 보살마하살이 따라서 기뻐하면서 회향을 일으키는 것에서, 전도된 생각이 있고 전도된 마음이 있으며 전도된 견해가 있습니다.

다시 다음으로 대사시여. 만약 보살마하살이 이와 같이 따라서 기뻐하는 마음으로 일체불(一切佛)과 제자들의 공덕과 선근을 생각한다면, 이 마음은 모두 사라지고 벗어나며 변하므로 능히 따라서 기뻐할 것이 아니라고 바르게 알아야 하고, 그 법의 그 자성도 역시 그러하여서 능히 따라서 기뻐할 것이 아니라고 바르게 알아야 합니다. 또 회향할 수 있는 마음과 법성(法性)도 역시 그러하여서 능히 회향할 수 없는 것이라고 바르게 요달(了達)[6]해야 하고, 더불어 회향한 법의 그 자성도 역시 그러하여서 회향한 것이 아니라고 바르게 요달해야 합니다. 만약 이와 같이 따라서 기뻐하고 회향하면서 능히 의지하는 것이 있다면 이것은 바른 것(正)이고 삿된 것이 아니므로, 보살마하살은 모두 상응하여 이와 같이 따라서 기뻐하면서 회향해야 합니다.

다시 다음으로 대사여. 만약 보살마하살이 과거·미래·현재의 일체 여래·응공·정등각들께서 초발심부터 무상정등보리의 증득에 이르셨으며, 나아가 그 법이 소멸하기까지 그 중간에 소유한 공덕에서, 만약 여래(佛)의 제자와 여러 독각들이 그 불법(佛法)이라는 것에 의지하여 일으켰던 선근이거나, 만약 여러 이생(異生)들이 그 설하는 법을 듣고서 심었던 선근이거나, 만약 여러 용(龍)·신(神)·약차(藥叉)·건달박(健達縛)·아소락(阿素洛)·갈로다(揭路茶)·긴날락(緊捺洛)·막호락가(莫呼洛伽)·인비인(人非人) 등이 그 설하는 법을 듣고서 심었던 선근이거나, 만약 찰제리의 대종족·바라문의 대종족·장자의 대종족·거사의 대종족 등이 그 설하는 법을 듣고서 심었던 선근이거나, 만약 사대왕중천·삼십삼천·야마천·도사다천·낙변화천·타화자재천들이 그 설하는 법을 듣고서 심었던 선근이거나, 만약 범중천·범보천·범회천·대범천·광천·소광천·무량광천·극광정천·정천·소정천·무량정천·변정천·광천·소광천·무량광천·광과천 등이 그 설하는 법을 듣고서 심었던 선근이거나, 만약 무번천·무열천·선현천·선견천과 색구경천 등이 그 설하는 법을 듣고서 심었던 선근이거나, 만약 선남자와 선여인 등이 그 설법을 듣고서 무상정등각의 마음을 일으켜서 정근하면서 여러 종류의 보살의 행을 수행하면서, 이와 같은 일체를

6) 이치를 분명하게 통달하는 것이다.

화합하여 집적하고 양을 헤아리며 현전에서 일어났고 일으켰던 나머지의 선근과 비교한다면, 최고이고 수승하며 존귀하고 높으며 묘하고 미묘하며 위이고 무상이며 무등이고 무등등이며 따라서 기뻐하는 마음입니다.

다시 이와 같이 따라서 기뻐하는 선근으로써 여러 유정들과 모두 이해하고서 공동으로 무상정등보리에 회향하며 이와 같은 때에서, 만약 따라서 기뻐하면서 능히 회향할 수 있는 법은 모두 사라지고 벗어나며 변하는 것이고, 여러 따라서 기뻐하면서 회향하는 법의 자성(自性)도 모두 공하다고 바르게 이해하고 요달하였거나, 비록 이와 같이 알았다면 능히 따라서 기뻐하면서 무상정등보리에 회향할 수 있습니다. 다시 이와 같은 때에, 만약 능히 존재하는 법이 모두 없는 법이라고 바르게 이해하고 요달하여야 능히 따라서 기뻐하면서 법에 회향할 수 있습니다. 왜 그러한가? 일체법의 자성은 모두 공하고 공한 가운데에서는 능히 따라서 기뻐하면서 회향할 법이 모두 없는 까닭이니, 비록 이와 같이 알았다면 능히 따라서 기뻐하면서 무상정등보리에 회향할 수 있습니다.

이 보살마하살은 만약 능히 이와 같이 따라서 기뻐하고 회향하면서 반야바라밀다를 수행하고 정려·정진·안인·정계·보시바라밀다를 수행한다면, 전도된 생각이 없고 전도된 마음이 없으며 전도된 견해가 없습니다. 그 까닭은 무엇인가? 이 보살마하살은 따라서 기뻐하는 마음에서 집착(執著)이 생겨나지 않고, 따라서 기뻐하는 공덕과 선근이라는 것에서도 역시 집착하지 않으며, 회향하는 마음에서도 집착이 생겨나지 않고, 회향하는 무상보리에서도 역시 집착하지 않나니, 오히려 집착이 없으므로 전도에 떨어지지 않습니다. 이와 같이 보살마하살이 따라서 기뻐하고 회향하는 마음을 일으키는 것이라면, 무상(無上)으로 따라서 기뻐하면서 회향한다고 이름합니다."

마하반야바라밀다경 제170권

31. 수희회향품(隨喜廻向品)(3)

"다시 다음으로 대사(大師)시여. 만약 보살마하살이 수행하고 지었던 여러 복업의 일에서 색을 벗어났고 수·상·행·식도 벗어났다고 바르게 알아야 하며, 안처를 벗어났고 이·비·설·신·의처도 벗어났다고 바르게 알아야 하며, 색처를 벗어났고 성·향·미·촉·법처도 벗어났다고 바르게 알아야 하며, 안계를 벗어났고 색계·안식계, 나아가 안촉·안촉을 인연으로 생겨난 여러 수도 벗어났다고 바르게 알아야 하며, 이계를 벗어났고 성계·이식계, 나아가 이촉·이촉을 인연으로 생겨난 여러 수도 벗어났다고 바르게 알아야 하며, 비계를 벗어났고 향계·비식계, 나아가 비촉·비촉을 인연으로 생겨난 여러 수도 벗어났다고 바르게 알아야 하며, 설계를 벗어났고 미계·설식계, 나아가 설촉·설촉을 인연으로 생겨난 여러 수도 벗어났다고 바르게 알아야 하며, 신계를 벗어났고 촉계·신식계, 나아가 신촉·신촉을 인연으로 생겨난 여러 수도 벗어났다고 바르게 알아야 하며, 의계를 벗어났고 법계·의식계, 나아가 의촉·의촉을 인연으로 생겨난 여러 수도 벗어났다고 바르게 알아야 하며, 지계를 벗어났고 수·화·풍·공·식계도 벗어났다고 바르게 알아야 하며, 무명을 벗어났고 행·식·명색·육처·촉·수·애·취·유·생·노사의 수탄고우뇌도 벗어났다고 바르게 알아야 하며, 보시바라밀다를 벗어났고 정계·안인·정진·정려·반야바라밀다도 벗어났다고 바르게 알아야 하며, 내공을 벗어났고 외공·내외공·공공·대공·승의공·유위공·무위공·필경공·무제공·산공·무변이공·본성공·자상공·공상공·일체법공·불가득공·무성공·자성공·무성자성공도 벗어났다고 바르게 알아야 하며, 진여를 벗어났고 법계·법성·불허망성·불변이성·평등성·이생성·법정·법주·실제·허공계·부사의계도 벗어났다고 바르게 알아야 하며, 고성제를 벗어났고 집·멸·도성제도 벗어났다고 바르게 알아야 하며, 4정려를 벗어났고 4무량·4무색정도 벗어났다고 바르게 알아야 하며, 8해탈을 벗어났고 8승처·9차제정·10변처도 벗어났다고 바르게 알아야 하며, 4념주를 벗어났고 4정단·4신족·5근·5력·7등각지·8성도지도 벗어났다고 바르게 알아야 하며, 공해탈문을 벗어났고 무상·무원해탈문도 벗어났다고 바르게 알아야 하며, 5안을 벗어났고 6신통도 벗어났다고 바르게 알아야 하며, 여래의 10력을 벗어났고 4무소외·4무애해·대자·대비·대희·대사·18불불공법도 벗어났다고 바르게 알아야 하며, 무망실법을 벗어났고 항주사성도 벗어났다고 바르게 알아야 하며, 일체지를 벗어났고 도상지·일체상지도 벗어났다고 바르게 알아야 하며, 일체의 다라니문을 벗어났고 일체의 삼마지문도 벗어났다고 바르게 알아야 하며, 보살마하살의 행을 벗어났고 무상정등보리도 벗어났다고 바르게 알아야 합니다. 이 보살마하살이 수행하고 지었던 여러 복업의 일에서 이와 같이 바르게 알아야 능히 바르게 따라서 기뻐하면서 무상정등보리에 회향할 수 있습니다.

다시 다음으로 대사시여. 만약 보살마하살이 수행하고 따라서 기뻐하면서 함께 행하였던 여러 복업의 일은 따라서 기뻐하면서 함께 행하였던 여러 복업의 일의 자성이 멀리 벗어났다고 바르게 알아야 하고, 여래·응공·정등각은 여래·응공·정등각의 자성을 멀리 벗어났다고 바르게 알아야 하며, 여래·응공·정등각이 소유한 공덕은 여래·응공·정등각의 공덕의 자성을 멀리 벗어났다고 바르게 알아야 하고, 성문·독각·보살은 성문·독각·보살의 자성을 멀리 벗어났다고 바르게 알아야 하며, 성문·독각·보살이 수행하였던 선근이라는 것은 성문·독각·보살의 선근이 자성을 멀리 벗어났다고 알아야 하고, 보리심(菩提心)은 보리심의 자성을 멀리 벗어났다고 바르게 알아야 하며, 회향하는 마음은 회향하는 마음의 자성을 멀리 벗어났다고 바르게 알아야 하고, 회향할 무상정등보리라는 것은 회향할 무상정등보리의 자성을 멀리 벗어났다고 바르게 알아야 합니다.

반야바라밀다는 반야바라밀다의 자성을 멀리 벗어났다고 바르게 알아야 하고 정려·정진·안인·정계·보시바라밀다는 정려·정진·안인·정계·보시바라밀다의 자성을 멀리 벗어났다고 바르게 알아야 하며, 내공은 내공의 자성을 멀리 벗어났다고 바르게 알아야 하고 외공·내외공·공공·대공·승의공·유위공·무위공·필경공·무제공·산공·무변이공·본성공·자상공·공상공·일체법공·불가득공·무성공·자성공·무성자성공은 내공, 나아가 무성자성공의 자성을 멀리 벗어났다고 바르게 알아야 하며, 진여는 진여의 자성을 멀리 벗어났다고 바르게 알아야 하고 법계·법성·불허망성·불변이성·평등성·이생성·법정·법주·실제·허공계·부사의계는 법계, 나아가 부사의계의 자성을 멀리 벗어났다고 바르게 알아야 하며, 고성제는 고성제의 자성을 멀리 벗어났다고 바르게 알아야 하고, 집·멸·도성제는 집·멸·도성제의 자성을 멀리 벗어났다고 바르게 알아야 하며, 4정려는 4정려의 자성을 멀리 벗어났다고 바르게 알아야 하고, 4무량·4무색정은 4무량·4무색정의 자성을 멀리 벗어났다고 바르게 알아야 하며, 8해탈은 8해탈의 자성을 멀리 벗어났다고 바르게 알아야 하고, 8승처·9차제정·10변처는 8승처·9차제정·10변처의 자성을 멀리 벗어났다고 바르게 알아야 하며, 4념주는 4념주의 자성을 멀리 벗어났다고 바르게 알아야 하고, 4정단·4신족·5근·5력·7등각지·8성도지는 4정단, 나아가 8성도지의 자성을 멀리 벗어났다고 바르게 알아야 하며, 공해탈문은 공해탈문의 자성을 멀리 벗어났다고 바르게 알아야 하고 무상·무원해탈문은 무상·무원해탈문의 자성을 멀리 벗어났다고 바르게 알아야 하며, 5안은 5안의 자성을 멀리 벗어났다고 바르게 알아야 하고, 6신통은 6신통의 자성을 멀리 벗어났다고 바르게 알아야 하며, 여래의 10력은 여래의 10력의 자성을 멀리 벗어났다고 바르게 알아야 하고, 4무소외와 4무애해와 대자·대비·대희·대사와 18불불공법은 4무소외, 나아가 18불불공법의 자성을 멀리 벗어났다고 바르게 알아야 하며, 무망실법은 무망실법의 자성을 멀리 벗어났다고 바르게 알아야 하고, 항주사성은 항주사성의 자성을 멀리 벗어났다고 바르게 알아야 하고, 도상지·일체상지는 도상지·일체상지의 자성을 멀리 벗어났다고 바르게 알아야 하며, 일체의 다라니문은 일체의 다라니문의 자성을 멀리 벗어났다고 바르게 알아야 하고, 일체의 삼마지문은 일체의 삼마지문의 자성을 멀리 벗어났다고 바르게 알아야 하며, 보살마하살의 행은 보살마하살의 행의 자성을 멀리 벗어났다고 바르게 알아야 하고, 여래의 무상정등보리는 여래의 무상정등보리의 자성을 멀리 벗어났다고 바르게 알아야 합니다. 이 보살마하살은 이와 같이 자성을 벗어난 반야바라밀다를 수행하여야 능히 바르게 따라서 기뻐하면서 무상정등보리에 회향할 수 있습니다.

다시 다음으로 대사시여. 제보살마하살이 이미 열반하신 일체의 여래·응공·정등각과 여러 제자들의 공덕과 선근에서, 만약 따라서 기뻐하면서 무상정등보리에 회향하는 마음을 일으켰거나 일으키고자 하였다면 따라서 기뻐하면서 상응하여 이와 같이 회향을 지어야 하나니 이를테면, '여러 여래·응공·정등각과 여러 제자들은 모두가 이미 멸도(滅度)[1]하신 것과 같이, 공덕과 선근도 역시 다시 이와 같으며, 내가 따라서 같이 기뻐하면서 무상정등보리에 회향하는 마음을 일으켰거나 일으키는 것과 회향하는 무상정등보리라는 것의 그 자성도 역시 그와 같다.'라고 이렇게 생각을 지었고, 이와 따라서 기뻐하면서 무상정등보리에 회향한다면, 전도된 생각이 없고 전도된 마음이 없으며 전도된 견해가 없습니다.

만약 보살마하살이 상(相)을 취하는 것으로써 방편으로 삼아서 반야바라밀다를 수행하면서 그 일체불과 제자들의 공덕과 선근에서 상을 취하면서 따라서 기뻐하고 무상정등보리에 회향한다면 이것은 잘 따라서 기뻐하면서 회향하는 것이 아니고, 과거불과 제자들의 공덕과 선근으로써 상(相)과 무상(無相)이라는 경계(境界)를 취할 수 없나니, 이 보살마하살은 취한 상으로써 따라서 기뻐하고 무상정등보리에 회향한다는 생각을 일으키므

1) 모든 번뇌를 남김없이 소멸한 열반을 가리키고, '원적(圓寂)', '적멸(寂滅)' 등으로 불린다.

로, 이러한 까닭으로 따라서 기뻐하면서 회향하는 것이 아닙니다. 오히려 이러한 인연으로 전도된 생각에 떨어지고 전도된 마음에 떨어지며 전도된 견해에 떨어집니다.

만약 보살마하살이 상을 취하지 않는 것으로써 방편으로 삼아서 반야바라밀다를 수행하면서 그 일체불과 제자들의 공덕과 선근에서 상을 벗어나고 따라서 기뻐하고 무상정등보리에 회향한다면 이것은 잘 따라서 기뻐하면서 회향하는 것이라고 이름합니다. 오히려 이러한 인연으로 따라서 기뻐하면서 회향하면서 전도된 생각을 벗어나고 전도된 마음을 벗어나며 전도된 견해를 벗어납니다."

그때 미륵보살마하살이 구수 선현에게 물어 말하였다.

"대덕이여. 어찌 보살마하살은 제여래·응공·정등각과 제자들의 공덕과 선근에서, 따라서 기뻐하면서 복업의 일 등을 함께 행하고, 모두 상을 취하지 않았으나, 능히 따라서 기뻐하고 무상정등보리에 회향한다고 말합니까?"

구수 선현이 대답하여 말하였다.

"대사시여. 보살마하살이 수학하는 것인 반야바라밀다 가운데에는 이와 같은 선교방편(善巧方便)이 있으므로, 비록 상을 취하지 않을지라도 지었던 것이 성취되나니, 반야바라밀다를 벗어나지 않는다면 일을 따라서 기뻐하고 함께 행한 여러 복업의 일을 일으켰거나 일으켜서 무상정등보리에 회향할 수 있습니다."

미륵보살마하살이 말하였다.

"대덕 선현이여. 이렇게 설하지 마십시오. 그 까닭은 무엇인가? 매우 깊은 반야바라밀다 가운데에서 일체의 여래·응공·정등각 및 제자들의 여러 공덕과 선근은 모두가 무소유이므로 얻을 수 없는 까닭이고, 따라서 기뻐하면서 지었던 것의 여러 복업의 일도 역시 무소유이므로 얻을 수 없는 까닭이며, 발심하여 무상보리에 회향하는 것도 무소유이므로 얻을 수 없는 까닭입니다. 이 가운데에서 보살마하살이 반야바라밀다를 수행하는 때에, '과거의 제불 및 제자들의 여러 공덕과 선근은 이미 자성이 소멸되었고, 따라서 기뻐하면서 지었던 것의 여러 복업의 일과 발심하여 무상보리에 회향한 자성도 역시 모두 적정(寂靜)하게 소멸되었습니다.

내가 만약 그 일체의 여래·응공·정등각 및 제자들의 여러 공덕과 선근에서 상을 취하여 분별하거나, 더불어 따라서 기뻐하면서 지었던 것의 여러 복업의 일을 함께 행하였거나, 발심하여 회향한 무상보리에 상을 취하여 분별한다면, 이것으로써 상을 취하여 분별하면서 방편으로 삼고서 따라서 기뻐하고 무상정등보리에 회향을 일으켰거나 일으키나니, 제불·세존께서는 모든 처소에서 허락하지 않으신다.'라고 상응하여 이와 같이 관찰해야 합니다. 왜 그러한가? 이미 열반하신 제불·세존 및 제자들께서 상을 취하여 분별하고 따라서 기뻐하며 무상정등보리에 회향하였다면, 이것은 크게 얻은 것이 있었던 까닭입니다. 이러한 까닭으로 보살마하살은 제불·세존 및 제자들의 많은 공덕과 선근에서 무상정등보리에 따라서 기뻐하면서 회향을 바르게 일으켰다면, 이 가운데에서 얻을 것이 있다고 상을 취하고 분별하면서 따라서 기뻐하고 회향하는 것에 상응하지 않아야 합니다.

만약 이 가운데에서 얻을 것이 있다고 상을 취하고 분별하면서 따라서 기뻐하고 회향한다면, 세존께서는 그것에 큰 의미와 이익이 있다고 설하시지 않았을 것입니다. 왜 그러한가? 이와 같이 따라서 기뻐하고 회향하는 마음은 망상(妄想)의 분별이므로 독약(毒藥)이 섞여 있는 까닭입니다. 비유한다면, 음식이 있어서 비록 상묘(上妙)한 색깔·향기·좋은 맛을 갖추었고 독약이 섞여 있더라도, 어리석은 사람은 지식이 얕아서 욕심내면서 취하여 그것을 먹습니다. 비록 처음에는 기분이 좋으며 환희(歡喜)하고 쾌락(快樂)을 느낄지라도 뒤에 음식이 소화되면 여러 고통을 받거나, 혹은 죽을뻔하거나, 목숨을 잃는 것과 같습니다.

이와 같아서 한 부류의 보특가라(補特伽羅)[2]는 잘 수지(受持)하지 않고

2) 산스크리트어 pudgala의 음사이고, '사람', '중생', '자아(自我)' 등을 뜻한다.

잘 관찰(觀察)하지도 않으며, 잘 독송(誦讀)하지도 않고, 명료하게 뜻을 알지도 못하지만, 대승의 종성(種性)인 자(者)에게 알려 말해야 합니다.

'오십시오. 선남자여. 그대는 과거·미래·현재의 일체 여래·응공·정등각께서 초발심부터 무상정등보리를 증득하셨으며 미묘한 법륜(法輪)을 굴리면서 무량한 중생을 제도하시고서 무여의반열반(無餘依般涅槃)에 들어가셨으며, 나아가 법이 소멸하기까지 그 중간에 반야바라밀다를 수행하면서 이미 집적하셨거나 미래에 집적하고자 하셨거나 현재에 집적하시는 선근이거나, 만약 정려·정진·안인·정계·보시바라밀다를 수행하면서 이미 집적하셨거나 미래에 집적하고자 하셨거나 현재에 집적하시는 선근이거나, 만약 내공에 안주하여 이미 집적하셨거나 미래에 집적하고자 하셨거나 현재에 집적하시는 선근이거나, 만약 외공·내외공·공공·대공·승의공·유위공·무위공·필경공·무제공·산공·무변이공·본성공·자상공·공상공·일체법공·불가득공·무성공·자성공·무성자성공에 안주하면서 이미 집적하셨거나 미래에 집적하고자 하셨거나 현재에 집적하시는 선근이거나, 만약 진여에 안주하면서 이미 집적하셨거나 미래에 집적하고자 하셨거나 현재에 집적하시는 선근이거나, 만약 법계·법성·불허망성·불변이성·평등성·이생성·법정·법주·실제·허공계·부사의계에 안주하면서 이미 집적하셨거나 미래에 집적하고자 하셨거나 현재에 집적하시는 선근이거나, 만약 고성제에 안주하면서 이미 집적하셨거나 미래에 집적하고자 하셨거나 현재에 집적하시는 선근이거나, 만약 집·멸·도성제에 안주하면서 이미 집적하셨거나 미래에 집적하고자 하셨거나 현재에 집적하시는 선근이거나, 만약 4정려를 수행하면서 이미 집적하셨거나 미래에 집적하고자 하셨거나 현재에 집적하시는 선근이거나, 만약 4무량·4무색정을 수행하면서 이미 집적하셨거나 미래에 집적하고자 하셨거나 현재에 집적하시는 선근이거나, 만약 8해탈을 수행하면서 이미 집적하셨거나 미래에 집적하고자 하셨거나 현재에 집적하시는 선근이거나, 만약 8승처·9차제정·10변처를 이미 집적하셨거나 미래에 집적하고자 하셨거나 현재에 집적하시는 선근이거나, 만약 4념주를 이미 집적하셨거나 미래에 집적하고자 하셨거나 현재에 집적하시는 선근이거나, 만약 4정단·4신족·5근·5력·7등각지·8성도지를 이미 집적하셨거나 미래에 집적하고자 하셨거나 현재에 집적하시는 선근이거나, 만약 공해탈문을 이미 집적하셨거나 미래에 집적하고자 하셨거나 현재에 집적하시는 선근이거나, 만약 무상·무원해탈문을 이미 집적하셨거나 미래에 집적하고자 하셨거나 현재에 집적하시는 선근이거나, 만약 5안을 이미 집적하셨거나 미래에 집적하고자 하셨거나 현재에 집적하시는 선근이거나, 만약 6신통을 이미 집적하셨거나 미래에 집적하시려거나 현재에 집적하시는 선근이거나, 만약 여래의 10력을 이미 집적하셨거나 미래에 집적하고자 하셨거나 현재에 집적하시는 선근이거나, 만약 4무소외·4무애해·대자·대비·대희·대사·18불불공법을 이미 집적하셨거나 미래에 집적하고자 하셨거나 현재에 집적하시는 선근이거나, 만약 무망실법을 이미 집적하셨거나 미래에 집적하고자 하셨거나 현재에 집적하시는 선근이거나, 만약 항주사성을 이미 집적하셨거나 미래에 집적하고자 하셨거나 현재에 집적하시는 선근이거나, 만약 일체지를 이미 집적하셨거나 미래에 집적하고자 하셨거나 현재에 집적하시는 선근이거나, 만약 도상지·일체상지를 이미 집적하셨거나 미래에 집적하고자 하셨거나 현재에 집적하시는 선근이거나, 만약 일체의 다라니문을 수행하여 이미 집적하셨거나 미래에 집적하고자 하셨거나 현재에 집적하시는 선근이거나, 만약 일체의 삼마지문을 이미 집적하셨거나 미래에 집적하고자 하셨거나 현재에 집적하시는 선근이거나, 만약 불국토를 청정하게 장엄하면서 이미 집적하셨거나 미래에 집적하고자 하셨거나 현재에 집적하시는 선근이거나, 만약 유정들을 성숙시키면서 이미 집적하셨거나 미래에 집적하고자 하셨거나 현재에 집적하시는 선근이거나, 만약 제여래·응공·정등각께서 소유하신 계온·정온·혜온·해탈온·해탈지견온과 나머지의 일체가 무수이고 무량하며 무변한 공덕이거나, 만약 불제자(佛弟子)의 일체의 유루(有漏)·무루(無漏)의 선근이거나, 만약 제여래·응공·정등각께서 과거·현재·미래에 여러 천인과 인간 등에게 수기(授記)하신 독각의 보리가 소유한 공덕이거나, 만약 여러 천인·용·약차·건달박·아소락·갈로다·긴나락·마호락가·인비인 등이 이미 집적하였거나 미래에 집적하고자 하셨거나 현재에 집적하는 선근이거나, 만약 선남자와 선여인 등이 여러 공덕으로 따라서 기뻐하면서 회향하는 선근을 일으켰고 일으키거나, 이와 같은 일체를 합치고 집적하여 칭찬(稱量)하고 현전(現前)에서 따라서 기뻐하며 일체의 유정들과 함께 공동으로 아뇩다라삼먁삼보리에 회향하십시오.'

이와 같이 말하면서 따라서 기뻐하고 회향하였다면 얻을 것이 있다고 상을 취하면서 분별하였고 방편으로 삼았다면, 음식에 독약이 섞였으므로 처음에는 이익일지라도 뒤에는 손해인 것과 같습니다. 그러므로 이것은 잘 따라서 기뻐하며 회향하는 것이 아닙니다. 그 까닭은 무엇인가? 얻을 것이 있다고 상을 취하면서 분별하고 따라서 기뻐하며 회향하는 마음을 일으켰고 일으키므로, 인(因)이 있고 연(緣)이 있으며 작의(作意)가 있고 희론(戱論)이 있으므로 반야바라밀다에 상응하지 않습니다. 그것은 독약이 섞인 까닭으로 곧 세존을 비방하는 것이고, 세존의 가르침을 따르지 않는 것이며, 법을 따르지 않은 말이나니, 보살의 종성(種姓)인 보특가라는 그들이 말하는 것에 상응하여 수학하지 않아야 합니다.

이러한 까닭으로 대덕이시여. '보살승(菩薩乘)에 안주하는 여러 선남자와 선여인 등은 과거·미래·현재의 시방세계의 일체 여래·응공·정등각 및 제자들의 공덕과 선근을 어찌하여 따라서 기뻐하면서 회향합니까?'라고 상응하여 말해야 합니다. 이를테면, 그 제불께서 초발심부터 나아가 무상정등보리를 증득하셨고 미묘한 법륜을 굴리면서 무량한 대중들을 제도하시고서 무여의반열반에 들어가셨으며, 나아가 법이 소멸되기까지 그 중간에 만약 반야바라밀다를 수행하면서 집적하셨던 여러 선근이거나, 만약 정려·정진·안인·정계·보시바라밀다를 수행하면서 집적하셨던 여러 선근이거나, 내공에 안주하면서 집적하셨던 여러 선근이거나, 만약 외공·내외공·공공·대공·승의공·유위공·무위공·필경공·무제공·산공·무변이공·본성공·자상공·공상공·일체법공·불가득공·무성공·자성공·무성자성공에 안주하면서 집적하셨던 여러 선근이거나, 만약 진여에 안주하면서 집적하셨던 여러 선근이거나, 만약 법계·법성·불허망성·불변이성·평등성·이생성·법정·법주·실제·허공계·부사의계에 안주하면서 집적하셨던 여러 선근이거나, 만약 고성제에 안주하면서 집적하셨던 여러 선근이거나, 만약 집·멸·도성제에 안주하면서 집적하셨던 여러 선근이거나, 만약 4무량·4무색정을 수행하면서 집적하셨던 여러 선근이거나, 만약 8해탈을 수행하여 쌓으신 모든 선근과 또 8승처·9차제정·10변처를 수행하면서 집적하셨던 여러 선근이거나, 만약 4념주를 수행하면서 집적하셨던 여러 선근이거나, 만약 4정단·4신족·5근·5력·7등각지·8성도지를 수행하면서 집적하셨던 여러 선근이거나, 만약 공해탈문을 수행하면서 집적하셨던 여러 선근이거나, 만약 무상·무원해탈문을 수행하면서 집적하셨던 여러 선근이거나, 만약 5안을 수행하면서 집적하셨던 여러 선근이거나, 만약 6신통을 수행하면서 집적하셨던 여러 선근이거나, 만약 여래의 10력을 수행하면서 집적하셨던 여러 선근이거나, 만약 4무소외 4무애해·대자·대비·대희·대사와 18불불공법을 수행하면서 집적하셨던 여러 선근이거나, 만약 무망실법을 수행하면서 집적하셨던 여러 선근이거나, 만약 항주사성을 수행하면서 집적하셨던 여러 선근이거나, 만약 일체지를 수행하면서 집적하셨던 여러 선근이거나, 만약 도상지와 일체상지를 수행하면서 집적하셨던 여러 선근이거나, 만약 일체의 다라니문을 수행하면서 집적하셨던 여러 선근이거나, 만약 일체의 삼마지문을 수행하면서 집적하셨던 여러 선근이거나, 만약 불국토를 청정하게 장엄하면서 집적하셨던 여러 선근이거나, 만약 유정들을 성숙시키면서 집적하셨던 여러 선근이거나, 만약 제여래·응공·정등각께서 소유하신 계온·정온·혜온·해탈온·해탈지견온과 나머지의 일체가 무수이고 무량하며 무변한 공덕이거나, 만약 불제자의 일체의 유루·무루의 선근이거나, 만약 제여래·응공·정등각께서 과거·현재·미래에 여러 천인과 인간 등에게 수기하신 독각의 보리가 소유한 공덕이거나, 만약 여러 천인·용·약차·건달박·아소락·갈로다·긴나락·마호락가·인비인 등이 집적하였던 선근이거나, 만약 선남자와 선여인 등이 여러 공덕으로 따라서 기뻐하면서 회향하는 선근을 일으켰고 일으킨다면, 보살승에 머무는 여러 선남자 선여인 등은 어찌 그 공덕과 선근에서 따라서 기뻐하며 무상정등보리에 회향을 일으켰거나 일으킬 수 있습니까?"

구수 선현이 아뢰어 말하였다.

"대사시여. 보살승에 안주하는 여러 선남자와 선여인 등이 반야바라밀다를 수행하면서 만약 제불·세존을 비방하지 않으려고 하면서 따라서 기뻐하고 회향하는 마음을 일으키려는 자는 '제여래·응공·정등각께서 무상(無上)의 불지(佛智)[3]로써 여러 공덕과 선근의 이와 같은 부류가 있고 이와 같은 체성(體)이 있으며 이와 같은 상(相)이 있고 이와 같은 법이 있다는 것을 요달(了達)하시어 두루 아시고서 따라서 기뻐하시는 것과 같이, 나도 지금 역시 상응하여 이와 같이 따라서 기뻐하겠다. 또한 제여래·응공·정등각께서 무상의 불지로써 이와 같은 여러 복업의 일을 무상정등보리에 회향하는 것을 요달하시어 두루 아시는 것과 같이, 나도 지금 역시 상응하여 이와 같이 회향하겠다.'라고 상응하여 이렇게 생각을 지어야 합니다.

보살승에 안주하는 선남자와 선여인 등은 제여래·응공·정등각 및 제자들의 공덕과 선근에서 이와 같이 따라서 기뻐하면서 회향하는 것을 상응하여 지어야 합니다. 만약 이와 같이 따라서 기뻐하고 회향한다면 곧 세존을 비방하지 않는 것이고, 세존의 가르침을 따르는 것이며, 법을 따르면서 설한 것이니, 이 보살마하살이 이와 같이 따라서 기뻐하고 회향하는 마음은 영원히 여러 독약을 벗어나고 결국은 감로(甘露)인 무상보리에 이르게 됩니다.

다시 다음으로 대사시여. 보살승에 안주하는 여러 선남자와 선여인 등은 반야바라밀다를 수행하면서 제여래·응공·정등각 및 제자들의 공덕과 선근에서 이와 같이 따라서 기뻐하면서 회향하는 것을 상응하여 지어야

---

3) 산스크리트어 anuttra-samyak-sambodhi의 번역이고, 무상정등정각(無上正等正覺)을 가리킨다.

하나니, 색이 욕계(欲界)·색계(色界)·무색계(無色界)에 떨어지지 않았고, 이미 삼계(三界)에 떨어지지 않았다면 곧 과거·미래·현재도 아닌 것과 같이, 따라서 기뻐하며 회향하는 것도 역시 상응하여 이와 같아야 하고, 수·상·행·식이 욕계·색계·무색계에 떨어지지 않았고, 이미 삼계에 떨어지지 않았다면, 곧 과거·미래·현재도 아닌 것과 같이, 따라서 기뻐하며 회향하는 것도 역시 상응하여 이와 같아야 합니다.

안처가 욕계·색계·무색계에 떨어지지 않았고, 이미 삼계에 떨어지지 않았다면 곧 과거·미래·현재도 아닌 것과 같이, 따라서 기뻐하며 회향하는 것도 역시 상응하여 이와 같아야 하고, 이·비·설·신·의처가 욕계·색계·무색계에 떨어지지 않았고, 이미 삼계에 떨어지지 않았다면, 곧 과거·미래·현재도 아닌 것과 같이, 따라서 기뻐하며 회향하는 것도 역시 상응하여 이와 같아야 합니다.

색처가 욕계·색계·무색계에 떨어지지 않았고, 이미 삼계에 떨어지지 않았다면 곧 과거·미래·현재도 아닌 것과 같이, 따라서 기뻐하며 회향하는 것도 역시 상응하여 이와 같아야 하고, 성·향·미·촉·법처가 욕계·색계·무색계에 떨어지지 않았고, 이미 삼계에 떨어지지 않았다면, 곧 과거·미래·현재도 아닌 것과 같이, 따라서 기뻐하며 회향하는 것도 역시 상응하여 이와 같아야 합니다.

안계가 욕계·색계·무색계에 떨어지지 않았고, 이미 삼계에 떨어지지 않았다면 곧 과거·미래·현재도 아닌 것과 같이, 따라서 기뻐하며 회향하는 것도 역시 상응하여 이와 같아야 하고, 색계·안식계, 나아가 안촉·안촉을 인연으로 생겨난 여러 수가 욕계·색계·무색계에 떨어지지 않았고, 이미 삼계에 떨어지지 않았다면, 곧 과거·미래·현재도 아닌 것과 같이, 따라서 기뻐하며 회향하는 것도 역시 상응하여 이와 같아야 합니다.

이계가 욕계·색계·무색계에 떨어지지 않았고, 이미 삼계에 떨어지지 않았다면 곧 과거·미래·현재도 아닌 것과 같이, 따라서 기뻐하며 회향하는 것도 역시 상응하여 이와 같아야 하고, 성계·이식계, 나아가 이촉·이촉을 인연으로 생겨난 여러 수가 욕계·색계·무색계에 떨어지지 않았고, 이미 삼계에 떨어지지 않았다면, 곧 과거·미래·현재도 아닌 것과 같이, 따라서 기뻐하며 회향하는 것도 역시 상응하여 이와 같아야 합니다.

비계가 욕계·색계·무색계에 떨어지지 않았고, 이미 삼계에 떨어지지 않았다면 곧 과거·미래·현재도 아닌 것과 같이, 따라서 기뻐하며 회향하는 것도 역시 상응하여 이와 같아야 하고, 향계·비식계, 나아가 비촉·비촉을 인연으로 생겨난 여러 수가 욕계·색계·무색계에 떨어지지 않았고, 이미 삼계에 떨어지지 않았다면, 곧 과거·미래·현재도 아닌 것과 같이, 따라서 기뻐하며 회향하는 것도 역시 상응하여 이와 같아야 합니다.

설계가 욕계·색계·무색계에 떨어지지 않았고, 이미 삼계에 떨어지지 않았다면 곧 과거·미래·현재도 아닌 것과 같이, 따라서 기뻐하며 회향하는 것도 역시 상응하여 이와 같아야 하고, 미계·설식계, 나아가 설촉·설촉을 인연으로 생겨난 여러 수가 욕계·색계·무색계에 떨어지지 않았고, 이미 삼계에 떨어지지 않았다면, 곧 과거·미래·현재도 아닌 것과 같이, 따라서 기뻐하며 회향하는 것도 역시 상응하여 이와 같아야 합니다.

신계가 욕계·색계·무색계에 떨어지지 않았고, 이미 삼계에 떨어지지 않았다면 곧 과거·미래·현재도 아닌 것과 같이, 따라서 기뻐하며 회향하는 것도 역시 상응하여 이와 같아야 하고, 촉계·신식계, 나아가 신촉·신촉을 인연으로 생겨난 여러 수가 욕계·색계·무색계에 떨어지지 않았고, 이미 삼계에 떨어지지 않았다면, 곧 과거·미래·현재도 아닌 것과 같이, 따라서 기뻐하며 회향하는 것도 역시 상응하여 이와 같아야 합니다.

의계가 욕계·색계·무색계에 떨어지지 않았고, 이미 삼계에 떨어지지 않았다면 곧 과거·미래·현재도 아닌 것과 같이, 따라서 기뻐하며 회향하는 것도 역시 상응하여 이와 같아야 하고, 법계·의식계, 나아가 의촉·의촉을 인연으로 생겨난 여러 수가 욕계·색계·무색계에 떨어지지 않았고, 이미 삼계에 떨어지지 않았다면, 곧 과거·미래·현재도 아닌 것과 같이, 따라서 기뻐하며 회향하는 것도 역시 상응하여 이와 같아야 합니다.

지계가 욕계·색계·무색계에 떨어지지 않았고, 이미 삼계에 떨어지지 않았다면 곧 과거·미래·현재도 아닌 것과 같이, 따라서 기뻐하며 회향하는 것도 역시 상응하여 이와 같아야 하고, 수·화·풍·공·식계가 욕계·색계·무색계에 떨어지지 않았고, 이미 삼계에 떨어지지 않았다면, 곧 과거·미래·현재도 아닌 것과 같이, 따라서 기뻐하며 회향하는 것도 역시 상응하여 이와 같아야 합니다.

무명이 욕계·색계·무색계에 떨어지지 않았고, 이미 삼계에 떨어지지 않았다면 곧 과거·미래·현재도 아닌 것과 같이, 따라서 기뻐하며 회향하는 것도 역시 상응하여 이와 같아야 하고, 행·식·명색·육처·촉·수·애·취·유·생·노사의 수탄고우뇌가 욕계·색계·무색계에 떨어지지 않았고, 이미 삼계에 떨어지지 않았다면, 곧 과거·미래·현재도 아닌 것과 같이, 따라서 기뻐하며 회향하는 것도 역시 상응하여 이와 같아야 합니다.

보시바라밀다가 욕계·색계·무색계에 떨어지지 않았고, 이미 삼계에 떨어지지 않았다면 곧 과거·미래·현재도 아닌 것과 같이, 따라서 기뻐하며 회향하는 것도 역시 상응하여 이와 같아야 하고, 정계·안인·정진·정려·반야바라밀다가 욕계·색계·무색계에 떨어지지 않았고, 이미 삼계에 떨어지지 않았다면, 곧 과거·미래·현재도 아닌 것과 같이, 따라서 기뻐하며 회향하는 것도 역시 상응하여 이와 같아야 합니다.

내공이 욕계·색계·무색계에 떨어지지 않았고, 이미 삼계에 떨어지지 않았다면 곧 과거·미래·현재도 아닌 것과 같이, 따라서 기뻐하며 회향하는 것도 역시 상응하여 이와 같아야 하고, 외공·내외공·공공·대공·승의공·유위공·무위공·필경공·무제공·산공·무변이공·본성공·자상공·공상공·일체법공·불가득공·무성공·자성공·무성자성공이 욕계·색계·무색계에 떨어지지 않았고, 이미 삼계에 떨어지지 않았다면, 곧 과거·미래·현재도 아닌 것과 같이, 따라서 기뻐하며 회향하는 것도 역시 상응하여 이와 같아야 합니다.

진여가 욕계·색계·무색계에 떨어지지 않았고, 이미 삼계에 떨어지지 않았다면 곧 과거·미래·현재도 아닌 것과 같이, 따라서 기뻐하며 회향하는 것도 역시 상응하여 이와 같아야 하고, 법계·법성·불허망성·불변이성·평등성·이생성·법정·법주·실제·허공계·부사의계가 욕계·색계·무색계에 떨어지지 않았고, 이미 삼계에 떨어지지 않았다면, 곧 과거·미래·현재도 아닌 것과 같이, 따라서 기뻐하며 회향하는 것도 역시 상응하여 이와 같아야 합니다.

고성제가 욕계·색계·무색계에 떨어지지 않았고, 이미 삼계에 떨어지지 않았다면 곧 과거·미래·현재도 아닌 것과 같이, 따라서 기뻐하며 회향하는 것도 역시 상응하여 이와 같아야 하고, 집·멸·도성제가 욕계·색계·무색계에 떨어지지 않았고, 이미 삼계에 떨어지지 않았다면, 곧 과거·미래·현재도 아닌 것과 같이, 따라서 기뻐하며 회향하는 것도 역시 상응하여 이와 같아야 합니다.

4정려가 욕계·색계·무색계에 떨어지지 않았고, 이미 삼계에 떨어지지 않았다면 곧 과거·미래·현재도 아닌 것과 같이, 따라서 기뻐하며 회향하는 것도 역시 상응하여 이와 같아야 하고, 4무량·4무색정이 욕계·색계·무색계에 떨어지지 않았고, 이미 삼계에 떨어지지 않았다면, 곧 과거·미래·현재도 아닌 것과 같이, 따라서 기뻐하며 회향하는 것도 역시 상응하여 이와 같아야 합니다.

8해탈이 욕계·색계·무색계에 떨어지지 않았고, 이미 삼계에 떨어지지 않았다면 곧 과거·미래·현재도 아닌 것과 같이, 따라서 기뻐하며 회향하는 것도 역시 상응하여 이와 같아야 하고, 8승처·9차제정·10변처가 욕계·색계·무색계에 떨어지지 않았고, 이미 삼계에 떨어지지 않았다면, 곧 과거·미래·현재도 아닌 것과 같이, 따라서 기뻐하며 회향하는 것도 역시 상응하여 이와 같아야 합니다.

4념주가 욕계·색계·무색계에 떨어지지 않았고, 이미 삼계에 떨어지지 않았다면 곧 과거·미래·현재도 아닌 것과 같이, 따라서 기뻐하며 회향하는 것도 역시 상응하여 이와 같아야 하고, 4정단·4신족·5근·5력·7등각지·8성도지가 욕계·색계·무색계에 떨어지지 않았고, 이미 삼계에 떨어지지 않았다면, 곧 과거·미래·현재도 아닌 것과 같이, 따라서 기뻐하며 회향하는 것도 역시 상응하여 이와 같아야 합니다.

공해탈문이 욕계·색계·무색계에 떨어지지 않았고, 이미 삼계에 떨어지지지 않았다면 곧 과거·미래·현재도 아닌 것과 같이, 따라서 기뻐하며 회향하는 것도 역시 상응하여 이와 같아야 하고, 무상·무원해탈문이 욕계·색계·무색계에 떨어지지 않았고, 이미 삼계에 떨어지지 않았다면, 곧 과거·미래·현재도 아닌 것과 같이, 따라서 기뻐하며 회향하는 것도 역시 상응하여 이와 같아야 합니다.

5안이 욕계·색계·무색계에 떨어지지 않았고, 이미 삼계에 떨어지지 않았다면 곧 과거·미래·현재도 아닌 것과 같이, 따라서 기뻐하며 회향하는 것도 역시 상응하여 이와 같아야 하고, 6신통이 욕계·색계·무색계에 떨어지지 않았고, 이미 삼계에 떨어지지 않았다면, 곧 과거·미래·현재도 아닌 것과 같이, 따라서 기뻐하며 회향하는 것도 역시 상응하여 이와 같아야 합니다.

여래의 10력이 욕계·색계·무색계에 떨어지지 않았고, 이미 삼계에 떨어지지 않았다면 곧 과거·미래·현재도 아닌 것과 같이, 따라서 기뻐하며 회향하는 것도 역시 상응하여 이와 같아야 하고, 4무소외·4무애해·대자·대비·대희·대사·18불불공법이 욕계·색계·무색계에 떨어지지 않았고, 이미 삼계에 떨어지지 않았다면, 곧 과거·미래·현재도 아닌 것과 같이, 따라서 기뻐하며 회향하는 것도 역시 상응하여 이와 같아야 합니다.

무망실법이 욕계·색계·무색계에 떨어지지 않았고, 이미 삼계에 떨어지지 않았다면 곧 과거·미래·현재도 아닌 것과 같이, 따라서 기뻐하며 회향하는 것도 역시 상응하여 이와 같아야 하고, 항주사성이 욕계·색계·무색계에 떨어지지 않았고, 이미 삼계에 떨어지지 않았다면, 곧 과거·미래·현재도 아닌 것과 같이, 따라서 기뻐하며 회향하는 것도 역시 상응하여 이와 같아야 합니다.

일체지가 욕계·색계·무색계에 떨어지지 않았고, 이미 삼계에 떨어지지 않았다면 곧 과거·미래·현재도 아닌 것과 같이, 따라서 기뻐하며 회향하는 것도 역시 상응하여 이와 같아야 하고, 도상지·일체상지가 욕계·색계·무색계에 떨어지지 않았고, 이미 삼계에 떨어지지 않았다면, 곧 과거·미래·현재도 아닌 것과 같이, 따라서 기뻐하며 회향하는 것도 역시 상응하여 이와 같아야 합니다.

일체의 다라니문이 욕계·색계·무색계에 떨어지지 않았고, 이미 삼계에 떨어지지 않았다면 곧 과거·미래·현재도 아닌 것과 같이, 따라서 기뻐하며 회향하는 것도 역시 상응하여 이와 같아야 하고, 일체의 삼마지문이 욕계·색계·무색계에 떨어지지 않았고, 이미 삼계에 떨어지지 않았다면, 곧 과거·미래·현재도 아닌 것과 같이, 따라서 기뻐하며 회향하는 것도 역시 상응하여 이와 같아야 합니다.

계온(戒蘊)이 욕계·색계·무색계에 떨어지지 않았고, 이미 삼계에 떨어지지 않았다면 곧 과거·미래·현재도 아닌 것과 같이, 따라서 기뻐하며 회향하는 것도 역시 상응하여 이와 같아야 하고, 정온(定蘊)·혜온(慧蘊)·해탈온(解脫蘊)·해탈지견온(解脫知見蘊)이 욕계·색계·무색계에 떨어지지 않았고, 이미 삼계에 떨어지지 않았다면, 곧 과거·미래·현재도 아닌 것과 같이, 따라서 기뻐하며 회향하는 것도 역시 상응하여 이와 같아야 합니다.

예류과(預流果)가 욕계·색계·무색계에 떨어지지 않았고, 이미 삼계에 떨어지지 않았다면 곧 과거·미래·현재도 아닌 것과 같이, 따라서 기뻐하며 회향하는 것도 역시 상응하여 이와 같아야 하고, 일래과(一來果)·불환과(不還果)·아라한과(阿羅漢果)가 욕계·색계·무색계에 떨어지지 않았고, 이미 삼계에 떨어지지 않았다면, 곧 과거·미래·현재도 아닌 것과 같이, 따라서 기뻐하며 회향하는 것도 역시 상응하여 이와 같아야 합니다.

독각의 보리가 욕계·색계·무색계에 떨어지지 않았고, 이미 삼계에 떨어지지 않았다면 곧 과거·미래·현재도 아닌 것과 같이, 따라서 기뻐하며 회향하는 것도 역시 상응하여 이와 같아야 하고, 제보살마하살의 행이 욕계·색계·무색계에 떨어지지 않았고, 이미 삼계에 떨어지지 않았다면, 곧 과거·미래·현재도 아닌 것과 같이, 따라서 기뻐하며 회향하는 것도 역시 상응하여 이와 같아야 하며, 제불의 무상정등보리가 욕계·색계·무색계에 떨어지지 않았고, 이미 삼계에 떨어지지 않았다면 곧 과거·미래·현재도 아닌 것과 같이, 따라서 기뻐하며 회향하는 것도 역시 상응하여 이와 같아야 합니다.

그 까닭은 무엇인가? 그 제법의 자성이 공한 까닭으로 삼계에 떨어지지 않고 삼세(三世)에 섭수되지 않은 것과 같이, 따라서 기뻐하며 회향하는 것도 역시 이와 같나니 이를테면, 제여래·응공·정등각은 자성이 공한 까닭으로 삼계에 떨어지지 않고 삼세에 섭수되지 않으며, 제불의 공덕은 자성이 공한 까닭으로 삼계에 떨어지지 않고 삼세에 섭수되지 않으며, 성문과 독각 및 인간과 천인 등은 자성이 공한 까닭으로 삼계에 떨어지지 않고 삼세에 섭수되지 않으며, 그 여러 선근은 자성이 공한 까닭으로 삼계에 떨어지지 않고 삼세에 섭수되지 않으며, 그 따라서 기뻐하는 것은 자성이 공한 까닭으로 삼계에 떨어지지 않고 삼세에 섭수되지 않으며, 회향하는 법은 자성이 공한 까닭으로 삼계에 떨어지지 않고 삼세에 섭수되지 않으며, 능히 회향할 수 있는 자는 자성이 공한 까닭으로 삼계에 떨어지지 않고 삼세에 섭수되지 않습니다.

만약 보살마하살이 반야바라밀다를 수행한다면 색이 욕계·색계·무색계에 떨어지지 않는다고 여실(如實)하게 알고 수·상·행·식이 욕계·색계·무색계에 떨어지지 않는다고 여실하게 알게 됩니다. 만약 함께 삼계에 떨어지지 않는다면 곧 과거·미래·현재가 아니고, 만약 삼세가 아니라면 곧 그 유상(有相)을 방편으로 삼거나 얻을 수 있는 것을 방편으로 삼으므로, 따라서 기뻐하며 무상정등보리에 회향하는 마음을 발생(發生)시킬 수 없습니다. 왜 그러한가? 색 등의 법은 자성이 생겨나지 않는 까닭이니, 만약 법이 생겨나지 않는다면 곧 무소유이고, 그 무소유의 법으로써 따라서 기뻐하면서 무소유에 회향할 수 없는 까닭입니다.

만약 보살마하살이 반야바라밀다를 수행한다면 안처가 욕계·색계·무색계에 떨어지지 않는다고 여실하게 알고 이·비·설·신·의처가 욕계·색계·무색계에 떨어지지 않는다고 여실하게 알게 됩니다. 만약 함께 삼계에 떨어지지 않는다면 곧 과거·미래·현재가 아니고, 만약 삼세가 아니라면 곧 그 유상을 방편으로 삼거나 얻을 수 있는 것을 방편으로 삼으므로, 따라서 기뻐하며 무상정등보리에 회향하는 마음을 발생시킬 수 없습니다. 왜 그러한가? 안처 등의 법은 자성이 생겨나지 않는 까닭이니, 만약 법이 생겨나지 않는다면 곧 무소유이고, 그 무소유의 법으로써 따라서 기뻐하면서 무소유에 회향할 수 없는 까닭입니다.

만약 보살마하살이 반야바라밀다를 수행한다면 색처가 욕계·색계·무색계에 떨어지지 않는다고 여실하게 알고 성·향·미·촉·법처가 욕계·색계·무색계에 떨어지지 않는다고 여실하게 알게 됩니다. 만약 함께 삼계에 떨어지지 않는다면 곧 과거·미래·현재가 아니고, 만약 삼세가 아니라면 곧 그 유상을 방편으로 삼거나 얻을 수 있는 것을 방편으로 삼으므로, 따라서 기뻐하며 무상정등보리에 회향하는 마음을 발생시킬 수 없습니다. 왜 그러한가? 색처 등의 법은 자성이 생겨나지 않는 까닭이니, 만약 법이 생겨나지 않는다면 곧 무소유이고, 그 무소유의 법으로써 따라서 기뻐하면서 무소유에 회향할 수 없는 까닭입니다.

만약 보살마하살이 반야바라밀다를 수행한다면 안계가 욕계·색계·무색계에 떨어지지 않는다고 여실하게 알고 색계·안식계, 나아가 안촉·안촉을 인연으로 생겨난 여러 수가 욕계·색계·무색계에 떨어지지 않는다고 여실하게 알게 됩니다. 만약 함께 삼계에 떨어지지 않는다면 곧 과거·미래·현재가 아니고, 만약 삼세가 아니라면 곧 그 유상을 방편으로 삼거나 얻을 수 있는 것을 방편으로 삼으므로, 따라서 기뻐하며 무상정등보리에 회향하는 마음을 발생시킬 수 없습니다. 왜 그러한가? 안계 등의 법은 자성이 생겨나지 않는 까닭이니, 만약 법이 생겨나지 않는다면 곧 무소유이고, 그 무소유의 법으로써 따라서 기뻐하면서 무소유에 회향할 수 없는 까닭입니다.

만약 보살마하살이 반야바라밀다를 수행한다면 이계가 욕계·색계·무색계에 떨어지지 않는다고 여실하게 알고 성계·이식계, 나아가 이촉·이촉을 인연으로 생겨난 여러 수가 욕계·색계·무색계에 떨어지지 않는다고 여실하게 알게 됩니다. 만약 함께 삼계에 떨어지지 않는다면 곧 과거·미래·현재가 아니고, 만약 삼세가 아니라면 곧 그 유상을 방편으로 삼거나 얻을 수 있는 것을 방편으로 삼으므로, 따라서 기뻐하며 무상정등보리에 회향하는 마음을 발생시킬 수 없습니다. 왜 그러한가? 이계 등의 법은 자성이 생겨나지 않는 까닭이니, 만약 법이 생겨나지 않는다면 곧 무소유이고, 그 무소유의 법으로써 따라서 기뻐하면서 무소유에 회향할 수 없는 까닭입니다.

만약 보살마하살이 반야바라밀다를 수행한다면 비계가 욕계·색계·무색계에 떨어지지 않는다고 여실하게 알고 향계·비식계, 나아가 비촉·비촉을 인연으로 생겨난 여러 수가 욕계·색계·무색계에 떨어지지 않는다고 여실하게 알게 됩니다. 만약 함께 삼계에 떨어지지 않는다면 곧 과거·미래·현재가 아니고, 만약 삼세가 아니라면 곧 그 유상을 방편으로 삼거나 얻을 수 있는 것을 방편으로 삼으므로, 따라서 기뻐하며 무상정등보리에 회향하는 마음을 발생시킬 수 없습니다. 왜 그러한가? 비계 등의 법은 자성이 생겨나지 않는 까닭이니, 만약 법이 생겨나지 않는다면 곧 무소유이고, 그 무소유의 법으로써 따라서 기뻐하면서 무소유에 회향할 수 없는 까닭입니다.

만약 보살마하살이 반야바라밀다를 수행한다면 설계가 욕계·색계·무색계에 떨어지지 않는다고 여실하게 알고 미계·설식계, 나아가 설촉·설촉을 인연으로 생겨난 여러 수가 욕계·색계·무색계에 떨어지지 않는다고 여실하게 알게 됩니다. 만약 함께 삼계에 떨어지지 않는다면 곧 과거·미래·현재가 아니고, 만약 삼세가 아니라면 곧 그 유상을 방편으로 삼거나 얻을 수 있는 것을 방편으로 삼으므로, 따라서 기뻐하며 무상정등보리에 회향하는 마음을 발생시킬 수 없습니다. 왜 그러한가? 설계 등의 법은 자성이 생겨나지 않는 까닭이니, 만약 법이 생겨나지 않는다면 곧 무소유이고, 그 무소유의 법으로써 따라서 기뻐하면서 무소유에 회향할 수 없는 까닭입니다.

만약 보살마하살이 반야바라밀다를 수행한다면 신계가 욕계·색계·무색계에 떨어지지 않는다고 여실하게 알고 촉계·신식계, 나아가 신촉·신촉을 인연으로 생겨난 여러 수가 욕계·색계·무색계에 떨어지지 않는다고 여실하게 알게 됩니다. 만약 함께 삼계에 떨어지지 않는다면 곧 과거·미래·현재가 아니고, 만약 삼세가 아니라면 곧 그 유상을 방편으로 삼거나 얻을 수 있는 것을 방편으로 삼으므로, 따라서 기뻐하며 무상정등보리에 회향하는 마음을 발생시킬 수 없습니다. 왜 그러한가? 신계 등의 법은 자성이 생겨나지 않는 까닭이니, 만약 법이 생겨나지 않는다면 곧 무소유이고, 그 무소유의 법으로써 따라서 기뻐하면서 무소유에 회향할 수 없는 까닭입니다.

만약 보살마하살이 반야바라밀다를 수행한다면 의계가 욕계·색계·무색계에 떨어지지 않는다고 여실하게 알고 법계·의식계, 나아가 의촉·의촉을 인연으로 생겨난 여러 수가 욕계·색계·무색계에 떨어지지 않는다고 여실하게 알게 됩니다. 만약 함께 삼계에 떨어지지 않는다면 곧 과거·미래·현재가 아니고, 만약 삼세가 아니라면 곧 그 유상을 방편으로 삼거나 얻을 수 있는 것을 방편으로 삼으므로, 따라서 기뻐하며 무상정등보리에 회향하는 마음을 발생시킬 수 없습니다. 왜 그러한가? 의계 등의 법은 자성이 생겨나지 않는 까닭이니, 만약 법이 생겨나지 않는다면 곧 무소유이고, 그 무소유의 법으로써 따라서 기뻐하면서 무소유에 회향할 수 없는 까닭입니다.”

마하반야바라밀다경 제171권

31. 수희회향품(隨喜迴向品)(4)

"만약 보살마하살이 반야바라밀다를 수행한다면 지계가 욕계·색계·무색계에 떨어지지 않는다고 여실하게 알고 수·화·풍·공·식계가 욕계·색계·무색계에 떨어지지 않는다고 여실하게 알게 됩니다. 만약 함께 삼계에 떨어지지 않는다면 곧 과거·미래·현재가 아니고, 만약 삼세가 아니라면 곧 그 유상을 방편으로 삼거나 얻을 수 있는 것을 방편으로 삼으므로, 따라서 기뻐하며 무상정등보리에 회향하는 마음을 발생시킬 수 없습니다. 왜 그러한가? 지계 등의 법은 자성이 생겨나지 않는 까닭이니, 만약 법이 생겨나지 않는다면 곧 무소유이고, 그 무소유의 법으로써 따라서 기뻐하면서 무소유에 회향할 수 없는 까닭입니다.

만약 보살마하살이 반야바라밀다를 수행한다면 무명이 욕계·색계·무색계에 떨어지지 않는다고 여실하게 알고 행·식·명색·육처·촉·수·애·취·유·생·노사의 수탄고우뇌가 욕계·색계·무색계에 떨어지지 않는다고 여실하게 알게 됩니다. 만약 함께 삼계에 떨어지지 않는다면 곧 과거·미래·현재가 아니고, 만약 삼세가 아니라면 곧 그 유상을 방편으로 삼거나 얻을 수 있는 것을 방편으로 삼으므로, 따라서 기뻐하며 무상정등보리에 회향하는 마음을 발생시킬 수 없습니다. 왜 그러한가? 무명 등의 법은 자성이 생겨나지 않는 까닭이니, 만약 법이 생겨나지 않는다면 곧 무소유이고, 그 무소유의 법으로써 따라서 기뻐하면서 무소유에 회향할 수 없는 까닭입니다.

만약 보살마하살이 반야바라밀다를 수행한다면 보시바라밀다가 욕계·색계·무색계에 떨어지지 않는다고 여실하게 알고 정계·안인·정진·정려·반야바라밀다가 욕계·색계·무색계에 떨어지지 않는다고 여실하게 알게 됩니다. 만약 함께 삼계에 떨어지지 않는다면 곧 과거·미래·현재가 아니고, 만약 삼세가 아니라면 곧 그 유상을 방편으로 삼거나 얻을 수 있는 것을 방편으로 삼으므로, 따라서 기뻐하며 무상정등보리에 회향하는 마음을 발생시킬 수 없습니다. 왜 그러한가? 보시바라밀다 등의 법은 자성이 생겨나지 않는 까닭이니, 만약 법이 생겨나지 않는다면 곧 무소유이고, 그 무소유의 법으로써 따라서 기뻐하면서 무소유에 회향할 수 없는 까닭입니다.

만약 보살마하살이 반야바라밀다를 수행한다면 내공이 욕계·색계·무색계에 떨어지지 않는다고 여실하게 알고 외공·내외공·공공·대공·승의공·유위공·무위공·필경공·무제공·산공·무변이공·본성공·자상공·공상공·일체법공·불가득공·무성공·자성공·무성자성공이 욕계·색계·무색계에 떨어지지 않는다고 여실하게 알게 됩니다. 만약 함께 삼계에 떨어지지 않는다면 곧 과거·미래·현재가 아니고, 만약 삼세가 아니라면 곧 그 유상을 방편으로 삼거나 얻을 수 있는 것을 방편으로 삼으므로, 따라서 기뻐하며 무상정등보리에 회향하는 마음을 발생시킬 수 없습니다. 왜 그러한가? 내공 등의 법은 자성이 생겨나지 않는 까닭이니, 만약 법이 생겨나지 않는다면 곧 무소유이고, 그 무소유의 법으로써 따라서 기뻐하면서 무소유에 회향할 수 없는 까닭입니다.

만약 보살마하살이 반야바라밀다를 수행한다면 진여가 욕계·색계·무색계에 떨어지지 않는다고 여실하게 알고 법계·법성·불허망성·불변이성·평등성·이생성·법정·법주·실제·허공계·부사의계가 욕계·색계·무색계에 떨어지지 않는다고 여실하게 알게 됩니다. 만약 함께 삼계에 떨어지지 않는다면 곧 과거·미래·현재가 아니고, 만약 삼세가 아니라면 곧 그 유상을 방편으로 삼거나 얻을 수 있는 것을 방편으로 삼으므로, 따라서 기뻐하며 무상정등보리에 회향하는 마음을 발생시킬 수 없습니다. 왜 그러한가? 진여 등의 법은 자성이 생겨나지 않는 까닭이니, 만약 법이 생겨나지 않는다면 곧 무소유이고, 그 무소유의 법으로써 따라서 기뻐하면서 무소유에 회향할 수 없는 까닭입니다.

만약 보살마하살이 반야바라밀다를 수행한다면 고성제가 욕계·색계·무색계에 떨어지지 않는다고 여실하게 알고 집·멸·도성제가 욕계·색계·무색계에 떨어지지 않는다고 여실하게 알게 됩니다. 만약 함께 삼계에 떨어지지 않는다면 곧 과거·미래·현재가 아니고, 만약 삼세가 아니라면 곧 그 유상을 방편으로 삼거나 얻을 수 있는 것을 방편으로 삼으므로, 따라서 기뻐하며 무상정등보리에 회향하는 마음을 발생시킬 수 없습니다. 왜 그러한가? 고성제 등의 법은 자성이 생겨나지 않는 까닭이니, 만약 법이 생겨나지 않는다면 곧 무소유이고, 그 무소유의 법으로써 따라서 기뻐하면서 무소유에 회향할 수 없는 까닭입니다.

만약 보살마하살이 반야바라밀다를 수행한다면 4정려가 욕계·색계·무색계에 떨어지지 않는다고 여실하게 알고 4무량·4무색정이 욕계·색계·무색계에 떨어지지 않는다고 여실하게 알게 됩니다. 만약 함께 삼계에 떨어지지 않는다면 곧 과거·미래·현재가 아니고, 만약 삼세가 아니라면 곧 그 유상을 방편으로 삼거나 얻을 수 있는 것을 방편으로 삼으므로, 따라서 기뻐하며 무상정등보리에 회향하는 마음을 발생시킬 수 없습니다. 왜 그러한가? 4정려 등의 법은 자성이 생겨나지 않는 까닭이니, 만약 법이 생겨나지 않는다면 곧 무소유이고, 그 무소유의 법으로써 따라서 기뻐하면서 무소유에 회향할 수 없는 까닭입니다.

만약 보살마하살이 반야바라밀다를 수행한다면 8해탈이 욕계·색계·무색계에 떨어지지 않는다고 여실하게 알고 8승처·9차제정·10변처가 욕계·색계·무색계에 떨어지지 않는다고 여실하게 알게 됩니다. 만약 함께 삼계에 떨어지지 않는다면 곧 과거·미래·현재가 아니고, 만약 삼세가 아니라면 곧 그 유상을 방편으로 삼거나 얻을 수 있는 것을 방편으로 삼으므로, 따라서 기뻐하며 무상정등보리에 회향하는 마음을 발생시킬 수 없습니다. 왜 그러한가? 8해탈 등의 법은 자성이 생겨나지 않는 까닭이니, 만약 법이 생겨나지 않는다면 곧 무소유이고, 그 무소유의 법으로써 따라서 기뻐하면서 무소유에 회향할 수 없는 까닭입니다.

만약 보살마하살이 반야바라밀다를 수행한다면 4념주가 욕계·색계·무색계에 떨어지지 않는다고 여실하게 알고 4정단·4신족·5근·5력·7등각지·8성도지가 욕계·색계·무색계에 떨어지지 않는다고 여실하게 알게 됩니다. 만약 함께 삼계에 떨어지지 않는다면 곧 과거·미래·현재가 아니고, 만약 삼세가 아니라면 곧 그 유상을 방편으로 삼거나 얻을 수 있는 것을 방편으로 삼으므로, 따라서 기뻐하며 무상정등보리에 회향하는 마음을 발생시킬 수 없습니다. 왜 그러한가? 4념주 등의 법은 자성이 생겨나지 않는 까닭이니, 만약 법이 생겨나지 않는다면 곧 무소유이고, 그 무소유의 법으로써 따라서 기뻐하면서 무소유에 회향할 수 없는 까닭입니다.

만약 보살마하살이 반야바라밀다를 수행한다면 공해탈문이 욕계·색계·무색계에 떨어지지 않는다고 여실하게 알고 무상·무원해탈문이 욕계·색계·무색계에 떨어지지 않는다고 여실하게 알게 됩니다. 만약 함께 삼계에 떨어지지 않는다면 곧 과거·미래·현재가 아니고, 만약 삼세가 아니라면 곧 그 유상을 방편으로 삼거나 얻을 수 있는 것을 방편으로 삼으므로, 따라서 기뻐하며 무상정등보리에 회향하는 마음을 발생시킬 수 없습니다. 왜 그러한가? 공해탈문 등의 법은 자성이 생겨나지 않는 까닭이니, 만약 법이 생겨나지 않는다면 곧 무소유이고, 그 무소유의 법으로써 따라서 기뻐하면서 무소유에 회향할 수 없는 까닭입니다.

만약 보살마하살이 반야바라밀다를 수행한다면 5안이 욕계·색계·무색계에 떨어지지 않는다고 여실하게 알고 6신통이 욕계·색계·무색계에 떨어지지 않는다고 여실하게 알게 됩니다. 만약 함께 삼계에 떨어지지 않는다면 곧 과거·미래·현재가 아니고, 만약 삼세가 아니라면 곧 그 유상을 방편으로 삼거나 얻을 수 있는 것을 방편으로 삼으므로, 따라서 기뻐하며 무상정등보리에 회향하는 마음을 발생시킬 수 없습니다. 왜 그러한가? 5안 등의 법은 자성이 생겨나지 않는 까닭이니, 만약 법이 생겨나지 않는다면 곧 무소유이고, 그 무소유의 법으로써 따라서 기뻐하면서 무소유에 회향할 수 없는 까닭입니다.

만약 보살마하살이 반야바라밀다를 수행한다면 여래의 10력이 욕계·색계·무색계에 떨어지지 않는다고 여실하게 알고 4무소외·4무애해·대자·대비·대희·대사·18불불공법이 욕계·색계·무색계에 떨어지지 않는다고 여실하게 알게 됩니다. 만약 함께 삼계에 떨어지지 않는다면 곧 과거·미래·현재가 아니고, 만약 삼세가 아니라면 곧 그 유상을 방편으로 삼거나 얻을 수 있는 것을 방편으로 삼으므로, 따라서 기뻐하며 무상정등보리에 회향하는 마음을 발생시킬 수 없습니다. 왜 그러한가? 여래의 10력 등의 법은 자성이 생겨나지 않는 까닭이니, 만약 법이 생겨나지 않는다면 곧 무소유이고, 그 무소유의 법으로써 따라서 기뻐하면서 무소유에 회향할 수 없는 까닭입니다.

만약 보살마하살이 반야바라밀다를 수행한다면 무망실법이 욕계·색계·무색계에 떨어지지 않는다고 여실하게 알고 항주사성이 욕계·색계·무색계에 떨어지지 않는다고 여실하게 알게 됩니다. 만약 함께 삼계에 떨어지지 않는다면 곧 과거·미래·현재가 아니고, 만약 삼세가 아니라면 곧 그 유상을 방편으로 삼거나 얻을 수 있는 것을 방편으로 삼으므로, 따라서 기뻐하며 무상정등보리에 회향하는 마음을 발생시킬 수 없습니다. 왜 그러한가? 무망실법 등의 법은 자성이 생겨나지 않는 까닭이니, 만약 법이 생겨나지 않는다면 곧 무소유이고, 그 무소유의 법으로써 따라서 기뻐하면서 무소유에 회향할 수 없는 까닭입니다.

만약 보살마하살이 반야바라밀다를 수행한다면 일체지가 욕계·색계·무색계에 떨어지지 않는다고 여실하게 알고 도상지·일체상지가 욕계·색계·무색계에 떨어지지 않는다고 여실하게 알게 됩니다. 만약 함께 삼계에 떨어지지 않는다면 곧 과거·미래·현재가 아니고, 만약 삼세가 아니라면 곧 그 유상을 방편으로 삼거나 얻을 수 있는 것을 방편으로 삼으므로, 따라서 기뻐하며 무상정등보리에 회향하는 마음을 발생시킬 수 없습니다. 왜 그러한가? 일체지 등의 법은 자성이 생겨나지 않는 까닭이니, 만약 법이 생겨나지 않는다면 곧 무소유이고, 그 무소유의 법으로써 따라서 기뻐하면서 무소유에 회향할 수 없는 까닭입니다.

만약 보살마하살이 반야바라밀다를 수행한다면 일체의 다라니문이 욕계·색계·무색계에 떨어지지 않는다고 여실하게 알고 일체의 삼마지문이 욕계·색계·무색계에 떨어지지 않는다고 여실하게 알게 됩니다. 만약 함께 삼계에 떨어지지 않는다면 곧 과거·미래·현재가 아니고, 만약 삼세가 아니라면 곧 그 유상을 방편으로 삼거나 얻을 수 있는 것을 방편으로 삼으므로, 따라서 기뻐하며 무상정등보리에 회향하는 마음을 발생시킬 수 없습니다. 왜 그러한가? 일체의 다라니문 등의 법은 자성이 생겨나지 않는 까닭이니, 만약 법이 생겨나지 않는다면 곧 무소유이고, 그 무소유의 법으로써 따라서 기뻐하면서 무소유에 회향할 수 없는 까닭입니다.

만약 보살마하살이 반야바라밀다를 수행한다면 계온이 욕계·색계·무색계에 떨어지지 않는다고 여실하게 알고 정온·혜온·해탈온·해탈지견온이 욕계·색계·무색계에 떨어지지 않는다고 여실하게 알게 됩니다. 만약 함께 삼계에 떨어지지 않는다면 곧 과거·미래·현재가 아니고, 만약 삼세가 아니라면 곧 그 유상을 방편으로 삼거나 얻을 수 있는 것을 방편으로 삼으므로, 따라서 기뻐하며 무상정등보리에 회향하는 마음을 발생시킬 수 없습니다. 왜 그러한가? 계온 등의 법은 자성이 생겨나지 않는 까닭이니, 만약 법이 생겨나지 않는다면 곧 무소유이고, 그 무소유의 법으로써 따라서 기뻐하면서 무소유에 회향할 수 없는 까닭입니다.

만약 보살마하살이 반야바라밀다를 수행한다면 예류과가 욕계·색계·무색계에 떨어지지 않는다고 여실하게 알고 일래과·불환과·아라한과가 욕계·색계·무색계에 떨어지지 않는다고 여실하게 알게 됩니다. 만약 함께 삼계에 떨어지지 않는다면 곧 과거·미래·현재가 아니고, 만약 삼세가 아니라면 곧 그 유상을 방편으로 삼거나 얻을 수 있는 것을 방편으로 삼으므로, 따라서 기뻐하며 무상정등보리에 회향하는 마음을 발생시킬 수 없습니다. 왜 그러한가? 예류과 등의 법은 자성이 생겨나지 않는 까닭이니, 만약 법이 생겨나지 않는다면 곧 무소유이고, 그 무소유의 법으로써 따라서 기뻐하면서 무소유에 회향할 수 없는 까닭입니다.

만약 보살마하살이 반야바라밀다를 수행한다면 여러 독각의 보리가 욕계·색계·무색계에 떨어지지 않는다고 여실하게 알게 됩니다. 만약 함께 삼계에 떨어지지 않는다면 곧 과거·미래·현재가 아니고, 만약 삼세가 아니라면 곧 그 유상을 방편으로 삼거나 얻을 수 있는 것을 방편으로 삼으므로, 따라서 기뻐하며 무상정등보리에 회향하는 마음을 발생시킬 수 없습니다. 왜 그러한가? 여러 독각들의 보리의 자성이 생겨나지 않는 까닭이니, 만약 법이 생겨나지 않는다면 곧 무소유이고, 그 무소유의 법으로써 따라서 기뻐하면서 무소유에 회향할 수 없는 까닭입니다.

만약 보살마하살이 반야바라밀다를 수행한다면 제보살마하살의 행이 욕계·색계·무색계에 떨어지지 않는다고 여실하게 알게 됩니다. 만약 함께 삼계에 떨어지지 않는다면 곧 과거·미래·현재가 아니고, 만약 삼세가 아니라면 곧 그 유상을 방편으로 삼거나 얻을 수 있는 것을 방편으로 삼으므로, 따라서 기뻐하며 무상정등보리에 회향하는 마음을 발생시킬 수 없습니다. 왜 그러한가? 제보살마하살의 행의 자성이 생겨나지 않는 까닭이니, 만약 법이 생겨나지 않는다면 곧 무소유이고, 그 무소유의 법으로써 따라서 기뻐하면서 무소유에 회향할 수 없는 까닭입니다.

만약 보살마하살이 반야바라밀다를 수행한다면 제불의 무상정등보리가 욕계·색계·무색계에 떨어지지 않는다고 여실하게 알게 됩니다. 만약 함께 삼계에 떨어지지 않는다면 곧 과거·미래·현재가 아니고, 만약 삼세가 아니라면 곧 그 유상을 방편으로 삼거나 얻을 수 있는 것을 방편으로 삼으므로, 따라서 기뻐하며 무상정등보리에 회향하는 마음을 발생시킬 수 없습니다. 왜 그러한가? 제불의 무상정등보리의 자성이 생겨나지 않는 까닭이니, 만약 법이 생겨나지 않는다면 곧 무소유이고, 그 무소유의 법으로써 따라서 기뻐하면서 무소유에 회향할 수 없는 까닭입니다.

이 보살마하살이 이와 같이 따라서 기뻐하며 회향한다면, 여러 독약이 섞이지 않아서 결국은 감로인 무상보리에 이르게 됩니다."

"다시 다음으로 대사시여. 보살승에 안주하는 선남자와 선여인 등이 만약 유상으로써 방편으로 삼거나, 혹은 얻을 수 있는 것을 방편으로 삼아서, 제여래·응공·정등각과 제자들의 공덕과 선근에서 따라서 기뻐하면서 무상정등보리에 회향을 발생시켰고, 이와 같다면 삿되게 따라서 기뻐하고 회향하는 것입니다. 이 삿되게 따라서 기뻐하고 회향하는 마음은 제불·세존께서 칭찬하지 않으시는 것입니다. 이와 같이 따라서 기뻐하고 회향하는 마음은 불·세존께서 칭찬하지 않으시는 까닭으로, 능히 보시·정계·안인·정진·정려·반야바라밀다가 원만하지 않고, 역시 능히 4정려·4무량·4무색정도 원만하지 않으며, 역시 능히 8해탈·8승처·9차제정·10변처도 원만하지 않고, 역시 능히 4념주·4정단·4신족·5근·5력·7등각지·8성도지도 원만하지 않으며, 공해탈문·무상해탈문·무원해탈문도 원만하지 않습니다.

오히려 능히 보시·정계·안인·정진·정려·반야바라밀다가 원만하지 않은 까닭으로, 능히 4정려·4무량·4무색정이 원만하지 않은 까닭으로, 능히 8해탈·8승처·9차제정·10변처가 원만하지 않은 까닭으로, 능히 4념주·4정단·4신족·5근·5력·7등각지·8성도지가 원만하지 않은 까닭으로, 능히 공해탈문·무상해탈문·무원해탈문이 원만하지 않은 까닭으로, 곧 내공·외공·내외공·공공·대공·승의공·유위공·무위공·필경공·무제공·산공·무변이공·본성공·자상공·공상공·일체법공·불가득공·무성공·자성공·무성자성공이 원만하지 않고, 진여·법계·법성·불허망성·불변이성·평등성·이생성·법정·법주·실제·허공계·부사의계도 원만하지 않으며, 고성제·집성제·멸성제·도성제도 원만하지 않습니다.

오히려 능히 내공·외공·내외공·공공·대공·승의공·유위공·무위공·필경공·무제공·산공·무변이공·본성공·자상공·공상공·일체법공·불가득공·무성공·자성공·무성자성공이 원만하지 않은 까닭으로, 능히 진여·법계·법성·불허망성·불변이성·평등성·이생성·법정·법주·실제·허공계·부사의계가 원만하지 않은 까닭으로, 능히 고성제·집성제·멸성제·도성제가 원만하지 않은 까닭으로, 곧 5안·6신통이 원만하지 않고, 여래의 10력·4무소외·4무애해·대자·대비·대희·대사·18불불공법도 원만하지 않으며, 무망실법·항주사성도 원만하지 않고, 일체지·도상지·일체상지가 원만하지 않으며, 일체의 다라니문·일체의 삼마지문도 원만하지 않습니다.

오히려 능히 5안·6신통이 원만하지 않은 까닭으로, 능히 여래의 10력·4무소외·4무애해·대자·대비·대희·대사·18불불공법이 원만하지 않은 까닭으로, 능히 무망실법·항주사성이 원만하지 않은 까닭으로, 일체지·도상지·일체상지가 원만하지 않은 까닭으로, 일체의 다라니문·일체의 삼마지문이 원만하지 않은 까닭으로, 곧 능히 불국토를 청정하게 장엄하는 것이 원만하지 않고, 역시 능히 유정들을 성숙시키는 것도 원만하지 않습니다.

오히려 능히 불국토를 청정하게 장엄하는 것이 원만하지 않은 까닭으로, 능히 유정들을 성숙시키는 것이 원만하지 않은 까닭으로, 곧 능히 아뇩다라삼먁삼보리를 증득할 수 없습니다. 왜 그러한가? 오히려 그것은 따라서 기뻐하며 회향을 일으키는 것에 여러 독약이 섞여 있는 까닭입니다.

다시 다음으로 대사시여. 제보살마하살은 반야바라밀다를 수행하면서 '시방의 일체의 여래·응공·정등각께서는 공덕과 선근을 여실하게 비추어서 명료하게 통달하셨으므로, 따라서 기뻐하며 회향하더라도 이와 같은 법이라면 의지할 수 있고 이러한 법이 발생한다면 전도가 없으니, 나도 지금 역시 상응하여 이와 같은 법이 발생하는 것에 의지하여 따라서 기뻐하며 무상정등보리에 회향해야겠다.'라고 상응하여 이렇게 생각을 짓습니다. 이것이 따라서 기뻐하며 회향을 바르게 일으키는 것입니다."

그때 세존께서 구수 선현을 찬탄하여 말씀하셨다.

"옳도다(善哉). 옳도다. 선현이여. 그대는 지금 이미 여래가 지어야 할 일을 하였나니 이를테면, 보살마하살 등을 위하여 전도가 없이 따라서 기뻐하며 회향하는 것을 잘 설하였느니라. 따라서 기뻐하며 회향한다고 이와 같이 설하는 것에서 무상(無相)으로써 방편으로 삼고, 얻을 수 없는 것으로써 방편으로 삼으며, 생겨남이 없음으로써 방편으로 삼고, 소멸함이 없음으로써 방편으로 삼으며, 염오가 없음으로써 방편으로 삼고, 청정함이 없음으로써 방편으로 삼으며, 무성(無性)의 자성(自性)을 방편으로 삼고, 자상(自相)의 공(空)으로써 방편으로 삼으며, 자성(自性)의 공으로써 방편으로 삼고, 진여(眞如)로써 방편으로 삼으며, 법계(法界)로써 방편으로 삼고, 법성(法性)으로써 방편으로 삼으며, 불허망성(不虛妄性)으로써 방편으로 삼고, 실제(實際)로써 방편으로 삼는 까닭이니라.

선현이여. 가사(假使) 삼천대천세계의 일체 유정들이 모두 10선업도(十善業道)·4정려·4무량·4무색정·5신통을 성취하였다면, 그대의 생각은 어떠한가? 이 여러 유정들의 공덕이 많겠는가?"

선현이 대답하여 말하였다.

"매우 많습니다. 세존이시여. 매우 많습니다. 선서시여."

세존께서 말씀하셨다.

"선현이여. 만약 선남자와 선여인 등이 제여래·응공·정등각과 제자들의 공덕과 선근에서, 염착(染着)[1]이 없이 따라서 기뻐하며 회향함을 일으킨다면, 얻는 공덕이라는 것은 앞보다 매우 많으니라. 선현이여. 이 선남자와 선여인 등이 이와 같이 따라서 기뻐하며 회향을 일으킨 것은 최고이고 수승하며 존귀하고 높으며 묘하고 미묘하며 위이고 무상이며 무등이고 무등등이니라.

다시 다음으로 선현이여. 가사 삼천대천세계의 일체 유정들이 모두 예류과·일래과·불환과·아라한과를 증득하였고, 선남자와 선여인 등이 있어서 그 예류과·일래과·불환과·아라한과를 증득하였고, 그들이 목숨을 마치도록 공양하고 공경하고 존중하고 찬탄하며, 무량한 종류의 의복·음식·와구(臥具)·의약품과 나머지의 자구(資具)로써 받들어 보시한다면, 그대의 생각은 어떠한가? 이 선남자와 선여인 등이 오히려 이 인연으로 얻는 복취는 많겠는가?"

선현이 대답하여 말하였다.

---

1) 번뇌(煩惱)로 인(因)하여 일에 집착(執着)하는 것이다.

"매우 많습니다. 세존이시여. 매우 많습니다. 선서시여."

세존께서 말씀하셨다.

"선현이여. 만약 선남자와 선여인 등이 제여래·응공·정등각과 제자들의 공덕과 선근에서, 염착이 없이 따라서 기뻐하며 회향함을 일으킨다면, 얻는 복취(福聚)라는 것은 앞보다 매우 많으니라. 선현이여. 이 선남자와 선여인 등이 이와 같이 따라서 기뻐하며 회향을 일으킨 것은 최고이고 수승하며 존귀하고 높으며 묘하고 미묘하며 위이고 무상이며 무등이고 무등등이니라.

다시 다음으로 선현이여. 가사 삼천대천세계의 일체 유정들이 모두 독각을 성취하였고, 선남자와 선여인 등이 있어서 그 독각을 성취한 자에게 그들이 목숨을 마치도록 공양하고 공경하고 존중하고 찬탄하며, 무량한 종류의 의복·음식·와구·의약품과 나머지의 자구로써 받들어 보시한다면, 그대의 생각은 어떠한가? 이 선남자와 선여인 등이 오히려 이 인연으로 얻는 복덕은 많겠는가?"

선현이 대답하여 말하였다.

"매우 많습니다. 세존이시여. 매우 많습니다. 선서시여."

세존께서 말씀하셨다.

"선현이여. 만약 선남자와 선여인 등이 제여래·응공·정등각과 제자들의 공덕과 선근에서, 염착이 없이 따라서 기뻐하며 회향을 일으킨다면, 얻는 복취라는 것은 앞보다 매우 많으니라. 선현이여. 이 선남자와 선여인 등이 이와 같이 따라서 기뻐하며 회향을 일으킨 것은 최고이고 수승하며 존귀하고 높으며 묘하고 미묘하며 위이고 무상이며 무등이고 무등등이니라.

다시 다음으로 선현이여. 가사 삼천대천세계의 일체 유정들이 모두 무상정등보리에 나아가고, 가령(設) 다시 시방의 각각 긍가(殑伽)의 모래 등과 같은 세계의 일체 유정들 한 명·한 명이 각자 위없는 무상정등보리에 나아가고 한 명·한 명의 보살마하살의 처소에서 공양하고 공경하고 존중하고 찬탄하며, 무량한 종류의 의복·음식·와구·의약품과 나머지의 자구로써 받들어 보시한다면, 그대의 생각은 어떠한가? 이 선남자와 선여인 등이 오히려 이 인연으로 얻는 복덕은 많겠는가?"

선현이 대답하여 말하였다.

"매우 많습니다. 세존이시여. 매우 많습니다. 선서시여. 이와 같은 복취(福聚)는 무수(無數)이고 무량(無量)하며 무변(無邊)하고 무한(無限)하므로, 산수(算數)나 비유(譬喩)로 측량(測量)하기 어렵습니다. 세존이시여. 만약 이 복취가 형상과 색깔이 있다면, 시방의 각각 긍가의 모래와 같은 세계의 처소라도 수용(受容)하지 못합니다."

세존께서 말씀하셨다.

"옳도다. 옳도다. 선현이여. 그 복취는 그대가 말한 것과 같으니라. 만약 선남자와 선여인 등이 제여래·응공·정등각과 제자들의 공덕과 선근에서, 염착이 없이 따라서 기뻐하며 회향을 일으킨다면, 얻는 복취라는 것은 앞보다 매우 많으니라. 선현이여. 이 선남자와 선여인 등이 이와 같이 따라서 기뻐하며 회향을 일으킨 것은 최고이고 수승하며 존귀하고 높으며 묘하고 미묘하며 위이고 무상이며 무등이고 무등등이니라.

선현이여. 만약 앞의 복취로써 이 복취에 비교한다면 백분(百分)의 일에도 미치지 못하고 천분의 일에도 미치지 못하며 백천분의 일에도 미치지 못하고 구지분(俱胝分)의 일에도 미치지 못하며 일백구지분의 일에도 미치지 못하고 일천구지분의 일에도 미치지 못하며 백천구지분의 일에도 미치지 못하고 수분(數分)·산분(算分)·계분(計分)·유분(喩分), 나아가 오바니살담분(鄔波尼殺曇分)의 일에도 미치지 못하느니라.

왜 그러한가? 선현이여. 그 여러 유정들이 성취한 10선업도·4정려·4무량·4무색정·5신통은 모두 유상과 얻을 것이 있는 것으로써 방편으로 삼는 까닭이며, 그 선남자와 선여인 등이 예류과·일래과·불환과·아라한과·여러 독각 등에게 공양하고 공경하며 존중하고 찬탄하며, 무량한 종류의 의복·음식·와구·의약품과 나머지의 자구로써 받들어 보시하여 얻는 복취는 모두 유상과 얻을 수 있는 것으로써 방편으로 삼는 까닭이고, 그 여러 유정들이 그 무상정등보리에 나아갔던 제보살 대중에게 공양하고 공경하며 존중하고 찬탄하며, 무량한 종류의 의복·음식·와구·의약품과 나머지의 자구로써 받들어 보시하여 얻는 복취는 모두 유상과 얻을 수 있는 것으로써 방편으로 삼는 까닭이니라."

그때 사천왕(四天王)은 그의 권속(眷屬)인 2만의 천자(天子)들과 함께 용약(踊躍)하고 환희(歡喜)하면서 곧 일어나서 합장하고 세존의 발에 정례(頂禮)[2]하였으며 아뢰어 말하였다.

"세존이시여. 이와 같은 보살마하살은 또한 능히 이와 같이 광대(廣大)하게 따라서 기뻐하며 회향을 일으킬 수 있는데 이를테면, 곧 그 보살마하살은 방편선교의 무상을 방편으로 삼고 얻을 수 없는 것으로써 방편으로 삼으며 염오가 없음으로써 방편으로 삼고 사유의 작용(思作)이 없음으로써 방편으로 삼으며, 제여래·응공·정등각과 제자들의 공덕과 선근에서 따라서 기뻐하면서 무상정등보리에 회향하는 마음을 일으킵니다. 이와 같이 따라서 기뻐하며 회향을 일으키는 것은 두 가지의 법(二法)이거나, 두 가지의 아닌 법(不二法)의 가운데에 떨어지지 않습니다."

그때 천제석(天帝釋)은 그의 권속인 무량한 백천의 천자들과 함께 각자 여러 종류의 천상의 미묘한 꽃다발·사르는 향·바르는 향·뿌리는 향·의복·영락(瓔珞)·보배의 당기와 번기·일산·여러 미묘하고 진기(珍奇)한 물건을 가지고 왔고, 여러 천상의 음악으로써 연주하여 공양하고서 세존께 아뢰어 말하였다.

"세존이시여. 이와 같은 보살마하살은 또한 능히 이와 같이 광대하게 따라서 기뻐하며 회향을 일으킬 수 있는데 이를테면, 곧 그 보살마하살은 방편선교의 무상을 방편으로 삼고 얻을 수 없는 것으로써 방편으로 삼으며 염오가 없음으로써 방편으로 삼고 사유의 작용이 없음으로써 방편으로 삼으며, 제여래·응공·정등각과 제자들의 공덕과 선근에서 따라서 기뻐하면서 무상정등보리에 회향하는 마음을 일으킵니다. 이와 같이 따라서

---

2) 높은 공경의 뜻으로 이마가 땅에 닿도록 절하는 예법으로, 두 무릎을 꿇고 두 팔꿈치를 땅에 대고서, 그 다음에 손으로 상대편의 발을 받아 상대의 발에 자신의 머리를 맞대는 인도의 예법을 가리킨다.

기뻐하며 회향을 일으키는 것은 두 가지의 법이거나, 두 가지의 아닌 법의 가운데에 떨어지지 않습니다."

그때 소야마천왕(蘇夜摩天王)[3]은 그의 권속인 무량한 백천의 천자들과 함께 각자 여러 종류의 천상의 미묘한 꽃다발·사르는 향·바르는 향·뿌리는 향·의복·영락·보배의 당기와 번기·일산·여러 미묘하고 진기한 물건을 가지고 왔고, 여러 천상의 음악으로써 연주하여 공양하고서 세존께 아뢰어 말하였다.

"세존이시여. 이와 같은 보살마하살은 또한 능히 이와 같이 광대하게 따라서 기뻐하며 회향을 일으킬 수 있는데 이를테면, 곧 그 보살마하살은 방편선교의 무상을 방편으로 삼고 얻을 수 없는 것으로써 방편으로 삼으며 염오가 없음으로써 방편으로 삼고 사유의 작용이 없음으로써 방편으로 삼으며, 제여래·응공·정등각과 제자들의 공덕과 선근에서 따라서 기뻐하면서 무상정등보리에 회향하는 마음을 일으킵니다. 이와 같이 따라서 기뻐하며 회향을 일으키는 것은 두 가지의 법이거나, 두 가지의 아닌 법의 가운데에 떨어지지 않습니다."

그때 산도사다천왕(珊覩史多天王)[4]은 그의 권속인 무량한 백천의 천자들과 함께 각자 여러 종류의 천상의 미묘한 꽃다발·사르는 향·바르는 향·뿌리는 향·의복·영락·보배의 당기와 번기·일산·여러 미묘하고 진기한 물건을 가지고 왔고, 여러 천상의 음악으로써 연주하여 공양하고서 세존께 아뢰어 말하였다.

"세존이시여. 이와 같은 보살마하살은 또한 능히 이와 같이 광대하게 따라서 기뻐하며 회향을 일으킬 수 있는데 이를테면, 곧 그 보살마하살은 방편선교의 무상을 방편으로 삼고 얻을 수 없는 것으로써 방편으로 삼으며

---

3) 야마천(夜摩天)은 산스크리트어 Yāmādevāḥ의 음사이고, '수야마천(須夜摩天)', '염마천(焰摩天)', '선시천(善時天)', '시분천(時分天)' 등으로 번역하며, 이곳의 왕을 가리킨다.

4) 도솔천(兜率天)은 산스크리트어 Tuṣita의 음사이고, '도사다천(睹史多天)', '도사타천(兜師陀天)', '도솔타천(兜率陀天)', '묘족천(妙足天)', '지족천(知足天)', '희락천(喜樂天)' 등으로 번역하며, 이곳의 왕을 가리킨다.

염오가 없음으로써 방편으로 삼고 사유의 작용이 없음으로써 방편으로 삼으며, 제여래·응공·정등각과 제자들의 공덕과 선근에서 따라서 기뻐하면서 무상정등보리에 회향하는 마음을 일으킵니다. 이와 같이 따라서 기뻐하며 회향을 일으키는 것은 두 가지의 법이거나, 두 가지의 아닌 법의 가운데에 떨어지지 않습니다.”

그때 선변화천왕(善變化天王)[5]은 그의 권속인 무량한 백천의 천자들과 함께 각자 여러 종류의 천상의 미묘한 꽃다발·사르는 향·바르는 향·뿌리는 향·의복·영락·보배의 당기와 번기·일산·여러 미묘하고 진기한 물건을 가지고 왔고, 여러 천상의 음악으로써 연주하여 공양하고서 세존께 아뢰어 말하였다.

“세존이시여. 이와 같은 보살마하살은 또한 능히 이와 같이 광대하게 따라서 기뻐하며 회향을 일으킬 수 있는데 이를테면, 곧 그 보살마하살은 방편선교의 무상을 방편으로 삼고 얻을 수 없는 것으로써 방편으로 삼으며 염오가 없음으로써 방편으로 삼고 사유의 작용이 없음으로써 방편으로 삼으며, 제여래·응공·정등각과 제자들의 공덕과 선근에서 따라서 기뻐하면서 무상정등보리에 회향하는 마음을 일으킵니다. 이와 같이 따라서 기뻐하며 회향을 일으키는 것은 두 가지의 법이거나, 두 가지의 아닌 법의 가운데에 떨어지지 않습니다.”

그때 최자재천왕(最自在天王)[6]은 그의 권속인 무량한 백천의 천자들과 함께 각자 여러 종류의 천상의 미묘한 꽃다발·사르는 향·바르는 향·뿌리는 향·의복·영락·보배의 당기와 번기·일산·여러 미묘하고 진기한 물건을 가지고 왔고, 여러 천상의 음악으로써 연주하여 공양하고서 세존께 아뢰

---

5) 화락천(化樂天)은 산스크리트어 Nirmāṇaratideva의 번역이고, ‘니마라천(尼摩羅天)’, ‘수밀타천(須密陀天)’, ‘낙무만천(樂無慢天)’, ‘낙변화천(樂變化天)’, ‘화자락천(化自樂天)’, ‘화자재천(化自在天)’ 등으로 번역하며, 이곳의 왕을 가리킨다.

6) 타화자재천(他化自在天)은 산스크리트어 Para-nirmita-vaśa-vartino devāḥ)의 번역이고, ‘바라니밀(波羅尼蜜)’, ‘바라니밀화야월치(波羅尼蜜和耶越致)’로 음사하며, ‘타화락천(他化樂天)’, ‘화응성천(化應聲天)’ 등으로 번역하며, 이곳의 왕을 가리킨다.

어 말하였다.

"세존이시여. 이와 같은 보살마하살은 또한 능히 이와 같이 광대하게 따라서 기뻐하며 회향을 일으킬 수 있는데 이를테면, 곧 그 보살마하살은 방편선교의 무상을 방편으로 삼고 얻을 수 없는 것으로써 방편으로 삼으며 염오가 없음으로써 방편으로 삼고 사유의 작용이 없음으로써 방편으로 삼으며, 제여래·응공·정등각과 제자들의 공덕과 선근에서 따라서 기뻐하면서 무상정등보리에 회향하는 마음을 일으킵니다. 이와 같이 따라서 기뻐하며 회향을 일으키는 것은 두 가지의 법이거나, 두 가지의 아닌 법의 가운데에 떨어지지 않습니다."

그때 대범천왕(大梵天王)[7]은 무량한 백천 구지·나유타의 범천(梵天)의 대중들과 함께 세존의 앞에 나아가서, 두 발에 정례하고서 함께 큰소리로 말하였다.

"희유(希有)하옵니다. 세존이시여. 이와 같은 보살마하살은 반야바라밀다와 방편선교에 섭수(攝受)되는 것인 까닭으로, 앞의 방편선교가 없더라도 유상이고 얻을 수 있는 여러 선남자와 선여인 등이 수행하는 선근이라는 것을 초월하여 수승합니다."

그때 극광정천(極光淨天 : 광음천)[8]은 무량한 백천 구지·나유타의 광천(光天)들과 함께 세존의 앞에 나아가서, 두 발에 정례하고서 함께 큰소리로 말하였다.

"희유하옵니다. 세존이시여. 이와 같은 보살마하살은 반야바라밀다와 방편선교에 섭수되는 것인 까닭으로, 앞의 방편선교가 없더라도 유상이고 얻을 수 있는 여러 선남자와 선여인 등이 수행하는 선근이라는 것을 초월하여 수승합니다."

그때 변정천(遍淨天)[9]은 무량한 백천 구지·나유타의 정천(淨天)들과 함께 세존의 앞에 나아가서, 두 발에 정례하고서 함께 큰소리로 말하였다.

---

7) 산스크리트어 Mahābrahmā의 번역이다.
8) 산스크리트어 Ābhāsvara의 번역이다.
9) 산스크리트어 Śubhakṛtsna의 번역이다.

"희유하옵니다. 세존이시여. 이와 같은 보살마하살은 반야바라밀다와 방편선교에 섭수되는 것인 까닭으로, 앞의 방편선교가 없더라도 유상이고 얻을 수 있는 여러 선남자와 선여인 등이 수행하는 선근이라는 것을 초월하여 수승합니다."

그때 광과천(廣果天)10)은 무량한 백천 구지·나유타의 광천(廣天)들과 함께 세존의 앞에 나아가서, 두 발에 정례하고서 함께 큰소리로 말하였다.

"희유하옵니다. 세존이시여. 이와 같은 보살마하살은 반야바라밀다와 방편선교에 섭수되는 것인 까닭으로, 앞의 방편선교가 없더라도 유상이고 얻을 수 있는 여러 선남자와 선여인 등이 수행하는 선근이라는 것을 초월하여 수승합니다."

그때 색구경천(色究竟天)11)은 무량한 백천 구지·나유타의 정거천(淨居天)들과 함께 세존의 앞에 나아가서, 두 발에 정례하고서 함께 큰소리로 말하였다.

"희유하옵니다. 세존이시여. 이와 같은 보살마하살은 반야바라밀다와 방편선교에 섭수되는 것인 까닭으로, 앞의 방편선교가 없더라도 유상이고 얻을 수 있는 여러 선남자와 선여인 등이 수행하는 선근이라는 것을 초월하여 수승합니다."

그때 세존께서는 사대왕중천(四大王衆天)·삼십삼천(三十三天)·야마천(夜摩天)·도사다천(覩史多天)·낙변화천(樂變化天)·타화자재천(他化自在天)·범중천(梵衆天)·범보천(梵輔天)·범회천(梵會天)·대범천·광천(光天)·소광천(小光天)·무량광천(無量光天)·극광정천(極光淨天)·정천(淨天)·소정천(小淨天)·무량정천(無量淨天)·변정천(遍淨天)·광천(廣天)·소광천(小廣天)·무량광천(無量廣天)·광과천(廣果天)·무번천(無繁天)·무열천(無熱天)·선현천(善現天)·선견천(善見天)·색구경천(色究竟天) 등에게 말씀하셨다.

"만약 삼천대천세계의 일체 유정들이 모두 아뇩다라삼먁삼보리의 마음

---

10) 산스크리트어 Vṛhatphala의 번역이다.

11) 산스크리트어 Akaniṣṭha의 번역이다.

을 일으켜서 널리 과거·미래·현재의 시방세계에 머무르시는 일체의 여래·응공·정등각께서 초발심부터 나아가 무상정등보리를 증득하시고서 미묘한 법륜을 굴리시면서 무여의열반에 들어가신 뒤에, 나아가 법이 소멸에 이르도록 그 중간에서 소유하시고 수습(修習)하시는 보시·정계·안인·정진·정려·반야바라밀다에 상응(相應)하는 선근이거나, 만약 안주(安住)하시는 내공·외공·내외공·공공·대공·승의공·유위공·무위공·필경공·무제공·산공·무변이공·본성공·자상공·공상공·일체법공·불가득공·무성공·자성공·무성자성공에 상응하는 선근이거나, 만약 안주하시는 진여·법계·법성·불허망성·불변이성·평등성·이생성·법정·법주·실제·허공계·부사의계에 상응하는 선근이거나, 만약 안주하시는 고성제·집성제·멸성제·도성제에 상응하는 선근이거나, 만약 수습하시는 4정려 4무량 4무색정에 상응하는 선근이거나, 만약 수습하시는 8해탈·8승처·9차제정·10변처에 상응하는 선근이거나, 만약 수습하시는 4념주·4정단·4신족·5근·5력·7등각지·8성도지에 상응하는 선근이거나, 만약 수습하시는 공해탈문·무상해탈문·무원해탈문에 상응하는 선근이거나, 만약 수습하시는 5안·6신통에 상응하는 선근이거나, 만약 수습하시는 여래의 10력·4무소외·4무애해·대자·대비·대희·대사·18불불공법에 상응하는 선근이거나, 만약 수습하시는 무망실법·항주사성에 상응하는 선근이거나, 만약 수습하시는 일체지·도상지·일체상지에 상응하는 선근이거나, 만약 수습하시는 일체의 다라니문·일체의 삼마지문에 상응하는 선근이거나, 만약 수습하시는 제보살마하살의 행에 상응하는 선근이거나, 만약 수습하시는 제불의 무상정등보리에 상응하는 선근이거나, 만약 수습하시는 여러 제자들이 소유한 선근이거나, 만약 제여래·응공·정등각의 계온·정온·혜온·해탈온·해탈지견온과 나머지의 무량하고 무변한 불법이거나, 만약 제여래께서 설하신 정법이거나, 만약 그 법에 의지하여 수습한 보시의 성품(施性)·지계의 성품(戒性)·수행의 성품(修性)의 세 가지의 복업의 일이거나, 만약 그 법에 의지하여 정근하면서 수학(修學)하여 예류과를 증득하고 일래과를 증득하며 불환과를 증득하고 아라한과를 증득하며 독각의 보리를 증득하고 보살의 정성이생(正性離生)에 들어갔거나, 만약 여러 유정들이 보시·정계·안인·정진·정려·반야 등을 수행하여 이끌었던 선근 등의 이와 같은 일체를 합하고 집적하며 칭찬하면서, 유상으로써 방편으로 삼고 얻을 수 있는 것으로써 방편으로 삼으며 염오가 있음으로써 방편으로 삼고 사유의 작용이 있음으로써 방편으로 삼으며 둘이거나 둘이 아닌 것이 있음으로써 방편으로 삼아서, 현전에서 따라서 기뻐하고 이미 기뻐하였다면 무상정등보리에 회향하였거나, 선남자와 선여인 등이 있어서 무상정등보리에 나아가서 널리 과거·미래·현재의 시방세계에 머무르시는 일체의 여래·응공·정등각께서 초발심부터 무상정등보리를 증득하시고서 미묘한 법륜을 굴리시면서 무여의열반에 들어가신 뒤에 나아가 법이 소멸에 이르도록 그 중간에서 소유하시고 수습하시는 보시·정계·안인·정진·정려·반야바라밀다에 상응하는 선근이거나, 만약 안주하시는 내공·외공·내외공·공공·대공·승의공·유위공·무위공·필경공·무제공·산공·무변이공·본성공·자상공·공상공·일체법공·불가득공·무성공·자성공·무성자성공에 상응하는 선근이거나, 만약 안주하시는 진여·법계·법성·불허망성·불변이성·평등성·이생성·법정·법주·실제·허공계·부사의계에 상응하는 선근이거나, 만약 안주하시는 고성제·집성제·멸성제·도성제에 상응하는 선근이거나, 만약 수습하시는 4정려 4무량 4무색정에 상응하는 선근이거나, 만약 수습하시는 8해탈·8승처·9차제정·10변처에 상응하는 선근이거나, 만약 수습하시는 4념주·4정단·4신족·5근·5력·7등각지·8성도지에 상응하는 선근이거나, 만약 수습하시는 공해탈문·무상해탈문·무원해탈문에 상응하는 선근이거나, 만약 수습하시는 5안·6신통에 상응하는 선근이거나, 만약 수습하시는 여래의 10력·4무소외·4무애해·대자·대비·대희·대사·18불불공법에 상응하는 선근이거나, 만약 수습하시는 무망실법·항주사성에 상응하는 선근이거나, 만약 수습하시는 일체지·도상지·일체상지에 상응하는 선근이거나, 만약 수습하시는 일체의 다라니문·일체의 삼마지문에 상응하는 선근이거나, 만약 수습하시는 제보살마하살의 행에 상응하는 선근이거나, 만약 수습하시는 제불의 무상정등보리에 상응하는 선근이거나, 만약 수습하시는 여러 제자들이 소유한 선근이거나, 만약 제여래·응공·정등각의 계온·정온·혜온·해탈온·해탈지견온과 나머지의 무량하고 무변한 불법이거나, 만약 제여래께서 설하신 정법이거나, 만약 그 법에 의지하여 수습한 보시의 성품·지계 성품·수행의 성품 등의 세 가지의 복업의 일이거나, 만약 그 법에 의지하여 정근하면서 수학하여 예류과를 증득하고 일래과를 증득하며 불환과를 증득하고 아라한과를 증득하며 독각의 보리를 증득하고 보살의 정성이생에 들어갔거나, 만약 여러 유정들이 보시·정계·안인·정진·정려·반야 등을 수행하여 이끌어내었던 선근 등의 이와 같은 일체를 화합하고 집적하며 칭찬하면서, 유상으로써 방편으로 삼고 얻을 수 있는 것으로써 방편으로 삼으며 염오가 있음으로써 방편으로 삼고 사유의 작용이 있음으로써 방편으로 삼으며 둘이거나 둘이 아닌 것이 있음으로써 방편으로 삼아서, 현전(現前)에서 따라서 기뻐하며 무상정등보리에 회향하였다면, 이 선남자와 선여인 등이 일으킨 이와 같이 따라서 기뻐하며 회향을 일으킨 것은 최고이고 수승하며 존귀하고 높으며 묘하고 미묘하며 위이고 무상이며 무등이고 무등등이니라.

앞의 유정들이 같이 기뻐하고 회향한 것에 백(百)배를 수승하고 천배를 수승하며 백천배를 수승하고 구지배(俱胝倍)를 수승하며 일백구지배를 수승하고 일천구지배를 수승하며 백천구지배를 수승하고 수배(數倍)·산배(算倍)·계배(計倍)·유배(喩倍), 나아가 오바니살담배(鄔波尼殺曇倍)를 수승하느니라."

마하반야바라밀다경 제172권

31. 수희회향품(隨喜廻向品)(5)

그때 구수 선현이 세존께 아뢰어 말하였다.

“세존이시여. 세존께서 ‘이 선남자와 선여인 등이 따라서 기뻐하며 회향하였다면, 최고이고 수승하며 존귀하고 높으며 묘하고 미묘하며 위이고 무상이며 무등이고 무등등이니라.’라고 설하신 것과 같다면, 세존이시여. 무엇과 동등하여 ‘따라서 기뻐하며 회향하였다면, 최고이고 수승하며 존귀하고 높으며 묘하고 미묘하며 위이고 무상이며 무등이고 무등등이다.’라고 이렇게 설하십니까?”

새존께서 말씀하셨다.

“선현이여. 이 선남자와 선여인 등은 널리 과거·미래·현재의 시방세계에 머무르시는 일체의 여래·응공·정등각, 성문·독각·보살과 나머지의 일체 유정들의 여러 선근 등에서, 취하지(取) 않고 버리지(捨) 않으며 자랑하지(矜) 않고 멸시하지(蔑) 않으며 얻을 수 있는 것(有所得)이 아니고 얻을 수 없는 것(無所得)이 아니며, 또한 제법(諸法)은 생겨남(生)이 없고 소멸함(滅)이 없으며 염오(染)가 없고 청정함(淨)이 없으며 증장(增)이 없고 감소(減)가 없으며 떠나감(去)이 없고 돌아옴(來)이 없으며 쌓임(聚)이 없고 흩어짐(散)이 없으며 들어감(入)이 없고 나옴(出)이 없다고 알고서 ‘그 과거·미래·현재의 제법은 진여·법계·법성·불허망성·불변이성·평등성·이생성·법정·법주·실제·허공계·부사의계와 같나니, 나도 역시 이와 같이 따라서 기뻐하면서 회향하겠다.’라고 이와 같이 생각을 짓느니라.

선현이여. 이와 동등한 보살마하살이 따라서 기뻐하며 회향을 일으킨다면, 나는 '최고이고 수승하며 존귀하고 높으며 묘하고 미묘하며 위이고 무상이며 무등이고 무등등이다.'라고 설하느니라. 선현이여. 이와 같이 따라서 기뻐하며 회향을 일으킨다면, 나머지를 따라서 기뻐하며 회향하는 것보다 백배·천배·백천배·구지배·일백구지배·일천구지배·백천구지배·수배·산배·계배·유배, 나아가 오바니살담배를 수승하느니라.

다시 다음으로 선현이여. 보살승에 머무르는 여러 선남자와 선여인 등이 과거·미래·현재의 시방세계에 머무르시는 일체의 여래·응공·정등각께서 초발심부터 무상정등보리를 증득하시고서 미묘한 법륜을 굴리시면서 무여의열반에 들어가신 뒤에, 나아가 법이 소멸에 이르도록 그 중간에서 소유하시고 수습하시는 보시·정계·안인·정진·정려·반야바라밀다에 상응하는 선근이거나, 계온·정온·혜온·해탈온·해탈지견온과 나머지의 무량하고 무변한 불법이거나, 만약 성문·독각·보살의 공덕과 선근이거나, 만약 나머지의 유정이 소유한 보시의 성품·지계 성품·수행의 성품 등의 세 가지의 복업의 일과, 나머지의 선법을 화합하고 집적하며 칭찬하면서, 현전에서 따라서 기뻐하며 회향을 일으키는 자는 '해탈(解脫)과 같이 색은 역시 이와 같고 해탈과 같이 수·상·행·식도 역시 이와 같으며, 해탈과 같이 안처는 역시 이와 같고 해탈과 같이 이·비·설·신·의처도 역시 이와 같으며, 해탈과 같이 색처는 역시 이와 같고 해탈과 같이 성·향·미·촉·법처도 역시 이와 같으며, 해탈과 같이 안계는 역시 이와 같고 해탈과 같이 색계·안식계, …… 나아가 …… 안촉·안촉을 인연으로 생겨난 여러 수도 역시 이와 같으며, 해탈과 같이 이계는 역시 이와 같고 해탈과 같이 성계·이식계, …… 나아가 …… 이촉·이촉을 인연으로 생겨난 여러 수도 역시 이와 같으며, 해탈과 같이 비계는 역시 이와 같고 해탈과 같이 향계·비식계, …… 나아가 …… 비촉·비촉을 인연으로 생겨난 여러 수도 역시 이와 같으며, 해탈과 같이 설계는 역시 이와 같고 해탈과 같이 미계·설식계, …… 나아가 …… 설촉·설촉을 인연으로 생겨난 여러 수도 역시 이와 같으며, 해탈과 같이 신계는 역시 이와 같고 해탈과 같이 촉계·신식계, …… 나아가 …… 신촉·신촉을 인연으로 생겨난 여러 수도 역시 이와 같으며, 해탈과 같이 의계는 역시 이와 같고 해탈과 같이 법계·의식계, …… 나아가 …… 의촉·의촉을 인연으로 생겨난 여러 수도 역시 이와 같으니라.

해탈과 같이 지계는 역시 이와 같고 해탈과 같이 수·화·풍·공·식계도 역시 이와 같으며, 해탈과 같이 무명은 역시 이와 같고 해탈과 같이 행·식·명색·육처·촉·수·애·취·유·생·노사의 수탄고우뇌도 역시 이와 같으며, 해탈과 같이 보시바라밀다는 역시 이와 같고 해탈과 같이 정계·안인·정진·정려·반야바라밀다도 역시 이와 같으며, 해탈과 같이 내공은 역시 이와 같고 해탈과 같이 외공·내외공·공공·대공·승의공·유위공·무위공·필경공·무제공·산공·무변이공·본성공·자상공·공상공·일체법공·불가득공·무성공·자성공·무성자성공도 역시 이와 같으며, 해탈과 같이 진여는 역시 이와 같고 해탈과 같이 법계·법성·불허망성·불변이성·평등성·이생성·법정·법주·실제·허공계·부사의계도 역시 이와 같으며, 해탈과 같이 고성제는 역시 이와 같고 해탈과 같이 집·멸·도성제도 역시 이와 같으니라.

해탈과 같이 4정려는 역시 이와 같고 해탈과 같이 4무량·4무색정도 역시 이와 같으며, 해탈과 같이 8해탈은 역시 이와 같고 해탈과 같이 8승처·9차제정·10변처도 역시 이와 같으며, 해탈과 같이 4념주는 역시 이와 같고 해탈과 같이 4정단·4신족·5근·5력·7등각지·8성도지도 역시 이와 같으며, 해탈과 같이 공해탈문은 역시 이와 같고 해탈과 같이 무상·무원해탈문도 역시 이와 같으며, 해탈과 같이 5안은 역시 이와 같고 해탈과 같이 6신통도 역시 이와 같으며, 해탈과 같이 여래의 10력은 역시 이와 같고 해탈과 같이 4무소외·4무애해·대자·대비·대희·대사·18불불공법도 역시 이와 같으며, 해탈과 같이 무망실법은 역시 이와 같고 해탈과 같이 항주사성도 역시 이와 같으며, 해탈과 같이 일체지는 역시 이와 같고 해탈과 같이 도상지·일체상지도 역시 이와 이와 같으며, 해탈과 같이 일체의 다라니문은 역시 이와 같고 해탈과 같이 일체의 삼마지문도 역시 이와 같으니라.

해탈과 같이 계온은 역시 이와 같고 해탈과 같이 정온·혜온·해탈온·해탈지견온도 역시 이와 같으며, 해탈과 같이 과거·미래·현재의 일체법은 역시 이와 같고 해탈과 같이 과거·미래·현재의 시방세계의 일체 여래·응공·정등각도 역시 이와 같으며, 해탈과 같이 일체불(一切佛)의 보리(菩提)와 열반(涅槃)은 역시 이와 같고 해탈과 같이 무수이고 무량하며 무변한 불법(佛法)도 역시 이와 같으며, 해탈과 같이 일체불의 제자는 역시 이와 같고 해탈과 같이 일체불의 제자의 여러 근(根)이 성숙(成熟)함도 역시 이와 같으며, 해탈과 같이 일체불의 제자들의 열반은 역시 이와 같고 해탈과 같이 일체불의 제자들의 제법(諸法)도 역시 이와 같으며, 해탈과 같이 일체의 독각은 역시 이와 같고 해탈과 같이 일체 독각의 여러 근이 성숙함도 역시 이와 같으며, 해탈과 같이 일체 독각의 열반은 역시 이와 같고 해탈과 같이 일체 독각의 제법도 역시 이와 같으니라.

해탈과 같이 일체의 여래·응공·정등각과 불제자·독각의 법성(法性)은 역시 이와 같고 해탈과 같이 일체의 유정(有情)도 역시 이와 같으며, 해탈과 같이 일체의 법성은 역시 이와 같고 해탈과 같이 일체의 따라서 회향함도 역시 이와 같나니, 제법의 자성은 속박이(縛) 없고 풀어짐이(解) 없으며 염오가 없고 청정함도 없으며 일어남(起)이 없고 사라짐(盡)이 없으며 생겨남(生)이 없고 소멸함(滅)도 없고 취함이 없고 버림도 없는 것과 같으므로, 나도 이와 같은 공덕과 선근에서 현전하여 따라서 기뻐하면서 무상정등보리에 회향해야겠다.'라고 상응하여 이렇게 생각을 짓느니라.

이와 같이 기뻐한다면 능히 따라서 기뻐함이 아닌데, 따라서 기뻐할 대상(所)이 없는 까닭이고, 이와 같이 능히 회향한다면 능히 회향함이 아닌데, 회향할 대상이 없는 까닭이며, 이와 같이 따라서 기뻐하며 회향을 일으킨다면 전전(轉)하지 않고 멈춤(息)도 아닌 것은, 태어나고 소멸함이 없는 까닭이니라. 선현이여. 이 보살마하살이 따라서 기뻐하며 회향한다면 최고이고 수승하며 존귀하고 높으며 묘하고 미묘하며 위이고 무상이며 무등이고 무등등이니라. 선현이여. 만약 보살마하살이 이와 같이 따라서 기뻐하며 회향한다면 빠르게 무상정등보리를 증득하느니라.

다시 다음으로 선현이여. 만약 대승에 나아가는 여러 선남자와 선여인 등이 가사 능히 시방으로 현재에 각각 긍가의 모래와 같은 세계에 머무르시는 일체의 여래·응공·정등각과 제자들에게 유상으로써 방편으로 삼고 얻을 수 있는 것으로써 방편으로 삼아서 그의 목숨을 마치도록 공양하고 공경하며 존중하고 찬탄하며, 다시 여러 종류의 의복·음식·와구·의약품과 나머지의 생활용품 등으로써 여러 미묘하고 즐거운 자구로써 받들어 보시하고, 그 제여래·응공·정등각과 제자들이 열반에 들어가신 뒤에는 설리라(設利羅)[1]를 취하여 미묘한 7보(七寶)로써 높고 넓은 솔도파(窣堵波)[2]를 건립(修建)하고 밤낮으로 정근하면서 예경(禮敬)하고 오른편으로 돌며, 다시 여러 종류의 상묘한 화만·바르는 향·뿌리는 향·의복·영락·보배·당기·번기·일산·여러 미묘하고 진기한 음악·등불 등으로써 여러 소유한 것이 없어지도록 공양하고 공경하며 존중하고 찬탄하였거나, 다시 유상으로써 방편으로 삼고 얻을 수 있는 것으로써 방편으로 삼아서 보시·정계·안인·정진·정려·반야바라밀다 등에 상응하는 선근을 수습하였거나, 또한 유상으로써 방편으로 삼고 얻을 수 있는 것으로써 방편으로 삼아서 제여래·응공·정등각과 제자들의 공덕과 선근에서 따라서 기뻐하면서 무상정등보리에 회향을 발생시켰으나, 이 선남자와 선여인 등이 오히려 반야바라밀다와 방편선교에 의지하여 따라서 기뻐하면서 회향하였다면, 앞에서 일으켰던 따라서 기뻐하며 회향하는 것보다 백배·천배·백천배·구지배·일백구지배·일천구지배·백천구지배·수배·산배·계배·유배, 나아가 오바니살담배를 수승하느니라. 그러므로 이와 같이 따라서 기뻐하며 회향한다면 '최고이고 수승하며 존귀하고 높으며 묘하고 미묘하며 위이고 무상이며 무등이고 무등등이다.'라고 설하느니라.

이러한 까닭으로 선현이여. 대승을 일으켜서 나아가는 제보살마하살은

---

1) 산스크리트어 śarīra의 음사이고, 사리(舍利)를 가리킨다.
2) 산스크리트어 stūpa의 음사이고, '사리탑(舍利塔)', '불탑(佛塔)' 등으로 한역한다.

모두 상응하여 무상을 방편으로 삼고 얻을 수 없는 것으로써 방편으로 삼아서 보시·정계·안인·정진·정려·반야바라밀다에 상응하는 선근을 수학해야 하고, 더불어 반야바라밀다와 방편선교에 의지하여 제여래·응공·정등각과 제자들의 공덕과 선근에서 따라서 기뻐하면서 무상정등보리에 회향을 발생시켜야 하느니라."

32. 찬반야품(讚般若品)(1)

그때 구수 사리자(舍利子)가 세존께 아뢰어 말하였다.

"세존이시여. 이와 같이 설하시는 것이 어찌 반야바라밀다가 아니겠습니까?"

세존께서 말씀하셨다.

"사리자여. 이와 같이 설하는 것이 곧 반야바라밀다로 나아가느니라."

이때 사리자가 세존께 아뢰어 말하였다.

"세존이시여. 이와 같은 반야바라밀다는 능히 조명(照明)을 짓나니, 마침내 결국에는 청정한 까닭입니다. 세존이시여. 이와 같은 반야바라밀다는 모두가 상응하여 예경하여야 하나니, 저희들과 천인 등이 흠모하고 받드는 까닭입니다. 세존이시여. 이와 같은 반야바라밀다는 염착(染著)[3]이 없나니, 여러 세간법이 능히 염오시키지 못하는 까닭입니다. 세존이시여. 이와 같은 반야바라밀다는 일체 삼계(三界)의 덮임과 미혹을 멀리 벗어났으니, 능히 번뇌와 여러 견해의 어두움을 없애는 까닭입니다. 세존이시여. 이와 같은 반야바라밀다는 외고의 상수(上首)가 되나니, 일체 종류의 각분(覺分)[4]의 법의 가운데에서 매우 존중받고 수승한 까닭

---

3) 허망한 분별로써 어떤 것에 마음이 사로잡혀 욕심내고 집착하는 것이다.

4) 산스크리트어 Sambodhyangani의 번역이고, 열반에 이르기 위하여 닦는 수행법이며, '각지(覺支)', '칠각의(七覺意)' 등으로 부른다.

입니다.

세존이시여. 이와 같은 반야바라밀다는 안은(安隱)함을 짓나니, 일체의 놀람·두려움·핍박·번뇌·재앙의 일을 영원히 끊어주는 까닭입니다. 세존이시여. 이와 같은 반야바라밀다는 능히 광명을 베풀어 주나니, 일체의 유정을 섭수(攝受)하여 5안(五眼)을 얻게 시키는 까닭입니다. 세존이시여. 이와 같은 반야바라밀다는 능히 중도(中道)를 보여주나니, 길 잃은 이변(二邊)[5]을 벗어나게 하는 까닭입니다. 세존이시여. 이와 같은 반야바라밀다는 능히 일체지지(一切智智)를 잘 발생시키나니, 일체의 상속(相續)되는 번뇌(煩惱)와 습기(習氣)를 영원히 끊어주는 까닭입니다. 세존이시여. 이와 같은 반야바라밀다는 제보살마하살의 어머니이나니, 보살이 수행하는 일체 불법이 이것을 따라서 생겨나는 까닭입니다.

세존이시여. 이와 같은 반야바라밀다는 생겨나지 않고 소멸하지 않나니, 자상(自相)이 공(空)한 까닭입니다. 세존이시여. 이와 같은 반야바라밀다는 태어남과 죽음을 멀리 벗어났나니, 항상함(常)도 아니고 무너짐(壞)도 아닌 까닭입니다. 세존이시여. 이와 같은 반야바라밀다는 능히 의지(依)와 믿음(怙)을 짓나니, 여러 법보(法寶)를 보시하는 까닭입니다. 세존이시여. 이와 같은 반야바라밀다는 능히 여래의 10력을 성취하나니, 굴복시킬 수 없는 까닭입니다. 세존이시여. 이와 같은 반야바라밀다는 3전(轉) 12행상(行相)[6]의 무상(無上)인 법륜을 잘 굴리나니, 일체 법이 전전함이 없다고 통달한 까닭입니다. 세존이시여. 이와 같은 반야바라밀다는 능히 제법이 전도가 없는 자성이라고 보여주나니, 자성이 없어서 자성이 공하다고 명료(顯了)하게 아는 까닭입니다. 세존이시여. 보살승(菩薩乘)·독각승(獨覺乘)·성문승(聲聞乘)에 안주하는 여러 유정들은 이

---

5) '있다.(有)'과 '없다.(無)'는 두 견해에 치우치는 것이다.

6) 3전 12행상 : 고·집·멸·도성제에 대하여 각각 3가지 단계인 시(示, 각각 그 내용을 나타내는 것), 권(勸, 수행을 권하는 것), 증(證, 고(苦)를 스스로가 알고, 집(集)을 스스로가 끊으며, 멸(滅)을 스스로가 증득하고, 도(道)를 스스로 수행하는 것) 등을 12가지 단계로 고찰하는 것을 가리킨다.

반야바라밀다에서 상응하여 어찌 안주해야 합니까?"

세존께서 말씀하셨다.

"사리자여. 이 여러 유정들은 이 반야바라밀다에서 상응하여 여래께서 머무르시는 것과 같다고 공양하고 예경하며 사유해야 하고, 반야바라밀다에서 상응하여 불(佛)·박가범(薄伽梵)[7]과 같다고 공양하고 예경하며 사유해야 하느니라. 왜 그러한가? 반야바라밀다는 불·박가범과 다르지 않고 불·박가범은 반야바라밀다와 다르지 않으며, 반야바라밀다는 불·박가범으로 나아가고 불·박가범은 반야바라밀다로 나아가느니라. 왜 그러한가? 사리자여. 일체의 여래·응공·정등각은 모두 오히려 반야바라밀다에서 출현(出現)하는 까닭이니라. 사리자여. 일체의 보살마하살·독각·아라한·불환·일래·예류 등은 모두 오히려 반야바라밀다에서 출현하는 까닭이니라.

사리자여. 일체의 세간의 10선업도·4정려·4무량·4무색정·5신통은 모두 오히려 반야바라밀다에서 출현하는 까닭이니라. 사리자여. 일체의 보시·정계·안인·정진·정려·반야바라밀다는 모두 오히려 반야바라밀다에서 출현하는 까닭이니라. 사리자여. 일체의 내공·외공·내외공·공공·대공·승의공·유위공·무위공·필경공·무제공·산공·무변이공·본성공·자상공·공상공·일체법공·불가득공·무성공·자성공·무성자성공은 모두 오히려 반야바라밀다에서 출현하는 까닭이니라. 사리자여. 일체의 진여·법계·법성·불허망성·불변이성·평등성·이생성·법정·법주·실제·허공계·부사의계는 모두 오히려 반야바라밀다에서 출현하는 까닭이니라.

사리자여. 일체의 고성제·집성제·멸성제·도성제는 모두 오히려 반야바라밀다에서 출현하는 까닭이니라. 사리자여. 일체의 4정려·4무량·4무색정은 모두 오히려 반야바라밀다에서 출현하는 까닭이니라. 사리자여. 일체의 8해탈·8승처·9차제정·10변처는 모두 오히려 반야바라밀다에서 출현하는 까닭이니라. 사리자여. 일체의 4념주·4정단·4신족·5근·5력·7등각지·8성도지는 모두 오히려 반야바라밀다에서 출현하는 까닭이니라.

7) 산스크리트어 Bhagavān의 음사이고, 세존을 가리키는 말이다.

사리자여. 일체의 공해탈문·무상해탈문·무원해탈문은 모두 오히려 반야바라밀다에서 출현하는 까닭이니라.

사리자여. 일체의 5안·6신통은 모두 오히려 반야바라밀다에서 출현하는 까닭이니라. 사리자여. 일체의 여래의 10력·4무소외·4무애해와·대자·대비·대희·대사·18불불공법은 모두 오히려 반야바라밀다에서 출현하는 까닭이니라. 사리자여. 일체의 무망실법과 항주사성은 모두 오히려 반야바라밀다에서 출현하는 까닭이니라. 사리자여. 일체의 일체지·도상지·일체상지는 모두 오히려 반야바라밀다에서 출현하는 까닭이니라. 사리자여. 일체의 다라니문과 일체의 삼마지문은 모두 오히려 반야바라밀다에서 출현하는 까닭이니라."

이때 천제석은 '지금 사리자께서는 무슨 인연으로 곧 이러한 일을 묻는가?'라고 갑자기 이러한 생각이 생겨났으며, 이때 사리자는 그가 마음으로 생각하는 것을 알아차렸으므로 곧 알려 말하였다.

"교시가여. 제보살마하살은 반야바라밀다와 방편선교에 섭수하기 위한 까닭으로, 과거·미래·현재의 시방세계에 머무르시는 일체의 여래·응공·정등각께서 초발심부터 나아가 무상정등보리의 증득에 이르셨고 미묘한 법륜을 굴리시고서 나아가 법이 소멸하는 것의 그 중간에 소유하신 일체의 공덕과 선근이거나, 만약 여러 성문·독각·보살과 나머지 유정들의 공덕과 선근을 화합하고 집적하며 칭량(稱量)[8]하고 현전에서 따라서 기뻐하면서 무상정등보리에 회향할 수 있나니, 오히려 이러한 인연을 까닭으로 이러한 일을 물었습니다.

다시 다음으로 교시가여. 제보살마하살이 수학하였던 것의 반야바라밀다는 보시·정계·안인·정진·정려바라밀다를 무량한 배수(倍數)를 초월하여 수승하나니, 장님(生盲)이었던 사람들이 백천 등의 대중일지라도 눈이 밝은 자가 그들을 옳게 인도(引導)하지 않는다면, 오히려 능히 바른 길에

8) 사정(事情)이나 형편(形便) 등을 헤아리는 것이다.

가까이 나아가지 못하는데, 하물며 능히 멀리 있는 풍요롭고 즐거우며 커다란 성(城)에 도달할 수 있겠습니까? 이와 같이 보시·정계·안인·정진·정려바라밀다는 여러 장님들이 만약 반야바라밀다라는 눈이 밝은 자의 인도가 없으면, 오히려 능히 보살의 바른 길에도 나아갈 수가 없는데, 하물며 능히 일체지(一切智)의 성(城)에 들어갈 수 있겠습니까?

다시 다음으로 교시가여. 이와 같은 보시·정계·안인·정진·정려바라밀다는 오히려 이 반야바라밀다에 섭수되는 까닭으로 '눈이 있는 자(有目者)'라고 이름하고, 다시 오히려 이 반야바라밀다에 섭수되는 까닭으로 보시 등의 일체의 바라밀다는 모두 '도피안(到彼岸)'[9]이라는 이름을 얻습니다."

이때 천제석이 다시 구수 사리자에게 아뢰어 말하였다.

"대덕께서 설하신 것과 같이 보시 등의 5바라밀다는 요컨대 오히려 반야바라밀다에 섭수되는 까닭으로 비로소 도피안이라는 이름을 얻는다고 한다면, 어찌 '요컨대 오히려 보시바라밀다에 섭수되는 까닭으로, 나머지의 5바라밀다도 비로소 도피안이라는 이름을 얻는 것이고, 요컨대 정계바라밀다에 섭수되는 까닭으로, 나머지의 5바라밀다도 비로소 도피안이라는 이름을 얻는 것이며, 요컨대 안인바라밀다에 섭수되는 까닭으로, 나머지의 5바라밀다도 비로소 도피안이라는 이름을 얻는 것이고, 요컨대 정진바라밀다에 섭수되는 까닭으로, 나머지의 5바라밀다도 비로소 도피안이라는 이름을 얻는 것이며, 요컨대 정려바라밀다에 섭수되는 까닭으로, 나머지의 5바라밀다도 비로소 도피안이라는 이름을 얻는다.'라고 설할 수 없겠습니까? 만약 그와 같다면 무슨 인연으로 홀로 반야바라밀다가 그 나머지 5바라밀다를 뛰어넘어 수승하다고 칭찬하십니까?"

사리자가 말하였다.

"그렇지 않습니다. 그렇지 않습니다. 왜 그러한가? 교시가여. 보시바라밀다에 섭수되는 까닭으로 나머지의 5바라밀다가 비로소 도피안이라는 이름을 얻는 것이 아니고, 정계바라밀다에 섭수되는 까닭으로 나머지의

---

9) 산스크리트어 paramita의 번역이고, 바라밀다(波羅密多)로 음사한다.

5바라밀다가 비로소 도피안이라는 이름을 얻는 것이 아니며, 안인바라밀다에 섭수되는 까닭으로 나머지의 5바라밀다가 비로소 도피안이라는 이름을 얻는 것이 아니고, 정진바라밀다에 섭수되는 까닭으로 나머지의 5바라밀다가 비로소 도피안이라는 이름을 얻는 것이 아니며, 정려바라밀다에 섭수되는 까닭으로 나머지의 5바라밀다가 비로소 도피안이라는 이름을 얻는 것이 아닙니다. 다만 반야바라밀다에 섭수되는 까닭으로 나머지의 5바라밀다가 비로소 도피안이라는 이름을 얻는 것입니다.

그 까닭은 무엇인가? 제보살마하살은 요컨대 반야바라밀다에 안주해야 비로소 보시·정계·안인·정진·정려바라밀다가 원만해지고, 나머지의 5바라밀다에 안주한다면 능히 이러한 일은 성취되지 않습니다. 이러한 까닭으로 반야바라밀다는 앞의 5바라밀다보다 최고이고 수승하며 존귀하고 높으며 묘하고 미묘하며 위이고 무상이며 무등이고 무등등입니다."

그때 사리자가 세존께 아뢰어 말하였다.

"세존이시여. 제보살마하살은 어찌 반야바라밀다를 인도(引)하여 발생(發)시켜야 합니까?"

세존께서 말씀하셨다.

"사리자여. 보살마하살은 색(色)을 인도하여 발생시키지 않아야 하는 까닭으로 상응하게 반야바라밀다를 인도하여 발생시켜야 하며, 수(受)·상(想)·행(行)·식(識)을 인도하여 발생시키지 않아야 하는 까닭으로 상응하게 반야바라밀다를 인도하여 발생시켜야 하느니라."

"세존이시여. 어찌 보살마하살은 색을 인도하여 발생시키지 않아야 하고 상응하게 반야바라밀다를 인도하여 발생시켜야 하며, 수·상·행·식을 인도하여 발생시키지 않아야 하고 상응하게 반야바라밀다를 인도하여 발생시켜야 합니까?"

"사리자여. 색으로써 지음(作)이 없고 멈춤(止)도 없으며 생겨남(生)이 없고 소멸함(滅)도 없으며 성취함(成)이 없고 무너짐(壞)도 없으며 얻음(得)이 없고 버림(捨)도 없으며 자성(自性)이 없는 까닭으로, 보살마하살은 색을 인도하여 발생시키지 않아야 하고 상응하게 반야바라밀다를 인도하여 발생시켜야 하며, 수·상·행·식으로써 지음이 없고 멈춤이 없으며 생겨남이 없고 소멸함도 없으며 성취함이 없고 무너짐도 없으며 얻음이 없고 버림도 없으며 자성이 없는 까닭으로, 보살마하살은 수·상·행·식을 인도하여 발생시키지 않아야 하고 상응하게 반야바라밀다를 인도하여 발생시켜야 하느니라."

"다시 다음으로 사리자여. 보살마하살은 안처(眼處)를 인도하여 발생시키지 않아야 하는 까닭으로 상응하게 반야바라밀다를 인도하여 발생시켜야 하며, 이(耳)·비(鼻)·설(舌)·신(身)·의처(意處)를 인도하여 발생시키지 않아야 하는 까닭으로 상응하게 반야바라밀다를 인도하여 발생시켜야 하느니라."

"세존이시여. 어찌 보살마하살은 안처를 인도하여 발생시키지 않아야 하고 상응하게 반야바라밀다를 인도하여 발생시켜야 하며, 이·비·설·신·의처를 인도하여 발생시키지 않아야 하고 상응하게 반야바라밀다를 인도하여 발생시켜야 합니까?"

"사리자여. 안처로써 지음이 없고 멈춤이 없으며 생겨남이 없고 소멸함도 없으며 성취함이 없고 무너짐도 없으며 얻음이 없고 버림도 없으며 자성이 없는 까닭으로, 보살마하살은 안처를 인도하여 발생시키지 않아야 하고 상응하게 반야바라밀다를 인도하여 발생시켜야 하며, 이·비·설·신·의처로써 지음이 없고 멈춤이 없으며 생겨남이 없고 소멸함도 없으며 성취함이 없고 무너짐도 없으며 얻음이 없고 버림도 없으며 자성이 없는 까닭으로, 보살마하살은 이·비·설·신·의처를 인도하여 발생시키지 않아야 하고 상응하게 반야바라밀다를 인도하여 발생시켜야 하느니라."

"다시 다음으로 사리자여. 보살마하살은 색처(色處)를 인도하여 발생시키지 않아야 하는 까닭으로 상응하게 반야바라밀다를 인도하여 발생시켜야 하며, 성(聲)·향(香)·미(味)·촉(觸)·법처(法處)를 인도하여 발생시키지 않아야 하는 까닭으로 상응하게 반야바라밀다를 인도하여 발생시켜야 하느니라."

"세존이시여. 어찌 보살마하살은 색처를 인도하여 발생시키지 않아야 하고 상응하게 반야바라밀다를 인도하여 발생시켜야 하며, 성·향·미·촉·법처를 인도하여 발생시키지 않아야 하고 상응하게 반야바라밀다를 인도하여 발생시켜야 합니까?"

"사리자여. 색처로써 지음이 없고 멈춤이 없으며 생겨남이 없고 소멸함도 없으며 성취함이 없고 무너짐도 없으며 얻음이 없고 버림도 없으며 자성이 없는 까닭으로, 보살마하살은 색처를 인도하여 발생시키지 않아야 하고 상응하게 반야바라밀다를 인도하여 발생시켜야 하며, 성·향·미·촉·법처로써 지음이 없고 멈춤이 없으며 생겨남이 없고 소멸함도 없으며 성취함이 없고 무너짐도 없으며 얻음이 없고 버림도 없으며 자성이 없는 까닭으로, 보살마하살은 성·향·미·촉·법처를 인도하여 발생시키지 않아야 하고 상응하게 반야바라밀다를 인도하여 발생시켜야 하느니라."

"다시 다음으로 사리자여. 보살마하살은 안계(眼界)를 인도하여 발생시키지 않아야 하는 까닭으로 상응하게 반야바라밀다를 인도하여 발생시켜야 하며, 색계(色界)·안식계(眼識界), …… 나아가 …… 안촉(眼觸)·안촉을 인연으로 생겨나는 여러 수(受)를 인도하여 발생시키지 않아야 하는 까닭으로 상응하게 반야바라밀다를 인도하여 발생시켜야 하느니라."

"세존이시여. 어찌 보살마하살은 안계를 인도하여 발생시키지 않아야 하고 상응하게 반야바라밀다를 인도하여 발생시켜야 하며, 색계, 나아가 안촉을 인연으로 생겨난 여러 수를 인도하여 발생시키지 않아야 하고 상응하게 반야바라밀다를 인도하여 발생시켜야 합니까?"

"사리자여. 안계로써 지음이 없고 멈춤이 없으며 생겨남이 없고 소멸함도 없으며 성취함이 없고 무너짐도 없으며 얻음이 없고 버림도 없으며 자성이 없는 까닭으로, 보살마하살은 안계를 인도하여 발생시키지 않아야 하고 상응하게 반야바라밀다를 인도하여 발생시켜야 하며, 색계, 나아가 안촉을 인연으로 생겨난 여러 수로써 지음이 없고 멈춤이 없으며 생겨남이 없고 소멸함도 없으며 성취함이 없고 무너짐도 없으며 얻음이 없고 버림도 없으며 자성이 없는 까닭으로, 보살마하살은 색계, 나아가 안촉을 인연으로 생겨난 여러 수를 인도하여 발생시키지 않아야 하고 상응하게 반야바라밀다를 인도하여 발생시켜야 하느니라."

"다시 다음으로 사리자여. 보살마하살은 이계(耳界)를 인도하여 발생시키지 않아야 하는 까닭으로 상응하게 반야바라밀다를 인도하여 발생시켜야 하며, 성계(聲界)·이식계(耳識界), …… 나아가 …… 이촉(耳觸)·이촉을 인연으로 생겨나는 여러 수를 인도하여 발생시키지 않아야 하는 까닭으로 상응하게 반야바라밀다를 인도하여 발생시켜야 하느니라."

"세존이시여. 어찌 보살마하살은 이계를 인도하여 발생시키지 않아야 하고 상응하게 반야바라밀다를 인도하여 발생시켜야 하며, 성계, 나아가 이촉을 인연으로 생겨난 여러 수를 인도하여 발생시키지 않아야 하고 상응하게 반야바라밀다를 인도하여 발생시켜야 합니까?"

"사리자여. 이계로써 지음이 없고 멈춤이 없으며 생겨남이 없고 소멸함도 없으며 성취함이 없고 무너짐도 없으며 얻음이 없고 버림도 없으며 자성이 없는 까닭으로, 보살마하살은 이계를 인도하여 발생시키지 않아야 하고 상응하게 반야바라밀다를 인도하여 발생시켜야 하며, 성계, 나아가 이촉을 인연으로 생겨난 여러 수로써 지음이 없고 멈춤이 없으며 생겨남이 없고 소멸함도 없으며 성취함이 없고 무너짐도 없으며 얻음이 없고 버림도 없으며 자성이 없는 까닭으로, 보살마하살은 성계, 나아가 이촉을 인연으로 생겨난 여러 수를 인도하여 발생시키지 않아야 하고 상응하게 반야바라밀다를 인도하여 발생시켜야 하느니라."

"다시 다음으로 사리자여. 보살마하살은 비계(鼻界)를 인도하여 발생시키지 않아야 하는 까닭으로 상응하게 반야바라밀다를 인도하여 발생시켜야 하며, 향계(香界)·비식계(鼻識界), …… 나아가 …… 비촉(鼻觸)·비촉을 인연으로 생겨나는 여러 수를 인도하여 발생시키지 않아야 하는 까닭으로 상응하게 반야바라밀다를 인도하여 발생시켜야 하느니라."

"세존이시여. 어찌 보살마하살은 비계를 인도하여 발생시키지 않아야 하고 상응하게 반야바라밀다를 인도하여 발생시켜야 하며, 향계, 나아가 비촉을 인연으로 생겨난 여러 수를 인도하여 발생시키지 않아야 하고 상응하게 반야바라밀다를 인도하여 발생시켜야 합니까?"

"사리자여. 비계로써 지음이 없고 멈춤이 없으며 생겨남이 없고 소멸함도 없으며 성취함이 없고 무너짐도 없으며 얻음이 없고 버림도 없으며 자성이 없는 까닭으로, 보살마하살은 비계를 인도하여 발생시키지 않아야 하고 상응하게 반야바라밀다를 인도하여 발생시켜야 하며, 향계, 나아가 비촉을 인연으로 생겨난 여러 수로써 지음이 없고 멈춤이 없으며 생겨남이 없고 소멸함도 없으며 성취함이 없고 무너짐도 없으며 얻음이 없고 버림도 없으며 자성이 없는 까닭으로, 보살마하살은 향계, 나아가 비촉을 인연으로 생겨난 여러 수를 인도하여 발생시키지 않아야 하고 상응하게 반야바라밀다를 인도하여 발생시켜야 하느니라."

"다시 다음으로 사리자여. 보살마하살은 설계(舌界)를 인도하여 발생시키지 않아야 하는 까닭으로 상응하게 반야바라밀다를 인도하여 발생시켜야 하며, 미계(味界)·설식계(舌識界), …… 나아가 …… 설촉(舌觸)·설촉을 인연으로 생겨나는 여러 수를 인도하여 발생시키지 않아야 하는 까닭으로 상응하게 반야바라밀다를 인도하여 발생시켜야 하느니라."

"세존이시여. 어찌 보살마하살은 설계를 인도하여 발생시키지 않아야 하고 상응하게 반야바라밀다를 인도하여 발생시켜야 하며, 미계, 나아가 설촉을 인연으로 생겨난 여러 수를 인도하여 발생시키지 않아야 하고 상응하게 반야바라밀다를 인도하여 발생시켜야 합니까?"

"사리자여. 설계로써 지음이 없고 멈춤이 없으며 생겨남이 없고 소멸함도 없으며 성취함이 없고 무너짐도 없으며 얻음이 없고 버림도 없으며 자성이 없는 까닭으로, 보살마하살은 설계를 인도하여 발생시키지 않아야 하고 상응하게 반야바라밀다를 인도하여 발생시켜야 하며, 미계, 나아가 설촉을 인연으로 생겨난 여러 수로써 지음이 없고 멈춤이 없으며 생겨남이 없고 소멸함도 없으며 성취함이 없고 무너짐도 없으며 얻음이 없고 버림도 없으며 자성이 없는 까닭으로, 보살마하살은 미계, 나아가 설촉을 인연으로 생겨난 여러 수를 인도하여 발생시키지 않아야 하고 상응하게 반야바라밀다를 인도하여 발생시켜야 하느니라."

"다시 다음으로 사리자여. 보살마하살은 신계(身界)를 인도하여 발생시키지 않아야 하는 까닭으로 상응하게 반야바라밀다를 인도하여 발생시켜야 하며, 촉계(觸界)·신식계(身識界), …… 나아가 …… 신촉(身觸)·신촉을 인연으로 생겨나는 여러 수를 인도하여 발생시키지 않아야 하는 까닭으로 상응하게 반야바라밀다를 인도하여 발생시켜야 하느니라."

"세존이시여. 어찌 보살마하살은 신계를 인도하여 발생시키지 않아야 하고 상응하게 반야바라밀다를 인도하여 발생시켜야 하며, 촉계, 나아가 신촉을 인연으로 생겨난 여러 수를 인도하여 발생시키지 않아야 하고 상응하게 반야바라밀다를 인도하여 발생시켜야 합니까?"

"사리자여. 신계로써 지음이 없고 멈춤이 없으며 생겨남이 없고 소멸함도 없으며 성취함이 없고 무너짐도 없으며 얻음이 없고 버림도 없으며 자성이 없는 까닭으로, 보살마하살은 신계를 인도하여 발생시키지 않아야 하고 상응하게 반야바라밀다를 인도하여 발생시켜야 하며, 촉계, 나아가 신촉을 인연으로 생겨난 여러 수로써 지음이 없고 멈춤이 없으며 생겨남이 없고 소멸함도 없으며 성취함이 없고 무너짐도 없으며 얻음이 없고 버림도 없으며 자성이 없는 까닭으로, 보살마하살은 촉계, 나아가 신촉을 인연으로 생겨난 여러 수를 인도하여 발생시키지 않아야 하고 상응하게 반야바라밀다를 인도하여 발생시켜야 하느니라."

"다시 다음으로 사리자여. 보살마하살은 의계(意界)를 인도하여 발생시키지 않아야 하는 까닭으로 상응하게 반야바라밀다를 인도하여 발생시켜야 하며, 법계(法界)·의식계(意識界), …… 나아가 …… 의촉(意觸)·의촉을 인연으로 생겨나는 여러 수를 인도하여 발생시키지 않아야 하는 까닭으로 상응하게 반야바라밀다를 인도하여 발생시켜야 하느니라."

"세존이시여. 어찌 보살마하살은 의계를 인도하여 발생시키지 않아야 하고 상응하게 반야바라밀다를 인도하여 발생시켜야 하며, 법계, 나아가 의촉을 인연으로 생겨난 여러 수를 인도하여 발생시키지 않아야 하고 상응하게 반야바라밀다를 인도하여 발생시켜야 합니까?"

"사리자여. 의계로써 지음이 없고 멈춤이 없으며 생겨남이 없고 소멸함도 없으며 성취함이 없고 무너짐도 없으며 얻음이 없고 버림도 없으며 자성이 없는 까닭으로, 보살마하살은 의계를 인도하여 발생시키지 않아야 하고 상응하게 반야바라밀다를 인도하여 발생시켜야 하며, 법계, 나아가 의촉을 인연으로 생겨난 여러 수로써 지음이 없고 멈춤이 없으며 생겨남이 없고 소멸함도 없으며 성취함이 없고 무너짐도 없으며 얻음이 없고 버림도 없으며 자성이 없는 까닭으로, 보살마하살은 법계, 나아가 의촉을 인연으로 생겨난 여러 수를 인도하여 발생시키지 않아야 하고 상응하게 반야바라밀다를 인도하여 발생시켜야 하느니라."

"다시 다음으로 사리자여. 보살마하살은 지계(地界)를 인도하여 발생시키지 않아야 하는 까닭으로 상응하게 반야바라밀다를 인도하여 발생시켜야 하며, 수(水)·화(火)·풍(風)·공(空)·식계(識界)를 인도하여 발생시키지 않아야 하는 까닭으로 상응하게 반야바라밀다를 인도하여 발생시켜야 하느니라."

"세존이시여. 어찌 보살마하살은 지계를 인도하여 발생시키지 않아야 하고 상응하게 반야바라밀다를 인도하여 발생시켜야 하며, 수·화·풍·공·식계를 인도하여 발생시키지 않아야 하고 상응하게 반야바라밀다를 인도하여 발생시켜야 합니까?"

"사리자여. 지계로써 지음이 없고 멈춤이 없으며 생겨남이 없고 소멸함도 없으며 성취함이 없고 무너짐도 없으며 얻음이 없고 버림도 없으며 자성이 없는 까닭으로, 보살마하살은 지계를 인도하여 발생시키지 않아야 하고 상응하게 반야바라밀다를 인도하여 발생시켜야 하며, 수·화·풍·공·식계로써 지음이 없고 멈춤이 없으며 생겨남이 없고 소멸함도 없으며 성취함이 없고 무너짐도 없으며 얻음이 없고 버림도 없으며 자성이 없는 까닭으로, 보살마하살은 수·화·풍·공·식계를 인도하여 발생시키지 않아야 하고 상응하게 반야바라밀다를 인도하여 발생시켜야 하느니라."

"다시 다음으로 사리자여. 보살마하살은 무명(無明)을 인도하여 발생시키지 않아야 하는 까닭으로 상응하게 반야바라밀다를 인도하여 발생시켜야 하며, 행(行)·식(識)·명색(名色)·육처(六處)·촉(觸)·수(受)·애(愛)·취

(取)·유(有)·생(生)·노사(老死)의 수탄고우뇌(愁歎苦憂惱)를 인도하여 발생시키지 않아야 하는 까닭으로 상응하게 반야바라밀다를 인도하여 발생시켜야 하느니라."

"세존이시여. 어찌 보살마하살은 무명을 인도하여 발생시키지 않아야 하고 상응하게 반야바라밀다를 인도하여 발생시켜야 하며, 행·식·명색·육처·촉·수·애·취·유·생·노사의 수탄고우뇌를 인도하여 발생시키지 않아야 하고 상응하게 반야바라밀다를 인도하여 발생시켜야 합니까?"

"사리자여. 무명으로써 지음이 없고 멈춤이 없으며 생겨남이 없고 소멸함도 없으며 성취함이 없고 무너짐도 없으며 얻음이 없고 버림도 없으며 자성이 없는 까닭으로, 보살마하살은 무명을 인도하여 발생시키지 않아야 하고 상응하게 반야바라밀다를 인도하여 발생시켜야 하며, 행, 나아가 노사의 수탄고우뇌로써 지음이 없고 멈춤이 없으며 생겨남이 없고 소멸함도 없으며 성취함이 없고 무너짐도 없으며 얻음이 없고 버림도 없으며 자성이 없는 까닭으로, 보살마하살은 행, 나아가 노사의 수탄고우뇌를 인도하여 발생시키지 않아야 하고 상응하게 반야바라밀다를 인도하여 발생시켜야 하느니라."

"다시 다음으로 사리자여. 보살마하살은 보시바라밀다(布施波羅蜜多)를 인도하여 발생시키지 않아야 하는 까닭으로 상응하게 반야바라밀다를 인도하여 발생시켜야 하며, 정계(淨戒)·안인(安忍)·정진(精進)·정려(靜慮)·반야바라밀다(般若波羅蜜多)를 인도하여 발생시키지 않아야 하는 까닭으로 상응하게 반야바라밀다를 인도하여 발생시켜야 하느니라."

"세존이시여. 어찌 보살마하살은 보시바라밀다를 인도하여 발생시키지 않아야 하고 상응하게 반야바라밀다를 인도하여 발생시켜야 하며, 정계·안인·정진·정려·반야바라밀다를 인도하여 발생시키지 않아야 하고 상응하게 반야바라밀다를 인도하여 발생시켜야 합니까?"

"사리자여. 보시바라밀다로써 지음이 없고 멈춤이 없으며 생겨남이 없고 소멸함도 없으며 성취함이 없고 무너짐도 없으며 얻음이 없고 버림도 없으며 자성이 없는 까닭으로, 보살마하살은 보시바라밀다를 인도하여 발생시키지 않아야 하고 상응하게 반야바라밀다를 인도하여 발생시켜야 하며, 정계, 나아가 반야바라밀다로써 지음이 없고 멈춤이 없으며 생겨남이 없고 소멸함도 없으며 성취함이 없고 무너짐도 없으며 얻음이 없고 버림도 없으며 자성이 없는 까닭으로, 보살마하살은 정계, 나아가 반야바라밀다를 인도하여 발생시키지 않아야 하고 상응하게 반야바라밀다를 인도하여 발생시켜야 하느니라."

"다시 다음으로 사리자여. 보살마하살은 내공(內空)을 인도하여 발생시키지 않아야 하는 까닭으로 상응하게 반야바라밀다를 인도하여 발생시켜야 하며, 외공(外空)·내외공(內外空)·공공(空空)·대공(大空)·승의공(勝義空)·유위공(有爲空)·무위공(無爲空)·필경공(畢竟空)·무제공(無際空)·산공(散空)·무변이공(無變異空)·본성공(本性空)·자상공(自相空)·공상공(共相空)·일체법공(一切法空)·불가득공(不可得空)·무성공(無性空)·자성공(自性空)·무성자성공(無性自性空)을 인도하여 발생시키지 않아야 하는 까닭으로 상응하게 반야바라밀다를 인도하여 발생시켜야 하느니라."

"세존이시여. 어찌 보살마하살은 내공을 인도하여 발생시키지 않아야 하고 상응하게 반야바라밀다를 인도하여 발생시켜야 하며, 외공·내외공·공공·대공·승의공·유위공·무위공·필경공·무제공·산공·무변이공·본성공·자상공·공상공·일체법공·불가득공·무성공·자성공·무성자성공을 인도하여 발생시키지 않아야 하고 상응하게 반야바라밀다를 인도하여 발생시켜야 합니까?"

"사리자여. 내공으로써 지음이 없고 멈춤이 없으며 생겨남이 없고 소멸함도 없으며 성취함이 없고 무너짐도 없으며 얻음이 없고 버림도 없으며 자성이 없는 까닭으로, 보살마하살은 내공을 인도하여 발생시키지 않아야 하고 상응하게 반야바라밀다를 인도하여 발생시켜야 하며, 외공, 나아가 무성자성공으로써 지음이 없고 멈춤이 없으며 생겨남이 없고 소멸함도 없으며 성취함이 없고 무너짐도 없으며 얻음이 없고 버림도 없으며 자성이 없는 까닭으로, 보살마하살은 외공, 나아가 무성자성공을 인도하여 발생시키지 않아야 하고 상응하게 반야바라밀다를 인도하여 발생시켜야 하느니라."

"다시 다음으로 사리자여. 보살마하살은 진여(眞如)를 인도하여 발생시키지 않아야 하는 까닭으로 상응하게 반야바라밀다를 인도하여 발생시켜야 하며, 법계(法界)·법성(法性)·불허망성(不虛妄性)·불변이성(不變異性)·평등성(平等性)·이생성(離生性)·법정(法定)·법주(法住)·실제(實際)·허공계(虛空界)·부사의계(不思議界)를 인도하여 발생시키지 않아야 하는 까닭으로 상응하게 반야바라밀다를 인도하여 발생시켜야 하느니라."

"세존이시여. 어찌 보살마하살은 진여를 인도하여 발생시키지 않아야 하고 상응하게 반야바라밀다를 인도하여 발생시켜야 하며, 법계·법성·불허망성·불변이성·평등성·이생성·법정·법주·실제·허공계·부사의계를 인도하여 발생시키지 않아야 하고 상응하게 반야바라밀다를 인도하여 발생시켜야 합니까?"

"사리자여. 진여로써 지음이 없고 멈춤이 없으며 생겨남이 없고 소멸함도 없으며 성취함이 없고 무너짐도 없으며 얻음이 없고 버림도 없으며 자성이 없는 까닭으로, 보살마하살은 진여를 인도하여 발생시키지 않아야 하고 상응하게 반야바라밀다를 인도하여 발생시켜야 하며, 법계, 나아가 부사의계로써 지음이 없고 멈춤이 없으며 생겨남이 없고 소멸함도 없으며 성취함이 없고 무너짐도 없으며 얻음이 없고 버림도 없으며 자성이 없는 까닭으로, 보살마하살은 법계, 나아가 부사의계를 인도하여 발생시키지 않아야 하고 상응하게 반야바라밀다를 인도하여 발생시켜야 하느니라."

"다시 다음으로 사리자여. 보살마하살은 고성제(苦聖諦)를 인도하여 발생시키지 않아야 하는 까닭으로 상응하게 반야바라밀다를 인도하여 발생시켜야 하며, 집(集)·멸(滅)·도성제(道聖諦)를 인도하여 발생시키지 않아야 하는 까닭으로 상응하게 반야바라밀다를 인도하여 발생시켜야 하느니라."

"세존이시여. 어찌 보살마하살은 고성제를 인도하여 발생시키지 않아야 하고 상응하게 반야바라밀다를 인도하여 발생시켜야 하며, 집·멸·도성제를 인도하여 발생시키지 않아야 하고 상응하게 반야바라밀다를 인도하여 발생시켜야 합니까?"

"사리자여. 고성제로써 지음이 없고 멈춤이 없으며 생겨남이 없고 소멸함도 없으며 성취함이 없고 무너짐도 없으며 얻음이 없고 버림도 없으며 자성이 없는 까닭으로, 보살마하살은 고성제를 인도하여 발생시키지 않아야 하고 상응하게 반야바라밀다를 인도하여 발생시켜야 하며, 집·멸·도성제로써 지음이 없고 멈춤이 없으며 생겨남이 없고 소멸함도 없으며 성취함이 없고 무너짐도 없으며 얻음이 없고 버림도 없으며 자성이 없는 까닭으로, 보살마하살은 집·멸·도성제를 인도하여 발생시키지 않아야 하고 상응하게 반야바라밀다를 인도하여 발생시켜야 하느니라."

"다시 다음으로 사리자여. 보살마하살은 4정려(四靜慮)를 인도하여 발생시키지 않아야 하는 까닭으로 상응하게 반야바라밀다를 인도하여 발생시켜야 하며, 4무량(四無量)·4무색정(四無色定)을 인도하여 발생시키지 않아야 하는 까닭으로 상응하게 반야바라밀다를 인도하여 발생시켜야 하느니라."

"세존이시여. 어찌 보살마하살은 4정려를 인도하여 발생시키지 않아야 하고 상응하게 반야바라밀다를 인도하여 발생시켜야 하며, 4무량·4무색정을 인도하여 발생시키지 않아야 하고 상응하게 반야바라밀다를 인도하여 발생시켜야 합니까?"

"사리자여. 4정려로써 지음이 없고 멈춤이 없으며 생겨남이 없고 소멸함도 없으며 성취함이 없고 무너짐도 없으며 얻음이 없고 버림도 없으며 자성이 없는 까닭으로, 보살마하살은 4정려를 인도하여 발생시키지 않아야 하고 상응하게 반야바라밀다를 인도하여 발생시켜야 하며, 4무량·4무색정으로써 지음이 없고 멈춤이 없으며 생겨남이 없고 소멸함도 없으며 성취함이 없고 무너짐도 없으며 얻음이 없고 버림도 없으며 자성이 없는 까닭으로, 보살마하살은 4무량·4무색정을 인도하여 발생시키지 않아야 하고 상응하게 반야바라밀다를 인도하여 발생시켜야 하느니라."

마하반야바라밀다경 제173권

32. 찬반야품(讚般若品)(2)

"다시 다음으로 사리자여. 보살마하살은 8해탈(八解脫)을 인도하여 발생시키지 않아야 하는 까닭으로 상응하게 반야바라밀다를 인도하여 발생시켜야 하며, 8승처(八勝處)·9차제정(九次第定)·10변처(十遍處)를 인도하여 발생시키지 않아야 하는 까닭으로 상응하게 반야바라밀다를 인도하여 발생시켜야 하느니라."

"세존이시여. 어찌 보살마하살은 8해탈을 인도하여 발생시키지 않아야 하고 상응하게 반야바라밀다를 인도하여 발생시켜야 하며, 8승처·9차제정·10변처를 인도하여 발생시키지 않아야 하고 상응하게 반야바라밀다를 인도하여 발생시켜야 합니까?"

"사리자여. 8해탈으로써 지음이 없고 멈춤이 없으며 생겨남이 없고 소멸함도 없으며 성취함이 없고 무너짐도 없으며 얻음이 없고 버림도 없으며 자성이 없는 까닭으로, 보살마하살은 8해탈을 인도하여 발생시키지 않아야 하고 상응하게 반야바라밀다를 인도하여 발생시켜야 하며, 8승처·9차제정·10변처로써 지음이 없고 멈춤이 없으며 생겨남이 없고 소멸함도 없으며 성취함이 없고 무너짐도 없으며 얻음이 없고 버림도 없으며 자성이 없는 까닭으로, 보살마하살은 8승처·9차제정·10변처를 인도하여 발생시키지 않아야 하고 상응하게 반야바라밀다를 인도하여 발생시켜야 하느니라."

"다시 다음으로 사리자여. 보살마하살은 4념주(四念住)를 인도하여 발생시키지 않아야 하는 까닭으로 상응하게 반야바라밀다를 인도하여 발생시켜야 하며, 4정단(四正斷)·4신족(四神足)·5근(五根)·5력(五力)·7등각지(七等覺支)·8성도지(八聖道支)를 인도하여 발생시키지 않아야 하는 까닭으로 상응하게 반야바라밀다를 인도하여 발생시켜야 하느니라."

"세존이시여. 어찌 보살마하살은 4념주를 인도하여 발생시키지 않아야 하고 상응하게 반야바라밀다를 인도하여 발생시켜야 하며, 4정단·4신족·5근·5력·7등각지·8성도지를 인도하여 발생시키지 않아야 하고 상응하게 반야바라밀다를 인도하여 발생시켜야 합니까?"

"사리자여. 4념주로써 지음이 없고 멈춤이 없으며 생겨남이 없고 소멸함도 없으며 성취함이 없고 무너짐도 없으며 얻음이 없고 버림도 없으며 자성이 없는 까닭으로, 보살마하살은 4념주를 인도하여 발생시키지 않아야 하고 상응하게 반야바라밀다를 인도하여 발생시켜야 하며, 4정단, 나아가 8성도지로써 지음이 없고 멈춤이 없으며 생겨남이 없고 소멸함도 없으며 성취함이 없고 무너짐도 없으며 얻음이 없고 버림도 없으며 자성이 없는 까닭으로, 보살마하살은 4정단, 나아가 8성도지를 인도하여 발생시키지 않아야 하고 상응하게 반야바라밀다를 인도하여 발생시켜야 하느니라."

"다시 다음으로 사리자여. 보살마하살은 공해탈문(空解脫門)을 인도하여 발생시키지 않아야 하는 까닭으로 상응하게 반야바라밀다를 인도하여 발생시켜야 하며, 무상(無相)·무원해탈문(無願解脫門)을 인도하여 발생시키지 않아야 하는 까닭으로 상응하게 반야바라밀다를 인도하여 발생시켜야 하느니라."

"세존이시여. 어찌 보살마하살은 공해탈문을 인도하여 발생시키지 않아야 하고 상응하게 반야바라밀다를 인도하여 발생시켜야 하며, 무상·무원해탈문을 인도하여 발생시키지 않아야 하고 상응하게 반야바라밀다를 인도하여 발생시켜야 합니까?"

"사리자여. 공해탈문으로써 지음이 없고 멈춤이 없으며 생겨남이 없고 소멸함도 없으며 성취함이 없고 무너짐도 없으며 얻음이 없고 버림도 없으며 자성이 없는 까닭으로, 보살마하살은 공해탈문을 인도하여 발생시키지 않아야 하고 상응하게 반야바라밀다를 인도하여 발생시켜야 하며, 무상·무원해탈문으로써 지음이 없고 멈춤이 없으며 생겨남이 없고 소멸함도 없으며 성취함이 없고 무너짐도 없으며 얻음이 없고 버림도 없으며 자성이 없는 까닭으로, 보살마하살은 무상·무원해탈문을 인도하여 발생시키지 않아야 하고 상응하게 반야바라밀다를 인도하여 발생시켜야 하느니라."

"다시 다음으로 사리자여. 보살마하살은 5안(五眼)을 인도하여 발생시키지 않아야 하는 까닭으로 상응하게 반야바라밀다를 인도하여 발생시켜야 하며, 6신통(六神通)을 인도하여 발생시키지 않아야 하는 까닭으로 상응하게 반야바라밀다를 인도하여 발생시켜야 하느니라."

"세존이시여. 어찌 보살마하살은 5안을 인도하여 발생시키지 않아야 하고 상응하게 반야바라밀다를 인도하여 발생시켜야 하며, 6신통을 인도하여 발생시키지 않아야 하고 상응하게 반야바라밀다를 인도하여 발생시켜야 합니까?"

"사리자여. 5안으로써 지음이 없고 멈춤이 없으며 생겨남이 없고 소멸함도 없으며 성취함이 없고 무너짐도 없으며 얻음이 없고 버림도 없으며 자성이 없는 까닭으로, 보살마하살은 5안을 인도하여 발생시키지 않아야 하고 상응하게 반야바라밀다를 인도하여 발생시켜야 하며, 6신통으로써 지음이 없고 멈춤이 없으며 생겨남이 없고 소멸함도 없으며 성취함이 없고 무너짐도 없으며 얻음이 없고 버림도 없으며 자성이 없는 까닭으로, 보살마하살은 6신통을 인도하여 발생시키지 않아야 하고 상응하게 반야바라밀다를 인도하여 발생시켜야 하느니라."

"다시 다음으로 사리자여. 보살마하살은 여래(如來)의 10력(十力)을 인도하여 발생시키지 않아야 하는 까닭으로 상응하게 반야바라밀다를 인도하여 발생시켜야 하며, 4무소외(四無所畏)·4무애해(四無礙解)·대자(大慈)·대비(大悲)·대희(大喜)·대사(大捨)·18불불공법(十八佛不共法)을 인도하여 발생시키지 않아야 하는 까닭으로 상응하게 반야바라밀다를 인도하여 발생시켜야 하느니라."

“세존이시여. 어찌 보살마하살은 여래의 10력을 인도하여 발생시키지 않아야 하고 상응하게 반야바라밀다를 인도하여 발생시켜야 하며, 4무소외·4무애해·대자·대비·대희·대사·18불불공법을 인도하여 발생시키지 않아야 하고 상응하게 반야바라밀다를 인도하여 발생시켜야 합니까?”

“사리자여. 여래의 10력으로써 지음이 없고 멈춤이 없으며 생겨남이 없고 소멸함도 없으며 성취함이 없고 무너짐도 없으며 얻음이 없고 버림도 없으며 자성이 없는 까닭으로, 보살마하살은 여래의 10력을 인도하여 발생시키지 않아야 하고 상응하게 반야바라밀다를 인도하여 발생시켜야 하며, 4무소외, 나아가 18불불공법으로써 지음이 없고 멈춤이 없으며 생겨남이 없고 소멸함도 없으며 성취함이 없고 무너짐도 없으며 얻음이 없고 버림도 없으며 자성이 없는 까닭으로, 보살마하살은 4무소외, 나아가 18불불공법을 인도하여 발생시키지 않아야 하고 상응하게 반야바라밀다를 인도하여 발생시켜야 하느니라.”

“다시 다음으로 사리자여. 보살마하살은 무망실법(無忘失法)을 인도하여 발생시키지 않아야 하는 까닭으로 상응하게 반야바라밀다를 인도하여 발생시켜야 하며, 항주사성(恒住捨性)을 인도하여 발생시키지 않아야 하는 까닭으로 상응하게 반야바라밀다를 인도하여 발생시켜야 하느니라.”

“세존이시여. 어찌 보살마하살은 무망실법을 인도하여 발생시키지 않아야 하고 상응하게 반야바라밀다를 인도하여 발생시켜야 하며, 항주사성을 인도하여 발생시키지 않아야 하고 상응하게 반야바라밀다를 인도하여 발생시켜야 합니까?”

“사리자여. 무망실법으로써 지음이 없고 멈춤이 없으며 생겨남이 없고 소멸함도 없으며 성취함이 없고 무너짐도 없으며 얻음이 없고 버림도 없으며 자성이 없는 까닭으로, 보살마하살은 무망실법을 인도하여 발생시키지 않아야 하고 상응하게 반야바라밀다를 인도하여 발생시켜야 하며, 항주사성으로써 지음이 없고 멈춤이 없으며 생겨남이 없고 소멸함도 없으며 성취함이 없고 무너짐도 없으며 얻음이 없고 버림도 없으며 자성이 없는 까닭으로, 보살마하살은 항주사성을 인도하여 발생시키지 않아야 하고 상응하게 반야바라밀다를 인도하여 발생시켜야 하느니라."

"다시 다음으로 사리자여. 보살마하살은 일체지(一切智)를 인도하여 발생시키지 않아야 하는 까닭으로 상응하게 반야바라밀다를 인도하여 발생시켜야 하며, 도상지(道相智)·일체상지(一切相智)를 인도하여 발생시키지 않아야 하는 까닭으로 상응하게 반야바라밀다를 인도하여 발생시켜야 하느니라."

"세존이시여. 어찌 보살마하살은 일체지를 인도하여 발생시키지 않아야 하고 상응하게 반야바라밀다를 인도하여 발생시켜야 하며, 도상지·일체상지를 인도하여 발생시키지 않아야 하고 상응하게 반야바라밀다를 인도하여 발생시켜야 합니까?"

"사리자여. 일체지로써 지음이 없고 멈춤이 없으며 생겨남이 없고 소멸함도 없으며 성취함이 없고 무너짐도 없으며 얻음이 없고 버림도 없으며 자성이 없는 까닭으로, 보살마하살은 일체지를 인도하여 발생시키지 않아야 하고 상응하게 반야바라밀다를 인도하여 발생시켜야 하며, 도상지·일체상지로써 지음이 없고 멈춤이 없으며 생겨남이 없고 소멸함도 없으며 성취함이 없고 무너짐도 없으며 얻음이 없고 버림도 없으며 자성이 없는 까닭으로, 보살마하살은 도상지·일체상지를 인도하여 발생시키지 않아야 하고 상응하게 반야바라밀다를 인도하여 발생시켜야 하느니라."

"다시 다음으로 사리자여. 보살마하살은 일체의 다라니문(陀羅尼門)을 인도하여 발생시키지 않아야 하는 까닭으로 상응하게 반야바라밀다를 인도하여 발생시켜야 하며, 일체의 삼마지문(三摩地門)을 인도하여 발생시키지 않아야 하는 까닭으로 상응하게 반야바라밀다를 인도하여 발생시켜야 하느니라."

"세존이시여. 어찌 보살마하살은 일체의 다라니문을 인도하여 발생시키지 않아야 하고 상응하게 반야바라밀다를 인도하여 발생시켜야 하며, 일체의 삼마지문을 인도하여 발생시키지 않아야 하고 상응하게 반야바라밀다를 인도하여 발생시켜야 합니까?"

"사리자여. 일체의 다라니문으로써 지음이 없고 멈춤이 없으며 생겨남이 없고 소멸함도 없으며 성취함이 없고 무너짐도 없으며 얻음이 없고 버림도 없으며 자성이 없는 까닭으로, 보살마하살은 일체의 다라니문을 인도하여 발생시키지 않아야 하고 상응하게 반야바라밀다를 인도하여 발생시켜야 하며, 일체의 삼마지문으로써 지음이 없고 멈춤이 없으며 생겨남이 없고 소멸함도 없으며 성취함이 없고 무너짐도 없으며 얻음이 없고 버림도 없으며 자성이 없는 까닭으로, 보살마하살은 일체의 삼마지문을 인도하여 발생시키지 않아야 하고 상응하게 반야바라밀다를 인도하여 발생시켜야 하느니라."

"다시 다음으로 사리자여. 보살마하살은 예류과(預流果)를 인도하여 발생시키지 않아야 하는 까닭으로 상응하게 반야바라밀다를 인도하여 발생시켜야 하며, 일래(一來)·불환(不還)·아라한(阿羅漢)을 인도하여 발생시키지 않아야 하는 까닭으로 상응하게 반야바라밀다를 인도하여 발생시켜야 하느니라."

"세존이시여. 어찌 보살마하살은 예류과를 인도하여 발생시키지 않아야 하고 상응하게 반야바라밀다를 인도하여 발생시켜야 하며, 일래·불환·아라한을 인도하여 발생시키지 않아야 하고 상응하게 반야바라밀다를 인도하여 발생시켜야 합니까?"

"사리자여. 예류과로써 지음이 없고 멈춤이 없으며 생겨남이 없고 소멸함도 없으며 성취함이 없고 무너짐도 없으며 얻음이 없고 버림도 없으며 자성이 없는 까닭으로, 보살마하살은 예류과를 인도하여 발생시키지 않아야 하고 상응하게 반야바라밀다를 인도하여 발생시켜야 하며, 일래·불환·아라한으로써 지음이 없고 멈춤이 없으며 생겨남이 없고 소멸함도 없으며 성취함이 없고 무너짐도 없으며 얻음이 없고 버림도 없으며 자성이 없는 까닭으로, 보살마하살은 일래·불환·아라한을 인도하여 발생시키지 않아야 하고 상응하게 반야바라밀다를 인도하여 발생시켜야 하느니라."

"다시 다음으로 사리자여. 보살마하살은 독각(獨覺)의 보리(菩提)를 인도하여 발생시키지 않아야 하는 까닭으로 상응하게 반야바라밀다를 인도하여 발생시켜야 하느니라."

"세존이시여. 어찌 보살마하살은 독각의 보리를 인도하여 발생시키지 않아야 하고 상응하게 반야바라밀다를 인도하여 발생시켜야 합니까?"

"사리자여. 독각의 보리로써 지음이 없고 멈춤이 없으며 생겨남이 없고 소멸함도 없으며 성취함이 없고 무너짐도 없으며 얻음이 없고 버림도 없으며 자성이 없는 까닭으로, 보살마하살은 독각의 보리를 인도하여 발생시키지 않아야 하고 상응하게 반야바라밀다를 인도하여 발생시켜야 하느니라."

"다시 다음으로 사리자여. 보살마하살은 일체의 보살마하살(菩薩摩訶薩)의 행(行)을 인도하여 발생시키지 않아야 하는 까닭으로 상응하게 반야바라밀다를 인도하여 발생시켜야 하느니라."

"세존이시여. 어찌 보살마하살은 일체의 보살마하살의 행을 인도하여 발생시키지 않아야 하고 상응하게 반야바라밀다를 인도하여 발생시켜야 합니까?"

"사리자여. 일체의 보살마하살의 행으로써 지음이 없고 멈춤이 없으며 생겨남이 없고 소멸함도 없으며 성취함이 없고 무너짐도 없으며 얻음이 없고 버림도 없으며 자성이 없는 까닭으로, 보살마하살은 일체의 보살마하살의 행을 인도하여 발생시키지 않아야 하고 상응하게 반야바라밀다를 인도하여 발생시켜야 하느니라."

"다시 다음으로 사리자여. 보살마하살은 제불(諸佛)의 무상정등보리(無上正等菩提)를 인도하여 발생시키지 않아야 하는 까닭으로 상응하게 반야바라밀다를 인도하여 발생시켜야 하느니라."

"세존이시여. 어찌 보살마하살은 제불의 무상정등보리를 인도하여 발생시키지 않아야 하고 상응하게 반야바라밀다를 인도하여 발생시켜야 합니까?"

"사리자여. 제불의 무상정등보리로써 지음이 없고 멈춤이 없으며 생겨남이 없고 소멸함도 없으며 성취함이 없고 무너짐도 없으며 얻음이 없고 버림도 없으며 자성이 없는 까닭으로, 보살마하살은 제불의 무상정등보리를 인도하여 발생시키지 않아야 하고 상응하게 반야바라밀다를 인도하여 발생시켜야 하느니라."

"다시 다음으로 사리자여. 보살마하살은 일체법(一切法)을 인도하여 발생시키지 않아야 하는 까닭으로 상응하게 반야바라밀다를 인도하여 발생시켜야 하느니라."

"세존이시여. 어찌 보살마하살은 일체법을 인도하여 발생시키지 않아야 하고 상응하게 반야바라밀다를 인도하여 발생시켜야 합니까?"

"사리자여. 제불의 일체법으로써 지음이 없고 멈춤이 없으며 생겨남이 없고 소멸함도 없으며 성취함이 없고 무너짐도 없으며 얻음이 없고 버림도 없으며 자성이 없는 까닭으로, 보살마하살은 일체법을 인도하여 발생시키지 않아야 하고 상응하게 반야바라밀다를 인도하여 발생시켜야 하느니라."

이때 사리자가 다시 세존께 아뢰어 말하였다.

"세존이시여. 보살마하살이 이와 같이 인도하여 발생시킨 반야바라밀다는 무슨 법과 화합(合)합니까?"

세존께서 말씀하셨다.

"사리자여. 보살마하살이 이와 같이 인도하여 발생시킨 반야바라밀다는 일체법과 화합하지 않나니, 화합하지 않는 까닭으로 반야바라밀다라는 이름을 얻느니라."

"세존이시여. 이와 같은 반야바라밀다는 무슨 일체법 등과 화합하지 않습니까?"

"사리자여. 이와 같은 반야바라밀다는 선한 법과 화합하지 않고 착하지 않은 법과도 화합하지 않으며, 유죄(有罪)의 법과 화합하지 않고 무죄(無罪)의 법과 화합하지 않으며, 유루법(有漏法)과 화합하지 않고 무루법(無漏法)과 화합하지 않으며, 유위법(有爲法)과 화합하지 않고 무위법(無爲法)과 화합하지 않으며, 잡염(雜染)의 법과 화합하지 않고 청정한 법과 화합하지 않으며, 염오(染汚)의 법과 화합하지 않고 염오가 아닌 법과도 화합하지 않으며, 세간법(世間法)과 화합하지 않고 출세간법(出世間法)과 화합하지 않으며, 생사(生死)의 법과 화합하지 않고 열반(涅槃)의 법과 화합하지 않느니라. 왜그러한가? 사리자여. 이와 같은 반야바라밀다는 일체법에서 얻을 수 없는 까닭이니라."

그때 천제석이 세존께 아뢰어 말하였다.

"세존이시여. 이와 같은 반야바라밀다는 어찌 역시 일체지지(一切智智)와도 화합하지 않는다고 말합니까?"

세존께서 말씀하셨다.

"교시가여. 그와 같으니라. 그와 같으니라. 반야바라밀다는 일체지지도 화합하지 않느니라. 왜 그러한가? 오히려 이것은 그것에서 얻을 수가 없는 까닭이니라."

"세존이시여. 어찌 반야바라밀다는 일체지지에서 화합도 없고 역시 얻음도 없다고 말합니까?"

"교시가여. 반야바라밀다는 일체지지에서 이름과 같지 않고 상과 같지 않으며 그 짓는 것과 같지 않으므로, 화합도 있고 얻음도 있느니라."

"세존이시여. 어찌 반야바라밀다는 일체지지에 대하여 합함도 있고 얻음도 있다고 말합니까?"

"교시가여. 반야바라밀다는 일체지지에서 이름과 같고 상 등과 같으며 받음(受)이 없고 취함(取)이 없으며 머무름(住)이 없고 끊어짐(斷)이 없으며 집착(執)이 없고 버림(捨)이 없으므로, 이와 같은 화합과 얻음이 있으나, 화합과 얻음이 없느니라. 교시가여. 이와 같은 반야바라밀다는 일체법에서도 이름과 같고 상 등과 같으며 받음이 없고 취함이 없으며 머무름이 없고 끊어짐이 없으며 집착이 없고 버림이 없으므로, 이와 같은 화합과 얻음이 있으나, 화합과 얻음이 없느니라."

그때 천제석이 다시 세존께 아뢰어 말하였다.

"희유합니다. 세존이시여. 이와 같은 반야바라밀다는 일체법을 위하여 지음이 없고 멈춤이 없으며 생겨남이 없고 소멸함이 없으며 성취가 없고 무너짐이 없으며 얻음이 없고 버림이 없으며 자성이 없는 까닭으로, 현재 앞에 있으면서 비록 화합이 있고 얻음이 있더라도, 그러나 화합이 없고 얻음이 없습니다."

그때 구수 선현이 세존께 아뢰어 말하였다.

"세존이시여. 만약 보살마하살이 반야바라밀다를 수행하는 때에, '반야바라밀다는 일체법과 화합한다. 반야바라밀다는 일체법과 화합하지 않는다.'라고 이와 같은 생각을 일으킨다면, 이 보살마하살은 함께 반야바라밀다를 버리는 것이고, 함께 반야바라밀다를 멀리 벗어납니다."

세존께서 말씀하셨다.

"선현이여. 다시 제보살마하살이 반야바라밀다를 버리거나, 반야바라밀다를 멀리 벗어나는 인연이 있나니 이를테면, 보살마하살이 반야바라밀다를 수행하는 때에, '이와 같은 반야바라밀다는 무소유이고 진실이 아니며 견고(堅固)하지 않고 자재(自在)하지도 않다.'라고 이와 같은 생각을 일으킨다면, 이 보살마하살은 함께 반야바라밀다를 버리는 것이고, 함께 반야바라밀다를 멀리 벗어나는 것이니라."

그때 구수 선현이 다시 세존께 아뢰어 말하였다.

"세존이시여. 만약 보살마하살이 반야바라밀다를 믿는 때에 무슨 법을 믿지 않아야 합니까?"

세존께서 말씀하셨다.

"선현이여. 만약 보살마하살이 반야바라밀다를 믿는 때라면 곧 색을 믿지 않아야 하고 수·상·행·식도 믿지 않아야 하느니라."

"세존이시여. 어찌 보살마하살이 반야바라밀다를 믿는 때에 곧 색을 믿지 않아야 하고, 수·상·행·식도 믿지 않아야 합니까?"

"선현이여. 보살마하살이 반야바라밀다를 수행하는 때에 색을 얻을 수 없다고 관찰해야 하고, 수·상·행·식도 얻을 수 없다고 관찰해야 하느니라. 이러한 까닭으로 보살마하살이 반야바라밀다를 믿는 때라면 색을 믿지 않아야 하고 수·상·행·식도 믿지 않아야 하느니라."

"다시 다음으로 선현이여. 만약 보살마하살이 반야바라밀다를 믿는 때라면 곧 안처를 믿지 않아야 하고 이·비·설·신·의처도 믿지 않아야 하느니라."

"세존이시여. 어찌 보살마하살이 반야바라밀다를 믿는 때에 곧 안처를 믿지 않아야 하고, 이·비·설·신·의처도 믿지 않아야 합니까?"

"선현이여. 보살마하살이 반야바라밀다를 수행하는 때에 안처를 얻을 수 없다고 관찰해야 하고, 이·비·설·신·의처도 얻을 수 없다고 관찰해야 하느니라. 이러한 까닭으로 보살마하살이 반야바라밀다를 믿는 때라면 안처를 믿지 않아야 하고 이·비·설·신·의처도 믿지 않아야 하느니라."

"다시 다음으로 선현이여. 만약 보살마하살이 반야바라밀다를 믿는 때라면 곧 색처를 믿지 않아야 하고 성·향·미·촉·법처도 믿지 않아야 하느니라."

"세존이시여. 어찌 보살마하살이 반야바라밀다를 믿는 때에 곧 색처를 믿지 않아야 하고, 성·향·미·촉·법처도 믿지 않아야 합니까?"

"선현이여. 보살마하살이 반야바라밀다를 수행하는 때에 색처를 얻을 수 없다고 관찰해야 하고, 성·향·미·촉·법처도 얻을 수 없다고 관찰해야 하느니라. 이러한 까닭으로 보살마하살이 반야바라밀다를 믿는 때라면 색처를 믿지 않아야 하고 성·향·미·촉·법처도 믿지 않아야 하느니라."

"다시 다음으로 선현이여. 만약 보살마하살이 반야바라밀다를 믿는 때라면 곧 안계를 믿지 않아야 하고 색계·안식계, 나아가 안촉·안촉을 인연으로 생겨난 여러 수도 믿지 않아야 하느니라."

"세존이시여. 어찌 보살마하살이 반야바라밀다를 믿는 때에 곧 안계를 믿지 않아야 하고, 색계·안식계, 나아가 안촉·안촉을 인연으로 생겨난 여러 수도 믿지 않아야 합니까?"

"선현이여. 보살마하살이 반야바라밀다를 수행하는 때에 안계를 얻을 수 없다고 관찰해야 하고, 색계·안식계, 나아가 안촉·안촉을 인연으로 생겨난 여러 수도 얻을 수 없다고 관찰해야 하느니라. 이러한 까닭으로 보살마하살이 반야바라밀다를 믿는 때라면 안계를 믿지 않아야 하고 색계·안식계, 나아가 안촉·안촉을 인연으로 생겨난 여러 수도 믿지 않아야 하느니라."

"다시 다음으로 선현이여. 만약 보살마하살이 반야바라밀다를 믿는 때라면 곧 이계를 믿지 않아야 하고 성계·이식계, 나아가 이촉·이촉을 인연으로 생겨난 여러 수도 믿지 않아야 하느니라."

"세존이시여. 어찌 보살마하살이 반야바라밀다를 믿는 때에 곧 이계를 믿지 않아야 하고, 성계·이식계, 나아가 이촉·이촉을 인연으로 생겨난 여러 수도 믿지 않아야 합니까?"

"선현이여. 보살마하살이 반야바라밀다를 수행하는 때에 이계를 얻을 수 없다고 관찰해야 하고, 성계·이식계, 나아가 이촉·이촉을 인연으로 생겨난 여러 수도 얻을 수 없다고 관찰해야 하느니라. 이러한 까닭으로 보살마하살이 반야바라밀다를 믿는 때라면 이계를 믿지 않아야 하고 성계·이식계, 나아가 이촉·이촉을 인연으로 생겨난 여러 수도 믿지 않아야 하느니라."

"다시 다음으로 선현이여. 만약 보살마하살이 반야바라밀다를 믿는 때라면 곧 비계를 믿지 않아야 하고 향계·비식계, 나아가 비촉·비촉을 인연으로 생겨난 여러 수도 믿지 않아야 하느니라."

"세존이시여. 어찌 보살마하살이 반야바라밀다를 믿는 때에 곧 비계를 믿지 않아야 하고, 향계·비식계, 나아가 비촉·비촉을 인연으로 생겨난 여러 수도 믿지 않아야 합니까?"

"선현이여. 보살마하살이 반야바라밀다를 수행하는 때에 비계를 얻을 수 없다고 관찰해야 하고, 향계·비식계, 나아가 비촉·비촉을 인연으로 생겨난 여러 수도 얻을 수 없다고 관찰해야 하느니라. 이러한 까닭으로 보살마하살이 반야바라밀다를 믿는 때라면 비계를 믿지 않아야 하고 향계·비식계, 나아가 비촉·비촉을 인연으로 생겨난 여러 수도 믿지 않아야 하느니라."

"다시 다음으로 선현이여. 만약 보살마하살이 반야바라밀다를 믿는 때라면 곧 설계를 믿지 않아야 하고 미계·설식계, 나아가 설촉·설촉을 인연으로 생겨난 여러 수도 믿지 않아야 하느니라."

"세존이시여. 어찌 보살마하살이 반야바라밀다를 믿는 때에 곧 설계를 믿지 않아야 하고, 미계·설식계, 나아가 설촉·설촉을 인연으로 생겨난 여러 수도 믿지 않아야 합니까?"

"선현이여. 보살마하살이 반야바라밀다를 수행하는 때에 설계를 얻을 수 없다고 관찰해야 하고, 미계·설식계, 나아가 설촉·설촉을 인연으로 생겨난 여러 수도 얻을 수 없다고 관찰해야 하느니라. 이러한 까닭으로 보살마하살이 반야바라밀다를 믿는 때라면 설계를 믿지 않아야 하고 미계·설식계, 나아가 설촉·설촉을 인연으로 생겨난 여러 수도 믿지 않아야 하느니라."

"다시 다음으로 선현이여. 만약 보살마하살이 반야바라밀다를 믿는 때라면 곧 신계를 믿지 않아야 하고 촉계·신식계, 나아가 신촉·신촉을 인연으로 생겨난 여러 수도 믿지 않아야 하느니라."

"세존이시여. 어찌 보살마하살이 반야바라밀다를 믿는 때에 곧 신계를 믿지 않아야 하고, 촉계·신식계, 나아가 신촉·신촉을 인연으로 생겨난 여러 수도 믿지 않아야 합니까?"

"선현이여. 보살마하살이 반야바라밀다를 수행하는 때에 신계를 얻을 수 없다고 관찰해야 하고, 촉계·신식계, 나아가 신촉·신촉을 인연으로 생겨난 여러 수도 얻을 수 없다고 관찰해야 하느니라. 이러한 까닭으로 보살마하살이 반야바라밀다를 믿는 때라면 신계를 믿지 않아야 하고 촉계·신식계, 나아가 신촉·신촉을 인연으로 생겨난 여러 수도 믿지 않아야 하느니라."

"다시 다음으로 선현이여. 만약 보살마하살이 반야바라밀다를 믿는 때라면 곧 의계를 믿지 않아야 하고 법계·의식계, 나아가 의촉·의촉을 인연으로 생겨난 여러 수도 믿지 않아야 하느니라."

"세존이시여. 어찌 보살마하살이 반야바라밀다를 믿는 때에 곧 의계를 믿지 않아야 하고, 법계·의식계, 나아가 의촉·의촉을 인연으로 생겨난 여러 수도 믿지 않아야 합니까?"

“선현이여. 보살마하살이 반야바라밀다를 수행하는 때에 의계를 얻을 수 없다고 관찰해야 하고, 법계·의식계, 나아가 의촉·의촉을 인연으로 생겨난 여러 수도 얻을 수 없다고 관찰해야 하느니라. 이러한 까닭으로 보살마하살이 반야바라밀다를 믿는 때라면 의계를 믿지 않아야 하고 법계·의식계, 나아가 의촉·의촉을 인연으로 생겨난 여러 수도 믿지 않아야 하느니라.”

“다시 다음으로 선현이여. 만약 보살마하살이 반야바라밀다를 믿는 때라면 곧 지계를 믿지 않아야 하고 수·화·풍·공·식계도 믿지 않아야 하느니라.”

“세존이시여. 어찌 보살마하살이 반야바라밀다를 믿는 때에 곧 지계를 믿지 않아야 하고, 수·화·풍·공·식계도 믿지 않아야 합니까?”

“선현이여. 보살마하살이 반야바라밀다를 수행하는 때에 지계를 얻을 수 없다고 관찰해야 하고, 수·화·풍·공·식계도 얻을 수 없다고 관찰해야 하느니라. 이러한 까닭으로 보살마하살이 반야바라밀다를 믿는 때라면 지계를 믿지 않아야 하고 수·화·풍·공·식계도 믿지 않아야 하느니라.”

“다시 다음으로 선현이여. 만약 보살마하살이 반야바라밀다를 믿는 때라면 곧 무명을 믿지 않아야 하고 행·식·명색·육처·촉·수·애·취·유·생·노사의 수탄고우뇌도 믿지 않아야 하느니라.”

“세존이시여. 어찌 보살마하살이 반야바라밀다를 믿는 때에 곧 무명을 믿지 않아야 하고, 행·식·명색·육처·촉·수·애·취·유·생·노사의 수탄고우뇌도 믿지 않아야 합니까?”

“선현이여. 보살마하살이 반야바라밀다를 수행하는 때에 무명을 얻을 수 없다고 관찰해야 하고, 행, 나아가 노사의 수탄고우뇌도 얻을 수 없다고 관찰해야 하느니라. 이러한 까닭으로 보살마하살이 반야바라밀다를 믿는 때라면 무명을 믿지 않아야 하고 행, 나아가 노사의 수탄고우뇌도 믿지 않아야 하느니라.”

“다시 다음으로 선현이여. 만약 보살마하살이 반야바라밀다를 믿는 때라면 곧 보시바라밀다를 믿지 않아야 하고 정계·안인·정진·정려·반야바라밀다도 믿지 않아야 하느니라."

"세존이시여. 어찌 보살마하살이 반야바라밀다를 믿는 때에 곧 보시바라밀다를 믿지 않아야 하고, 정계·안인·정진·정려·반야바라밀다도 믿지 않아야 합니까?"

"선현이여. 보살마하살이 반야바라밀다를 수행하는 때에 보시바라밀다를 얻을 수 없다고 관찰해야 하고, 정계·안인·정진·정려·반야바라밀다도 얻을 수 없다고 관찰해야 하느니라. 이러한 까닭으로 보살마하살이 반야바라밀다를 믿는 때라면 보시바라밀다를 믿지 않아야 하고 정계·안인·정진·정려·반야바라밀다도 믿지 않아야 하느니라."

"다시 다음으로 선현이여. 만약 보살마하살이 반야바라밀다를 믿는 때라면 곧 내공을 믿지 않아야 하고 외공·내외공·공공·대공·승의공·유위공·무위공·필경공·무제공·산공·무변이공·본성공·자상공·공상공·일체법공·불가득공·무성공·자성공·무성자성공도 믿지 않아야 하느니라."

"세존이시여. 어찌 보살마하살이 반야바라밀다를 믿는 때에 곧 내공을 믿지 않아야 하고, 외공·내외공·공공·대공·승의공·유위공·무위공·필경공·무제공·산공·무변이공·본성공·자상공·공상공·일체법공·불가득공·무성공·자성공·무성자성공도 믿지 않아야 합니까?"

"선현이여. 보살마하살이 반야바라밀다를 수행하는 때에 내공을 얻을 수 없다고 관찰해야 하고, 외공, 나아가 무성자성공도 얻을 수 없다고 관찰해야 하느니라. 이러한 까닭으로 보살마하살이 반야바라밀다를 믿는 때라면 내공을 믿지 않아야 하고 외공, 나아가 무성자성공도 믿지 않아야 하느니라."

"다시 다음으로 선현이여. 만약 보살마하살이 반야바라밀다를 믿는 때라면 곧 진여를 믿지 않아야 하고 법계·법성·불허망성·불변이성·평등성·이생성·법정·법주·실제·허공계·부사의계도 믿지 않아야 하느니라."

"세존이시여. 어찌 보살마하살이 반야바라밀다를 믿는 때에 곧 진여를 믿지 않아야 하고, 법계·법성·불허망성·불변이성·평등성·이생성·법정·법주·실제·허공계·부사의계도 믿지 않아야 합니까?"

"선현이여. 보살마하살이 반야바라밀다를 수행하는 때에 진여를 얻을 수 없다고 관찰해야 하고, 법계, 나아가 부사의계도 얻을 수 없다고 관찰해야 하느니라. 이러한 까닭으로 보살마하살이 반야바라밀다를 믿는 때라면 진여를 믿지 않아야 하고 법계, 나아가 부사의계도 믿지 않아야 하느니라."

"다시 다음으로 선현이여. 만약 보살마하살이 반야바라밀다를 믿는 때라면 곧 고성제를 믿지 않아야 하고 집·멸·도성제도 믿지 않아야 하느니라."

"세존이시여. 어찌 보살마하살이 반야바라밀다를 믿는 때에 곧 고성제를 믿지 않아야 하고, 집·멸·도성제도 믿지 않아야 합니까?"

"선현이여. 보살마하살이 반야바라밀다를 수행하는 때에 고성제를 얻을 수 없다고 관찰해야 하고, 집·멸·도성제도 얻을 수 없다고 관찰해야 하느니라. 이러한 까닭으로 보살마하살이 반야바라밀다를 믿는 때라면 고성제를 믿지 않아야 하고 집·멸·도성제도 믿지 않아야 하느니라."

"다시 다음으로 선현이여. 만약 보살마하살이 반야바라밀다를 믿는 때라면 곧 4정려를 믿지 않아야 하고 4무량·4무색정도 믿지 않아야 하느니라."

"세존이시여. 어찌 보살마하살이 반야바라밀다를 믿는 때에 곧 4정려를 믿지 않아야 하고, 4무량·4무색정도 믿지 않아야 합니까?"

"선현이여. 보살마하살이 반야바라밀다를 수행하는 때에 4정려를 얻을 수 없다고 관찰해야 하고, 4무량·4무색정도 얻을 수 없다고 관찰해야 하느니라. 이러한 까닭으로 보살마하살이 반야바라밀다를 믿는 때라면 4정려를 믿지 않아야 하고 4무량·4무색정도 믿지 않아야 하느니라."

"다시 다음으로 선현이여. 만약 보살마하살이 반야바라밀다를 믿는 때라면 곧 8해탈을 믿지 않아야 하고 8승처·9차제정·10변처도 믿지 않아야 하느니라."

"세존이시여. 어찌 보살마하살이 반야바라밀다를 믿는 때에 곧 8해탈을 믿지 않아야 하고, 8승처·9차제정·10변처도 믿지 않아야 합니까?"

“선현이여. 보살마하살이 반야바라밀다를 수행하는 때에 8해탈을 얻을 수 없다고 관찰해야 하고, 8승처·9차제정·10변처도 얻을 수 없다고 관찰해야 하느니라. 이러한 까닭으로 보살마하살이 반야바라밀다를 믿는 때라면 8해탈을 믿지 않아야 하고 8승처·9차제정·10변처도 믿지 않아야 하느니라.”

“다시 다음으로 선현이여. 만약 보살마하살이 반야바라밀다를 믿는 때라면 곧 4념주를 믿지 않아야 하고 4정단·4신족·5근·5력·7등각지·8성도지도 믿지 않아야 하느니라.”

“세존이시여. 어찌 보살마하살이 반야바라밀다를 믿는 때에 곧 4념주를 믿지 않아야 하고, 4정단·4신족·5근·5력·7등각지·8성도지도 믿지 않아야 합니까?”

“선현이여. 보살마하살이 반야바라밀다를 수행하는 때에 4념주를 얻을 수 없다고 관찰해야 하고, 4정단·4신족·5근·5력·7등각지·8성도지도 얻을 수 없다고 관찰해야 하느니라. 이러한 까닭으로 보살마하살이 반야바라밀다를 믿는 때라면 4념주를 믿지 않아야 하고 4정단·4신족·5근·5력·7등각지·8성도지도 믿지 않아야 하느니라.”

“다시 다음으로 선현이여. 만약 보살마하살이 반야바라밀다를 믿는 때라면 곧 공해탈문을 믿지 않아야 하고 무상·무원해탈문도 믿지 않아야 하느니라.”

“세존이시여. 어찌 보살마하살이 반야바라밀다를 믿는 때에 곧 공해탈문을 믿지 않아야 하고, 무상·무원해탈문도 믿지 않아야 합니까?”

“선현이여. 보살마하살이 반야바라밀다를 수행하는 때에 공해탈문을 얻을 수 없다고 관찰해야 하고, 무상·무원해탈문도 얻을 수 없다고 관찰해야 하느니라. 이러한 까닭으로 보살마하살이 반야바라밀다를 믿는 때라면 공해탈문을 믿지 않아야 하고 무상·무원해탈문도 믿지 않아야 하느니라.”

“다시 다음으로 선현이여. 만약 보살마하살이 반야바라밀다를 믿는 때라면 곧 5안을 믿지 않아야 하고 6신통도 믿지 않아야 하느니라.”

"세존이시여. 어찌 보살마하살이 반야바라밀다를 믿는 때에 곧 5안을 믿지 않아야 하고, 6신통도 믿지 않아야 합니까?"

"선현이여. 보살마하살이 반야바라밀다를 수행하는 때에 5안을 얻을 수 없다고 관찰해야 하고, 6신통도 얻을 수 없다고 관찰해야 하느니라. 이러한 까닭으로 보살마하살이 반야바라밀다를 믿는 때라면 5안을 믿지 않아야 하고 6신통도 믿지 않아야 하느니라."

"다시 다음으로 선현이여. 만약 보살마하살이 반야바라밀다를 믿는 때라면 곧 여래의 10력을 믿지 않아야 하고 4무소외·4무애해·대자·대비·대희·대사·18불불공법도 믿지 않아야 하느니라."

"세존이시여. 어찌 보살마하살이 반야바라밀다를 믿는 때에 곧 여래의 10력을 믿지 않아야 하고, 4무소외·4무애해·대자·대비·대희·대사·18불불공법도 믿지 않아야 합니까?"

"선현이여. 보살마하살이 반야바라밀다를 수행하는 때에 여래의 10력을 얻을 수 없다고 관찰해야 하고, 4무소외·4무애해·대자·대비·대희·대사·18불불공법도 얻을 수 없다고 관찰해야 하느니라. 이러한 까닭으로 보살마하살이 반야바라밀다를 믿는 때라면 여래의 10력을 믿지 않아야 하고 4무소외·4무애해·대자·대비·대희·대사·18불불공법도 믿지 않아야 하느니라."

"다시 다음으로 선현이여. 만약 보살마하살이 반야바라밀다를 믿는 때라면 곧 무망실법을 믿지 않아야 하고 항주사성도 믿지 않아야 하느니라."

"세존이시여. 어찌 보살마하살이 반야바라밀다를 믿는 때에 곧 무망실법을 믿지 않아야 하고, 항주사성도 믿지 않아야 합니까?"

"선현이여. 보살마하살이 반야바라밀다를 수행하는 때에 무망실법을 얻을 수 없다고 관찰해야 하고, 항주사성도 얻을 수 없다고 관찰해야 하느니라. 이러한 까닭으로 보살마하살이 반야바라밀다를 믿는 때라면 무망실법을 믿지 않아야 하고 항주사성도 믿지 않아야 하느니라."

"다시 다음으로 선현이여. 만약 보살마하살이 반야바라밀다를 믿는 때라면 곧 일체지를 믿지 않아야 하고 도상지·일체상지도 믿지 않아야 하느니라.”

“세존이시여. 어찌 보살마하살이 반야바라밀다를 믿는 때에 곧 일체지를 믿지 않아야 하고, 도상지·일체상지도 믿지 않아야 합니까?”

“선현이여. 보살마하살이 반야바라밀다를 수행하는 때에 일체지를 얻을 수 없다고 관찰해야 하고, 도상지·일체상지도 얻을 수 없다고 관찰해야 하느니라. 이러한 까닭으로 보살마하살이 반야바라밀다를 믿는 때라면 일체지를 믿지 않아야 하고 도상지·일체상지도 믿지 않아야 하느니라.”

“다시 다음으로 선현이여. 만약 보살마하살이 반야바라밀다를 믿는 때라면 곧 일체의 다라니문을 믿지 않아야 하고 일체의 삼마지문도 믿지 않아야 하느니라.”

“세존이시여. 어찌 보살마하살이 반야바라밀다를 믿는 때에 곧 일체의 다라니문을 믿지 않아야 하고, 일체의 삼마지문도 믿지 않아야 합니까?”

“선현이여. 보살마하살이 반야바라밀다를 수행하는 때에 일체의 다라니문을 얻을 수 없다고 관찰해야 하고, 일체의 삼마지문도 얻을 수 없다고 관찰해야 하느니라. 이러한 까닭으로 보살마하살이 반야바라밀다를 믿는 때라면 일체의 다라니문을 믿지 않아야 하고 일체의 삼마지문도 믿지 않아야 하느니라.”

“다시 다음으로 선현이여. 만약 보살마하살이 반야바라밀다를 믿는 때라면 곧 예류과를 믿지 않아야 하고 일래·불환·아라한과도 믿지 않아야 하느니라.”

“세존이시여. 어찌 보살마하살이 반야바라밀다를 믿는 때에 곧 예류과를 믿지 않아야 하고, 일래·불환·아라한과도 믿지 않아야 합니까?”

“선현이여. 보살마하살이 반야바라밀다를 수행하는 때에 예류과를 얻을 수 없다고 관찰해야 하고, 일래·불환·아라한과도 얻을 수 없다고 관찰해야 하느니라. 이러한 까닭으로 보살마하살이 반야바라밀다를 믿는 때라면 예류과를 믿지 않아야 하고 일래·불환·아라한과도 믿지 않아야 하느니라.”

“다시 다음으로 선현이여. 만약 보살마하살이 반야바라밀다를 믿는 때라면 곧 독각의 보리를 믿지 않아야 하느니라."

"세존이시여. 어찌 보살마하살이 반야바라밀다를 믿는 때에 곧 독각의 보리를 믿지 않아야 합니까?"

"선현이여. 보살마하살이 반야바라밀다를 수행하는 때에 독각의 보리를 얻을 수 없다고 관찰해야 하느니라. 이러한 까닭으로 보살마하살이 반야바라밀다를 믿는 때라면 독각의 보리를 믿지 않아야 하느니라."

"다시 다음으로 선현이여. 만약 보살마하살이 반야바라밀다를 믿는 때라면 곧 일체의 보살마하살의 행을 믿지 않아야 하느니라."

"세존이시여. 어찌 보살마하살이 반야바라밀다를 믿는 때에 곧 일체의 보살마하살의 행을 믿지 않아야 합니까?"

"선현이여. 보살마하살이 반야바라밀다를 수행하는 때에 일체의 보살마하살의 행을 얻을 수 없다고 관찰해야 하느니라. 이러한 까닭으로 보살마하살이 반야바라밀다를 믿는 때라면 일체의 보살마하살의 행을 믿지 않아야 하느니라."

"다시 다음으로 선현이여. 만약 보살마하살이 반야바라밀다를 믿는 때라면 곧 제불의 무상정등보리를 믿지 않아야 하느니라."

"세존이시여. 어찌 보살마하살이 반야바라밀다를 믿는 때에 곧 제불의 무상정등보리를 믿지 않아야 합니까?"

"선현이여. 보살마하살이 반야바라밀다를 수행하는 때에 제불의 무상정등보리를 얻을 수 없다고 관찰해야 하느니라. 이러한 까닭으로 보살마하살이 반야바라밀다를 믿는 때라면 제불의 무상정등보리를 믿지 않아야 하느니라."

"다시 다음으로 선현이여. 만약 보살마하살이 반야바라밀다를 믿는 때라면 곧 일체법을 믿지 않아야 하느니라."

"세존이시여. 어찌 보살마하살이 반야바라밀다를 믿는 때에 곧 일체법을 믿지 않아야 합니까?"

"선현이여. 보살마하살이 반야바라밀다를 수행하는 때에 일체법을 얻을 수 없다고 관찰해야 하느니라. 이러한 까닭으로 보살마하살이 반야바라밀다를 믿는 때라면 일체법을 믿지 않아야 하느니라."

구수 선현이 다시 세존께 아뢰어 말하였다.

"세존이시여. 보살마하살의 반야바라밀다는 큰(大) 바라밀다라고 이름합니다."

세존께서 말씀하셨다.

"선현이여. 그대는 무슨 뜻(意)을 인연으로 '보살마하살의 반야바라밀다는 큰 바라밀다라고 이름합니다.'라고 말하는가?"

선현이 세존께 아뢰어 말하였다.

"세존이시여. 보살마하살의 반야바라밀다는 색에서 크다(大)는 뜻을 짓지 않고 작다(小)는 뜻을 짓지 않으며, 수·상·행·식에서도 역시 크다는 뜻을 짓지 않고 작다는 뜻을 짓지 않으며, 색에서 집적한다(集)는 뜻을 짓지 않고 흩어진다(散)는 뜻을 짓지 않으며, 수·상·행·식에서도 역시 집적한다는 뜻을 짓지 않고 흩어진다는 뜻을 짓지 않으며, 색에서 분량이 있다(有量)는 뜻을 짓지 않고 분량이 없다(無量)는 뜻을 짓지 않으며, 수·상·행·식에서도 역시 분량이 있다는 뜻을 짓지 않고 분량이 없다는 뜻을 짓지 않으며, 색에서 넓다(廣)는 뜻을 짓지 않고 좁다(狹)는 뜻을 짓지 않으며 수·상·행·식에서도 역시 넓다는 뜻을 짓지 않고 좁다는 뜻을 짓지 않으며, 색에서 힘이 있다(有力)는 뜻을 짓지 않고 힘이 없다(無力)는 뜻을 짓지 않으며, 수·상·행·식에서도 역시 힘이 있다는 뜻을 짓지 않고 힘이 없다는 뜻을 짓지 않습니다. 세존이시여. 저는 이러한 뜻을 인연하는 까닭으로 '보살마하살의 반야바라밀다는 큰 바라밀다라고 이름합니다.'라고 말하였습니다.

다시 다음으로 세존이시여. 보살마하살의 반야바라밀다는 안처에서 크다는 뜻을 짓지 않고 작다는 뜻을 짓지 않으며, 이·비·설·신·의처에서도 역시 크다는 뜻을 짓지 않고 작다는 뜻을 짓지 않으며, 안처에서 집적한다는 뜻을 짓지 않고 흩어진다는 뜻을 짓지 않으며, 이·비·설·신·의처에서도 역시 집적한다는 뜻을 짓지 않고 흩어진다는 뜻을 짓지 않으며, 안처에서 분량이 있다는 뜻을 짓지 않고 분량이 없다는 뜻을 짓지 않으며, 이·비·설·신·의처에서도 역시 분량이 있다는 뜻을 짓지 않고 분량이 없다는 뜻을 짓지 않으며, 안처에서 넓다는 뜻을 짓지 않고 좁다는 뜻을 짓지 않으며 이·비·설·신·의처에서도 역시 넓다는 뜻을 짓지 않고 좁다는 뜻을 짓지 않으며, 안처에서 힘이 있다는 뜻을 짓지 않고 힘이 없다는 뜻을 짓지 않으며, 이·비·설·신·의처에서도 역시 힘이 있다는 뜻을 짓지 않고 힘이 없다는 뜻을 짓지 않습니다. 세존이시여. 저는 이러한 뜻을 인연하는 까닭으로 '보살마하살의 반야바라밀다는 큰 바라밀다라고 이름합니다.'라고 말하였습니다.

다시 다음으로 세존이시여. 보살마하살의 반야바라밀다는 색처에서 크다는 뜻을 짓지 않고 작다는 뜻을 짓지 않으며, 성·향·미·촉·법처에서도 역시 크다는 뜻을 짓지 않고 작다는 뜻을 짓지 않으며, 색처에서 집적한다는 뜻을 짓지 않고 흩어진다는 뜻을 짓지 않으며, 성·향·미·촉·법처에서도 역시 집적한다는 뜻을 짓지 않고 흩어진다는 뜻을 짓지 않으며, 색처에서 분량이 있다는 뜻을 짓지 않고 분량이 없다는 뜻을 짓지 않으며, 성·향·미·촉·법처에서도 역시 분량이 있다는 뜻을 짓지 않고 분량이 없다는 뜻을 짓지 않으며, 색처에서 넓다는 뜻을 짓지 않고 좁다는 뜻을 짓지 않으며 성·향·미·촉·법처에서도 역시 넓다는 뜻을 짓지 않고 좁다는 뜻을 짓지 않으며, 색처에서 힘이 있다는 뜻을 짓지 않고 힘이 없다는 뜻을 짓지 않으며, 성·향·미·촉·법처에서도 역시 힘이 있다는 뜻을 짓지 않고 힘이 없다는 뜻을 짓지 않습니다. 세존이시여. 저는 이러한 뜻을 인연하는 까닭으로 '보살마하살의 반야바라밀다는 큰 바라밀다라고 이름합니다.'라고 말하였습니다."

마하반야바라밀다경 제174권

32. 찬반야품(讚般若品)(3)

"다시 다음으로 세존이시여. 보살마하살의 반야바라밀다는 안계에서 크다는 뜻을 짓지 않고 작다는 뜻을 짓지 않으며, 색계·안식계, 나아가 안촉·안촉을 인연으로 생겨난 여러 수에서도 역시 크다는 뜻을 짓지 않고 작다는 뜻을 짓지 않으며, 안계에서 집적한다는 뜻을 짓지 않고 흩어진다는 뜻을 짓지 않으며, 색계, 나아가 안촉을 인연으로 생겨난 여러 수에서도 역시 집적한다는 뜻을 짓지 않고 흩어진다는 뜻을 짓지 않으며, 안계에서 분량이 있다는 뜻을 짓지 않고 분량이 없다는 뜻을 짓지 않으며, 색계, 나아가 안촉을 인연으로 생겨난 여러 수에서도 역시 분량이 있다는 뜻을 짓지 않고 분량이 없다는 뜻을 짓지 않으며, 안계에서 넓다는 뜻을 짓지 않고 좁다는 뜻을 짓지 않으며 색계, 나아가 안촉을 인연으로 생겨난 여러 수에서도 역시 넓다는 뜻을 짓지 않고 좁다는 뜻을 짓지 않으며, 안계에서 힘이 있다는 뜻을 짓지 않고 힘이 없다는 뜻을 짓지 않으며, 색계, 나아가 안촉을 인연으로 생겨난 여러 수에서도 역시 힘이 있다는 뜻을 짓지 않고 힘이 없다는 뜻을 짓지 않습니다. 세존이시여. 저는 이러한 뜻을 인연하는 까닭으로 '보살마하살의 반야바라밀다는 큰 바라밀다라고 이름합니다.'라고 말하였습니다.

다시 다음으로 세존이시여. 보살마하살의 반야바라밀다는 이계에서 크다는 뜻을 짓지 않고 작다는 뜻을 짓지 않으며, 성계·이식계, 나아가 이촉·이촉을 인연으로 생겨난 여러 수에서도 역시 크다는 뜻을 짓지 않고 작다는 뜻을 짓지 않으며, 이계에서 집적한다는 뜻을 짓지 않고 흩어진다는 뜻을 짓지 않으며, 성계, 나아가 이촉을 인연으로 생겨난 여러 수에서도 역시 집적한다는 뜻을 짓지 않고 흩어진다는 뜻을 짓지 않으며, 이계에서 분량이 있다는 뜻을 짓지 않고 분량이 없다는 뜻을 짓지 않으며, 성계, 나아가 이촉을 인연으로 생겨난 여러 수에서도 역시 분량이 있다는 뜻을 짓지 않고 분량이 없다는 뜻을 짓지 않으며, 이계에서 넓다는 뜻을 짓지 않고 좁다는 뜻을 짓지 않으며 성계, 나아가 이촉을 인연으로 생겨난 여러 수에서도 역시 넓다는 뜻을 짓지 않고 좁다는 뜻을 짓지 않으며, 이계에서 힘이 있다는 뜻을 짓지 않고 힘이 없다는 뜻을 짓지 않으며, 성계, 나아가 이촉을 인연으로 생겨난 여러 수에서도 역시 힘이 있다는 뜻을 짓지 않고 힘이 없다는 뜻을 짓지 않습니다. 세존이시여. 저는 이러한 뜻을 인연하는 까닭으로 '보살마하살의 반야바라밀다는 큰 바라밀다라고 이름합니다.'라고 말하였습니다.

다시 다음으로 세존이시여. 보살마하살의 반야바라밀다는 비계에서 크다는 뜻을 짓지 않고 작다는 뜻을 짓지 않으며, 향계·비식계, 나아가 비촉·비촉을 인연으로 생겨난 여러 수에서도 역시 크다는 뜻을 짓지 않고 작다는 뜻을 짓지 않으며, 비계에서 집적한다는 뜻을 짓지 않고 흩어진다는 뜻을 짓지 않으며, 향계, 나아가 비촉을 인연으로 생겨난 여러 수에서도 역시 집적한다는 뜻을 짓지 않고 흩어진다는 뜻을 짓지 않으며, 비계에서 분량이 있다는 뜻을 짓지 않고 분량이 없다는 뜻을 짓지 않으며, 향계, 나아가 비촉을 인연으로 생겨난 여러 수에서도 역시 분량이 있다는 뜻을 짓지 않고 분량이 없다는 뜻을 짓지 않으며, 비계에서 넓다는 뜻을 짓지 않고 좁다는 뜻을 짓지 않으며 향계, 나아가 비촉을 인연으로 생겨난 여러 수에서도 역시 넓다는 뜻을 짓지 않고 좁다는 뜻을 짓지 않으며, 비계에서 힘이 있다는 뜻을 짓지 않고 힘이 없다는 뜻을 짓지 않으며, 향계, 나아가 비촉을 인연으로 생겨난 여러 수에서도 역시 힘이 있다는 뜻을 짓지 않고 힘이 없다는 뜻을 짓지 않습니다. 세존이시여. 저는 이러한 뜻을 인연하는 까닭으로 '보살마하살의 반야바라밀다는 큰 바라밀다라고 이름합니다.'라고 말하였습니다.

다시 다음으로 세존이시여. 보살마하살의 반야바라밀다는 설계에서 크다는 뜻을 짓지 않고 작다는 뜻을 짓지 않으며, 미계·설식계, 나아가 설촉·설촉을 인연으로 생겨난 여러 수에서도 역시 크다는 뜻을 짓지 않고 작다는 뜻을 짓지 않으며, 설계에서 집적한다는 뜻을 짓지 않고 흩어진다는 뜻을 짓지 않으며, 미계, 나아가 설촉을 인연으로 생겨난 여러 수에서도 역시 집적한다는 뜻을 짓지 않고 흩어진다는 뜻을 짓지 않으며, 설계에서 분량이 있다는 뜻을 짓지 않고 분량이 없다는 뜻을 짓지 않으며, 미계, 나아가 설촉을 인연으로 생겨난 여러 수에서도 역시 분량이 있다는 뜻을 짓지 않고 분량이 없다는 뜻을 짓지 않으며, 설계에서 넓다는 뜻을 짓지 않고 좁다는 뜻을 짓지 않으며 미계, 나아가 설촉을 인연으로 생겨난 여러 수에서도 역시 넓다는 뜻을 짓지 않고 좁다는 뜻을 짓지 않으며, 설계에서 힘이 있다는 뜻을 짓지 않고 힘이 없다는 뜻을 짓지 않으며, 미계, 나아가 설촉을 인연으로 생겨난 여러 수에서도 역시 힘이 있다는 뜻을 짓지 않고 힘이 없다는 뜻을 짓지 않습니다. 세존이시여. 저는 이러한 뜻을 인연하는 까닭으로 '보살마하살의 반야바라밀다는 큰 바라밀다라고 이름합니다.'라고 말하였습니다.

다시 다음으로 세존이시여. 보살마하살의 반야바라밀다는 신계에서 크다는 뜻을 짓지 않고 작다는 뜻을 짓지 않으며, 촉계·신식계, 나아가 신촉·신촉을 인연으로 생겨난 여러 수에서도 역시 크다는 뜻을 짓지 않고 작다는 뜻을 짓지 않으며, 신계에서 집적한다는 뜻을 짓지 않고 흩어진다는 뜻을 짓지 않으며, 촉계, 나아가 신촉을 인연으로 생겨난 여러 수에서도 역시 집적한다는 뜻을 짓지 않고 흩어진다는 뜻을 짓지 않으며, 신계에서 분량이 있다는 뜻을 짓지 않고 분량이 없다는 뜻을 짓지 않으며, 촉계, 나아가 신촉을 인연으로 생겨난 여러 수에서도 역시 분량이 있다는 뜻을 짓지 않고 분량이 없다는 뜻을 짓지 않으며, 신계에서 넓다는 뜻을 짓지 않고 좁다는 뜻을 짓지 않으며 촉계, 나아가 신촉을 인연으로 생겨난 여러 수에서도 역시 넓다는 뜻을 짓지 않고 좁다는 뜻을 짓지 않으며, 신계에서 힘이 있다는 뜻을 짓지 않고 힘이 없다는 뜻을 짓지 않으며, 촉계, 나아가 신촉을 인연으로 생겨난 여러 수에서도 역시 힘이 있다는 뜻을 짓지 않고 힘이 없다는 뜻을 짓지 않습니다. 세존이시여. 저는 이러한 뜻을 인연하는 까닭으로 '보살마하살의 반야바라밀다는 큰 바라밀다라고 이름합니다.'라고 말하였습니다.

다시 다음으로 세존이시여. 보살마하살의 반야바라밀다는 의계에서 크다는 뜻을 짓지 않고 작다는 뜻을 짓지 않으며, 법계·의식계, 나아가 의촉·의촉을 인연으로 생겨난 여러 수에서도 역시 크다는 뜻을 짓지 않고 작다는 뜻을 짓지 않으며, 의계에서 집적한다는 뜻을 짓지 않고 흩어진다는 뜻을 짓지 않으며, 법계, 나아가 의촉을 인연으로 생겨난 여러 수에서도 역시 집적한다는 뜻을 짓지 않고 흩어진다는 뜻을 짓지 않으며, 의계에서 분량이 있다는 뜻을 짓지 않고 분량이 없다는 뜻을 짓지 않으며, 법계, 나아가 의촉을 인연으로 생겨난 여러 수에서도 역시 분량이 있다는 뜻을 짓지 않고 분량이 없다는 뜻을 짓지 않으며, 의계에서 넓다는 뜻을 짓지 않고 좁다는 뜻을 짓지 않으며 법계, 나아가 의촉을 인연으로 생겨난 여러 수에서도 역시 넓다는 뜻을 짓지 않고 좁다는 뜻을 짓지 않으며, 의계에서 힘이 있다는 뜻을 짓지 않고 힘이 없다는 뜻을 짓지 않으며, 법계, 나아가 의촉을 인연으로 생겨난 여러 수에서도 역시 힘이 있다는 뜻을 짓지 않고 힘이 없다는 뜻을 짓지 않습니다. 세존이시여. 저는 이러한 뜻을 인연하는 까닭으로 '보살마하살의 반야바라밀다는 큰 바라밀다라고 이름합니다.'라고 말하였습니다.

다시 다음으로 세존이시여. 보살마하살의 반야바라밀다는 지계에서 크다는 뜻을 짓지 않고 작다는 뜻을 짓지 않으며, 수·화·풍·공·식계에서도 역시 크다는 뜻을 짓지 않고 작다는 뜻을 짓지 않으며, 지계에서 집적한다는 뜻을 짓지 않고 흩어진다는 뜻을 짓지 않으며, 수·화·풍·공·식계에서도 역시 집적한다는 뜻을 짓지 않고 흩어진다는 뜻을 짓지 않으며, 지계에서 분량이 있다는 뜻을 짓지 않고 분량이 없다는 뜻을 짓지 않으며, 수·화·풍·공·식계에서도 역시 분량이 있다는 뜻을 짓지 않고 분량이 없다는 뜻을 짓지 않으며, 지계에서 넓다는 뜻을 짓지 않고 좁다는 뜻을 짓지 않으며 수·화·풍·공·식계에서도 역시 넓다는 뜻을 짓지 않고 좁다는 뜻을 짓지 않으며, 지계에서 힘이 있다는 뜻을 짓지 않고 힘이 없다는 뜻을 짓지 않으며, 수·화·풍·공·식계에서도 역시 힘이 있다는 뜻을 짓지 않고 힘이 없다는 뜻을 짓지 않습니다. 세존이시여. 저는 이러한 뜻을 인연하는 까닭으로 '보살마하살의 반야바라밀다는 큰 바라밀다라고 이름합니다.' 라고 말하였습니다.

다시 다음으로 세존이시여. 보살마하살의 반야바라밀다는 무명에서 크다는 뜻을 짓지 않고 작다는 뜻을 짓지 않으며, 행·식·명색·육처·촉·수·애·취·유·생·노사의 수탄고우뇌에서도 역시 크다는 뜻을 짓지 않고 작다는 뜻을 짓지 않으며, 무명에서 집적한다는 뜻을 짓지 않고 흩어진다는 뜻을 짓지 않으며, 행, 나아가 노사의 수탄고우뇌에서도 역시 집적한다는 뜻을 짓지 않고 흩어진다는 뜻을 짓지 않으며, 무명에서 분량이 있다는 뜻을 짓지 않고 분량이 없다는 뜻을 짓지 않으며, 행, 나아가 노사의 수탄고우뇌에서도 역시 분량이 있다는 뜻을 짓지 않고 분량이 없다는 뜻을 짓지 않으며, 무명에서 넓다는 뜻을 짓지 않고 좁다는 뜻을 짓지 않으며 행, 나아가 노사의 수탄고우뇌에서도 역시 넓다는 뜻을 짓지 않고 좁다는 뜻을 짓지 않으며, 무명에서 힘이 있다는 뜻을 짓지 않고 힘이 없다는 뜻을 짓지 않으며, 행, 나아가 노사의 수탄고우뇌에서도 역시 힘이 있다는 뜻을 짓지 않고 힘이 없다는 뜻을 짓지 않습니다. 세존이시여. 저는 이러한 뜻을 인연하는 까닭으로 '보살마하살의 반야바라밀다는 큰 바라밀다라고 이름합니다.'라고 말하였습니다.

다시 다음으로 세존이시여. 보살마하살의 반야바라밀다는 보시바라밀다에서 크다는 뜻을 짓지 않고 작다는 뜻을 짓지 않으며, 정계·안인·정진·정려·반야바라밀다에서도 역시 크다는 뜻을 짓지 않고 작다는 뜻을 짓지 않으며, 보시바라밀다에서 집적한다는 뜻을 짓지 않고 흩어진다는 뜻을 짓지 않으며, 정계, 나아가 반야바라밀다에서도 역시 집적한다는 뜻을 짓지 않고 흩어진다는 뜻을 짓지 않으며, 보시바라밀다에서 분량이 있다는 뜻을 짓지 않고 분량이 없다는 뜻을 짓지 않으며, 정계, 나아가 반야바라밀다에서도 역시 분량이 있다는 뜻을 짓지 않고 분량이 없다는 뜻을 짓지 않으며, 보시바라밀다에서 넓다는 뜻을 짓지 않고 좁다는 뜻을 짓지 않으며 정계, 나아가 반야바라밀다에서도 역시 넓다는 뜻을 짓지 않고 좁다는 뜻을 짓지 않으며, 보시바라밀다에서 힘이 있다는 뜻을 짓지 않고 힘이 없다는 뜻을 짓지 않으며, 정계, 나아가 반야바라밀다에서도 역시 힘이 있다는 뜻을 짓지 않고 힘이 없다는 뜻을 짓지 않습니다. 세존이시여. 저는 이러한 뜻을 인연하는 까닭으로 '보살마하살의 반야바라밀다는 큰 바라밀다라고 이름합니다.'라고 말하였습니다.

다시 다음으로 세존이시여. 보살마하살의 반야바라밀다는 내공에서 크다는 뜻을 짓지 않고 작다는 뜻을 짓지 않으며, 외공·내외공·공공·대공·승의공·유위공·무위공·필경공·무제공·산공·무변이공·본성공·자상공·공상공·일체법공·불가득공·무성공·자성공·무성자성공에서도 역시 크다는 뜻을 짓지 않고 작다는 뜻을 짓지 않으며, 내공에서 집적한다는 뜻을 짓지 않고 흩어진다는 뜻을 짓지 않으며, 외공, 나아가 무성자성공에서도 역시 집적한다는 뜻을 짓지 않고 흩어진다는 뜻을 짓지 않으며, 내공에서 분량이 있다는 뜻을 짓지 않고 분량이 없다는 뜻을 짓지 않으며, 외공, 나아가 무성자성공에서도 분량이 있다는 뜻을 짓지 않고 분량이 없다는 뜻을 짓지 않으며, 내공에서 넓다는 뜻을 짓지 않고 좁다는 뜻을 짓지 않으며 외공, 나아가 무성자성공에서도 역시 넓다는 뜻을 짓지 않고 좁다는 뜻을 짓지 않으며, 내공에서 힘이 있다는 뜻을 짓지 않고 힘이 없다는 뜻을 짓지 않으며, 외공, 나아가 무성자성공에서도 역시 힘이 있다는 뜻을 짓지 않고 힘이 없다는 뜻을 짓지 않습니다. 세존이시여. 저는 이러한 뜻을 인연하는 까닭으로 '보살마하살의 반야바라밀다는 큰 바라밀다라고 이름합니다.'라고 말하였습니다.

다시 다음으로 세존이시여. 보살마하살의 반야바라밀다는 진여에서 크다는 뜻을 짓지 않고 작다는 뜻을 짓지 않으며, 법계·법성·불허망성·불변이성·평등성·이생성·법정·법주·실제·허공계·부사의계에서도 역시 크다는 뜻을 짓지 않고 작다는 뜻을 짓지 않으며, 진여에서 집적한다는 뜻을 짓지 않고 흩어진다는 뜻을 짓지 않으며, 법계, 나아가 부사의계에서도 역시 집적한다는 뜻을 짓지 않고 흩어진다는 뜻을 짓지 않으며, 진여에서 분량이 있다는 뜻을 짓지 않고 분량이 없다는 뜻을 짓지 않으며, 법계, 나아가 부사의계에서도 역시 분량이 있다는 뜻을 짓지 않고 분량이 없다는 뜻을 짓지 않으며, 진여에서 넓다는 뜻을 짓지 않고 좁다는 뜻을 짓지 않으며 법계, 나아가 부사의계에서도 역시 넓다는 뜻을 짓지 않고 좁다는 뜻을 짓지 않으며, 진여에서 힘이 있다는 뜻을 짓지 않고 힘이 없다는 뜻을 짓지 않으며, 법계, 나아가 부사의계에서도 역시 힘이 있다는 뜻을 짓지 않고 힘이 없다는 뜻을 짓지 않습니다. 세존이시여. 저는 이러한 뜻을 인연하는 까닭으로 '보살마하살의 반야바라밀다는 큰 바라밀다라고 이름합니다.'라고 말하였습니다.

다시 다음으로 세존이시여. 보살마하살의 반야바라밀다는 고성제에서 크다는 뜻을 짓지 않고 작다는 뜻을 짓지 않으며, 집·멸·도성제에서도 역시 크다는 뜻을 짓지 않고 작다는 뜻을 짓지 않으며, 고성제에서 집적한다는 뜻을 짓지 않고 흩어진다는 뜻을 짓지 않으며, 집·멸·도성제에서도 역시 집적한다는 뜻을 짓지 않고 흩어진다는 뜻을 짓지 않으며, 고성제에서 분량이 있다는 뜻을 짓지 않고 분량이 없다는 뜻을 짓지 않으며, 집·멸·도성제에서도 역시 분량이 있다는 뜻을 짓지 않고 분량이 없다는 뜻을 짓지 않으며, 고성제에서 넓다는 뜻을 짓지 않고 좁다는 뜻을 짓지 않으며 집·멸·도성제에서도 역시 넓다는 뜻을 짓지 않고 좁다는 뜻을 짓지 않으며, 고성제에서 힘이 있다는 뜻을 짓지 않고 힘이 없다는 뜻을 짓지 않으며, 집·멸·도성제에서도 역시 힘이 있다는 뜻을 짓지 않고 힘이 없다는 뜻을 짓지 않습니다. 세존이시여. 저는 이러한 뜻을 인연하는 까닭으로 '보살마하살의 반야바라밀다는 큰 바라밀다라고 이름합니다.' 라고 말하였습니다.

다시 다음으로 세존이시여. 보살마하살의 반야바라밀다는 4정려에서 크다는 뜻을 짓지 않고 작다는 뜻을 짓지 않으며, 4무량·4무색정에서도 역시 크다는 뜻을 짓지 않고 작다는 뜻을 짓지 않으며, 4정려에서 집적한다는 뜻을 짓지 않고 흩어진다는 뜻을 짓지 않으며, 4무량·4무색정에서도 역시 집적한다는 뜻을 짓지 않고 흩어진다는 뜻을 짓지 않으며, 4정려에서 분량이 있다는 뜻을 짓지 않고 분량이 없다는 뜻을 짓지 않으며, 4무량·4무색정에서도 역시 분량이 있다는 뜻을 짓지 않고 분량이 없다는 뜻을 짓지 않으며, 4정려에서 넓다는 뜻을 짓지 않고 좁다는 뜻을 짓지 않으며 4무량·4무색정에서도 역시 넓다는 뜻을 짓지 않고 좁다는 뜻을 짓지 않으며, 4정려에서 힘이 있다는 뜻을 짓지 않고 힘이 없다는 뜻을 짓지 않으며, 4무량·4무색정에서도 역시 힘이 있다는 뜻을 짓지 않고 힘이 없다는 뜻을 짓지 않습니다. 세존이시여. 저는 이러한 뜻을 인연하는 까닭으로 '보살마하살의 반야바라밀다는 큰 바라밀다라고 이름합니다.'라고 말하였습니다.

다시 다음으로 세존이시여. 보살마하살의 반야바라밀다는 8해탈에서 크다는 뜻을 짓지 않고 작다는 뜻을 짓지 않으며, 8승처·9차제정·10변처에서도 역시 크다는 뜻을 짓지 않고 작다는 뜻을 짓지 않으며, 8해탈에서 집적한다는 뜻을 짓지 않고 흩어진다는 뜻을 짓지 않으며, 8승처·9차제정·10변처에서도 역시 집적한다는 뜻을 짓지 않고 흩어진다는 뜻을 짓지 않으며, 8해탈에서 분량이 있다는 뜻을 짓지 않고 분량이 없다는 뜻을 짓지 않으며, 8승처·9차제정·10변처에서도 역시 분량이 있다는 뜻을 짓지 않고 분량이 없다는 뜻을 짓지 않으며, 8해탈에서 넓다는 뜻을 짓지 않고 좁다는 뜻을 짓지 않으며 8승처·9차제정·10변처에서도 역시 넓다는 뜻을 짓지 않고 좁다는 뜻을 짓지 않으며, 8해탈에서 힘이 있다는 뜻을 짓지 않고 힘이 없다는 뜻을 짓지 않으며, 8승처·9차제정·10변처에서도 역시 힘이 있다는 뜻을 짓지 않고 힘이 없다는 뜻을 짓지 않습니다. 세존이시여. 저는 이러한 뜻을 인연하는 까닭으로 '보살마하살의 반야바라밀다는 큰 바라밀다라고 이름합니다.'라고 말하였습니다.

다시 다음으로 세존이시여. 보살마하살의 반야바라밀다는 4념주에서 크다는 뜻을 짓지 않고 작다는 뜻을 짓지 않으며, 4정단·4신족·5근·5력·7

등각지·8성도지에서도 역시 크다는 뜻을 짓지 않고 작다는 뜻을 짓지 않으며, 4념주에서 집적한다는 뜻을 짓지 않고 흩어진다는 뜻을 짓지 않으며, 4정단, 나아가 8성도지에서도 역시 집적한다는 뜻을 짓지 않고 흩어진다는 뜻을 짓지 않으며, 4념주에서 분량이 있다는 뜻을 짓지 않고 분량이 없다는 뜻을 짓지 않으며, 4정단, 나아가 8성도지에서도 역시 분량이 있다는 뜻을 짓지 않고 분량이 없다는 뜻을 짓지 않으며, 4정려에서 넓다는 뜻을 짓지 않고 좁다는 뜻을 짓지 않으며 4정단, 나아가 8성도지에서도 역시 넓다는 뜻을 짓지 않고 좁다는 뜻을 짓지 않으며, 4념주에서 힘이 있다는 뜻을 짓지 않고 힘이 없다는 뜻을 짓지 않으며, 4정단, 나아가 8성도지에서도 역시 힘이 있다는 뜻을 짓지 않고 힘이 없다는 뜻을 짓지 않습니다. 세존이시여. 저는 이러한 뜻을 인연하는 까닭으로 '보살마하살의 반야바라밀다는 큰 바라밀다라고 이름합니다.'라고 말하였습니다.

다시 다음으로 세존이시여. 보살마하살의 반야바라밀다는 공해탈문에서 크다는 뜻을 짓지 않고 작다는 뜻을 짓지 않으며, 무상·무원해탈문에서도 역시 크다는 뜻을 짓지 않고 작다는 뜻을 짓지 않으며, 공해탈문에서 집적한다는 뜻을 짓지 않고 흩어진다는 뜻을 짓지 않으며, 무상·무원해탈문에서도 역시 집적한다는 뜻을 짓지 않고 흩어진다는 뜻을 짓지 않으며, 공해탈문에서 분량이 있다는 뜻을 짓지 않고 분량이 없다는 뜻을 짓지 않으며, 무상·무원해탈문에서도 역시 분량이 있다는 뜻을 짓지 않고 분량이 없다는 뜻을 짓지 않으며, 공해탈문에서 넓다는 뜻을 짓지 않고 좁다는 뜻을 짓지 않으며 무상·무원해탈문에서도 역시 넓다는 뜻을 짓지 않고 좁다는 뜻을 짓지 않으며, 공해탈문에서 힘이 있다는 뜻을 짓지 않고 힘이 없다는 뜻을 짓지 않으며, 무상·무원해탈문에서도 역시 힘이 있다는 뜻을 짓지 않고 힘이 없다는 뜻을 짓지 않습니다. 세존이시여. 저는 이러한 뜻을 인연하는 까닭으로 '보살마하살의 반야바라밀다는 큰 바라밀다라고 이름합니다.'라고 말하였습니다.

다시 다음으로 세존이시여. 보살마하살의 반야바라밀다는 5안에서 크다는 뜻을 짓지 않고 작다는 뜻을 짓지 않으며, 6신통에서도 역시 크다는 뜻을 짓지 않고 작다는 뜻을 짓지 않으며, 5안에서 집적한다는 뜻을 짓지 않고 흩어진다는 뜻을 짓지 않으며, 6신통에서도 역시 집적한다는 뜻을 짓지 않고 흩어진다는 뜻을 짓지 않으며, 5안에서 분량이 있다는 뜻을 짓지 않고 분량이 없다는 뜻을 짓지 않으며, 6신통에서도 역시 분량이 있다는 뜻을 짓지 않고 분량이 없다는 뜻을 짓지 않으며, 5안에서 넓다는 뜻을 짓지 않고 좁다는 뜻을 짓지 않으며 6신통에서도 역시 넓다는 뜻을 짓지 않고 좁다는 뜻을 짓지 않으며, 5안에서 힘이 있다는 뜻을 짓지 않고 힘이 없다는 뜻을 짓지 않으며, 6신통에서도 역시 힘이 있다는 뜻을 짓지 않고 힘이 없다는 뜻을 짓지 않습니다. 세존이시여. 저는 이러한 뜻을 인연하는 까닭으로 '보살마하살의 반야바라밀다는 큰 바라밀다라고 이름합니다.'라고 말하였습니다.

다시 다음으로 세존이시여. 보살마하살의 반야바라밀다는 여래의 10력에서 크다는 뜻을 짓지 않고 작다는 뜻을 짓지 않으며, 4무소외·4무애해·대자·대비·대희·대사·18불불공법에서도 역시 크다는 뜻을 짓지 않고 작다는 뜻을 짓지 않으며, 여래의 10력에서 집적한다는 뜻을 짓지 않고 흩어진다는 뜻을 짓지 않으며, 4무소외, 나아가 18불불공법에서도 역시 집적한다는 뜻을 짓지 않고 흩어진다는 뜻을 짓지 않으며, 여래의 10력에서 분량이 있다는 뜻을 짓지 않고 분량이 없다는 뜻을 짓지 않으며, 4무소외, 나아가 18불불공법에서도 역시 분량이 있다는 뜻을 짓지 않고 분량이 없다는 뜻을 짓지 않으며, 여래의 10력에서 넓다는 뜻을 짓지 않고 좁다는 뜻을 짓지 않으며 4무소외, 나아가 18불불공법에서도 역시 넓다는 뜻을 짓지 않고 좁다는 뜻을 짓지 않으며, 여래의 10력에서 힘이 있다는 뜻을 짓지 않고 힘이 없다는 뜻을 짓지 않으며, 4무소외, 나아가 18불불공법에서도 역시 힘이 있다는 뜻을 짓지 않고 힘이 없다는 뜻을 짓지 않습니다. 세존이시여. 저는 이러한 뜻을 인연하는 까닭으로 '보살마하살의 반야바라밀다는 큰 바라밀다라고 이름합니다.'라고 말하였습니다.

다시 다음으로 세존이시여. 보살마하살의 반야바라밀다는 무망실법에서 크다는 뜻을 짓지 않고 작다는 뜻을 짓지 않으며, 항주사성에서도 역시 크다는 뜻을 짓지 않고 작다는 뜻을 짓지 않으며, 무망실법에서 집적한다는 뜻을 짓지 않고 흩어진다는 뜻을 짓지 않으며, 항주사성에서도 역시 집적한다는 뜻을 짓지 않고 흩어진다는 뜻을 짓지 않으며, 무망실법에서 분량이 있다는 뜻을 짓지 않고 분량이 없다는 뜻을 짓지 않으며, 항주사성에서도 역시 분량이 있다는 뜻을 짓지 않고 분량이 없다는 뜻을 짓지 않으며, 무망실법에서 넓다는 뜻을 짓지 않고 좁다는 뜻을 짓지 않으며 항주사성에서도 역시 넓다는 뜻을 짓지 않고 좁다는 뜻을 짓지 않으며, 무망실법에서 힘이 있다는 뜻을 짓지 않고 힘이 없다는 뜻을 짓지 않으며, 항주사성에서도 역시 힘이 있다는 뜻을 짓지 않고 힘이 없다는 뜻을 짓지 않습니다. 세존이시여. 저는 이러한 뜻을 인연하는 까닭으로 '보살마하살의 반야바라밀다는 큰 바라밀다라고 이름합니다.' 라고 말하였습니다.

다시 다음으로 세존이시여. 보살마하살의 반야바라밀다는 일체지에서 크다는 뜻을 짓지 않고 작다는 뜻을 짓지 않으며, 도상지·일체상지에서도 역시 크다는 뜻을 짓지 않고 작다는 뜻을 짓지 않으며, 일체지에서 집적한다는 뜻을 짓지 않고 흩어진다는 뜻을 짓지 않으며, 도상지·일체상지에서도 역시 집적한다는 뜻을 짓지 않고 흩어진다는 뜻을 짓지 않으며, 일체지에서 분량이 있다는 뜻을 짓지 않고 분량이 없다는 뜻을 짓지 않으며, 도상지·일체상지에서도 역시 분량이 있다는 뜻을 짓지 않고 분량이 없다는 뜻을 짓지 않으며, 일체지에서 넓다는 뜻을 짓지 않고 좁다는 뜻을 짓지 않으며 도상지·일체상지에서도 역시 넓다는 뜻을 짓지 않고 좁다는 뜻을 짓지 않으며, 일체지에서 힘이 있다는 뜻을 짓지 않고 힘이 없다는 뜻을 짓지 않으며, 도상지·일체상지에서도 역시 힘이 있다는 뜻을 짓지 않고 힘이 없다는 뜻을 짓지 않습니다. 세존이시여. 저는 이러한 뜻을 인연하는 까닭으로 '보살마하살의 반야바라밀다는 큰 바라밀다라고 이름합니다.'라고 말하였습니다.

다시 다음으로 세존이시여. 보살마하살의 반야바라밀다는 일체의 다라니문에서 크다는 뜻을 짓지 않고 작다는 뜻을 짓지 않으며, 일체의 삼마지문에서도 역시 크다는 뜻을 짓지 않고 작다는 뜻을 짓지 않으며, 일체의 다라니문에서 집적한다는 뜻을 짓지 않고 흩어진다는 뜻을 짓지 않으며, 일체의 삼마지문에서도 역시 집적한다는 뜻을 짓지 않고 흩어진다는 뜻을 짓지 않으며, 일체의 다라니문에서 분량이 있다는 뜻을 짓지 않고 분량이 없다는 뜻을 짓지 않으며, 일체의 삼마지문에서도 역시 분량이 있다는 뜻을 짓지 않고 분량이 없다는 뜻을 짓지 않으며, 일체의 다라니문에서 넓다는 뜻을 짓지 않고 좁다는 뜻을 짓지 않으며 일체의 삼마지문에서도 역시 넓다는 뜻을 짓지 않고 좁다는 뜻을 짓지 않으며, 일체의 다라니문에서 힘이 있다는 뜻을 짓지 않고 힘이 없다는 뜻을 짓지 않으며, 일체의 삼마지문에서도 역시 힘이 있다는 뜻을 짓지 않고 힘이 없다는 뜻을 짓지 않습니다. 세존이시여. 저는 이러한 뜻을 인연하는 까닭으로 '보살마하살의 반야바라밀다는 큰 바라밀다라고 이름합니다.'라고 말하였습니다.

다시 다음으로 세존이시여. 보살마하살의 반야바라밀다는 예류에서 크다는 뜻을 짓지 않고 작다는 뜻을 짓지 않으며, 일래·불환·아라한에서도 역시 크다는 뜻을 짓지 않고 작다는 뜻을 짓지 않으며, 예류에서 집적한다는 뜻을 짓지 않고 흩어진다는 뜻을 짓지 않으며, 일래·불환·아라한에서도 역시 집적한다는 뜻을 짓지 않고 흩어진다는 뜻을 짓지 않으며, 예류에서 분량이 있다는 뜻을 짓지 않고 분량이 없다는 뜻을 짓지 않으며, 일래·불환·아라한에서도 역시 분량이 있다는 뜻을 짓지 않고 분량이 없다는 뜻을 짓지 않으며, 예류에서 넓다는 뜻을 짓지 않고 좁다는 뜻을 짓지 않으며 일래·불환·아라한에서도 역시 넓다는 뜻을 짓지 않고 좁다는 뜻을 짓지 않으며, 예류에서 힘이 있다는 뜻을 짓지 않고 힘이 없다는 뜻을 짓지 않으며, 일래·불환·아라한에서도 역시 힘이 있다는 뜻을 짓지 않고 힘이 없다는 뜻을 짓지 않습니다. 세존이시여. 저는 이러한 뜻을 인연하는 까닭으로 '보살마하살의 반야바라밀다는 큰 바라밀다라고 이름합니다.'

라고 말하였습니다.

다시 다음으로 세존이시여. 보살마하살의 반야바라밀다는 예류향·예류과에서 크다는 뜻을 짓지 않고 작다는 뜻을 짓지 않으며, 일래향·일래과·불환향·불환과·아라한향·아라한과에서도 역시 크다는 뜻을 짓지 않고 작다는 뜻을 짓지 않으며, 일래향, 나아가 아라한과에서 집적한다는 뜻을 짓지 않고 흩어진다는 뜻을 짓지 않으며, 일래향, 나아가 아라한과에서도 역시 집적한다는 뜻을 짓지 않고 흩어진다는 뜻을 짓지 않으며, 예류향·예류과에서 분량이 있다는 뜻을 짓지 않고 분량이 없다는 뜻을 짓지 않으며, 일래향, 나아가 아라한과에서도 역시 분량이 있다는 뜻을 짓지 않고 분량이 없다는 뜻을 짓지 않으며, 예류향·예류과에서 넓다는 뜻을 짓지 않고 좁다는 뜻을 짓지 않으며 일래향, 나아가 아라한과에서도 역시 넓다는 뜻을 짓지 않고 좁다는 뜻을 짓지 않으며, 예류향·예류과에서 힘이 있다는 뜻을 짓지 않고 힘이 없다는 뜻을 짓지 않으며, 일래향, 나아가 아라한과에서도 역시 힘이 있다는 뜻을 짓지 않고 힘이 없다는 뜻을 짓지 않습니다. 세존이시여. 저는 이러한 뜻을 인연하는 까닭으로 '보살마하살의 반야바라밀다는 큰 바라밀다라고 이름합니다.'라고 말하였습니다.

다시 다음으로 세존이시여. 보살마하살의 반야바라밀다는 독각에서 크다는 뜻을 짓지 않고 작다는 뜻을 짓지 않으며, 독각의 보리에서도 역시 크다는 뜻을 짓지 않고 작다는 뜻을 짓지 않으며, 독각에서 집적한다는 뜻을 짓지 않고 흩어진다는 뜻을 짓지 않으며, 독각의 보리에서도 역시 집적한다는 뜻을 짓지 않고 흩어진다는 뜻을 짓지 않으며, 독각에서 분량이 있다는 뜻을 짓지 않고 분량이 없다는 뜻을 짓지 않으며, 독각의 보리에서도 역시 분량이 있다는 뜻을 짓지 않고 분량이 없다는 뜻을 짓지 않으며, 독각에서 넓다는 뜻을 짓지 않고 좁다는 뜻을 짓지 않으며 독각의 보리에서도 역시 넓다는 뜻을 짓지 않고 좁다는 뜻을 짓지 않으며, 독각에서 힘이 있다는 뜻을 짓지 않고 힘이 없다는 뜻을 짓지 않으며, 독각의 보리에서도 역시 힘이 있다는 뜻을 짓지 않고 힘이 없다는 뜻을 짓지 않습니다. 세존이시여. 저는 이러한 뜻을 인연하는 까닭으로 '보살마하살의 반야바라밀다는 큰 바라밀다라고 이름합니다.'라고 말하였습니다.

다시 다음으로 세존이시여. 보살마하살의 반야바라밀다는 보살마하살에서 크다는 뜻을 짓지 않고 작다는 뜻을 짓지 않으며, 보살마하살의 행에서도 역시 크다는 뜻을 짓지 않고 작다는 뜻을 짓지 않으며, 보살마하살에서 집적한다는 뜻을 짓지 않고 흩어진다는 뜻을 짓지 않으며, 보살마하살의 행에서도 역시 집적한다는 뜻을 짓지 않고 흩어진다는 뜻을 짓지 않으며, 보살마하살에서 분량이 있다는 뜻을 짓지 않고 분량이 없다는 뜻을 짓지 않으며, 보살마하살의 행에서도 역시 분량이 있다는 뜻을 짓지 않고 분량이 없다는 뜻을 짓지 않으며, 보살마하살에서 넓다는 뜻을 짓지 않고 좁다는 뜻을 짓지 않으며 보살마하살의 행에서도 역시 넓다는 뜻을 짓지 않고 좁다는 뜻을 짓지 않으며, 보살마하살에서 힘이 있다는 뜻을 짓지 않고 힘이 없다는 뜻을 짓지 않으며, 보살마하살의 행에서도 역시 힘이 있다는 뜻을 짓지 않고 힘이 없다는 뜻을 짓지 않습니다. 세존이시여. 저는 이러한 뜻을 인연하는 까닭으로 '보살마하살의 반야바라밀다는 큰 바라밀다라고 이름합니다.'라고 말하였습니다.

다시 다음으로 세존이시여. 보살마하살의 반야바라밀다는 제여래·응공·정등각에서 크다는 뜻을 짓지 않고 작다는 뜻을 짓지 않으며, 여래의 무상정등보리에서도 역시 크다는 뜻을 짓지 않고 작다는 뜻을 짓지 않으며, 제여래·응공·정등각에서 집적한다는 뜻을 짓지 않고 흩어진다는 뜻을 짓지 않으며, 여래의 무상정등보리에서도 역시 집적한다는 뜻을 짓지 않고 흩어진다는 뜻을 짓지 않으며, 제여래·응공·정등각에서 분량이 있다는 뜻을 짓지 않고 분량이 없다는 뜻을 짓지 않으며, 여래의 무상정등보리에서도 역시 분량이 있다는 뜻을 짓지 않고 분량이 없다는 뜻을 짓지 않으며, 제여래·응공·정등각에서 넓다는 뜻을 짓지 않고 좁다는 뜻을 짓지 않으며 여래의 무상정등보리에서도 역시 넓다는 뜻을 짓지 않고 좁다는 뜻을 짓지 않으며, 제여래·응공·정등각에서 힘이 있다는 뜻을 짓지 않고 힘이 없다는 뜻을 짓지 않으며, 여래의 무상정등보리에서도 역시 힘이 있다는 뜻을 짓지 않고 힘이 없다는 뜻을 짓지 않습니다. 세존이시여. 저는 이러한 뜻을 인연하는 까닭으로 '보살마하살의 반야바라밀다는 큰 바라밀다라고 이름합니다.'라고 말하였습니다.

다시 다음으로 세존이시여. 보살마하살의 반야바라밀다는 일체법에서 크다는 뜻을 짓지 않고 작다는 뜻을 짓지 않으며, 집적한다는 뜻을 짓지 않고 흩어진다는 뜻을 짓지 않으며, 분량이 있다는 뜻을 짓지 않고 분량이 없다는 뜻을 짓지 않으며, 넓다는 뜻을 짓지 않고 좁다는 뜻을 짓지 않으며 힘이 있다는 뜻을 짓지 않고 힘이 없다는 뜻을 짓지 않습니다. 세존이시여. 저는 이러한 뜻을 인연하는 까닭으로 '보살마하살의 반야바라밀다는 큰 바라밀다라고 이름합니다.'라고 말하였습니다."

"다시 다음으로 세존이시여. 만일 새롭게 대승을 수학하는 보살마하살이 반야바라밀다·정려바라밀다·정진바라밀다·안인바라밀다·정계바라밀다·보시바라밀다에 의지하고서, '이와 같은 반야바라밀다는 색에서 크다는 뜻을 짓지 않고 작다는 뜻을 짓지 않으며, 수·상·행·식에서도 역시 크다는 뜻을 짓지 않고 작다는 뜻을 짓지 않으며, 색에서 집적한다는 뜻을 짓지 않고 흩어진다는 뜻을 짓지 않으며, 수·상·행·식에서도 역시 집적한다는 뜻을 짓지 않고 흩어진다는 뜻을 짓지 않으며, 색에서 분량이 있다는 뜻을 짓지 않고 분량이 없다는 뜻을 짓지 않으며, 수·상·행·식에서도 역시 분량이 있다는 뜻을 짓지 않고 분량이 없다는 뜻을 짓지 않으며, 색에서 넓다는 뜻을 짓지 않고 좁다는 뜻을 짓지 않으며 수·상·행·식에서도 역시 넓다는 뜻을 짓지 않고 좁다는 뜻을 짓지 않으며, 색에서 힘이 있다는 뜻을 짓지 않고 힘이 없다는 뜻을 짓지 않으며, 수·상·행·식에서도 역시 힘이 있다는 뜻을 짓지 않고 힘이 없다는 뜻을 짓지 않는다.'라고 이와 같은 생각을 일으킨다면, 세존이시여. 이 보살마하살은 오히려 이러한 생각을 일으키므로 반야바라밀다를 수행하는 것이 아닙니다.

다시 다음으로 세존이시여. 만약 새롭게 대승을 수학하는 보살마하살이 반야·정려·정진·안인·정계·보시바라밀다에 의지하고서, '이와 같은 반야바라밀다는 안처에서 크다는 뜻을 짓지 않고 작다는 뜻을 짓지 않으며, 이·비·설·신·의처에서도 역시 크다는 뜻을 짓지 않고 작다는 뜻을 짓지 않으며, 안처에서 집적한다는 뜻을 짓지 않고 흩어진다는 뜻을 짓지 않으며, 이·비·설·신·의처에서도 역시 집적한다는 뜻을 짓지 않고 흩어진다는 뜻을 짓지 않으며, 안처에서 분량이 있다는 뜻을 짓지 않고 분량이 없다는 뜻을 짓지 않으며, 이·비·설·신·의처에서도 역시 분량이 있다는 뜻을 짓지 않고 분량이 없다는 뜻을 짓지 않으며, 안처에서 넓다는 뜻을 짓지 않고 좁다는 뜻을 짓지 않으며 이·비·설·신·의처에서도 역시 넓다는 뜻을 짓지 않고 좁다는 뜻을 짓지 않으며, 안처에서 힘이 있다는 뜻을 짓지 않고 힘이 없다는 뜻을 짓지 않으며, 이·비·설·신·의처에서도 역시 힘이 있다는 뜻을 짓지 않고 힘이 없다는 뜻을 짓지 않는다.'라고 이와 같은 생각을 일으킨다면, 세존이시여. 이 보살마하살은 오히려 이러한 생각을 일으키므로 반야바라밀다를 수행하는 것이 아닙니다.

다시 다음으로 세존이시여. 만약 새롭게 대승을 수학하는 보살마하살이 반야·정려·정진·안인·정계·보시바라밀다에 의지하고서, '이와 같은 반야바라밀다는 색처에서 크다는 뜻을 짓지 않고 작다는 뜻을 짓지 않으며, 성·향·미·촉·법처에서도 역시 크다는 뜻을 짓지 않고 작다는 뜻을 짓지 않으며, 색처에서 집적한다는 뜻을 짓지 않고 흩어진다는 뜻을 짓지 않으며, 성·향·미·촉·법처에서도 역시 집적한다는 뜻을 짓지 않고 흩어진다는 뜻을 짓지 않으며, 색처에서 분량이 있다는 뜻을 짓지 않고 분량이 없다는 뜻을 짓지 않으며, 성·향·미·촉·법처에서도 역시 분량이 있다는 뜻을 짓지 않고 분량이 없다는 뜻을 짓지 않으며, 색처에서 넓다는 뜻을 짓지 않고 좁다는 뜻을 짓지 않으며 성·향·미·촉·법처에서도 역시 넓다는 뜻을 짓지 않고 좁다는 뜻을 짓지 않으며, 색처에서 힘이 있다는 뜻을 짓지 않고 힘이 없다는 뜻을 짓지 않으며, 성·향·미·촉·법처에서도 역시 힘이 있다는 뜻을 짓지 않고 힘이 없다는 뜻을 짓지 않는다.'라고 이와 같은 생각을 일으킨다면, 세존이시여. 이 보살마하살은 오히려 이러한 생각을 일으키므로 반야바라밀다를 수행하는 것이 아닙니다.

다시 다음으로 세존이시여. 만약 새롭게 대승을 수학하는 보살마하살이 반야·정려·정진·안인·정계·보시바라밀다에 의지하고서, '이와 같은 반야바라밀다는 안계에서 크다는 뜻을 짓지 않고 작다는 뜻을 짓지 않으며, 색계·안식계, 나아가 안촉·안촉을 인연으로 생겨난 여러 수에서도 역시 크다는 뜻을 짓지 않고 작다는 뜻을 짓지 않으며, 안계에서 집적한다는 뜻을 짓지 않고 흩어진다는 뜻을 짓지 않으며, 색계, 나아가 안촉을 인연으로 생겨난 여러 수에서도 역시 집적한다는 뜻을 짓지 않고 흩어진다는 뜻을 짓지 않으며, 안계에서 분량이 있다는 뜻을 짓지 않고 분량이 없다는 뜻을 짓지 않으며, 색계, 나아가 안촉을 인연으로 생겨난 여러 수에서도 역시 분량이 있다는 뜻을 짓지 않고 분량이 없다는 뜻을 짓지 않으며, 안계에서 넓다는 뜻을 짓지 않고 좁다는 뜻을 짓지 않으며 색계, 나아가 안촉을 인연으로 생겨난 여러 수에서도 역시 넓다는 뜻을 짓지 않고 좁다는 뜻을 짓지 않으며, 안계에서 힘이 있다는 뜻을 짓지 않고 힘이 없다는 뜻을 짓지 않으며, 색계, 나아가 안촉을 인연으로 생겨난 여러 수에서도 역시 힘이 있다는 뜻을 짓지 않고 힘이 없다는 뜻을 짓지 않는다.' 라고 이와 같은 생각을 일으킨다면, 세존이시여. 이 보살마하살은 오히려 이러한 생각을 일으키므로 반야바라밀다를 수행하는 것이 아닙니다.

다시 다음으로 세존이시여. 만약 새롭게 대승을 수학하는 보살마하살이 반야·정려·정진·안인·정계·보시바라밀다에 의지하고서, '이와 같은 반야바라밀다는 이계에서 크다는 뜻을 짓지 않고 작다는 뜻을 짓지 않으며, 성계·이식계, 나아가 이촉·이촉을 인연으로 생겨난 여러 수에서도 역시 크다는 뜻을 짓지 않고 작다는 뜻을 짓지 않으며, 이계에서 집적한다는 뜻을 짓지 않고 흩어진다는 뜻을 짓지 않으며, 성계, 나아가 이촉을 인연으로 생겨난 여러 수에서도 역시 집적한다는 뜻을 짓지 않고 흩어진다는 뜻을 짓지 않으며, 이계에서 분량이 있다는 뜻을 짓지 않고 분량이 없다는 뜻을 짓지 않으며, 성계, 나아가 이촉을 인연으로 생겨난 여러 수에서도 역시 분량이 있다는 뜻을 짓지 않고 분량이 없다는 뜻을 짓지 않으며, 이계에서 넓다는 뜻을 짓지 않고 좁다는 뜻을 짓지 않으며 성계,

나아가 이촉을 인연으로 생겨난 여러 수에서도 역시 넓다는 뜻을 짓지 않고 좁다는 뜻을 짓지 않으며, 이계에서 힘이 있다는 뜻을 짓지 않고 힘이 없다는 뜻을 짓지 않으며, 성계, 나아가 이촉을 인연으로 생겨난 여러 수에서도 역시 힘이 있다는 뜻을 짓지 않고 힘이 없다는 뜻을 짓지 않는다.'라고 이와 같은 생각을 일으킨다면, 세존이시여. 이 보살마하살은 오히려 이러한 생각을 일으키므로 반야바라밀다를 수행하는 것이 아닙니다.

다시 다음으로 세존이시여. 만약 새롭게 대승을 수학하는 보살마하살이 반야·정려·정진·안인·정계·보시바라밀다에 의지하고서, '이와 같은 반야바라밀다는 비계에서 크다는 뜻을 짓지 않고 작다는 뜻을 짓지 않으며, 향계·비식계, 나아가 비촉·비촉을 인연으로 생겨난 여러 수에서도 역시 크다는 뜻을 짓지 않고 작다는 뜻을 짓지 않으며, 비계에서 집적한다는 뜻을 짓지 않고 흩어진다는 뜻을 짓지 않으며, 향계, 나아가 비촉을 인연으로 생겨난 여러 수에서도 역시 집적한다는 뜻을 짓지 않고 흩어진다는 뜻을 짓지 않으며, 비계에서 분량이 있다는 뜻을 짓지 않고 분량이 없다는 뜻을 짓지 않으며, 향계, 나아가 비촉을 인연으로 생겨난 여러 수에서도 역시 분량이 있다는 뜻을 짓지 않고 분량이 없다는 뜻을 짓지 않으며, 비계에서 넓다는 뜻을 짓지 않고 좁다는 뜻을 짓지 않으며 향계, 나아가 비촉을 인연으로 생겨난 여러 수에서도 역시 넓다는 뜻을 짓지 않고 좁다는 뜻을 짓지 않으며, 비계에서 힘이 있다는 뜻을 짓지 않고 힘이 없다는 뜻을 짓지 않으며, 향계, 나아가 비촉을 인연으로 생겨난 여러 수에서도 역시 힘이 있다는 뜻을 짓지 않고 힘이 없다는 뜻을 짓지 않는다.'라고 이와 같은 생각을 일으킨다면, 세존이시여. 이 보살마하살은 오히려 이러한 생각을 일으키므로 반야바라밀다를 수행하는 것이 아닙니다.

다시 다음으로 세존이시여. 만약 새롭게 대승을 수학하는 보살마하살이 반야·정려·정진·안인·정계·보시바라밀다에 의지하고서, '이와 같은 반야바라밀다는 설계에서 크다는 뜻을 짓지 않고 작다는 뜻을 짓지 않으며, 미계·설식계, 나아가 설촉·설촉을 인연으로 생겨난 여러 수에서도 역시 크다는 뜻을 짓지 않고 작다는 뜻을 짓지 않으며, 설계에서 집적한다는 뜻을 짓지 않고 흩어진다는 뜻을 짓지 않으며, 미계, 나아가 설촉을 인연으로 생겨난 여러 수에서도 역시 집적한다는 뜻을 짓지 않고 흩어진다는 뜻을 짓지 않으며, 설계에서 분량이 있다는 뜻을 짓지 않고 분량이 없다는 뜻을 짓지 않으며, 미계, 나아가 설촉을 인연으로 생겨난 여러 수에서도 역시 분량이 있다는 뜻을 짓지 않고 분량이 없다는 뜻을 짓지 않으며, 설계에서 넓다는 뜻을 짓지 않고 좁다는 뜻을 짓지 않으며 미계, 나아가 설촉을 인연으로 생겨난 여러 수에서도 역시 넓다는 뜻을 짓지 않고 좁다는 뜻을 짓지 않으며, 설계에서 힘이 있다는 뜻을 짓지 않고 힘이 없다는 뜻을 짓지 않으며, 미계, 나아가 설촉을 인연으로 생겨난 여러 수에서도 역시 힘이 있다는 뜻을 짓지 않고 힘이 없다는 뜻을 짓지 않는다.'라고 이와 같은 생각을 일으킨다면, 세존이시여. 이 보살마하살은 오히려 이러한 생각을 일으키므로 반야바라밀다를 수행하는 것이 아닙니다.

다시 다음으로 세존이시여. 만약 새롭게 대승을 수학하는 보살마하살이 반야·정려·정진·안인·정계·보시바라밀다에 의지하고서, '이와 같은 반야바라밀다는 신계에서 크다는 뜻을 짓지 않고 작다는 뜻을 짓지 않으며, 촉계·신식계, 나아가 신촉·신촉을 인연으로 생겨난 여러 수에서도 역시 크다는 뜻을 짓지 않고 작다는 뜻을 짓지 않으며, 신계에서 집적한다는 뜻을 짓지 않고 흩어진다는 뜻을 짓지 않으며, 촉계, 나아가 신촉을 인연으로 생겨난 여러 수에서도 역시 집적한다는 뜻을 짓지 않고 흩어진다는 뜻을 짓지 않으며, 신계에서 분량이 있다는 뜻을 짓지 않고 분량이 없다는 뜻을 짓지 않으며, 촉계, 나아가 신촉을 인연으로 생겨난 여러 수에서도 역시 분량이 있다는 뜻을 짓지 않고 분량이 없다는 뜻을 짓지 않으며, 신계에서 넓다는 뜻을 짓지 않고 좁다는 뜻을 짓지 않으며 촉계, 나아가 신촉을 인연으로 생겨난 여러 수에서도 역시 넓다는 뜻을 짓지 않고 좁다는 뜻을 짓지 않으며, 신계에서 힘이 있다는 뜻을 짓지 않고 힘이 없다는 뜻을 짓지 않으며, 촉계, 나아가 신촉을 인연으로 생겨난 여러 수에서도 역시 힘이 있다는 뜻을 짓지 않고 힘이 없다는 뜻을 짓지 않는다.'라고 이와 같은 생각을 일으킨다면, 세존이시여. 이 보살마하살은 오히려 이러한 생각을 일으키므로 반야바라밀다를 수행하는 것이 아닙니다.

다시 다음으로 세존이시여. 만약 새롭게 대승을 수학하는 보살마하살이 반야·정려·정진·안인·정계·보시바라밀다에 의지하고서, '이와 같은 반야바라밀다는 의계에서 크다는 뜻을 짓지 않고 작다는 뜻을 짓지 않으며, 법계·의식계, 나아가 의촉·의촉을 인연으로 생겨난 여러 수에서도 역시 크다는 뜻을 짓지 않고 작다는 뜻을 짓지 않으며, 의계에서 집적한다는 뜻을 짓지 않고 흩어진다는 뜻을 짓지 않으며, 법계, 나아가 의촉을 인연으로 생겨난 여러 수에서도 역시 집적한다는 뜻을 짓지 않고 흩어진다는 뜻을 짓지 않으며, 의계에서 분량이 있다는 뜻을 짓지 않고 분량이 없다는 뜻을 짓지 않으며, 법계, 나아가 의촉을 인연으로 생겨난 여러 수에서도 역시 분량이 있다는 뜻을 짓지 않고 분량이 없다는 뜻을 짓지 않으며, 의계에서 넓다는 뜻을 짓지 않고 좁다는 뜻을 짓지 않으며 법계, 나아가 의촉을 인연으로 생겨난 여러 수에서도 역시 넓다는 뜻을 짓지 않고 좁다는 뜻을 짓지 않으며, 의계에서 힘이 있다는 뜻을 짓지 않고 힘이 없다는 뜻을 짓지 않으며, 법계, 나아가 의촉을 인연으로 생겨난 여러 수에서도 역시 힘이 있다는 뜻을 짓지 않고 힘이 없다는 뜻을 짓지 않는다.'라고 이와 같은 생각을 일으킨다면, 세존이시여. 이 보살마하살은 오히려 이러한 생각을 일으키므로 반야바라밀다를 수행하는 것이 아닙니다.

다시 다음으로 세존이시여. 만약 새롭게 대승을 수학하는 보살마하살이 반야·정려·정진·안인·정계·보시바라밀다에 의지하고서, '이와 같은 반야바라밀다는 지계에서 크다는 뜻을 짓지 않고 작다는 뜻을 짓지 않으며, 수·화·풍·공·식계에서도 역시 크다는 뜻을 짓지 않고 작다는 뜻을 짓지 않으며, 지계에서 집적한다는 뜻을 짓지 않고 흩어진다는 뜻을 짓지 않으며, 수·화·풍·공·식계에서도 역시 집적한다는 뜻을 짓지 않고 흩어진다는 뜻을 짓지 않으며, 지계에서 분량이 있다는 뜻을 짓지 않고 분량이 없다는 뜻을 짓지 않으며, 수·화·풍·공·식계에서도 역시 분량이 있다는 뜻을 짓지 않고 분량이 없다는 뜻을 짓지 않으며, 지계에서 넓다는 뜻을 짓지 않고 좁다는 뜻을 짓지 않으며 수·화·풍·공·식계에서도 역시 넓다는 뜻을 짓지 않고 좁다는 뜻을 짓지 않으며, 지계에서 힘이 있다는 뜻을 짓지 않고 힘이 없다는 뜻을 짓지 않으며, 수·화·풍·공·식계에서도 역시 힘이 있다는 뜻을 짓지 않고 힘이 없다는 뜻을 짓지 않는다.'라고 이와 같은 생각을 일으킨다면, 세존이시여. 이 보살마하살은 오히려 이러한 생각을 일으키므로 반야바라밀다를 수행하는 것이 아닙니다.

다시 다음으로 세존이시여. 만약 새롭게 대승을 수행하는 보살마하살이 반야·정려·정진·안인·정계·보시바라밀다에 의지하고서, '이와 같은 반야바라밀다는 무명에서 크다는 뜻을 짓지 않고 작다는 뜻을 짓지 않으며, 행·식·명색·육처·촉·수·애·취·유·생·노사의 수탄고우뇌에서도 역시 크다는 뜻을 짓지 않고 작다는 뜻을 짓지 않으며, 무명에서 집적한다는 뜻을 짓지 않고 흩어진다는 뜻을 짓지 않으며, 행, 나아가 노사의 수탄고우뇌에서도 역시 집적한다는 뜻을 짓지 않고 흩어진다는 뜻을 짓지 않으며, 무명에서 분량이 있다는 뜻을 짓지 않고 분량이 없다는 뜻을 짓지 않으며, 행, 나아가 노사의 수탄고우뇌에서도 역시 분량이 있다는 뜻을 짓지 않고 분량이 없다는 뜻을 짓지 않으며, 무명에서 넓다는 뜻을 짓지 않고 좁다는 뜻을 짓지 않으며 행, 나아가 노사의 수탄고우뇌에서도 역시 넓다는 뜻을 짓지 않고 좁다는 뜻을 짓지 않으며, 무명에서 힘이 있다는 뜻을 짓지 않고 힘이 없다는 뜻을 짓지 않으며, 행, 나아가 노사의 수탄고우뇌에서도 역시 힘이 있다는 뜻을 짓지 않고 힘이 없다는 뜻을 짓지 않는다.'라고 이와 같은 생각을 일으킨다면, 세존이시여. 이 보살마하살은 오히려 이러한 생각을 일으키므로 반야바라밀다를 수행하는 것이 아닙니다.

다시 다음으로 세존이시여. 만약 새롭게 대승을 수학하는 보살마하살이 반야·정려·정진·안인·정계·보시바라밀다에 의지하고서, '이와 같은 반야바라밀다는 보시바라밀다에서 크다는 뜻을 짓지 않고 작다는 뜻을 짓지 않으며, 정계·안인·정진·정려·반야바라밀다에서도 역시 크다는 뜻을 짓지 않고 작다는 뜻을 짓지 않으며, 보시바라밀다에서 집적한다는 뜻을 짓지 않고 흩어진다는 뜻을 짓지 않으며, 정계, 나아가 반야바라밀다에서도 역시 집적한다는 뜻을 짓지 않고 흩어진다는 뜻을 짓지 않으며,

보시바라밀다에서 분량이 있다는 뜻을 짓지 않고 분량이 없다는 뜻을 짓지 않으며, 정계, 나아가 반야바라밀다에서도 역시 분량이 있다는 뜻을 짓지 않고 분량이 없다는 뜻을 짓지 않으며, 보시바라밀다에서 넓다는 뜻을 짓지 않고 좁다는 뜻을 짓지 않으며 정계, 나아가 반야바라밀다에서도 역시 넓다는 뜻을 짓지 않고 좁다는 뜻을 짓지 않으며, 보시바라밀다에서 힘이 있다는 뜻을 짓지 않고 힘이 없다는 뜻을 짓지 않으며, 정계, 나아가 반야바라밀다에서도 역시 힘이 있다는 뜻을 짓지 않고 힘이 없다는 뜻을 짓지 않는다.'라고 이와 같은 생각을 일으킨다면, 세존이시여. 이 보살마하살은 오히려 이러한 생각을 일으키므로 반야바라밀다를 수행하는 것이 아닙니다."

마하반야바라밀다경 제175권

32. 찬반야품(讚般若品)(4)

"다시 다음으로 세존이시여. 만약 새롭게 대승을 수학하는 보살마하살이 반야·정려·정진·안인·정계·보시바라밀다에 의지하고서, '이와 같은 반야바라밀다는 내공에서 크다는 뜻을 짓지 않고 작다는 뜻을 짓지 않으며, 외공·내외공·공공·대공·승의공·유위공·무위공·필경공·무제공·산공·무변이공·본성공·자상공·공상공·일체법공·불가득공·무성공·자성공·무성자성공에서도 역시 크다는 뜻을 짓지 않고 작다는 뜻을 짓지 않으며, 내공에서 집적한다는 뜻을 짓지 않고 흩어진다는 뜻을 짓지 않으며, 외공, 나아가 무성자성공에서도 역시 집적한다는 뜻을 짓지 않고 흩어진다는 뜻을 짓지 않으며, 내공에서 분량이 있다는 뜻을 짓지 않고 분량이 없다는 뜻을 짓지 않으며, 외공, 나아가 무성자성공에서도 역시 분량이 있다는 뜻을 짓지 않고 분량이 없다는 뜻을 짓지 않으며, 내공에서 넓다는 뜻을 짓지 않고 좁다는 뜻을 짓지 않으며 외공, 나아가 무성자성공에서도 역시 넓다는 뜻을 짓지 않고 좁다는 뜻을 짓지 않으며, 내공에서 힘이 있다는 뜻을 짓지 않고 힘이 없다는 뜻을 짓지 않으며, 외공, 나아가 무성자성공에서도 역시 힘이 있다는 뜻을 짓지 않고 힘이 없다는 뜻을 짓지 않는다.'라고 이와 같은 생각을 일으킨다면, 세존이시여. 이 보살마하살은 오히려 이러한 생각을 일으키므로 반야바라밀다를 수행하는 것이 아닙니다.

다시 다음으로 세존이시여. 만약 새롭게 대승을 수학하는 보살마하살이 반야·정려·정진·안인·정계·보시바라밀다에 의지하고서, '이와 같은 반야바라밀다는 진여에서 크다는 뜻을 짓지 않고 작다는 뜻을 짓지 않으며, 법계·법성·불허망성·불변이성·평등성·이생성·법정·법주·실제·허공계·부사의계에서도 역시 크다는 뜻을 짓지 않고 작다는 뜻을 짓지 않으며, 진여에서 집적한다는 뜻을 짓지 않고 흩어진다는 뜻을 짓지 않으며, 법계, 나아가 부사의계에서도 역시 집적한다는 뜻을 짓지 않고 흩어진다는 뜻을 짓지 않으며, 진여에서 분량이 있다는 뜻을 짓지 않고 분량이 없다는 뜻을 짓지 않으며, 법계, 나아가 부사의계에서도 역시 분량이 있다는 뜻을 짓지 않고 분량이 없다는 뜻을 짓지 않으며, 진여에서 넓다는 뜻을 짓지 않고 좁다는 뜻을 짓지 않으며 법계, 나아가 부사의계에서도 역시 넓다는 뜻을 짓지 않고 좁다는 뜻을 짓지 않으며, 진여에서 힘이 있다는 뜻을 짓지 않고 힘이 없다는 뜻을 짓지 않으며, 법계, 나아가 부사의계에서도 역시 힘이 있다는 뜻을 짓지 않고 힘이 없다는 뜻을 짓지 않는다.'라고 이와 같은 생각을 일으킨다면, 세존이시여. 이 보살마하살은 오히려 이러한 생각을 일으키므로 반야바라밀다를 수행하는 것이 아닙니다.

다시 다음으로 세존이시여. 만약 새롭게 대승을 수학하는 보살마하살이 반야·정려·정진·안인·정계·보시바라밀다에 의지하고서, '이와 같은 반야바라밀다는 고성제에서 크다는 뜻을 짓지 않고 작다는 뜻을 짓지 않으며, 집·멸·도성제에서도 역시 크다는 뜻을 짓지 않고 작다는 뜻을 짓지 않으며, 고성제에서 집적한다는 뜻을 짓지 않고 흩어진다는 뜻을 짓지 않으며, 집·멸·도성제에서도 역시 집적한다는 뜻을 짓지 않고 흩어진다는 뜻을 짓지 않으며, 고성제에서 분량이 있다는 뜻을 짓지 않고 분량이 없다는 뜻을 짓지 않으며, 집·멸·도성제에서도 역시 분량이 있다는 뜻을 짓지 않고 분량이 없다는 뜻을 짓지 않으며, 고성제에서 넓다는 뜻을 짓지 않고 좁다는 뜻을 짓지 않으며 집·멸·도성제에서도 역시 넓다는 뜻을 짓지 않고 좁다는 뜻을 짓지 않으며, 고성제에서 힘이 있다는 뜻을 짓지 않고 힘이 없다는 뜻을 짓지 않으며, 집·멸·도성제에서도 역시 힘이 있다는 뜻을 짓지 않고 힘이 없다는 뜻을 짓지 않는다.'라고 이와 같은 생각을 일으킨다면, 세존이시여. 이 보살마하살은 오히려 이러한 생각을 일으키므로 반야바라밀다를 수행하는 것이 아닙니다.

다시 다음으로 세존이시여. 만약 새롭게 대승을 수학하는 보살마하살이 반야·정려·정진·안인·정계·보시바라밀다에 의지하고서, '이와 같은 반야바라밀다는 4정려에서 크다는 뜻을 짓지 않고 작다는 뜻을 짓지 않으며, 4무량·4무색정에서도 역시 크다는 뜻을 짓지 않고 작다는 뜻을 짓지 않으며, 4정려에서 집적한다는 뜻을 짓지 않고 흩어진다는 뜻을 짓지 않으며, 4무량·4무색정에서도 역시 집적한다는 뜻을 짓지 않고 흩어진다는 뜻을 짓지 않으며, 4정려에서 분량이 있다는 뜻을 짓지 않고 분량이 없다는 뜻을 짓지 않으며, 4무량·4무색정에서도 역시 분량이 있다는 뜻을 짓지 않고 분량이 없다는 뜻을 짓지 않으며, 4정려에서 넓다는 뜻을 짓지 않고 좁다는 뜻을 짓지 않으며 4무량·4무색정에서도 역시 넓다는 뜻을 짓지 않고 좁다는 뜻을 짓지 않으며, 4정려에서 힘이 있다는 뜻을 짓지 않고 힘이 없다는 뜻을 짓지 않으며, 4무량·4무색정에서도 역시 힘이 있다는 뜻을 짓지 않고 힘이 없다는 뜻을 짓지 않는다.'라고 이와 같은 생각을 일으킨다면, 세존이시여. 이 보살마하살은 오히려 이러한 생각을 일으키므로 반야바라밀다를 수행하는 것이 아닙니다.

다시 다음으로 세존이시여. 만약 새롭게 대승을 수학하는 보살마하살이 반야·정려·정진·안인·정계·보시바라밀다에 의지하고서, '이와 같은 반야바라밀다는 8해탈에서 크다는 뜻을 짓지 않고 작다는 뜻을 짓지 않으며, 8승처·9차제정·10변처에서도 역시 크다는 뜻을 짓지 않고 작다는 뜻을 짓지 않으며, 8해탈에서 집적한다는 뜻을 짓지 않고 흩어진다는 뜻을 짓지 않으며, 8승처·9차제정·10변처에서도 역시 집적한다는 뜻을 짓지 않고 흩어진다는 뜻을 짓지 않으며, 8해탈에서 분량이 있다는 뜻을 짓지 않고 분량이 없다는 뜻을 짓지 않으며, 8승처·9차제정·10변처에서도 역시 분량이 있다는 뜻을 짓지 않고 분량이 없다는 뜻을 짓지 않으며, 8해탈에서 넓다는 뜻을 짓지 않고 좁다는 뜻을 짓지 않으며 8승처·9차제정

·10변처에서도 역시 넓다는 뜻을 짓지 않고 좁다는 뜻을 짓지 않으며, 8해탈에서 힘이 있다는 뜻을 짓지 않고 힘이 없다는 뜻을 짓지 않으며, 8승처·9차제정·10변처에서도 역시 힘이 있다는 뜻을 짓지 않고 힘이 없다는 뜻을 짓지 않는다.'라고 이와 같은 생각을 일으킨다면, 세존이시여. 이 보살마하살은 오히려 이러한 생각을 일으키므로 반야바라밀다를 수행하는 것이 아닙니다.

다시 다음으로 세존이시여. 만약 새롭게 대승을 수학하는 보살마하살이 반야·정려·정진·안인·정계·보시바라밀다에 의지하고서, '이와 같은 반야바라밀다는 4념주에서 크다는 뜻을 짓지 않고 작다는 뜻을 짓지 않으며, 4정단·4신족·5근·5력·7등각지·8성도지에서도 역시 크다는 뜻을 짓지 않고 작다는 뜻을 짓지 않으며, 4념주에서 집적한다는 뜻을 짓지 않고 흩어진다는 뜻을 짓지 않으며, 4정단, 나아가 8성도지에서도 역시 집적한다는 뜻을 짓지 않고 흩어진다는 뜻을 짓지 않으며, 4념주에서 분량이 있다는 뜻을 짓지 않고 분량이 없다는 뜻을 짓지 않으며, 4정단, 나아가 8성도지에서도 역시 분량이 있다는 뜻을 짓지 않고 분량이 없다는 뜻을 짓지 않으며, 4념주에서 넓다는 뜻을 짓지 않고 좁다는 뜻을 짓지 않으며 4정단, 나아가 8성도지에서도 역시 넓다는 뜻을 짓지 않고 좁다는 뜻을 짓지 않으며, 4념주에서 힘이 있다는 뜻을 짓지 않고 힘이 없다는 뜻을 짓지 않으며, 4정단, 나아가 8성도지에서도 역시 힘이 있다는 뜻을 짓지 않고 힘이 없다는 뜻을 짓지 않는다.'라고 이와 같은 생각을 일으킨다면, 세존이시여. 이 보살마하살은 오히려 이러한 생각을 일으키므로 반야바라밀다를 수행하는 것이 아닙니다.

다시 다음으로 세존이시여. 만약 새롭게 대승을 수학하는 보살마하살이 반야·정려·정진·안인·정계·보시바라밀다에 의지하고서, '이와 같은 반야바라밀다는 공해탈문에서 크다는 뜻을 짓지 않고 작다는 뜻을 짓지 않으며, 무상·무원해탈문에서도 역시 크다는 뜻을 짓지 않고 작다는 뜻을 짓지 않으며, 공해탈문에서 집적한다는 뜻을 짓지 않고 흩어진다는 뜻을 짓지 않으며, 무상·무원해탈문에서도 역시 집적한다는 뜻을 짓지 않고 흩어진다는 뜻을 짓지 않으며, 공해탈문에서 분량이 있다는 뜻을 짓지 않고 분량이 없다는 뜻을 짓지 않으며 무상·무원해탈문에서도 역시 분량이 있다는 뜻을 짓지 않고 분량이 없다는 뜻을 짓지 않으며, 공해탈문에서 넓다는 뜻을 짓지 않고 좁다는 뜻을 짓지 않으며 무상·무원해탈문에서도 역시 넓다는 뜻을 짓지 않고 좁다는 뜻을 짓지 않으며, 공해탈문에서 힘이 있다는 뜻을 짓지 않고 힘이 없다는 뜻을 짓지 않으며, 무상·무원해탈문에서도 역시 힘이 있다는 뜻을 짓지 않고 힘이 없다는 뜻을 짓지 않는다.' 라고 이와 같은 생각을 일으킨다면, 세존이시여. 이 보살마하살은 오히려 이러한 생각을 일으키므로 반야바라밀다를 수행하는 것이 아닙니다.

다시 다음으로 세존이시여. 만약 새롭게 대승을 수학하는 보살마하살이 반야·정려·정진·안인·정계·보시바라밀다에 의지하고서, '이와 같은 반야바라밀다는 5안에서 크다는 뜻을 짓지 않고 작다는 뜻을 짓지 않으며, 6신통에서도 역시 크다는 뜻을 짓지 않고 작다는 뜻을 짓지 않으며, 5안에서 집적한다는 뜻을 짓지 않고 흩어진다는 뜻을 짓지 않으며, 6신통에서도 역시 집적한다는 뜻을 짓지 않고 흩어진다는 뜻을 짓지 않으며, 5안에서 분량이 있다는 뜻을 짓지 않고 분량이 없다는 뜻을 짓지 않으며, 6신통에서도 역시 분량이 있다는 뜻을 짓지 않고 분량이 없다는 뜻을 짓지 않으며, 5안에서 넓다는 뜻을 짓지 않고 좁다는 뜻을 짓지 않으며 6신통에서도 역시 넓다는 뜻을 짓지 않고 좁다는 뜻을 짓지 않으며, 5안에서 힘이 있다는 뜻을 짓지 않고 힘이 없다는 뜻을 짓지 않으며, 6신통에서도 역시 힘이 있다는 뜻을 짓지 않고 힘이 없다는 뜻을 짓지 않는다.'라고 이와 같은 생각을 일으킨다면, 세존이시여. 이 보살마하살은 오히려 이러한 생각을 일으키므로 반야바라밀다를 수행하는 것이 아닙니다.

다시 다음으로 세존이시여. 만약 새롭게 대승을 수학하는 보살마하살이 반야·정려·정진·안인·정계·보시바라밀다에 의지하고서, '이와 같은 반야바라밀다는 여래의 10력에서 크다는 뜻을 짓지 않고 작다는 뜻을 짓지 않으며, 4무소외·4무애해·대자·대비·대희·대사·18불불공법에서도 역시 크다는 뜻을 짓지 않고 작다는 뜻을 짓지 않으며, 여래의 10력에서 집적한다는 뜻을 짓지 않고 흩어진다는 뜻을 짓지 않으며, 4무소외, 나아가 18불불공법에서도 역시 집적한다는 뜻을 짓지 않고 흩어진다는 뜻을 짓지 않으며, 여래의 10력에서 분량이 있다는 뜻을 짓지 않고 분량이 없다는 뜻을 짓지 않으며, 4무소외, 나아가 18불불공법에서도 역시 분량이 있다는 뜻을 짓지 않고 분량이 없다는 뜻을 짓지 않으며, 여래의 10력에서 넓다는 뜻을 짓지 않고 좁다는 뜻을 짓지 않으며 4무소외, 나아가 18불불공법에서도 역시 넓다는 뜻을 짓지 않고 좁다는 뜻을 짓지 않으며, 여래의 10력에서 힘이 있다는 뜻을 짓지 않고 힘이 없다는 뜻을 짓지 않으며, 4무소외, 나아가 18불불공법에서도 역시 힘이 있다는 뜻을 짓지 않고 힘이 없다는 뜻을 짓지 않는다.'라고 이와 같은 생각을 일으킨다면, 세존이시여. 이 보살마하살은 오히려 이러한 생각을 일으키므로 반야바라밀다를 수행하는 것이 아닙니다.

다시 다음으로 세존이시여. 만약 새롭게 대승을 수학하는 보살마하살이 반야·정려·정진·안인·정계·보시바라밀다에 의지하고서, '이와 같은 반야바라밀다는 무망실법에서 크다는 뜻을 짓지 않고 작다는 뜻을 짓지 않으며, 항주사성에서도 역시 크다는 뜻을 짓지 않고 작다는 뜻을 짓지 않으며, 무망실법에서 집적한다는 뜻을 짓지 않고 흩어진다는 뜻을 짓지 않으며, 항주사성에서도 역시 집적한다는 뜻을 짓지 않고 흩어진다는 뜻을 짓지 않으며, 무망실법에서 분량이 있다는 뜻을 짓지 않고 분량이 없다는 뜻을 짓지 않으며, 항주사성에서도 역시 분량이 있다는 뜻을 짓지 않고 분량이 없다는 뜻을 짓지 않으며, 무망실법에서 넓다는 뜻을 짓지 않고 좁다는 뜻을 짓지 않으며 항주사성에서도 역시 넓다는 뜻을 짓지 않고 좁다는 뜻을 짓지 않으며, 무망실법에서 힘이 있다는 뜻을 짓지 않고 힘이 없다는 뜻을 짓지 않으며, 항주사성에서도 역시 힘이 있다는 뜻을 짓지 않고 힘이 없다는 뜻을 짓지 않는다.'라고 이와 같은 생각을 일으킨다면, 세존이시여. 이 보살마하살은 오히려 이러한 생각을 일으키므로 반야바라밀다를 수행하는 것이 아닙니다.

다시 다음으로 세존이시여. 만약 새롭게 대승을 수학하는 보살마하살이 반야·정려·정진·안인·정계·보시바라밀다에 의지하고서, '이와 같은 반야바라밀다는 일체지에서 크다는 뜻을 짓지 않고 작다는 뜻을 짓지 않으며 도상지·일체상지에서도 역시 크다는 뜻을 짓지 않고 작다는 뜻을 짓지 않으며, 일체지에서 집적한다는 뜻을 짓지 않고 흩어진다는 뜻을 짓지 않으며 도상지·일체상지에서도 역시 집적한다는 뜻을 짓지 않고 흩어진다는 뜻을 짓지 않으며, 일체지에서 분량이 있다는 뜻을 짓지 않고 분량이 없다는 뜻을 짓지 않으며 도상지·일체상지에서도 역시 분량이 있다는 뜻을 짓지 않고 분량이 없다는 뜻을 짓지 않으며, 일체지에서 넓다는 뜻을 짓지 않고 좁다는 뜻을 짓지 않으며 도상지·일체상지에서도 역시 넓다는 뜻을 짓지 않고 좁다는 뜻을 짓지 않으며, 일체지에서 힘이 있다는 뜻을 짓지 않고 힘이 없다는 뜻을 짓지 않으며 도상지·일체상지에서도 역시 힘이 있다는 뜻을 짓지 않고 힘이 없다는 뜻을 짓지 않는다.'라고 이와 같은 생각을 일으킨다면, 세존이시여. 이 보살마하살은 오히려 이러한 생각을 일으키므로 반야바라밀다를 수행하는 것이 아닙니다.

다시 다음으로 세존이시여. 만약 새롭게 대승을 수학하는 보살마하살이 반야·정려·정진·안인·정계·보시바라밀다에 의지하고서, '이와 같은 반야바라밀다는 일체의 다라니문에서 크다는 뜻을 짓지 않고 작다는 뜻을 짓지 않으며 일체의 삼마지문에서도 역시 크다는 뜻을 짓지 않고 작다는 뜻을 짓지 않으며, 일체의 다라니문에서 집적한다는 뜻을 짓지 않고 흩어진다는 뜻을 짓지 않으며 일체의 삼마지문에서도 역시 집적한다는 뜻을 짓지 않고 흩어진다는 뜻을 짓지 않으며, 일체의 다라니문에서 분량이 있다는 뜻을 짓지 않고 분량이 없다는 뜻을 짓지 않으며 일체의 삼마지문에서도 역시 분량이 있다는 뜻을 짓지 않고 분량이 없다는 뜻을 짓지 않으며, 일체의 다라니문에서 넓다는 뜻을 짓지 않고 좁다는 뜻을 짓지 않으며 일체의 삼마지문에서도 역시 넓다는 뜻을 짓지 않고 좁다는 뜻을 짓지 않으며, 일체의 다라니문에서 힘이 있다는 뜻을 짓지 않고 힘이 없다는 뜻을 짓지 않으며 일체의 삼마지문에서도 역시 힘이 있다는 뜻을 짓지 않고 힘이 없다는 뜻을 짓지 않는다.'라고 이와 같은 생각을 일으킨다면, 세존이시여. 이 보살마하살은 오히려 이러한 생각을 일으키므로 반야바라밀다를 수행하는 것이 아닙니다.

다시 다음으로 세존이시여. 만약 새롭게 대승을 수학하는 보살마하살이 반야·정려·정진·안인·정계·보시바라밀다에 의지하고서, '이와 같은 반야바라밀다는 예류에서 크다는 뜻을 짓지 않고 작다는 뜻을 짓지 않으며 일래·불환·아라한에서도 역시 크다는 뜻을 짓지 않고 작다는 뜻을 짓지 않으며, 예류에서 집적한다는 뜻을 짓지 않고 흩어진다는 뜻을 짓지 않으며 일래·불환·아라한에서도 역시 집적한다는 뜻을 짓지 않고 흩어진다는 뜻을 짓지 않으며, 예류에서 분량이 있다는 뜻을 짓지 않고 분량이 없다는 뜻을 짓지 않으며 일래·불환·아라한에서도 역시 분량이 있다는 뜻을 짓지 않고 분량이 없다는 뜻을 짓지 않으며, 예류에서 넓다는 뜻을 짓지 않고 좁다는 뜻을 짓지 않으며 일래·불환·아라한에서도 역시 넓다는 뜻을 짓지 않고 좁다는 뜻을 짓지 않으며, 예류에서 힘이 있다는 뜻을 짓지 않고 힘이 없다는 뜻을 짓지 않으며 일래·불환·아라한에서도 역시 힘이 있다는 뜻을 짓지 않고 힘이 없다는 뜻을 짓지 않는다.'라고 이와 같은 생각을 일으킨다면, 세존이시여. 이 보살마하살은 오히려 이러한 생각을 일으키므로 반야바라밀다를 수행하는 것이 아닙니다.

다시 다음으로 세존이시여. 만약 새롭게 대승을 수학하는 보살마하살이 반야·정려·정진·안인·정계·보시바라밀다에 의지하고서, '이와 같은 반야바라밀다는 예류향·예류과에서 크다는 뜻을 짓지 않고 작다는 뜻을 짓지 않으며 일래향·일래과·불환향·불환과·아라한향·아라한과에서도 역시 크다는 뜻을 짓지 않고 작다는 뜻을 짓지 않으며, 예류향·예류과에서 집적한다는 뜻을 짓지 않고 흩어진다는 뜻을 짓지 않으며 일래향, 나아가 아라한과에서도 역시 집적한다는 뜻을 짓지 않고 흩어진다는 뜻을 짓지 않으며, 예류향·예류과에서 분량이 있다는 뜻을 짓지 않고 분량이 없다는 뜻을 짓지 않으며 일래향, 나아가 아라한과에서도 역시 분량이 있다는 뜻을 짓지 않고 분량이 없다는 뜻을 짓지 않으며, 예류향·예류과에서 넓다는 뜻을 짓지 않고 좁다는 뜻을 짓지 않으며 일래향, 나아가 아라한과에서도 역시 넓다는 뜻을 짓지 않고 좁다는 뜻을 짓지 않으며, 예류향·예류과에서 힘이 있다는 뜻을 짓지 않고 힘이 없다는 뜻을 짓지 않으며 일래향, 나아가 아라한과에서도 역시 힘이 있다는 뜻을 짓지 않고 힘이 없다는 뜻을 짓지 않는다.'라고 이와 같은 생각을 일으킨다면, 세존이시여. 이 보살마하살은 오히려 이러한 생각을 일으키므로 반야바라밀다를 수행하는 것이 아닙니다.

다시 다음으로 세존이시여. 만약 새롭게 대승을 수학하는 보살마하살이 반야·정려·정진·안인·정계·보시바라밀다에 의지하고서, '이와 같은 반야바라밀다는 독각에서 크다는 뜻을 짓지 않고 작다는 뜻을 짓지 않으며 독각의 보리에서도 역시 크다는 뜻을 짓지 않고 작다는 뜻을 짓지 않으며, 독각에서 집적한다는 뜻을 짓지 않고 흩어진다는 뜻을 짓지 않으며 독각의 보리에서도 역시 집적한다는 뜻을 짓지 않고 흩어진다는 뜻을 짓지 않으며, 독각에서 분량이 있다는 뜻을 짓지 않고 분량이 없다는 뜻을 짓지 않으며 독각의 보리에서도 역시 분량이 있다는 뜻을 짓지 않고 분량이 없다는 뜻을 짓지 않으며, 독각에서 넓다는 뜻을 짓지 않고 좁다는 뜻을 짓지 않으며 독각의 보리에서도 역시 넓다는 뜻을 짓지 않고 좁다는 뜻을 짓지 않으며, 독각에서 힘이 있다는 뜻을 짓지 않고 힘이 없다는 뜻을 짓지 않으며 독각의 보리에서도 역시 힘이 있다는 뜻을 짓지 않고 힘이 없다는 뜻을 짓지 않는다.'라고 이와 같은 생각을 일으킨다면, 세존이시여. 이 보살마하살은 오히려 이러한 생각을 일으키므로 반야바라밀다를 수행하는 것이 아닙니다.

다시 다음으로 세존이시여. 만약 새롭게 대승을 수학하는 보살마하살이 반야·정려·정진·안인·정계·보시바라밀다에 의지하고서, '이와 같은 반야바라밀다는 보살마하살에서 크다는 뜻을 짓지 않고 작다는 뜻을 짓지 않으며 보살마하살의 행에서도 역시 크다는 뜻을 짓지 않고 작다는 뜻을 짓지 않으며, 보살마하살에서 집적한다는 뜻을 짓지 않고 흩어진다는 뜻을 짓지 않으며 보살마하살의 행에서도 역시 집적한다는 뜻을 짓지 않고 흩어진다는 뜻을 짓지 않으며, 보살마하살에서 분량이 있다는 뜻을 짓지 않고 분량이 없다는 뜻을 짓지 않으며 보살마하살의 행에서도 역시 분량이 있다는 뜻을 짓지 않고 분량이 없다는 뜻을 짓지 않으며, 보살마하살에서 넓다는 뜻을 짓지 않고 좁다는 뜻을 짓지 않으며 보살마하살의 행에서도 역시 넓다는 뜻을 짓지 않고 좁다는 뜻을 짓지 않으며, 보살마하살에서 힘이 있다는 뜻을 짓지 않고 힘이 없다는 뜻을 짓지 않으며 보살마하살의 행에서도 역시 힘이 있다는 뜻을 짓지 않고 힘이 없다는 뜻을 짓지 않는다.'라고 이와 같은 생각을 일으킨다면, 세존이시여. 이 보살마하살은 오히려 이러한 생각을 일으키므로 반야바라밀다를 수행하는 것이 아닙니다.

다시 다음으로 세존이시여. 만약 새롭게 대승을 수학하는 보살마하살이 반야·정려·정진·안인·정계·보시바라밀다에 의지하고서, '이와 같은 반야바라밀다는 제여래·응공·정등각에서 크다는 뜻을 짓지 않고 작다는 뜻을 짓지 않으며 여래의 무상정등보리에서도 역시 크다는 뜻을 짓지 않고 작다는 뜻을 짓지 않으며, 제여래·응공·정등각에서 집적한다는 뜻을 짓지 않고 흩어진다는 뜻을 짓지 않으며 여래의 무상정등보리에서도 역시 집적한다는 뜻을 짓지 않고 흩어진다는 뜻을 짓지 않으며, 제여래·응공·정등각에서 분량이 있다는 뜻을 짓지 않고 분량이 없다는 뜻을 짓지 않으며 여래의 무상정등보리에서도 역시 분량이 있다는 뜻을 짓지 않고 분량이 없다는 뜻을 짓지 않으며, 제여래·응공·정등각에서 넓다는 뜻을 짓지 않고 좁다는 뜻을 짓지 않으며, 여래의 무상정등보리에서도 역시 넓다는 뜻을 짓지 않고 좁다는 뜻을 짓지 않으며, 제여래·응공·정등각에서 힘이 있다는 뜻을 짓지 않고 힘이 없다는 뜻을 짓지 않으며, 여래의 무상정등보리에서도 역시 힘이 있다는 뜻을 짓지 않고 힘이 없다는 뜻을 짓지 않는다.'라고 이와 같은 생각을 일으킨다면, 세존이시여. 이 보살마하살은 오히려 이러한 생각을 일으키므로 반야바라밀다를 수행하는 것이 아닙니다.

다시 다음으로 세존이시여. 만약 새롭게 대승을 수학하는 보살마하살이 반야·정려·정진·안인·정계·보시바라밀다에 의지하고서, '이와 같은 반야바라밀다는 일체법에서 크다는 뜻을 짓지 않고 작다는 뜻을 짓지 않으며, 집적한다는 뜻을 짓지 않고 흩어진다는 뜻을 짓지 않으며, 분량이 있다는 뜻을 짓지 않고 분량이 없다는 뜻을 짓지 않으며, 넓다는 뜻을 짓지 않고 좁다는 뜻을 짓지 않으며, 힘이 있다는 뜻을 짓지 않고 힘이 없다는 뜻을 짓지 않는다.'라고 이와 같은 생각을 일으킨다면, 세존이시여. 이 보살마하살은 오히려 이러한 생각을 일으키므로 반야바라밀다를 수행하는 것이 아닙니다."

"세존이시여. 만약 새롭게 대승을 수학하는 보살마하살이 반야바라밀다·정려바라밀다·정진바라밀다·안인바라밀다·정계바라밀다·보시바라밀다에 의지하고서, '이와 같은 반야바라밀다는 색에서 크다는 뜻을 짓고 작다는 뜻을 지으며, 수·상·행·식에서도 역시 크다는 뜻을 짓고 작다는 뜻을 지으며, 색에서 집적한다는 뜻을 짓고 흩어진다는 뜻을 지으며, 수·상·행·식에서도 역시 집적한다는 뜻을 짓고 흩어진다는 뜻을 지으며, 색에서 분량이 있다는 뜻을 짓고 분량이 없다는 뜻을 지으며, 수·상·행·식에서도 역시 분량이 있다는 뜻을 짓고 분량이 없다는 뜻을 지으며, 색에서 넓다는 뜻을 짓고 좁다는 뜻을 지으며 수·상·행·식에서도 역시 넓다는 뜻을 짓고 좁다는 뜻을 지으며, 색에서 힘이 있다는 뜻을 짓고 힘이 없다는 뜻을 지으며, 수·상·행·식에서도 역시 힘이 있다는 뜻을 짓고 힘이 없다는 뜻을 짓는다.'라고 이와 같은 생각을 일으킨다면, 세존이시여. 이 보살마하살은 오히려 이러한 생각을 일으키므로 반야바라밀다를 수행하는 것이 아닙니다.

다시 다음으로 세존이시여. 만약 새롭게 대승을 수행하는 보살마하살이 반야·정려·정진·안인·정계·보시바라밀다에 의지하고서, '이와 같은 반야바라밀다는 안처에서 크다는 뜻을 짓고 작다는 뜻을 지으며, 이·비·설·신·의처에서도 역시 크다는 뜻을 짓고 작다는 뜻을 지으며, 안처에서 집적한다는 뜻을 짓고 흩어진다는 뜻을 지으며, 이·비·설·신·의처에서도 역시 집적한다는 뜻을 짓고 흩어진다는 뜻을 지으며, 안처에서 분량이 있다는 뜻을 짓고 분량이 없다는 뜻을 지으며, 이·비·설·신·의처에서도 역시 분량이 있다는 뜻을 짓고 분량이 없다는 뜻을 지으며, 안처에서 넓다는 뜻을 짓고 좁다는 뜻을 지으며 이·비·설·신·의처에서도 역시 넓다는 뜻을 짓고 좁다는 뜻을 지으며, 안처에서 힘이 있다는 뜻을 짓고 힘이 없다는 뜻을 지으며, 이·비·설·신·의처에서도 역시 힘이 있다는 뜻을 짓고 힘이 없다는 뜻을 짓는다.'라고 이와 같은 생각을 일으킨다면, 세존이시여. 이 보살마하살은 오히려 이러한 생각을 일으키므로 반야바라밀다를 수행하는 것이 아닙니다.

다시 다음으로 세존이시여. 만약 새롭게 대승을 수행하는 보살마하살이 반야·정려·정진·안인·정계·보시바라밀다에 의지하고서, '이와 같은 반야바라밀다는 색처에서 크다는 뜻을 짓고 작다는 뜻을 지으며, 성·향·미·촉·법처에서도 역시 크다는 뜻을 짓고 작다는 뜻을 지으며, 색처에서 집적한다는 뜻을 짓고 흩어진다는 뜻을 지으며, 성·향·미·촉·법처에서도 역시 집적한다는 뜻을 짓고 흩어진다는 뜻을 지으며, 색처에서 분량이 있다는 뜻을 짓고 분량이 없다는 뜻을 지으며, 성·향·미·촉·법처에서도 역시 분량이 있다는 뜻을 짓고 분량이 없다는 뜻을 지으며, 색처에서 넓다는 뜻을 짓고 좁다는 뜻을 지으며 성·향·미·촉·법처에서도 역시 넓다는 뜻을 짓고 좁다는 뜻을 지으며, 색처에서 힘이 있다는 뜻을 짓고 힘이 없다는 뜻을 지으며, 성·향·미·촉·법처에서도 역시 힘이 있다는 뜻을 짓고 힘이 없다는 뜻을 짓는다.'라고 이와 같은 생각을 일으킨다면, 세존이시여. 이 보살마하살은 오히려 이러한 생각을 일으키므로 반야바라밀다를 수행하는 것이 아닙니다.

다시 다음으로 세존이시여. 만약 새롭게 대승을 수행하는 보살마하살이 반야·정려·정진·안인·정계·보시바라밀다에 의지하고서, '이와 같은 반야바라밀다는 안계에서 크다는 뜻을 짓고 작다는 뜻을 지으며, 색계·안식계, 나아가 안촉·안촉을 인연으로 생겨난 여러 수에서도 역시 크다는 뜻을 짓고 작다는 뜻을 지으며, 안계에서 집적한다는 뜻을 짓고 흩어진다는 뜻을 지으며, 색계, 나아가 안촉을 인연으로 생겨난 여러 수에서도 역시 집적한다는 뜻을 짓고 흩어진다는 뜻을 지으며, 안계에서 분량이 있다는 뜻을 짓고 분량이 없다는 뜻을 지으며, 색계, 나아가 안촉을 인연으로 생겨난 여러 수에서도 역시 분량이 있다는 뜻을 짓고 분량이 없다는 뜻을 지으며, 안계에서 넓다는 뜻을 짓고 좁다는 뜻을 지으며 색계, 나아가 안촉을 인연으로 생겨난 여러 수에서도 역시 넓다는 뜻을 짓고 좁다는 뜻을 지으며, 안계에서 힘이 있다는 뜻을 짓고 힘이 없다는 뜻을 지으며, 색계, 나아가 안촉을 인연으로 생겨난 여러 수에서도 역시 힘이 있다는 뜻을 짓고 힘이 없다는 뜻을 짓는다.'라고 이와 같은 생각을 일으킨다면, 세존이시여. 이 보살마하살은 오히려 이러한 생각을 일으키므로 반야바라밀다를 수행하는 것이 아닙니다.

다시 다음으로 세존이시여. 만약 새롭게 대승을 수행하는 보살마하살이 반야·정려·정진·안인·정계·보시바라밀다에 의지하고서, '이와 같은 반야바라밀다는 이계에서 크다는 뜻을 짓고 작다는 뜻을 지으며, 성계·이식계, 나아가 이촉·이촉을 인연으로 생겨난 여러 수에서도 역시 크다는 뜻을 짓고 작다는 뜻을 지으며, 이계에서 집적한다는 뜻을 짓고 흩어진다는 뜻을 지으며, 색계, 나아가 안촉을 인연으로 생겨난 여러 수에서도 역시 집적한다는 뜻을 짓고 흩어진다는 뜻을 지으며, 이계에서 분량이 있다는 뜻을 짓고 분량이 없다는 뜻을 지으며, 성계, 나아가 이촉을 인연으로 생겨난 여러 수에서도 역시 분량이 있다는 뜻을 짓고 분량이 없다는 뜻을 지으며, 이계에서 넓다는 뜻을 짓고 좁다는 뜻을 지으며 성계, 나아가 이촉을 인연으로 생겨난 여러 수에서도 역시 넓다는 뜻을 짓고 좁다는 뜻을 지으며, 이계에서 힘이 있다는 뜻을 짓고 힘이 없다는 뜻을 지으며, 성계, 나아가 이촉을 인연으로 생겨난 여러 수에서도 역시 힘이 있다는 뜻을 짓고 힘이 없다는 뜻을 짓는다.'라고 이와 같은 생각을 일으킨다면, 세존이시여. 이 보살마하살은 오히려 이러한 생각을 일으키므로 반야바라밀다를 수행하는 것이 아닙니다.

다시 다음으로 세존이시여. 만약 새롭게 대승을 수행하는 보살마하살이 반야·정려·정진·안인·정계·보시바라밀다에 의지하고서, '이와 같은 반야바라밀다는 비계에서 크다는 뜻을 짓고 작다는 뜻을 지으며, 향계·비식계, 나아가 비촉·비촉을 인연으로 생겨난 여러 수에서도 역시 크다는 뜻을 짓고 작다는 뜻을 지으며, 비계에서 집적한다는 뜻을 짓고 흩어진다는 뜻을 지으며, 향계, 나아가 비촉을 인연으로 생겨난 여러 수에서도 역시 집적한다는 뜻을 짓고 흩어진다는 뜻을 지으며, 비계에서 분량이 있다는 뜻을 짓고 분량이 없다는 뜻을 지으며, 향계, 나아가 비촉을 인연으로 생겨난 여러 수에서도 역시 분량이 있다는 뜻을 짓고 분량이 없다는 뜻을 지으며, 비계에서 넓다는 뜻을 짓고 좁다는 뜻을 지으며 향계, 나아가 비촉을 인연으로 생겨난 여러 수에서도 역시 넓다는 뜻을 짓고 좁다는 뜻을 지으며, 비계에서 힘이 있다는 뜻을 짓고 힘이 없다는 뜻을 지으며, 향계, 나아가 비촉을 인연으로 생겨난 여러 수에서도 역시 힘이 있다는 뜻을 짓고 힘이 없다는 뜻을 짓는다.'라고 이와 같은 생각을 일으킨다면, 세존이시여. 이 보살마하살은 오히려 이러한 생각을 일으키므로 반야바라밀다를 수행하는 것이 아닙니다.

다시 다음으로 세존이시여. 만약 새롭게 대승을 수행하는 보살마하살이 반야·정려·정진·안인·정계·보시바라밀다에 의지하고서, '이와 같은 반야바라밀다는 설계에서 크다는 뜻을 짓고 작다는 뜻을 지으며, 미계·설식계, 나아가 설촉·설촉을 인연으로 생겨난 여러 수에서도 역시 크다는 뜻을 짓고 작다는 뜻을 지으며, 설계에서 집적한다는 뜻을 짓고 흩어진다는 뜻을 지으며, 미계, 나아가 설촉을 인연으로 생겨난 여러 수에서도 역시 집적한다는 뜻을 짓고 흩어진다는 뜻을 지으며, 설계에서 분량이 있다는 뜻을 짓고 분량이 없다는 뜻을 지으며, 미계, 나아가 설촉을 인연으로 생겨난 여러 수에서도 역시 분량이 있다는 뜻을 짓고 분량이 없다는 뜻을 지으며, 설계에서 넓다는 뜻을 짓고 좁다는 뜻을 지으며 미계, 나아가 설촉을 인연으로 생겨난 여러 수에서도 역시 넓다는 뜻을 짓고 좁다는 뜻을 지으며, 설계에서 힘이 있다는 뜻을 짓고 힘이 없다는 뜻을 지으며, 미계, 나아가 설촉을 인연으로 생겨난 여러 수에서도 역시 힘이 있다는 뜻을 짓고 힘이 없다는 뜻을 짓는다.'라고 이와 같은 생각을 일으킨다면, 세존이시여. 이 보살마하살은 오히려 이러한 생각을 일으키므로 반야바라밀다를 수행하는 것이 아닙니다.

다시 다음으로 세존이시여. 만약 새롭게 대승을 수행하는 보살마하살이 반야·정려·정진·안인·정계·보시바라밀다에 의지하고서, '이와 같은 반야바라밀다는 신계에서 크다는 뜻을 짓고 작다는 뜻을 지으며, 촉계·신식계, 나아가 신촉·신촉을 인연으로 생겨난 여러 수에서도 역시 크다는 뜻을 짓고 작다는 뜻을 지으며, 신계에서 집적한다는 뜻을 짓고 흩어진다는 뜻을 지으며, 촉계, 나아가 신촉을 인연으로 생겨난 여러 수에서도 역시 집적한다는 뜻을 짓고 흩어진다는 뜻을 지으며, 신계에서 분량이 있다는 뜻을 짓고 분량이 없다는 뜻을 지으며, 촉계, 나아가 신촉을 인연으로 생겨난 여러 수에서도 역시 분량이 있다는 뜻을 짓고 분량이 없다는 뜻을 지으며, 신계에서 넓다는 뜻을 짓고 좁다는 뜻을 지으며 촉계, 나아가 신촉을 인연으로 생겨난 여러 수에서도 역시 넓다는 뜻을 짓고 좁다는 뜻을 지으며, 신계에서 힘이 있다는 뜻을 짓고 힘이 없다는 뜻을 지으며, 촉계, 나아가 신촉을 인연으로 생겨난 여러 수에서도 역시 힘이 있다는 뜻을 짓고 힘이 없다는 뜻을 짓는다.'라고 이와 같은 생각을 일으킨다면, 세존이시여. 이 보살마하살은 오히려 이러한 생각을 일으키므로 반야바라밀다를 수행하는 것이 아닙니다.

다시 다음으로 세존이시여. 만약 새롭게 대승을 수행하는 보살마하살이 반야·정려·정진·안인·정계·보시바라밀다에 의지하고서, '이와 같은 반야바라밀다는 의계에서 크다는 뜻을 짓고 작다는 뜻을 지으며, 법계·의식계, 나아가 의촉·의촉을 인연으로 생겨난 여러 수에서도 역시 크다는 뜻을 짓고 작다는 뜻을 지으며, 의계에서 집적한다는 뜻을 짓고 흩어진다는 뜻을 지으며, 법계, 나아가 의촉을 인연으로 생겨난 여러 수에서도 역시 집적한다는 뜻을 짓고 흩어진다는 뜻을 지으며, 의계에서 분량이 있다는 뜻을 짓고 분량이 없다는 뜻을 지으며, 법계, 나아가 의촉을 인연으로 생겨난 여러 수에서도 역시 분량이 있다는 뜻을 짓고 분량이 없다는 뜻을 지으며, 의계에서 넓다는 뜻을 짓고 좁다는 뜻을 지으며 법계, 나아가 의촉을 인연으로 생겨난 여러 수에서도 역시 넓다는 뜻을 짓고 좁다는 뜻을 지으며, 의계에서 힘이 있다는 뜻을 짓고 힘이 없다는 뜻을 지으며, 법계, 나아가 의촉을 인연으로 생겨난 여러 수에서도 역시 힘이 있다는 뜻을 짓고 힘이 없다는 뜻을 짓는다.'라고 이와 같은 생각을 일으킨다면, 세존이시여. 이 보살마하살은 오히려 이러한 생각을 일으키므로 반야바라밀다를 수행하는 것이 아닙니다.

다시 다음으로 세존이시여. 만약 새롭게 대승을 수행하는 보살마하살이 반야·정려·정진·안인·정계·보시바라밀다에 의지하고서, '이와 같은 반야바라밀다는 지계에서 크다는 뜻을 짓고 작다는 뜻을 지으며, 수·화·풍·공·식계에서도 역시 크다는 뜻을 짓고 작다는 뜻을 지으며, 지계에서 집적한다는 뜻을 짓고 흩어진다는 뜻을 지으며, 수·화·풍·공·식계에서도 역시 집적한다는 뜻을 짓고 흩어진다는 뜻을 지으며, 지계에서 분량이 있다는 뜻을 짓고 분량이 없다는 뜻을 지으며, 수·화·풍·공·식계에서도 역시 분량이 있다는 뜻을 짓고 분량이 없다는 뜻을 지으며, 지계에서 넓다는 뜻을 짓고 좁다는 뜻을 지으며 수·화·풍·공·식계에서도 역시 넓다는 뜻을 짓고 좁다는 뜻을 지으며, 지계에서 힘이 있다는 뜻을 짓고 힘이 없다는 뜻을 지으며, 수·화·풍·공·식계에서도 역시 힘이 있다는 뜻을 짓고 힘이 없다는 뜻을 짓는다.'라고 이와 같은 생각을 일으킨다면, 세존이시여. 이 보살마하살은 오히려 이러한 생각을 일으키므로 반야바라밀다를 수행하는 것이 아닙니다.

다시 다음으로 세존이시여. 만약 새롭게 대승을 수행하는 보살마하살이 반야·정려·정진·안인·정계·보시바라밀다에 의지하고서, '이와 같은 반야바라밀다는 무명에서 크다는 뜻을 짓고 작다는 뜻을 지으며, 행·식·명색·육처·촉·수·애·취·유·생·노사의 수탄고우뇌에서도 역시 크다는 뜻을 짓고 작다는 뜻을 지으며, 무명에서 집적한다는 뜻을 짓고 흩어진다는 뜻을 지으며, 행, 나아가 노사의 수탄고우뇌에서도 역시 집적한다는 뜻을 짓고 흩어진다는 뜻을 지으며, 무명에서 분량이 있다는 뜻을 짓고 분량이 없다는 뜻을 지으며, 행, 나아가 노사의 수탄고우뇌에서도 역시 분량이 있다는 뜻을 짓고 분량이 없다는 뜻을 지으며, 무명에서 넓다는 뜻을 짓고 좁다는 뜻을 지으며 행, 나아가 노사의 수탄고우뇌에서도 역시 넓다는 뜻을 짓고 좁다는 뜻을 지으며, 무명에서 힘이 있다는 뜻을 짓고 힘이 없다는 뜻을 지으며, 행, 나아가 노사의 수탄고우뇌에서도 역시 힘이 있다는 뜻을 짓고 힘이 없다는 뜻을 짓는다.'라고 이와 같은 생각을 일으킨다면, 세존이시여. 이 보살마하살은 오히려 이러한 생각을 일으키므로 반야바라밀다를 수행하는 것이 아닙니다.

다시 다음으로 세존이시여. 만약 새롭게 대승을 수행하는 보살마하살이 반야·정려·정진·안인·정계·보시바라밀다에 의지하고서, '이와 같은 반야바라밀다는 보시바라밀다에서 크다는 뜻을 짓고 작다는 뜻을 지으며, 정계·안인·정진·정려·반야바라밀다에서도 역시 크다는 뜻을 짓고 작다는 뜻을 지으며, 보시바라밀다에서 집적한다는 뜻을 짓고 흩어진다는 뜻을 지으며, 정계, 나아가 반야바라밀다에서도 역시 집적한다는 뜻을 짓고 흩어진다는 뜻을 지으며, 보시바라밀다에서 분량이 있다는 뜻을 짓고 분량이 없다는 뜻을 지으며, 정계, 나아가 반야바라밀다에서도 역시 분량이 있다는 뜻을 짓고 분량이 없다는 뜻을 지으며, 보시바라밀다에서 넓다는 뜻을 짓고 좁다는 뜻을 지으며 정계, 나아가 반야바라밀다에서도 역시 넓다는 뜻을 짓고 좁다는 뜻을 지으며, 보시바라밀다에서 힘이 있다는 뜻을 짓고 힘이 없다는 뜻을 지으며, 정계, 나아가 반야바라밀다에서도 역시 힘이 있다는 뜻을 짓고 힘이 없다는 뜻을 짓는다.'라고 이와 같은 생각을 일으킨다면, 세존이시여. 이 보살마하살은 오히려 이러한 생각을 일으키므로 반야바라밀다를 수행하는 것이 아닙니다.

다시 다음으로 세존이시여. 만약 새롭게 대승을 수행하는 보살마하살이 반야·정려·정진·안인·정계·보시바라밀다에 의지하고서, '이와 같은 반야바라밀다는 내공에서 크다는 뜻을 짓고 작다는 뜻을 지으며, 외공·내외공·공공·대공·승의공·유위공·무위공·필경공·무제공·산공·무변이공·본성공·자상공·공상공·일체법공·불가득공·무성공·자성공·무성자성공에서도 역시 크다는 뜻을 짓고 작다는 뜻을 지으며, 내공에서 집적한다는 뜻을 짓고 흩어진다는 뜻을 지으며, 외공, 나아가 무성자성공에서도 역시 집적한다는 뜻을 짓고 흩어진다는 뜻을 지으며, 내공에서 분량이 있다는 뜻을 짓고 분량이 없다는 뜻을 지으며, 외공, 나아가 무성자성공에서도 역시 분량이 있다는 뜻을 짓고 분량이 없다는 뜻을 지으며, 내공에서 넓다는 뜻을 짓고 좁다는 뜻을 지으며 외공, 나아가 무성자성공에서도 역시 넓다는 뜻을 짓고 좁다는 뜻을 지으며, 내공에서 힘이 있다는 뜻을 짓고 힘이 없다는 뜻을 지으며, 외공, 나아가 무성자성공에서도 역시 힘이 있다는 뜻을 짓고 힘이 없다는 뜻을 짓는다.'라고 이와 같은 생각을 일으킨다면, 세존이시여. 이 보살마하살은 오히려 이러한 생각을 일으키므로 반야바라밀다를 수행하는 것이 아닙니다.

다시 다음으로 세존이시여. 만약 새롭게 대승을 수행하는 보살마하살이 반야·정려·정진·안인·정계·보시바라밀다에 의지하고서, '이와 같은 반야바라밀다는 진여에서 크다는 뜻을 짓고 작다는 뜻을 지으며, 법계·법성·불허망성·불변이성·평등성·이생성·법정·법주·실제·허공계·부사의계에서도 역시 크다는 뜻을 짓고 작다는 뜻을 지으며, 진여에서 집적한다는 뜻을 짓고 흩어진다는 뜻을 지으며, 법계, 나아가 부사의계에서도 역시 집적한다는 뜻을 짓고 흩어진다는 뜻을 지으며, 진여에서 분량이 있다는 뜻을 짓고 분량이 없다는 뜻을 지으며, 법계, 나아가 부사의계에서도 역시 분량이 있다는 뜻을 짓고 분량이 없다는 뜻을 지으며, 진여에서 넓다는 뜻을 짓고 좁다는 뜻을 지으며 법계, 나아가 부사의계에서도 역시 넓다는 뜻을 짓고 좁다는 뜻을 지으며, 진여에서 힘이 있다는 뜻을 짓고 힘이 없다는 뜻을 지으며, 법계, 나아가 부사의계에서도 역시 힘이 있다는 뜻을 짓고 힘이 없다는 뜻을 짓는다.'라고 이와 같은 생각을 일으킨다면, 세존이시여. 이 보살마하살은 오히려 이러한 생각을 일으키므로 반야바라밀다를 수행하는 것이 아닙니다.

다시 다음으로 세존이시여. 만약 새롭게 대승을 수행하는 보살마하살이 반야·정려·정진·안인·정계·보시바라밀다에 의지하고서, '이와 같은 반야바라밀다는 고성제에서 크다는 뜻을 짓고 작다는 뜻을 지으며, 집·멸·

도성제에서도 역시 크다는 뜻을 짓고 작다는 뜻을 지으며, 고성제에서 집적한다는 뜻을 짓고 흩어진다는 뜻을 지으며, 집·멸·도성제에서도 역시 집적한다는 뜻을 짓고 흩어진다는 뜻을 지으며, 고성제에서 분량이 있다는 뜻을 짓고 분량이 없다는 뜻을 지으며, 집·멸·도성제에서도 역시 분량이 있다는 뜻을 짓고 분량이 없다는 뜻을 지으며, 고성제에서 넓다는 뜻을 짓고 좁다는 뜻을 지으며 집·멸·도성제에서도 역시 넓다는 뜻을 짓고 좁다는 뜻을 지으며, 고성제에서 힘이 있다는 뜻을 짓고 힘이 없다는 뜻을 지으며, 집·멸·도성제에서도 역시 힘이 있다는 뜻을 짓고 힘이 없다는 뜻을 짓는다.'라고 이와 같은 생각을 일으킨다면, 세존이시여. 이 보살마하살은 오히려 이러한 생각을 일으키므로 반야바라밀다를 수행하는 것이 아닙니다.

다시 다음으로 세존이시여. 만약 새롭게 대승을 수행하는 보살마하살이 반야·정려·정진·안인·정계·보시바라밀다에 의지하고서, '이와 같은 반야바라밀다는 4정려에서 크다는 뜻을 짓고 작다는 뜻을 지으며, 4무량·4무색정에서도 역시 크다는 뜻을 짓고 작다는 뜻을 지으며, 4정려에서 집적한다는 뜻을 짓고 흩어진다는 뜻을 지으며, 4무량·4무색정에서도 역시 집적한다는 뜻을 짓고 흩어진다는 뜻을 지으며, 4정려에서 분량이 있다는 뜻을 짓고 분량이 없다는 뜻을 지으며, 4무량·4무색정에서도 역시 분량이 있다는 뜻을 짓고 분량이 없다는 뜻을 지으며, 4정려에서 넓다는 뜻을 짓고 좁다는 뜻을 지으며 4무량·4무색정에서도 역시 넓다는 뜻을 짓고 좁다는 뜻을 지으며, 4정려에서 힘이 있다는 뜻을 짓고 힘이 없다는 뜻을 지으며, 4무량·4무색정에서도 역시 힘이 있다는 뜻을 짓고 힘이 없다는 뜻을 짓는다.'라고 이와 같은 생각을 일으킨다면, 세존이시여. 이 보살마하살은 오히려 이러한 생각을 일으키므로 반야바라밀다를 수행하는 것이 아닙니다.

다시 다음으로 세존이시여. 만약 새롭게 대승을 수행하는 보살마하살이 반야·정려·정진·안인·정계·보시바라밀다에 의지하고서, '이와 같은 반야바라밀다는 8해탈에서 크다는 뜻을 짓고 작다는 뜻을 지으며, 8승처·9

차제정·10변처에서도 역시 크다는 뜻을 짓고 작다는 뜻을 지으며, 8해탈에서 집적한다는 뜻을 짓고 흩어진다는 뜻을 지으며, 8승처·9차제정·10변처에서도 역시 집적한다는 뜻을 짓고 흩어진다는 뜻을 지으며, 8해탈에서 분량이 있다는 뜻을 짓고 분량이 없다는 뜻을 지으며, 8승처·9차제정·10변처에서도 역시 분량이 있다는 뜻을 짓고 분량이 없다는 뜻을 지으며, 8해탈에서 넓다는 뜻을 짓고 좁다는 뜻을 지으며 8승처·9차제정·10변처에서도 역시 넓다는 뜻을 짓고 좁다는 뜻을 지으며, 8해탈에서 힘이 있다는 뜻을 짓고 힘이 없다는 뜻을 지으며, 8승처·9차제정·10변처에서도 역시 힘이 있다는 뜻을 짓고 힘이 없다는 뜻을 짓는다.'라고 이와 같은 생각을 일으킨다면, 세존이시여. 이 보살마하살은 오히려 이러한 생각을 일으키므로 반야바라밀다를 수행하는 것이 아닙니다.

다시 다음으로 세존이시여. 만약 새롭게 대승을 수행하는 보살마하살이 반야·정려·정진·안인·정계·보시바라밀다에 의지하고서, '이와 같은 반야바라밀다는 4념주에서 크다는 뜻을 짓고 작다는 뜻을 지으며, 4정단·4신족·5근·5력·7등각지·8성도지에서도 역시 크다는 뜻을 짓고 작다는 뜻을 지으며, 4념주에서 집적한다는 뜻을 짓고 흩어진다는 뜻을 지으며, 4정단, 나아가 8성도지에서도 역시 집적한다는 뜻을 짓고 흩어진다는 뜻을 지으며, 4념주에서 분량이 있다는 뜻을 짓고 분량이 없다는 뜻을 지으며, 4정단, 나아가 8성도지에서도 역시 분량이 있다는 뜻을 짓고 분량이 없다는 뜻을 지으며, 4념주에서 넓다는 뜻을 짓고 좁다는 뜻을 지으며 4정단, 나아가 8성도지에서도 역시 넓다는 뜻을 짓고 좁다는 뜻을 지으며, 4념주에서 힘이 있다는 뜻을 짓고 힘이 없다는 뜻을 지으며, 4정단, 나아가 8성도지에서도 역시 힘이 있다는 뜻을 짓고 힘이 없다는 뜻을 짓는다.'라고 이와 같은 생각을 일으킨다면, 세존이시여. 이 보살마하살은 오히려 이러한 생각을 일으키므로 반야바라밀다를 수행하는 것이 아닙니다.

다시 다음으로 세존이시여. 만약 새롭게 대승을 수행하는 보살마하살이 반야·정려·정진·안인·정계·보시바라밀다에 의지하고서, '이와 같은 반야바라밀다는 공해탈문에서 크다는 뜻을 짓고 작다는 뜻을 지으며, 무상·무원해탈문에서도 역시 크다는 뜻을 짓고 작다는 뜻을 지으며, 공해탈문에서 집적한다는 뜻을 짓고 흩어진다는 뜻을 지으며, 무상·무원해탈문에서도 역시 집적한다는 뜻을 짓고 흩어진다는 뜻을 지으며, 공해탈문에서 분량이 있다는 뜻을 짓고 분량이 없다는 뜻을 지으며, 무상·무원해탈문에서도 역시 분량이 있다는 뜻을 짓고 분량이 없다는 뜻을 지으며, 공해탈문에서 넓다는 뜻을 짓고 좁다는 뜻을 지으며 무상·무원해탈문에서도 역시 넓다는 뜻을 짓고 좁다는 뜻을 지으며, 공해탈문에서 힘이 있다는 뜻을 짓고 힘이 없다는 뜻을 지으며, 무상·무원해탈문에서도 역시 힘이 있다는 뜻을 짓고 힘이 없다는 뜻을 짓는다.'라고 이와 같은 생각을 일으킨다면, 세존이시여. 이 보살마하살은 오히려 이러한 생각을 일으키므로 반야바라밀다를 수행하는 것이 아닙니다.

다시 다음으로 세존이시여. 만약 새롭게 대승을 수행하는 보살마하살이 반야·정려·정진·안인·정계·보시바라밀다에 의지하고서, '이와 같은 반야바라밀다는 5안에서 크다는 뜻을 짓고 작다는 뜻을 지으며, 6신통에서도 역시 크다는 뜻을 짓고 작다는 뜻을 지으며, 5안에서 집적한다는 뜻을 짓고 흩어진다는 뜻을 지으며, 6신통에서도 역시 집적한다는 뜻을 짓고 흩어진다는 뜻을 지으며, 5안에서 분량이 있다는 뜻을 짓고 분량이 없다는 뜻을 지으며, 6신통에서도 역시 분량이 있다는 뜻을 짓고 분량이 없다는 뜻을 지으며, 5안에서 넓다는 뜻을 짓고 좁다는 뜻을 지으며 6신통에서도 역시 넓다는 뜻을 짓고 좁다는 뜻을 지으며, 5안에서 힘이 있다는 뜻을 짓고 힘이 없다는 뜻을 지으며, 6신통에서도 역시 힘이 있다는 뜻을 짓고 힘이 없다는 뜻을 짓는다.'라고 이와 같은 생각을 일으킨다면, 세존이시여. 이 보살마하살은 오히려 이러한 생각을 일으키므로 반야바라밀다를 수행하는 것이 아닙니다.

다시 다음으로 세존이시여. 만약 새롭게 대승을 수행하는 보살마하살이 반야·정려·정진·안인·정계·보시바라밀다에 의지하고서, '이와 같은 반야바라밀다는 여래의 10력에서 크다는 뜻을 짓고 작다는 뜻을 지으며,

4무소외·4무애해·대자·대비·대희·대사·18불불공법에서도 역시 크다는 뜻을 짓고 작다는 뜻을 지으며, 여래의 10력에서 집적한다는 뜻을 짓고 흩어진다는 뜻을 지으며, 4무소외, 나아가 18불불공법에서도 역시 집적한다는 뜻을 짓고 흩어진다는 뜻을 지으며, 여래의 10력에서 분량이 있다는 뜻을 짓고 분량이 없다는 뜻을 지으며, 4무소외, 나아가 18불불공법에서도 역시 분량이 있다는 뜻을 짓고 분량이 없다는 뜻을 지으며, 여래의 10력에서 넓다는 뜻을 짓고 좁다는 뜻을 지으며 4무소외, 나아가 18불불공법에서도 역시 넓다는 뜻을 짓고 좁다는 뜻을 지으며, 여래의 10력에서 힘이 있다는 뜻을 짓고 힘이 없다는 뜻을 지으며, 4무소외, 나아가 18불불공법에서도 역시 힘이 있다는 뜻을 짓고 힘이 없다는 뜻을 짓는다.'라고 이와 같은 생각을 일으킨다면, 세존이시여. 이 보살마하살은 오히려 이러한 생각을 일으키므로 반야바라밀다를 수행하는 것이 아닙니다.

다시 다음으로 세존이시여. 만약 새롭게 대승을 수행하는 보살마하살이 반야·정려·정진·안인·정계·보시바라밀다에 의지하고서, '이와 같은 반야바라밀다는 무망실법에서 크다는 뜻을 짓고 작다는 뜻을 지으며, 항주사성에서도 역시 크다는 뜻을 짓고 작다는 뜻을 지으며, 무망실법에서 집적한다는 뜻을 짓고 흩어진다는 뜻을 지으며, 항주사성에서도 역시 집적한다는 뜻을 짓고 흩어진다는 뜻을 지으며, 무망실법에서 분량이 있다는 뜻을 짓고 분량이 없다는 뜻을 지으며, 항주사성에서도 역시 분량이 있다는 뜻을 짓고 분량이 없다는 뜻을 지으며, 무망실법에서 넓다는 뜻을 짓고 좁다는 뜻을 지으며 항주사성에서도 역시 넓다는 뜻을 짓고 좁다는 뜻을 지으며, 무망실법에서 힘이 있다는 뜻을 짓고 힘이 없다는 뜻을 지으며, 항주사성에서도 역시 힘이 있다는 뜻을 짓고 힘이 없다는 뜻을 짓는다.'라고 이와 같은 생각을 일으킨다면, 세존이시여. 이 보살마하살은 오히려 이러한 생각을 일으키므로 반야바라밀다를 수행하는 것이 아닙니다."

마하반야바라밀다경 제176권

32. 찬반야품(讚般若品)(5)

"다시 다음으로 세존이시여. 만약 새롭게 대승을 수행하는 보살마하살이 반야·정려·정진·안인·정계·보시바라밀다에 의지하고서, '이와 같은 반야바라밀다는 일체지에서 크다는 뜻을 짓고 작다는 뜻을 지으며, 도상지·일체상지에서도 역시 크다는 뜻을 짓고 작다는 뜻을 지으며, 일체지에서 집적한다는 뜻을 짓고 흩어진다는 뜻을 지으며, 도상지·일체상지에서도 역시 집적한다는 뜻을 짓고 흩어진다는 뜻을 지으며, 일체지에서 분량이 있다는 뜻을 짓고 분량이 없다는 뜻을 지으며, 도상지·일체상지에서도 역시 분량이 있다는 뜻을 짓고 분량이 없다는 뜻을 지으며, 일체지에서 넓다는 뜻을 짓고 좁다는 뜻을 지으며 도상지·일체상지에서도 역시 넓다는 뜻을 짓고 좁다는 뜻을 지으며, 일체지에서 힘이 있다는 뜻을 짓고 힘이 없다는 뜻을 지으며, 도상지·일체상지에서도 역시 힘이 있다는 뜻을 짓고 힘이 없다는 뜻을 짓는다.'라고 이와 같은 생각을 일으킨다면, 세존이시여. 이 보살마하살은 오히려 이러한 생각을 일으키므로 반야바라밀다를 수행하는 것이 아닙니다.

다시 다음으로 세존이시여. 만약 새롭게 대승을 수행하는 보살마하살이 반야·정려·정진·안인·정계·보시바라밀다에 의지하고서, '이와 같은 반야바라밀다는 일체의 다라니문에서 크다는 뜻을 짓고 작다는 뜻을 지으며, 일체의 삼마지문에서도 역시 크다는 뜻을 짓고 작다는 뜻을 지으며, 일체의 다라니문에서 집적한다는 뜻을 짓고 흩어진다는 뜻을 지으며, 일체의 삼마지문에서도 역시 집적한다는 뜻을 짓고 흩어진다는 뜻을 지으며, 일체의 다라니문에서 분량이 있다는 뜻을 짓고 분량이 없다는 뜻을 지으며, 일체의 삼마지문에서도 역시 분량이 있다는 뜻을 짓고 분량이 없다는 뜻을 지으며, 일체의 다라니문에서 넓다는 뜻을 짓고 좁다는 뜻을 지으며 일체의 삼마지문에서도 역시 넓다는 뜻을 짓고 좁다는 뜻을 지으며, 일체의 다라니문에서 힘이 있다는 뜻을 짓고 힘이 없다는 뜻을 지으며, 일체의 삼마지문에서도 역시 힘이 있다는 뜻을 짓고 힘이 없다는 뜻을 짓는다.'라고 이와 같은 생각을 일으킨다면, 세존이시여. 이 보살마하살은 오히려 이러한 생각을 일으키므로 반야바라밀다를 수행하는 것이 아닙니다.

다시 다음으로 세존이시여. 만약 새롭게 대승을 수행하는 보살마하살이 반야·정려·정진·안인·정계·보시바라밀다에 의지하고서, '이와 같은 반야바라밀다는 예류에서 크다는 뜻을 짓고 작다는 뜻을 지으며, 일래·불환·아라한에서도 역시 크다는 뜻을 짓고 작다는 뜻을 지으며, 예류에서 집적한다는 뜻을 짓고 흩어진다는 뜻을 지으며, 일래·불환·아라한에서도 역시 집적한다는 뜻을 짓고 흩어진다는 뜻을 지으며, 예류에서 분량이 있다는 뜻을 짓고 분량이 없다는 뜻을 지으며, 일래·불환·아라한에서도 역시 분량이 있다는 뜻을 짓고 분량이 없다는 뜻을 지으며, 예류에서 넓다는 뜻을 짓고 좁다는 뜻을 지으며 일래·불환·아라한에서도 역시 넓다는 뜻을 짓고 좁다는 뜻을 지으며, 예류에서 힘이 있다는 뜻을 짓고 힘이 없다는 뜻을 지으며, 일래·불환·아라한에서도 역시 힘이 있다는 뜻을 짓고 힘이 없다는 뜻을 짓는다.'라고 이와 같은 생각을 일으킨다면, 세존이시여. 이 보살마하살은 오히려 이러한 생각을 일으키므로 반야바라밀다를 수행하는 것이 아닙니다.

다시 다음으로 세존이시여. 만약 새롭게 대승을 수행하는 보살마하살이 반야·정려·정진·안인·정계·보시바라밀다에 의지하고서, '이와 같은 반야바라밀다는 예류향·예류과에서 크다는 뜻을 짓고 작다는 뜻을 지으며, 일래향·일래과·불환향·불환과·아라한향·아라한과에서도 역시 크다는 뜻을 짓고 작다는 뜻을 지으며, 예류향·예류과에서 집적한다는 뜻을 짓고 흩어진다는 뜻을 지으며, 일래향, 나아가 아라한과에서도 역시 집적한다는 뜻을 짓고 흩어진다는 뜻을 지으며, 예류향·예류과에서 분량이 있다는 뜻을 짓고 분량이 없다는 뜻을 지으며, 일래향, 나아가 아라한과에서도 역시 분량이 있다는 뜻을 짓고 분량이 없다는 뜻을 지으며, 예류향·예류과에서 넓다는 뜻을 짓고 좁다는 뜻을 지으며 일래향, 나아가 아라한과에서도 역시 넓다는 뜻을 짓고 좁다는 뜻을 지으며, 예류향·예류과에서 힘이 있다는 뜻을 짓고 힘이 없다는 뜻을 지으며, 일래향, 나아가 아라한과에서도 역시 힘이 있다는 뜻을 짓고 힘이 없다는 뜻을 짓는다.'라고 이와 같은 생각을 일으킨다면, 세존이시여. 이 보살마하살은 오히려 이러한 생각을 일으키므로 반야바라밀다를 수행하는 것이 아닙니다

다시 다음으로 세존이시여. 만약 새롭게 대승을 수행하는 보살마하살이 반야·정려·정진·안인·정계·보시바라밀다에 의지하고서, '이와 같은 반야바라밀다는 독각에서 크다는 뜻을 짓고 작다는 뜻을 지으며, 독각의 보리에서도 역시 크다는 뜻을 짓고 작다는 뜻을 지으며, 독각에서 집적한다는 뜻을 짓고 흩어진다는 뜻을 지으며, 독각의 보리에서도 역시 집적한다는 뜻을 짓고 흩어진다는 뜻을 지으며, 독각에서 분량이 있다는 뜻을 짓고 분량이 없다는 뜻을 지으며, 독각의 보리에서도 역시 분량이 있다는 뜻을 짓고 분량이 없다는 뜻을 지으며, 독각에서 넓다는 뜻을 짓고 좁다는 뜻을 지으며 독각의 보리에서도 역시 넓다는 뜻을 짓고 좁다는 뜻을 지으며, 독각에서 힘이 있다는 뜻을 짓고 힘이 없다는 뜻을 지으며, 독각의 보리에서도 역시 힘이 있다는 뜻을 짓고 힘이 없다는 뜻을 짓는다.' 라고 이와 같은 생각을 일으킨다면, 세존이시여. 이 보살마하살은 오히려 이러한 생각을 일으키므로 반야바라밀다를 수행하는 것이 아닙니다.

다시 다음으로 세존이시여. 만약 새롭게 대승을 수행하는 보살마하살이 반야·정려·정진·안인·정계·보시바라밀다에 의지하고서, '이와 같은 반야바라밀다는 보살마하살에서 크다는 뜻을 짓고 작다는 뜻을 지으며, 보살마하살의 행에서도 역시 크다는 뜻을 짓고 작다는 뜻을 지으며,

보살마하살에서 집적한다는 뜻을 짓고 흩어진다는 뜻을 지으며, 보살마하살의 행에서도 역시 집적한다는 뜻을 짓고 흩어진다는 뜻을 지으며, 보살마하살에서 분량이 있다는 뜻을 짓고 분량이 없다는 뜻을 지으며, 보살마하살의 행에서도 역시 분량이 있다는 뜻을 짓고 분량이 없다는 뜻을 지으며, 보살마하살에서 넓다는 뜻을 짓고 좁다는 뜻을 지으며 보살마하살의 행에서도 역시 넓다는 뜻을 짓고 좁다는 뜻을 지으며, 보살마하살에서 힘이 있다는 뜻을 짓고 힘이 없다는 뜻을 지으며, 보살마하살의 행에서도 역시 힘이 있다는 뜻을 짓고 힘이 없다는 뜻을 짓는다.'라고 이와 같은 생각을 일으킨다면, 세존이시여. 이 보살마하살은 오히려 이러한 생각을 일으키므로 반야바라밀다를 수행하는 것이 아닙니다.

다시 다음으로 세존이시여. 만약 새롭게 대승을 수행하는 보살마하살이 반야·정려·정진·안인·정계·보시바라밀다에 의지하고서, '이와 같은 반야바라밀다는 제여래·응공·정등각에서 크다는 뜻을 짓고 작다는 뜻을 지으며, 여래의 무상정등보리에서도 역시 크다는 뜻을 짓고 작다는 뜻을 지으며, 제여래·응공·정등각에서 집적한다는 뜻을 짓고 흩어진다는 뜻을 지으며, 여래의 무상정등보리에서도 역시 집적한다는 뜻을 짓고 흩어진다는 뜻을 지으며, 제여래·응공·정등각에서 분량이 있다는 뜻을 짓고 분량이 없다는 뜻을 지으며, 여래의 무상정등보리에서도 역시 분량이 있다는 뜻을 짓고 분량이 없다는 뜻을 지으며, 제여래·응공·정등각에서 넓다는 뜻을 짓고 좁다는 뜻을 지으며, 여래의 무상정등보리에서도 역시 넓다는 뜻을 짓고 좁다는 뜻을 지으며, 제여래·응공·정등각에서 힘이 있다는 뜻을 짓고 힘이 없다는 뜻을 지으며, 여래의 무상정등보리에서도 역시 힘이 있다는 뜻을 짓고 힘이 없다는 뜻을 짓는다.'라고 이와 같은 생각을 일으킨다면, 세존이시여. 이 보살마하살은 오히려 이러한 생각을 일으키므로 반야바라밀다를 수행하는 것이 아닙니다.

다시 다음으로 세존이시여. 만약 새롭게 대승을 수행하는 보살마하살이 반야·정려·정진·안인·정계·보시바라밀다에 의지하고서, '이와 같은 반야바라밀다는 일체법에서 크다는 뜻을 짓고 작다는 뜻을 지으며, 집적한다는 뜻을 짓고 흩어진다는 뜻을 지으며, 분량이 있다는 뜻을 짓고 분량이 없다는 뜻을 지으며, 넓다는 뜻을 짓고 좁다는 뜻을 지으며, 힘이 있다는 뜻을 짓고 힘이 없다는 뜻을 짓는다.'라고 이와 같은 생각을 일으킨다면, 세존이시여. 이 보살마하살은 오히려 이러한 생각을 일으키므로 반야바라밀다를 수행하는 것이 아닙니다."

"다시 다음으로 세존이시여. 만일 새롭게 대승을 수학하는 보살마하살이 반야바라밀다·정려바라밀다·정진바라밀다·안인바라밀다·정계바라밀다·보시바라밀다에 의지하지 않고서, '이와 같은 반야바라밀다는 색에서 크다는 뜻을 짓지 않고 작다는 뜻을 짓지 않으며, 수·상·행·식에서도 역시 크다는 뜻을 짓지 않고 작다는 뜻을 짓지 않으며, 색에서 집적한다는 뜻을 짓지 않고 흩어진다는 뜻을 짓지 않으며, 수·상·행·식에서도 역시 집적한다는 뜻을 짓지 않고 흩어진다는 뜻을 짓지 않으며, 색에서 분량이 있다는 뜻을 짓지 않고 분량이 없다는 뜻을 짓지 않으며, 수·상·행·식에서도 역시 분량이 있다는 뜻을 짓지 않고 분량이 없다는 뜻을 짓지 않으며, 색에서 넓다는 뜻을 짓지 않고 좁다는 뜻을 짓지 않으며 수·상·행·식에서도 역시 넓다는 뜻을 짓지 않고 좁다는 뜻을 짓지 않으며, 색에서 힘이 있다는 뜻을 짓지 않고 힘이 없다는 뜻을 짓지 않으며, 수·상·행·식에서도 역시 힘이 있다는 뜻을 짓지 않고 힘이 없다는 뜻을 짓지 않는다.'라고 이와 같은 생각을 일으킨다면, 세존이시여. 이 보살마하살은 오히려 이러한 생각을 일으키므로 반야바라밀다를 수행하는 것이 아닙니다.

다시 다음으로 세존이시여. 만약 새롭게 대승을 수학하는 보살마하살이 반야·정려·정진·안인·정계·보시바라밀다에 의지하지 않고서, '이와 같은 반야바라밀다는 안처에서 크다는 뜻을 짓지 않고 작다는 뜻을 짓지 않으며, 이·비·설·신·의처에서도 역시 크다는 뜻을 짓지 않고 작다는 뜻을 짓지 않으며, 안처에서 집적한다는 뜻을 짓지 않고 흩어진다는 뜻을 짓지 않으며, 이·비·설·신·의처에서도 역시 집적한다는 뜻을 짓지 않고 흩어진다는 뜻을 짓지 않으며, 안처에서 분량이 있다는 뜻을 짓지 않고 분량이 없다는 뜻을 짓지 않으며, 이·비·설·신·의처에서도 역시 분량이 있다는 뜻을 짓지 않고 분량이 없다는 뜻을 짓지 않으며, 안처에서 넓다는 뜻을 짓지 않고 좁다는 뜻을 짓지 않으며 이·비·설·신·의처에서도 역시 넓다는 뜻을 짓지 않고 좁다는 뜻을 짓지 않으며, 안처에서 힘이 있다는 뜻을 짓지 않고 힘이 없다는 뜻을 짓지 않으며, 이·비·설·신·의처에서도 역시 힘이 있다는 뜻을 짓지 않고 힘이 없다는 뜻을 짓지 않는다.'라고 이와 같은 생각을 일으킨다면, 세존이시여. 이 보살마하살은 오히려 이러한 생각을 일으키므로 반야바라밀다를 수행하는 것이 아닙니다.

다시 다음으로 세존이시여. 만약 새롭게 대승을 수학하는 보살마하살이 반야·정려·정진·안인·정계·보시바라밀다에 의지하지 않고서, '이와 같은 반야바라밀다는 색처에서 크다는 뜻을 짓지 않고 작다는 뜻을 짓지 않으며, 성·향·미·촉·법처에서도 역시 크다는 뜻을 짓지 않고 작다는 뜻을 짓지 않으며, 색처에서 집적한다는 뜻을 짓지 않고 흩어진다는 뜻을 짓지 않으며, 성·향·미·촉·법처에서도 역시 집적한다는 뜻을 짓지 않고 흩어진다는 뜻을 짓지 않으며, 색처에서 분량이 있다는 뜻을 짓지 않고 분량이 없다는 뜻을 짓지 않으며, 성·향·미·촉·법처에서도 역시 분량이 있다는 뜻을 짓지 않고 분량이 없다는 뜻을 짓지 않으며, 색처에서 넓다는 뜻을 짓지 않고 좁다는 뜻을 짓지 않으며 성·향·미·촉·법처에서도 역시 넓다는 뜻을 짓지 않고 좁다는 뜻을 짓지 않으며, 색처에서 힘이 있다는 뜻을 짓지 않고 힘이 없다는 뜻을 짓지 않으며, 성·향·미·촉·법처에서도 역시 힘이 있다는 뜻을 짓지 않고 힘이 없다는 뜻을 짓지 않는다.'라고 이와 같은 생각을 일으킨다면, 세존이시여. 이 보살마하살은 오히려 이러한 생각을 일으키므로 반야바라밀다를 수행하는 것이 아닙니다.

다시 다음으로 세존이시여. 만약 새롭게 대승을 수학하는 보살마하살이 반야·정려·정진·안인·정계·보시바라밀다에 의지하지 않고서, '이와 같은 반야바라밀다는 안계에서 크다는 뜻을 짓지 않고 작다는 뜻을 짓지 않으며, 색계·안식계, 나아가 안촉·안촉을 인연으로 생겨난 여러 수에서도 역시 크다는 뜻을 짓지 않고 작다는 뜻을 짓지 않으며, 안계에서 집적한다는 뜻을 짓지 않고 흩어진다는 뜻을 짓지 않으며, 색계, 나아가 안촉을 인연으로 생겨난 여러 수에서도 역시 집적한다는 뜻을 짓지 않고 흩어진다는 뜻을 짓지 않으며, 안계에서 분량이 있다는 뜻을 짓지 않고 분량이 없다는 뜻을 짓지 않으며, 색계, 나아가 안촉을 인연으로 생겨난 여러 수에서도 역시 분량이 있다는 뜻을 짓지 않고 분량이 없다는 뜻을 짓지 않으며, 안계에서 넓다는 뜻을 짓지 않고 좁다는 뜻을 짓지 않으며 색계, 나아가 안촉을 인연으로 생겨난 여러 수에서도 역시 넓다는 뜻을 짓지 않고 좁다는 뜻을 짓지 않으며, 안계에서 힘이 있다는 뜻을 짓지 않고 힘이 없다는 뜻을 짓지 않으며, 색계, 나아가 안촉을 인연으로 생겨난 여러 수에서도 역시 힘이 있다는 뜻을 짓지 않고 힘이 없다는 뜻을 짓지 않는다.'라고 이와 같은 생각을 일으킨다면, 세존이시여. 이 보살마하살은 오히려 이러한 생각을 일으키므로 반야바라밀다를 수행하는 것이 아닙니다.

다시 다음으로 세존이시여. 만약 새롭게 대승을 수학하는 보살마하살이 반야·정려·정진·안인·정계·보시바라밀다에 의지하지 않고서, '이와 같은 반야바라밀다는 이계에서 크다는 뜻을 짓지 않고 작다는 뜻을 짓지 않으며, 성계·이식계, 나아가 이촉·이촉을 인연으로 생겨난 여러 수에서도 역시 크다는 뜻을 짓지 않고 작다는 뜻을 짓지 않으며, 이계에서 집적한다는 뜻을 짓지 않고 흩어진다는 뜻을 짓지 않으며, 색계, 나아가 안촉을 인연으로 생겨난 여러 수에서도 역시 집적한다는 뜻을 짓지 않고 흩어진다는 뜻을 짓지 않으며, 이계에서 분량이 있다는 뜻을 짓지 않고 분량이 없다는 뜻을 짓지 않으며, 성계, 나아가 이촉을 인연으로 생겨난 여러 수에서도 역시 분량이 있다는 뜻을 짓지 않고 분량이 없다는 뜻을 짓지 않으며, 이계에서 넓다는 뜻을 짓지 않고 좁다는 뜻을 짓지 않으며 성계, 나아가 이촉을 인연으로 생겨난 여러 수에서도 역시 넓다는 뜻을 짓지 않고 좁다는 뜻을 짓지 않으며, 이계에서 힘이 있다는 뜻을 짓지 않고 힘이 없다는 뜻을 짓지 않으며, 성계, 나아가 이촉을 인연으로 생겨난 여러 수에서도 역시 힘이 있다는 뜻을 짓지 않고 힘이 없다는 뜻을 짓지 않는다.'라고 이와 같은 생각을 일으킨다면, 세존이시여. 이 보살마하살은 오히려 이러한 생각을 일으키므로 반야바라밀다를 수행하는 것이 아닙니다.

다시 다음으로 세존이시여. 만약 새롭게 대승을 수학하는 보살마하살이 반야·정려·정진·안인·정계·보시바라밀다에 의지하지 않고서, '이와 같은 반야바라밀다는 비계에서 크다는 뜻을 짓지 않고 작다는 뜻을 짓지 않으며, 향계·비식계, 나아가 비촉·비촉을 인연으로 생겨난 여러 수에서도 역시 크다는 뜻을 짓지 않고 작다는 뜻을 짓지 않으며, 비계에서 집적한다는 뜻을 짓지 않고 흩어진다는 뜻을 짓지 않으며, 향계, 나아가 비촉을 인연으로 생겨난 여러 수에서도 역시 집적한다는 뜻을 짓지 않고 흩어진다는 뜻을 짓지 않으며, 비계에서 분량이 있다는 뜻을 짓지 않고 분량이 없다는 뜻을 짓지 않으며, 향계, 나아가 비촉을 인연으로 생겨난 여러 수에서도 역시 분량이 있다는 뜻을 짓지 않고 분량이 없다는 뜻을 짓지 않으며, 비계에서 넓다는 뜻을 짓지 않고 좁다는 뜻을 짓지 않으며 향계, 나아가 비촉을 인연으로 생겨난 여러 수에서도 역시 넓다는 뜻을 짓지 않고 좁다는 뜻을 짓지 않으며, 비계에서 힘이 있다는 뜻을 짓지 않고 힘이 없다는 뜻을 짓지 않으며, 향계, 나아가 비촉을 인연으로 생겨난 여러 수에서도 역시 힘이 있다는 뜻을 짓지 않고 힘이 없다는 뜻을 짓지 않는다.'라고 이와 같은 생각을 일으킨다면, 세존이시여. 이 보살마하살은 오히려 이러한 생각을 일으키므로 반야바라밀다를 수행하는 것이 아닙니다.

다시 다음으로 세존이시여. 만약 새롭게 대승을 수학하는 보살마하살이 반야·정려·정진·안인·정계·보시바라밀다에 의지하지 않고서, '이와 같은 반야바라밀다는 설계에서 크다는 뜻을 짓지 않고 작다는 뜻을 짓지 않으며, 미계·설식계, 나아가 설촉·설촉을 인연으로 생겨난 여러 수에서도 역시 크다는 뜻을 짓지 않고 작다는 뜻을 짓지 않으며, 설계에서 집적한다는 뜻을 짓지 않고 흩어진다는 뜻을 짓지 않으며, 미계, 나아가 설촉을 인연으로 생겨난 여러 수에서도 역시 집적한다는 뜻을 짓지 않고 흩어진다는 뜻을 짓지 않으며, 설계에서 분량이 있다는 뜻을 짓지 않고 분량이 없다는 뜻을 짓지 않으며, 미계, 나아가 설촉을 인연으로 생겨난 여러 수에서도 역시 분량이 있다는 뜻을 짓지 않고 분량이 없다는 뜻을 짓지 않으며, 설계에서 넓다는 뜻을 짓지 않고 좁다는 뜻을 짓지 않으며 미계, 나아가 설촉을 인연으로 생겨난 여러 수에서도 역시 넓다는 뜻을 짓지 않고 좁다는 뜻을 짓지 않으며, 설계에서 힘이 있다는 뜻을 짓지 않고 힘이 없다는 뜻을 짓지 않으며, 미계, 나아가 설촉을 인연으로 생겨난 여러 수에서도 역시 힘이 있다는 뜻을 짓지 않고 힘이 없다는 뜻을 짓지 않는다.'라고 이와 같은 생각을 일으킨다면, 세존이시여. 이 보살마하살은 오히려 이러한 생각을 일으키므로 반야바라밀다를 수행하는 것이 아닙니다.

다시 다음으로 세존이시여. 만약 새롭게 대승을 수학하는 보살마하살이 반야·정려·정진·안인·정계·보시바라밀다에 의지하지 않고서, '이와 같은 반야바라밀다는 신계에서 크다는 뜻을 짓지 않고 작다는 뜻을 짓지 않으며, 촉계·신식계, 나아가 신촉·신촉을 인연으로 생겨난 여러 수에서도 역시 크다는 뜻을 짓지 않고 작다는 뜻을 짓지 않으며, 신계에서 집적한다는 뜻을 짓지 않고 흩어진다는 뜻을 짓지 않으며, 촉계, 나아가 신촉을 인연으로 생겨난 여러 수에서도 역시 집적한다는 뜻을 짓지 않고 흩어진다는 뜻을 짓지 않으며, 신계에서 분량이 있다는 뜻을 짓지 않고 분량이 없다는 뜻을 짓지 않으며, 촉계, 나아가 신촉을 인연으로 생겨난 여러 수에서도 역시 분량이 있다는 뜻을 짓지 않고 분량이 없다는 뜻을 짓지 않으며, 신계에서 넓다는 뜻을 짓지 않고 좁다는 뜻을 짓지 않으며 촉계, 나아가 신촉을 인연으로 생겨난 여러 수에서도 역시 넓다는 뜻을 짓지 않고 좁다는 뜻을 짓지 않으며, 신계에서 힘이 있다는 뜻을 짓지 않고 힘이 없다는 뜻을 짓지 않으며, 촉계, 나아가 신촉을 인연으로 생겨난 여러 수에서도 역시 힘이 있다는 뜻을 짓지 않고 힘이 없다는 뜻을 짓지 않는다.'라고 이와 같은 생각을 일으킨다면, 세존이시여. 이 보살마하살은 오히려 이러한 생각을 일으키므로 반야바라밀다를 수행하는 것이 아닙니다.

다시 다음으로 세존이시여. 만약 새롭게 대승을 수학하는 보살마하살이 반야·정려·정진·안인·정계·보시바라밀다에 의지하지 않고서, '이와 같은 반야바라밀다는 의계에서 크다는 뜻을 짓지 않고 작다는 뜻을 짓지 않으며, 법계·의식계, 나아가 의촉·의촉을 인연으로 생겨난 여러 수에서도 역시 크다는 뜻을 짓지 않고 작다는 뜻을 짓지 않으며, 의계에서 집적한다는 뜻을 짓지 않고 흩어진다는 뜻을 짓지 않으며, 법계, 나아가 의촉을 인연으로 생겨난 여러 수에서도 역시 집적한다는 뜻을 짓지 않고 흩어진다는 뜻을 짓지 않으며, 의계에서 분량이 있다는 뜻을 짓지 않고 분량이 없다는 뜻을 짓지 않으며, 법계, 나아가 의촉을 인연으로 생겨난 여러 수에서도 역시 분량이 있다는 뜻을 짓지 않고 분량이 없다는 뜻을 짓지 않으며, 의계에서 넓다는 뜻을 짓지 않고 좁다는 뜻을 짓지 않으며 법계, 나아가 의촉을 인연으로 생겨난 여러 수에서도 역시 넓다는 뜻을 짓지 않고 좁다는 뜻을 짓지 않으며, 의계에서 힘이 있다는 뜻을 짓지 않고 힘이 없다는 뜻을 짓지 않으며, 법계, 나아가 의촉을 인연으로 생겨난 여러 수에서도 역시 힘이 있다는 뜻을 짓지 않고 힘이 없다는 뜻을 짓지 않는다.'라고 이와 같은 생각을 일으킨다면, 세존이시여. 이 보살마하살은 오히려 이러한 생각을 일으키므로 반야바라밀다를 수행하는 것이 아닙니다.

다시 다음으로 세존이시여. 만약 새롭게 대승을 수학하는 보살마하살이 반야·정려·정진·안인·정계·보시바라밀다에 의지하지 않고서, '이와 같은 반야바라밀다는 지계에서 크다는 뜻을 짓지 않고 작다는 뜻을 짓지 않으며, 수·화·풍·공·식계에서도 역시 크다는 뜻을 짓지 않고 작다는 뜻을 짓지 않으며, 지계에서 집적한다는 뜻을 짓지 않고 흩어진다는 뜻을 짓지 않으며, 수·화·풍·공·식계에서도 역시 집적한다는 뜻을 짓지 않고 흩어진다는 뜻을 짓지 않으며, 지계에서 분량이 있다는 뜻을 짓지 않고 분량이 없다는 뜻을 짓지 않으며, 수·화·풍·공·식계에서도 역시 분량이 있다는 뜻을 짓지 않고 분량이 없다는 뜻을 짓지 않으며, 지계에서 넓다는 뜻을 짓지 않고 좁다는 뜻을 짓지 않으며 수·화·풍·공·식계에서도 역시 넓다는 뜻을 짓지 않고 좁다는 뜻을 짓지 않으며, 지계에서 힘이 있다는 뜻을 짓지 않고 힘이 없다는 뜻을 짓지 않으며, 수·화·풍·공·식계에서도 역시 힘이 있다는 뜻을 짓지 않고 힘이 없다는 뜻을 짓지 않는다.'라고 이와 같은 생각을 일으킨다면, 세존이시여. 이 보살마하살은 오히려 이러한 생각을 일으키므로 반야바라밀다를 수행하는 것이 아닙니다.

다시 다음으로 세존이시여. 만약 새롭게 대승을 수행하는 보살마하살이 반야·정려·정진·안인·정계·보시바라밀다에 의지하지 않고서, '이와 같은 반야바라밀다는 무명에서 크다는 뜻을 짓지 않고 작다는 뜻을 짓지 않으며, 행·식·명색·육처·촉·수·애·취·유·생·노사의 수탄고우뇌에서도 역시 크다는 뜻을 짓지 않고 작다는 뜻을 짓지 않으며, 무명에서 집적한다는 뜻을 짓지 않고 흩어진다는 뜻을 짓지 않으며, 행, 나아가 노사의 수탄고우뇌에서도 역시 집적한다는 뜻을 짓지 않고 흩어진다는 뜻을 짓지 않으며, 무명에서 분량이 있다는 뜻을 짓지 않고 분량이 없다는 뜻을 짓지 않으며, 행, 나아가 노사의 수탄고우뇌에서도 역시 분량이 있다는 뜻을 짓지 않고 분량이 없다는 뜻을 짓지 않으며, 무명에서 넓다는 뜻을 짓지 않고 좁다는 뜻을 짓지 않으며 행, 나아가 노사의 수탄고우뇌에서도 역시 넓다는 뜻을 짓지 않고 좁다는 뜻을 짓지 않으며, 무명에서 힘이 있다는 뜻을 짓지 않고 힘이 없다는 뜻을 짓지 않으며, 행, 나아가 노사의 수탄고우뇌에서도 역시 힘이 있다는 뜻을 짓지 않고 힘이 없다는 뜻을 짓지 않는다.'라고 이와 같은 생각을 일으킨다면, 세존이시여. 이 보살마하살은 오히려 이러한 생각을 일으키므로 반야바라밀다를 수행하는 것이 아닙니다.

다시 다음으로 세존이시여. 만약 새롭게 대승을 수학하는 보살마하살이 반야·정려·정진·안인·정계·보시바라밀다에 의지하지 않고서, '이와 같은 반야바라밀다는 보시바라밀다에서 크다는 뜻을 짓지 않고 작다는 뜻을 짓지 않으며, 정계·안인·정진·정려·반야바라밀다에서도 역시 크다는 뜻을 짓지 않고 작다는 뜻을 짓지 않으며, 보시바라밀다에서 집적한다는 뜻을 짓지 않고 흩어진다는 뜻을 짓지 않으며, 정계, 나아가 반야바라밀다에서도 역시 집적한다는 뜻을 짓지 않고 흩어진다는 뜻을 짓지 않으며, 보시바라밀다에서 분량이 있다는 뜻을 짓지 않고 분량이 없다는 뜻을 짓지 않으며, 정계, 나아가 반야바라밀다에서도 역시 분량이 있다는 뜻을 짓지 않고 분량이 없다는 뜻을 짓지 않으며, 보시바라밀다에서 넓다는 뜻을 짓지 않고 좁다는 뜻을 짓지 않으며 정계, 나아가 반야바라밀다에서도 역시 넓다는 뜻을 짓지 않고 좁다는 뜻을 짓지 않으며, 보시바라밀다에서 힘이 있다는 뜻을 짓지 않고 힘이 없다는 뜻을 짓지 않으며, 정계, 나아가 반야바라밀다에서도 역시 힘이 있다는 뜻을 짓지 않고 힘이 없다는 뜻을 짓지 않는다.'라고 이와 같은 생각을 일으킨다면, 세존이시여. 이 보살마하살은 오히려 이러한 생각을 일으키므로 반야바라밀다를 수행하는 것이 아닙니다.

다시 다음으로 세존이시여. 만약 새롭게 대승을 수학하는 보살마하살이 반야·정려·정진·안인·정계·보시바라밀다에 의지하지 않고서, '이와 같은 반야바라밀다는 내공에서 크다는 뜻을 짓지 않고 작다는 뜻을 짓지 않으며, 외공·내외공·공공·대공·승의공·유위공·무위공·필경공·무제공·산공·무변이공·본성공·자상공·공상공·일체법공·불가득공·무성공·자성공·무성자성공에서도 역시 크다는 뜻을 짓지 않고 작다는 뜻을 짓지 않으며, 내공에서 집적한다는 뜻을 짓지 않고 흩어진다는 뜻을 짓지 않으며, 외공, 나아가 무성자성공에서도 역시 집적한다는 뜻을 짓지 않고 흩어진다는 뜻을 짓지 않으며, 내공에서 분량이 있다는 뜻을 짓지 않고 분량이 없다는 뜻을 짓지 않으며, 외공, 나아가 무성자성공에서도 역시 분량이 있다는 뜻을 짓지 않고 분량이 없다는 뜻을 짓지 않으며, 내공에서 넓다는 뜻을 짓지 않고 좁다는 뜻을 짓지 않으며 외공, 나아가 무성자성공에서도 역시 넓다는 뜻을 짓지 않고 좁다는 뜻을 짓지 않으며, 내공에서 힘이 있다는 뜻을 짓지 않고 힘이 없다는 뜻을 짓지 않으며, 외공, 나아가 무성자성공에서도 역시 힘이 있다는 뜻을 짓지 않고 힘이 없다는 뜻을 짓지 않는다.'라고 이와 같은 생각을 일으킨다면, 세존이시여. 이 보살마하살은 오히려 이러한 생각을 일으키므로 반야바라밀다를 수행하는 것이 아닙니다.

다시 다음으로 세존이시여. 만약 새롭게 대승을 수학하는 보살마하살이 반야·정려·정진·안인·정계·보시바라밀다에 의지하지 않고서, '이와 같은 반야바라밀다는 진여에서 크다는 뜻을 짓지 않고 작다는 뜻을 짓지 않으며, 법계·법성·불허망성·불변이성·평등성·이생성·법정·법주·실제·허공계·부사의계에서도 역시 크다는 뜻을 짓지 않고 작다는 뜻을 짓지 않으며, 진여에서 집적한다는 뜻을 짓지 않고 흩어진다는 뜻을 짓지 않으며, 법계, 나아가 부사의계에서도 역시 집적한다는 뜻을 짓지 않고 흩어진다는 뜻을 짓지 않으며, 진여에서 분량이 있다는 뜻을 짓지 않고 분량이 없다는 뜻을 짓지 않으며, 법계, 나아가 부사의계에서도 역시 분량이 있다는 뜻을 짓지 않고 분량이 없다는 뜻을 짓지 않으며, 진여에서 넓다는 뜻을 짓지 않고 좁다는 뜻을 짓지 않으며 법계, 나아가 부사의계에서도 역시 넓다는 뜻을 짓지 않고 좁다는 뜻을 짓지 않으며, 진여에서 힘이 있다는 뜻을 짓지 않고 힘이 없다는 뜻을 짓지 않으며, 법계, 나아가 부사의계에서도 역시 힘이 있다는 뜻을 짓지 않고 힘이 없다는 뜻을 짓지 않는다.'라고 이와 같은 생각을 일으킨다면, 세존이시여. 이 보살마하살은 오히려 이러한 생각을 일으키므로 반야바라밀다를 수행하는 것이 아닙니다.

다시 다음으로 세존이시여. 만약 새롭게 대승을 수학하는 보살마하살이 반야·정려·정진·안인·정계·보시바라밀다에 의지하지 않고서, '이와 같은 반야바라밀다는 고성제에서 크다는 뜻을 짓지 않고 작다는 뜻을 짓지 않으며, 집·멸·도성제에서도 역시 크다는 뜻을 짓지 않고 작다는 뜻을 짓지 않으며, 고성제에서 집적한다는 뜻을 짓지 않고 흩어진다는 뜻을 짓지 않으며, 집·멸·도성제에서도 역시 집적한다는 뜻을 짓지 않고 흩어진다는 뜻을 짓지 않으며, 고성제에서 분량이 있다는 뜻을 짓지 않고 분량이 없다는 뜻을 짓지 않으며, 집·멸·도성제에서도 역시 분량이 있다는 뜻을 짓지 않고 분량이 없다는 뜻을 짓지 않으며, 고성제에서 넓다는 뜻을 짓지 않고 좁다는 뜻을 짓지 않으며 집·멸·도성제에서도 역시 넓다는 뜻을 짓지 않고 좁다는 뜻을 짓지 않으며, 고성제에서 힘이 있다는 뜻을 짓지 않고 힘이 없다는 뜻을 짓지 않으며, 집·멸·도성제에서도 역시 힘이 있다는 뜻을 짓지 않고 힘이 없다는 뜻을 짓지 않는다.'라고 이와 같은 생각을 일으킨다면, 세존이시여. 이 보살마하살은 오히려 이러한 생각을 일으키므로 반야바라밀다를 수행하는 것이 아닙니다.

다시 다음으로 세존이시여. 만약 새롭게 대승을 수학하는 보살마하살이 반야·정려·정진·안인·정계·보시바라밀다에 의지하지 않고서, '이와 같은 반야바라밀다는 4정려에서 크다는 뜻을 짓지 않고 작다는 뜻을 짓지 않으며, 4무량·4무색정에서도 역시 크다는 뜻을 짓지 않고 작다는 뜻을 짓지 않으며, 4정려에서 집적한다는 뜻을 짓지 않고 흩어진다는 뜻을 짓지 않으며, 4무량·4무색정에서도 역시 집적한다는 뜻을 짓지 않고 흩어진다는 뜻을 짓지 않으며, 4정려에서 분량이 있다는 뜻을 짓지 않고 분량이 없다는 뜻을 짓지 않으며, 4무량·4무색정에서도 역시 분량이 있다는 뜻을 짓지 않고 분량이 없다는 뜻을 짓지 않으며, 4정려에서 넓다는 뜻을 짓지 않고 좁다는 뜻을 짓지 않으며 4무량·4무색정에서도 역시 넓다는 뜻을 짓지 않고 좁다는 뜻을 짓지 않으며, 4정려에서 힘이 있다는 뜻을 짓지 않고 힘이 없다는 뜻을 짓지 않으며, 4무량·4무색정에서도 역시 힘이 있다는 뜻을 짓지 않고 힘이 없다는 뜻을 짓지 않는다.'라고 이와 같은 생각을 일으킨다면, 세존이시여. 이 보살마하살은 오히려 이러한 생각을 일으키므로 반야바라밀다를 수행하는 것이 아닙니다.

다시 다음으로 세존이시여. 만약 새롭게 대승을 수학하는 보살마하살이 반야·정려·정진·안인·정계·보시바라밀다에 의지하지 않고서, '이와 같은 반야바라밀다는 8해탈에서 크다는 뜻을 짓지 않고 작다는 뜻을 짓지 않으며, 8승처·9차제정·10변처에서도 역시 크다는 뜻을 짓지 않고 작다는 뜻을 짓지 않으며, 8해탈에서 집적한다는 뜻을 짓지 않고 흩어진다는 뜻을 짓지 않으며, 8승처·9차제정·10변처에서도 역시 집적한다는 뜻을 짓지 않고 흩어진다는 뜻을 짓지 않으며, 8해탈에서 분량이 있다는 뜻을 짓지 않고 분량이 없다는 뜻을 짓지 않으며, 8승처·9차제정·10변처에서도 역시 분량이 있다는 뜻을 짓지 않고 분량이 없다는 뜻을 짓지 않으며, 8해탈에서 넓다는 뜻을 짓지 않고 좁다는 뜻을 짓지 않으며 8승처·9차제정·10변처에서도 역시 넓다는 뜻을 짓지 않고 좁다는 뜻을 짓지 않으며, 8해탈에서 힘이 있다는 뜻을 짓지 않고 힘이 없다는 뜻을 짓지 않으며, 8승처·9차제정·10변처에서도 역시 힘이 있다는 뜻을 짓지 않고 힘이 없다는 뜻을 짓지 않는다.'라고 이와 같은 생각을 일으킨다면, 세존이시여. 이 보살마하살은 오히려 이러한 생각을 일으키므로 반야바라밀다를 수행하는 것이 아닙니다.

다시 다음으로 세존이시여. 만약 새롭게 대승을 수학하는 보살마하살이 반야·정려·정진·안인·정계·보시바라밀다에 의지하지 않고서, '이와 같은 반야바라밀다는 4념주에서 크다는 뜻을 짓지 않고 작다는 뜻을 짓지 않으며, 4정단·4신족·5근·5력·7등각지·8성도지에서도 역시 크다는 뜻을 짓지 않고 작다는 뜻을 짓지 않으며, 4념주에서 집적한다는 뜻을 짓지 않고 흩어진다는 뜻을 짓지 않으며, 4정단, 나아가 8성도지에서도 역시 집적한다는 뜻을 짓지 않고 흩어진다는 뜻을 짓지 않으며, 4념주에서 분량이 있다는 뜻을 짓지 않고 분량이 없다는 뜻을 짓지 않으며, 4정단, 나아가 8성도지에서도 역시 분량이 있다는 뜻을 짓지 않고 분량이 없다는 뜻을 짓지 않으며, 4념주에서 넓다는 뜻을 짓지 않고 좁다는 뜻을 짓지 않으며 4정단, 나아가 8성도지에서도 역시 넓다는 뜻을 짓지 않고 좁다는 뜻을 짓지 않으며, 4념주에서 힘이 있다는 뜻을 짓지 않고 힘이 없다는 뜻을 짓지 않으며, 4정단, 나아가 8성도지에서도 역시 힘이 있다는 뜻을 짓지 않고 힘이 없다는 뜻을 짓지 않는다.'라고 이와 같은 생각을 일으킨다면, 세존이시여. 이 보살마하살은 오히려 이러한 생각을 일으키므로 반야바라밀다를 수행하는 것이 아닙니다.

다시 다음으로 세존이시여. 만약 새롭게 대승을 수학하는 보살마하살이 반야·정려·정진·안인·정계·보시바라밀다에 의지하지 않고서, '이와 같은 반야바라밀다는 공해탈문에서 크다는 뜻을 짓지 않고 작다는 뜻을 짓지 않으며, 무상·무원해탈문에서도 역시 크다는 뜻을 짓지 않고 작다는 뜻을 짓지 않으며, 공해탈문에서 집적한다는 뜻을 짓지 않고 흩어진다는 뜻을 짓지 않으며, 무상·무원해탈문에서도 역시 집적한다는 뜻을 짓지 않고 흩어진다는 뜻을 짓지 않으며, 공해탈문에서 분량이 있다는 뜻을 짓지 않고 분량이 없다는 뜻을 짓지 않으며, 무상·무원해탈문에서도 역시 분량이 있다는 뜻을 짓지 않고 분량이 없다는 뜻을 짓지 않으며, 공해탈문에서 넓다는 뜻을 짓지 않고 좁다는 뜻을 짓지 않으며 무상·무원해탈문에서도 역시 넓다는 뜻을 짓지 않고 좁다는 뜻을 짓지 않으며, 공해탈문에서 힘이 있다는 뜻을 짓지 않고 힘이 없다는 뜻을 짓지 않으며, 무상·무원해탈문에서도 역시 힘이 있다는 뜻을 짓지 않고 힘이 없다는 뜻을 짓지 않는다.'라고 이와 같은 생각을 일으킨다면, 세존이시여. 이 보살마하살은 오히려 이러한 생각을 일으키므로 반야바라밀다를 수행하는 것이 아닙니다.

다시 다음으로 세존이시여. 만약 새롭게 대승을 수학하는 보살마하살이 반야·정려·정진·안인·정계·보시바라밀다에 의지하지 않고서, '이와 같은 반야바라밀다는 5안에서 크다는 뜻을 짓지 않고 작다는 뜻을 짓지 않으며, 6신통에서도 역시 크다는 뜻을 짓지 않고 작다는 뜻을 짓지 않으며, 5안에서 집적한다는 뜻을 짓지 않고 흩어진다는 뜻을 짓지 않으며, 6신통에서도 역시 집적한다는 뜻을 짓지 않고 흩어진다는 뜻을 짓지 않으며, 5안에서 분량이 있다는 뜻을 짓지 않고 분량이 없다는 뜻을 짓지 않으며, 6신통에서도 역시 분량이 있다는 뜻을 짓지 않고 분량이 없다는 뜻을 짓지 않으며, 5안에서 넓다는 뜻을 짓지 않고 좁다는 뜻을 짓지 않으며 6신통에서도 역시 넓다는 뜻을 짓지 않고 좁다는 뜻을 짓지 않으며, 5안에서 힘이 있다는 뜻을 짓지 않고 힘이 없다는 뜻을 짓지 않으며, 6신통에서도 역시 힘이 있다는 뜻을 짓지 않고 힘이 없다는 뜻을 짓지 않는다.'라고 이와 같은 생각을 일으킨다면, 세존이시여. 이 보살마하살은 오히려 이러한 생각을 일으키므로 반야바라밀다를 수행하는 것이 아닙니다.

다시 다음으로 세존이시여. 만약 새롭게 대승을 수학하는 보살마하살이 반야·정려·정진·안인·정계·보시바라밀다에 의지하지 않고서, '이와 같은 반야바라밀다는 여래의 10력에서 크다는 뜻을 짓지 않고 작다는 뜻을 짓지 않으며, 4무소외·4무애해·대자·대비·대희·대사·18불불공법에서도 역시 크다는 뜻을 짓지 않고 작다는 뜻을 짓지 않으며, 여래의 10력에서 집적한다는 뜻을 짓지 않고 흩어진다는 뜻을 짓지 않으며, 4무소외, 나아가 18불불공법에서도 역시 집적한다는 뜻을 짓지 않고 흩어진다는 뜻을 짓지 않으며, 여래의 10력에서 분량이 있다는 뜻을 짓지 않고 분량이 없다는 뜻을 짓지 않으며, 4무소외, 나아가 18불불공법에서도 역시 분량이 있다는 뜻을 짓지 않고 분량이 없다는 뜻을 짓지 않으며, 여래의 10력에서 넓다는 뜻을 짓지 않고 좁다는 뜻을 짓지 않으며 4무소외, 나아가 18불불공법에서도 역시 넓다는 뜻을 짓지 않고 좁다는 뜻을 짓지 않으며, 여래의 10력에서 힘이 있다는 뜻을 짓지 않고 힘이 없다는 뜻을 짓지 않으며, 4무소외, 나아가 18불불공법에서도 역시 힘이 있다는 뜻을 짓지 않고 힘이 없다는 뜻을 짓지 않는다.'라고 이와 같은 생각을 일으킨다면, 세존이시여. 이 보살마하살은 오히려 이러한 생각을 일으키므로 반야바라밀다를 수행하는 것이 아닙니다.

다시 다음으로 세존이시여. 만약 새롭게 대승을 수학하는 보살마하살이 반야·정려·정진·안인·정계·보시바라밀다에 의지하지 않고서, '이와 같은 반야바라밀다는 무망실법에서 크다는 뜻을 짓지 않고 작다는 뜻을 짓지 않으며, 항주사성에서도 역시 크다는 뜻을 짓지 않고 작다는 뜻을 짓지 않으며, 무망실법에서 집적한다는 뜻을 짓지 않고 흩어진다는 뜻을 짓지 않으며, 항주사성에서도 역시 집적한다는 뜻을 짓지 않고 흩어진다는 뜻을 짓지 않으며, 무망실법에서 분량이 있다는 뜻을 짓지 않고 분량이 없다는 뜻을 짓지 않으며, 항주사성에서도 역시 분량이 있다는 뜻을 짓지 않고 분량이 없다는 뜻을 짓지 않으며, 무망실법에서 넓다는 뜻을 짓지 않고 좁다는 뜻을 짓지 않으며 항주사성에서도 역시 넓다는 뜻을 짓지 않고 좁다는 뜻을 짓지 않으며, 무망실법에서 힘이 있다는 뜻을 짓지 않고 힘이 없다는 뜻을 짓지 않으며, 항주사성에서도 역시 힘이 있다는 뜻을 짓지 않고 힘이 없다는 뜻을 짓지 않는다.'라고 이와 같은 생각을 일으킨다면, 세존이시여. 이 보살마하살은 오히려 이러한 생각을 일으키므로 반야바라밀다를 수행하는 것이 아닙니다.

다시 다음으로 세존이시여. 만약 새롭게 대승을 수학하는 보살마하살이 반야·정려·정진·안인·정계·보시바라밀다에 의지하지 않고서, '이와 같은 반야바라밀다는 일체지에서 크다는 뜻을 짓지 않고 작다는 뜻을 짓지 않으며, 도상지·일체상지에서도 역시 크다는 뜻을 짓지 않고 작다는 뜻을 짓지 않으며, 일체지에서 집적한다는 뜻을 짓지 않고 흩어진다는 뜻을 짓지 않으며, 도상지·일체상지에서도 역시 집적한다는 뜻을 짓지 않고 흩어진다는 뜻을 짓지 않으며, 일체지에서 분량이 있다는 뜻을 짓지 않고 분량이 없다는 뜻을 짓지 않으며, 도상지·일체상지에서도 역시 분량이 있다는 뜻을 짓지 않고 분량이 없다는 뜻을 짓지 않으며, 일체지에서 넓다는 뜻을 짓지 않고 좁다는 뜻을 짓지 않으며 도상지·일체상지에서도 역시 넓다는 뜻을 짓지 않고 좁다는 뜻을 짓지 않으며, 일체지에서 힘이 있다는 뜻을 짓지 않고 힘이 없다는 뜻을 짓지 않으며, 도상지·일체상지에서도 역시 힘이 있다는 뜻을 짓지 않고 힘이 없다는 뜻을 짓지 않는다.'라고 이와 같은 생각을 일으킨다면, 세존이시여. 이 보살마하살은 오히려 이러한 생각을 일으키므로 반야바라밀다를 수행하는 것이 아닙니다.

다시 다음으로 세존이시여. 만약 새롭게 대승을 수학하는 보살마하살이 반야·정려·정진·안인·정계·보시바라밀다에 의지하지 않고서, '이와 같은 반야바라밀다는 일체의 다라니문에서 크다는 뜻을 짓지 않고 작다는 뜻을 짓지 않으며, 일체의 삼마지문에서도 역시 크다는 뜻을 짓지 않고 작다는 뜻을 짓지 않으며, 일체의 다라니문에서 집적한다는 뜻을 짓지 않고 흩어진다는 뜻을 짓지 않으며, 일체의 삼마지문에서도 역시 집적한다는 뜻을 짓지 않고 흩어진다는 뜻을 짓지 않으며, 일체의 다라니문에서 분량이 있다는 뜻을 짓지 않고 분량이 없다는 뜻을 짓지 않으며, 일체의 삼마지문에서도 역시 분량이 있다는 뜻을 짓지 않고 분량이 없다는 뜻을 짓지 않으며, 일체의 다라니문에서 넓다는 뜻을 짓지 않고 좁다는 뜻을 짓지 않으며 일체의 삼마지문에서도 역시 넓다는 뜻을 짓지 않고 좁다는 뜻을 짓지 않으며, 일체의 다라니문에서 힘이 있다는 뜻을 짓지 않고 힘이 없다는 뜻을 짓지 않으며, 일체의 삼마지문에서도 역시 힘이 있다는 뜻을 짓지 않고 힘이 없다는 뜻을 짓지 않는다.'라고 이와 같은 생각을 일으킨다면, 세존이시여. 이 보살마하살은 오히려 이러한 생각을 일으키므로 반야바라밀다를 수행하는 것이 아닙니다.

다시 다음으로 세존이시여. 만약 새롭게 대승을 수학하는 보살마하살이 반야·정려·정진·안인·정계·보시바라밀다에 의지하지 않고서, '이와 같은 반야바라밀다는 예류에서 크다는 뜻을 짓지 않고 작다는 뜻을 짓지 않으며, 일래·불환·아라한에서도 역시 크다는 뜻을 짓지 않고 작다는 뜻을 짓지 않으며, 예류에서 집적한다는 뜻을 짓지 않고 흩어진다는 뜻을 짓지 않으며, 일래·불환·아라한에서도 역시 집적한다는 뜻을 짓지 않고 흩어진다는 뜻을 짓지 않으며, 예류에서 분량이 있다는 뜻을 짓지 않고 분량이 없다는 뜻을 짓지 않으며, 일래·불환·아라한에서도 역시 분량이 있다는 뜻을 짓지 않고 분량이 없다는 뜻을 짓지 않으며, 예류에서 넓다는 뜻을 짓지 않고 좁다는 뜻을 짓지 않으며 일래·불환·아라한에서도 역시 넓다는 뜻을 짓지 않고 좁다는 뜻을 짓지 않으며, 예류에서 힘이 있다는 뜻을 짓지 않고 힘이 없다는 뜻을 짓지 않으며, 일래·불환·아라한에서도 역시 힘이 있다는 뜻을 짓지 않고 힘이 없다는 뜻을 짓지 않는다.'라고 이와 같은 생각을 일으킨다면, 세존이시여. 이 보살마하살은 오히려 이러한 생각을 일으키므로 반야바라밀다를 수행하는 것이 아닙니다.

다시 다음으로 세존이시여. 만약 새롭게 대승을 수학하는 보살마하살이 반야·정려·정진·안인·정계·보시바라밀다에 의지하지 않고서, '이와 같은 반야바라밀다는 예류향·예류과에서 크다는 뜻을 짓지 않고 작다는 뜻을 짓지 않으며, 일래향·일래과·불환향·불환과·아라한향·아라한과에서도 역시 크다는 뜻을 짓지 않고 작다는 뜻을 짓지 않으며, 예류향·예류과에서 집적한다는 뜻을 짓지 않고 흩어진다는 뜻을 짓지 않으며, 일래향,

나아가 아라한과에서도 역시 집적한다는 뜻을 짓지 않고 흩어진다는 뜻을 짓지 않으며, 예류향·예류과에서 분량이 있다는 뜻을 짓지 않고 분량이 없다는 뜻을 짓지 않으며, 일래향, 나아가 아라한과에서도 역시 분량이 있다는 뜻을 짓지 않고 분량이 없다는 뜻을 짓지 않으며, 예류향·예류과에서 넓다는 뜻을 짓지 않고 좁다는 뜻을 짓지 않으며 일래향, 나아가 아라한과에서도 역시 넓다는 뜻을 짓지 않고 좁다는 뜻을 짓지 않으며, 예류향·예류과에서 힘이 있다는 뜻을 짓지 않고 힘이 없다는 뜻을 짓지 않으며, 일래향, 나아가 아라한과에서도 역시 힘이 있다는 뜻을 짓지 않고 힘이 없다는 뜻을 짓지 않는다.'라고 이와 같은 생각을 일으킨다면, 세존이시여. 이 보살마하살은 오히려 이러한 생각을 일으키므로 반야바라밀다를 수행하는 것이 아닙니다.

다시 다음으로 세존이시여. 만약 새롭게 대승을 수학하는 보살마하살이 반야·정려·정진·안인·정계·보시바라밀다에 의지하지 않고서, '이와 같은 반야바라밀다는 독각에서 크다는 뜻을 짓지 않고 작다는 뜻을 짓지 않으며, 독각의 보리에서도 역시 크다는 뜻을 짓지 않고 작다는 뜻을 짓지 않으며, 독각에서 집적한다는 뜻을 짓지 않고 흩어진다는 뜻을 짓지 않으며, 독각의 보리에서도 역시 집적한다는 뜻을 짓지 않고 흩어진다는 뜻을 짓지 않으며, 독각에서 분량이 있다는 뜻을 짓지 않고 분량이 없다는 뜻을 짓지 않으며, 독각의 보리에서도 역시 분량이 있다는 뜻을 짓지 않고 분량이 없다는 뜻을 짓지 않으며, 독각에서 넓다는 뜻을 짓지 않고 좁다는 뜻을 짓지 않으며 독각의 보리에서도 역시 넓다는 뜻을 짓지 않고 좁다는 뜻을 짓지 않으며, 독각에서 힘이 있다는 뜻을 짓지 않고 힘이 없다는 뜻을 짓지 않으며, 독각의 보리에서도 역시 힘이 있다는 뜻을 짓지 않고 힘이 없다는 뜻을 짓지 않는다.'라고 이와 같은 생각을 일으킨다면, 세존이시여. 이 보살마하살은 오히려 이러한 생각을 일으키므로 반야바라밀다를 수행하는 것이 아닙니다.

다시 다음으로 세존이시여. 만약 새롭게 대승을 수학하는 보살마하살이 반야·정려·정진·안인·정계·보시바라밀다에 의지하지 않고서, '이와 같은 반야바라밀다는 보살마하살에서 크다는 뜻을 짓지 않고 작다는 뜻을 짓지 않으며, 보살마하살의 행에서도 역시 크다는 뜻을 짓지 않고 작다는 뜻을 짓지 않으며, 보살마하살에서 집적한다는 뜻을 짓지 않고 흩어진다는 뜻을 짓지 않으며, 보살마하살의 행에서도 역시 집적한다는 뜻을 짓지 않고 흩어진다는 뜻을 짓지 않으며, 보살마하살에서 분량이 있다는 뜻을 짓지 않고 분량이 없다는 뜻을 짓지 않으며, 보살마하살의 행에서도 역시 분량이 있다는 뜻을 짓지 않고 분량이 없다는 뜻을 짓지 않으며, 보살마하살에서 넓다는 뜻을 짓지 않고 좁다는 뜻을 짓지 않으며 보살마하살의 행에서도 역시 넓다는 뜻을 짓지 않고 좁다는 뜻을 짓지 않으며, 보살마하살에서 힘이 있다는 뜻을 짓지 않고 힘이 없다는 뜻을 짓지 않으며, 보살마하살의 행에서도 역시 힘이 있다는 뜻을 짓지 않고 힘이 없다는 뜻을 짓지 않는다.'라고 이와 같은 생각을 일으킨다면, 세존이시여. 이 보살마하살은 오히려 이러한 생각을 일으키므로 반야바라밀다를 수행하는 것이 아닙니다.

다시 다음으로 세존이시여. 만약 새롭게 대승을 수학하는 보살마하살이 반야·정려·정진·안인·정계·보시바라밀다에 의지하지 않고서, '이와 같은 반야바라밀다는 제여래·응공·정등각에서 크다는 뜻을 짓지 않고 작다는 뜻을 짓지 않으며, 여래의 무상정등보리에서도 역시 크다는 뜻을 짓지 않고 작다는 뜻을 짓지 않으며, 제여래·응공·정등각에서 집적한다는 뜻을 짓지 않고 흩어진다는 뜻을 짓지 않으며, 여래의 무상정등보리에서도 역시 집적한다는 뜻을 짓지 않고 흩어진다는 뜻을 짓지 않으며, 제여래·응공·정등각에서 분량이 있다는 뜻을 짓지 않고 분량이 없다는 뜻을 짓지 않으며, 여래의 무상정등보리에서도 역시 분량이 있다는 뜻을 짓지 않고 분량이 없다는 뜻을 짓지 않으며, 제여래·응공·정등각에서 넓다는 뜻을 짓지 않고 좁다는 뜻을 짓지 않으며, 여래의 무상정등보리에서도 역시 넓다는 뜻을 짓지 않고 좁다는 뜻을 짓지 않으며, 제여래·응공·정등각에서 힘이 있다는 뜻을 짓지 않고 힘이 없다는 뜻을 짓지 않으며, 여래의 무상정등보리에서도 역시 힘이 있다는 뜻을 짓지 않고 힘이 없다는 뜻을 짓지 않는다.'라고 이와 같은 생각을 일으킨다면, 세존이시여. 이 보살마하살은 오히려 이러한 생각을 일으키므로 반야바라밀다를 수행하는 것이 아닙니다.

다시 다음으로 세존이시여. 만약 새롭게 대승을 수학하는 보살마하살이 반야·정려·정진·안인·정계·보시바라밀다에 의지하지 않고서, '이와 같은 반야바라밀다는 일체법에서 크다는 뜻을 짓지 않고 작다는 뜻을 짓지 않으며, 집적한다는 뜻을 짓지 않고 흩어진다는 뜻을 짓지 않으며, 분량이 있다는 뜻을 짓지 않고 분량이 없다는 뜻을 짓지 않으며, 넓다는 뜻을 짓지 않고 좁다는 뜻을 짓지 않으며, 힘이 있다는 뜻을 짓지 않고 힘이 없다는 뜻을 짓지 않는다.'라고 이와 같은 생각을 일으킨다면, 세존이시여. 이 보살마하살은 오히려 이러한 생각을 일으키므로 반야바라밀다를 수행하는 것이 아닙니다."

마하반야바라밀다경 제177권

32. 찬반야품(讚般若品)(6)

"세존이시여. 만약 새롭게 대승을 수학하는 보살마하살이 반야바라밀다·정려바라밀다·정진바라밀다·안인바라밀다·정계바라밀다·보시바라밀다에 의지하지 않고서, '이와 같은 반야바라밀다는 색에서 크다는 뜻을 짓고 작다는 뜻을 지으며, 수·상·행·식에서도 역시 크다는 뜻을 짓고 작다는 뜻을 지으며, 색에서 집적한다는 뜻을 짓고 흩어진다는 뜻을 지으며, 수·상·행·식에서도 역시 집적한다는 뜻을 짓고 흩어진다는 뜻을 지으며, 색에서 분량이 있다는 뜻을 짓고 분량이 없다는 뜻을 지으며, 수·상·행·식에서도 역시 분량이 있다는 뜻을 짓고 분량이 없다는 뜻을 지으며, 색에서 넓다는 뜻을 짓고 좁다는 뜻을 지으며 수·상·행·식에서도 역시 넓다는 뜻을 짓고 좁다는 뜻을 지으며, 색에서 힘이 있다는 뜻을 짓고 힘이 없다는 뜻을 지으며, 수·상·행·식에서도 역시 힘이 있다는 뜻을 짓고 힘이 없다는 뜻을 짓는다.'라고 이와 같은 생각을 일으킨다면, 세존이시여. 이 보살마하살은 오히려 이러한 생각을 일으키므로 반야바라밀다를 수행하는 것이 아닙니다.

다시 다음으로 세존이시여. 만약 새롭게 대승을 수행하는 보살마하살이 반야·정려·정진·안인·정계·보시바라밀다에 의지하지 않고서, '이와 같은 반야바라밀다는 안처에서 크다는 뜻을 짓고 작다는 뜻을 지으며, 이·비·설·신·의처에서도 역시 크다는 뜻을 짓고 작다는 뜻을 지으며,

안처에서 집적한다는 뜻을 짓고 흩어진다는 뜻을 지으며, 이·비·설·신·의처에서도 역시 집적한다는 뜻을 짓고 흩어진다는 뜻을 지으며, 안처에서 분량이 있다는 뜻을 짓고 분량이 없다는 뜻을 지으며, 이·비·설·신·의처에서도 역시 분량이 있다는 뜻을 짓고 분량이 없다는 뜻을 지으며, 안처에서 넓다는 뜻을 짓고 좁다는 뜻을 지으며 이·비·설·신·의처에서도 역시 넓다는 뜻을 짓고 좁다는 뜻을 지으며, 안처에서 힘이 있다는 뜻을 짓고 힘이 없다는 뜻을 지으며, 이·비·설·신·의처에서도 역시 힘이 있다는 뜻을 짓고 힘이 없다는 뜻을 짓는다.'라고 이와 같은 생각을 일으킨다면, 세존이시여. 이 보살마하살은 오히려 이러한 생각을 일으키므로 반야바라밀다를 수행하는 것이 아닙니다.

다시 다음으로 세존이시여. 만약 새롭게 대승을 수행하는 보살마하살이 반야·정려·정진·안인·정계·보시바라밀다에 의지하지 않고서, '이와 같은 반야바라밀다는 색처에서 크다는 뜻을 짓고 작다는 뜻을 지으며, 성·향·미·촉·법처에서도 역시 크다는 뜻을 짓고 작다는 뜻을 지으며, 색처에서 집적한다는 뜻을 짓고 흩어진다는 뜻을 지으며, 성·향·미·촉·법처에서도 역시 집적한다는 뜻을 짓고 흩어진다는 뜻을 지으며, 색처에서 분량이 있다는 뜻을 짓고 분량이 없다는 뜻을 지으며, 성·향·미·촉·법처에서도 역시 분량이 있다는 뜻을 짓고 분량이 없다는 뜻을 지으며, 색처에서 넓다는 뜻을 짓고 좁다는 뜻을 지으며 성·향·미·촉·법처에서도 역시 넓다는 뜻을 짓고 좁다는 뜻을 지으며, 색처에서 힘이 있다는 뜻을 짓고 힘이 없다는 뜻을 지으며, 성·향·미·촉·법처에서도 역시 힘이 있다는 뜻을 짓고 힘이 없다는 뜻을 짓는다.'라고 이와 같은 생각을 일으킨다면, 세존이시여. 이 보살마하살은 오히려 이러한 생각을 일으키므로 반야바라밀다를 수행하는 것이 아닙니다.

다시 다음으로 세존이시여. 만약 새롭게 대승을 수행하는 보살마하살이 반야·정려·정진·안인·정계·보시바라밀다에 의지하지 않고서, '이와 같은 반야바라밀다는 안계에서 크다는 뜻을 짓고 작다는 뜻을 지으며, 색계·안식계, 나아가 안촉·안촉을 인연으로 생겨난 여러 수에서도 역시 크다는 뜻을 짓고 작다는 뜻을 지으며, 안계에서 집적한다는 뜻을 짓고 흩어진다는 뜻을 지으며, 색계, 나아가 안촉을 인연으로 생겨난 여러 수에서도 역시 집적한다는 뜻을 짓고 흩어진다는 뜻을 지으며, 안계에서 분량이 있다는 뜻을 짓고 분량이 없다는 뜻을 지으며, 색계, 나아가 안촉을 인연으로 생겨난 여러 수에서도 역시 분량이 있다는 뜻을 짓고 분량이 없다는 뜻을 지으며, 안계에서 넓다는 뜻을 짓고 좁다는 뜻을 지으며 색계, 나아가 안촉을 인연으로 생겨난 여러 수에서도 역시 넓다는 뜻을 짓고 좁다는 뜻을 지으며, 안계에서 힘이 있다는 뜻을 짓고 힘이 없다는 뜻을 지으며, 색계, 나아가 안촉을 인연으로 생겨난 여러 수에서도 역시 힘이 있다는 뜻을 짓고 힘이 없다는 뜻을 짓는다.'라고 이와 같은 생각을 일으킨다면, 세존이시여. 이 보살마하살은 오히려 이러한 생각을 일으키므로 반야바라밀다를 수행하는 것이 아닙니다.

다시 다음으로 세존이시여. 만약 새롭게 대승을 수행하는 보살마하살이 반야·정려·정진·안인·정계·보시바라밀다에 의지하지 않고서, '이와 같은 반야바라밀다는 이계에서 크다는 뜻을 짓고 작다는 뜻을 지으며, 성계·이식계, 나아가 이촉·이촉을 인연으로 생겨난 여러 수에서도 역시 크다는 뜻을 짓고 작다는 뜻을 지으며, 이계에서 집적한다는 뜻을 짓고 흩어진다는 뜻을 지으며, 성계, 나아가 이촉을 인연으로 생겨난 여러 수에서도 역시 집적한다는 뜻을 짓고 흩어진다는 뜻을 지으며, 이계에서 분량이 있다는 뜻을 짓고 분량이 없다는 뜻을 지으며, 성계, 나아가 이촉을 인연으로 생겨난 여러 수에서도 역시 분량이 있다는 뜻을 짓고 분량이 없다는 뜻을 지으며, 이계에서 넓다는 뜻을 짓고 좁다는 뜻을 지으며 성계, 나아가 이촉을 인연으로 생겨난 여러 수에서도 역시 넓다는 뜻을 짓고 좁다는 뜻을 지으며, 이계에서 힘이 있다는 뜻을 짓고 힘이 없다는 뜻을 지으며, 성계, 나아가 이촉을 인연으로 생겨난 여러 수에서도 역시 힘이 있다는 뜻을 짓고 힘이 없다는 뜻을 짓는다.'라고 이와 같은 생각을 일으킨다면, 세존이시여. 이 보살마하살은 오히려 이러한 생각을 일으키므로 반야바라밀다를 수행하는 것이 아닙니다.

다시 다음으로 세존이시여. 만약 새롭게 대승을 수행하는 보살마하살이 반야·정려·정진·안인·정계·보시바라밀다에 의지하지 않고서, '이와 같은 반야바라밀다는 비계에서 크다는 뜻을 짓고 작다는 뜻을 지으며, 향계·비식계, 나아가 비촉·비촉을 인연으로 생겨난 여러 수에서도 역시 크다는 뜻을 짓고 작다는 뜻을 지으며, 비계에서 집적한다는 뜻을 짓고 흩어진다는 뜻을 지으며, 향계, 나아가 비촉을 인연으로 생겨난 여러 수에서도 역시 집적한다는 뜻을 짓고 흩어진다는 뜻을 지으며, 비계에서 분량이 있다는 뜻을 짓고 분량이 없다는 뜻을 지으며, 향계, 나아가 비촉을 인연으로 생겨난 여러 수에서도 역시 분량이 있다는 뜻을 짓고 분량이 없다는 뜻을 지으며, 비계에서 넓다는 뜻을 짓고 좁다는 뜻을 지으며 향계, 나아가 비촉을 인연으로 생겨난 여러 수에서도 역시 넓다는 뜻을 짓고 좁다는 뜻을 지으며, 비계에서 힘이 있다는 뜻을 짓고 힘이 없다는 뜻을 지으며, 향계, 나아가 비촉을 인연으로 생겨난 여러 수에서도 역시 힘이 있다는 뜻을 짓고 힘이 없다는 뜻을 짓는다.'라고 이와 같은 생각을 일으킨다면, 세존이시여. 이 보살마하살은 오히려 이러한 생각을 일으키므로 반야바라밀다를 수행하는 것이 아닙니다.

다시 다음으로 세존이시여. 만약 새롭게 대승을 수행하는 보살마하살이 반야·정려·정진·안인·정계·보시바라밀다에 의지하지 않고서, '이와 같은 반야바라밀다는 설계에서 크다는 뜻을 짓고 작다는 뜻을 지으며, 미계·설식계, 나아가 설촉·설촉을 인연으로 생겨난 여러 수에서도 역시 크다는 뜻을 짓고 작다는 뜻을 지으며, 설계에서 집적한다는 뜻을 짓고 흩어진다는 뜻을 지으며, 미계, 나아가 설촉을 인연으로 생겨난 여러 수에서도 역시 집적한다는 뜻을 짓고 흩어진다는 뜻을 지으며, 설계에서 분량이 있다는 뜻을 짓고 분량이 없다는 뜻을 지으며, 미계, 나아가 설촉을 인연으로 생겨난 여러 수에서도 역시 분량이 있다는 뜻을 짓고 분량이 없다는 뜻을 지으며, 설계에서 넓다는 뜻을 짓고 좁다는 뜻을 지으며 미계, 나아가 설촉을 인연으로 생겨난 여러 수에서도 역시 넓다는 뜻을 짓고 좁다는 뜻을 지으며, 설계에서 힘이 있다는 뜻을 짓고 힘이 없다는 뜻을 지으며, 미계, 나아가 설촉을 인연으로 생겨난 여러 수에서도 역시 힘이 있다는 뜻을 짓고 힘이 없다는 뜻을 짓는다.'라고 이와 같은 생각을 일으킨다면, 세존이시여. 이 보살마하살은 오히려 이러한 생각을 일으키므로 반야바라밀다를 수행하는 것이 아닙니다.

다시 다음으로 세존이시여. 만약 새롭게 대승을 수행하는 보살마하살이 반야·정려·정진·안인·정계·보시바라밀다에 의지하지 않고서, '이와 같은 반야바라밀다는 신계에서 크다는 뜻을 짓고 작다는 뜻을 지으며, 촉계·신식계, 나아가 신촉·신촉을 인연으로 생겨난 여러 수에서도 역시 크다는 뜻을 짓고 작다는 뜻을 지으며, 신계에서 집적한다는 뜻을 짓고 흩어진다는 뜻을 지으며, 촉계, 나아가 신촉을 인연으로 생겨난 여러 수에서도 역시 집적한다는 뜻을 짓고 흩어진다는 뜻을 지으며, 신계에서 분량이 있다는 뜻을 짓고 분량이 없다는 뜻을 지으며, 촉계, 나아가 신촉을 인연으로 생겨난 여러 수에서도 역시 분량이 있다는 뜻을 짓고 분량이 없다는 뜻을 지으며, 신계에서 넓다는 뜻을 짓고 좁다는 뜻을 지으며 촉계, 나아가 신촉을 인연으로 생겨난 여러 수에서도 역시 넓다는 뜻을 짓고 좁다는 뜻을 지으며, 신계에서 힘이 있다는 뜻을 짓고 힘이 없다는 뜻을 지으며, 촉계, 나아가 신촉을 인연으로 생겨난 여러 수에서도 역시 힘이 있다는 뜻을 짓고 힘이 없다는 뜻을 짓는다.'라고 이와 같은 생각을 일으킨다면, 세존이시여. 이 보살마하살은 오히려 이러한 생각을 일으키므로 반야바라밀다를 수행하는 것이 아닙니다.

다시 다음으로 세존이시여. 만약 새롭게 대승을 수행하는 보살마하살이 반야·정려·정진·안인·정계·보시바라밀다에 의지하지 않고서, '이와 같은 반야바라밀다는 의계에서 크다는 뜻을 짓고 작다는 뜻을 지으며, 법계·의식계, 나아가 의촉·의촉을 인연으로 생겨난 여러 수에서도 역시 크다는 뜻을 짓고 작다는 뜻을 지으며, 의계에서 집적한다는 뜻을 짓고 흩어진다는 뜻을 지으며, 법계, 나아가 의촉을 인연으로 생겨난 여러 수에서도 역시 집적한다는 뜻을 짓고 흩어진다는 뜻을 지으며, 의계에서 분량이 있다는 뜻을 짓고 분량이 없다는 뜻을 지으며, 법계, 나아가 의촉을 인연으로 생겨난 여러 수에서도 역시 분량이 있다는 뜻을 짓고 분량이 없다는 뜻을 지으며, 의계에서 넓다는 뜻을 짓고 좁다는 뜻을 지으며 법계, 나아가 의촉을 인연으로 생겨난 여러 수에서도 역시 넓다는 뜻을 짓고 좁다는 뜻을 지으며, 의계에서 힘이 있다는 뜻을 짓고 힘이 없다는 뜻을 지으며, 법계, 나아가 의촉을 인연으로 생겨난 여러 수에서도 역시 힘이 있다는 뜻을 짓고 힘이 없다는 뜻을 짓는다.'라고 이와 같은 생각을 일으킨다면, 세존이시여. 이 보살마하살은 오히려 이러한 생각을 일으키므로 반야바라밀다를 수행하는 것이 아닙니다.

다시 다음으로 세존이시여. 만약 새롭게 대승을 수행하는 보살마하살이 반야·정려·정진·안인·정계·보시바라밀다에 의지하지 않고서, '이와 같은 반야바라밀다는 지계에서 크다는 뜻을 짓고 작다는 뜻을 지으며, 수·화·풍·공·식계에서도 역시 크다는 뜻을 짓고 작다는 뜻을 지으며, 지계에서 집적한다는 뜻을 짓고 흩어진다는 뜻을 지으며, 수·화·풍·공·식계에서도 역시 집적한다는 뜻을 짓고 흩어진다는 뜻을 지으며, 지계에서 분량이 있다는 뜻을 짓고 분량이 없다는 뜻을 지으며, 수·화·풍·공·식계에서도 역시 분량이 있다는 뜻을 짓고 분량이 없다는 뜻을 지으며, 지계에서 넓다는 뜻을 짓고 좁다는 뜻을 지으며 수·화·풍·공·식계에서도 역시 넓다는 뜻을 짓고 좁다는 뜻을 지으며, 지계에서 힘이 있다는 뜻을 짓고 힘이 없다는 뜻을 지으며, 수·화·풍·공·식계에서도 역시 힘이 있다는 뜻을 짓고 힘이 없다는 뜻을 짓는다.'라고 이와 같은 생각을 일으킨다면, 세존이시여. 이 보살마하살은 오히려 이러한 생각을 일으키므로 반야바라밀다를 수행하는 것이 아닙니다.

다시 다음으로 세존이시여. 만약 새롭게 대승을 수행하는 보살마하살이 반야·정려·정진·안인·정계·보시바라밀다에 의지하지 않고서, '이와 같은 반야바라밀다는 무명에서 크다는 뜻을 짓고 작다는 뜻을 지으며, 행·식·명색·육처·촉·수·애·취·유·생·노사의 수탄고우뇌에서도 역시 크다는 뜻을 짓고 작다는 뜻을 지으며, 무명에서 집적한다는 뜻을 짓고 흩어진다는 뜻을 지으며, 행, 나아가 노사의 수탄고우뇌에서도 역시 집적한다는 뜻을 짓고 흩어진다는 뜻을 지으며, 무명에서 분량이 있다는 뜻을 짓고 분량이 없다는 뜻을 지으며, 행, 나아가 노사의 수탄고우뇌에서도 역시 분량이 있다는 뜻을 짓고 분량이 없다는 뜻을 지으며, 무명에서 넓다는 뜻을 짓고 좁다는 뜻을 지으며 행, 나아가 노사의 수탄고우뇌에서도 역시 넓다는 뜻을 짓고 좁다는 뜻을 지으며, 무명에서 힘이 있다는 뜻을 짓고 힘이 없다는 뜻을 지으며, 행, 나아가 노사의 수탄고우뇌에서도 역시 힘이 있다는 뜻을 짓고 힘이 없다는 뜻을 짓는다.'라고 이와 같은 생각을 일으킨다면, 세존이시여. 이 보살마하살은 오히려 이러한 생각을 일으키므로 반야바라밀다를 수행하는 것이 아닙니다.

다시 다음으로 세존이시여. 만약 새롭게 대승을 수행하는 보살마하살이 반야·정려·정진·안인·정계·보시바라밀다에 의지하지 않고서, '이와 같은 반야바라밀다는 보시바라밀다에서 크다는 뜻을 짓고 작다는 뜻을 지으며, 정계·안인·정진·정려·반야바라밀다에서도 역시 크다는 뜻을 짓고 작다는 뜻을 지으며, 보시바라밀다에서 집적한다는 뜻을 짓고 흩어진다는 뜻을 지으며, 정계, 나아가 반야바라밀다에서도 역시 집적한다는 뜻을 짓고 흩어진다는 뜻을 지으며, 보시바라밀다에서 분량이 있다는 뜻을 짓고 분량이 없다는 뜻을 지으며, 정계, 나아가 반야바라밀다에서도 역시 분량이 있다는 뜻을 짓고 분량이 없다는 뜻을 지으며, 보시바라밀다에서 넓다는 뜻을 짓고 좁다는 뜻을 지으며 정계, 나아가 반야바라밀다에서도 역시 넓다는 뜻을 짓고 좁다는 뜻을 지으며, 보시바라밀다에서 힘이 있다는 뜻을 짓고 힘이 없다는 뜻을 지으며, 정계, 나아가 반야바라밀다에서도 역시 힘이 있다는 뜻을 짓고 힘이 없다는 뜻을 짓는다.'라고 이와 같은 생각을 일으킨다면, 세존이시여. 이 보살마하살은 오히려 이러한 생각을 일으키므로 반야바라밀다를 수행하는 것이 아닙니다.

다시 다음으로 세존이시여. 만약 새롭게 대승을 수행하는 보살마하살이 반야·정려·정진·안인·정계·보시바라밀다에 의지하지 않고서, '이와 같은 반야바라밀다는 내공에서 크다는 뜻을 짓고 작다는 뜻을 지으며, 외공·내외공·공공·대공·승의공·유위공·무위공·필경공·무제공·산공·

무변이공·본성공·자상공·공상공·일체법공·불가득공·무성공·자성공·무성자성공에서도 역시 크다는 뜻을 짓고 작다는 뜻을 지으며, 내공에서 집적한다는 뜻을 짓고 흩어진다는 뜻을 지으며, 외공, 나아가 무성자성공에서도 역시 집적한다는 뜻을 짓고 흩어진다는 뜻을 지으며, 내공에서 분량이 있다는 뜻을 짓고 분량이 없다는 뜻을 지으며, 외공, 나아가 무성자성공에서도 역시 분량이 있다는 뜻을 짓고 분량이 없다는 뜻을 지으며, 내공에서 넓다는 뜻을 짓고 좁다는 뜻을 지으며 외공, 나아가 무성자성공에서도 역시 넓다는 뜻을 짓고 좁다는 뜻을 지으며, 내공에서 힘이 있다는 뜻을 짓고 힘이 없다는 뜻을 지으며, 외공, 나아가 무성자성공에서도 역시 힘이 있다는 뜻을 짓고 힘이 없다는 뜻을 짓는다.'라고 이와 같은 생각을 일으킨다면, 세존이시여. 이 보살마하살은 오히려 이러한 생각을 일으키므로 반야바라밀다를 수행하는 것이 아닙니다.

다시 다음으로 세존이시여. 만약 새롭게 대승을 수행하는 보살마하살이 반야·정려·정진·안인·정계·보시바라밀다에 의지하지 않고서, '이와 같은 반야바라밀다는 진여에서 크다는 뜻을 짓고 작다는 뜻을 지으며, 법계·법성·불허망성·불변이성·평등성·이생성·법정·법주·실제·허공계·부사의계에서도 역시 크다는 뜻을 짓고 작다는 뜻을 지으며, 진여에서 집적한다는 뜻을 짓고 흩어진다는 뜻을 지으며, 법계, 나아가 부사의계에서도 역시 집적한다는 뜻을 짓고 흩어진다는 뜻을 지으며, 진여에서 분량이 있다는 뜻을 짓고 분량이 없다는 뜻을 지으며, 법계, 나아가 부사의계에서도 역시 분량이 있다는 뜻을 짓고 분량이 없다는 뜻을 지으며, 진여에서 넓다는 뜻을 짓고 좁다는 뜻을 지으며 법계, 나아가 부사의계에서도 역시 넓다는 뜻을 짓고 좁다는 뜻을 지으며, 진여에서 힘이 있다는 뜻을 짓고 힘이 없다는 뜻을 지으며, 법계, 나아가 부사의계에서도 역시 힘이 있다는 뜻을 짓고 힘이 없다는 뜻을 짓는다.'라고 이와 같은 생각을 일으킨다면, 세존이시여. 이 보살마하살은 오히려 이러한 생각을 일으키므로 반야바라밀다를 수행하는 것이 아닙니다.

다시 다음으로 세존이시여. 만약 새롭게 대승을 수행하는 보살마하살

이 반야·정려·정진·안인·정계·보시바라밀다에 의지하지 않고서, '이와 같은 반야바라밀다는 고성제에서 크다는 뜻을 짓고 작다는 뜻을 지으며, 집·멸·도성제에서도 역시 크다는 뜻을 짓고 작다는 뜻을 지으며, 고성제에서 집적한다는 뜻을 짓고 흩어진다는 뜻을 지으며, 집·멸·도성제에서도 역시 집적한다는 뜻을 짓고 흩어진다는 뜻을 지으며, 고성제에서 분량이 있다는 뜻을 짓고 분량이 없다는 뜻을 지으며, 집·멸·도성제에서도 역시 분량이 있다는 뜻을 짓고 분량이 없다는 뜻을 지으며, 고성제에서 넓다는 뜻을 짓고 좁다는 뜻을 지으며 집·멸·도성제에서도 역시 넓다는 뜻을 짓고 좁다는 뜻을 지으며, 고성제에서 힘이 있다는 뜻을 짓고 힘이 없다는 뜻을 지으며, 집·멸·도성제에서도 역시 힘이 있다는 뜻을 짓고 힘이 없다는 뜻을 짓는다.'라고 이와 같은 생각을 일으킨다면, 세존이시여. 이 보살마하살은 오히려 이러한 생각을 일으키므로 반야바라밀다를 수행하는 것이 아닙니다.

다시 다음으로 세존이시여. 만약 새롭게 대승을 수행하는 보살마하살이 반야·정려·정진·안인·정계·보시바라밀다에 의지하지 않고서, '이와 같은 반야바라밀다는 4정려에서 크다는 뜻을 짓고 작다는 뜻을 지으며, 4무량·4무색정에서도 역시 크다는 뜻을 짓고 작다는 뜻을 지으며, 4정려에서 집적한다는 뜻을 짓고 흩어진다는 뜻을 지으며, 4무량·4무색정에서도 역시 집적한다는 뜻을 짓고 흩어진다는 뜻을 지으며, 4정려에서 분량이 있다는 뜻을 짓고 분량이 없다는 뜻을 지으며, 4무량·4무색정에서도 역시 분량이 있다는 뜻을 짓고 분량이 없다는 뜻을 지으며, 4정려에서 넓다는 뜻을 짓고 좁다는 뜻을 지으며 4무량·4무색정에서도 역시 넓다는 뜻을 짓고 좁다는 뜻을 지으며, 4정려에서 힘이 있다는 뜻을 짓고 힘이 없다는 뜻을 지으며, 4무량·4무색정에서도 역시 힘이 있다는 뜻을 짓고 힘이 없다는 뜻을 짓는다.'라고 이와 같은 생각을 일으킨다면, 세존이시여. 이 보살마하살은 오히려 이러한 생각을 일으키므로 반야바라밀다를 수행하는 것이 아닙니다.

다시 다음으로 세존이시여. 만약 새롭게 대승을 수행하는 보살마하살

이 반야·정려·정진·안인·정계·보시바라밀다에 의지하지 않고서, '이와 같은 반야바라밀다는 8해탈에서 크다는 뜻을 짓고 작다는 뜻을 지으며, 8승처·9차제정·10변처에서도 역시 크다는 뜻을 짓고 작다는 뜻을 지으며, 8해탈에서 집적한다는 뜻을 짓고 흩어진다는 뜻을 지으며, 8승처·9차제정·10변처에서도 역시 집적한다는 뜻을 짓고 흩어진다는 뜻을 지으며, 8해탈에서 분량이 있다는 뜻을 짓고 분량이 없다는 뜻을 지으며, 8승처·9차제정·10변처에서도 역시 분량이 있다는 뜻을 짓고 분량이 없다는 뜻을 지으며, 8해탈에서 넓다는 뜻을 짓고 좁다는 뜻을 지으며 8승처·9차제정·10변처에서도 역시 넓다는 뜻을 짓고 좁다는 뜻을 지으며, 8해탈에서 힘이 있다는 뜻을 짓고 힘이 없다는 뜻을 지으며, 8승처·9차제정·10변처에서도 역시 힘이 있다는 뜻을 짓고 힘이 없다는 뜻을 짓는다.'라고 이와 같은 생각을 일으킨다면, 세존이시여. 이 보살마하살은 오히려 이러한 생각을 일으키므로 반야바라밀다를 수행하는 것이 아닙니다.

다시 다음으로 세존이시여. 만약 새롭게 대승을 수행하는 보살마하살이 반야·정려·정진·안인·정계·보시바라밀다에 의지하지 않고서, '이와 같은 반야바라밀다는 4념주에서 크다는 뜻을 짓고 작다는 뜻을 지으며, 4정단·4신족·5근·5력·7등각지·8성도지에서도 역시 크다는 뜻을 짓고 작다는 뜻을 지으며, 4념주에서 집적한다는 뜻을 짓고 흩어진다는 뜻을 지으며, 4정단, 나아가 8성도지에서도 역시 집적한다는 뜻을 짓고 흩어진다는 뜻을 지으며, 4념주에서 분량이 있다는 뜻을 짓고 분량이 없다는 뜻을 지으며, 4정단, 나아가 8성도지에서도 역시 분량이 있다는 뜻을 짓고 분량이 없다는 뜻을 지으며, 4념주에서 넓다는 뜻을 짓고 좁다는 뜻을 지으며 4정단, 나아가 8성도지에서도 역시 넓다는 뜻을 짓고 좁다는 뜻을 지으며, 4념주에서 힘이 있다는 뜻을 짓고 힘이 없다는 뜻을 지으며, 4정단, 나아가 8성도지에서도 역시 힘이 있다는 뜻을 짓고 힘이 없다는 뜻을 짓는다.'라고 이와 같은 생각을 일으킨다면, 세존이시여. 이 보살마하살은 오히려 이러한 생각을 일으키므로 반야바라밀다를 수행하는 것이 아닙니다.

다시 다음으로 세존이시여. 만약 새롭게 대승을 수행하는 보살마하살이 반야·정려·정진·안인·정계·보시바라밀다에 의지하지 않고서, '이와 같은 반야바라밀다는 공해탈문에서 크다는 뜻을 짓고 작다는 뜻을 지으며, 무상·무원해탈문에서도 역시 크다는 뜻을 짓고 작다는 뜻을 지으며, 공해탈문에서 집적한다는 뜻을 짓고 흩어진다는 뜻을 지으며, 무상·무원해탈문에서도 역시 집적한다는 뜻을 짓고 흩어진다는 뜻을 지으며, 공해탈문에서 분량이 있다는 뜻을 짓고 분량이 없다는 뜻을 지으며, 무상·무원해탈문에서도 역시 분량이 있다는 뜻을 짓고 분량이 없다는 뜻을 지으며, 공해탈문에서 넓다는 뜻을 짓고 좁다는 뜻을 지으며 무상·무원해탈문에서도 역시 넓다는 뜻을 짓고 좁다는 뜻을 지으며, 공해탈문에서 힘이 있다는 뜻을 짓고 힘이 없다는 뜻을 지으며, 무상·무원해탈문에서도 역시 힘이 있다는 뜻을 짓고 힘이 없다는 뜻을 짓는다.'라고 이와 같은 생각을 일으킨다면, 세존이시여. 이 보살마하살은 오히려 이러한 생각을 일으키므로 반야바라밀다를 수행하는 것이 아닙니다.

다시 다음으로 세존이시여. 만약 새롭게 대승을 수행하는 보살마하살이 반야·정려·정진·안인·정계·보시바라밀다에 의지하지 않고서, '이와 같은 반야바라밀다는 5안에서 크다는 뜻을 짓고 작다는 뜻을 지으며, 6신통에서도 역시 크다는 뜻을 짓고 작다는 뜻을 지으며, 5안에서 집적한다는 뜻을 짓고 흩어진다는 뜻을 지으며, 6신통에서도 역시 집적한다는 뜻을 짓고 흩어진다는 뜻을 지으며, 5안에서 분량이 있다는 뜻을 짓고 분량이 없다는 뜻을 지으며, 6신통에서도 역시 분량이 있다는 뜻을 짓고 분량이 없다는 뜻을 지으며, 5안에서 넓다는 뜻을 짓고 좁다는 뜻을 지으며 6신통에서도 역시 넓다는 뜻을 짓고 좁다는 뜻을 지으며, 5안에서 힘이 있다는 뜻을 짓고 힘이 없다는 뜻을 지으며, 6신통에서도 역시 힘이 있다는 뜻을 짓고 힘이 없다는 뜻을 짓는다.'라고 이와 같은 생각을 일으킨다면, 세존이시여. 이 보살마하살은 오히려 이러한 생각을 일으키므로 반야바라밀다를 수행하는 것이 아닙니다.

다시 다음으로 세존이시여. 만약 새롭게 대승을 수행하는 보살마하살

이 반야·정려·정진·안인·정계·보시바라밀다에 의지하지 않고서, '이와 같은 반야바라밀다는 여래의 10력에서 크다는 뜻을 짓고 작다는 뜻을 지으며, 4무소외·4무애해·대자·대비·대희·대사·18불불공법에서도 역시 크다는 뜻을 짓고 작다는 뜻을 지으며, 여래의 10력에서 집적한다는 뜻을 짓고 흩어진다는 뜻을 지으며, 4무소외, 나아가 18불불공법에서도 역시 집적한다는 뜻을 짓고 흩어진다는 뜻을 지으며, 여래의 10력에서 분량이 있다는 뜻을 짓고 분량이 없다는 뜻을 지으며, 4무소외, 나아가 18불불공법에서도 역시 분량이 있다는 뜻을 짓고 분량이 없다는 뜻을 지으며, 여래의 10력에서 넓다는 뜻을 짓고 좁다는 뜻을 지으며 4무소외, 나아가 18불불공법에서도 역시 넓다는 뜻을 짓고 좁다는 뜻을 지으며, 여래의 10력에서 힘이 있다는 뜻을 짓고 힘이 없다는 뜻을 지으며 4무소외, 나아가 18불불공법에서도 역시 힘이 있다는 뜻을 짓고 힘이 없다는 뜻을 짓는다.'라고 이와 같은 생각을 일으킨다면, 세존이시여. 이 보살마하살은 오히려 이러한 생각을 일으키므로 반야바라밀다를 수행하는 것이 아닙니다.

다시 다음으로 세존이시여. 만약 새롭게 대승을 수행하는 보살마하살이 반야·정려·정진·안인·정계·보시바라밀다에 의지하지 않고서, '이와 같은 반야바라밀다는 무망실법에서 크다는 뜻을 짓고 작다는 뜻을 지으며, 항주사성에서도 역시 크다는 뜻을 짓고 작다는 뜻을 지으며, 무망실법에서 집적한다는 뜻을 짓고 흩어진다는 뜻을 지으며, 항주사성에서도 역시 집적한다는 뜻을 짓고 흩어진다는 뜻을 지으며, 무망실법에서 분량이 있다는 뜻을 짓고 분량이 없다는 뜻을 지으며, 항주사성에서도 역시 분량이 있다는 뜻을 짓고 분량이 없다는 뜻을 지으며, 무망실법에서 넓다는 뜻을 짓고 좁다는 뜻을 지으며 항주사성에서도 역시 넓다는 뜻을 짓고 좁다는 뜻을 지으며, 무망실법에서 힘이 있다는 뜻을 짓고 힘이 없다는 뜻을 지으며, 항주사성에서도 역시 힘이 있다는 뜻을 짓고 힘이 없다는 뜻을 짓는다.'라고 이와 같은 생각을 일으킨다면, 세존이시여. 이 보살마하살은 오히려 이러한 생각을 일으키므로 반야바라밀다를 수행하는 것이 아닙니다.

다시 다음으로 세존이시여. 만약 새롭게 대승을 수행하는 보살마하살이 반야·정려·정진·안인·정계·보시바라밀다에 의지하지 않고서, '이와 같은 반야바라밀다는 일체지에서 크다는 뜻을 짓고 작다는 뜻을 지으며, 도상지·일체상지에서도 역시 크다는 뜻을 짓고 작다는 뜻을 지으며, 일체지에서 집적한다는 뜻을 짓고 흩어진다는 뜻을 지으며, 도상지·일체상지에서도 역시 집적한다는 뜻을 짓고 흩어진다는 뜻을 지으며, 일체지에서 분량이 있다는 뜻을 짓고 분량이 없다는 뜻을 지으며, 도상지·일체상지에서도 역시 분량이 있다는 뜻을 짓고 분량이 없다는 뜻을 지으며, 일체지에서 넓다는 뜻을 짓고 좁다는 뜻을 지으며 도상지·일체상지에서도 역시 넓다는 뜻을 짓고 좁다는 뜻을 지으며, 일체지에서 힘이 있다는 뜻을 짓고 힘이 없다는 뜻을 지으며, 도상지·일체상지에서도 역시 힘이 있다는 뜻을 짓고 힘이 없다는 뜻을 짓는다.'라고 이와 같은 생각을 일으킨다면, 세존이시여. 이 보살마하살은 오히려 이러한 생각을 일으키므로 반야바라밀다를 수행하는 것이 아닙니다.

다시 다음으로 세존이시여. 만약 새롭게 대승을 수행하는 보살마하살이 반야·정려·정진·안인·정계·보시바라밀다에 의지하지 않고서, '이와 같은 반야바라밀다는 일체의 다라니문에서 크다는 뜻을 짓고 작다는 뜻을 지으며, 일체의 삼마지문에서도 역시 크다는 뜻을 짓고 작다는 뜻을 지으며, 일체의 다라니문에서 집적한다는 뜻을 짓고 흩어진다는 뜻을 지으며, 일체의 삼마지문에서도 역시 집적한다는 뜻을 짓고 흩어진다는 뜻을 지으며, 일체의 다라니문에서 분량이 있다는 뜻을 짓고 분량이 없다는 뜻을 지으며, 일체의 삼마지문에서도 역시 분량이 있다는 뜻을 짓고 분량이 없다는 뜻을 지으며, 일체의 다라니문에서 넓다는 뜻을 짓고 좁다는 뜻을 지으며 일체의 삼마지문에서도 역시 넓다는 뜻을 짓고 좁다는 뜻을 지으며, 일체의 다라니문에서 힘이 있다는 뜻을 짓고 힘이 없다는 뜻을 지으며, 일체의 삼마지문에서도 역시 힘이 있다는 뜻을 짓고 힘이 없다는 뜻을 짓는다.'라고 이와 같은 생각을 일으킨다면, 세존이시여. 이 보살마하살은 오히려 이러한 생각을 일으키므로 반야바라밀다를 수행하는 것이 아닙니다.

다시 다음으로 세존이시여. 만약 새롭게 대승을 수행하는 보살마하살이 반야·정려·정진·안인·정계·보시바라밀다에 의지하지 않고서, '이와 같은 반야바라밀다는 예류에서 크다는 뜻을 짓고 작다는 뜻을 지으며, 일래·불환·아라한에서도 역시 크다는 뜻을 짓고 작다는 뜻을 지으며, 예류에서 집적한다는 뜻을 짓고 흩어진다는 뜻을 지으며, 일래·불환·아라한에서도 역시 집적한다는 뜻을 짓고 흩어진다는 뜻을 지으며, 예류에서 분량이 있다는 뜻을 짓고 분량이 없다는 뜻을 지으며, 일래·불환·아라한에서도 역시 분량이 있다는 뜻을 짓고 분량이 없다는 뜻을 지으며, 예류에서 넓다는 뜻을 짓고 좁다는 뜻을 지으며 일래·불환·아라한에서도 역시 넓다는 뜻을 짓고 좁다는 뜻을 지으며, 예류에서 힘이 있다는 뜻을 짓고 힘이 없다는 뜻을 지으며, 일래·불환·아라한에서도 역시 힘이 있다는 뜻을 짓고 힘이 없다는 뜻을 짓는다.'라고 이와 같은 생각을 일으킨다면, 세존이시여. 이 보살마하살은 오히려 이러한 생각을 일으키므로 반야바라밀다를 수행하는 것이 아닙니다.

다시 다음으로 세존이시여. 만약 새롭게 대승을 수행하는 보살마하살이 반야·정려·정진·안인·정계·보시바라밀다에 의지하지 않고서, '이와 같은 반야바라밀다는 예류향·예류과에서 크다는 뜻을 짓고 작다는 뜻을 지으며, 일래향·일래과·불환향·불환과·아라한향·아라한과에서도 역시 크다는 뜻을 짓고 작다는 뜻을 지으며, 예류향·예류과에서 집적한다는 뜻을 짓고 흩어진다는 뜻을 지으며, 일래향, 나아가 아라한과에서도 역시 집적한다는 뜻을 짓고 흩어진다는 뜻을 지으며, 예류향·예류과에서 분량이 있다는 뜻을 짓고 분량이 없다는 뜻을 지으며, 일래향, 나아가 아라한과에서도 역시 분량이 있다는 뜻을 짓고 분량이 없다는 뜻을 지으며, 예류향·예류과에서 넓다는 뜻을 짓고 좁다는 뜻을 지으며 일래향, 나아가 아라한과에서도 역시 넓다는 뜻을 짓고 좁다는 뜻을 지으며, 예류향·예류과에서 힘이 있다는 뜻을 짓고 힘이 없다는 뜻을 지으며, 일래향, 나아가 아라한과에서도 역시 힘이 있다는 뜻을 짓고 힘이 없다는 뜻을 짓는다.'라고 이와 같은 생각을 일으킨다면, 세존이시여. 이 보살마하살은 오히려 이러한 생각을 일으키므로 반야바라밀다를 수행하는 것이 아닙니다.

다시 다음으로 세존이시여. 만약 새롭게 대승을 수행하는 보살마하살이 반야·정려·정진·안인·정계·보시바라밀다에 의지하지 않고서, '이와 같은 반야바라밀다는 독각에서 크다는 뜻을 짓고 작다는 뜻을 지으며, 독각의 보리에서도 역시 크다는 뜻을 짓고 작다는 뜻을 지으며, 독각에서 집적한다는 뜻을 짓고 흩어진다는 뜻을 지으며, 독각의 보리에서도 역시 집적한다는 뜻을 짓고 흩어진다는 뜻을 지으며, 독각에서 분량이 있다는 뜻을 짓고 분량이 없다는 뜻을 지으며, 독각의 보리에서도 역시 분량이 있다는 뜻을 짓고 분량이 없다는 뜻을 지으며, 독각에서 넓다는 뜻을 짓고 좁다는 뜻을 지으며 독각의 보리에서도 역시 넓다는 뜻을 짓고 좁다는 뜻을 지으며, 독각에서 힘이 있다는 뜻을 짓고 힘이 없다는 뜻을 지으며, 독각의 보리에서도 역시 힘이 있다는 뜻을 짓고 힘이 없다는 뜻을 짓는다.'라고 이와 같은 생각을 일으킨다면, 세존이시여. 이 보살마하살은 오히려 이러한 생각을 일으키므로 반야바라밀다를 수행하는 것이 아닙니다.

다시 다음으로 세존이시여. 만약 새롭게 대승을 수행하는 보살마하살이 반야·정려·정진·안인·정계·보시바라밀다에 의지하지 않고서, '이와 같은 반야바라밀다는 보살마하살에서 크다는 뜻을 짓고 작다는 뜻을 지으며, 보살마하살의 행에서도 역시 크다는 뜻을 짓고 작다는 뜻을 지으며, 보살마하살에서 집적한다는 뜻을 짓고 흩어진다는 뜻을 지으며, 보살마하살의 행에서도 역시 집적한다는 뜻을 짓고 흩어진다는 뜻을 지으며, 보살마하살에서 분량이 있다는 뜻을 짓고 분량이 없다는 뜻을 지으며, 보살마하살의 행에서도 역시 분량이 있다는 뜻을 짓고 분량이 없다는 뜻을 지으며, 보살마하살에서 넓다는 뜻을 짓고 좁다는 뜻을 지으며 보살마하살의 행에서도 역시 넓다는 뜻을 짓고 좁다는 뜻을 지으며, 보살마하살에서 힘이 있다는 뜻을 짓고 힘이 없다는 뜻을 지으며, 보살마하살의 행에서도 역시 힘이 있다는 뜻을 짓고 힘이 없다는 뜻을 짓는다.'라고 이와 같은 생각을 일으킨다면, 세존이시여. 이 보살마하살은 오히려 이러한 생각을 일으키므로 반야바라밀다를 수행하는 것이 아닙니다.

다시 다음으로 세존이시여. 만약 새롭게 대승을 수행하는 보살마하살이 반야·정려·정진·안인·정계·보시바라밀다에 의지하지 않고서, '이와 같은 반야바라밀다는 제여래·응공·정등각에서 크다는 뜻을 짓고 작다는 뜻을 지으며, 여래의 무상정등보리에서도 역시 크다는 뜻을 짓고 작다는 뜻을 지으며, 제여래·응공·정등각에서 집적한다는 뜻을 짓고 흩어진다는 뜻을 지으며, 여래의 무상정등보리에서도 역시 집적한다는 뜻을 짓고 흩어진다는 뜻을 지으며, 제여래·응공·정등각에서 분량이 있다는 뜻을 짓고 분량이 없다는 뜻을 지으며, 여래의 무상정등보리에서도 역시 분량이 있다는 뜻을 짓고 분량이 없다는 뜻을 지으며, 제여래·응공·정등각에서 넓다는 뜻을 짓고 좁다는 뜻을 지으며, 여래의 무상정등보리에서도 역시 넓다는 뜻을 짓고 좁다는 뜻을 지으며, 제여래·응공·정등각에서 힘이 있다는 뜻을 짓고 힘이 없다는 뜻을 지으며, 여래의 무상정등보리에서도 역시 힘이 있다는 뜻을 짓고 힘이 없다는 뜻을 짓는다.'라고 이와 같은 생각을 일으킨다면, 세존이시여. 이 보살마하살은 오히려 이러한 생각을 일으키므로 반야바라밀다를 수행하는 것이 아닙니다.

다시 다음으로 세존이시여. 만약 새롭게 대승을 수행하는 보살마하살이 반야·정려·정진·안인·정계·보시바라밀다에 의지하지 않고서, '이와 같은 반야바라밀다는 일체법에서 크다는 뜻을 짓고 작다는 뜻을 지으며, 집적한다는 뜻을 짓고 흩어진다는 뜻을 지으며, 분량이 있다는 뜻을 짓고 분량이 없다는 뜻을 지으며, 넓다는 뜻을 짓고 좁다는 뜻을 지으며, 힘이 있다는 뜻을 짓고 힘이 없다는 뜻을 짓는다.'라고 이와 같은 생각을 일으킨다면, 세존이시여. 이 보살마하살은 오히려 이러한 생각을 일으키므로 반야바라밀다를 수행하는 것이 아닙니다."

"왜 그러한가? 세존이시여. 만약 보살마하살이 '이와 같은 반야바라밀다는 색에서 만약 크거나 작다는 뜻을 짓고 크거나 작다는 뜻을 짓지 않으며, 수·상·행·식에서도 만약 크거나 작다는 뜻을 짓고 크거나 작다는 뜻을 짓지 않으며, 색에서 만약 집적하거나 흩어진다는 뜻을 짓고 집적하거나 흩어진다는 뜻을 짓지 않으며, 수·상·행·식에서도 만약 크거나 작다는 뜻을 짓고 크거나 작다는 뜻을 짓지 않으며, 색에서 분량이 있거나 분량이 없다는 뜻을 짓고 분량이 있거나 분량이 없다는 뜻을 짓지 않으며, 수·상·행·식에서도 만약 분량이 있거나 분량이 없다는 뜻을 짓고 분량이 있거나 분량이 없다는 뜻을 짓지 않으며, 색에서 넓거나 좁다는 뜻을 짓고 넓거나 좁다는 뜻을 짓지 않으며, 수·상·행·식에서도 만약 넓거나 좁다는 뜻을 짓고 넓거나 좁다는 뜻을 짓지 않으며, 색에서 만약 힘이 있거나 힘이 없다는 뜻을 짓고 힘이 있거나 힘이 없다는 뜻을 짓지 않으며, 수·상·행·식에서도 만약 힘이 있거나 힘이 없다는 뜻을 짓고 힘이 있거나 힘이 없다는 뜻을 짓지 않는다.'라고 이와 같은 생각을 일으킨다면, 세존이시여. 이와 같은 일체는 반야바라밀다의 등류과(等流果)[1]가 아닌 까닭입니다.

다시 다음으로 세존이시여. 만약 보살마하살이 '이와 같은 반야바라밀다는 안처에서 만약 크거나 작다는 뜻을 짓고 크거나 작다는 뜻을 짓지 않으며, 이·비·설·신·의처에서도 만약 크거나 작다는 뜻을 짓고 크거나 작다는 뜻을 짓지 않으며, 안처에서 만약 집적하거나 흩어진다는 뜻을 짓고 집적하거나 흩어진다는 뜻을 짓지 않으며, 이·비·설·신·의처에서도 만약 집적하거나 흩어진다는 뜻을 짓고 집적하거나 흩어진다는 뜻을 짓지 않으며, 안처에서 분량이 있거나 분량이 없다는 뜻을 짓고 분량이 있거나 분량이 없다는 뜻을 짓지 않으며, 이·비·설·신·의처에서도 만약 분량이 있거나 분량이 없다는 뜻을 짓고 분량이 있거나 분량이 없다는 뜻을 짓지 않으며, 안처에서 넓거나 좁다는 뜻을 짓고 넓거나 좁다는 뜻을 짓지 않으며, 이·비·설·신·의처에서도 만약 넓거나 좁다는 뜻을

1) 산스크리트어 niṣyandaphala의 번역이고, 오과(五果)의 하나이다. 좋은 원인에서 좋은 결과가 생겨나고, 나쁜 원인에서 나쁜 결과가 생겨나는 것처럼 원인과 성질이 같은 결과를 나타내는 것이다.

짓고 넓거나 좁다는 뜻을 짓지 않으며, 안처에서 만약 힘이 있거나 힘이 없다는 뜻을 짓고 힘이 있거나 힘이 없다는 뜻을 짓지 않으며, 이·비·설·신·의처에서도 만약 힘이 있거나 힘이 없다는 뜻을 짓고 힘이 있거나 힘이 없다는 뜻을 짓지 않는다.'라고 이와 같은 생각을 일으킨다면, 세존이시여. 이와 같은 일체는 반야바라밀다의 등류과가 아닌 까닭입니다.

다시 다음으로 세존이시여. 만약 보살마하살이 '이와 같은 반야바라밀다는 색처에서 만약 크거나 작다는 뜻을 짓고 크거나 작다는 뜻을 짓지 않으며, 성·향·미·촉·법처에서도 만약 크거나 작다는 뜻을 짓고 크거나 작다는 뜻을 짓지 않으며, 색처에서 만약 집적하거나 흩어진다는 뜻을 짓고 집적하거나 흩어진다는 뜻을 짓지 않으며, 성·향·미·촉·법처에서도 만약 집적하거나 흩어진다는 뜻을 짓고 집적하거나 흩어진다는 뜻을 짓지 않으며, 색처에서 분량이 있거나 분량이 없다는 뜻을 짓고 분량이 있거나 분량이 없다는 뜻을 짓지 않으며, 성·향·미·촉·법처에서도 만약 분량이 있거나 분량이 없다는 뜻을 짓고 분량이 있거나 분량이 없다는 뜻을 짓지 않으며, 색처에서 넓거나 좁다는 뜻을 짓고 넓거나 좁다는 뜻을 짓지 않으며, 성·향·미·촉·법처에서도 만약 넓거나 좁다는 뜻을 짓고 넓거나 좁다는 뜻을 짓지 않으며, 색처에서 만약 힘이 있거나 힘이 없다는 뜻을 짓고 힘이 있거나 힘이 없다는 뜻을 짓지 않으며, 성·향·미·촉·법처에서도 만약 힘이 있거나 힘이 없다는 뜻을 짓고 힘이 있거나 힘이 없다는 뜻을 짓지 않는다.'라고 이와 같은 생각을 일으킨다면, 세존이시여. 이와 같은 일체는 반야바라밀다의 등류과가 아닌 까닭입니다.

다시 다음으로 세존이시여. 만약 보살마하살이 '이와 같은 반야바라밀다는 안계에서 만약 크거나 작다는 뜻을 짓고 크거나 작다는 뜻을 짓지 않으며, 색계·안식계, 나아가 안촉·안촉을 인연으로 생겨난 여러 수에서도 만약 크거나 작다는 뜻을 짓고 크거나 작다는 뜻을 짓지 않으며, 안계에서 만약 집적하거나 흩어진다는 뜻을 짓고 집적하거나 흩어진다는 뜻을 짓지 않으며, 색계, 나아가 안촉을 인연으로 생겨난 여러 수에서도 만약 집적하거나 흩어진다는 뜻을 짓고 집적하거나 흩어진다는 뜻을 짓지 않으며, 안계에서 분량이 있거나 분량이 없다는 뜻을 짓고 분량이 있거나 분량이 없다는 뜻을 짓지 않으며, 색계, 나아가 안촉을 인연으로 생겨난 여러 수에서도 만약 분량이 있거나 분량이 없다는 뜻을 짓고 분량이 있거나 분량이 없다는 뜻을 짓지 않으며, 안계에서 넓거나 좁다는 뜻을 짓고 넓거나 좁다는 뜻을 짓지 않으며, 색계, 나아가 안촉을 인연으로 생겨난 여러 수에서도 만약 넓거나 좁다는 뜻을 짓고 넓거나 좁다는 뜻을 짓지 않으며, 안계에서 만약 힘이 있거나 힘이 없다는 뜻을 짓고 힘이 있거나 힘이 없다는 뜻을 짓지 않으며, 색계, 나아가 안촉을 인연으로 생겨난 여러 수에서도 만약 힘이 있거나 힘이 없다는 뜻을 짓고 힘이 있거나 힘이 없다는 뜻을 짓지 않는다.'라고 이와 같은 생각을 일으킨다면, 세존이시여. 이와 같은 일체는 반야바라밀다의 등류과가 아닌 까닭입니다.

다시 다음으로 세존이시여. 만약 보살마하살이 '이와 같은 반야바라밀다는 이계에서 만약 크거나 작다는 뜻을 짓고 크거나 작다는 뜻을 짓지 않으며, 성계·이식계, 나아가 이촉·이촉을 인연으로 생겨난 여러 수에서도 만약 크거나 작다는 뜻을 짓고 크거나 작다는 뜻을 짓지 않으며, 이계에서 만약 집적하거나 흩어진다는 뜻을 짓고 집적하거나 흩어진다는 뜻을 짓지 않으며, 성계, 나아가 이촉을 인연으로 생겨난 여러 수에서도 만약 집적하거나 흩어진다는 뜻을 짓고 집적하거나 흩어진다는 뜻을 짓지 않으며, 이계에서 분량이 있거나 분량이 없다는 뜻을 짓고 분량이 있거나 분량이 없다는 뜻을 짓지 않으며, 성계, 나아가 이촉을 인연으로 생겨난 여러 수에서도 만약 분량이 있거나 분량이 없다는 뜻을 짓고 분량이 있거나 분량이 없다는 뜻을 짓지 않으며, 이계에서 넓거나 좁다는 뜻을 짓고 넓거나 좁다는 뜻을 짓지 않으며, 성계, 나아가 이촉을 인연으로 생겨난 여러 수에서도 만약 넓거나 좁다는 뜻을 짓고 넓거나 좁다는 뜻을 짓지 않으며, 이계에서 만약 힘이 있거나 힘이 없다는 뜻을 짓고 힘이 있거나 힘이 없다는 뜻을 짓지 않으며, 성계, 나아가 이촉을 인연으로 생겨난 여러 수에서도 만약 힘이 있거나 힘이 없다는 뜻을 짓고 힘이 있거나 힘이 없다는 뜻을 짓지 않는다.'라고 이와 같은 생각을 일으킨다면, 세존이시여. 이와 같은 일체는 반야바라밀다의 등류과가 아닌 까닭입니다.

다시 다음으로 세존이시여. 만약 보살마하살이 '이와 같은 반야바라밀다는 비계에서 만약 크거나 작다는 뜻을 짓고 크거나 작다는 뜻을 짓지 않으며, 향계·비식계, 나아가 비촉·비촉을 인연으로 생겨난 여러 수에서도 만약 크거나 작다는 뜻을 짓고 크거나 작다는 뜻을 짓지 않으며, 비계에서 만약 집적하거나 흩어진다는 뜻을 짓고 집적하거나 흩어진다는 뜻을 짓지 않으며, 향계, 나아가 비촉을 인연으로 생겨난 여러 수에서도 만약 집적하거나 흩어진다는 뜻을 짓고 집적하거나 흩어진다는 뜻을 짓지 않으며, 비계에서 분량이 있거나 분량이 없다는 뜻을 짓고 분량이 있거나 분량이 없다는 뜻을 짓지 않으며, 향계, 나아가 비촉을 인연으로 생겨난 여러 수에서도 만약 분량이 있거나 분량이 없다는 뜻을 짓고 분량이 있거나 분량이 없다는 뜻을 짓지 않으며, 비계에서 넓거나 좁다는 뜻을 짓고 넓거나 좁다는 뜻을 짓지 않으며, 향계, 나아가 비촉을 인연으로 생겨난 여러 수에서도 만약 넓거나 좁다는 뜻을 짓고 넓거나 좁다는 뜻을 짓지 않으며, 비계에서 만약 힘이 있거나 힘이 없다는 뜻을 짓고 힘이 있거나 힘이 없다는 뜻을 짓지 않으며, 향계, 나아가 비촉을 인연으로 생겨난 여러 수에서도 만약 힘이 있거나 힘이 없다는 뜻을 짓고 힘이 있거나 힘이 없다는 뜻을 짓지 않는다.'라고 이와 같은 생각을 일으킨다면, 세존이시여. 이와 같은 일체는 반야바라밀다의 등류과가 아닌 까닭입니다.

다시 다음으로 세존이시여. 만약 보살마하살이 '이와 같은 반야바라밀다는 설계에서 만약 크거나 작다는 뜻을 짓고 크거나 작다는 뜻을 짓지 않으며, 미계·설식계, 나아가 설촉·설촉을 인연으로 생겨난 여러 수에서도 만약 크거나 작다는 뜻을 짓고 크거나 작다는 뜻을 짓지 않으며, 설계에서 만약 집적하거나 흩어진다는 뜻을 짓고 집적하거나 흩어진다는 뜻을 짓지 않으며, 미계, 나아가 설촉을 인연으로 생겨난 여러 수에서도 만약 집적하거나 흩어진다는 뜻을 짓고 집적하거나 흩어진다는 뜻을 짓지 않으며, 설계에서 분량이 있거나 분량이 없다는 뜻을 짓고 분량이 있거나 분량이 없다는 뜻을 짓지 않으며, 미계, 나아가 설촉을 인연으로 생겨난 여러 수에서도 만약 분량이 있거나 분량이 없다는 뜻을 짓고 분량이 있거나 분량이 없다는 뜻을 짓지 않으며, 설계에서 넓거나 좁다는 뜻을 짓고 넓거나 좁다는 뜻을 짓지 않으며, 미계, 나아가 설촉을 인연으로 생겨난 여러 수에서도 만약 넓거나 좁다는 뜻을 짓고 넓거나 좁다는 뜻을 짓지 않으며, 설계에서 만약 힘이 있거나 힘이 없다는 뜻을 짓고 힘이 있거나 힘이 없다는 뜻을 짓지 않으며, 미계, 나아가 설촉을 인연으로 생겨난 여러 수에서도 만약 힘이 있거나 힘이 없다는 뜻을 짓고 힘이 있거나 힘이 없다는 뜻을 짓지 않는다.'라고 이와 같은 생각을 일으킨다면, 세존이시여. 이와 같은 일체는 반야바라밀다의 등류과가 아닌 까닭입니다.

다시 다음으로 세존이시여. 만약 보살마하살이 '이와 같은 반야바라밀다는 신계에서 만약 크거나 작다는 뜻을 짓고 크거나 작다는 뜻을 짓지 않으며, 촉계·신식계, 나아가 신촉·신촉을 인연으로 생겨난 여러 수에서도 만약 크거나 작다는 뜻을 짓고 크거나 작다는 뜻을 짓지 않으며, 신계에서 만약 집적하거나 흩어진다는 뜻을 짓고 집적하거나 흩어진다는 뜻을 짓지 않으며, 촉계, 나아가 신촉을 인연으로 생겨난 여러 수에서도 만약 집적하거나 흩어진다는 뜻을 짓고 집적하거나 흩어진다는 뜻을 짓지 않으며, 신계에서 분량이 있거나 분량이 없다는 뜻을 짓고 분량이 있거나 분량이 없다는 뜻을 짓지 않으며, 촉계, 나아가 신촉을 인연으로 생겨난 여러 수에서도 만약 분량이 있거나 분량이 없다는 뜻을 짓고 분량이 있거나 분량이 없다는 뜻을 짓지 않으며, 신계에서 넓거나 좁다는 뜻을 짓고 넓거나 좁다는 뜻을 짓지 않으며, 촉계, 나아가 신촉을 인연으로 생겨난 여러 수에서도 만약 넓거나 좁다는 뜻을 짓고 넓거나 좁다는 뜻을 짓지 않으며, 신계에서 만약 힘이 있거나 힘이 없다는 뜻을 짓고 힘이 있거나 힘이 없다는 뜻을 짓지 않으며, 촉계, 나아가 신촉을 인연으로 생겨난 여러 수에서도 만약 힘이 있거나 힘이 없다는 뜻을 짓고 힘이 있거나 힘이 없다는 뜻을 짓지 않는다.'라고 이와 같은 생각을 일으킨다면, 세존이시여. 이와 같은 일체는 반야바라밀다의 등류과가 아닌 까닭입니다.

다시 다음으로 세존이시여. 만약 보살마하살이 '이와 같은 반야바라밀다는 의계에서 만약 크거나 작다는 뜻을 짓고 크거나 작다는 뜻을 짓지 않으며, 법계·의식계, 나아가 의촉·의촉을 인연으로 생겨난 여러 수에서도 만약 크거나 작다는 뜻을 짓고 크거나 작다는 뜻을 짓지 않으며, 의계에서 만약 집적하거나 흩어진다는 뜻을 짓고 집적하거나 흩어진다는 뜻을 짓지 않으며, 법계, 나아가 의촉을 인연으로 생겨난 여러 수에서도 만약 집적하거나 흩어진다는 뜻을 짓고 집적하거나 흩어진다는 뜻을 짓지 않으며, 의계에서 분량이 있거나 분량이 없다는 뜻을 짓고 분량이 있거나 분량이 없다는 뜻을 짓지 않으며, 법계, 나아가 의촉을 인연으로 생겨난 여러 수에서도 만약 분량이 있거나 분량이 없다는 뜻을 짓고 분량이 있거나 분량이 없다는 뜻을 짓지 않으며, 의계에서 넓거나 좁다는 뜻을 짓고 넓거나 좁다는 뜻을 짓지 않으며, 법계, 나아가 의촉을 인연으로 생겨난 여러 수에서도 만약 넓거나 좁다는 뜻을 짓고 넓거나 좁다는 뜻을 짓지 않으며, 의계에서 만약 힘이 있거나 힘이 없다는 뜻을 짓고 힘이 있거나 힘이 없다는 뜻을 짓지 않으며, 법계, 나아가 의촉을 인연으로 생겨난 여러 수에서도 만약 힘이 있거나 힘이 없다는 뜻을 짓고 힘이 있거나 힘이 없다는 뜻을 짓지 않는다.'라고 이와 같은 생각을 일으킨다면, 세존이시여. 이와 같은 일체는 반야바라밀다의 등류과가 아닌 까닭입니다.

다시 다음으로 세존이시여. 만약 보살마하살이 '이와 같은 반야바라밀다는 지계에서 만약 크거나 작다는 뜻을 짓고 크거나 작다는 뜻을 짓지 않으며, 수·화·풍·공·식계에서도 만약 크거나 작다는 뜻을 짓고 크거나 작다는 뜻을 짓지 않으며, 지계에서 만약 집적하거나 흩어진다는 뜻을 짓고 집적하거나 흩어진다는 뜻을 짓지 않으며, 수·화·풍·공·식계에서도 만약 집적하거나 흩어진다는 뜻을 짓고 집적하거나 흩어진다는 뜻을 짓지 않으며, 지계에서 분량이 있거나 분량이 없다는 뜻을 짓고 분량이 있거나 분량이 없다는 뜻을 짓지 않으며, 수·화·풍·공·식계에서도 만약 분량이 있거나 분량이 없다는 뜻을 짓고 분량이 있거나 분량이 없다는 뜻을 짓지 않으며, 지계에서 넓거나 좁다는 뜻을 짓고 넓거나 좁다는 뜻을 짓지 않으며, 수·화·풍·공·식계에서도 만약 넓거나 좁다는 뜻을 짓고 넓거나 좁다는 뜻을 짓지 않으며, 지계에서 만약 힘이 있거나 힘이 없다는 뜻을 짓고 힘이 있거나 힘이 없다는 뜻을 짓지 않으며, 수·화·풍·공·식계에서도 만약 힘이 있거나 힘이 없다는 뜻을 짓고 힘이 있거나 힘이 없다는 뜻을 짓지 않는다.'라고 이와 같은 생각을 일으킨다면, 세존이시여. 이와 같은 일체는 반야바라밀다의 등류과가 아닌 까닭입니다.

다시 다음으로 세존이시여. 만약 보살마하살이 '이와 같은 반야바라밀다는 무명에서 만약 크거나 작다는 뜻을 짓고 크거나 작다는 뜻을 짓지 않으며, 행·식·명색·육처·촉·수·애·취·유·생·노사의 수탄고우뇌에서도 만약 크거나 작다는 뜻을 짓고 크거나 작다는 뜻을 짓지 않으며, 무명에서 만약 집적하거나 흩어진다는 뜻을 짓고 집적하거나 흩어진다는 뜻을 짓지 않으며, 행, 나아가 노사의 수탄고우뇌에서도 만약 집적하거나 흩어진다는 뜻을 짓고 집적하거나 흩어진다는 뜻을 짓지 않으며, 무명에서 분량이 있거나 분량이 없다는 뜻을 짓고 분량이 있거나 분량이 없다는 뜻을 짓지 않으며, 행, 나아가 노사의 수탄고우뇌에서도 만약 분량이 있거나 분량이 없다는 뜻을 짓고 분량이 있거나 분량이 없다는 뜻을 짓지 않으며, 무명에서 넓거나 좁다는 뜻을 짓고 넓거나 좁다는 뜻을 짓지 않으며, 행, 나아가 노사의 수탄고우뇌에서도 만약 넓거나 좁다는 뜻을 짓고 넓거나 좁다는 뜻을 짓지 않으며, 무명에서 만약 힘이 있거나 힘이 없다는 뜻을 짓고 힘이 있거나 힘이 없다는 뜻을 짓지 않으며, 행, 나아가 노사의 수탄고우뇌에서도 만약 힘이 있거나 힘이 없다는 뜻을 짓고 힘이 있거나 힘이 없다는 뜻을 짓지 않는다.'라고 이와 같은 생각을 일으킨다면, 세존이시여. 이와 같은 일체는 반야바라밀다의 등류과가 아닌 까닭입니다.

다시 다음으로 세존이시여. 만약 보살마하살이 '이와 같은 반야바라밀다는 보시바라밀다에서 만약 크거나 작다는 뜻을 짓고 크거나 작다는 뜻을 짓지 않으며, 정계·안인·정진·정려·반야바라밀다에서도 만약 크거나 작다는 뜻을 짓고 크거나 작다는 뜻을 짓지 않으며, 보시바라밀다에서 만약 집적하거나 흩어진다는 뜻을 짓고 집적하거나 흩어진다는 뜻을 짓지 않으며, 정계, 나아가 반야바라밀다에서도 만약 집적하거나 흩어진다는 뜻을 짓고 집적하거나 흩어진다는 뜻을 짓지 않으며, 보시바라밀다에서 분량이 있거나 분량이 없다는 뜻을 짓고 분량이 있거나 분량이 없다는 뜻을 짓지 않으며, 정계, 나아가 반야바라밀다에서도 만약 분량이 있거나 분량이 없다는 뜻을 짓고 분량이 있거나 분량이 없다는 뜻을 짓지 않으며, 보시바라밀다에서 넓거나 좁다는 뜻을 짓고 넓거나 좁다는 뜻을 짓지 않으며, 정계, 나아가 반야바라밀다에서도 만약 넓거나 좁다는 뜻을 짓고 넓거나 좁다는 뜻을 짓지 않으며, 보시바라밀다에서 만약 힘이 있거나 힘이 없다는 뜻을 짓고 힘이 있거나 힘이 없다는 뜻을 짓지 않으며, 정계, 나아가 반야바라밀다에서도 만약 힘이 있거나 힘이 없다는 뜻을 짓고 힘이 있거나 힘이 없다는 뜻을 짓지 않는다.'라고 이와 같은 생각을 일으킨다면, 세존이시여. 이와 같은 일체는 반야바라밀다의 등류과가 아닌 까닭입니다.

다시 다음으로 세존이시여. 만약 보살마하살이 '이와 같은 반야바라밀다는 내공에서 만약 크거나 작다는 뜻을 짓고 크거나 작다는 뜻을 짓지 않으며, 외공·내외공·공공·대공·승의공·유위공·무위공·필경공·무제공·산공·무변이공·본성공·자상공·공상공·일체법공·불가득공·무성공·자성공·무성자성공에서도 만약 크거나 작다는 뜻을 짓고 크거나 작다는 뜻을 짓지 않으며, 내공에서 만약 집적하거나 흩어진다는 뜻을 짓고 집적하거나 흩어진다는 뜻을 짓지 않으며, 외공, 나아가 무성자성공에서도 만약 집적하거나 흩어진다는 뜻을 짓고 집적하거나 흩어진다는 뜻을 짓지 않으며, 내공에서 분량이 있거나 분량이 없다는 뜻을 짓고 분량이 있거나 분량이 없다는 뜻을 짓지 않으며, 외공, 나아가 무성자성공에서도 만약 분량이 있거나 분량이 없다는 뜻을 짓고 분량이 있거나 분량이 없다는 뜻을 짓지 않으며, 내공에서 넓거나 좁다는 뜻을 짓고 넓거나 좁다는 뜻을 짓지 않으며, 외공, 나아가 무성자성공에서도 만약 넓거나 좁다는 뜻을 짓고 넓거나 좁다는 뜻을 짓지 않으며, 내공에서 만약 힘이 있거나 힘이 없다는 뜻을 짓고 힘이 있거나 힘이 없다는 뜻을 짓지 않으며,

외공, 나아가 무성자성공에서도 만약 힘이 있거나 힘이 없다는 뜻을 짓고 힘이 있거나 힘이 없다는 뜻을 짓지 않는다.'라고 이와 같은 생각을 일으킨다면, 세존이시여. 이와 같은 일체는 반야바라밀다의 등류과가 아닌 까닭입니다."

마하반야바라밀다경 제178권

32. 찬반야품(讚般若品)(7)

"다시 다음으로 세존이시여. 만약 보살마하살이 '이와 같은 반야바라밀다는 진여에서 만약 크거나 작다는 뜻을 짓고 크거나 작다는 뜻을 짓지 않으며, 법계·법성·불허망성·불변이성·평등성·이생성·법정·법주·실제·허공계·부사의계에서도 만약 크거나 작다는 뜻을 짓고 크거나 작다는 뜻을 짓지 않으며, 진여에서 만약 집적하거나 흩어진다는 뜻을 짓고 집적하거나 흩어진다는 뜻을 짓지 않으며, 법계, 나아가 부사의계에서도 만약 집적하거나 흩어진다는 뜻을 짓고 집적하거나 흩어진다는 뜻을 짓지 않으며, 진여에서 분량이 있거나 분량이 없다는 뜻을 짓고 분량이 있거나 분량이 없다는 뜻을 짓지 않으며, 법계, 나아가 부사의계에서도 만약 분량이 있거나 분량이 없다는 뜻을 짓고 분량이 있거나 분량이 없다는 뜻을 짓지 않으며, 진여에서 넓거나 좁다는 뜻을 짓고 넓거나 좁다는 뜻을 짓지 않으며, 법계, 나아가 부사의계에서도 만약 넓거나 좁다는 뜻을 짓고 넓거나 좁다는 뜻을 짓지 않으며, 진여에서 만약 힘이 있거나 힘이 없다는 뜻을 짓고 힘이 있거나 힘이 없다는 뜻을 짓지 않으며, 법계, 나아가 부사의계에서도 만약 힘이 있거나 힘이 없다는 뜻을 짓고 힘이 있거나 힘이 없다는 뜻을 짓지 않는다.'라고 이와 같은 생각을 일으킨다면, 세존이시여. 이와 같은 일체는 반야바라밀다의 등류과가 아닌 까닭입니다.

다시 다음으로 세존이시여. 만약 보살마하살이 '이와 같은 반야바라밀다는 고성제에서 만약 크거나 작다는 뜻을 짓고 크거나 작다는 뜻을 짓지 않으며, 집·멸·도성제에서도 만약 크거나 작다는 뜻을 짓고 크거나 작다는 뜻을 짓지 않으며, 고성제에서 만약 집적하거나 흩어진다는 뜻을 짓고 집적하거나 흩어진다는 뜻을 짓지 않으며, 집·멸·도성제에서도 만약 집적하거나 흩어진다는 뜻을 짓고 집적하거나 흩어진다는 뜻을 짓지 않으며, 고성제에서 분량이 있거나 분량이 없다는 뜻을 짓고 분량이 있거나 분량이 없다는 뜻을 짓지 않으며, 집·멸·도성제에서도 만약 분량이 있거나 분량이 없다는 뜻을 짓고 분량이 있거나 분량이 없다는 뜻을 짓지 않으며, 고성제에서 넓거나 좁다는 뜻을 짓고 넓거나 좁다는 뜻을 짓지 않으며, 집·멸·도성제에서도 만약 넓거나 좁다는 뜻을 짓고 넓거나 좁다는 뜻을 짓지 않으며, 고성제에서 만약 힘이 있거나 힘이 없다는 뜻을 짓고 힘이 있거나 힘이 없다는 뜻을 짓지 않으며, 집·멸·도성제에서도 만약 힘이 있거나 힘이 없다는 뜻을 짓고 힘이 있거나 힘이 없다는 뜻을 짓지 않는다.'라고 이와 같은 생각을 일으킨다면, 세존이시여. 이와 같은 일체는 반야바라밀다의 등류과가 아닌 까닭입니다.

다시 다음으로 세존이시여. 만약 보살마하살이 '이와 같은 반야바라밀다는 4정려에서 만약 크거나 작다는 뜻을 짓고 크거나 작다는 뜻을 짓지 않으며, 4무량·4무색정에서도 만약 크거나 작다는 뜻을 짓고 크거나 작다는 뜻을 짓지 않으며, 4정려에서 만약 집적하거나 흩어진다는 뜻을 짓고 집적하거나 흩어진다는 뜻을 짓지 않으며, 4무량·4무색정에서도 만약 집적하거나 흩어진다는 뜻을 짓고 집적하거나 흩어진다는 뜻을 짓지 않으며, 4정려에서 분량이 있거나 분량이 없다는 뜻을 짓고 분량이 있거나 분량이 없다는 뜻을 짓지 않으며, 4무량·4무색정에서도 만약 분량이 있거나 분량이 없다는 뜻을 짓고 분량이 있거나 분량이 없다는 뜻을 짓지 않으며, 4정려에서 넓거나 좁다는 뜻을 짓고 넓거나 좁다는 뜻을 짓지 않으며, 4무량·4무색정에서도 만약 넓거나 좁다는 뜻을 짓고 넓거나 좁다는 뜻을 짓지 않으며, 4정려에서 만약 힘이 있거나 힘이 없다는 뜻을 짓고 힘이 있거나 힘이 없다는 뜻을 짓지 않으며, 4무량·4무색정에서도 만약 힘이 있거나 힘이 없다는 뜻을 짓고 힘이 있거나 힘이 없다는 뜻을 짓지 않는다.'라고 이와 같은 생각을 일으킨다면, 세존이시여. 이와 같은 일체는 반야바라밀다의 등류과가 아닌 까닭입니다.

다시 다음으로 세존이시여. 만약 보살마하살이 '이와 같은 반야바라밀다는 8해탈에서 만약 크거나 작다는 뜻을 짓고 크거나 작다는 뜻을 짓지 않으며, 8승처·9차제정·10변처에서도 만약 크거나 작다는 뜻을 짓고 크거나 작다는 뜻을 짓지 않으며, 8해탈에서 만약 집적하거나 흩어진다는 뜻을 짓고 집적하거나 흩어진다는 뜻을 짓지 않으며, 8승처·9차제정·10변처에서도 만약 집적하거나 흩어진다는 뜻을 짓고 집적하거나 흩어진다는 뜻을 짓지 않으며, 8해탈에서 분량이 있거나 분량이 없다는 뜻을 짓고 분량이 있거나 분량이 없다는 뜻을 짓지 않으며, 8승처·9차제정·10변처에서도 만약 분량이 있거나 분량이 없다는 뜻을 짓고 분량이 있거나 분량이 없다는 뜻을 짓지 않으며, 8해탈에서 넓거나 좁다는 뜻을 짓고 넓거나 좁다는 뜻을 짓지 않으며, 8승처·9차제정·10변처에서도 만약 넓거나 좁다는 뜻을 짓고 넓거나 좁다는 뜻을 짓지 않으며, 8해탈에서 만약 힘이 있거나 힘이 없다는 뜻을 짓고 힘이 있거나 힘이 없다는 뜻을 짓지 않으며, 8승처·9차제정·10변처에서도 만약 힘이 있거나 힘이 없다는 뜻을 짓고 힘이 있거나 힘이 없다는 뜻을 짓지 않는다.'라고 이와 같은 생각을 일으킨다면, 세존이시여. 이와 같은 일체는 반야바라밀다의 등류과가 아닌 까닭입니다.

다시 다음으로 세존이시여. 만약 보살마하살이 '이와 같은 반야바라밀다는 4념주에서 만약 크거나 작다는 뜻을 짓고 크거나 작다는 뜻을 짓지 않으며, 4정단·4신족·5근·5력·7등각지·8성도지에서도 만약 크거나 작다는 뜻을 짓고 크거나 작다는 뜻을 짓지 않으며, 4념주에서 만약 집적하거나 흩어진다는 뜻을 짓고 집적하거나 흩어진다는 뜻을 짓지 않으며, 4정단, 나아가 8성도지에서도 만약 집적하거나 흩어진다는 뜻을 짓고 집적하거나 흩어진다는 뜻을 짓지 않으며, 4념주에서 분량이 있거나 분량이 없다는 뜻을 짓고 분량이 있거나 분량이 없다는 뜻을 짓지 않으며, 4정단, 나아가

8성도지에서도 만약 분량이 있거나 분량이 없다는 뜻을 짓고 분량이 있거나 분량이 없다는 뜻을 짓지 않으며, 4념주에서 넓거나 좁다는 뜻을 짓고 넓거나 좁다는 뜻을 짓지 않으며, 4정단, 나아가 8성도지에서도 만약 넓거나 좁다는 뜻을 짓고 넓거나 좁다는 뜻을 짓지 않으며, 4념주에서 만약 힘이 있거나 힘이 없다는 뜻을 짓고 힘이 있거나 힘이 없다는 뜻을 짓지 않으며, 4정단, 나아가 8성도지에서도 만약 힘이 있거나 힘이 없다는 뜻을 짓고 힘이 있거나 힘이 없다는 뜻을 짓지 않는다.'라고 이와 같은 생각을 일으킨다면, 세존이시여. 이와 같은 일체는 반야바라밀다의 등류과가 아닌 까닭입니다.

다시 다음으로 세존이시여. 만약 보살마하살이 '이와 같은 반야바라밀다는 공해탈문에서 만약 크거나 작다는 뜻을 짓고 크거나 작다는 뜻을 짓지 않으며, 무상·무원해탈문에서도 만약 크거나 작다는 뜻을 짓고 크거나 작다는 뜻을 짓지 않으며, 공해탈문에서 만약 집적하거나 흩어진다는 뜻을 짓고 집적하거나 흩어진다는 뜻을 짓지 않으며, 무상·무원해탈문에서도 만약 집적하거나 흩어진다는 뜻을 짓고 집적하거나 흩어진다는 뜻을 짓지 않으며, 공해탈문에서 분량이 있거나 분량이 없다는 뜻을 짓고 분량이 있거나 분량이 없다는 뜻을 짓지 않으며, 무상·무원해탈문에서도 만약 분량이 있거나 분량이 없다는 뜻을 짓고 분량이 있거나 분량이 없다는 뜻을 짓지 않으며, 공해탈문에서 넓거나 좁다는 뜻을 짓고 넓거나 좁다는 뜻을 짓지 않으며, 무상·무원해탈문에서도 만약 넓거나 좁다는 뜻을 짓고 넓거나 좁다는 뜻을 짓지 않으며, 공해탈문에서 만약 힘이 있거나 힘이 없다는 뜻을 짓고 힘이 있거나 힘이 없다는 뜻을 짓지 않으며, 무상·무원해탈문에서도 만약 힘이 있거나 힘이 없다는 뜻을 짓고 힘이 있거나 힘이 없다는 뜻을 짓지 않는다.'라고 이와 같은 생각을 일으킨다면, 세존이시여. 이와 같은 일체는 반야바라밀다의 등류과가 아닌 까닭입니다.

다시 다음으로 세존이시여. 만약 보살마하살이 '이와 같은 반야바라밀다는 5안에서 만약 크거나 작다는 뜻을 짓고 크거나 작다는 뜻을 짓지 않으며, 6신통에서도 만약 크거나 작다는 뜻을 짓고 크거나 작다는 뜻을 짓지 않으며, 5안에서 만약 집적하거나 흩어진다는 뜻을 짓고 집적하거나 흩어진다는 뜻을 짓지 않으며, 6신통에서도 만약 집적하거나 흩어진다는 뜻을 짓고 집적하거나 흩어진다는 뜻을 짓지 않으며, 5안에서 분량이 있거나 분량이 없다는 뜻을 짓고 분량이 있거나 분량이 없다는 뜻을 짓지 않으며, 6신통에서도 만약 분량이 있거나 분량이 없다는 뜻을 짓고 분량이 있거나 분량이 없다는 뜻을 짓지 않으며, 5안에서 넓거나 좁다는 뜻을 짓고 넓거나 좁다는 뜻을 짓지 않으며, 6신통에서도 만약 넓거나 좁다는 뜻을 짓고 넓거나 좁다는 뜻을 짓지 않으며, 5안에서 만약 힘이 있거나 힘이 없다는 뜻을 짓고 힘이 있거나 힘이 없다는 뜻을 짓지 않으며, 6신통에서도 만약 힘이 있거나 힘이 없다는 뜻을 짓고 힘이 있거나 힘이 없다는 뜻을 짓지 않는다.'라고 이와 같은 생각을 일으킨다면, 세존이시여. 이와 같은 일체는 반야바라밀다의 등류과가 아닌 까닭입니다.

다시 다음으로 세존이시여. 만약 보살마하살이 '이와 같은 반야바라밀다는 여래의 10력에서 만약 크거나 작다는 뜻을 짓고 크거나 작다는 뜻을 짓지 않으며, 4무소외·4무애해·대자·대비·대희·대사·18불불공법에서도 만약 크거나 작다는 뜻을 짓고 크거나 작다는 뜻을 짓지 않으며, 여래의 10력에서 만약 집적하거나 흩어진다는 뜻을 짓고 집적하거나 흩어진다는 뜻을 짓지 않으며, 4무소외, 나아가 18불불공법에서도 만약 집적하거나 흩어진다는 뜻을 짓고 집적하거나 흩어진다는 뜻을 짓지 않으며, 여래의 10력에서 분량이 있거나 분량이 없다는 뜻을 짓고 분량이 있거나 분량이 없다는 뜻을 짓지 않으며, 4무소외, 나아가 18불불공법에서도 만약 분량이 있거나 분량이 없다는 뜻을 짓고 분량이 있거나 분량이 없다는 뜻을 짓지 않으며, 여래의 10력에서 넓거나 좁다는 뜻을 짓고 넓거나 좁다는 뜻을 짓지 않으며, 4무소외, 나아가 18불불공법에서도 만약 넓거나 좁다는 뜻을 짓고 넓거나 좁다는 뜻을 짓지 않으며, 여래의 10력에서 만약 힘이 있거나 힘이 없다는 뜻을 짓고 힘이 있거나 힘이 없다는 뜻을 짓지 않으며, 4무소외, 나아가 18불불공법에서도 만약 힘이 있거나 힘이 없다는 뜻을 짓고 힘이 있거나 힘이 없다는 뜻을 짓지 않는다.'

라고 이와 같은 생각을 일으킨다면, 세존이시여. 이와 같은 일체는 반야바라밀다의 등류과가 아닌 까닭입니다.

다시 다음으로 세존이시여. 만약 보살마하살이 '이와 같은 반야바라밀다는 무망실법에서 만약 크거나 작다는 뜻을 짓고 크거나 작다는 뜻을 짓지 않으며, 항주사성에서도 만약 크거나 작다는 뜻을 짓고 크거나 작다는 뜻을 짓지 않으며, 무망실법에서 만약 집적하거나 흩어진다는 뜻을 짓고 집적하거나 흩어진다는 뜻을 짓지 않으며, 항주사성에서도 만약 집적하거나 흩어진다는 뜻을 짓고 집적하거나 흩어진다는 뜻을 짓지 않으며, 무망실법에서 분량이 있거나 분량이 없다는 뜻을 짓고 분량이 있거나 분량이 없다는 뜻을 짓지 않으며, 항주사성에서도 만약 분량이 있거나 분량이 없다는 뜻을 짓고 분량이 있거나 분량이 없다는 뜻을 짓지 않으며, 무망실법에서 넓거나 좁다는 뜻을 짓고 넓거나 좁다는 뜻을 짓지 않으며, 항주사성에서도 만약 넓거나 좁다는 뜻을 짓고 넓거나 좁다는 뜻을 짓지 않으며, 무망실법에서 만약 힘이 있거나 힘이 없다는 뜻을 짓고 힘이 있거나 힘이 없다는 뜻을 짓지 않으며, 항주사성에서도 만약 힘이 있거나 힘이 없다는 뜻을 짓고 힘이 있거나 힘이 없다는 뜻을 짓지 않는다.'라고 이와 같은 생각을 일으킨다면, 세존이시여. 이와 같은 일체는 반야바라밀다의 등류과가 아닌 까닭입니다.

다시 다음으로 세존이시여. 만약 보살마하살이 '이와 같은 반야바라밀다는 일체지에서 만약 크거나 작다는 뜻을 짓고 크거나 작다는 뜻을 짓지 않으며, 도상지·일체상지에서도 만약 크거나 작다는 뜻을 짓고 크거나 작다는 뜻을 짓지 않으며, 일체지에서 만약 집적하거나 흩어진다는 뜻을 짓고 집적하거나 흩어진다는 뜻을 짓지 않으며, 도상지·일체상지에서도 만약 집적하거나 흩어진다는 뜻을 짓고 집적하거나 흩어진다는 뜻을 짓지 않으며, 일체지에서 분량이 있거나 분량이 없다는 뜻을 짓고 분량이 있거나 분량이 없다는 뜻을 짓지 않으며, 도상지·일체상지에서도 만약 분량이 있거나 분량이 없다는 뜻을 짓고 분량이 있거나 분량이 없다는 뜻을 짓지 않으며, 일체지에서 넓거나 좁다는 뜻을 짓고 넓거나 좁다는 뜻을 짓지 않으며, 도상지·일체상지에서도 만약 넓거나 좁다는 뜻을 짓고 넓거나 좁다는 뜻을 짓지 않으며, 일체지에서 만약 힘이 있거나 힘이 없다는 뜻을 짓고 힘이 있거나 힘이 없다는 뜻을 짓지 않으며, 도상지·일체상지에서도 만약 힘이 있거나 힘이 없다는 뜻을 짓고 힘이 있거나 힘이 없다는 뜻을 짓지 않는다.'라고 이와 같은 생각을 일으킨다면, 세존이시여. 이와 같은 일체는 반야바라밀다의 등류과가 아닌 까닭입니다.

다시 다음으로 세존이시여. 만약 보살마하살이 '이와 같은 반야바라밀다는 일체의 다라니문에서 만약 크거나 작다는 뜻을 짓고 크거나 작다는 뜻을 짓지 않으며, 일체의 삼마지문에서도 만약 크거나 작다는 뜻을 짓고 크거나 작다는 뜻을 짓지 않으며, 일체의 다라니문에서 만약 집적하거나 흩어진다는 뜻을 짓고 집적하거나 흩어진다는 뜻을 짓지 않으며, 일체의 삼마지문에서도 만약 집적하거나 흩어진다는 뜻을 짓고 집적하거나 흩어진다는 뜻을 짓지 않으며, 일체의 다라니문에서 분량이 있거나 분량이 없다는 뜻을 짓고 분량이 있거나 분량이 없다는 뜻을 짓지 않으며, 일체의 삼마지문에서도 만약 분량이 있거나 분량이 없다는 뜻을 짓고 분량이 있거나 분량이 없다는 뜻을 짓지 않으며, 일체의 다라니문에서 넓거나 좁다는 뜻을 짓고 넓거나 좁다는 뜻을 짓지 않으며, 일체의 삼마지문에서도 만약 넓거나 좁다는 뜻을 짓고 넓거나 좁다는 뜻을 짓지 않으며, 일체의 다라니문에서 만약 힘이 있거나 힘이 없다는 뜻을 짓고 힘이 있거나 힘이 없다는 뜻을 짓지 않으며, 일체의 삼마지문에서도 만약 힘이 있거나 힘이 없다는 뜻을 짓고 힘이 있거나 힘이 없다는 뜻을 짓지 않는다.'라고 이와 같은 생각을 일으킨다면, 세존이시여. 이와 같은 일체는 반야바라밀다의 등류과가 아닌 까닭입니다.

다시 다음으로 세존이시여. 만약 보살마하살이 '이와 같은 반야바라밀다는 예류에서 만약 크거나 작다는 뜻을 짓고 크거나 작다는 뜻을 짓지 않으며, 일래·불환·아라한에서도 만약 크거나 작다는 뜻을 짓고 크거나 작다는 뜻을 짓지 않으며, 예류에서 만약 집적하거나 흩어진다는 뜻을 짓고 집적하거나 흩어진다는 뜻을 짓지 않으며, 일래·불환·아라한에서도 만약 집적하거나 흩어진다는 뜻을 짓고 집적하거나 흩어진다는 뜻을 짓지 않으며, 예류에서 분량이 있거나 분량이 없다는 뜻을 짓고 분량이 있거나 분량이 없다는 뜻을 짓지 않으며, 일래·불환·아라한에서도 만약 분량이 있거나 분량이 없다는 뜻을 짓고 분량이 있거나 분량이 없다는 뜻을 짓지 않으며, 예류에서 넓거나 좁다는 뜻을 짓고 넓거나 좁다는 뜻을 짓지 않으며, 일래·불환·아라한에서도 만약 넓거나 좁다는 뜻을 짓고 넓거나 좁다는 뜻을 짓지 않으며, 예류에서 만약 힘이 있거나 힘이 없다는 뜻을 짓고 힘이 있거나 힘이 없다는 뜻을 짓지 않으며, 일래·불환·아라한에서도 만약 힘이 있거나 힘이 없다는 뜻을 짓고 힘이 있거나 힘이 없다는 뜻을 짓지 않는다.'라고 이와 같은 생각을 일으킨다면, 세존이시여. 이와 같은 일체는 반야바라밀다의 등류과가 아닌 까닭입니다.

다시 다음으로 세존이시여. 만약 보살마하살이 '이와 같은 반야바라밀다는 예류향·예류과에서 만약 크거나 작다는 뜻을 짓고 크거나 작다는 뜻을 짓지 않으며, 일래향·일래과·불환향·불환과·아라한향·아라한과에서도 만약 크거나 작다는 뜻을 짓고 크거나 작다는 뜻을 짓지 않으며, 예류향·예류과에서 만약 집적하거나 흩어진다는 뜻을 짓고 집적하거나 흩어진다는 뜻을 짓지 않으며, 일래향, 나아가 아라한과에서도 만약 집적하거나 흩어진다는 뜻을 짓고 집적하거나 흩어진다는 뜻을 짓지 않으며, 예류향·예류과에서 분량이 있거나 분량이 없다는 뜻을 짓고 분량이 있거나 분량이 없다는 뜻을 짓지 않으며, 일래향, 나아가 아라한과에서도 만약 분량이 있거나 분량이 없다는 뜻을 짓고 분량이 있거나 분량이 없다는 뜻을 짓지 않으며, 예류향·예류과에서 넓거나 좁다는 뜻을 짓고 넓거나 좁다는 뜻을 짓지 않으며, 일래향, 나아가 아라한과에서도 만약 넓거나 좁다는 뜻을 짓고 넓거나 좁다는 뜻을 짓지 않으며, 예류향·예류과에서 만약 힘이 있거나 힘이 없다는 뜻을 짓고 힘이 있거나 힘이 없다는 뜻을 짓지 않으며, 일래향, 나아가 아라한과에서도 만약 힘이 있거나 힘이 없다는 뜻을 짓고 힘이 있거나 힘이 없다는 뜻을 짓지 않는다.'라고 이와 같은 생각을 일으킨다면, 세존이시여. 이와 같은 일체는 반야바라밀다의 등류과가 아닌 까닭입니다.

다시 다음으로 세존이시여. 만약 보살마하살이 '이와 같은 반야바라밀다는 독각에서 만약 크거나 작다는 뜻을 짓고 크거나 작다는 뜻을 짓지 않으며, 독각의 보리에서도 만약 크거나 작다는 뜻을 짓고 크거나 작다는 뜻을 짓지 않으며, 독각에서 만약 집적하거나 흩어진다는 뜻을 짓고 집적하거나 흩어진다는 뜻을 짓지 않으며, 독각의 보리에서도 만약 집적하거나 흩어진다는 뜻을 짓고 집적하거나 흩어진다는 뜻을 짓지 않으며, 독각에서 분량이 있거나 분량이 없다는 뜻을 짓고 분량이 있거나 분량이 없다는 뜻을 짓지 않으며, 독각의 보리에서도 만약 분량이 있거나 분량이 없다는 뜻을 짓고 분량이 있거나 분량이 없다는 뜻을 짓지 않으며, 독각에서 넓거나 좁다는 뜻을 짓고 넓거나 좁다는 뜻을 짓지 않으며, 독각의 보리에서도 만약 넓거나 좁다는 뜻을 짓고 넓거나 좁다는 뜻을 짓지 않으며, 독각에서 만약 힘이 있거나 힘이 없다는 뜻을 짓고 힘이 있거나 힘이 없다는 뜻을 짓지 않으며, 독각의 보리에서도 만약 힘이 있거나 힘이 없다는 뜻을 짓고 힘이 있거나 힘이 없다는 뜻을 짓지 않는다.'라고 이와 같은 생각을 일으킨다면, 세존이시여. 이와 같은 일체는 반야바라밀다의 등류과가 아닌 까닭입니다.

다시 다음으로 세존이시여. 만약 보살마하살이 '이와 같은 반야바라밀다는 보살마하살에서 만약 크거나 작다는 뜻을 짓고 크거나 작다는 뜻을 짓지 않으며, 보살마하살의 행에서도 만약 크거나 작다는 뜻을 짓고 크거나 작다는 뜻을 짓지 않으며, 보살마하살에서 만약 집적하거나 흩어진다는 뜻을 짓고 집적하거나 흩어진다는 뜻을 짓지 않으며, 보살마하살의 행에서도 만약 집적하거나 흩어진다는 뜻을 짓고 집적하거나 흩어진다는 뜻을 짓지 않으며, 보살마하살에서 분량이 있거나 분량이 없다는 뜻을 짓고 분량이 있거나 분량이 없다는 뜻을 짓지 않으며, 보살마하살의 행에서도 만약 분량이 있거나 분량이 없다는 뜻을 짓고 분량이 있거나 분량이 없다는 뜻을 짓지 않으며, 보살마하살에서 넓거나 좁다는 뜻을 짓고 넓거나 좁다는 뜻을 짓지 않으며, 보살마하살의 행에서도 만약 넓거나 좁다는 뜻을 짓고 넓거나 좁다는 뜻을 짓지 않으며, 보살마하살에서 만약 힘이 있거나 힘이 없다는 뜻을 짓고 힘이 있거나 힘이 없다는 뜻을 짓지 않으며, 보살마하살의 행에서도 만약 힘이 있거나 힘이 없다는 뜻을 짓고 힘이 있거나 힘이 없다는 뜻을 짓지 않는다.'라고 이와 같은 생각을 일으킨다면, 세존이시여. 이와 같은 일체는 반야바라밀다의 등류과가 아닌 까닭입니다.

다시 다음으로 세존이시여. 만약 보살마하살이 '이와 같은 반야바라밀다는 제여래·응공·정등각에서 만약 크거나 작다는 뜻을 짓고 크거나 작다는 뜻을 짓지 않으며, 무상정등보리에서도 만약 크거나 작다는 뜻을 짓고 크거나 작다는 뜻을 짓지 않으며, 제여래·응공·정등각에서 만약 집적하거나 흩어진다는 뜻을 짓고 집적하거나 흩어진다는 뜻을 짓지 않으며, 무상정등보리에서도 만약 집적하거나 흩어진다는 뜻을 짓고 집적하거나 흩어진다는 뜻을 짓지 않으며, 제여래·응공·정등각에서 분량이 있거나 분량이 없다는 뜻을 짓고 분량이 있거나 분량이 없다는 뜻을 짓지 않으며, 무상정등보리에서도 만약 분량이 있거나 분량이 없다는 뜻을 짓고 분량이 있거나 분량이 없다는 뜻을 짓지 않으며, 제여래·응공·정등각에서 넓거나 좁다는 뜻을 짓고 넓거나 좁다는 뜻을 짓지 않으며, 무상정등보리에서도 만약 넓거나 좁다는 뜻을 짓고 넓거나 좁다는 뜻을 짓지 않으며, 제여래·응공·정등각에서 만약 힘이 있거나 힘이 없다는 뜻을 짓고 힘이 있거나 힘이 없다는 뜻을 짓지 않으며, 무상정등보리에서도 만약 힘이 있거나 힘이 없다는 뜻을 짓고 힘이 있거나 힘이 없다는 뜻을 짓지 않는다.'라고 이와 같은 생각을 일으킨다면, 세존이시여. 이와 같은 일체는 반야바라밀다의 등류과가 아닌 까닭입니다.

다시 다음으로 세존이시여. 만약 보살마하살이 '이와 같은 반야바라밀다는 일체법에서 만약 크거나 작다는 뜻을 짓고 크거나 작다는 뜻을 짓지 않으며, 집적하거나 흩어진다는 뜻을 짓고 집적하거나 흩어진다는 뜻을 짓지 않으며, 분량이 있거나 분량이 없다는 뜻을 짓고 분량이 있거나 분량이 없다는 뜻을 짓지 않으며, 넓거나 좁다는 뜻을 짓고 넓거나 좁다는 뜻을 짓지 않으며, 힘이 있거나 힘이 없다는 뜻을 짓고 힘이 있거나 힘이 없다는 뜻을 짓지 않는다.'라고 이와 같은 생각을 일으킨다면, 세존이시여. 이와 같은 일체는 반야바라밀다의 등류과가 아닌 까닭입니다."

"세존이시여. 만약 보살마하살이 '이와 같은 반야바라밀다는 4정려에서 만약 크거나 작다는 뜻을 짓고 크거나 작다는 뜻을 짓지 않으며, 4무량·4무색정에서도 만약 크거나 작다는 뜻을 짓고 크거나 작다는 뜻을 짓지 않으며, 4정려에서 만약 집적하거나 흩어진다는 뜻을 짓고 집적하거나 흩어진다는 뜻을 짓지 않으며, 4무량·4무색정에서도 만약 집적하거나 흩어진다는 뜻을 짓고 집적하거나 흩어진다는 뜻을 짓지 않으며, 4정려에서 분량이 있거나 분량이 없다는 뜻을 짓고 분량이 있거나 분량이 없다는 뜻을 짓지 않으며, 4무량·4무색정에서도 만약 분량이 있거나 분량이 없다는 뜻을 짓고 분량이 있거나 분량이 없다는 뜻을 짓지 않으며, 4정려에서 넓거나 좁다는 뜻을 짓고 넓거나 좁다는 뜻을 짓지 않으며, 4무량·4무색정에서도 만약 넓거나 좁다는 뜻을 짓고 넓거나 좁다는 뜻을 짓지 않으며, 4정려에서 만약 힘이 있거나 힘이 없다는 뜻을 짓고 힘이 있거나 힘이 없다는 뜻을 짓지 않으며, 4무량·4무색정에서도 만약 힘이 있거나 힘이 없다는 뜻을 짓고 힘이 있거나 힘이 없다는 뜻을 짓지 않는다.'라고 이와 같은 생각을 일으킨다면, 세존이시여. 이 보살마하살은 크게 얻을 수 있다고 이름하나니, 반야바라밀다를 수행하고 있는 것이 아닙니다. 왜 그러한가? 얻을 수 있다고 생각하는 것은 능히 무상정등보리를 증득할 수 없는 까닭입니다.

다시 다음으로 세존이시여. 만약 보살마하살이 '이와 같은 반야바라밀다는 안처에서 만약 크거나 작다는 뜻을 짓고 크거나 작다는 뜻을 짓지 않으며, 이·비·설·신·의처에서도 만약 크거나 작다는 뜻을 짓고 크거나 작다는 뜻을 짓지 않으며, 안처에서 만약 집적하거나 흩어진다는 뜻을 짓고 집적하거나 흩어진다는 뜻을 짓지 않으며, 이·비·설·신·의처에서도 만약 집적하거나 흩어진다는 뜻을 짓고 집적하거나 흩어진다는 뜻을 짓지 않으며, 안처에서 분량이 있거나 분량이 없다는 뜻을 짓고 분량이 있거나 분량이 없다는 뜻을 짓지 않으며, 이·비·설·신·의처에서도 만약 분량이 있거나 분량이 없다는 뜻을 짓고 분량이 있거나 분량이 없다는 뜻을 짓지 않으며, 안처에서 넓거나 좁다는 뜻을 짓고 넓거나 좁다는 뜻을 짓지 않으며, 이·비·설·신·의처에서도 만약 넓거나 좁다는 뜻을 짓고 넓거나 좁다는 뜻을 짓지 않으며, 안처에서 만약 힘이 있거나 힘이 없다는 뜻을 짓고 힘이 있거나 힘이 없다는 뜻을 짓지 않으며, 이·비·설·신·의처에서도 만약 힘이 있거나 힘이 없다는 뜻을 짓고 힘이 있거나 힘이 없다는 뜻을 짓지 않는다.'라고 이와 같은 생각을 일으킨다면, 세존이시여. 이 보살마하살은 크게 얻을 수 있다고 이름하나니, 반야바라밀다를 수행하고 있는 것이 아닙니다. 왜 그러한가? 얻을 수 있다고 생각하는 것은 능히 무상정등보리를 증득할 수 없는 까닭입니다.

다시 다음으로 세존이시여. 만약 보살마하살이 '이와 같은 반야바라밀다는 색처에서 만약 크거나 작다는 뜻을 짓고 크거나 작다는 뜻을 짓지 않으며, 성·향·미·촉·법처에서도 만약 크거나 작다는 뜻을 짓고 크거나 작다는 뜻을 짓지 않으며, 색처에서 만약 집적하거나 흩어진다는 뜻을 짓고 집적하거나 흩어진다는 뜻을 짓지 않으며, 성·향·미·촉·법처에서도 만약 집적하거나 흩어진다는 뜻을 짓고 집적하거나 흩어진다는 뜻을 짓지 않으며, 색처에서 분량이 있거나 분량이 없다는 뜻을 짓고 분량이 있거나 분량이 없다는 뜻을 짓지 않으며, 성·향·미·촉·법처에서도 만약 분량이 있거나 분량이 없다는 뜻을 짓고 분량이 있거나 분량이 없다는 뜻을 짓지 않으며, 색처에서 넓거나 좁다는 뜻을 짓고 넓거나 좁다는 뜻을 짓지 않으며, 성·향·미·촉·법처에서도 만약 넓거나 좁다는 뜻을 짓고 넓거나 좁다는 뜻을 짓지 않으며, 색처에서 만약 힘이 있거나 힘이 없다는 뜻을 짓고 힘이 있거나 힘이 없다는 뜻을 짓지 않으며, 성·향·미·촉·법처에서도 만약 힘이 있거나 힘이 없다는 뜻을 짓고 힘이 있거나 힘이 없다는 뜻을 짓지 않는다.'라고 이와 같은 생각을 일으킨다면, 세존이시여. 이 보살마하살은 크게 얻을 수 있다고 이름하나니, 반야바라밀다를 수행하고 있는 것이 아닙니다. 왜 그러한가? 얻을 수 있다고 생각하는 것은 능히 무상정등보리를 증득할 수 없는 까닭입니다.

다시 다음으로 세존이시여. 만약 보살마하살이 '이와 같은 반야바라밀다는 안계에서 만약 크거나 작다는 뜻을 짓고 크거나 작다는 뜻을 짓지 않으며, 색계·안식계, 나아가 안촉·안촉을 인연으로 생겨난 여러 수에서도 만약 크거나 작다는 뜻을 짓고 크거나 작다는 뜻을 짓지 않으며, 안계에서 만약 집적하거나 흩어진다는 뜻을 짓고 집적하거나 흩어진다는 뜻을 짓지 않으며, 색계, 나아가 안촉을 인연으로 생겨난 여러 수에서도 만약 집적하거나 흩어진다는 뜻을 짓고 집적하거나 흩어진다는 뜻을 짓지 않으며, 안계에서 분량이 있거나 분량이 없다는 뜻을 짓고 분량이 있거나 분량이 없다는 뜻을 짓지 않으며, 색계, 나아가 안촉을 인연으로 생겨난 여러 수에서도 만약 분량이 있거나 분량이 없다는 뜻을 짓고 분량이 있거나 분량이 없다는 뜻을 짓지 않으며, 안계에서 만약 넓거나 좁다는 뜻을 짓고 넓거나 좁다는 뜻을 짓지 않으며, 색계, 나아가 안촉을 인연으로 생겨난 여러 수에서도 만약 넓거나 좁다는 뜻을 짓고 넓거나 좁다는 뜻을 짓지 않으며, 안계에서 만약 힘이 있거나 힘이 없다는 뜻을 짓고 힘이 있거나 힘이 없다는 뜻을 짓지 않으며, 색계, 나아가 안촉을 인연으로 생겨난 여러 수에서도 만약 힘이 있거나 힘이 없다는 뜻을 짓고 힘이 있거나 힘이 없다는 뜻을 짓지 않는다.'라고 이와 같은 생각을 일으킨다면, 세존이시여. 이 보살마하살은 크게 얻을 수 있다는 이름하나니, 반야바라밀다를 수행하고 있는 것이 아닙니다. 왜 그러한가? 얻을 수 있다고 생각하는 것은 능히 무상정등보리를 증득할 수 없는 까닭입니다.

다시 다음으로 세존이시여. 만약 보살마하살이 '이와 같은 반야바라밀다는 이계에서 만약 크거나 작다는 뜻을 짓고 크거나 작다는 뜻을 짓지 않으며, 성계·이식계, 나아가 이촉·이촉을 인연으로 생겨난 여러 수에서도 만약 크거나 작다는 뜻을 짓고 크거나 작다는 뜻을 짓지 않으며, 이계에서 만약 집적하거나 흩어진다는 뜻을 짓고 집적하거나 흩어진다는 뜻을 짓지 않으며, 성계, 나아가 이촉을 인연으로 생겨난 여러 수에서도 만약 집적하거나 흩어진다는 뜻을 짓고 집적하거나 흩어진다는 뜻을 짓지 않으며, 이계에서 분량이 있거나 분량이 없다는 뜻을 짓고 분량이 있거나 분량이 없다는 뜻을 짓지 않으며, 성계, 나아가 이촉을 인연으로 생겨난 여러 수에서도 만약 분량이 있거나 분량이 없다는 뜻을 짓고 분량이 있거나 분량이 없다는 뜻을 짓지 않으며, 이계에서 넓거나 좁다는 뜻을 짓고 넓거나 좁다는 뜻을 짓지 않으며, 성계, 나아가 이촉을 인연으로 생겨난 여러 수에서도 만약 넓거나 좁다는 뜻을 짓고 넓거나 좁다는 뜻을 짓지 않으며, 이계에서 만약 힘이 있거나 힘이 없다는 뜻을 짓고 힘이 있거나 힘이 없다는 뜻을 짓지 않으며, 성계, 나아가 이촉을 인연으로 생겨난 여러 수에서도 만약 힘이 있거나 힘이 없다는 뜻을 짓고 힘이 있거나 힘이 없다는 뜻을 짓지 않는다.'라고 이와 같은 생각을 일으킨다면, 세존이시여. 이 보살마하살은 크게 얻을 수 있다고 이름하나니, 반야바라밀다를 수행하고 있는 것이 아닙니다. 왜 그러한가? 얻을 수 있다고 생각하는 것은 능히 무상정등보리를 증득할 수 없는 까닭입니다.

다시 다음으로 세존이시여. 만약 보살마하살이 '이와 같은 반야바라밀다는 비계에서 만약 크거나 작다는 뜻을 짓고 크거나 작다는 뜻을 짓지 않으며, 향계·비식계, 나아가 비촉·비촉을 인연으로 생겨난 여러 수에서도 만약 크거나 작다는 뜻을 짓고 크거나 작다는 뜻을 짓지 않으며, 비계에서 만약 집적하거나 흩어진다는 뜻을 짓고 집적하거나 흩어진다는 뜻을 짓지 않으며, 향계, 나아가 비촉을 인연으로 생겨난 여러 수에서도 만약 집적하거나 흩어진다는 뜻을 짓고 집적하거나 흩어진다는 뜻을 짓지 않으며, 비계에서 분량이 있거나 분량이 없다는 뜻을 짓고 분량이 있거나 분량이 없다는 뜻을 짓지 않으며, 향계, 나아가 비촉을 인연으로 생겨난 여러 수에서도 만약 분량이 있거나 분량이 없다는 뜻을 짓고 분량이 있거나 분량이 없다는 뜻을 짓지 않으며, 비계에서 넓거나 좁다는 뜻을 짓고 넓거나 좁다는 뜻을 짓지 않으며, 향계, 나아가 비촉을 인연으로 생겨난 여러 수에서도 만약 넓거나 좁다는 뜻을 짓고 넓거나 좁다는 뜻을 짓지 않으며, 비계에서 만약 힘이 있거나 힘이 없다는 뜻을 짓고 힘이 있거나 힘이 없다는 뜻을 짓지 않으며, 향계, 나아가 비촉을 인연으로 생겨난 여러 수에서도 만약 힘이 있거나 힘이 없다는 뜻을 짓고 힘이 있거나 힘이 없다는 뜻을 짓지 않는다.'라고 이와 같은 생각을 일으킨다면, 세존이시여. 이 보살마하살은 크게 얻을 수 있다고 이름하나니, 반야바라밀다를 수행하고 있는 것이 아닙니다. 왜 그러한가? 얻을 수 있다고 생각하는 것은 능히 무상정등보리를 증득할 수 없는 까닭입니다.

다시 다음으로 세존이시여. 만약 보살마하살이 '이와 같은 반야바라밀다는 설계에서 만약 크거나 작다는 뜻을 짓고 크거나 작다는 뜻을 짓지 않으며, 미계·설식계, 나아가 설촉·설촉을 인연으로 생겨난 여러 수에서도 만약 크거나 작다는 뜻을 짓고 크거나 작다는 뜻을 짓지 않으며, 설계에서 만약 집적하거나 흩어진다는 뜻을 짓고 집적하거나 흩어진다는 뜻을 짓지 않으며, 미계, 나아가 설촉을 인연으로 생겨난 여러 수에서도 만약 집적하거나 흩어진다는 뜻을 짓고 집적하거나 흩어진다는 뜻을 짓지 않으며, 설계에서 분량이 있거나 분량이 없다는 뜻을 짓고 분량이 있거나 분량이 없다는 뜻을 짓지 않으며, 미계, 나아가 설촉을 인연으로 생겨난 여러 수에서도 만약 분량이 있거나 분량이 없다는 뜻을 짓고 분량이 있거나 분량이 없다는 뜻을 짓지 않으며, 설계에서 넓거나 좁다는 뜻을 짓고 넓거나 좁다는 뜻을 짓지 않으며, 미계, 나아가 설촉을 인연으로 생겨난 여러 수에서도 만약 넓거나 좁다는 뜻을 짓고 넓거나 좁다는 뜻을 짓지 않으며, 설계에서 만약 힘이 있거나 힘이 없다는 뜻을 짓고 힘이 있거나 힘이 없다는 뜻을 짓지 않으며, 미계, 나아가 설촉을 인연으로 생겨난 여러 수에서도 만약 힘이 있거나 힘이 없다는 뜻을 짓고 힘이 있거나 힘이 없다는 뜻을 짓지 않는다.'라고 이와 같은 생각을 일으킨다면, 세존이시여. 이 보살마하살은 크게 얻을 수 있다고 이름하나니, 반야바라밀다를 수행하고 있는 것이 아닙니다. 왜 그러한가? 얻을 수 있다고 생각하는 것은 능히 무상정등보리를 증득할 수 없는 까닭입니다.

다시 다음으로 세존이시여. 만약 보살마하살이 '이와 같은 반야바라밀다는 신계에서 만약 크거나 작다는 뜻을 짓고 크거나 작다는 뜻을 짓지 않으며, 촉계·신식계, 나아가 신촉·신촉을 인연으로 생겨난 여러 수에서도 만약 크거나 작다는 뜻을 짓고 크거나 작다는 뜻을 짓지 않으며, 신계에서 만약 집적하거나 흩어진다는 뜻을 짓고 집적하거나 흩어진다는 뜻을 짓지 않으며, 촉계, 나아가 신촉을 인연으로 생겨난 여러 수에서도 만약 집적하거나 흩어진다는 뜻을 짓고 집적하거나 흩어진다는 뜻을 짓지 않으며, 신계에서 분량이 있거나 분량이 없다는 뜻을 짓고 분량이 있거나 분량이 없다는 뜻을 짓지 않으며, 촉계, 나아가 신촉을 인연으로 생겨난 여러 수에서도 만약 분량이 있거나 분량이 없다는 뜻을 짓고 분량이 있거나 분량이 없다는 뜻을 짓지 않으며, 신계에서 넓거나 좁다는 뜻을 짓고 넓거나 좁다는 뜻을 짓지 않으며, 촉계, 나아가 신촉을 인연으로 생겨난 여러 수에서도 만약 넓거나 좁다는 뜻을 짓고 넓거나 좁다는 뜻을 짓지 않으며, 신계에서 만약 힘이 있거나 힘이 없다는 뜻을 짓고 힘이 있거나 힘이 없다는 뜻을 짓지 않으며, 촉계, 나아가 신촉을 인연으로 생겨난 여러 수에서도 만약 힘이 있거나 힘이 없다는 뜻을 짓고 힘이 있거나 힘이 없다는 뜻을 짓지 않는다.'라고 이와 같은 생각을 일으킨다면, 세존이시여. 이 보살마하살은 크게 얻을 수 있다고 이름하나니, 반야바라밀다를 수행하고 있는 것이 아닙니다. 왜 그러한가? 얻을 수 있다고 생각하는 것은 능히 무상정등보리를 증득할 수 없는 까닭입니다.

다시 다음으로 세존이시여. 만약 보살마하살이 '이와 같은 반야바라밀다는 의계에서 만약 크거나 작다는 뜻을 짓고 크거나 작다는 뜻을 짓지 않으며, 법계·의식계, 나아가 의촉·의촉을 인연으로 생겨난 여러 수에서도 만약 크거나 작다는 뜻을 짓고 크거나 작다는 뜻을 짓지 않으며, 의계에서 만약 집적하거나 흩어진다는 뜻을 짓고 집적하거나 흩어진다는 뜻을 짓지 않으며, 법계, 나아가 의촉을 인연으로 생겨난 여러 수에서도 만약 집적하거나 흩어진다는 뜻을 짓고 집적하거나 흩어진다는 뜻을 짓지 않으며, 의계에서 분량이 있거나 분량이 없다는 뜻을 짓고 분량이 있거나 분량이 없다는 뜻을 짓지 않으며, 법계, 나아가 의촉을 인연으로 생겨난 여러 수에서도 만약 분량이 있거나 분량이 없다는 뜻을 짓고 분량이 있거나 분량이 없다는 뜻을 짓지 않으며, 의계에서 넓거나 좁다는 뜻을 짓고 넓거나 좁다는 뜻을 짓지 않으며, 법계, 나아가 의촉을 인연으로 생겨난 여러 수에서도 만약 넓거나 좁다는 뜻을 짓고 넓거나 좁다는 뜻을 짓지 않으며, 의계에서 만약 힘이 있거나 힘이 없다는 뜻을 짓고 힘이 있거나 힘이 없다는 뜻을 짓지 않으며, 법계, 나아가 의촉을 인연으로 생겨난 여러 수에서도 만약 힘이 있거나 힘이 없다는 뜻을 짓고 힘이 있거나 힘이 없다는 뜻을 짓지 않는다.'라고 이와 같은 생각을 일으킨다면, 세존이시여. 이 보살마하살은 크게 얻을 수 있다고 이름하나니, 반야바라밀다를 수행하고 있는 것이 아닙니다. 왜 그러한가? 얻을 수 있다고 생각하는 것은 능히 무상정등보리를 증득할 수 없는 까닭입니다.

다시 다음으로 세존이시여. 만약 보살마하살이 '이와 같은 반야바라밀다는 지계에서 만약 크거나 작다는 뜻을 짓고 크거나 작다는 뜻을 짓지 않으며, 수·화·풍·공·식계에서도 만약 크거나 작다는 뜻을 짓고 크거나 작다는 뜻을 짓지 않으며, 지계에서 만약 집적하거나 흩어진다는 뜻을 짓고 집적하거나 흩어진다는 뜻을 짓지 않으며, 수·화·풍·공·식계에서도 만약 집적하거나 흩어진다는 뜻을 짓고 집적하거나 흩어진다는 뜻을 짓지 않으며, 지계에서 분량이 있거나 분량이 없다는 뜻을 짓고 분량이 있거나 분량이 없다는 뜻을 짓지 않으며, 수·화·풍·공·식계에서도 만약 분량이 있거나 분량이 없다는 뜻을 짓고 분량이 있거나 분량이 없다는 뜻을 짓지 않으며, 지계에서 넓거나 좁다는 뜻을 짓고 넓거나 좁다는 뜻을 짓지 않으며, 수·화·풍·공·식계에서도 만약 넓거나 좁다는 뜻을 짓고 넓거나 좁다는 뜻을 짓지 않으며, 지계에서 만약 힘이 있거나 힘이 없다는 뜻을 짓고 힘이 있거나 힘이 없다는 뜻을 짓지 않으며, 수·화·풍·공·식계에서도 만약 힘이 있거나 힘이 없다는 뜻을 짓고 힘이 있거나 힘이 없다는 뜻을 짓지 않는다.'라고 이와 같은 생각을 일으킨다면, 세존이시여. 이 보살마하살은 크게 얻을 수 있다고 이름하나니, 반야바라밀다를 수행하고 있는 것이 아닙니다. 왜 그러한가? 얻을 수 있다고 생각하는 것은 능히 무상정등보리를 증득할 수 없는 까닭입니다.

다시 다음으로 세존이시여. 만약 보살마하살이 '이와 같은 반야바라밀다는 지계에서 만약 크거나 작다는 뜻을 짓고 크거나 작다는 뜻을 짓지 않으며, 수·화·풍·공·식계에서도 만약 크거나 작다는 뜻을 짓고 크거나 작다는 뜻을 짓지 않으며, 지계에서 만약 집적하거나 흩어진다는 뜻을 짓고 집적하거나 흩어진다는 뜻을 짓지 않으며, 수·화·풍·공·식계에서도 만약 집적하거나 흩어진다는 뜻을 짓고 집적하거나 흩어진다는 뜻을 짓지 않으며, 지계에서 분량이 있거나 분량이 없다는 뜻을 짓고 분량이 있거나 분량이 없다는 뜻을 짓지 않으며, 수·화·풍·공·식계에서도 만약 분량이 있거나 분량이 없다는 뜻을 짓고 분량이 있거나 분량이 없다는 뜻을 짓지 않으며, 지계에서 넓거나 좁다는 뜻을 짓고 넓거나 좁다는 뜻을 짓지 않으며, 수·화·풍·공·식계에서도 만약 넓거나 좁다는 뜻을 짓고 넓거나 좁다는 뜻을 짓지 않으며, 지계에서 만약 힘이 있거나 힘이 없다는 뜻을 짓고 힘이 있거나 힘이 없다는 뜻을 짓지 않으며, 수·화·풍·공·식계에서도 만약 힘이 있거나 힘이 없다는 뜻을 짓고 힘이 있거나 힘이 없다는 뜻을 짓지 않는다.'라고 이와 같은 생각을 일으킨다면, 세존이시여. 이 보살마하살은 크게 얻을 수 있다고 이름하나니, 반야바라밀다를 수행하고 있는 것이 아닙니다. 왜 그러한가? 얻을 수 있다고 생각하는 것은 능히 무상정등보리를 증득할 수 없는 까닭입니다.

다시 다음으로 세존이시여. 만약 보살마하살이 '이와 같은 반야바라밀다는 무명에서 만약 크거나 작다는 뜻을 짓고 크거나 작다는 뜻을 짓지 않으며, 행·식·명색·육처·촉·수·애·취·유·생·노사의 수탄고우뇌에서도 만약 크거나 작다는 뜻을 짓고 크거나 작다는 뜻을 짓지 않으며, 무명에서 만약 집적하거나 흩어진다는 뜻을 짓고 집적하거나 흩어진다는 뜻을 짓지 않으며, 행, 나아가 노사의 수탄고우뇌에서도 만약 집적하거나 흩어진다는 뜻을 짓고 집적하거나 흩어진다는 뜻을 짓지 않으며, 무명에서 분량이 있거나 분량이 없다는 뜻을 짓고 분량이 있거나 분량이 없다는 뜻을 짓지 않으며, 행, 나아가 노사의 수탄고우뇌에서도 만약 분량이 있거나 분량이 없다는 뜻을 짓고 분량이 있거나 분량이 없다는 뜻을 짓지 않으며, 무명에서 넓거나 좁다는 뜻을 짓고 넓거나 좁다는 뜻을 짓지 않으며, 행, 나아가 노사의 수탄고우뇌에서도 만약 넓거나 좁다는 뜻을 짓고 넓거나 좁다는 뜻을 짓지 않으며, 무명에서 만약 힘이 있거나 힘이 없다는 뜻을 짓고 힘이 있거나 힘이 없다는 뜻을 짓지 않으며, 행, 나아가 노사의 수탄고우뇌에서도 만약 힘이 있거나 힘이 없다는 뜻을 짓고 힘이 있거나 힘이 없다는 뜻을 짓지 않는다.'라고 이와 같은 생각을 일으킨다면, 세존이시여. 이 보살마하살은 크게 얻을 수 있다고 이름하나니, 반야바라밀다를 수행하고 있는 것이 아닙니다. 왜 그러한가? 얻을 수 있다고 생각하는 것은 능히 무상정등보리를 증득할 수 없는 까닭입니다.

다시 다음으로 세존이시여. 만약 보살마하살이 '이와 같은 반야바라밀다는 보시바라밀다에서 만약 크거나 작다는 뜻을 짓고 크거나 작다는 뜻을 짓지 않으며, 정계·안인·정진·정려·반야바라밀다에서도 만약 크거나 작다는 뜻을 짓고 크거나 작다는 뜻을 짓지 않으며, 보시바라밀다에서 만약 집적하거나 흩어진다는 뜻을 짓고 집적하거나 흩어진다는 뜻을 짓지 않으며, 정계, 나아가 반야바라밀다에서도 만약 집적하거나 흩어진다는 뜻을 짓고 집적하거나 흩어진다는 뜻을 짓지 않으며, 보시바라밀다에서 분량이 있거나 분량이 없다는 뜻을 짓고 분량이 있거나 분량이 없다는 뜻을 짓지 않으며, 정계, 나아가 반야바라밀다에서도 만약 분량이 있거나 분량이 없다는 뜻을 짓고 분량이 있거나 분량이 없다는 뜻을 짓지 않으며, 보시바라밀다에서 넓거나 좁다는 뜻을 짓고 넓거나 좁다는 뜻을 짓지 않으며, 정계, 나아가 반야바라밀다에서도 만약 넓거나 좁다는 뜻을 짓고 넓거나 좁다는 뜻을 짓지 않으며, 보시바라밀다에서 만약 힘이 있거나 힘이 없다는 뜻을 짓고 힘이 있거나 힘이 없다는 뜻을 짓지 않으며, 정계, 나아가 반야바라밀다에서도 만약 힘이 있거나 힘이 없다는 뜻을 짓고 힘이 있거나 힘이 없다고 뜻을 짓지 않는다.'라고 이와 같은 생각을 일으킨다면, 세존이시여. 이 보살마하살은 크게 얻을 수 있다고 이름하나니, 반야바라밀다를 수행하고 있는 것이 아닙니다. 왜 그러한가? 얻을 수 있다고 생각하는 것은 능히 무상정등보리를 증득할 수 없는 까닭입니다.

다시 다음으로 세존이시여. 만약 보살마하살이 '이와 같은 반야바라밀다는 내공에서 만약 크거나 작다는 뜻을 짓고 크거나 작다는 뜻을 짓지 않으며, 외공·내외공·공공·대공·승의공·유위공·무위공·필경공·무제공·산공·무변이공·본성공·자상공·공상공·일체법공·불가득공·무성공·자성공·무성자성공에서도 만약 크거나 작다는 뜻을 짓고 크거나 작다는 뜻을 짓지 않으며, 내공에서 만약 집적하거나 흩어진다는 뜻을 짓고 집적하거나 흩어진다는 뜻을 짓지 않으며, 외공, 나아가 무성자성공에서도 만약 집적하거나 흩어진다는 뜻을 짓고 집적하거나 흩어진다는 뜻을 짓지 않으며, 내공에서 분량이 있거나 분량이 없다는 뜻을 짓고 분량이 있거나 분량이 없다는 뜻을 짓지 않으며, 외공, 나아가 무성자성공에서도 만약 분량이 있거나 분량이 없다는 뜻을 짓고 분량이 있거나 분량이 없다는 뜻을 짓지 않으며, 내공에서 넓거나 좁다는 뜻을 짓고 넓거나 좁다는 뜻을 짓지 않으며, 외공, 나아가 무성자성공에서도 만약 넓거나 좁다는 뜻을 짓고 넓거나 좁다는 뜻을 짓지 않으며, 내공에서 만약 힘이 있거나 힘이 없다는 뜻을 짓고 힘이 있거나 힘이 없다는 뜻을 짓지 않으며, 외공, 나아가 무성자성공에서도 만약 힘이 있거나 힘이 없다는 뜻을 짓고 힘이 있거나 힘이 없다는 뜻을 짓지 않는다.'라고 이와 같은 생각을 일으킨다면, 세존이시여. 이 보살마하살은 크게 얻을 수 있다고 이름하나니, 반야바라밀다를 수행하고 있는 것이 아닙니다. 왜 그러한가? 얻을 수 있다고 생각하는 것은 능히 무상정등보리를 증득할 수 없는 까닭입니다.

다시 다음으로 세존이시여. 만약 보살마하살이 '이와 같은 반야바라밀다는 진여에서 만약 크거나 작다는 뜻을 짓고 크거나 작다는 뜻을 짓지 않으며, 법계·법성·불허망성·불변이성·평등성·이생성·법정·법주·실제·허공계·부사의계에서도 만약 크거나 작다는 뜻을 짓고 크거나 작다는 뜻을 짓지 않으며, 진여에서 만약 집적하거나 흩어진다는 뜻을 짓고 집적하거나 흩어진다는 뜻을 짓지 않으며, 법계, 나아가 부사의계에서도 만약 집적하거나 흩어진다는 뜻을 짓고 집적하거나 흩어진다는 뜻을 짓지 않으며, 진여에서 분량이 있거나 분량이 없다는 뜻을 짓고 분량이 있거나 분량이 없다는 뜻을 짓지 않으며, 법계, 나아가 부사의계에서도 만약 분량이 있거나 분량이 없다는 뜻을 짓고 분량이 있거나 분량이 없다는 뜻을 짓지 않으며, 진여에서 넓거나 좁다는 뜻을 짓고 넓거나 좁다는 뜻을 짓지 않으며, 법계, 나아가 부사의계에서도 만약 넓거나 좁다는 뜻을 짓고 넓거나 좁다는 뜻을 짓지 않으며, 진여에서 만약 힘이 있거나 힘이 없다는 뜻을 짓고 힘이 있거나 힘이 없다는 뜻을 짓지 않으며, 법계, 나아가 부사의계에서도 만약 힘이 있거나 힘이 없다는 뜻을 짓고 힘이 있거나 힘이 없다는 뜻을 짓지 않는다.'라고 이와 같은 생각을 일으킨다면, 세존이시여. 이 보살마하살은 크게 얻을 수 있다고 이름하나니, 반야바라밀다를 수행하고 있는 것이 아닙니다. 왜 그러한가? 얻을 수 있다고 생각하는 것은 능히 무상정등보리를 증득할 수 없는 까닭입니다.

다시 다음으로 세존이시여. 만약 보살마하살이 '이와 같은 반야바라밀다는 고성제에서 만약 크거나 작다는 뜻을 짓고 크거나 작다는 뜻을 짓지 않으며, 집·멸·도성제에서도 만약 크거나 작다는 뜻을 짓고 크거나 작다는 뜻을 짓지 않으며, 고성제에서 만약 집적하거나 흩어진다는 뜻을 짓고 집적하거나 흩어진다는 뜻을 짓지 않으며, 집·멸·도성제에서도 만약 집적하거나 흩어진다는 뜻을 짓고 집적하거나 흩어진다는 뜻을 짓지 않으며, 고성제에서 분량이 있거나 분량이 없다는 뜻을 짓고 분량이 있거나 분량이 없다는 뜻을 짓지 않으며, 집·멸·도성제에서도 만약 분량이 있거나 분량이 없다는 뜻을 짓고 분량이 있거나 분량이 없다는 뜻을 짓지 않으며, 고성제에서 넓거나 좁다는 뜻을 짓고 넓거나 좁다는 뜻을 짓지 않으며, 집·멸·도성제에서도 만약 넓거나 좁다는 뜻을 짓고 넓거나 좁다는 뜻을 짓지 않으며, 고성제에서 만약 힘이 있거나 힘이 없다는 뜻을 짓고 힘이 있거나 힘이 없다는 뜻을 짓지 않으며, 집·멸·도성제에서도 만약 힘이 있거나 힘이 없다는 뜻을 짓고 힘이 있거나 힘이 없다는 뜻을 짓지 않는다.'라고 이와 같은 생각을 일으킨다면, 세존이시여. 이 보살마하살은 크게 얻을 수 있다고 이름하나니, 반야바라밀다를 수행하고 있는 것이 아닙니다. 왜 그러한가? 얻을 수 있다고 생각하는 것은 능히 무상정등보리를 증득할 수 없는 까닭입니다.

다시 다음으로 세존이시여. 만약 보살마하살이 '이와 같은 반야바라밀다는 4정려에서 만약 크거나 작다는 뜻을 짓고 크거나 작다는 뜻을 짓지 않으며, 4무량·4무색정에서도 만약 크거나 작다는 뜻을 짓고 크거나 작다는 뜻을 짓지 않으며, 4정려에서 만약 집적하거나 흩어진다는 뜻을 짓고 집적하거나 흩어진다는 뜻을 짓지 않으며, 4무량·4무색정에서도 만약 집적하거나 흩어진다는 뜻을 짓고 집적하거나 흩어진다는 뜻을 짓지 않으며, 4정려에서 분량이 있거나 분량이 없다는 뜻을 짓고 분량이 있거나 분량이 없다는 뜻을 짓지 않으며, 4무량·4무색정에서도 만약 분량이 있거나 분량이 없다는 뜻을 짓고 분량이 있거나 분량이 없다는 뜻을 짓지 않으며, 4정려에서 넓거나 좁다는 뜻을 짓고 넓거나 좁다는 뜻을 짓지 않으며, 4무량·4무색정에서도 만약 넓거나 좁다는 뜻을 짓고 넓거나 좁다는 뜻을 짓지 않으며, 4정려에서 만약 힘이 있거나 힘이 없다는 뜻을 짓고 힘이 있거나 힘이 없다는 뜻을 짓지 않으며, 4무량·4무색정에서도 만약 힘이 있거나 힘이 없다는 뜻을 짓고 힘이 있거나 힘이 없다는 뜻을 짓지 않는다.'라고 이와 같은 생각을 일으킨다면, 세존이시여. 이 보살마하살은 크게 얻을 수 있다고 이름하나니, 반야바라밀다를 수행하고 있는 것이 아닙니다. 왜 그러한가? 얻을 수 있다고 생각하는 것은 능히 무상정등보리를 증득할 수 없는 까닭입니다.

다시 다음으로 세존이시여. 만약 보살마하살이 '이와 같은 반야바라밀다는 8해탈에서 만약 크거나 작다는 뜻을 짓고 크거나 작다는 뜻을 짓지 않으며, 8승처·9차제정·10변처에서도 만약 크거나 작다는 뜻을 짓고 크거나 작다는 뜻을 짓지 않으며, 8해탈에서 만약 집적하거나 흩어진다는 뜻을 짓고 집적하거나 흩어진다는 뜻을 짓지 않으며, 8승처·9차제정·10변처에서도 만약 집적하거나 흩어진다는 뜻을 짓고 집적하거나 흩어진다는 뜻을 짓지 않으며, 8해탈에서 분량이 있거나 분량이 없다는 뜻을 짓고 분량이 있거나 분량이 없다는 뜻을 짓지 않으며, 8승처·9차제정·10변처에서도 만약 분량이 있거나 분량이 없다는 뜻을 짓고 분량이 있거나 분량이 없다는 뜻을 짓지 않으며, 8해탈에서 넓거나 좁다는 뜻을 짓고 넓거나 좁다는 뜻을 짓지 않으며, 8승처·9차제정·10변처에서도 만약 넓거나 좁다는 뜻을 짓고 넓거나 좁다는 뜻을 짓지 않으며, 8해탈에서 만약 힘이 있거나 힘이 없다는 뜻을 짓고 힘이 있거나 힘이 없다는 뜻을 짓지 않으며, 8승처·9차제정·10변처에서도 만약 힘이 있거나 힘이 없다는 뜻을 짓고 힘이 있거나 힘이 없다는 뜻을 짓지 않는다.'라고 이와 같은 생각을 일으킨다면, 세존이시여. 이 보살마하살은 크게 얻을 수 있다고 이름하나니, 반야바라밀다를 수행하고 있는 것이 아닙니다. 왜 그러한가? 얻을 수 있다고 생각하는 것은 능히 무상정등보리를 증득할 수 없는 까닭입니다.

다시 다음으로 세존이시여. 만약 보살마하살이 '이와 같은 반야바라밀다는 4념주에서 만약 크거나 작다는 뜻을 짓고 크거나 작다는 뜻을 짓지 않으며, 4정단·4신족·5근·5력·7등각지·8성도지에서도 만약 크거나 작다는 뜻을 짓고 크거나 작다는 뜻을 짓지 않으며, 4념주에서 만약 집적하거나 흩어진다는 뜻을 짓고 집적하거나 흩어진다는 뜻을 짓지 않으며, 4정단, 나아가 8성도지에서도 만약 집적하거나 흩어진다는 뜻을 짓고 집적하거나 흩어진다는 뜻을 짓지 않으며, 4념주에서 분량이 있거나 분량이 없다는 뜻을 짓고 분량이 있거나 분량이 없다는 뜻을 짓지 않으며, 4정단, 나아가 8성도지에서도 만약 분량이 있거나 분량이 없다는 뜻을 짓고 분량이 있거나 분량이 없다는 뜻을 짓지 않으며, 4념주에서 넓거나 좁다는 뜻을 짓고 넓거나 좁다는 뜻을 짓지 않으며, 4정단, 나아가 8성도지에서도 만약 넓거나 좁다는 뜻을 짓고 넓거나 좁다는 뜻을 짓지 않으며, 4념주에서 만약 힘이 있거나 힘이 없다는 뜻을 짓고 힘이 있거나 힘이 없다는 뜻을 짓지 않으며, 4정단, 나아가 8성도지에서도 만약 힘이 있거나 힘이 없다는 뜻을 짓고 힘이 있거나 힘이 없다는 뜻을 짓지 않는다.'라고 이와 같은 생각을 일으킨다면, 세존이시여. 이 보살마하살은 크게 얻을 수 있다고 이름하나니, 반야바라밀다를 수행하고 있는 것이 아닙니다. 왜 그러한가? 얻을 수 있다고 생각하는 것은 능히 무상정등보리를 증득할 수 없는 까닭입니다.

다시 다음으로 세존이시여. 만약 보살마하살이 '이와 같은 반야바라밀다는 공해탈문에서 만약 크거나 작다는 뜻을 짓고 크거나 작다는 뜻을 짓지 않으며, 무상·무원해탈문에서도 만약 크거나 작다는 뜻을 짓고 크거나 작다는 뜻을 짓지 않으며, 공해탈문에서 만약 집적하거나 흩어진다는 뜻을 짓고 집적하거나 흩어진다는 뜻을 짓지 않으며, 무상·무원해탈문에서도 만약 집적하거나 흩어진다는 뜻을 짓고 집적하거나 흩어진다는 뜻을 짓지 않으며, 공해탈문에서 분량이 있거나 분량이 없다는 뜻을 짓고 분량이 있거나 분량이 없다는 뜻을 짓지 않으며, 무상·무원해탈문에서도 만약 분량이 있거나 분량이 없다는 뜻을 짓고 분량이 있거나 분량이 없다는 뜻을 짓지 않으며, 공해탈문에서 넓거나 좁다는 뜻을 짓고 넓거나 좁다는 뜻을 짓지 않으며, 무상·무원해탈문에서도 만약 넓거나 좁다는 뜻을 짓고 넓거나 좁다는 뜻을 짓지 않으며, 공해탈문에서 만약 힘이 있거나 힘이 없다는 뜻을 짓고 힘이 있거나 힘이 없다는 뜻을 짓지 않으며, 무상·무원해탈문에서도 만약 힘이 있거나 힘이 없다는 뜻을 짓고 힘이 있거나 힘이 없다는 뜻을 짓지 않는다.'라고 이와 같은 생각을 일으킨다면, 세존이시여. 이 보살마하살은 크게 얻을 수 있다고 이름하나니, 반야바라밀다를 수행하고 있는 것이 아닙니다. 왜 그러한가? 얻을 수 있다고 생각하는 것은 능히 무상정등보리를 증득할 수 없는 까닭입니다.

다시 다음으로 세존이시여. 만약 보살마하살이 '이와 같은 반야바라밀다는 5안에서 만약 크거나 작다는 뜻을 짓고 크거나 작다는 뜻을 짓지 않으며, 6신통에서도 만약 크거나 작다는 뜻을 짓고 크거나 작다는 뜻을 짓지 않으며, 5안에서 만약 집적하거나 흩어진다는 뜻을 짓고 집적하거나 흩어진다는 뜻을 짓지 않으며, 6신통에서도 만약 집적하거나 흩어진다는 뜻을 짓고 집적하거나 흩어진다는 뜻을 짓지 않으며, 5안에서 분량이 있거나 분량이 없다는 뜻을 짓고 분량이 있거나 분량이 없다는 뜻을 짓지 않으며, 6신통에서도 만약 분량이 있거나 분량이 없다는 뜻을 짓고 분량이 있거나 분량이 없다는 뜻을 짓지 않으며, 5안에서 넓거나 좁다는 뜻을 짓고 넓거나 좁다는 뜻을 짓지 않으며, 6신통에서도 만약 넓거나 좁다는 뜻을 짓고 넓거나 좁다는 뜻을 짓지 않으며, 5안에서 만약 힘이 있거나 힘이 없다는 뜻을 짓고 힘이 있거나 힘이 없다는 뜻을 짓지 않으며, 6신통에서도 만약 힘이 있거나 힘이 없다는 뜻을 짓고 힘이 있거나 힘이 없다는 뜻을 짓지 않는다.'라고 이와 같은 생각을 일으킨다면, 세존이시여. 이 보살마하살은 크게 얻을 수 있다고 이름하나니, 반야바라밀다를 수행하고 있는 것이 아닙니다. 왜 그러한가? 얻을 수 있다고 생각하는 것은 능히 무상정등보리를 증득할 수 없는 까닭입니다."

마하반야바라밀다경 제179권

32. 찬반야품(讚般若品)(8)

“다시 다음으로 세존이시여. 만약 보살마하살이 ‘이와 같은 반야바라밀다는 여래의 10력에서 만약 크거나 작다는 뜻을 짓고 크거나 작다는 뜻을 짓지 않으며, 4무소외·4무애해·대자·대비·대희·대사·18불불공법에서도 만약 크거나 작다는 뜻을 짓고 크거나 작다는 뜻을 짓지 않으며, 여래의 10력에서 만약 집적하거나 흩어진다는 뜻을 짓고 집적하거나 흩어진다는 뜻을 짓지 않으며, 4무소외, 나아가 18불불공법에서도 만약 집적하거나 흩어진다는 뜻을 짓고 집적하거나 흩어진다는 뜻을 짓지 않으며, 여래의 10력에서 분량이 있거나 분량이 없다는 뜻을 짓고 분량이 있거나 분량이 없다는 뜻을 짓지 않으며, 4무소외, 나아가 18불불공법에서도 만약 분량이 있거나 분량이 없다는 뜻을 짓고 분량이 있거나 분량이 없다는 뜻을 짓지 않으며, 여래의 10력에서 넓거나 좁다는 뜻을 짓고 넓거나 좁다는 뜻을 짓지 않으며, 4무소외, 나아가 18불불공법에서도 만약 넓거나 좁다는 뜻을 짓고 넓거나 좁다는 뜻을 짓지 않으며, 여래의 10력에서 만약 힘이 있거나 힘이 없다는 뜻을 짓고 힘이 있거나 힘이 없다는 뜻을 짓지 않으며, 4무소외, 나아가 18불불공법에서도 만약 힘이 있거나 힘이 없다는 뜻을 짓고 힘이 있거나 힘이 없다는 뜻을 짓지 않는다.’라고 이와 같은 생각을 일으킨다면, 세존이시여. 이 보살마하살은 크게 얻을 수 있다고 이름하나니, 반야바라밀다를 수행하고 있는 것이 아닙니다. 왜 그러한가? 얻을 수 있다고 생각하는 것은 능히 무상정등보리를 증득할 수 없는 까닭입니다.

다시 다음으로 세존이시여. 만약 보살마하살이 '이와 같은 반야바라밀다는 무망실법에서 만약 크거나 작다는 뜻을 짓고 크거나 작다는 뜻을 짓지 않으며, 항주사성에서도 만약 크거나 작다는 뜻을 짓고 크거나 작다는 뜻을 짓지 않으며, 무망실법에서 만약 집적하거나 흩어진다는 뜻을 짓고 집적하거나 흩어진다는 뜻을 짓지 않으며, 항주사성에서도 만약 집적하거나 흩어진다는 뜻을 짓고 집적하거나 흩어진다는 뜻을 짓지 않으며, 무망실법에서 분량이 있거나 분량이 없다는 뜻을 짓고 분량이 있거나 분량이 없다는 뜻을 짓지 않으며, 항주사성에서도 만약 분량이 있거나 분량이 없다는 뜻을 짓고 분량이 있거나 분량이 없다는 뜻을 짓지 않으며, 무망실법에서 넓거나 좁다는 뜻을 짓고 넓거나 좁다는 뜻을 짓지 않으며, 항주사성에서도 만약 넓거나 좁다는 뜻을 짓고 넓거나 좁다는 뜻을 짓지 않으며, 무망실법에서 만약 힘이 있거나 힘이 없다는 뜻을 짓고 힘이 있거나 힘이 없다는 뜻을 짓지 않으며, 항주사성에서도 만약 힘이 있거나 힘이 없다는 뜻을 짓고 힘이 있거나 힘이 없다는 뜻을 짓지 않는다.'라고 이와 같은 생각을 일으킨다면, 세존이시여. 이 보살마하살은 크게 얻을 수 있다고 이름하나니, 반야바라밀다를 수행하고 있는 것이 아닙니다. 왜 그러한가? 얻을 수 있다고 생각하는 것은 능히 무상정등보리를 증득할 수 없는 까닭입니다.

다시 다음으로 세존이시여. 만약 보살마하살이 '이와 같은 반야바라밀다는 일체지에서 만약 크거나 작다는 뜻을 짓고 크거나 작다는 뜻을 짓지 않으며, 도상지·일체상지에서도 만약 크거나 작다는 뜻을 짓고 크거나 작다는 뜻을 짓지 않으며, 일체지에서 만약 집적하거나 흩어진다는 뜻을 짓고 집적하거나 흩어진다는 뜻을 짓지 않으며, 도상지·일체상지에서도 만약 집적하거나 흩어진다는 뜻을 짓고 집적하거나 흩어진다는 뜻을 짓지 않으며, 일체지에서 분량이 있거나 분량이 없다는 뜻을 짓고 분량이 있거나 분량이 없다는 뜻을 짓지 않으며, 도상지·일체상지에서도 만약 분량이 있거나 분량이 없다는 뜻을 짓고 분량이 있거나 분량이 없다는 뜻을 짓지 않으며, 일체지에서 넓거나 좁다는 뜻을 짓고 넓거나 좁다는 뜻을 짓지 않으며, 도상지·일체상지에서도 만약 넓거나 좁다는 뜻을 짓고 넓거나 좁다는 뜻을 짓지 않으며, 일체지에서 만약 힘이 있거나 힘이 없다는 뜻을 짓고 힘이 있거나 힘이 없다는 뜻을 짓지 않으며, 도상지·일체상지에서도 만약 힘이 있거나 힘이 없다는 뜻을 짓고 힘이 있거나 힘이 없다는 뜻을 짓지 않는다.'라고 이와 같은 생각을 일으킨다면, 세존이시여. 이 보살마하살은 크게 얻을 수 있다고 이름하나니, 반야바라밀다를 수행하고 있는 것이 아닙니다. 왜 그러한가? 얻을 수 있다고 생각하는 것은 능히 무상정등보리를 증득할 수 없는 까닭입니다.

다시 다음으로 세존이시여. 만약 보살마하살이 '이와 같은 반야바라밀다는 일체의 다라니문에서 만약 크거나 작다는 뜻을 짓고 크거나 작다는 뜻을 짓지 않으며, 일체의 삼마지문에서도 만약 크거나 작다는 뜻을 짓고 크거나 작다는 뜻을 짓지 않으며, 일체의 다라니문에서 만약 집적하거나 흩어진다는 뜻을 짓고 집적하거나 흩어진다는 뜻을 짓지 않으며, 일체의 삼마지문에서도 만약 집적하거나 흩어진다는 뜻을 짓고 집적하거나 흩어진다는 뜻을 짓지 않으며, 일체의 다라니문에서 분량이 있거나 분량이 없다는 뜻을 짓고 분량이 있거나 분량이 없다는 뜻을 짓지 않으며, 일체의 삼마지문에서도 만약 분량이 있거나 분량이 없다는 뜻을 짓고 분량이 있거나 분량이 없다는 뜻을 짓지 않으며, 일체의 다라니문에서 넓거나 좁다는 뜻을 짓고 넓거나 좁다는 뜻을 짓지 않으며, 일체의 삼마지문에서도 만약 넓거나 좁다는 뜻을 짓고 넓거나 좁다는 뜻을 짓지 않으며, 일체의 다라니문에서 만약 힘이 있거나 힘이 없다는 뜻을 짓고 힘이 있거나 힘이 없다는 뜻을 짓지 않으며, 일체의 삼마지문에서도 만약 힘이 있거나 힘이 없다는 뜻을 짓고 힘이 있거나 힘이 없다는 뜻을 짓지 않는다.'라고 이와 같은 생각을 일으킨다면, 세존이시여. 이 보살마하살은 크게 얻을 수 있다고 이름하나니, 반야바라밀다를 수행하고 있는 것이 아닙니다. 왜 그러한가? 얻을 수 있다고 생각하는 것은 능히 무상정등보리를 증득할 수 없는 까닭입니다.

다시 다음으로 세존이시여. 만약 보살마하살이 '이와 같은 반야바라밀다는 예류에서 만약 크거나 작다는 뜻을 짓고 크거나 작다는 뜻을 짓지 않으며, 일래·불환·아라한에서도 만약 크거나 작다는 뜻을 짓고 크거나 작다는 뜻을 짓지 않으며, 예류에서 만약 집적하거나 흩어진다는 뜻을 짓고 집적하거나 흩어진다는 뜻을 짓지 않으며, 일래·불환·아라한에서도 만약 집적하거나 흩어진다는 뜻을 짓고 집적하거나 흩어진다는 뜻을 짓지 않으며, 예류에서 분량이 있거나 분량이 없다는 뜻을 짓고 분량이 있거나 분량이 없다는 뜻을 짓지 않으며, 일래·불환·아라한에서도 만약 분량이 있거나 분량이 없다는 뜻을 짓고 분량이 있거나 분량이 없다는 뜻을 짓지 않으며, 예류에서 넓거나 좁다는 뜻을 짓고 넓거나 좁다는 뜻을 짓지 않으며, 일래·불환·아라한에서도 만약 넓거나 좁다는 뜻을 짓고 넓거나 좁다는 뜻을 짓지 않으며, 예류에서 만약 힘이 있거나 힘이 없다는 뜻을 짓고 힘이 있거나 힘이 없다는 뜻을 짓지 않으며, 일래·불환·아라한에서도 만약 힘이 있거나 힘이 없다는 뜻을 짓고 힘이 있거나 힘이 없다는 뜻을 짓지 않는다.'라고 이와 같은 생각을 일으킨다면, 세존이시여. 이 보살마하살은 크게 얻을 수 있다고 이름하나니, 반야바라밀다를 수행하고 있는 것이 아닙니다. 왜 그러한가? 얻을 수 있다고 생각하는 것은 능히 무상정등보리를 증득할 수 없는 까닭입니다.

다시 다음으로 세존이시여. 만약 보살마하살이 '이와 같은 반야바라밀다는 예류향·예류과에서 만약 크거나 작다는 뜻을 짓고 크거나 작다는 뜻을 짓지 않으며, 일래향·일래과·불환향·불환과·아라한향·아라한과에서도 만약 크거나 작다는 뜻을 짓고 크거나 작다는 뜻을 짓지 않으며, 예류향·예류과에서 만약 집적하거나 흩어진다는 뜻을 짓고 집적하거나 흩어진다는 뜻을 짓지 않으며, 일래향, 나아가 아라한과에서도 만약 집적하거나 흩어진다는 뜻을 짓고 집적하거나 흩어진다는 뜻을 짓지 않으며, 예류향·예류과에서 분량이 있거나 분량이 없다는 뜻을 짓고 분량이 있거나 분량이 없다는 뜻을 짓지 않으며, 일래향, 나아가 아라한과에서도 만약 분량이 있거나 분량이 없다는 뜻을 짓고 분량이 있거나 분량이 없다는 뜻을 짓지 않으며, 예류향·예류과에서 넓거나 좁다는 뜻을 짓고 넓거나 좁다는 뜻을 짓지 않으며, 일래향, 나아가 아라한과에서도 만약 넓거나 좁다는 뜻을 짓고 넓거나 좁다는 뜻을 짓지 않으며, 예류향·예류과에서 만약 힘이 있거나 힘이 없다는 뜻을 짓고 힘이 있거나 힘이 없다는 뜻을 짓지 않으며, 일래향, 나아가 아라한과에서도 만약 힘이 있거나 힘이 없다는 뜻을 짓고 힘이 있거나 힘이 없다는 뜻을 짓지 않는다.'라고 이와 같은 생각을 일으킨다면, 세존이시여. 이 보살마하살은 크게 얻을 수 있다고 이름하나니, 반야바라밀다를 수행하고 있는 것이 아닙니다. 왜 그러한가? 얻을 수 있다고 생각하는 것은 능히 무상정등보리를 증득할 수 없는 까닭입니다.

다시 다음으로 세존이시여. 만약 보살마하살이 '이와 같은 반야바라밀다는 독각에서 만약 크거나 작다는 뜻을 짓고 크거나 작다는 뜻을 짓지 않으며, 독각의 보리에서도 만약 크거나 작다는 뜻을 짓고 크거나 작다는 뜻을 짓지 않으며, 독각에서 만약 집적하거나 흩어진다는 뜻을 짓고 집적하거나 흩어진다는 뜻을 짓지 않으며, 독각의 보리에서도 만약 집적하거나 흩어진다는 뜻을 짓고 집적하거나 흩어진다는 뜻을 짓지 않으며, 독각에서 분량이 있거나 분량이 없다는 뜻을 짓고 분량이 있거나 분량이 없다는 뜻을 짓지 않으며, 독각의 보리에서도 만약 분량이 있거나 분량이 없다는 뜻을 짓고 분량이 있거나 분량이 없다는 뜻을 짓지 않으며, 독각에서 넓거나 좁다는 뜻을 짓고 넓거나 좁다는 뜻을 짓지 않으며, 독각의 보리에서도 만약 넓거나 좁다는 뜻을 짓고 넓거나 좁다는 뜻을 짓지 않으며, 독각에서 만약 힘이 있거나 힘이 없다는 뜻을 짓고 힘이 있거나 힘이 없다는 뜻을 짓지 않으며, 독각의 보리에서도 만약 힘이 있거나 힘이 없다는 뜻을 짓고 힘이 있거나 힘이 없다는 뜻을 짓지 않는다.'라고 이와 같은 생각을 일으킨다면, 세존이시여. 이 보살마하살은 크게 얻을 수 있다고 이름하나니, 반야바라밀다를 수행하고 있는 것이 아닙니다. 왜 그러한가? 얻을 수 있다고 생각하는 것은 능히 무상정등보리를 증득할 수 없는 까닭입니다.

다시 다음으로 세존이시여. 만약 보살마하살이 '이와 같은 반야바라밀다는 보살마하살에서 만약 크거나 작다는 뜻을 짓고 크거나 작다는 뜻을 짓지 않으며, 보살마하살의 행에서도 만약 크거나 작다는 뜻을 짓고 크거나 작다는 뜻을 짓지 않으며, 보살마하살에서 만약 집적하거나 흩어진다는 뜻을 짓고 집적하거나 흩어진다는 뜻을 짓지 않으며, 보살마하살의 행에서도 만약 집적하거나 흩어진다는 뜻을 짓고 집적하거나 흩어진다는 뜻을 짓지 않으며, 보살마하살에서 분량이 있거나 분량이 없다는 뜻을 짓고 분량이 있거나 분량이 없다는 뜻을 짓지 않으며, 보살마하살의 행에서도 만약 분량이 있거나 분량이 없다는 뜻을 짓고 분량이 있거나 분량이 없다는 뜻을 짓지 않으며, 보살마하살에서 넓거나 좁다는 뜻을 짓고 넓거나 좁다는 뜻을 짓지 않으며, 보살마하살의 행에서도 만약 넓거나 좁다는 뜻을 짓고 넓거나 좁다는 뜻을 짓지 않으며, 보살마하살에서 만약 힘이 있거나 힘이 없다는 뜻을 짓고 힘이 있거나 힘이 없다는 뜻을 짓지 않으며, 보살마하살의 행에서도 만약 힘이 있거나 힘이 없다는 뜻을 짓고 힘이 있거나 힘이 없다는 뜻을 짓지 않는다.'라고 이와 같은 생각을 일으킨다면, 세존이시여. 이 보살마하살은 크게 얻을 수 있다고 이름하나니, 반야바라밀다를 수행하고 있는 것이 아닙니다. 왜 그러한가? 얻을 수 있다고 생각하는 것은 능히 무상정등보리를 증득할 수 없는 까닭입니다.

다시 다음으로 세존이시여. 만약 보살마하살이 '이와 같은 반야바라밀다는 제여래·응공·정등각에서 만약 크거나 작다는 뜻을 짓고 크거나 작다는 뜻을 짓지 않으며, 무상정등보리에서도 만약 크거나 작다는 뜻을 짓고 크거나 작다는 뜻을 짓지 않으며, 제여래·응공·정등각에서 만약 집적하거나 흩어진다는 뜻을 짓고 집적하거나 흩어진다는 뜻을 짓지 않으며, 무상정등보리에서도 만약 집적하거나 흩어진다는 뜻을 짓고 집적하거나 흩어진다는 뜻을 짓지 않으며, 제여래·응공·정등각에서 분량이 있거나 분량이 없다는 뜻을 짓고 분량이 있거나 분량이 없다는 뜻을 짓지 않으며, 무상정등보리에서도 만약 분량이 있거나 분량이 없다는 뜻을 짓고 분량이 있거나 분량이 없다는 뜻을 짓지 않으며, 제여래·응공·정등각에서 넓거나 좁다는 뜻을 짓고 넓거나 좁다는 뜻을 짓지 않으며, 무상정등보리에서도 만약 넓거나 좁다는 뜻을 짓고 넓거나 좁다는 뜻을 짓지 않으며, 제여래·응공·정등각에서 만약 힘이 있거나 힘이 없다는 뜻을 짓고 힘이 있거나 힘이 없다는 뜻을 짓지 않으며, 무상정등보리에서도 만약 힘이 있거나 힘이 없다는 뜻을 짓고 힘이 있거나 힘이 없다는 뜻을 짓지 않는다.'라고 이와 같은 생각을 일으킨다면, 세존이시여. 이 보살마하살은 크게 얻을 수 있다고 이름하나니, 반야바라밀다를 수행하고 있는 것이 아닙니다. 왜 그러한가? 얻을 수 있다고 생각하는 것은 능히 무상정등보리를 증득할 수 없는 까닭입니다.

다시 다음으로 세존이시여. 만약 보살마하살이 '이와 같은 반야바라밀다는 일체법에서 만약 크거나 작다는 뜻을 짓고 크거나 작다는 뜻을 짓지 않으며, 집적하거나 흩어진다는 뜻을 짓고 집적하거나 흩어진다는 뜻을 짓지 않으며, 분량이 있거나 분량이 없다는 뜻을 짓고 분량이 있거나 분량이 없다는 뜻을 짓지 않으며, 넓거나 좁다는 뜻을 짓고 넓거나 좁다는 뜻을 짓지 않으며, 힘이 있거나 힘이 없다는 뜻을 짓고 힘이 있거나 힘이 없다는 뜻을 짓지 않는다.'라고 이와 같은 생각을 일으킨다면, 세존이시여. 이 보살마하살은 크게 얻을 수 있다고 이름하나니, 반야바라밀다를 수행하고 있는 것이 아닙니다. 왜 그러한가? 얻을 수 있다고 생각하는 것은 능히 무상정등보리를 증득할 수 없는 까닭입니다."

"왜 그러한가? 세존이시여. 유정(有情)이 태어남(生)이 없는 까닭으로 마땅히 반야바라밀다도 역시 태어남이 없다고 알아야 하고, 유정이 소멸함(滅)이 없는 까닭으로 반야바라밀다도 역시 소멸함이 없다고 알아야 하며, 유정이 자성(自性)이 없는 까닭으로 마땅히 반야바라밀다도 역시 자성이 없다고 알아야 하고, 유정이 무소유(無所有)인 까닭으로 마땅히 반야바라밀다도 역시 무소유라고 알아야 하며, 유정이 공(空)한 까닭으로 마땅히 반야바라밀다도 역시 공하다고 알아야 하고, 유정이 무상(無相)인 까닭으로 마땅히 반야바라밀다도 역시 무상이라고 알아야 하며, 유정이 무원(無願)인 까닭으로 마땅히 반야바라밀다도 역시 무원이라고 알아야 하고, 유정이 멀리 벗어난(遠離) 까닭으로 마땅히 반야바라밀다도 역시 멀리 벗어났다고 알아야 하며, 유정이 적정(寂靜)한 까닭으로 마땅히 반야바라밀다도 역시 적정하다고 알아야 하고, 유정이 얻을 수 없는(不可得) 까닭으로 마땅히 반야바라밀다도 역시 얻을 수 없다고 알아야 하며, 유정이 불가사의(不可思議)한 까닭으로 마땅히 반야바라밀다도 역시 불가사의하다고 알아야 하고, 유정이 각지(覺知)가 없는 까닭으로 마땅히 반야바라밀다도 역시 각지가 없다고 알아야 하며, 유정의 세력(勢力)이 성취되지 않는 까닭으로 마땅히 반야바라밀다도 역시 세력이 성취되지 않는다고 알아야 합니다. 세존이시여. 저는 이러한 뜻을 인연하였던 까닭으로 '보살마하살의 반야바라밀다는 큰 바라밀다이다.'라고 설하였습니다.

다시 다음으로 세존이시여. 색이 태어남이 없는 까닭으로 마땅히 반야바라밀다도 역시 태어남이 없다고 알아야 하고 수·상·행·식이 태어남이 없는 까닭으로 마땅히 반야바라밀다도 역시 태어남이 없다고 알아야 하며, 색이 소멸함이 없는 까닭으로 반야바라밀다도 역시 소멸함이 없다고 알아야 하고 수·상·행·식이 소멸함이 없는 까닭으로 반야바라밀다도 역시 소멸함이 없다고 알아야 하며, 색이 자성이 없는 까닭으로 마땅히 반야바라밀다도 역시 자성이 없다고 알아야 하고 수·상·행·식이 자성이 없는 까닭으로 마땅히 반야바라밀다도 역시 자성이 없다고 알아야 하며, 색이 무소유인 까닭으로 마땅히 반야바라밀다도 역시 무소유라고 알아야 하고 수·상·행·식이 무소유인 까닭으로 마땅히 반야바라밀다도 역시 무소유라고 알아야 하며, 색이 공한 까닭으로 마땅히 반야바라밀다도 역시 공하다고 알아야 하고 수·상·행·식이 공한 까닭으로 마땅히 반야바라밀다도 역시 공하다고 알아야 하며, 색이 무상인 까닭으로 마땅히 반야바라밀다도 역시 무상이라고 알아야 하고 수·상·행·식이 무상인 까닭으로 마땅히 반야바라밀다도 역시 무상이라고 알아야 하며, 색이 무원인 까닭으로 마땅히 반야바라밀다도 역시 무원이라고 알아야 하고 수·상·행·식이 무원인 까닭으로 마땅히 반야바라밀다도 역시 무원이라고 알아야 하며, 색이 멀리 벗어난 까닭으로 마땅히 반야바라밀다도 역시 멀리 벗어났다고 알아야 하고 수·상·행·식이 멀리 벗어난 까닭으로 마땅히 반야바라밀다도 역시 멀리 벗어났다고 알아야 하며, 색이 적정한 까닭으로 마땅히 반야바라밀다도 역시 적정하다고 알아야 하고 수·상·행·식이 적정한 까닭으로 마땅히 반야바라밀다도 역시 적정하다고 알아야 하며, 색이 얻을 수 없는 까닭으로 마땅히 반야바라밀다도 역시 얻을 수 없다고 알아야 하고 수·상·행·식이 얻을 수 없는 까닭으로 마땅히 반야바라밀다도 역시 얻을 수 없다고 알아야 하며, 색이 불가사의한 까닭으로 마땅히 반야바라밀다도 역시 불가사의하다고 알아야 하고 수·상·행·식이 불가사의한 까닭으로 마땅히 반야바라밀다도 역시 불가사의하다고 알아야 하며, 색이 각지가 없는 까닭으로 마땅히 반야바라밀다도 역시 각지가 없다고 알아야 하고 수·상·행·식이 각지가 없는 까닭으로 마땅히 반야바라밀다도 역시 각지가 없다고 알아야 하며, 색이 세력이 성취되지 않는 까닭으로 마땅히 반야바라밀다도 역시 세력이 성취되지 않고 수·상·행·식이 세력이 성취되지 않는 까닭으로 마땅히 반야바라밀다도 역시 세력이 성취되지 않는다고 알아야 합니다. 세존이시여. 저는 이러한 뜻을 인연하였던 까닭으로 '보살마하살의 반야바라밀다는 큰 바라밀다이다.'라고 설하였습니다.

다시 다음으로 세존이시여. 안처가 태어남이 없는 까닭으로 마땅히 반야바라밀다도 역시 태어남이 없다고 알아야 하고 이·비·설·신·의처가 태어남이 없는 까닭으로 마땅히 반야바라밀다도 역시 태어남이 없다고 알아야 하며, 안처가 소멸함이 없는 까닭으로 반야바라밀다도 역시 소멸함이 없다고 알아야 하고 이·비·설·신·의처가 소멸함이 없는 까닭으로 반야바라밀다도 역시 소멸함이 없다고 알아야 하며, 안처가 자성이 없는 까닭으로 마땅히 반야바라밀다도 역시 자성이 없다고 알아야 하고 이·비·설·신·의처가 자성이 없는 까닭으로 마땅히 반야바라밀다도 역시 자성이 없다고 알아야 하며, 안처가 무소유인 까닭으로 마땅히 반야바라밀다도 역시 무소유라고 알아야 하고 이·비·설·신·의처가 무소유인 까닭으로 마땅히 반야바라밀다도 역시 무소유라고 알아야 하며, 안처가 공한 까닭으로 마땅히 반야바라밀다도 역시 공하다고 알아야 하고 이·비·설·신·의처가 공한 까닭으로 마땅히 반야바라밀다도 역시 공하다고 알아야 하며, 안처가 무상인 까닭으로 마땅히 반야바라밀다도 역시 무상이라고 알아야 하고 이·비·설·신·의처가 무상인 까닭으로 마땅히 반야바라밀다도 역시 무상이라고 알아야 하며, 안처가 무원인 까닭으로 마땅히 반야바라밀다도 역시 무원이라고 알아야 하고 이·비·설·신·의처가 무원인 까닭으로 마땅히 반야바라밀다도 역시 무원이라고 알아야 하며, 안처가 멀리 벗어난 까닭으로 마땅히 반야바라밀다도 역시 멀리 벗어났다고 알아야 하고 이·비·설·신·의처가 멀리 벗어난 까닭으로 마땅히 반야바라밀다도 역시 멀리 벗어났다고 알아야 하며, 안처가 적정한 까닭으로 마땅히 반야바라밀다도 역시 적정하다고 알아야 하고 이·비·설·신·의처가 적정한 까닭으로 마땅히 반야바라밀다도 역시 적정하다고 알아야 하며, 안처가 얻을 수 없는 까닭으로 마땅히 반야바라밀다도 역시 얻을 수 없다고 알아야 하고 이·비·설·신·의처가 얻을 수 없는 까닭으로 마땅히 반야바라밀다도 역시 얻을 수 없다고 알아야 하며, 안처가 불가사의한 까닭으로 마땅히 반야바라밀다도 역시 불가사의하다고 알아야 하고 이·비·설·신·의처가 불가사의한 까닭으로 마땅히 반야바라밀다도 역시 불가사의하다고 알아야 하며, 안처가 각지가 없는 까닭으로 마땅히 반야바라밀다도 역시 각지가 없다고 알아야 하고 이·비·설·신·의처가 각지가 없는 까닭으로 마땅히 반야바라밀다도 역시 각지가 없다고 알아야 하며, 안처가 세력이 성취되지 않는 까닭으로 마땅히 반야바라밀다도 역시 세력이 성취되지 않고 이·비·설·신·의처가 세력이 성취되지 않는 까닭으로 마땅히 반야바라밀다도 역시 세력이 성취되지 않는다고 알아야 합니다. 세존이시여. 저는 이러한 뜻을 인연하였던 까닭으로 '보살마하살의 반야바라밀다는 큰 바라밀다이다.'라고 설하였습니다.

다시 다음으로 세존이시여. 색처가 태어남이 없는 까닭으로 마땅히 반야바라밀다도 역시 태어남이 없다고 알아야 하고 성·향·미·촉·법처가 태어남이 없는 까닭으로 마땅히 반야바라밀다도 역시 태어남이 없다고 알아야 하며, 색처가 소멸함이 없는 까닭으로 반야바라밀다도 역시 소멸함이 없다고 알아야 하고 성·향·미·촉·법처가 소멸함이 없는 까닭으로 반야바라밀다도 역시 소멸함이 없다고 알아야 하며, 색처가 자성이 없는 까닭으로 마땅히 반야바라밀다도 역시 자성이 없다고 알아야 하고 성·향·미·촉·법처가 자성이 없는 까닭으로 마땅히 반야바라밀다도 역시 자성이 없다고 알아야 하며, 색처가 무소유인 까닭으로 마땅히 반야바라밀다도 역시 무소유라고 알아야 하고 성·향·미·촉·법처가 무소유인 까닭으로 마땅히 반야바라밀다도 역시 무소유라고 알아야 하며, 색처가 공한 까닭으로 마땅히 반야바라밀다도 역시 공하다고 알아야 하고 성·향·미·촉·법처가 공한 까닭으로 마땅히 반야바라밀다도 역시 공하다고 알아야 하며, 색처가 무상인 까닭으로 마땅히 반야바라밀다도 역시 무상이라고 알아야 하고 성·향·미·촉·법처가 무상인 까닭으로 마땅히 반야바라밀다도 역시 무상이라고 알아야 하며, 색처가 무원인 까닭으로 마땅히 반야바라밀다도 역시 무원이라고 알아야 하고 성·향·미·촉·법처가 무원인 까닭으로 마땅히 반야바라밀다도 역시 무원이라고 알아야 하며, 색처가 멀리 벗어난 까닭으로 마땅히 반야바라밀다도 역시 멀리 벗어났다고 알아야 하고 성·향·미·촉·법처가 멀리 벗어난 까닭으로 마땅히 반야바라밀다도 역시 멀리 벗어났다고 알아야 하며, 색처가 적정한 까닭으로 마땅히 반야바라밀다도 역시 적정하다고 알아야 하고 성·향·미·촉·법처가 적정한 까닭으로 마땅히 반야바라밀다도 역시 적정하다고 알아야 하며, 색처가 얻을 수 없는 까닭으로 마땅히 반야바라밀다도 역시 얻을 수 없다고 알아야 하고 성·향·미·촉·법처가 얻을 수 없는 까닭으로 마땅히 반야바라밀다도 역시 얻을 수 없다고 알아야 하며, 색처가 불가사의한 까닭으로 마땅히 반야바라밀다도 역시 불가사의하다고 알아야 하고 성·향·미·촉·법처가 불가사의한 까닭으로 마땅히 반야바라밀다도 역시 불가사의하다고 알아야 하며, 색처가 각지가 없는 까닭으로 마땅히 반야바라밀다도 역시 각지가 없다고 알아야 하고 성·향·미·촉·법처가 각지가 없는 까닭으로 마땅히 반야바라밀다도 역시 각지가 없다고 알아야 하며, 색처가 세력이 성취되지 않는 까닭으로 마땅히 반야바라밀다도 역시 세력이 성취되지 않고 성·향·미·촉·법처가 세력이 성취되지 않는 까닭으로 마땅히 반야바라밀다도 역시 세력이 성취되지 않는다고 알아야 합니다. 세존이시여. 저는 이러한 뜻을 인연하였던 까닭으로 '보살마하살의 반야바라밀다는 큰 바라밀다이다.'라고 설하였습니다.

다시 다음으로 세존이시여. 안계가 태어남이 없는 까닭으로 마땅히 반야바라밀다도 역시 태어남이 없다고 알아야 하고 색계·안식계, 나아가 안촉·안촉을 인연으로 생겨난 여러 수가 태어남이 없는 까닭으로 마땅히 반야바라밀다도 역시 태어남이 없다고 알아야 하며, 안계가 소멸함이 없는 까닭으로 반야바라밀다도 역시 소멸함이 없다고 알아야 하고 색계, 나아가 안촉을 인연으로 생겨난 여러 수가 소멸함이 없는 까닭으로 반야바라밀다도 역시 소멸함이 없다고 알아야 하며, 안계가 자성이 없는 까닭으로 마땅히 반야바라밀다도 역시 자성이 없다고 알아야 하고 색계, 나아가 안촉을 인연으로 생겨난 여러 수가 자성이 없는 까닭으로 마땅히 반야바라밀다도 역시 자성이 없다고 알아야 하며, 안계가 무소유인 까닭으로 마땅히 반야바라밀다도 역시 무소유라고 알아야 하고 색계, 나아가 안촉을 인연으로 생겨난 여러 수가 무소유인 까닭으로 마땅히 반야바라밀다도 역시 무소유라고 알아야 하며, 안계가 공한 까닭으로 마땅히 반야바라밀다도 역시 공하다고 알아야 하고 색계, 나아가 안촉을 인연으로 생겨난 여러 수가 공한 까닭으로 마땅히 반야바라밀다도 역시 공하다고 알아야 하며, 안계가 무상인 까닭으로 마땅히 반야바라밀다도 역시 무상이라고 알아야 하고 색계, 나아가 안촉을 인연으로 생겨난 여러 수가 무상인 까닭으로 마땅히 반야바라밀다도 역시 무상이라고 알아야 하며, 안계가 무원인 까닭으로 마땅히 반야바라밀다도 역시 무원이라고 알아야 하고 색계, 나아가 안촉을 인연으로 생겨난 여러 수가 무원인 까닭으로 마땅히 반야바라밀다도 역시 무원이라고 알아야 하며, 안계가 멀리 벗어난 까닭으로 마땅히 반야바라밀다도 역시 멀리 벗어났다고 알아야 하고 색계, 나아가 안촉을 인연으로 생겨난 여러 수가 멀리 벗어난 까닭으로 마땅히 반야바라밀다도 역시 멀리 벗어났다고 알아야 하며, 안계가 적정한 까닭으로 마땅히 반야바라밀다도 역시 적정하다고 알아야 하고 색계, 나아가 안촉을 인연으로 생겨난 여러 수가 적정한 까닭으로 마땅히 반야바라밀다도 역시 적정하다고 알아야 하며, 안계가 얻을 수 없는 까닭으로 마땅히 반야바라밀다도 역시 얻을 수 없다고 알아야 하고 색계, 나아가 안촉을 인연으로 생겨난 여러 수가 얻을 수 없는 까닭으로 마땅히 반야바라밀다도 역시 얻을 수 없다고 알아야 하며, 안계가 불가사의한 까닭으로 마땅히 반야바라밀다도 역시 불가사의하다고 알아야 하고 색계, 나아가 안촉을 인연으로 생겨난 여러 수가 불가사의한 까닭으로 마땅히 반야바라밀다도 역시 불가사의하다고 알아야 하며, 안계가 각지가 없는 까닭으로 마땅히 반야바라밀다도 역시 각지가 없다고 알아야 하고 색계, 나아가 안촉을 인연으로 생겨난 여러 수가 각지가 없는 까닭으로 마땅히 반야바라밀다도 역시 각지가 없다고 알아야 하며, 안계가 세력이 성취되지 않는 까닭으로 마땅히 반야바라밀다도 역시 세력이 성취되지 않고 색계, 나아가 안촉을 인연으로 생겨난 여러 수가 세력이 성취되지 않는 까닭으로 마땅히 반야바라밀다도 역시 세력이 성취되지 않는다고 알아야 합니다. 세존이시여. 저는 이러한 뜻을 인연하였던 까닭으로 '보살마하살의 반야바라밀다는 큰 바라밀다이다.'라고 설하였습니다.

다시 다음으로 세존이시여. 이계가 태어남이 없는 까닭으로 마땅히 반야바라밀다도 역시 태어남이 없다고 알아야 하고 성계·이식계, 나아가 이촉·이촉을 인연으로 생겨난 여러 수가 태어남이 없는 까닭으로 마땅히 반야바라밀다도 역시 태어남이 없다고 알아야 하며, 이계가 소멸함이 없는 까닭으로 반야바라밀다도 역시 소멸함이 없다고 알아야 하고 성계, 나아가 이촉을 인연으로 생겨난 여러 수가 소멸함이 없는 까닭으로 반야바라밀다도 역시 소멸함이 없다고 알아야 하며, 이계가 자성이 없는 까닭으로 마땅히 반야바라밀다도 역시 자성이 없다고 알아야 하고 성계, 나아가 이촉을 인연으로 생겨난 여러 수가 자성이 없는 까닭으로 마땅히 반야바라밀다도 역시 자성이 없다고 알아야 하며, 이계가 무소유인 까닭으로 마땅히 반야바라밀다도 역시 무소유라고 알아야 하고 성계, 나아가 이촉을 인연으로 생겨난 여러 수가 무소유인 까닭으로 마땅히 반야바라밀다도 역시 무소유라고 알아야 하며, 이계가 공한 까닭으로 마땅히 반야바라밀다도 역시 공하다고 알아야 하고 성계, 나아가 이촉을 인연으로 생겨난 여러 수가 공한 까닭으로 마땅히 반야바라밀다도 역시 공하다고 알아야 하며, 이계가 무상인 까닭으로 마땅히 반야바라밀다도 역시 무상이라고 알아야 하고 성계, 나아가 이촉을 인연으로 생겨난 여러 수가 무상인 까닭으로 마땅히 반야바라밀다도 역시 무상이라고 알아야 하며, 이계가 무원인 까닭으로 마땅히 반야바라밀다도 역시 무원이라고 알아야 하고 성계, 나아가 이촉을 인연으로 생겨난 여러 수가 무원인 까닭으로 마땅히 반야바라밀다도 역시 무원이라고 알아야 하며, 이계가 멀리 벗어난 까닭으로 마땅히 반야바라밀다도 역시 멀리 벗어났다고 알아야 하고 성계, 나아가 이촉을 인연으로 생겨난 여러 수가 멀리 벗어난 까닭으로 마땅히 반야바라밀다도 역시 멀리 벗어났다고 알아야 하며, 이계가 적정한 까닭으로 마땅히 반야바라밀다도 역시 적정하다고 알아야 하고 성계, 나아가 이촉을 인연으로 생겨난 여러 수가 적정한 까닭으로 마땅히 반야바라밀다도 역시 적정하다고 알아야 하며, 이계가 얻을 수 없는 까닭으로 마땅히 반야바라밀다도 역시 얻을 수 없다고 알아야 하고 성계, 나아가 이촉을 인연으로 생겨난 여러 수가 얻을 수 없는 까닭으로 마땅히 반야바라밀다도 역시 얻을 수 없다고 알아야 하며, 이계가 불가사의한 까닭으로 마땅히 반야바라밀다도 역시 불가사의하다고 알아야 하고 성계, 나아가 이촉을 인연으로 생겨난 여러 수가 불가사의한 까닭으로 마땅히 반야바라밀다도 역시 불가사의하다고 알아야 하며, 이계가 각지가 없는 까닭으로 마땅히 반야바라밀다도 역시 각지가 없다고 알아야 하고 성계, 나아가 이촉을 인연으로 생겨난 여러 수가 각지가 없는 까닭으로 마땅히 반야바라밀다도 역시 각지가 없다고 알아야 하며, 이계가 세력이 성취되지 않는 까닭으로 마땅히 반야바라밀다도 역시 세력이 성취되지 않고 성계, 나아가 이촉을 인연으로 생겨난 여러 수가 세력이 성취되지 않는 까닭으로 마땅히 반야바라밀다도 역시 세력이 성취되지 않는다고 알아야 합니다. 세존이시여. 저는 이러한 뜻을 인연하였던 까닭으로 '보살마하살의 반야바라밀다는 큰 바라밀다이다.'라고 설하였습니다.

다시 다음으로 세존이시여. 비계가 태어남이 없는 까닭으로 마땅히 반야바라밀다도 역시 태어남이 없다고 알아야 하고 향계·비식계, 나아가 비촉·비촉을 인연으로 생겨난 여러 수가 태어남이 없는 까닭으로 마땅히 반야바라밀다도 역시 태어남이 없다고 알아야 하며, 비계가 소멸함이 없는 까닭으로 반야바라밀다도 역시 소멸함이 없다고 알아야 하고 향계, 나아가 비촉을 인연으로 생겨난 여러 수가 소멸함이 없는 까닭으로 반야바라밀다도 역시 소멸함이 없다고 알아야 하며, 비계가 자성이 없는 까닭으로 마땅히 반야바라밀다도 역시 자성이 없다고 알아야 하고 향계, 나아가 비촉을 인연으로 생겨난 여러 수가 자성이 없는 까닭으로 마땅히 반야바라밀다도 역시 자성이 없다고 알아야 하며, 비계가 무소유인 까닭으로 마땅히 반야바라밀다도 역시 무소유라고 알아야 하고 향계, 나아가 비촉을 인연으로 생겨난 여러 수가 무소유인 까닭으로 마땅히 반야바라밀다도 역시 무소유라고 알아야 하며, 비계가 공한 까닭으로 마땅히 반야바라밀다도 역시 공하다고 알아야 하고 향계, 나아가 비촉을 인연으로 생겨난 여러 수가 공한 까닭으로 마땅히 반야바라밀다도 역시 공하다고 알아야 하며, 비계가 무상인 까닭으로 마땅히 반야바라밀다도 역시 무상이라고 알아야 하고 향계, 나아가 비촉을 인연으로 생겨난 여러 수가 무상인 까닭으로 마땅히 반야바라밀다도 역시 무상이라고 알아야 하며, 비계가 무원인 까닭으로 마땅히 반야바라밀다도 역시 무원이라고 알아야 하고 향계, 나아가 비촉을 인연으로 생겨난 여러 수가 무원인 까닭으로 마땅히 반야바라밀다도 역시 무원이라고 알아야 하며, 비계가 멀리 벗어난 까닭으로 마땅히 반야바라밀다도 역시 멀리 벗어났다고 알아야 하고 향계,

나아가 비촉을 인연으로 생겨난 여러 수가 멀리 벗어난 까닭으로 마땅히 반야바라밀다도 역시 멀리 벗어났다고 알아야 하며, 비계가 적정한 까닭으로 마땅히 반야바라밀다도 역시 적정하다고 알아야 하고 향계, 나아가 비촉을 인연으로 생겨난 여러 수가 적정한 까닭으로 마땅히 반야바라밀다도 역시 적정하다고 알아야 하며, 비계가 얻을 수 없는 까닭으로 마땅히 반야바라밀다도 역시 얻을 수 없다고 알아야 하고 향계, 나아가 비촉을 인연으로 생겨난 여러 수가 얻을 수 없는 까닭으로 마땅히 반야바라밀다도 역시 얻을 수 없다고 알아야 하며, 비계가 불가사의한 까닭으로 마땅히 반야바라밀다도 역시 불가사의하다고 알아야 하고 향계, 나아가 비촉을 인연으로 생겨난 여러 수가 불가사의한 까닭으로 마땅히 반야바라밀다도 역시 불가사의하다고 알아야 하며, 비계가 각지가 없는 까닭으로 마땅히 반야바라밀다도 역시 각지가 없다고 알아야 하고 향계, 나아가 비촉을 인연으로 생겨난 여러 수가 각지가 없는 까닭으로 마땅히 반야바라밀다도 역시 각지가 없다고 알아야 하며, 비계가 세력이 성취되지 않는 까닭으로 마땅히 반야바라밀다도 역시 세력이 성취되지 않고 향계, 나아가 비촉을 인연으로 생겨난 여러 수가 세력이 성취되지 않는 까닭으로 마땅히 반야바라밀다도 역시 세력이 성취되지 않는다고 알아야 합니다. 세존이시여. 저는 이러한 뜻을 인연하였던 까닭으로 '보살마하살의 반야바라밀다는 큰 바라밀다이다.'라고 설하였습니다.

다시 다음으로 세존이시여. 설계가 태어남이 없는 까닭으로 마땅히 반야바라밀다도 역시 태어남이 없다고 알아야 하고 미계·설식계, 나아가 설촉·설촉을 인연으로 생겨난 여러 수가 태어남이 없는 까닭으로 마땅히 반야바라밀다도 역시 태어남이 없다고 알아야 하며, 설계가 소멸함이 없는 까닭으로 반야바라밀다도 역시 소멸함이 없다고 알아야 하고 미계, 나아가 설촉을 인연으로 생겨난 여러 수가 소멸함이 없는 까닭으로 반야바라밀다도 역시 소멸함이 없다고 알아야 하며, 설계가 자성이 없는 까닭으로 마땅히 반야바라밀다도 역시 자성이 없다고 알아야 하고 미계, 나아가 설촉을 인연으로 생겨난 여러 수가 자성이 없는 까닭으로 마땅히 반야바라밀다도 역시 자성이 없다고 알아야 하며, 설계가 무소유인 까닭으로 마땅히 반야바라밀다도 역시 무소유라고 알아야 하고 미계, 나아가 설촉을 인연으로 생겨난 여러 수가 무소유인 까닭으로 마땅히 반야바라밀다도 역시 무소유라고 알아야 하며, 설계가 공한 까닭으로 마땅히 반야바라밀다도 역시 공하다고 알아야 하고 미계, 나아가 설촉을 인연으로 생겨난 여러 수가 공한 까닭으로 마땅히 반야바라밀다도 역시 공하다고 알아야 하며, 설계가 무상인 까닭으로 마땅히 반야바라밀다도 역시 무상이라고 알아야 하고 미계, 나아가 설촉을 인연으로 생겨난 여러 수가 무상인 까닭으로 마땅히 반야바라밀다도 역시 무상이라고 알아야 하며, 설계가 무원인 까닭으로 마땅히 반야바라밀다도 역시 무원이라고 알아야 하고 미계, 나아가 설촉을 인연으로 생겨난 여러 수가 무원인 까닭으로 마땅히 반야바라밀다도 역시 무원이라고 알아야 하며, 설계가 멀리 벗어난 까닭으로 마땅히 반야바라밀다도 역시 멀리 벗어났다고 알아야 하고 미계, 나아가 설촉을 인연으로 생겨난 여러 수가 멀리 벗어난 까닭으로 마땅히 반야바라밀다도 역시 멀리 벗어났다고 알아야 하며, 설계가 적정한 까닭으로 마땅히 반야바라밀다도 역시 적정하다고 알아야 하고 미계, 나아가 설촉을 인연으로 생겨난 여러 수가 적정한 까닭으로 마땅히 반야바라밀다도 역시 적정하다고 알아야 하며, 설계가 얻을 수 없는 까닭으로 마땅히 반야바라밀다도 역시 얻을 수 없다고 알아야 하고 미계, 나아가 설촉을 인연으로 생겨난 여러 수가 얻을 수 없는 까닭으로 마땅히 반야바라밀다도 역시 얻을 수 없다고 알아야 하며, 설계가 불가사의한 까닭으로 마땅히 반야바라밀다도 역시 불가사의하다고 알아야 하고 미계, 나아가 설촉을 인연으로 생겨난 여러 수가 불가사의한 까닭으로 마땅히 반야바라밀다도 역시 불가사의하다고 알아야 하며, 설계가 각지가 없는 까닭으로 마땅히 반야바라밀다도 역시 각지가 없다고 알아야 하고 미계, 나아가 설촉을 인연으로 생겨난 여러 수가 각지가 없는 까닭으로 마땅히 반야바라밀다도 역시 각지가 없다고 알아야 하며, 설계가 세력이 성취되지 않는 까닭으로 마땅히 반야바라밀다도 역시 세력이 성취되지 않고 미계, 나아가 설촉을 인연으로 생겨난 여러 수가 세력이 성취되지 않는 까닭으로 마땅히 반야바라밀다도 역시 세력이 성취되지 않는다고 알아야 합니다. 세존이시여. 저는 이러한 뜻을 인연하였던 까닭으로 '보살마하살의 반야바라밀다는 큰 바라밀다이다.'라고 설하였습니다.

다시 다음으로 세존이시여. 신계가 태어남이 없는 까닭으로 마땅히 반야바라밀다도 역시 태어남이 없다고 알아야 하고 촉계·신식계, 나아가 신촉·신촉을 인연으로 생겨난 여러 수가 태어남이 없는 까닭으로 마땅히 반야바라밀다도 역시 태어남이 없다고 알아야 하며, 신계가 소멸함이 없는 까닭으로 반야바라밀다도 역시 소멸함이 없다고 알아야 하고 촉계, 나아가 신촉을 인연으로 생겨난 여러 수가 소멸함이 없는 까닭으로 반야바라밀다도 역시 소멸함이 없다고 알아야 하며, 신계가 자성이 없는 까닭으로 마땅히 반야바라밀다도 역시 자성이 없다고 알아야 하고 촉계, 나아가 신촉을 인연으로 생겨난 여러 수가 자성이 없는 까닭으로 마땅히 반야바라밀다도 역시 자성이 없다고 알아야 하며, 신계가 무소유인 까닭으로 마땅히 반야바라밀다도 역시 무소유라고 알아야 하고 촉계, 나아가 신촉을 인연으로 생겨난 여러 수가 무소유인 까닭으로 마땅히 반야바라밀다도 역시 무소유라고 알아야 하며, 신계가 공한 까닭으로 마땅히 반야바라밀다도 역시 공하다고 알아야 하고 촉계, 나아가 신촉을 인연으로 생겨난 여러 수가 공한 까닭으로 마땅히 반야바라밀다도 역시 공하다고 알아야 하며, 신계가 무상인 까닭으로 마땅히 반야바라밀다도 역시 무상이라고 알아야 하고 촉계, 나아가 신촉을 인연으로 생겨난 여러 수가 무상인 까닭으로 마땅히 반야바라밀다도 역시 무상이라고 알아야 하며, 신계가 무원인 까닭으로 마땅히 반야바라밀다도 역시 무원이라고 알아야 하고 촉계, 나아가 신촉을 인연으로 생겨난 여러 수가 무원인 까닭으로 마땅히 반야바라밀다도 역시 무원이라고 알아야 하며, 신계가 멀리 벗어난 까닭으로 마땅히 반야바라밀다도 역시 멀리 벗어났다고 알아야 하고 촉계, 나아가 신촉을 인연으로 생겨난 여러 수가 멀리 벗어난 까닭으로 마땅히 반야바라밀다도 역시 멀리 벗어났다고 알아야 하며, 신계가 적정한 까닭으로 마땅히 반야바라밀다도 역시 적정하다고 알아야 하고 촉계, 나아가 신촉을 인연으로 생겨난 여러 수가 적정한 까닭으로 마땅히 반야바라밀다도 역시 적정하다고 알아야 하며, 신계가 얻을 수 없는 까닭으로 마땅히 반야바라밀다도 역시 얻을 수 없다고 알아야 하고 촉계, 나아가 신촉을 인연으로 생겨난 여러 수가 얻을 수 없는 까닭으로 마땅히 반야바라밀다도 역시 얻을 수 없다고 알아야 하며, 신계가 불가사의한 까닭으로 마땅히 반야바라밀다도 역시 불가사의하다고 알아야 하고 촉계, 나아가 신촉을 인연으로 생겨난 여러 수가 불가사의한 까닭으로 마땅히 반야바라밀다도 역시 불가사의하다고 알아야 하며, 신계가 각지가 없는 까닭으로 마땅히 반야바라밀다도 역시 각지가 없다고 알아야 하고 촉계, 나아가 신촉을 인연으로 생겨난 여러 수가 각지가 없는 까닭으로 마땅히 반야바라밀다도 역시 각지가 없다고 알아야 하며, 신계가 세력이 성취되지 않는 까닭으로 마땅히 반야바라밀다도 역시 세력이 성취되지 않고 촉계, 나아가 신촉을 인연으로 생겨난 여러 수가 세력이 성취되지 않는 까닭으로 마땅히 반야바라밀다도 역시 세력이 성취되지 않는다고 알아야 합니다. 세존이시여. 저는 이러한 뜻을 인연하였던 까닭으로 '보살마하살의 반야바라밀다는 큰 바라밀다이다.'라고 설하였습니다.

다시 다음으로 세존이시여. 의계가 태어남이 없는 까닭으로 마땅히 반야바라밀다도 역시 태어남이 없다고 알아야 하고 법계·의식계, 나아가 의촉·의촉을 인연으로 생겨난 여러 수가 태어남이 없는 까닭으로 마땅히 반야바라밀다도 역시 태어남이 없다고 알아야 하며, 의계가 소멸함이 없는 까닭으로 반야바라밀다도 역시 소멸함이 없다고 알아야 하고 법계, 나아가 의촉을 인연으로 생겨난 여러 수가 소멸함이 없는 까닭으로 반야바라밀다도 역시 소멸함이 없다고 알아야 하며, 의계가 자성이 없는 까닭으로 마땅히 반야바라밀다도 역시 자성이 없다고 알아야 하고 법계, 나아가 의촉을 인연으로 생겨난 여러 수가 자성이 없는 까닭으로 마땅히 반야바라밀다도 역시 자성이 없다고 알아야 하며, 의계가 무소유인 까닭으로 마땅히 반야바라밀다도 역시 무소유라고 알아야 하고 법계, 나아가 의촉을 인연으로 생겨난 여러 수가 무소유인 까닭으로 마땅히 반야바라밀다도 역시 무소유라고 알아야 하며, 의계가 공한 까닭으로 마땅히 반야바라밀다도 역시 공하다고 알아야 하고 법계, 나아가 의촉을 인연으로 생겨난 여러 수가 공한 까닭으로 마땅히 반야바라밀다도 역시 공하다고 알아야 하며, 의계가 무상인 까닭으로 마땅히 반야바라밀다도 역시 무상이라고 알아야 하고 법계, 나아가 의촉을 인연으로 생겨난 여러 수가 무상인 까닭으로 마땅히 반야바라밀다도 역시 무상이라고 알아야 하며, 의계가 무원인 까닭으로 마땅히 반야바라밀다도 역시 무원이라고 알아야 하고 법계, 나아가 의촉을 인연으로 생겨난 여러 수가 무원인 까닭으로 마땅히 반야바라밀다도 역시 무원이라고 알아야 하며, 의계가 멀리 벗어난 까닭으로 마땅히 반야바라밀다도 역시 멀리 벗어났다고 알아야 하고 법계, 나아가 의촉을 인연으로 생겨난 여러 수가 멀리 벗어난 까닭으로 마땅히 반야바라밀다도 역시 멀리 벗어났다고 알아야 하며, 의계가 적정한 까닭으로 마땅히 반야바라밀다도 역시 적정하다고 알아야 하고 법계, 나아가 의촉을 인연으로 생겨난 여러 수가 적정한 까닭으로 마땅히 반야바라밀다도 역시 적정하다고 알아야 하며, 의계가 얻을 수 없는 까닭으로 마땅히 반야바라밀다도 역시 얻을 수 없다고 알아야 하고 법계, 나아가 의촉을 인연으로 생겨난 여러 수가 얻을 수 없는 까닭으로 마땅히 반야바라밀다도 역시 얻을 수 없다고 알아야 하며, 의계가 불가사의한 까닭으로 마땅히 반야바라밀다도 역시 불가사의하다고 알아야 하고 법계, 나아가 의촉을 인연으로 생겨난 여러 수가 불가사의한 까닭으로 마땅히 반야바라밀다도 역시 불가사의하다고 알아야 하며, 의계가 각지가 없는 까닭으로 마땅히 반야바라밀다도 역시 각지가 없다고 알아야 하고 법계, 나아가 의촉을 인연으로 생겨난 여러 수가 각지가 없는 까닭으로 마땅히 반야바라밀다도 역시 각지가 없다고 알아야 하며, 의계가 세력이 성취되지 않는 까닭으로 마땅히 반야바라밀다도 역시 세력이 성취되지 않고 법계, 나아가 의촉을 인연으로 생겨난 여러 수가 세력이 성취되지 않는 까닭으로 마땅히 반야바라밀다도 역시 세력이 성취되지 않는다고 알아야 합니다. 세존이시여.

저는 이러한 뜻을 인연하였던 까닭으로 '보살마하살의 반야바라밀다는 큰 바라밀다이다.'라고 설하였습니다.

다시 다음으로 세존이시여. 지계가 태어남이 없는 까닭으로 마땅히 반야바라밀다도 역시 태어남이 없다고 알아야 하고 수·화·풍·공·식계가 태어남이 없는 까닭으로 마땅히 반야바라밀다도 역시 태어남이 없다고 알아야 하며, 지계가 소멸함이 없는 까닭으로 반야바라밀다도 역시 소멸함이 없다고 알아야 하고 수·화·풍·공·식계가 소멸함이 없는 까닭으로 반야바라밀다도 역시 소멸함이 없다고 알아야 하며, 지계가 자성이 없는 까닭으로 마땅히 반야바라밀다도 역시 자성이 없다고 알아야 하고 수·화·풍·공·식계가 자성이 없는 까닭으로 마땅히 반야바라밀다도 역시 자성이 없다고 알아야 하며, 지계가 무소유인 까닭으로 마땅히 반야바라밀다도 역시 무소유라고 알아야 하고 수·화·풍·공·식계가 무소유인 까닭으로 마땅히 반야바라밀다도 역시 무소유라고 알아야 하며, 지계가 공한 까닭으로 마땅히 반야바라밀다도 역시 공하다고 알아야 하고 수·화·풍·공·식계가 공한 까닭으로 마땅히 반야바라밀다도 역시 공하다고 알아야 하며, 지계가 무상인 까닭으로 마땅히 반야바라밀다도 역시 무상이라고 알아야 하고 수·화·풍·공·식계가 무상인 까닭으로 마땅히 반야바라밀다도 역시 무상이라고 알아야 하며, 지계가 무원인 까닭으로 마땅히 반야바라밀다도 역시 무원이라고 알아야 하고 수·화·풍·공·식계가 무원인 까닭으로 마땅히 반야바라밀다도 역시 무원이라고 알아야 하며, 지계가 멀리 벗어난 까닭으로 마땅히 반야바라밀다도 역시 멀리 벗어났다고 알아야 하고 수·화·풍·공·식계가 멀리 벗어난 까닭으로 마땅히 반야바라밀다도 역시 멀리 벗어났다고 알아야 하며, 지계가 적정한 까닭으로 마땅히 반야바라밀다도 역시 적정하다고 알아야 하고 수·화·풍·공·식계가 적정한 까닭으로 마땅히 반야바라밀다도 역시 적정하다고 알아야 하며, 지계가 얻을 수 없는 까닭으로 마땅히 반야바라밀다도 역시 얻을 수 없다고 알아야 하고 수·화·풍·공·식계가 얻을 수 없는 까닭으로 마땅히 반야바라밀다도 역시 얻을 수 없다고 알아야 하며, 지계가 불가사의한 까닭으로 마땅히 반야바라밀다도 역시 불가사의하다고 알아야 하고 수·화·풍·공·식계가 불가사의한 까닭으로 마땅히 반야바라밀다도 역시 불가사의하다고 알아야 하며, 지계가 각지가 없는 까닭으로 마땅히 반야바라밀다도 역시 각지가 없다고 알아야 하고 수·화·풍·공·식계가 각지가 없는 까닭으로 마땅히 반야바라밀다도 역시 각지가 없다고 알아야 하며, 지계가 세력이 성취되지 않는 까닭으로 마땅히 반야바라밀다도 역시 세력이 성취되지 않고 수·화·풍·공·식계가 세력이 성취되지 않는 까닭으로 마땅히 반야바라밀다도 역시 세력이 성취되지 않는다고 알아야 합니다. 세존이시여. 저는 이러한 뜻을 인연하였던 까닭으로 '보살마하살의 반야바라밀다는 큰 바라밀다이다.'라고 설하였습니다.

다시 다음으로 세존이시여. 무명이 태어남이 없는 까닭으로 마땅히 반야바라밀다도 역시 태어남이 없다고 알아야 하고 행·식·명색·육처·촉·수·애·취·유·생·노사의 수탄고우뇌가 태어남이 없는 까닭으로 마땅히 반야바라밀다도 역시 태어남이 없다고 알아야 하며, 무명이 소멸함이 없는 까닭으로 반야바라밀다도 역시 소멸함이 없다고 알아야 하고 행, 나아가 노사의 수탄고우뇌가 소멸함이 없는 까닭으로 반야바라밀다도 역시 소멸함이 없다고 알아야 하며, 무명이 자성이 없는 까닭으로 마땅히 반야바라밀다도 역시 자성이 없다고 알아야 하고 행, 나아가 노사의 수탄고우뇌가 자성이 없는 까닭으로 마땅히 반야바라밀다도 역시 자성이 없다고 알아야 하며, 무명이 무소유인 까닭으로 마땅히 반야바라밀다도 역시 무소유라고 알아야 하고 행, 나아가 노사의 수탄고우뇌가 무소유인 까닭으로 마땅히 반야바라밀다도 역시 무소유라고 알아야 하며, 무명이 공한 까닭으로 마땅히 반야바라밀다도 역시 공하다고 알아야 하고 행, 나아가 노사의 수탄고우뇌가 공한 까닭으로 마땅히 반야바라밀다도 역시 공하다고 알아야 하며, 무명이 무상인 까닭으로 마땅히 반야바라밀다도 역시 무상이라고 알아야 하고 행, 나아가 노사의 수탄고우뇌가 무상인 까닭으로 마땅히 반야바라밀다도 역시 무상이라고 알아야 하며, 무명이 무원인 까닭으로 마땅히 반야바라밀다도 역시 무원이라고 알아야 하고 행, 나아가 노사의 수탄고우뇌가 무원인 까닭으로 마땅히 반야바라밀다도 역시 무원이라고 알아야 하며, 무명이 멀리 벗어난 까닭으로 마땅히 반야바라밀다도 역시 멀리 벗어났다고 알아야 하고 행, 나아가 노사의 수탄고우뇌가 멀리 벗어난 까닭으로 마땅히 반야바라밀다도 역시 멀리 벗어났다고 알아야 하며, 무명이 적정한 까닭으로 마땅히 반야바라밀다도 역시 적정하다고 알아야 하고 행, 나아가 노사의 수탄고우뇌가 적정한 까닭으로 마땅히 반야바라밀다도 역시 적정하다고 알아야 하며, 무명이 얻을 수 없는 까닭으로 마땅히 반야바라밀다도 역시 얻을 수 없다고 알아야 하고 행, 나아가 노사의 수탄고우뇌가 얻을 수 없는 까닭으로 마땅히 반야바라밀다도 역시 얻을 수 없다고 알아야 하며, 무명이 불가사의한 까닭으로 마땅히 반야바라밀다도 역시 불가사의하다고 알아야 하고 행, 나아가 노사의 수탄고우뇌가 불가사의한 까닭으로 마땅히 반야바라밀다도 역시 불가사의하다고 알아야 하며, 무명이 각지가 없는 까닭으로 마땅히 반야바라밀다도 역시 각지가 없다고 알아야 하고 행, 나아가 노사의 수탄고우뇌가 각지가 없는 까닭으로 마땅히 반야바라밀다도 역시 각지가 없다고 알아야 하며, 무명이 세력이 성취되지 않는 까닭으로 마땅히 반야바라밀다도 역시 세력이 성취되지 않고 행, 나아가 노사의 수탄고우뇌가 세력이 성취되지 않는 까닭으로 마땅히 반야바라밀다도 역시 세력이 성취되지 않는다고 알아야 합니다. 세존이시여. 저는 이러한 뜻을 인연하였던 까닭으로 '보살마하살의 반야바라밀다는 큰 바라밀다이다.'라고 설하였습니다."

대반야바라밀다경 제180권

32. 찬반야품(讚般若品)(9)

"다시 다음으로 세존이시여. 보시바라밀다가 태어남이 없는 까닭으로 마땅히 반야바라밀다도 역시 태어남이 없다고 알아야 하고 정계·안인·정진·정려·반야바라밀다가 태어남이 없는 까닭으로 마땅히 반야바라밀다도 역시 태어남이 없다고 알아야 하며, 보시바라밀다가 소멸함이 없는 까닭으로 반야바라밀다도 역시 소멸함이 없다고 알아야 하고 정계, 나아가 반야바라밀다가 소멸함이 없는 까닭으로 반야바라밀다도 역시 소멸함이 없다고 알아야 하며, 보시바라밀다가 자성이 없는 까닭으로 마땅히 반야바라밀다도 역시 자성이 없다고 알아야 하고 정계, 나아가 반야바라밀다가 자성이 없는 까닭으로 마땅히 반야바라밀다도 역시 자성이 없다고 알아야 하며, 보시바라밀다가 무소유인 까닭으로 마땅히 반야바라밀다도 역시 무소유라고 알아야 하고 정계, 나아가 반야바라밀다가 무소유인 까닭으로 마땅히 반야바라밀다도 역시 무소유라고 알아야 하며, 보시바라밀다가 공한 까닭으로 마땅히 반야바라밀다도 역시 공하다고 알아야 하고 정계, 나아가 반야바라밀다가 공한 까닭으로 마땅히 반야바라밀다도 역시 공하다고 알아야 하며, 보시바라밀다가 무상인 까닭으로 마땅히 반야바라밀다도 역시 무상이라고 알아야 하고 정계, 나아가 반야바라밀다가 무상인 까닭으로 마땅히 반야바라밀다도 역시 무상이라고 알아야 하며, 보시바라밀다가 무원인 까닭으로 마땅히 반야바라밀다도 역시 무원이라고 알아야 하고 정계, 나아가 반야바라밀다가 무원인 까닭으로 마땅히 반야바라밀다도 역시 무원이라고 알아야 하며, 보시바라밀다가 멀리 벗어난 까닭으로 마땅히 반야바라밀다도 역시 멀리 벗어났다고 알아야 하고 정계, 나아가 반야바라밀다가 멀리 벗어난 까닭으로 마땅히 반야바라밀다도 역시 멀리 벗어났다고 알아야 하며, 보시바라밀다가 적정한 까닭으로 마땅히 반야바라밀다도 역시 적정하다고 알아야 하고 정계, 나아가 반야바라밀다가 적정한 까닭으로 마땅히 반야바라밀다도 역시 적정하다고 알아야 하며, 보시바라밀다가 얻을 수 없는 까닭으로 마땅히 반야바라밀다도 역시 얻을 수 없다고 알아야 하고 정계, 나아가 반야바라밀다가 얻을 수 없는 까닭으로 마땅히 반야바라밀다도 역시 얻을 수 없다고 알아야 하며, 보시바라밀다가 불가사의한 까닭으로 마땅히 반야바라밀다도 역시 불가사의하다고 알아야 하고 정계, 나아가 반야바라밀다가 불가사의한 까닭으로 마땅히 반야바라밀다도 역시 불가사의하다고 알아야 하며, 보시바라밀다가 각지가 없는 까닭으로 마땅히 반야바라밀다도 역시 각지가 없다고 알아야 하고 정계, 나아가 반야바라밀다가 각지가 없는 까닭으로 마땅히 반야바라밀다도 역시 각지가 없다고 알아야 하며, 보시바라밀다가 세력이 성취되지 않는 까닭으로 마땅히 반야바라밀다도 역시 세력이 성취되지 않고 정계, 나아가 반야바라밀다가 세력이 성취되지 않는 까닭으로 마땅히 반야바라밀다도 역시 세력이 성취되지 않는다고 알아야 합니다. 세존이시여. 저는 이러한 뜻을 인연하였던 까닭으로 '보살마하살의 반야바라밀다는 큰 바라밀다이다.'라고 설하였습니다.

다시 다음으로 세존이시여. 내공이 태어남이 없는 까닭으로 마땅히 반야바라밀다도 역시 태어남이 없다고 알아야 하고 외공·내외공·공공·대공·승의공·유위공·무위공·필경공·무제공·산공·무변이공·본성공·자상공·공상공·일체법공·불가득공·무성공·자성공·무성자성공이 태어남이 없는 까닭으로 마땅히 반야바라밀다도 역시 태어남이 없다고 알아야 하며, 내공이 소멸함이 없는 까닭으로 반야바라밀다도 역시 소멸함이 없다고 알아야 하고 외공, 나아가 무성자성공이 소멸함이 없는 까닭으로 반야바라밀다도 역시 소멸함이 없다고 알아야 하며, 내공이 자성이 없는 까닭으로 마땅히 반야바라밀다도 역시 자성이 없다고 알아야 하고 외공, 나아가 무성자성공이 자성이 없는 까닭으로 마땅히 반야바라밀다도 역시 자성이 없다고 알아야 하며, 내공이 무소유인 까닭으로 마땅히 반야바라밀다도 역시 무소유라고 알아야 하고 외공, 나아가 무성자성공이 무소유인 까닭으로 마땅히 반야바라밀다도 역시 무소유라고 알아야 하며, 내공이 공한 까닭으로 마땅히 반야바라밀다도 역시 공하다고 알아야 하고 외공, 나아가 무성자성공이 공한 까닭으로 마땅히 반야바라밀다도 역시 공하다고 알아야 하며, 내공이 무상인 까닭으로 마땅히 반야바라밀다도 역시 무상이라고 알아야 하고 외공, 나아가 무성자성공이 무상인 까닭으로 마땅히 반야바라밀다도 역시 무상이라고 알아야 하며, 내공이 무원인 까닭으로 마땅히 반야바라밀다도 역시 무원이라고 알아야 하고 외공, 나아가 무성자성공이 무원인 까닭으로 마땅히 반야바라밀다도 역시 무원이라고 알아야 하며, 내공이 멀리 벗어난 까닭으로 마땅히 반야바라밀다도 역시 멀리 벗어났다고 알아야 하고 외공, 나아가 무성자성공이 멀리 벗어난 까닭으로 마땅히 반야바라밀다도 역시 멀리 벗어났다고 알아야 하며, 내공이 적정한 까닭으로 마땅히 반야바라밀다도 역시 적정하다고 알아야 하고 외공, 나아가 무성자성공이 적정한 까닭으로 마땅히 반야바라밀다도 역시 적정하다고 알아야 하며, 내공이 얻을 수 없는 까닭으로 마땅히 반야바라밀다도 역시 얻을 수 없다고 알아야 하고 외공, 나아가 무성자성공이 얻을 수 없는 까닭으로 마땅히 반야바라밀다도 역시 얻을 수 없다고 알아야 하며, 내공이 불가사의한 까닭으로 마땅히 반야바라밀다도 역시 불가사의하다고 알아야 하고 외공, 나아가 무성자성공이 불가사의한 까닭으로 마땅히 반야바라밀다도 역시 불가사의하다고 알아야 하며, 내공이 각지가 없는 까닭으로 마땅히 반야바라밀다도 역시 각지가 없다고 알아야 하고 외공, 나아가 무성자성공이 각지가 없는 까닭으로 마땅히 반야바라밀다도 역시 각지가 없다고 알아야 하며, 내공이 세력이 성취되지 않는 까닭으로 마땅히 반야바라밀다도 역시 세력이 성취되지 않고 외공, 나아가 무성자성공이 세력이 성취되지 않는 까닭으로 마땅히 반야바라밀다도 역시 세력이 성취되지 않는다고 알아야 합니다. 세존이시여. 저는 이러한 뜻을 인연하였던 까닭으로 '보살마하살의 반야바라밀다는 큰 바라밀다이다.'라고 설하였습니다.

다시 다음으로 세존이시여. 진여가 태어남이 없는 까닭으로 마땅히 반야바라밀다도 역시 태어남이 없다고 알아야 하고 법계·법성·불허망성·불변이성·평등성·이생성·법정·법주·실제·허공계·부사의계가 태어남이 없는 까닭으로 마땅히 반야바라밀다도 역시 태어남이 없다고 알아야 하며, 진여가 소멸함이 없는 까닭으로 반야바라밀다도 역시 소멸함이 없다고 알아야 하고 법계, 나아가 부사의계가 소멸함이 없는 까닭으로 반야바라밀다도 역시 소멸함이 없다고 알아야 하며, 진여가 자성이 없는 까닭으로 마땅히 반야바라밀다도 역시 자성이 없다고 알아야 하고 법계, 나아가 부사의계가 자성이 없는 까닭으로 마땅히 반야바라밀다도 역시 자성이 없다고 알아야 하며, 진여가 무소유인 까닭으로 마땅히 반야바라밀다도 역시 무소유라고 알아야 하고 법계, 나아가 부사의계가 무소유인 까닭으로 마땅히 반야바라밀다도 역시 무소유라고 알아야 하며, 진여가 공한 까닭으로 마땅히 반야바라밀다도 역시 공하다고 알아야 하고 법계, 나아가 부사의계가 공한 까닭으로 마땅히 반야바라밀다도 역시 공하다고 알아야 하며, 진여가 무상인 까닭으로 마땅히 반야바라밀다도 역시 무상이라고 알아야 하고 법계, 나아가 부사의계가 무상인 까닭으로 마땅히 반야바라밀다도 역시 무상이라고 알아야 하며, 진여가 무원인 까닭으로 마땅히 반야바라밀다도 역시 무원이라고 알아야 하고 법계, 나아가 부사의계가 무원인 까닭으로 마땅히 반야바라밀다도 역시 무원이라고 알아야 하며, 진여가 멀리 벗어난 까닭으로 마땅히 반야바라밀다도 역시 멀리 벗어났다고 알아야 하고 법계, 나아가 부사의계가 멀리 벗어난 까닭으로 마땅히 반야바라밀다도 역시 멀리 벗어났다고 알아야 하며, 진여가 적정한 까닭으로 마땅히 반야바라밀다도 역시 적정하다고 알아야 하고 법계, 나아가 부사의계가 적정한 까닭으로 마땅히 반야바라밀다도 역시 적정하다고 알아야 하며, 진여가 얻을 수 없는 까닭으로 마땅히 반야바라밀다도 역시 얻을 수 없다고 알아야 하고 법계, 나아가 부사의계가 얻을 수 없는 까닭으로 마땅히 반야바라밀다도 역시 얻을 수 없다고 알아야 하며, 진여가 불가사의한 까닭으로 마땅히 반야바라밀다도 역시 불가사의하다고 알아야 하고 법계, 나아가 부사의계가 불가사의한 까닭으로 마땅히 반야바라밀다도 역시 불가사의하다고 알아야 하며, 진여가 각지가 없는 까닭으로 마땅히 반야바라밀다도 역시 각지가 없다고 알아야 하고 법계, 나아가 부사의계가 각지가 없는 까닭으로 마땅히 반야바라밀다도 역시 각지가 없다고 알아야 하며, 진여가 세력이 성취되지 않는 까닭으로 마땅히 반야바라밀다도 역시 세력이 성취되지 않고 법계, 나아가 부사의계가 세력이 성취되지 않는 까닭으로 마땅히 반야바라밀다도 역시 세력이 성취되지 않는다고 알아야 합니다. 세존이시여. 저는 이러한 뜻을 인연하였던 까닭으로 '보살마하살의 반야바라밀다는 큰 바라밀다이다.'라고 설하였습니다.

다시 다음으로 세존이시여. 고성제가 태어남이 없는 까닭으로 마땅히 반야바라밀다도 역시 태어남이 없다고 알아야 하고 집·멸·도성제가 태어남이 없는 까닭으로 마땅히 반야바라밀다도 역시 태어남이 없다고 알아야 하며, 고성제가 소멸함이 없는 까닭으로 반야바라밀다도 역시 소멸함이 없다고 알아야 하고 집·멸·도성제가 소멸함이 없는 까닭으로 반야바라밀다도 역시 소멸함이 없다고 알아야 하며, 고성제가 자성이 없는 까닭으로 마땅히 반야바라밀다도 역시 자성이 없다고 알아야 하고 집·멸·도성제가 자성이 없는 까닭으로 마땅히 반야바라밀다도 역시 자성이 없다고 알아야 하며, 고성제가 무소유인 까닭으로 마땅히 반야바라밀다도 역시 무소유라고 알아야 하고 집·멸·도성제가 무소유인 까닭으로 마땅히 반야바라밀다도 역시 무소유라고 알아야 하며, 고성제가 공한 까닭으로 마땅히 반야바라밀다도 역시 공하다고 알아야 하고 집·멸·도성제가 공한 까닭으로 마땅히 반야바라밀다도 역시 공하다고 알아야 하며, 고성제가 무상인 까닭으로 마땅히 반야바라밀다도 역시 무상이라고 알아야 하고 집·멸·도성제가 무상인 까닭으로 마땅히 반야바라밀다도 역시 무상이라고 알아야 하며, 고성제가 무원인 까닭으로 마땅히 반야바라밀다도 역시 무원이라고 알아야 하고 집·멸·도성제가 무원인 까닭으로 마땅히 반야바라밀다도 역시 무원이라고 알아야 하며, 고성제가 멀리 벗어난 까닭으로 마땅히 반야바라밀다도 역시 멀리 벗어났다고 알아야 하고 집·멸·도성제가 멀리 벗어난 까닭으로 마땅히 반야바라밀다도 역시 멀리 벗어났다고 알아야 하며, 고성제가 적정한 까닭으로 마땅히 반야바라밀다도 역시 적정하다고 알아야 하고 집·멸·도성제가 적정한 까닭으로 마땅히 반야바라밀다도 역시 적정하다고 알아야 하며, 고성제가 얻을 수 없는 까닭으로 마땅히 반야바라밀다도 역시 얻을 수 없다고 알아야 하고 집·멸·도성제가 얻을 수 없는 까닭으로 마땅히 반야바라밀다도 역시 얻을 수 없다고 알아야 하며, 고성제가 불가사의한 까닭으로 마땅히 반야바라밀다도 역시 불가사의하다고 알아야 하고 집·멸·도성제가 불가사의한 까닭으로 마땅히 반야바라밀다도 역시 불가사의하다고 알아야 하며, 고성제가 각지가 없는 까닭으로 마땅히 반야바라밀다도 역시 각지가 없다고 알아야 하고 집·멸·도성제가 각지가 없는 까닭으로 마땅히 반야바라밀다도 역시 각지가 없다고 알아야 하며, 고성제가 세력이 성취되지 않는 까닭으로 마땅히 반야바라밀다도 역시 세력이 성취되지 않고 집·멸·도성제가 세력이 성취되지 않는 까닭으로 마땅히 반야바라밀다도 역시 세력이 성취되지 않는다고 알아야 합니다. 세존이시여. 저는 이러한 뜻을 인연하였던 까닭으로 '보살마하살의 반야바라밀다는 큰 바라밀다이다.'라고 설하였습니다.

다시 다음으로 세존이시여. 4정려가 태어남이 없는 까닭으로 마땅히 반야바라밀다도 역시 태어남이 없다고 알아야 하고 4무량·4무색정이 태어남이 없는 까닭으로 마땅히 반야바라밀다도 역시 태어남이 없다고 알아야 하며, 4정려가 소멸함이 없는 까닭으로 반야바라밀다도 역시 소멸함이 없다고 알아야 하고 4무량·4무색정이 소멸함이 없는 까닭으로 반야바라밀다도 역시 소멸함이 없다고 알아야 하며, 4정려가 자성이 없는 까닭으로 마땅히 반야바라밀다도 역시 자성이 없다고 알아야 하고

4무량·4무색정이 자성이 없는 까닭으로 마땅히 반야바라밀다도 역시 자성이 없다고 알아야 하며, 4정려가 무소유인 까닭으로 마땅히 반야바라밀다도 역시 무소유라고 알아야 하고 4무량·4무색정이 무소유인 까닭으로 마땅히 반야바라밀다도 역시 무소유라고 알아야 하며, 4정려가 공한 까닭으로 마땅히 반야바라밀다도 역시 공하다고 알아야 하고 4무량·4무색정이 공한 까닭으로 마땅히 반야바라밀다도 역시 공하다고 알아야 하며, 4정려가 무상인 까닭으로 마땅히 반야바라밀다도 역시 무상이라고 알아야 하고 4무량·4무색정이 무상인 까닭으로 마땅히 반야바라밀다도 역시 무상이라고 알아야 하며, 4정려가 무원인 까닭으로 마땅히 반야바라밀다도 역시 무원이라고 알아야 하고 4무량·4무색정이 무원인 까닭으로 마땅히 반야바라밀다도 역시 무원이라고 알아야 하며, 4정려가 멀리 벗어난 까닭으로 마땅히 반야바라밀다도 역시 멀리 벗어났다고 알아야 하고 4무량·4무색정이 멀리 벗어난 까닭으로 마땅히 반야바라밀다도 역시 멀리 벗어났다고 알아야 하며, 4정려가 적정한 까닭으로 마땅히 반야바라밀다도 역시 적정하다고 알아야 하고 4무량·4무색정이 적정한 까닭으로 마땅히 반야바라밀다도 역시 적정하다고 알아야 하며, 4정려가 얻을 수 없는 까닭으로 마땅히 반야바라밀다도 역시 얻을 수 없다고 알아야 하고 4무량·4무색정이 얻을 수 없는 까닭으로 마땅히 반야바라밀다도 역시 얻을 수 없다고 알아야 하며, 4정려가 불가사의한 까닭으로 마땅히 반야바라밀다도 역시 불가사의하다고 알아야 하고 4무량·4무색정이 불가사의한 까닭으로 마땅히 반야바라밀다도 역시 불가사의하다고 알아야 하며, 4정려가 각지가 없는 까닭으로 마땅히 반야바라밀다도 역시 각지가 없다고 알아야 하고 4무량·4무색정이 각지가 없는 까닭으로 마땅히 반야바라밀다도 역시 각지가 없다고 알아야 하며, 4정려가 세력이 성취되지 않는 까닭으로 마땅히 반야바라밀다도 역시 세력이 성취되지 않고 4무량·4무색정이 세력이 성취되지 않는 까닭으로 마땅히 반야바라밀다도 역시 세력이 성취되지 않는다고 알아야 합니다. 세존이시여. 저는 이러한 뜻을 인연하였던 까닭으로 '보살마하살의 반야바라밀다는 큰 바라밀다이다.'라고 설하였습니다.

다시 다음으로 세존이시여. 8해탈이 태어남이 없는 까닭으로 마땅히 반야바라밀다도 역시 태어남이 없다고 알아야 하고 8승처·9차제정·10변처도 태어남이 없는 까닭으로 마땅히 반야바라밀다도 역시 태어남이 없다고 알아야 하며, 8해탈이 소멸함이 없는 까닭으로 반야바라밀다도 역시 소멸함이 없다고 알아야 하고 8승처·9차제정·10변처도 소멸함이 없는 까닭으로 반야바라밀다도 역시 소멸함이 없다고 알아야 하며, 8해탈이 자성이 없는 까닭으로 마땅히 반야바라밀다도 역시 자성이 없다고 알아야 하고 8승처·9차제정·10변처도 자성이 없는 까닭으로 마땅히 반야바라밀다도 역시 자성이 없다고 알아야 하며, 8해탈이 무소유인 까닭으로 마땅히 반야바라밀다도 역시 무소유라고 알아야 하고 8승처·9차제정·10변처도 무소유인 까닭으로 마땅히 반야바라밀다도 역시 무소유라고 알아야 하며, 8해탈이 공한 까닭으로 마땅히 반야바라밀다도 역시 공하다고 알아야 하고 8승처·9차제정·10변처도 공한 까닭으로 마땅히 반야바라밀다도 역시 공하다고 알아야 하며, 8해탈이 무상인 까닭으로 마땅히 반야바라밀다도 역시 무상이라고 알아야 하고 8승처·9차제정·10변처도 무상인 까닭으로 마땅히 반야바라밀다도 역시 무상이라고 알아야 하며, 8해탈이 무원인 까닭으로 마땅히 반야바라밀다도 역시 무원이라고 알아야 하고 8승처·9차제정·10변처도 무원인 까닭으로 마땅히 반야바라밀다도 역시 무원이라고 알아야 하며, 8해탈이 멀리 벗어난 까닭으로 마땅히 반야바라밀다도 역시 멀리 벗어났다고 알아야 하고 8승처·9차제정·10변처도 멀리 벗어난 까닭으로 마땅히 반야바라밀다도 역시 멀리 벗어났다고 알아야 하며, 8해탈이 적정한 까닭으로 마땅히 반야바라밀다도 역시 적정하다고 알아야 하고 8승처·9차제정·10변처도 적정한 까닭으로 마땅히 반야바라밀다도 역시 적정하다고 알아야 하며, 8해탈이 얻을 수 없는 까닭으로 마땅히 반야바라밀다도 역시 얻을 수 없다고 알아야 하고 8승처·9차제정·10변처도 얻을 수 없는 까닭으로 마땅히 반야바라밀다도 역시 얻을 수 없다고 알아야 하며, 8해탈이 불가사의한 까닭으로 마땅히 반야바라밀다도 역시 불가사의하다고 알아야 하고 8승처·9차제정·10변처도 불가사의한 까닭으로 마땅히 반야바라밀다도 역시 불가사의하다고 알아야 하며, 8해탈이 각지가 없는 까닭으로 마땅히 반야바라밀다도 역시 각지가 없다고 알아야 하고 8승처·9차제정·10변처도 각지가 없는 까닭으로 마땅히 반야바라밀다도 역시 각지가 없다고 알아야 하며, 8해탈이 세력이 성취되지 않는 까닭으로 마땅히 반야바라밀다도 역시 세력이 성취되지 않고 8승처·9차제정·10변처도 세력이 성취되지 않는 까닭으로 마땅히 반야바라밀다도 역시 세력이 성취되지 않는다고 알아야 합니다. 세존이시여. 저는 이러한 뜻을 인연하였던 까닭으로 '보살마하살의 반야바라밀다는 큰 바라밀다이다.'라고 설하였습니다.

다시 다음으로 세존이시여. 4념주가 태어남이 없는 까닭으로 마땅히 반야바라밀다도 역시 태어남이 없다고 알아야 하고 4정단·4신족·5근·5력·7등각지·8성도지도 태어남이 없는 까닭으로 마땅히 반야바라밀다도 역시 태어남이 없다고 알아야 하며, 4념주가 소멸함이 없는 까닭으로 반야바라밀다도 역시 소멸함이 없다고 알아야 하고 4정단, 나아가 8성도지도 소멸함이 없는 까닭으로 반야바라밀다도 역시 소멸함이 없다고 알아야 하며, 4념주가 자성이 없는 까닭으로 마땅히 반야바라밀다도 역시 자성이 없다고 알아야 하고 4정단, 나아가 8성도지도 자성이 없는 까닭으로 마땅히 반야바라밀다도 역시 자성이 없다고 알아야 하며, 4념주가 무소유인 까닭으로 마땅히 반야바라밀다도 역시 무소유라고 알아야 하고 4정단, 나아가 8성도지도 무소유인 까닭으로 마땅히 반야바라밀다도 역시 무소유라고 알아야 하며, 4념주가 공한 까닭으로 마땅히 반야바라밀다도 역시 공하다고 알아야 하고 4정단, 나아가 8성도지도 공한 까닭으로 마땅히 반야바라밀다도 역시 공하다고 알아야 하며, 4념주가 무상인 까닭으로 마땅히 반야바라밀다도 역시 무상이라고 알아야 하고 4정단, 나아가 8성도지도 무상인 까닭으로 마땅히 반야바라밀다도 역시 무상이라고 알아야 하며, 4념주가 무원인 까닭으로 마땅히 반야바라밀다도 역시 무원이라고 알아야 하고 4정단, 나아가 8성도지도 무원인 까닭으로 마땅히 반야바라밀다도 역시 무원이라고 알아야 하며, 4념주가 멀리 벗어난 까닭으로 마땅히 반야바라밀다도 역시 멀리 벗어났다고 알아야 하고 4정단, 나아가 8성도지도 멀리 벗어난 까닭으로 마땅히 반야바라밀다도 역시 멀리 벗어났다고 알아야 하며, 4념주가 적정한 까닭으로 마땅히 반야바라밀다도 역시 적정하다고 알아야 하고 4정단, 나아가 8성도지도 적정한 까닭으로 마땅히 반야바라밀다도 역시 적정하다고 알아야 하며, 4념주가 얻을 수 없는 까닭으로 마땅히 반야바라밀다도 역시 얻을 수 없다고 알아야 하고 4정단, 나아가 8성도지도 얻을 수 없는 까닭으로 마땅히 반야바라밀다도 역시 얻을 수 없다고 알아야 하며, 4념주가 불가사의한 까닭으로 마땅히 반야바라밀다도 역시 불가사의하다고 알아야 하고 4정단, 나아가 8성도지도 불가사의한 까닭으로 마땅히 반야바라밀다도 역시 불가사의하다고 알아야 하며, 4념주가 각지가 없는 까닭으로 마땅히 반야바라밀다도 역시 각지가 없다고 알아야 하고 4정단, 나아가 8성도지도 각지가 없는 까닭으로 마땅히 반야바라밀다도 역시 각지가 없다고 알아야 하며, 4념주가 세력이 성취되지 않는 까닭으로 마땅히 반야바라밀다도 역시 세력이 성취되지 않고 4정단, 나아가 8성도지도 세력이 성취되지 않는 까닭으로 마땅히 반야바라밀다도 역시 세력이 성취되지 않는다고 알아야 합니다. 세존이시여. 저는 이러한 뜻을 인연하였던 까닭으로 '보살마하살의 반야바라밀다는 큰 바라밀다이다.'라고 설하였습니다.

다시 다음으로 세존이시여. 공해탈문이 태어남이 없는 까닭으로 마땅히 반야바라밀다도 역시 태어남이 없다고 알아야 하고 무상·무원해탈문도 태어남이 없는 까닭으로 마땅히 반야바라밀다도 역시 태어남이 없다고 알아야 하며, 공해탈문이 소멸함이 없는 까닭으로 반야바라밀다도 역시 소멸함이 없다고 알아야 하고 무상·무원해탈문도 소멸함이 없는 까닭으로 반야바라밀다도 역시 소멸함이 없다고 알아야 하며, 공해탈문이 자성이 없는 까닭으로 마땅히 반야바라밀다도 역시 자성이 없다고 알아야 하고 무상·무원해탈문도 자성이 없는 까닭으로 마땅히 반야바라밀다도 역시 자성이 없다고 알아야 하며, 공해탈문이 무소유인 까닭으로 마땅히 반야바라밀다도 역시 무소유라고 알아야 하고 무상·무원해탈문도 무소유인 까닭으로 마땅히 반야바라밀다도 역시 무소유라고 알아야 하며, 공해탈문이 공한 까닭으로 마땅히 반야바라밀다도 역시 공하다고 알아야 하고 무상·무원해탈문도 공한 까닭으로 마땅히 반야바라밀다도 역시 공하다고 알아야 하며, 공해탈문이 무상인 까닭으로 마땅히 반야바라밀다도 역시 무상이라고 알아야 하고 무상·무원해탈문도 무상인 까닭으로 마땅히 반야바라밀다도 역시 무상이라고 알아야 하며, 공해탈문이 무원인 까닭으로 마땅히 반야바라밀다도 역시 무원이라고 알아야 하고 무상·무원해탈문도 무원인 까닭으로 마땅히 반야바라밀다도 역시 무원이라고 알아야 하며, 공해탈문이 멀리 벗어난 까닭으로 마땅히 반야바라밀다도 역시 멀리 벗어났다고 알아야 하고 무상·무원해탈문도 멀리 벗어난 까닭으로 마땅히 반야바라밀다도 역시 멀리 벗어났다고 알아야 하며, 공해탈문이 적정한 까닭으로 마땅히 반야바라밀다도 역시 적정하다고 알아야 하고 무상·무원해탈문도 적정한 까닭으로 마땅히 반야바라밀다도 역시 적정하다고 알아야 하며, 공해탈문이 얻을 수 없는 까닭으로 마땅히 반야바라밀다도 역시 얻을 수 없다고 알아야 하고 무상·무원해탈문도 얻을 수 없는 까닭으로 마땅히 반야바라밀다도 역시 얻을 수 없다고 알아야 하며, 공해탈문이 불가사의한 까닭으로 마땅히 반야바라밀다도 역시 불가사의하다고 알아야 하고 무상·무원해탈문도 불가사의한 까닭으로 마땅히 반야바라밀다도 역시 불가사의하다고 알아야 하며, 공해탈문이 각지가 없는 까닭으로 마땅히 반야바라밀다도 역시 각지가 없다고 알아야 하고 무상·무원해탈문도 각지가 없는 까닭으로 마땅히 반야바라밀다도 역시 각지가 없다고 알아야 하며, 공해탈문이 세력이 성취되지 않는 까닭으로 마땅히 반야바라밀다도 역시 세력이 성취되지 않고 무상·무원해탈문도 세력이 성취되지 않는 까닭으로 마땅히 반야바라밀다도 역시 세력이 성취되지 않는다고 알아야 합니다. 세존이시여. 저는 이러한 뜻을 인연하였던 까닭으로 '보살마하살의 반야바라밀다는 큰 바라밀다이다.'라고 설하였습니다.

다시 다음으로 세존이시여. 5안이 태어남이 없는 까닭으로 마땅히 반야바라밀다도 역시 태어남이 없다고 알아야 하고 6신통도 태어남이 없는 까닭으로 마땅히 반야바라밀다도 역시 태어남이 없다고 알아야 하며, 5안이 소멸함이 없는 까닭으로 반야바라밀다도 역시 소멸함이 없다고 알아야 하고 6신통도 소멸함이 없는 까닭으로 반야바라밀다도 역시 소멸함이 없다고 알아야 하며, 5안이 자성이 없는 까닭으로 마땅히 반야바라밀다도 역시 자성이 없다고 알아야 하고 6신통도 자성이 없는 까닭으로 마땅히 반야바라밀다도 역시 자성이 없다고 알아야 하며, 5안이 무소유인 까닭으로 마땅히 반야바라밀다도 역시 무소유라고 알아야 하고 6신통도 무소유인 까닭으로 마땅히 반야바라밀다도 역시 무소유라고 알아야 하며, 5안이 공한 까닭으로 마땅히 반야바라밀다도 역시 공하다고 알아야 하고 6신통도 공한 까닭으로 마땅히 반야바라밀다도 역시 공하다고 알아야 하며, 5안이 무상인 까닭으로 마땅히 반야바라밀다도 역시 무상이라고 알아야 하고 6신통도 무상인 까닭으로 마땅히 반야바라밀다도 역시 무상이라고 알아야 하며, 5안이 무원인 까닭으로 마땅히 반야바라밀다도 역시 무원이라고 알아야 하고 6신통도 무원인 까닭으로 마땅히 반야바라밀다도 역시 무원이라고 알아야 하며, 5안이 멀리 벗어난 까닭으로 마땅히 반야바라밀다도 역시 멀리 벗어났다고 알아야 하고 6신통도 멀리 벗어난 까닭으로 마땅히 반야바라밀다도 역시 멀리 벗어났다고 알아야 하며, 5안이 적정한 까닭으로 마땅히 반야바라밀다도 역시 적정하다고 알아야 하고 6신통도 적정한 까닭으로 마땅히 반야바라밀다도 역시 적정하다고 알아야 하며, 5안이 얻을 수 없는 까닭으로 마땅히 반야바라밀다도 역시 얻을 수 없다고 알아야 하고 6신통도 얻을 수 없는 까닭으로 마땅히 반야바라밀다도 역시 얻을 수 없다고 알아야 하며, 5안이 불가사의한 까닭으로 마땅히 반야바라밀다도 역시 불가사의하다고 알아야 하고 6신통도 불가사의한 까닭으로 마땅히 반야바라밀다도 역시 불가사의하다고 알아야 하며, 5안이 각지가 없는 까닭으로 마땅히 반야바라밀다도 역시 각지가 없다고 알아야 하고 6신통도 각지가 없는 까닭으로 마땅히 반야바라밀다도 역시 각지가 없다고 알아야 하며, 5안이 세력이 성취되지 않는 까닭으로 마땅히 반야바라밀다도 역시 세력이 성취되지 않고 6신통도 세력이 성취되지 않는 까닭으로 마땅히 반야바라밀다도 역시 세력이 성취되지 않는다고 알아야 합니다. 세존이시여. 저는 이러한 뜻을 인연하였던 까닭으로 '보살마하살의 반야바라밀다는 큰 바라밀다이다.'라고 설하였습니다.

다시 다음으로 세존이시여. 여래의 10력이 태어남이 없는 까닭으로 마땅히 반야바라밀다도 역시 태어남이 없다고 알아야 하고 4무소외·4무애해·대자·대비·대희·대사·18불불공법도 태어남이 없는 까닭으로 마땅히 반야바라밀다도 역시 태어남이 없다고 알아야 하며, 여래의 10력이 소멸함이 없는 까닭으로 반야바라밀다도 역시 소멸함이 없다고 알아야 하고 4무소외, 나아가 18불불공법도 소멸함이 없는 까닭으로 반야바라밀다도 역시 소멸함이 없다고 알아야 하며, 여래의 10력이 자성이 없는 까닭으로 마땅히 반야바라밀다도 역시 자성이 없다고 알아야 하고 4무소외, 나아가 18불불공법도 자성이 없는 까닭으로 마땅히 반야바라밀다도 역시 자성이 없다고 알아야 하며, 여래의 10력이 무소유인 까닭으로 마땅히 반야바라밀다도 역시 무소유라고 알아야 하고 4무소외, 나아가 18불불공법도 무소유인 까닭으로 마땅히 반야바라밀다도 역시 무소유라고 알아야 하며, 여래의 10력이 공한 까닭으로 마땅히 반야바라밀다도 역시 공하다고 알아야 하고 4무소외, 나아가 18불불공법도 공한 까닭으로 마땅히 반야바라밀다도 역시 공하다고 알아야 하며, 여래의 10력이 무상인 까닭으로 마땅히 반야바라밀다도 역시 무상이라고 알아야 하고 4무소외, 나아가 18불불공법도 무상인 까닭으로 마땅히 반야바라밀다도 역시 무상이라고 알아야 하며, 여래의 10력이 무원인 까닭으로 마땅히 반야바라밀다도 역시 무원이라고 알아야 하고 4무소외, 나아가 18불불공법도 무원인 까닭으로 마땅히 반야바라밀다도 역시 무원이라고 알아야 하며, 여래의 10력이 멀리 벗어난 까닭으로 마땅히 반야바라밀다도 역시 멀리 벗어났다고 알아야 하고 4무소외, 나아가 18불불공법도 멀리 벗어난 까닭으로 마땅히 반야바라밀다도 역시 멀리 벗어났다고 알아야 하며, 여래의 10력이 적정한 까닭으로 마땅히 반야바라밀다도 역시 적정하다고 알아야 하고 4무소외, 나아가 18불불공법도 적정한 까닭으로 마땅히 반야바라밀다도 역시 적정하다고 알아야 하며, 여래의 10력이 얻을 수 없는 까닭으로 마땅히 반야바라밀다도 역시 얻을 수 없다고 알아야 하고 4무소외, 나아가 18불불공법도 얻을 수 없는 까닭으로 마땅히 반야바라밀다도 역시 얻을 수 없다고 알아야 하며, 여래의 10력이 불가사의한 까닭으로 마땅히 반야바라밀다도 역시 불가사의하다고 알아야 하고 4무소외, 나아가 18불불공법도 불가사의한 까닭으로 마땅히 반야바라밀다도 역시 불가사의하다고 알아야 하며, 여래의 10력이 각지가 없는 까닭으로 마땅히 반야바라밀다도 역시 각지가 없다고 알아야 하고 4무소외, 나아가 18불불공법도 각지가 없는 까닭으로 마땅히 반야바라밀다도 역시 각지가 없다고 알아야 하며, 여래의 10력이 세력이 성취되지 않는 까닭으로 마땅히 반야바라밀다도 역시 세력이 성취되지 않고 4무소외, 나아가 18불불공법도 세력이 성취되지 않는 까닭으로 마땅히 반야바라밀다도 역시 세력이 성취되지 않는다고 알아야 합니다. 세존이시여. 저는 이러한 뜻을 인연하였던 까닭으로 '보살마하살의 반야바라밀다는 큰 바라밀다이다.'라고 설하였습니다.

다시 다음으로 세존이시여. 무망실법이 태어남이 없는 까닭으로 마땅히 반야바라밀다도 역시 태어남이 없다고 알아야 하고 항주사성도 태어남이 없는 까닭으로 마땅히 반야바라밀다도 역시 태어남이 없다고 알아야 하며, 무망실법이 소멸함이 없는 까닭으로 반야바라밀다도 역시 소멸함이 없다고 알아야 하고 항주사성도 소멸함이 없는 까닭으로 반야바라밀다도 역시 소멸함이 없다고 알아야 하며, 무망실법이 자성이 없는 까닭으로 마땅히 반야바라밀다도 역시 자성이 없다고 알아야 하고 항주사성도 자성이 없는 까닭으로 마땅히 반야바라밀다도 역시 자성이 없다고 알아야 하며, 무망실법이 무소유인 까닭으로 마땅히 반야바라밀다도 역시 무소유라고 알아야 하고 항주사성도 무소유인 까닭으로 마땅히 반야바라밀다도 역시 무소유라고 알아야 하며, 무망실법이 공한 까닭으로 마땅히 반야바라밀다도 역시 공하다고 알아야 하고 항주사성도 공한 까닭으로 마땅히 반야바라밀다도 역시 공하다고 알아야 하며, 무망실법이 무상인 까닭으로 마땅히 반야바라밀다도 역시 무상이라고 알아야 하고 항주사성도 무상인 까닭으로 마땅히 반야바라밀다도 역시 무상이라고 알아야 하며, 무망실법이 무원인 까닭으로 마땅히 반야바라밀다도 역시 무원이라고 알아야 하고 항주사성도 무원인 까닭으로 마땅히 반야바라밀다도 역시 무원이라고 알아야 하며, 무망실법이 멀리 벗어난 까닭으로 마땅히 반야바라밀다도 역시 멀리 벗어났다고 알아야 하고 항주사성도 멀리 벗어난 까닭으로 마땅히 반야바라밀다도 역시 멀리 벗어났다고 알아야 하며, 무망실법이 적정한 까닭으로 마땅히 반야바라밀다도 역시 적정하다고 알아야 하고 항주사성도 적정한 까닭으로 마땅히 반야바라밀다도 역시 적정하다고 알아야 하며, 무망실법이 얻을 수 없는 까닭으로 마땅히 반야바라밀다도 역시 얻을 수 없다고 알아야 하고 항주사성도 얻을 수 없는 까닭으로 마땅히 반야바라밀다도 역시 얻을 수 없다고 알아야 하며, 무망실법이 불가사의한 까닭으로 마땅히 반야바라밀다도 역시 불가사의하다고 알아야 하고 항주사성도 불가사의한 까닭으로 마땅히 반야바라밀다도 역시 불가사의하다고 알아야 하며, 무망실법이 각지가 없는 까닭으로 마땅히 반야바라밀다도 역시 각지가 없다고 알아야 하고 항주사성도 각지가 없는 까닭으로 마땅히 반야바라밀다도 역시 각지가 없다고 알아야 하며, 무망실법이 세력이 성취되지 않는 까닭으로 마땅히 반야바라밀다도 역시 세력이 성취되지 않고 항주사성도 세력이 성취되지 않는 까닭으로 마땅히 반야바라밀다도 역시 세력이 성취되지 않는다고 알아야 합니다. 세존이시여. 저는 이러한 뜻을 인연하였던 까닭으로 '보살마하살의 반야바라밀다는 큰 바라밀다이다.'라고 설하였습니다.

다시 다음으로 세존이시여. 일체지가 태어남이 없는 까닭으로 마땅히 반야바라밀다도 역시 태어남이 없다고 알아야 하고 도상지·일체상지도 태어남이 없는 까닭으로 마땅히 반야바라밀다도 역시 태어남이 없다고 알아야 하며, 일체지가 소멸함이 없는 까닭으로 반야바라밀다도 역시 소멸함이 없다고 알아야 하고 도상지·일체상지도 소멸함이 없는 까닭으로 반야바라밀다도 역시 소멸함이 없다고 알아야 하며, 일체지가 자성이 없는 까닭으로 마땅히 반야바라밀다도 역시 자성이 없다고 알아야 하고 도상지·일체상지도 자성이 없는 까닭으로 마땅히 반야바라밀다도 역시 자성이 없다고 알아야 하며, 일체지가 무소유인 까닭으로 마땅히 반야바라밀다도 역시 무소유라고 알아야 하고 도상지·일체상지도 무소유인 까닭으로 마땅히 반야바라밀다도 역시 무소유라고 알아야 하며, 일체지가 공한 까닭으로 마땅히 반야바라밀다도 역시 공하다고 알아야 하고 도상지·일체상지도 공한 까닭으로 마땅히 반야바라밀다도 역시 공하다고 알아야 하며, 일체지가 무상인 까닭으로 마땅히 반야바라밀다도 역시 무상이라고 알아야 하고 도상지·일체상지도 무상인 까닭으로 마땅히 반야바라밀다도 역시 무상이라고 알아야 하며, 일체지가 무원인 까닭으로 마땅히 반야바라밀다도 역시 무원이라고 알아야 하고 도상지·일체상지도 무원인 까닭으로 마땅히 반야바라밀다도 역시 무원이라고 알아야 하며, 일체지가 멀리 벗어난 까닭으로 마땅히 반야바라밀다도 역시 멀리 벗어났다고 알아야 하고 도상지·일체상지도 멀리 벗어난 까닭으로 마땅히 반야바라밀다도 역시 멀리 벗어났다고 알아야 하며, 일체지가 적정한 까닭으로 마땅히 반야바라밀다도 역시 적정하다고 알아야 하고 도상지·일체상지도 적정한 까닭으로 마땅히 반야바라밀다도 역시 적정하다고 알아야 하며, 일체지가 얻을 수 없는 까닭으로 마땅히 반야바라밀다도 역시 얻을 수 없다고 알아야 하고 도상지·일체상지도 얻을 수 없는 까닭으로 마땅히 반야바라밀다도 역시 얻을 수 없다고 알아야 하며, 일체지가 불가사의한 까닭으로 마땅히 반야바라밀다도 역시 불가사의하다고 알아야 하고 도상지·일체상지도 불가사의한 까닭으로 마땅히 반야바라밀다도 역시 불가사의하다고 알아야 하며, 일체지가 각지가 없는 까닭으로 마땅히 반야바라밀다도 역시 각지가 없다고 알아야 하고 도상지·일체상지도 각지가 없는 까닭으로 마땅히 반야바라밀다도 역시 각지가 없다고 알아야 하며, 일체지가 세력이 성취되지 않는 까닭으로 마땅히 반야바라밀다도 역시 세력이 성취되지 않고 도상지·일체상지도 세력이 성취되지 않는 까닭으로 마땅히 반야바라밀다도 역시 세력이 성취되지 않는다고 알아야 합니다. 세존이시여. 저는 이러한 뜻을 인연하였던 까닭으로 '보살마하살의 반야바라밀다는 큰 바라밀다이다.'라고 설하였습니다.

다시 다음으로 세존이시여. 일체의 다라니문이 태어남이 없는 까닭으로 마땅히 반야바라밀다도 역시 태어남이 없다고 알아야 하고 일체의 삼마지문도 태어남이 없는 까닭으로 마땅히 반야바라밀다도 역시 태어남이 없다고 알아야 하며, 일체의 다라니문이 소멸함이 없는 까닭으로 반야바라밀다도 역시 소멸함이 없다고 알아야 하고 일체의 삼마지문도 소멸함이 없는 까닭으로 반야바라밀다도 역시 소멸함이 없다고 알아야 하며, 일체의 다라니문이 자성이 없는 까닭으로 마땅히 반야바라밀다도 역시 자성이 없다고 알아야 하고 일체의 삼마지문도 자성이 없는 까닭으로 마땅히 반야바라밀다도 역시 자성이 없다고 알아야 하며, 일체의 다라니문이 무소유인 까닭으로 마땅히 반야바라밀다도 역시 무소유라고 알아야 하고 일체의 삼마지문도 무소유인 까닭으로 마땅히 반야바라밀다도 역시 무소유라고 알아야 하며, 일체의 다라니문이 공한 까닭으로 마땅히 반야바라밀다도 역시 공하다고 알아야 하고 일체의 삼마지문도 공한 까닭으로 마땅히 반야바라밀다도 역시 공하다고 알아야 하며, 일체의 다라니문이 무상인 까닭으로 마땅히 반야바라밀다도 역시 무상이라고 알아야 하고 일체의 삼마지문도 무상인 까닭으로 마땅히 반야바라밀다도 역시 무상이라고 알아야 하며, 일체의 다라니문이 무원인 까닭으로 마땅히 반야바라밀다도 역시 무원이라고 알아야 하고 일체의 삼마지문도 무원인 까닭으로 마땅히 반야바라밀다도 역시 무원이라고 알아야 하며, 일체의 다라니문이 멀리 벗어난 까닭으로 마땅히 반야바라밀다도 역시 멀리 벗어났다고 알아야 하고 일체의 삼마지문도 멀리 벗어난 까닭으로 마땅히 반야바라밀다도 역시 멀리 벗어났다고 알아야 하며, 일체의 다라니문이 적정한 까닭으로 마땅히 반야바라밀다도 역시 적정하다고 알아야 하고 일체의 삼마지문도 적정한 까닭으로 마땅히 반야바라밀다도 역시 적정하다고 알아야 하며, 일체의 다라니문이 얻을 수 없는 까닭으로 마땅히 반야바라밀다도 역시 얻을 수 없다고 알아야 하고 일체의 삼마지문도 얻을 수 없는 까닭으로 마땅히 반야바라밀다도 역시 얻을 수 없다고 알아야 하며, 일체의 다라니문이 불가사의한 까닭으로 마땅히 반야바라밀다도 역시 불가사의하다고 알아야 하고 일체의 삼마지문도 불가사의한 까닭으로 마땅히 반야바라밀다도 역시 불가사의하다고 알아야 하며, 일체의 다라니문이 각지가 없는 까닭으로 마땅히 반야바라밀다도 역시 각지가 없다고 알아야 하고 일체의 삼마지문도 각지가 없는 까닭으로 마땅히 반야바라밀다도 역시 각지가 없다고 알아야 하며, 일체의 다라니문이 세력이 성취되지 않는 까닭으로 마땅히 반야바라밀다도 역시 세력이 성취되지 않고 일체의 삼마지문도 세력이 성취되지 않는 까닭으로 마땅히 반야바라밀다도 역시 세력이 성취되지 않는다고 알아야 합니다. 세존이시여. 저는 이러한 뜻을 인연하였던 까닭으로 '보살마하살의 반야바라밀다는 큰 바라밀다이다.'라고 설하였습니다.

다시 다음으로 세존이시여. 예류가 태어남이 없는 까닭으로 마땅히 반야바라밀다도 역시 태어남이 없다고 알아야 하고 일래·불환·아라한도 태어남이 없는 까닭으로 마땅히 반야바라밀다도 역시 태어남이 없다고 알아야 하며, 예류가 소멸함이 없는 까닭으로 반야바라밀다도 역시 소멸함이 없다고 알아야 하고 일래·불환·아라한도 소멸함이 없는 까닭으로 반야바라밀다도 역시 소멸함이 없다고 알아야 하며, 예류가 자성이 없는 까닭으로 마땅히 반야바라밀다도 역시 자성이 없다고 알아야 하고 일래·불환·아라한도 자성이 없는 까닭으로 마땅히 반야바라밀다도 역시 자성이 없다고 알아야 하며, 예류가 무소유인 까닭으로 마땅히 반야바라밀다도 역시 무소유라고 알아야 하고 일래·불환·아라한도 무소유인 까닭으로 마땅히 반야바라밀다도 역시 무소유라고 알아야 하며, 예류가 공한 까닭으로 마땅히 반야바라밀다도 역시 공하다고 알아야 하고 일래·불환·아라한도 공한 까닭으로 마땅히 반야바라밀다도 역시 공하다고 알아야 하며, 예류가 무상인 까닭으로 마땅히 반야바라밀다도 역시 무상이라고 알아야 하고 일래·불환·아라한도 무상인 까닭으로 마땅히 반야바라밀다도 역시 무상이라고 알아야 하며, 예류가 무원인 까닭으로 마땅히 반야바라밀다도 역시 무원이라고 알아야 하고 일래·불환·아라한도 무원인 까닭으로 마땅히 반야바라밀다도 역시 무원이라고 알아야 하며, 예류가 멀리 벗어난 까닭으로 마땅히 반야바라밀다도 역시 멀리 벗어났다고 알아야 하고 일래·불환·아라한도 멀리 벗어난 까닭으로 마땅히 반야바라밀다도 역시 멀리 벗어났다고 알아야 하며, 예류가 적정한 까닭으로 마땅히 반야바라밀다도 역시 적정하다고 알아야 하고 일래·불환·아라한도 적정한 까닭으로 마땅히 반야바라밀다도 역시 적정하다고 알아야 하며, 예류가 얻을 수 없는 까닭으로 마땅히 반야바라밀다도 역시 얻을 수 없다고 알아야 하고 일래·불환·아라한도 얻을 수 없는 까닭으로 마땅히 반야바라밀다도 역시 얻을 수 없다고 알아야 하며, 예류가 불가사의한 까닭으로 마땅히 반야바라밀다도 역시 불가사의하다고 알아야 하고 일래·불환·아라한도 불가사의한 까닭으로 마땅히 반야바라밀다도 역시 불가사의하다고 알아야 하며, 예류가 각지가 없는 까닭으로 마땅히 반야바라밀다도 역시 각지가 없다고 알아야 하고 일래·불환·아라한도 각지가 없는 까닭으로 마땅히 반야바라밀다도 역시 각지가 없다고 알아야 하며, 예류가 세력이 성취되지 않는 까닭으로 마땅히 반야바라밀다도 역시 세력이 성취되지 않고 일래·불환·아라한도 세력이 성취되지 않는 까닭으로 마땅히 반야바라밀다도 역시 세력이 성취되지 않는다고 알아야 합니다. 세존이시여. 저는 이러한 뜻을 인연하였던 까닭으로 '보살마하살의 반야바라밀다는 큰 바라밀다이다.'라고 설하였습니다.

漢譯 | **현장(玄奘)**

중국 당나라 사문으로 하남성(河南省) 낙양(洛陽) 구씨현(緱氏縣)에서 출생하였고, 속성은 진씨(陳氏), 이름은 위(褘)이다. 10세에 낙양 정토사(淨土寺)에 귀의하였고, 경(經)·율(律)·논(論) 삼장(三藏)에 밝아서 삼장법사라고 불린다. 627년 인도로 구법을 떠나서 나란다사(那爛陀寺)에 들어가 계현(戒賢)에게 수학하였다. 641년 520질 657부(部)에 달하는 불경들을 가지고 귀국길에 올라 645년 정월 장안으로 돌아왔으며, 인도 여행기인 『대당서역기(大唐西域記)』 12권을 저술하였다. 번역한 삼장으로는 경장인 『대반야바라밀다경(大般若波羅蜜多經)』 600권, 율장인 『보살계본(菩薩戒本)』 2권, 논장인 『유가사지론(瑜伽師地論)』 100권, 『아비달마대비바사론(阿毘達磨大毘婆沙論)』 200권 등이 있다. 번역한 경전은 76부 1,347권에 이르는 매우 중요한 대승불교 경전들이 상당수 포함되어 있으며, 문장과 단어에 충실하여 문장의 우아함은 부족하더라도 어휘의 정확도는 매우 진전되었다. 구마라집 등의 구역(舊譯)과 차별을 보여주고 있어 신역(新譯)이라 불리고 있다.

國譯 | **釋 普雲(宋法燁)**

대한불교조계종 제2교구본사 용주사에서 출가하였고, 문학박사이다. 현재 대한불교조계종 교육아사리(계율)이고, 죽림불교문화연구원에서 연구와 번역을 병행하고 있다.

논저 | 논문으로 「통합종단 이후 불교의례의 변천과 향후 과제」 등 다수. 저술로 『신편 승가의범』, 『승가의궤』가 있으며, 번역서로 『마하반야바라밀다경』(1·2·3·4·5), 『팔리율』(Ⅰ·Ⅱ·Ⅲ·Ⅳ·Ⅴ), 『마하승기율』(상·중·하), 『십송율』(상·중·하), 『보살계본소』, 『근본설일체유부비나야』(상·하), 『근본설일체유부비나야약사』, 『근본설일체유부비나야파승사』, 『근본설일체유부비나야잡사』(상·하), 『근본설일체유부필추니비나야』, 『근본설일체유부백일갈마 외』, 『안락집』 등이 있다.

마하반야바라밀다경 6 摩訶般若波羅蜜多經 6

三藏法師 玄奘 漢譯 | 釋 普雲 國譯

2024년 9월 5일 초판 1쇄 발행

펴낸이 · 오일주
펴낸곳 · 도서출판 혜안
등록번호 · 제22-471호
등록일자 · 1993년 7월 30일

주 소 · ㊫04052 서울시 마포구 와우산로 35길3(서교동) 102호
전 화 · 3141-3711~2 / 팩시밀리 · 3141-3710
E-Mail · hyeanpub@daum.net

ISBN 978-89-8494-726-9 03220

값 42,000 원